Vorwort

Fast neun Jahre nach der letzten Ausgabe war es nun an der Zeit, unseren Auslandsführer Skandinavien einer Überarbeitung und Aktualisierung zu unterziehen. Der vorliegenden Ausgabe liegt eine umfangreiche Überarbeitung zugrunde, bei der die vorhandenen Flussbeschreibungen der 5. Auflage in die DKV-Gewässerdatenbank übertragen wurden und mittels Luftbildern auch die Lage der eingezeichneten Objekte neu bestimmt wurde, wodurch auch die Länge einiger Flussabschnitte exakter erfasst wurde. Natürlich wurden auch zahlreiche Rückmeldungen von Paddlern eingearbeitet, die uns freundlicherweise Korrekturen und Aktualisierungen zu den bisherigen Beschreibungen und auch Informationen zu einigen bislang fehlenden Gewässern haben zukommen lassen, sodass sich der Umfang des Buches leicht erhöht hat

Die aufwändigen Arbeiten zur Einarbeitung in die Datenbank und und Überarbeitung der Beschreibungen hat Günter Eck übernommen, der auch schon die vorherige Auflage überarbeitet hatte und dem hiermit ausdrücklich für sein ehrenamtliches Engagement gedankt sei. Darüber hinaus danke ich allen, die mit ihren Rückmeldungen dazu beigetragen haben, diesen DKV-Führer auf einen aktuellen Stand zu bringen. Ich verbinde damit die Bitte, uns auch weiterhin zu informieren, sollten Sie in diesem Band Abweichungen von der Realitiät feststellen oder Ergänzungen machen können.

Ich wünsche allen Benutzern des Buches viel Spaß bei der Fahrtenplanung und der Ausübung unseres wunderschönen Kanusports.

Duisburg, im November 2020

DEUTSCHER KANU-VERBAND E.V.

Thomas Konietzko
Präsident

DKV
AUSLANDSFÜHRER
SKANDINAVIEN

Dänemark
Finnland
Island
Norwegen
Schweden

Band 4

6. Auflage

2021

DKV Wirtschafts- und Verlags GmbH
Postfach 10 03 15 • 47003 Duisburg

Redaktion
Günter Eck, Witzenhausen

Für Änderungsmeldungen zum Gewässerführer benutzen Sie bitte folgende E-Mail-Adresse:

gewaesserfuehrer@dkvgmbh.de

oder die Eingabemaske unter

http://www.kanu.de/ > Freizeitsport > Gewässer > Korrektur Gewässerführer

ISBN 978-3-937743-96-7

Titelfoto: Mistra/Norwegen
Fotograf: Jürgen Stecher

Flusskarten: © Bundesamt für Kartographie und Geodäsie (2020),
Datenquellen: http://sg.geodatenzentrum.de/web_public/
Datenquellen_TopPlus_Open_15.09.2020.pdf

Druck: Gutenberg Beuys Feindruckerei, Langenhagen

Inhaltsverzeichnis

Zeichen und Abkürzungen

	Deutsch	Englisch	Französisch
≈	ggfs. befahrbar	navigable	navigable
X	unbefahrbar	impassable	innavigable
ⓘ	Information	information point	renseignements
▬	Wehr	weir, dam	barrage
⌘	Schleuse	sluice, lock	écluse
⌂	umtragen	portage	portage
↱	anlanden rechts	landing right	aborder droit
↰	anlanden links	landing left	aborder gauche
⚠	Achtung! Gefahrenstelle	caution (danger in general)	attention (danger en général)
⛴	Fähre (frei und nicht frei fahrend)	ferry	ferry
§	Befahrungsregelung	river closed	fermeture
🛒	Verpflegung	provisions	ravitaillement
✕	Gasthaus	restaurant	restaurant
✆	Telefon	telephone	téléphone
Π	Brücke	bridge	pont
⇩	Mündung in	flows into	embouchure dans
←	Abzweigung, Einfahrt links	deviation, left branch	embranchement à gauche
→	Abzweigung, Einfahrt rechts	deviation, right branch	embranchement à droite
▤	Pegel	water gauge	échelle fluviale
⬇	Einsetzstelle	starting point	embarquement
⬆	Aussetzstelle	pull-out point	débarquement
🚂	Bahnhof	railway station	gare
EB	Eisenbahn	railway	chemin de fer
🚌	Bushaltestelle	bus stop	arrêt de bus
🅿	Parkplatz	car park	parking
⌘	Sehenswürdigkeit	sights	curiosité
⛺	Zeltmöglichkeit (unbewirtschaftet)	campground, bivouac shelter	terrain de camping (non aménagé)

	Deutsch	Englisch	Französisch
	Campingplatz (bewirtschaftet)	campground, caravan site	terrain de camping aménagé
	DKV-Kanustation	DKV-Kanustation (campground at a canoe club)	DKV-Kanustation terrain de camping chez club de canoë
	Bootshaus	boathouse	hangar de bateaux
	Bootshaus DKV-Kanu-Verein	boathouse canoe club	hangar de bateaux d'un club de canoë
	Rastplatz	picnic area	aire de repos
	Kraftwerk	power plant	usine électrique
li	links	left	à gauche
re	rechts	right	à droite
s.	siehe	see	voir
NW	Niedrigwasser	low water	eaux basses
MW	Mittelwasser	average water level	eaux moyennes
HW	Hochwasser	high water	crue
WW	Wildwasser	rough water, white water	courant rapide, eaux vives
BV	Befahrungsverbot	driving ban	interdiction de conduire
UV	Uferbetretungsverbot	shore prohibition	interdiction de rive
DJH	Jugendherberge	youth hostel	auberge de jeunesse
NSG	Naturschutzgebiet	nature reserve	réserve naturelle
OT	Ortsteil	village	village
StT	Stadtteil	district	district de

Einführung

Der Auslandsführer Skandinavien (6. Auflage) beschreibt in diesem Band die Gewässer der Länder Dänemark, Finnland, Island, Norwegen und Schweden. Die Grundlage für diesen Auslandsführer bildete die vorhergehende 5. Auflage, die als erstes in die Gewässerdatenbank des DKV übertragen wurde. Alle Gewässer mussten dann anhand des uns zur Verfügung stehenden digitalen Kartenmaterials und Angaben aus dem Internet überarbeitet werden. So konnten jetzt viele Eintragungen mit Koordinaten versehen werden. Damit wird das Auffinden in Karten und mit GPS-Geräten unterstützt. Zahlreiche Meldungen – vielen Dank an diejenigen, die der Redaktion Änderungen mitteilten – wurden eingearbeitet. Nachteilig für diese Arbeit war die Tatsache, dass das Kartenmaterial im Gegensatz zu Deutschland nur in einer geringeren Auflösung zur Verfügung stand. Aber, nach dem dies alles geschafft wurde, konnte auch dieser Auslandsführer auf Knopfdruck aus der Gewässerdatenbank des DKV gefertigt werden. Gleichzeitig wurden diese Beschreibungen auch für die App Canua freigegeben.

Dieser Gewässerführer beruht auf Informationen zahlreicher ehrenamtlicher Mitarbeiter. Der Herausgeber und die Redaktion haben die zugesandten Unterlagen nach bestem Wissen zusammengestellt. Eine Gewähr für die Vollständigkeit kann aber nicht übernommen werden. Dies gilt insbesondere für die Situation an den Gewässern, da sich durch Eingriffe der Wasserbaubehörden laufend Veränderungen ergeben können, und zwar sowohl durch Neuausbau wie auch durch Renaturierungen. Daher zunächst die grundsätzliche Bitte: Verlassen Sie sich nicht unbedingt auf die im Text gemachten Angaben, sondern rechnen Sie stets damit, dass sich Änderungen ergeben haben können.

Der Herausgeber und die Redaktion haften daher nicht für Schäden, die aufgrund der in diesem Gewässerführer enthaltenen Informationen entstehen können. Daraus folgt aber auch eine zweite Bitte: Notieren Sie sich bitte alles, was Ihnen an Unstimmigkeiten auffällt, und melden Sie es an die Bundesgeschäftsstelle des DKV:

Deutscher Kanu-Verband
– Bundesgeschäftsstelle –
Bertaallee 8, 47055 Duisburg
Telefon: 0203/99759-0, Fax: 0203/99759-60
Internet: www.kanu.de, E-Mail service@kanu.de

Korrekturmeldungen: gewaesserfuehrer@dkvgmbh.de

Dazu steht Ihnen außer dem Postweg auch auf der Internetseite des DKV eine Eingabemaske zur Verfügung (www.kanu.de > *Freizeitsport* > *Infothek für Paddler* > *Aktualisierung der Gewässerführer* > *Korrekturmeldungen online eingeben*) bzw. www.kanu-verlag.de > Verlag > Gewässerführer > Korrekturmeldung. Selbstverständlich können sie auch die App Canua für die Korrekturmeldung nutzen. Nur so kann sichergestellt werden, dass Fehler in den Beschreibungen sowohl in der App Canua, als auch bei der nächsten Auflage berücksichtigt werden können.

Witzenhausen, im Oktober 2020

Günter Eck

Der Gewässerführer

Über das alphabetische Verzeichnis der Gewässer wird die Buchseite mit den ausführlichen Beschreibungen erreicht, so wie auch über die in beigefügten Karten angegebene Seitenzahl. Die Gewässer sind nach Stromgebieten geordnet und werden in ihrer geografischen Reihenfolge, von der Quelle aus abwärts, beschrieben (siehe Kilometrierung).

Neben dem amtlichen Flussnamen (Ergänzung bei weiteren Bezeichnungen) wird die Charakteristik des Gewässers spezifiziert und seine Mündung angegeben. Weitere Informationen sind eventuelle Befahrungsregeln, die Möglichkeiten einer Befahrung, Pegelangaben und eventuell auftretende Schwierigkeiten oder Problemsituationen.

Mit der Kilometrierung, den Symbolen und weiteren Informationen zu jedem Objekt erhält der Anwender umfassende Informationen.

Charakteristik der Gewässer

Beim Wanderfluss handelt es sich um ein Gewässer, das für geübte Paddler ohne besondere Schwierigkeiten zu befahren ist und das sowohl mit Einerkajak, Canadier und Zweier oder SUP-Board, als auch vielfach über mehrere Tage als Gepäckfahrt. Oftmals handelt es sich um Schifffahrtsstraßen, wobei besonders der Schiffsverkehr beachtet werden muss. Im Kapitel „Fahrten auf Binnen - und Seeschifffahrtsstraßen" werden die Besonderheiten ausführlich behandelt.

Der Kleinfluss ist kanusportlich anspruchsvoll mit engen Kurven, Baum- und Strauchhindernissen, niedrigen Brücken, unterschiedlichen Wehranlagen, Sohlschwellen und Gefällstrecken. Aber auch Weidezäune wollen Beachtung finden. Kleinflüsse sollten nur mit geeigneten Booten befahren werden.

Das Befahren eines Wildwassers, möglichst in Kleingruppen, erfordert besondere kanusportliche Kenntnisse und bedingt eine dementsprechende Ausrüstung.

Die Schwierigkeitsstufen der Gewässer sind nachfolgend verzeichnet.

In der Beschreibung werden Aussagen zu Befahrungsregelungen getroffen, welche aber auch in der Objektbeschreibung zu finden sind. Diese Befahrungsregelungen können sich verändern. Benutzer*innen sollten sich deshalb über die aktuelle Situation unter www.kanu.de>Freizeitsport>Infothek_für_Paddler>Tourenplanung informieren.

Sofern vorhanden und bekannt, werden für die Befahrbarkeit Hinweise auf Pegel ≣ gegeben. Auf www.kanu.de ist das Pegelverzeichnis mit den direkten Links zu finden.

Angaben zur Begleitung mit dem PKW und zur Nutzung öffentlicher Verkehrsmittel zum Versetzen der Fahrzeuge runden die textliche Beschreibung ab.

In der tabellarischen Flussbeschreibung sind links die Kilometer angegeben. In der rechten Spalte findet man Angaben zu diesem Objekt, wie z. B. Ein- und Aussetzstellen, Ortsbezeichnungen, Brücken, Wehre usw.

Flussverbauungen als Querbauten in den Fließgewässern sind im Allgemeinen ein Hindernis für die Befahrung. Die Palette unterschiedlich ausgebildeter Wehre reicht vom kleinen Abfall bis zur großen Staumauer. Die Bauformen sind vielfältig (z.B. Steil-, Stufen- Schräg-, Klappen-, Schützenwehre) und werden oftmals in den Flussbeschreibungen angegeben. Ebenso werden die verschiedenen Verwendungszwecke (Kraftwerk ϟ, Mühlenwehr, Bewässerungswehr usw.) erwähnt. Die Wehre werden in den Flussbeschreibungen mit dem Symbol ▬ angezeigt. Auch andere Querverbauungen wie Sohlabstürze, Sohlgleiten oder Sohlrampen (Aufschüttungen von Steinen, Pfahlreihen, Betonschwellen) werden mit diesem Symbol ▬ gekennzeichnet. An unbefahrbaren Hindernissen ist unbedingt rechtzeitig auszusetzen. Die Unbefahrbarkeit wird durch das Symbol ⏏ hervorgehoben; hier sind Boot und Ausrüstung um das Hindernis herumzutragen. In einigen Fällen ist ein Befahren des Hindernisses unter Umständen möglich, erkennbar am Symbol ≈. Dabei sind etwaige Hinweise im Flussführer, die jeweiligen örtlichen Gegebenheiten evtl. Hindernisse, wechselnde Wasserstände, Hinweise auf Schildern, das Bootsmaterial und das eigene Können zu beachten. In jedem Falle ist eine vorherige Besichtigung des Wehres anzuraten. Bestehen nur geringste Zweifel, ist ein Umtragen des Bootes vorzuziehen.

Die bequemste Art, ein Hindernis zu überwinden, ist das Schleusen. Die Schleuse wird durch das Symbol ⌗ dargestellt. Sofern Betriebszeiten der Schleusen angegeben wurden, ist zu beachten, dass hier oftmals Änderungen erfolgen. Deshalb ist es empfehlenswert, sich aktuell zu informieren.

Besondere Gefahren werden extra beschrieben und mit ⚠ gekennzeichnet, z. B. durch Tosbecken entstehende Walzen mit „gefährlichem Rücklauf".

Weitere Angaben ergänzen die Beschreibung: Zum Zelten gibt es Hinweise sowohl auf einfache Zeltplätze ⛺ als auch auf in der Regel bewirtschaftete Campingplätze ⛺. Die Bootshäuser der Kanu-Vereine ⌂ bieten viele Möglichkeiten. Ergänzend gibt es Verkehrshinweise (Bahnhöfe 🚆, Parkplatz 🅿) und Hinweise touristischer Art ⌘, die man jedoch aus speziellen Reiseführern ergänzen sollte. Zu vielen Einträgen wurden die Koordinaten ermittelt und als

Dezimalgrad eingetragen. Die Koordinaten ermöglichen sowohl die Suche in Karten als auch die Möglichkeit der Standortbestimmung am Gewässer mittels GPS.

Bei allem unbedingt bitte beachten: Es gibt ständig Veränderungen, und die eigene Verantwortung steht über den Angaben im Flussführer.

Zeltmöglichkeit

Das früher für den Kanuwanderer übliche freie Zelten, d. h. auf den Uferstreifen am Fluss, ist aus Naturschutzgründen nicht gerne gesehen und vielerorts grundsätzlich verboten. Es sollte daher allenfalls dann erfolgen, wenn ausnahmsweise ein offizieller Zeltplatz nicht erreicht werden kann. Die Zelt- und Campingplatzverordnungen in den einzelnen Ländern sind zudem nicht einheitlich. Allgemein kann gesagt werden, dass Zelten außerhalb der offiziellen Plätze nur mit Erlaubnis des jeweiligen Grundstückseigentümers möglich ist.

Unterlagen

Für das in diesem Gewässerführer beschriebene Gebiet gibt es ein reichhaltiges Angebot an Karten. Es wird darauf verzichtet, auf diese im Einzelnen zu verweisen. In den touristisch erschlossenen Gebieten sind örtliche Gewässer- und Wanderkarten, die man sich an Ort und Stelle besorgen kann, erhältlich. Im Buch selbst befinden sich Übersichtsskizzen der beschriebenen Gewässer, die die Orientierung erleichtern.

Aktualisierungen

Die vorliegenden Gewässerdaten basieren auf Erfahrungen und Angaben zahlreicher Kanuten. Korrekturen zu dieser Ausgabe sind sehr wertvoll und tragen zur Aktualität der Informationen sowie zur Sicherheit anderer Kanusportler*innen bei. Meldungen werden über das Kontaktformular https://www.kanu-verlag.de > Verlag > Gewässerfuehrer > Korrekturmeldung erbeten.

Der Deutsche Kanu-Verband – Interessenvertreter des Kanusports

Der Deutsche Kanu-Verband ist mit seinen 18 Landes-Kanu-Verbänden, den dort organisierten über 1.300 Kanu-Vereinen und ca. 120.000 Mitgliedern der mitgliederstärkste Kanu-Verband der Welt. Er und die Landes-Kanu-Verbände vertreten als Spitzenfachverband im Deutschen Olympischen Sportbund bzw. gegenüber den Landessportbünden alle Belange des Kanusports. Der Deutsche Kanu-Verband kümmert sich in erster Linie ehrenamtlich um den Erhalt der naturnahen Gewässer, ohne die Kanufahren nicht möglich ist. Der DKV bemüht sich um Verhinderung oder Entschärfung gefährlicher und ökologisch bedenklicher Wasserbaumaßnahmen. Er setzt sich im besonderen Maße für die Wahrung ökologischer Belange und für den Bau von Wehrüberwindungsanlagen für Kanufahrer ein.

DKV und Leistungssport

Der DKV ist im Bereich des Leistungssports der erfolgreichste deutsche Sommer-Sportverband. Die Flotte des Deutschen Kanu-Verbandes ist seit 1992 regelmäßig der erfolgreichste Teil der deutschen Mannschaft bei Olympischen Sommerspielen und erzielte von 1992 bis 2016 zahlreiche Olympiasiege im Kanu-Rennsport und Kanu-Slalom. Auch im Vergleich mit den anderen Kanuverbänden steht der DKV weltweit vorne.

Neben den beiden olympischen Disziplinen vereint der DKV Kanu-Wildwasser, Kanu-Rennsport, Kanu-Marathonrennsport, Kanu-Drachenboot, Kanu-Polo, Kanu-Segeln, Kanu-Freestyle, Rafting und Ocean Canoe und SUP in einzelnen Wettkampfdisziplinen, in denen der DKV zumeist Deutsche Meisterschaften austrägt und in denen, unter dem Dach des Internationalen Kanu-Verbandes (ICF), Weltmeisterschaften durchgeführt werden.

Als deutscher Spitzensportverband stellt der DKV auch die Finanzierung des Leistungssports sicher. Er koordiniert Bundestrainer, Bundesleistungsstützpunkte und bildet qualifizierte Trainer in der Akademie des Kanusports aus.

DKV und Kanu-Freizeitsport

Die überwiegende Mehrzahl der Mitglieder des DKV betreibt Kanu-Freizeitsport. Es ist daher fast zwangsläufig, dass der DKV auf diesem Gebiet besonders viele Aktivitäten entfaltet. So bietet der DKV ein umfangreiches Veranstaltungsprogramm im gesamten Bundesgebiet. Im jährlich neu erscheinenden DKV-Sportprogramm und der Online-Termindatenbank sind mittlerweile über 1.000 Veranstaltungen aus dem Bereich des Kanu-Freizeitsports aufgeführt.

Der DKV gibt Tipps und Hinweise für ungewöhnliche Touren, Kontaktadressen zu Ausrüstern und Fachhändlern. Diese und viele weitere Angebote des Deutschen Kanu-Verbandes, seiner Landesverbände und Vereine, stehen für Freude und Leidenschaft am Kanusport.

Im Rahmen des Kanu-Freizeitsports sind die folgenden Leistungen des DKV nicht nur für seine Mitglieder, sondern auch für den breiten Kreis der nicht organisierten Kanuten von besonderem Interesse.

DKV und sein Informationssystem

Der DKV verfügt über ein weltweit einmaliges System von Gewässerinformationen. Nahezu alle kanusportlich nutzbaren Gewässer in Deutschland und im europäischen Ausland sind erfasst.

Die gedruckten Gewässerführer sind wie das vorliegende Buch aufgebaut und enthalten alle wesentlichen sicherheits-, umwelt- und fahrtentechnischen Hinweise für den Kanusportler. Eine aktuelle Übersicht über die verfügbaren Ausgaben finden Sie unter www.kanu-verlag.de/home/verlag/gewaesserfuehrer
Mit der **canua-APP** bietet der DKV alle relevanten Informationen auch digital und kostenlos für alle Interessierten an.
Alle Informationen werden in der Gewässerdatenbank durch das Netzwerk der Paddler*innen ehrenamtlich aktualisiert und gepflegt. Ein unschätzbares Gemeingut, an dem jede/jeder durch ihre/seine Korrekturmeldung mitwirken kann.
https://www.kanu-verlag.de/home/verlag/gewaesserfuehrer/kontakt.xhtml

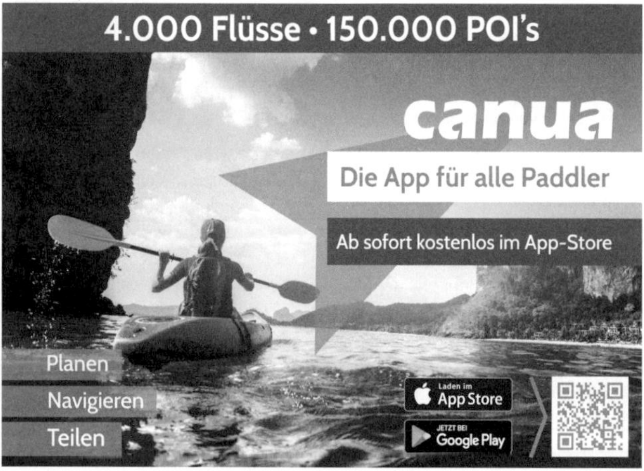

Ergänzend zu den Gewässerführern (Print und Digital) bietet der Verlag des DKV attraktive Publikationen wie die TOP-Kanu-Touren an, über die man zahlreiche Anregungen zu Unternehmungen in den Regionen Deutschlands und Europas erhält. Auch hier profitieren die Kanusportler*innen von den Erfahrungen anderer Wassersportler*innen.

DKV und seine Zeitschrift KANU-SPORT

Kanusportler*innen finden in der monatlichen Zeitschrift KANU-SPORT die neuesten Informationen und Entwicklungen im Kanusport aber auch im Verbands- und Vereinswesen. Den Schwerpunkt bilden illustrierte Fahrtenberichte und Tourenvorschläge für Kanufahrten in Deutschland, Europa und der ganzen Welt mit hilfreichen Informationen. Außerdem bringt der KANU-SPORT Marktneuheiten, Veranstaltungshinweise sowie Artikel zu Themen wie Sicherheit, Umwelt und Gewässer oder Leistungssport. In seinem Service-Teil gibt es regelmäßig Informationen über neue Befahrungsregelungen oder etwa kurzfristig verhängte Sperrungen aus technischen Gründen. Die Zeitschrift KANU-SPORT wird von der DKV-Wirtschafts- und Verlags GmbH herausgegeben und kann dort gerne abonniert werden. Als E-Book sind die Einzelhefte ebenfalls erhältlich. Weitere Informationen: www.kanu-sport.com

DKV und seine Auszeichnungen

Ähnlich dem Deutschen Sportabzeichen, werden auch im DKV Auszeichnungen für besonders aktive Kanufahrer*innen verliehen. So gibt es das DKV-Wanderfahrerabzeichen für erwachsene Mitglieder, das in den Stufen Bronze, Silber und Gold vergeben wird. Für Vielfahrer*innen, die mindestens 40 000 Fahrtenkilometer zurückgelegt haben, wurde das Globusabzeichen entwickelt. Auch im Bereich der Schüler*innen und Jugendlichen gibt es ein DKV-Wanderfahrerabzeichen in den Stufen Bronze, Silber und Gold. Viele Landesverbände bieten darüber hinaus weitere zusätzliche Möglichkeiten der Auszeichnungen an. Ergänzt werden die permanenten Auszeichnungssysteme mit Angeboten aus zeitlich aktuellem Anlass. Mehr Informationen unter www.kanu.de > freizeitsport > Auszeichnungen

Mit dem Europäischen Paddelpass Deutschland (EPP-D) ermöglicht der DKV seinen Mitgliedern die Teilnahme am europäischen Qualifizierungssystem. Auf freiwilliger Basis können Kanusportler*innen ihren Könnens- und Wissensstand dokumentieren lassen und erhalten so auch den Nachweis in den gewählten Disziplinen wie Kanutouring, Wildwasser, Seekajak und SUP. Bei verschiedenen Gelegenheiten wie z.B. Bootsverleih oder Teilnahme an bestimmten Fahrten findet der EPP-D seinen Einsatz.

DKV im Internet

Unter der einprägsamen Adresse „www.kanu.de" ist der DKV im Internet vertreten. Der DKV bietet auf dieser Seite und in der Rubrik „Freizeitsport" umfassende Informationen rund um den Kanusport.

Schnell zum Ziel mit umfassenden Informationen kommt der/die Anwender*in über die Buttons in der Kopfzeile:

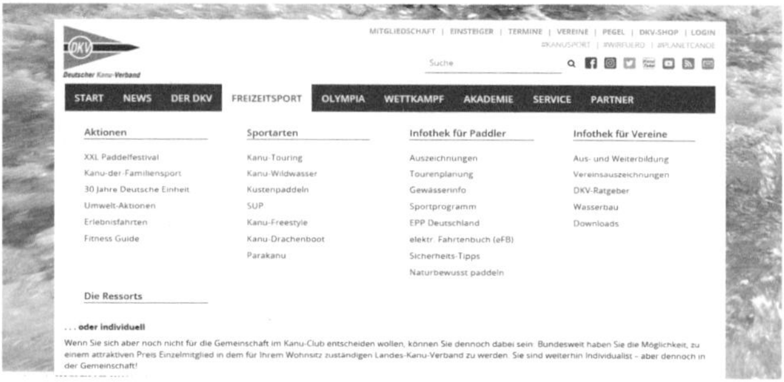

DKV und seine Pegeldienste

„Immer eine Handbreit Wasser unter dem Kiel" ist für einen Kanusportler eine Aussage mit großem Gewicht! Wer will schon feuchte Waldwege fahren oder Hunderte von Autokilometern umsonst unterwegs sein? Pegelinformationsdienste sind deshalb ein wichtiges Informations- und Steuerungssystem im Kanusport. Besonders hilfreich ist die Koppelung der aktuellen Pegelhöhe mit einer Richtgröße, im günstigsten Fall ein Mindestpegel und eine Flussstrecke, auf die sich die Pegelhöhe und damit die Befahrbarkeit beziehen. Mindestpegelmarken sind in der Regel nach sportlich-fahrtechnischen und ökologischen Gesichtspunkten ausgelegt: so dienen die Pegelinformationen nicht nur dem Erhalt der natürlichen Ressourcen sondern auch dem eigenen Fahrspaß. Informationen zu den Pegeldiensten finden Sie unter www.kanu.de .

DKV und sein Verlag

Über die DKV-Wirtschafts- und Verlags GmbH erhalten Sie eine Fülle interessanter Fachliteratur, Gewässerkarten, die jährlich herausgegebenen Kanu-Kalender sowie die verschiedenen Gewässerführer. Der DKV-Verlag ist außerdem mitverantwortlich für die Herausgabe der canua-APP. Die Gewässerführer und viele andere Verlagsartikel können DKV-Mitglieder zu ermäßigten Preisen bei der DKV-Wirtschafts- und Verlags GmbH bestellen. Fordern Sie den Verlagsprospekt an:

DKV-Wirtschafts- und Verlags GmbH
Postfach 10 03 15, 47003 Duisburg
☎ 0203/99759-99, Fax: 0203/99759-61
E-Mail: info@dkvgmbh.de

Bestellungen sind im Online-Shop unter www.kanu-verlag.de möglich.

DKV-Kanu-Stationen, -Zeltplätze und -Ferienheime

Viele Vereine, die dem DKV angeschlossen sind, besitzen auf dem Gelände der Bootshäuser Zeltmöglichkeiten. Soweit es die Platzverhältnisse zulassen sind DKV-Mitglieder dort als Gäste willkommen. Darüber hinaus sind zahlreiche Vereine und Campingplätze als „DKV-Kanu-Station" anerkannt und ausgeschildert. Sie erfüllen Kriterien wie etwa gute Anlandemöglichkeiten, bieten ausreichend Platz für Kleinzelte, halten stets erreichbare sanitäre Einrichtungen wie Toiletten, Waschmöglichkeiten, Duschen und Trinkwasser sowie weitere Serviceleistungen bereit.

DKV-Mitglieder erhalten vergünstigte Übernachtungspreise, wobei sich eine vorherige Kontaktaufnahme empfiehlt. Das Verzeichnis der DKV-Kanu-Stationen findet man unter **Fehler! Linkreferenz ungültig.** für Vereine>Vereinsauszeichnungen Die DKV-Kanu-Stationen sind auch in der Vereinsdatenbank gekennzeichnet.

Der DKV und die Landes-Kanu-Verbände betreiben an verschiedenen Orten des Bundesgebietes Heime und Zeltplätze speziell für Kanusportler. Auf den DKV-Campingplätzen werden mittlerweile Leih-Kajaks und -Canadier angeboten. Interessenten an Dauerstellplätzen empfehlen wir, Kontakt mit den jeweiligen Obleuten aufzunehmen. DKV-Mitglieder erhalten bei Dauerstellplätzen einen Rabatt von bis zu 25 Prozent.

Der **DKV-Zeltplatz und Ferienheim Edersee** ist in schöner Lage an der Edertalsperre gelegen. Die Einrichtung existiert seit den 1930er Jahren und ist ständig ausgebaut und modernisiert worden. Neben den Dauerplätzen sind ausreichend Stellplätze für Zelte und Wohnwagen sowie Übernachtungsplätze im Heim vorhanden. Zur Versorgung des Platzes dient die „Fürstental-Klause". Weitere Informationen: http://www.dkv-campingplatz-edersee.de

Der **DKV-Campingplatz am Bodensee** wurde 1995 in Betrieb genommen. Eine rechtzeitige Anmeldung in der Hauptsaison wird angeraten, da die Kapazität schnell ausgebucht ist. Unter Umständen sollte das Angebot der Kanu-Vereine im näheren Einzugsbereich geprüft werden. In der Vor- und Nachsaison ist ein Besuch empfehlenswert. Der Platz hat einen Kiosk sowie Restauration und öffnet von Mai bis September. Mehr Informationen: www.dkv-camping.de.

In der Urlaubsregion Lüneburg verfügt der **Hamburger Kanu Verband am Barumer See** über ein neu renoviertes Kanuwanderheim mit ausreichend Platz für Gruppen, Wochenendgäste und Urlaubern. Eine große Wiese zum Zelten liegt direkt am Wasser. Im Haus gibt es bis zu 15 Schlafmöglichkeiten und eine voll eingerichtete Küche sowie gemütliche Sitzecken. Wohnwagen und Wohnmobilstellplätze sind vorhanden. Der Platz ist das ganze Jahr über geöffnet und eignet sich hervorragend als Ausgangspunkt für Kleinflussfahrten, Rad- und Wandertouren. Die nahgelegene historische Salz- und Hansestadt Lüneburg und die vielfältigen Landschaften der Elbtalaue und Lüneburger Heide bieten weitere Ausflugmöglichkeiten auf Land und Wasser. Mehr Informationen: www.hamburger-kanu-verband.de > kanuheim-barum

Die **Landeslehrstätte Mardorf** des Landes-Kanu-Verbandes Niedersachsen liegt in Mardorf am Steinhuder Meer. Es ist eine Ferienanlage, eine Landeslehrstätte und Kanusegel-Stützpunkt. Das „Walter-Künne-Heim" verfügt über 25 Betten in Zimmern mit oder ohne Dusche und WC. Das Haus ist ganzjährig geöffnet und bewirtschaftet. Für Tagungen und Lehrgänge sind alle notwendigen technischen Geräte vorhanden. Das Gelände bietet außerdem Platz für Wohnwagen und Zelte. Für Jugendgruppen bietet sich das „rustikale Holzhaus" mit Schlafkojen, Matratzenlager auf dem Dachboden und Selbstverpflegungsmöglichkeiten an. www.lkv-nds.de > Stützpunkte > Kanulehrstätte Mardorf

Ein Urlaubsparadies besonderer Art bietet der **Naturzeltplatz Große Birke** des Bayerischen Kanu-Verbandes im Staffelsee bei Murnau in Oberbayern. Ausschließlich für Mitglieder der Kanuverbände steht eine Insel als natürlich belassener Zeltplatz zur Verfügung. Im Landschaftsschutzgebiet des Alpenvorlandes gelegen, wurde vom BKV eine grasbewachsene Teilfläche der Privatinsel „Große Birke" gepachtet und kann in der Sommersaison von allen Verbandsmitgliedern für Kurzbesuche ebenso wie für große Urlaube genutzt werden.

Die Anreise ist nur mit eigenem Kanu / Kajak oder Leihkahn ab Seehausen oder Murnau möglich. Der absolut einsam-ruhige Staffelsee liegt direkt am Alpenrand und gilt als einer der wärmsten bayerischen Seen. Landschaft und Kultur laden zu Ausflügen ein: Wandern, Radeln sowie Bootstouren auf Kleinflüssen. Weitere Informationen / Anmeldung: https://www.kanu-bayern.de > Freizeitsport > Grosse-Birke Reservierung über Raimund Rasch E-Mail: grosse.birke@kanu-bayern.de

Mitgliedschaft im DKV

Die Vorteile der DKV-Mitgliedschaft werden auch Sie überzeugen!

Egal, ob im Kanu-Club oder als Einzelmitglied in einem Landesverband:

- Sie sind als Gast in den meisten der 800 Bootshäuser und rund 280 DKV-Kanu-Stationen willkommen – und das natürlich zu Vorzugspreisen gegenüber Nichtmitgliedern!
- Sie erhalten weitgehende Ermäßigungen auf den DKV-Campingplätzen oder entsprechenden Einrichtungen der Landesverbände.
- Beim Erwerb von Flusskarten, Flussführern, Kanuliteratur oder Bekleidung über die DKV-Wirtschafts- und Verlags-GmbH erhalten Sie günstige Mitgliedskonditionen.
- Sie können an vielen der rund 1.500 Veranstaltungen im DKV teilnehmen.
- Sie genießen die Sonderregelungen für DKV-Mitglieder in Naturschutzgebieten.

Als Einzelmitglied eines Landesverbandes haben Sie darüber hinaus folgende Vorteile:

- Sie genießen bei Ihren kanusportlichen Aktivitäten den Schutz einer speziellen Unfallversicherung. Und Sie können Ihr Boot zu günstigen Bedingungen zusätzlich versichern.
- Sie erhalten monatlich die Fachzeitschrift KANU-SPORT mit Nachrichten aus der Welt des Kanusports, ausführlichen Fahrtenberichten und Informationen zu den Themen Umwelt, Sicherheit und Ausrüstung.
- Sie erhalten den DKV-Newsletter – und sind damit zeitnah über wichtige Entwicklungen im Kanusport informiert.
- Und zusätzlich können Sie den Deutschen Sportausweis als DKV-Mitgliedsausweis erhalten, der ein umfangreiches Angebot an Vergünstigungen und Rabatten beinhaltet.

Anschrift des Deutschen Kanu-Verbandes

Deutscher Kanu-Verband – Bundesgeschäftsstelle –
Bertaallee 8, 47055 Duisburg
Telefon 0203/99759-0, Fax: 0203/99759-60
Internet: www.kanu.de , E-Mail: service@kanu.de

Das aktuelle Verzeichnis aller Landes-Kanu-Verbände finden Sie im Internet unter www.kanu.de > DER DKV > Landesverbände.

Tipps und Hinweise zum Kanusport

Kanufahren ist leicht zu erlernen. Um sein Boot richtig zu beherrschen, braucht es aber einige Übung. Selbstverständlich kann man das Paddeln selbst erlernen; dies ist aber eine mühselige Variante. In einer Gruppe im Kanuverein macht das Erlernen dieser Natursportart am meisten Spass. In zahlreichen Vereinen werde Kanu-Kurse für Anfänger angeboten die auch Nichtmitgliedern offenstehen.. Termine und Adressen sind der Webseite des Deutschen Kanu-Verbandes (DKV) unter www.kanu.de zu entnehmen. Daneben gibt es auch gewerbliche Kanuschulen oder Kanuanbieter mit entsprechenden Kursangeboten.

Welches Boot brauche ich?

Die Entscheidung für den Bootstyp richtet sich nach eigenen Vorlieben und dem Gewässer. Die grundsätzliche Entscheidung ist zwischen Kajaks und dem Canadier zu treffen.

Canadier stammen aus Nordamerika und wurden von den dortigen Indianern zum Transport, zur Jagd und zum Fischfang genutzt.

Canadier werden sitzend oder kniend mit einem Stechpaddel gefahren. Die heutigen Wandercanadier eignen sich hervorragend für längere Touren auf Seen oder ruhigeren Flüssen, mit Gepäck und mit mehreren Personen. Deshalb werden sie gerne von Familien genutzt.

Kajaks haben ihren Ursprung bei den Eskimos. Es sind geschlossene Boote mit einer Sitzluke. Kajak-Fahrer sitzen in ihrem Boot und bewegen es mit einem Doppelpaddel vorwärts. Das Kajak ist der „Allround-Bootstyp" im Kanusport und wird in allen Bereichen verwendet – vom Seekajak für Großgewässer bis hin zum Wildwasserkajak.

Zu unterscheiden sind außerdem verschiedene Materialien. Die wichtigsten sind: **Polyethylen** (PE), ein robustes, relativ weiches Material, bei Wildwasserbooten, aber auch bei Tourenbooten eingesetzt wird. Kajaks aus **glasfaserverstärkter Kunststoff** (GfK), oder anderen Verbundmaterialien sind leicht, hart, aber relativ empfindlich ist, und kommen besonders bei Touren- und Seekajaks zum Einsatz. Aber auch Holzboote und zusammenlegbare Faltboote mit einer Gummi- oder Kunststoffhaut, wie auch Luftboote sind im Einsatz.

Einen breiten Einsatzbereich decken Tourenboote ab, die in kurzen Längen auch auf Kleinflüssen gefahren werden können. Auf dem Markt sind über 1000 verschiedene Modelle erhältlich, konkrete Empfehlungen können an dieser Stelle nicht gegeben werden. Testfahrten sind immer zu empfehlen. Entsprechende Veranstaltungen werden in großer Zahl angeboten. Für eine umfassende Beratung sind die DKV-Kanu-Fachberater zu empfehlen. Die Adressen sind über die DKV-Internetseite www.kanu.de und die DKV-Geschäftsstelle erhältlich. Rat gibt es auch bei anderen Kanuten in einem Verein in Ihrer Nähe.

Sind Kanus teuer?

Die Preise für Kanus richten sich wie bei allen Gebrauchsgegenständen nach Material und der Qualität.. Deshalb sind für ähnliche Bootstypen unterschiedliche Preise zu zahlen. Zur groben Orientierung: Wildwasserkajaks gibt es ab ca. € 800, Tourencanadier ab ca. € 1 000.

Preiswerte Boote sind bei den zahlreichen Gebrauchtbootmärkten zu erwerben, deren Termine beim DKV zu erfahren sind. Vom Kauf unbesehener Boote (z.B. bei Internet-Auktionen) ist eher abzuraten, da Alter und Zustand bei Gebrauchtbooten eine wichtige Rolle spielen.

Wer mit dem Paddeln anfängt, muss aber nicht sofort ein Boot kaufen: Vielerorts können Boote gemietet werden, und wer das Paddeln in einem Kanu-Kurs erlernt, bekommt dabei das Material meistens gestellt. Außerdem können Mitglieder eines Kanu-Vereins können dort oftmals die unterschiedlichen Bootstypen ausprobieren, bevor sie sich für einen Typ entscheiden bevor eine Kaufentscheidung gefällt wird.

Welche Ausrüstung benötige ich?

Wer Kanusport regelmäßig ausüben will, braucht eine gewisse Grundausrüstung. Hierzu zählen – neben Paddel und passender Schwimmweste – z.B. Spritzdecke und Paddeljacke, um vor Spritzwasser geschützt zu sein, außerdem Kälteschutzkleidung sowie wasserdichte Behälter für den Transport von Ersatzkleidung im Boot. Besonders im Wildwasser zählen zur Ausrüstung auch Schutzhelm, Wurfsack und ein Erste-Hilfe-Päckchen. Für spezielle Reviere ist eine besondere Ausrüstung erforderlich. Der Fachhandel berät gerne, was jeweils geeignet ist.

Wo darf ich paddeln?

Grundsätzlich ist das Paddeln auf allen Fließgewässern in Deutschland erlaubt. Ausnahmen gelten auf Talsperren oder Wasserflächen in Parkanlagen bzw. in Erholungsgebieten. Zu beachten ist aber auch, dass es zahlreiche **Befahrungsregelungen aus Naturschutzgründen** gibt, die unbedingt zu beachten sind. Die bekannten Befahrungsregelungen sind unter www.kanu.de veröffentlicht. Auf großen Binnenschifffahrtsstraßen gelten besondere Verkehrsvorschriften. Infos dazu gibt es unter www.elwis.de. Vor Fahrtenbeginn ist eine genaue Information über die jeweils geltenden Vorschriften unerlässlich.

Ist Kanufahren gefährlich?

Gefährlich sind Natursportarten meist nur, wenn sie nicht beherrscht oder eine Situation falsch eingeschätzt wird. Eine qualifizierte Ausbildung ist daher der beste Schutz für die eigene Sicherheit! Anfängern wird eine besondere Vorsicht angeraten. Besonders bei **Hochwasser** können Gewässer, die sonst unproblematisch sind, besondere Gefahrenstellen aufweisen.

Im Zweifelsfall sollte lieber auf eine Befahrung verzichtet werden, bevor man Gesundheit oder Leben aufs Spiel setzt.

An **Wehren** oder **Schleusen** ist besondere Vorsicht geboten. Vor der Befahrung eines Wehres sollte dieses unbedingt besichtigt werden! Im Zweifel sollte man sein Boot umtragen, um sich und mögliche Retter nicht in Lebensgefahr zu bringen!

Auch das **Wetter** sollte man im Auge behalten: Im Sommer können die Sonneneinstrahlung und die damit verbundene Ozonbelastung Probleme verursachen – und **Sturm** oder **Gewitter** haben schon mancher Fahrt ein plötzliches Ende bereitet. Und vor allem: **Nichtschwimmer gehören nicht in ein Kanu.**

Kennzeichnung der Kanus

Nach der Verordnung für die Kennzeichnung von Kleinfahrzeugen auf Binnenschifffahrtsstraßen und Landesschifffahrtsstraßen (gibt es nicht in jedem Bundesland) sind Kanus von der Führung eines **amtlichen** Kennzeichens befreit. Dennoch besteht auf allen Binnen- und Landesschifffahrtsstraßen die Verpflichtung, Boote zu kennzeichnen. Dazu muss der Bootsname von außen deutlich lesbar sein (es werden Buchstaben von 10 cm verlangt), zusätzlich sind Name und Anschrift des Eigentümers an einer erkennbaren Stelle fest im Bootsinneren anzubringen (entweder mit einem wasserfesten Stift oder mit einem angeschraubten Schild).

Unabhängig von dieser Regelung empfiehlt der Deutsche Kanu-Verband, alle Kanus in der o.a. Art und Weise zu kennzeichnen. Zusätzlich sollten DKV-Mitglieder das DKV-Logo auf dem Boot anbringen.

Fahrten auf Binnen- und Seeschifffahrtsstraßen

Auf Wasserstraßen, die von großen Güter- und Fahrgastschiffen befahren werden, bestehen besondere Gefahren für die Sportschifffahrt. Für alle Gewässer, die für die gewerbliche Schifffahrt zugelassen sind, sind besondere Ordnungen erlassen worden: Binnenschifffahrtsstraßenordnung, Landesschifffahrtsordnungen (gibt es nicht in jedem Bundesland) und Seeschifffahrtsstraßenordnung. Sie regeln ähnlich der Straßenverkehrsordnung den Verkehr auf den schiffbaren Gewässern der Bundesrepublik Deutschland. Sie enthalten detaillierte Bestimmungen zur Gewährleistung der Sicherheit und Leichtigkeit des Schifffahrtsverkehrs.

Kleinfahrzeuge wie Kajaks und Canadier und SUP's sind Teilnehmer des Verkehrs auf den Wasserstraßen. Die Regelungen müssen entsprechend beachtet werden. Bezogen auf die Verhältnisse im Straßenverkehr, sind Kanuten und Kanutinnen auf den Schifffahrtswegen ebenso gefährdet wie dort die Fußgänger als schwächste Verkehrsteilnehmer. Die Wasser- und Schifffahrtsdirektion des Bundes hat auf der sehr informativen Homepage www.elwis.de>Freizeitschifffahrt alle wesentlichen Verhaltensregeln für Wassersportler aufgeführt. Gute Informationen enthält auch die Broschüre "Sicherheit auf dem Wasser" die vom Bundesverkehrsministerium herausgegeben wird und dort bezogen werden kann. Gleichfalls verfügbar sind die Unterlagen in der frei verfügbaren Wasserwege-APP des BMVI.

Fahrten auf dem Kleinfluss

Kleinflüsse finden wir in Mittelgebirgen und im Flachland. Es handelt sich dabei um schmale Gewässer (2 – 10 m breit) mit moderater bis stärkerer Strömung und meist geringer, unterschiedlicher Wassertiefe. Auch finden sich regelmäßig Wehre, Baum- und Strauchhindernisse im Fluss. Mit kompakten Tourenbooten können diese Gewässer befahren werden. Eine Befahrung mit Stand-Up-Paddel-Boards (SUP) erfordern paddeltechnische Fahrkenntnisse. Steueranlagen oder Skeg am Boot sind in diesen Umfeld häufig nicht ideal. Das Beherrschen einer soliden Paddeltechnik mit dem Beherrschen der Paddelstütze, Ein- und Aussteigen abseits angelegter Ausstiegsstellen und sowie Rückwärts traversieren sollten beherrscht werden. (Kenntnisse entsprechen dem EPP-D - Europäischer Paddelpass- Stufe 2) Zur Ausrüstung gehört auf jeden Fall eine Basis-Sicherheitsausrüstung sowie sichere Kenntnisse über deren Verwendung. Teilweise sind auch eine Kälteschutzbekleidung und ein Helm anzuraten.

Fahrten auf Wanderflüssen

Wanderflüsse gehören zu den am meisten befahrenen Gewässern. Dies zu Recht, bieten Sie doch unkompliziert zu paddelnde Abschnitte, in ansprechender Umgebung. Beachtet werden sollte in jedem Fall die oftmals vorhandenen Wehre und anderen Hindernisse. Diese müssen mit Tourenbooten in der Regel umtragen werden. Viele Umtragestellen sind problemlos zu meistern, teilweise ist aber auch eine weitere Strecke zurückzulegen. Dazu ist der Einsatz eines Bootswagens sehr hilfreich. Die Überwindung von Wehren über extra angelegte Bootsgassen erleichtert eine Befahrung des Gewässers. Diese werden in der Beschreibung gesondert erwähnt. Die Benutzung einer Bootsgasse entbindet aber nicht von der eigenen Begutachtung der Anlage, da besonders im Unterwasser ausgeprägte Kehrwässer, Wellen und Wirbel vorhanden sein können. Gleichzeitig verändern sich die Anforderungen, je nach Wasserstand. Kontrollierte Übungen mit erfahrenen Paddler*innen werden angeraten.

Durch die Renaturierung vieler Flussabschnitte zur ökologischen Aufwertung des Gewässers verändern diese permanent die Gestaltung des Flusslaufes. Natürliche Hindernisse wie gefallene Bäume, flache Stellen usw. erfordern, insbesondere nach Hochwässern, besondere Aufmerksamkeit. Aus ökologischen Gründen sind die Veränderungen gewollt, machen die Flüsse abwechslungsreich, anspruchsvoller und erlebnisreicher. Natursportler begrüßen diese Entwicklung.

Wanderflüsse können mit allen Tourenbooten oder SUPs befahren werden. Ein Wurfsack und ein Erste-Hilfe-Set sollten immer dabei sein. Der DKV empfiehlt ausdrücklich das Tragen von Rettungswesten.

Fahrten auf Wildwasser

Das Befahren von Wildwassern übt einen besonderen Reiz aus, erfordert andererseits sehr gute kanusportliche Fähigkeiten, für die eine umfangreiche Ausbildung im Verein und/oder bei entsprechenden Wildwasserkursen erforderlich ist. Für die Bewertung der Schwierigkeiten eines Wildwassers hat sich inzwischen eine recht strenge Beurteilung durchgesetzt. Bei der Beschreibung der einzelnen Flüsse des vorliegenden Bandes werden die Schwierigkeiten entsprechend der nachfolgenden Tabelle eingestuft, die von einer Kommission der ICF erarbeitet wurde. Die Tabelle basiert auf Pegelangaben, wobei die für jeden Schwierigkeitsgrad angegebenen „Normpegel“ das Herzstück der Bewertung bilden. Die Tabelle enthält die sechs Schwierigkeitsgrade, , aufgeteilt in

a) Sicht (aus der Perspektive des Kanufahrers)
b) Wasser
c) Flussbett
d) Beispiele.

Die Tabelle zeigt die steigenden Schwierigkeitsstufen. Die durch die Wasserverhältnisse und den Zustand des Flussbettes bedingten Schwierigkeiten lassen sich nicht scharf trennen und gehen vielfach ineinander über.

Trotz dieser verhältnismäßig exakten Richtlinien für die Bewertung von Schwierigkeiten muss man sich darüber im Klaren sein, dass die im Textteil gemachten Angaben immer nur einen ungefähren Anhalt geben können. Dies hat mehrere Gründe: Die Angaben sind durchweg auf „Mittelwasser“ bezogen, wenn möglich, werden diese durch Pegelangaben gestützt. Veränderungen des Pegelstandes bedingen oftmals ganz erhebliche Änderungen der Schwierigkeiten. Bei der Beurteilung spielt neben diesen objektiven, durch Wasserstand, Flusscharakter und Gefälle gegebenen Schwierigkeiten auch die subjektive Einschätzung eine ganz erhebliche Rolle, insbesondere dann, wenn eine Pegelangabe fehlt. Können, Tagesform, Erst- oder Mehrfachbefahrung desselben Flusses können die Bewertung stark beeinflussen.

Aus all diesen Gründen können die im Text gemachten Schwierigkeitsangaben nicht mehr sein als Hinweise, die keineswegs verbindlich sind. Sie geben lediglich eine ungefähre Vorstellung von der Schwierigkeit des betreffenden Gewässers . Alleinfahrten auf Wildwasser sind unbedingt zu vermeiden, empfehlenswert ist eine Drei-Personen-Gruppe. Ein Anfänger sollten stets unter entsprechender Anleitung mit der ersten Schwierigkeitsstufe beginnen und erst nach deren völliger Beherrschung auf den nächsthöheren Schwierigkeitsgrad wechseln. Wehre sind keine Wildwasser; sie werden daher auch nicht bewertet. Ihre Befahrung kann ganz leicht oder auch sehr gefährlich sein, vorherige Besichtigung ist immer anzuraten.

Grad	Bezeichnung	Sicht	Wasser
WW I	unschwierig	frei	Regelmäßiger Stromzug, regelmäßige Wellen, kleine Schwälle
WW II	Mäßig schwierig	Freie Durchfahrten	unregelmäßiger Stromzug, unregelmäßige Wellen, mittlere Schwälle, schwache Walzen, Wirbel und Presswasser
WW III	schwierig	Übersichtliche Durchfahrten	hohe, unregelmäßige Wellen, größere Schwälle, Walzen, Wirbel und Presswasser
WW IV	Sehr schwierig	Durchfahrten nicht ohne weiteres erkennbar; Erkundung meist nötig	hohe andauernde Schwälle, kräftige Walzen, Wirbel und Presswasser
WW V	Extrem schwierig	Erkundung unerlässlich	extreme Schwälle, extreme Walzen, Wirbel und Presswasser
WW VI	Grenze der Befahrbarkeit	Im Allgemeinen unfahrbar, nur bei Idealbedingungen für absolute Profis, genaueste Besichtigung notwendig	

Flussbett	**Beispiele**	**Pegel (NW/MW/HW)**
Einfache Hindernisse	Ammer Ab Böbinger Brücke	Peißenberg: 15 m³/s (6/15/58)
	Isar (Bad Tölz - Wolfratshausen)	Bad Tölz 20 m³/s (6/30/100)
einfache Hindernisse im Stromzug, kleine Stufen	Ammer ab Naturwehr Rottenb.- Peißenberg	Peißenberg: 15 m³/s (6/15/58)
	Obere Isar Hinterauthal	Scharnitz 140 cm (100/140/180)
Einzelne Blöcke, Stufen, andere Hindernisse im Stromzug	Koritnica	Kal Koritnica 15 m³/s (5/15/25)
	Obere Ötz (III+)	Sölden 60 cm (45/60/80)
	Ammer Scheibum und Naturwehr	Peißenberg 15 m³/s (6/15/58)
	Loisach Griesenschlucht	Garmisch odP 120 cm (90/120/140)
	Inn Imster Schlucht	Magerbach 270 cm (200/300/400)
Blöcke versetzt im Stromzug, höhere Stufen mit Rücksog	Inn Giarsun	Tarasp 25 m³/s (12/30/70)
	Inn Ardezer (IV+)	Tarasp 25 m³/s (12/30/70)
	Guisane Waldschlucht (IV-)	Monetier-les-Bains 10 m³/s (3/10/15)
	Soca Slalom Strecke (IV-)	Log Cezsoci 30 m³/s (5/30/60)
enge Verblockung, hohe Gefällstufen mit schwierigen Ein- oder Ausfahrten	Brandenberger Ache Kaiserklamm	Mariathal 70 cm (45/70/90)
	Mittlere Ötz	Tumpen 200 cm (165/200/230)
	Ötz Wellerbrücke (V+)	Tumpen 155 cm (150/155/160)
	Enns Gesäuse (V-)	Admont 70 m³/s (40/70/110)
	Defreggenbach Tunnel	Hopfgarten 60 cm (45/60/75)
	Ruetzbach Wasserfallstr. (VI-)	Krössbach 100 cm (90/100/110)

Zu WW I: unschwierig

Subjektive Fähigkeiten: Beherrschen von Grundschlag vorwärts und rückwärts, Konterschlag, Paddelstütze, Seilfähre vorwärts, Bogenschlag, Ein- und Ausschlingen. Bei längeren Strecken gutentwickelte Kraftausdauer.

Ausrüstung: alle Bootsarten, -typen und -klassen, feste Spritzdecke mit Schlaufen, Bootsleine bzw. Fangschlaufen am Boot, Auftriebskörper in Bug und Heck, evtl. Kälteschutz oder Kopfschutz je nach Wasser- und Witterungsverhältnissen.

Zu WW II: mäßig schwierig

Subjektive Fähigkeiten: s.o., zusätzlich Beherrschen von Seilfähre rückwärts, Paddelhang, von Ziehschlägen unter erschwerten Bedingungen wie starker Strömung und wenig Platz, Beherrschen der Kenterrolle in Übungssituationen. Nur für sportlich Trainierte, die bereits WW I gefahren sind, evtl. mit Führer.

Ausrüstung: nur vom Hersteller als WW-tauglich bezeichnete Boote, Kälteschutz, Rettungsweste und Kopfschutz, Rettungsleine und -sack.

Sicherung: Kenntnis im Umgang mit Rettungsleine bzw. -sack, Pegelvergleich.

Zu WW III: schwierig

Subjektive Fähigkeiten: siehe oben, gutes Beherrschen der Ziehschläge, insbesondere des S-Schlages, der Fahrtaktiken wie Ein- und Ausschlingen, Beherrschen der Bogenschlag- oder Paddelstützrolle im WW, zumindest auf einer Seite. Längere WW-Erfahrung und sportliches Training sind notwendig.

Ausrüstung: siehe oben, nur bestes Bootsmaterial, WW-Spezialboote mit großem Auftrieb und verstärktem Heck, Bug und Oberschiff, Rettungsgeräte siehe oben, jedoch für jeden Fahrer, Karabiner und Reepschnur für Brustgeschirr. Kenntnis in Seil- und Knotenkunde.

Sicherung: siehe oben, Vertraut sein im Umgang mit Seil, mit der Kombination „Mann – Seil – Boot“ und mit der „Bootskette“. Fahrten nur in Gruppen.

Zu WW IV: sehr schwierig

Subjektive Fähigkeiten: siehe oben, sicheres Beherrschen aller Schlagkombinationen und Fahrtaktiken der Bogenschlagrolle. Sehr gut trainierter physischer Konditionszustand. Gute Vorbereitung durch Ortsbesichtigung, geologische Karten, Wetterlage und eigene Erkundung sowie Kontrolle der Vorbereitungsunterlagen vor Ort.

Sicherung: sicherer Umgang mit allen Rettungsgeräten, Fahrten nur in festen Mannschaften.

Zu WW V: äußerst schwierig

Subjektive Fähigkeiten: siehe oben.

Sicherung: siehe oben. Nur für Experten in Mannschaften.

Zu WW VI: Grenze der Befahrbarkeit.

Zahmwasser - Schwierigkeitsstufen

Die Definition des Zahmwassers ist unabhängig von Randbedingungen wie Wetter (Wind und Temperatur Wasser oder Luft), der Gewässermorphologie (Strömungsverhältnisse), sowie der Uferbeschaffenheit oder künstlicher Hindernisse wie z.B. Wehre, Uferbefestigungen etc.

Kriterien	**Zahmwasser 1**	**Zahmwasser 2**	**Zahmwasser 3**
Gewässertyp	Stehende und langsam fließende Gewässer	Fließende Gewässer	Fließende Gewässer
Strömungs-geschwindigkeit	bis 2 km/h	von 2 km/h bis 5 km/h	über 5 km/h

Fahrten auf Großgewässern

Touren im Küstenbereich der Meere, im Tidebereich der großen Flüsse und über große Seen sind ein Spezialbereich des Kanuwanderns. Besondere kanusportliche Fertigkeiten vor allem im Ausdauerbereich sowie spezifische Kenntnisse, und eine optimale Ausrüstung und Revierkenntnis sind zwingend notwendig. Raues Wasser mit Wind und Wellen muss sicher beherrscht werden. Eine Kenterung ohne 100-prozentige Fähigkeit zum Wiedereinstieg wäre fatal.

Windstärken

Die Auswirkungen des Windes und seine Stärkegrade werden im Allgemeinen sehr unterschätzt. Für Kanufahrer kann auf einem Binnensee bereits bei Stärke 4 ein unangenehmer Wellenschlag herrschen. Über größere Strecken wird bei Seitenwind die sogenannte Abdrift einen erheblichen Mehraufwand an Kraft kosten; eine Steuereinrichtung ist deshalb sehr zu empfehlen. Wenn jedoch bei Stärke 6 – 7 auf den Wellen Schaumköpfe weithin sichtbar werden, sollte keine Befahrung mehr erfolgen!

Bootstransport

Beim Bootstransport mit Bootsanhänger oder auf dem Autodach sind die Regeln der Straßenverkehrsordnung zu beachten. Es sollten nur eigens für den Bootstransport vorgesehene Dachträger und Befestigungsgurte verwendet werden. Besonders wichtig ist die zusätzliche Abspannung von Bug und Heck zur Stoßstange. Auch ist die vom Hersteller des Autos empfohlene Dachlast zu beachten. Boote, die mehr als 1 m bis höchstens 1,50 m nach hinten hinausragen, müssen durch eine quadratische rote Fahne oder ein Schild von 30 x 30 cm gekennzeichnet sein, bei Nacht durch ein rotes Licht. Nach vorn muss die Ladung mit der Vorderkante des Wagens abschließen.

Der Bootstransport mit der Bahn ist auch heutzutage noch möglich. Allerdings ergibt sich zunehmend die Schwierigkeit, dass Nebenstrecken eingestellt sind und kaum noch Züge mit Gepäckwagen verkehren. Nähere Einzelheiten hierzu bei den Informationsstellen der Deutschen Bahn AG.

Der Transport im Flugzeug ist eine interessante Variante für Fernreisen. Zerlegte Faltboote werden von vielen Fluggesellschaften zu akzeptablen Preisen transportiert. Auskünfte erteilen die Reisebüros und die Fluggesellschaften direkt; ein Preisvergleich lohnt. Mit einem Fahrradanhänger, der an das Boot angepasst wird, ist der Transport sportlich und nachhaltig möglich. Entsprechende Vorrichtungen werden oftmals im Internet vorgestellt.

Tipps für den Bootstransport

1. Für das Verladen der zu transportierenden Lasten ist der Fahrzeugführer verantwortlich.
2. Prüfen Sie die kraftaufnehmenden Verbindungsstellen am Fahrzeug. Sind sie geeignet, die zu erwartenden Kräfte aufzunehmen?
3. Ermitteln Sie die zulässige Dachlast. Ist die Dachlast (Dachgepäckträger, Kajakhalterung und Kajaks zusammen) kleiner/gleich als die in den Fahrzeugpapieren angegebene zulässige maximale Dachlast?
4. Verlassen Sie sich nicht auf ein stabiles Aussehen der Dachreling (Gebrauchtwagen). Ist die vorhandene Dachreling nur eine Zierde oder ist sie ausreichend mit dem Fahrzeug verbunden, um die Kräfte der Dachlast aufzunehmen?
5. Die Möglichkeiten für die Wahl eines Gepäckträgers sind groß. Meiden Sie sogenannte Universalträger, die für viele Autotypen geeignet erscheinen. Erwerben Sie den vom Fahrzeughersteller empfohlenen Gepäckträger.
6. Prüfen Sie, ob zwischen Gepäckträger und dem Fahrzeug eine sichere Verbindung auch bei schlechten Straßenverhältnissen und starken Seiten- und Gegenwinden besteht.

7. Fragen Sie andere Sportkameraden nach ihren Erfahrungen beim Einsatz des gewählten Gepäckträgers. Machen Sie eine ausreichende Probefahrt ohne Last und prüfen dabei den bleibenden festen Sitz des Gepäckträgers.
8. Meiden Sie Gepäckträger, die ausschließlich kraftschlüssig wirken, sondern wählen Sie einen Träger, mit dem eine form- und kraftschlüssige Verbindung hergestellt werden kann.
9. Verteilen Sie die Last auf dem Gepäckträger gleichmäßig.
10. Verzurren Sie das Gepäck ausreichend fest, aber spannen Sie nur so fest wie nötig. Besonders bei der Verwendung von Zurrgurten mit sogenannten Spannratschen kann ein zu kräftiges Spannen zu Beschädigungen des Bootes führen.
11. Verzurren Sie das Boot möglichst zwischen Haltepunkten, die in der Nähe der Befestigung mit dem Pkw (Auflagepunkte des Gepäckträgers) liegen.
12. Achten Sie darauf, dass die Gurte unbeschädigt sind und verwenden Sie nur zugelassene Gurtsysteme.
13. Achten Sie beim Spannen der Zurrgurte bzw. Seile darauf, dass sie nicht durch scharfe Kanten (z. B. Schrauben und Muttern des Gepäckträgers) beschädigt werden.
14. Wählen Sie eine ausreichende Länge des Zurrmaterials, um eine sichere feste Verbindung herzustellen.
15. Sichern Sie den Zurrgurt nicht nur mit einer Gurtklemme, sondern nachfolgend mit einer Verknotung.
16. Durch das bewusste Verdrehendes des Gurtes können lästige Resonanzgeräusche (Lärm durch Schwingungen) während der Fahrt vermieden werden.
17. Vermeiden Sie Zurrgurte mit Nietverbindungen, sie können an den Verbindungsstellen bei Belastung reißen.
18. Beachten Sie, dass einige Zurrmaterialien aus Naturfasern sich beim Nasswerden zusammenziehen, was zum Reißen an Verbindungsstellen, z. B. an Schnallen, führen kann und ein Lösen von Verknotungen verhindert.
19. Schließen Sie die Bootsluke mit einem Lukendeckel. Dadurch reduziert sich die Angriffsfläche für den Wind und der Kraftstoffverbrauch sinkt.
20. Sichern Sie lange Boote (z. B. K2, Rennboote) an der Spitze und am Heck gegen Hebelkräfte (böiger Wind und schlechte Straßen) mit einem zusätzlichen Verspannen zum Fahrzeug.
21. Benutzen Sie für die Befestigung der Kajaks zusätzliche mit dem Dachträger fest verschraubte Hilfsmittel wie Mittelstange, Kajakbügel für vertikale bzw. horizontale Bootslagerung.

22. Denken Sie beim Kauf eines Fahrzeugs bereits an den späteren Bootstransport. Je weiter die Dachträger auseinanderliegen, desto stabiler ist die Bootsauflage.

Beim Bootstransport mit Bootsanhänger oder auf dem Autodach sind die Regeln der bereisten Länder zu beachten. Einzelheiten sollten rechtzeitig vor Fahrtbeginn bei einem Automobilclub eingeholt.

Telefonieren

Der Notruf ist in Skandinavien genauso wie in Deutschland über die Nummer 112 zu erreichen.

Länder-Vorwahlen:

Deutschland	0049	bzw.	+49
Dänemark	0045	bzw.	+45
Finnland	00358	bzw.	+358
Island	00354	bzw.	+354
Norwegen	0047	bzw.	+47
Schweden	0046	bzw.	+46

Zu den Tarifen informieren sie sich bitte bei ihrem Netzanbieter.

Grundlinien für natur- und landschaftsverträglichen Kanusport

Kanusport ist Natursport – kaum eine andere Sportart bietet die Möglichkeit, so vielfältige und unmittelbare Eindrücke in der Natur zu gewinnen. Kanusport muss aber natur- und landschaftsverträglich ausgeübt werden, damit auch zukünftige Generationen die Möglichkeit zum Naturerlebnis haben. Der Deutsche Kanu-Verband (DKV) setzt sich in seiner Satzung und Praxis für den natur- und landschaftsverträglichen Kanusport ein. Im Rahmen seiner Aus- und Fortbildungsprogramme ist Umweltbildung ein wichtiger Aspekt. Insbesondere Trainer*innen und Fahrtenleiter*innen werden angehalten, die entsprechenden Verhaltensempfehlungen an Sportlerinnen und Sportler weiterzugeben und auf deren Einhaltung zu achten.

Die Ausübung des Kanusports gilt als natur- und landschaftsverträglich, wenn Kanusportlerinnen und Kanusportler...

- sich rechtzeitig vor der Kanutour über die vorhandenen gesetzlichen Vorschriften und freiwilligen Vereinbarungen zum Schutz von Flora und Fauna informieren und diese beachten. Viele der gesetzlichen Regelungen wurden in Zusammenarbeit mit den Vertretern des Kanu-Verbandes und der Naturschutzverbände einvernehmlich aufgestellt. Ein vollständiges Verzeichnis der geltenden Bestimmungen für deutsche und europäische Gewässer findet sich im Internet unter www.kanu.de oder im jährlich neu erscheinenden DKV-Sportprogramm;
- die Vielfalt, Eigenart und Schönheit von Natur und Landschaft schätzen und achten, um gerade auch den Erlebnis- und Erholungswert in ihrem eigenen Interesse nicht zu schmälern;
- sich leise und rücksichtsvoll in der Natur verhalten und ausreichenden Abstand zu Wasserpflanzen, Ufervegetationen sowie Tieren auf und am Wasser halten;
- sich rechtzeitig über vor Ort vorkommende Tiere und Pflanzen informieren und ihr gesamtes Fahrverhalten so gestalten, dass diese nicht erheblich gestört oder dauerhaft geschädigt werden;
- möglichst umweltschonend anreisen (insbesondere durch Bildung von Fahrgemeinschaften oder Nutzung öffentlicher Verkehrsmittel) und ausschließlich vorhandene Infrastrukturen (z.B. Ein- und Ausstiegsstellen, Lagerplätze, Zuwegungen und Parkplätze) in Anspruch nehmen, statt unberührte Natur zu nutzen;
- für die Übernachtung lokale Zeltplätze oder Gasthöfe aufsuchen und die Verpflegung vor Ort einkaufen. So profitiert auch die lokale Bevölkerung vom Kanusport und der persönliche Kontakt kann das Verhältnis zu Kanufahrern verbessern;

- Befahrungen nur bei ausreichendem Wasserstand vornehmen. Eine Übersicht der Pegelinformationen zahlreicher deutscher und europäischer Gewässer findet sich im Internet unter www.kanu.de oder im jährlich neu erscheinenden DKV-Sportprogramm;
- auf die Befahrung erkennbar übernutzter Gewässer verzichten und im Zweifel auf einzelne Kanutouren verzichten. Es ist selbstverständlich, dass Kleinflüsse nur in kleinen Gruppen und mit kleinen Booten befahren werden;
- weder Abfälle hinterlassen noch naturschädigende Materialien in der Natur verwenden;
- auf Umweltverschmutzungen (insbesondere stinkende Schmutzwassereinleitungen, Ölfilme oder wilde Müllkippen) in der Nähe von Gewässern achten und diese den lokalen Umweltbehörden oder dem DKV melden;
- auch andere Kanufahrer auf die Einhaltung dieser Grundlinien aufmerksam machen!

Weitere ausführliche Informationen über natur- und landschaftsverträglichen Kanusport erhalten Sie über den Deutschen Kanu-Verband.

Der DKV setzt sich seit vielen Jahren zusammen mit seinen Landes-Kanu-Verbänden für die natur- und landschaftsverträgliche Ausübung des Kanusports ein. Er ist der Verhandlungspartner mit Naturschutzbehörden und Naturschutzverbänden und erarbeitet mit diesen gemeinsame Lösungen für sensible Gewässer. Zudem vertritt er die politischen Interessen der Kanusportler*innen bei anstehenden Gesetzesänderungen auf dem Gebiet des Naturschutzes oder des Wasserrechts. Um zu sachgerechten Vereinbarungen mit den zuständigen Ministerien und Behörden zu kommen, hat er vielfach Gutachten zu möglichen Auswirkungen des Kanusports finanziert und erreicht, dass wasserbauliche Maßnahmen gleichermaßen dem Naturschutz und dem Kanusport dienen.

Umweltbildung spielt im DKV eine wichtige Rolle. In der Ausbildung von Trainer*innen nimmt das Thema Umwelt einen erheblichen Umfang ein. Neu bietet der DKV nun die DKV-Öko-Schulung auch Online zum Selbststudium an. Zusätzlich werden in allen Landes-Kanu-Verbänden Ökologie-Kurse angeboten, die auch Nichtmitgliedern zugänglich sind und oftmals in Zusammenarbeit mit Naturschutzbehörden oder Naturschutzverbänden Zusammenhänge zwischen Kanusport und Natur sowie die richtigen Verhaltensweisen vermitteln. Ein Besuch solcher Ökologie-Kurse sollte für jeden Kanufahrer selbstverständlich sein! Das gesamte Angebot finden Sie im gedruckten DKV-Sportprogramm oder in der Termindatenbank des DKV unter www.kanu.de.

Die aktuellen Befahrungsregeln kann jede/r Interessent*in über www.kanu.de>Freizeitsport>Infothek_fuer_Paddler>Tourenplanung zu einzelnen Gewässern einsehen. Im DKV-Sportprogramm und in der Webseite wird auf die Telefonnummern von Pegeldiensten für viele interessante Paddelgewässer verwiesen. Sie erfahren damit den aktuellen Wasserstand vor der Abfahrt. Das DKV-Sportprogramm erhalten Sie gegen eine geringe Schutzgebühr über die Geschäftsstelle des DKV in Duisburg. Außerdem sind alle für Kanu-Freizeitsportler reizvollen Flüsse und Seen im In- und Ausland mit ihren Naturschutzregelungen in den Gewässerführern des DKV und in der Canua-APP beschrieben. DKV-Mitglieder können die Flussführer und weitere Kanu-Literatur direkt beim DKV zum Vorzugspreis bestellen.

Skandinavien

In diesem Abschnitt werden die Gemeinsamkeiten der skandinavischen Länder besprochen. Es finden sich hier alle Gesichtspunkte, die für die Planung und Durchführung von Fahrten in Skandinavien von Bedeutung sind, gleichgültig, für welches Land man sich entscheidet. Die Besonderheiten der einzelnen Länder sind in den jeweiligen Abschnitten über Norwegen, Schweden, Finnland oder Dänemark besprochen.

Skandinavien mit den Ländern Dänemark, Schweden, Norwegen und Finnland ist in seinen Ausmaßen riesig: längster Süd - Nord-Abstand 2 000 km, größter Breitenabstand - 1 400 km. Mit 1,26 Millionen km^2 ist seine Fläche 5-mal größer als die der Bundesrepublik, seine Bevölkerungsdichte (Einwohner/km^2) beträgt jedoch nur den 14. Teil.

Diese nackten Zahlen machen schon manches von dem deutlich, was man bei Fahrten in Skandinavien zu erwarten hat: Man muss schon für die Anreise sehr weite Entfernungen überwinden. Die hohe nördliche Breite bedingt ganz erhebliche Klimaunterschiede. Wenn man weiter bedenkt, dass die Masse der Bevölkerung in Südskandinavien und in den Städten der Küstenregionen wohnt, wird weiterhin klar, dass sehr große Gebiete in Nordskandinavien praktisch unbewohnt sind, völlig einsame, unkultivierte Wildnis darstellen.

Die Zahlen zeigen aber auch, was man von dem vorliegenden Flussführer zu erwarten hat: die genaue Beschreibung der Gewässer Deutschlands erfordert fünf Bände der Regionalführer. Wollte man eine ähnlich erschöpfende Beschreibung der skandinavischen Gewässer liefern, wären dafür etwa 20 Bände erforderlich.

Die nachfolgenden Beschreibungen erfassen damit zwangsläufig nur einen Bruchteil der Gewässer Skandinaviens, sie stellen eine Auswahl dar.

Diese Auswahl erfolgte nach verschiedenen Gesichtspunkten: zunächst können in dem Flussführer nur solche Gewässer aufgenommen werden, über die brauchbare Beschreibungen vorliegen. Es gibt hier sicher zahllose Gewässer, die noch nicht beschrieben, ja wahrscheinlich noch gar nicht befahren wurden.

Als weiteres Kriterium der Auswahl ist zu bedenken, dass viele Flüsse auch in Skandinavien durch Kraftwerke so weitgehend verbaut sind, dass sich weder eine Befahrung noch eine Beschreibung lohnt.

Die vorliegende 6. Aufl. des Skandinavien-Führers ist keineswegs nur ein Nachdruck der 5. Auflage. Sie wurde vielmehr in weiten Bereichen verbessert, aktualisiert und ausgeweitet.

Man kann sich nicht einfach in das Auto setzen und sagen: „Jetzt fahre ich zum Paddeln nach Skandinavien.“ Will man keine große Pleite erleben, ist es vielmehr notwendig, eine genaue Planung zu treffen und sich auf ein möglichst eng begrenztes Gebiet zu beschränken. Der Flussführer gibt dafür die notwendigen Unterlagen. Er sagt auch, welche Landkarten für eine Planung und Befahrung erforderlich sind. Es gibt vielfach, vor allem in Schweden und Finnland, in den örtlichen Touristbüros oder Campingplätzen gute Unterlagen in größerem Maßstab, oft mit genauen Flussbeschreibungen. Man sollte stets versuchen, diese Karten zu bekommen. Die nachfolgenden Ausführungen wollen helfen, dies zu erleichtern bzw. Fehlplanungen zu verhindern.

Welche Gewässer gibt es in Skandinavien?

In grober Vereinfachung lässt sich diese Frage folgendermaßen beantworten:

Wer in Skandinavien Wildwasser befahren möchte, sollte dies in Norwegen tun. Die Schwierigkeiten reichen von mäßig schwer bis extrem schwer, man muss vielfach mit starker Wasserführung und damit erheblicher Wasserwucht rechnen, zum Teil sind es ausgesprochene Gletscherflüsse. Dank eines guten Straßennetzes und verhältnismäßig kurzer Laufstrecken der Gewässer ist fast stets eine etappenweise Befahrung mit leeren Booten möglich.

Natürlich gibt es auch in Schweden und Finnland Wildwasser, aber sie finden sich nicht so konzentriert wie in Norwegen, sie liegen hier meist weit auseinander, eingebettet in lange Flussläufe vom Charakter der Wanderflüsse, das Straßennetz ist vielfach unzureichend für das Nachholen der Pkw und damit das etappenweise Befahren der Gewässer.

Wer gemächliche Fahrten über Seen liebt, sollte entweder nach Mittelschweden oder nach Südfinnland gehen. Man kann hier ohne große Mühen (abgesehen vom Paddeln), d. h. ohne große Umtragungen, vielfach über Hunderte von Kilometern von See zu See ziehen, z. T. gibt es riesige Rundfahrten, Schleusen erleichtern oft den Übergang von einem See zum nächsten. Die schwedischen Seen haben den Vorteil, dass sie von Deutschland aus gut zu erreichen sind: Ihr Nachteil, dass sie, vor allem zur Urlaubszeit, mit Booten stark überfüllt sind. In Finnland ist es umgekehrt. Zwar sind auch hier viele Boote unterwegs, sie verlieren sich aber doch weitgehend in den wesentlich größeren Seengebieten.

Die schwedischen Bergseen nehmen hinsichtlich ihrer landschaftlichen Schönheiten und der Mühen, die man für ihre Befahrung auf sich nehmen muss, eine Sonderstellung ein.

Die skandinavischen Flüsse haben einen ganz eigenartigen, sonst in Europa nicht vorkommenden stufenförmigen Verlauf. Lange See- und Staustrecken werden gefolgt von kurzen Fließstrecken und noch kürzeren Abfällen, teils als leichtes bis mäßig schweres Wildwasser, teils aber auch als schwerste Stufen oder unfahrbare Wasserfälle. Und dies alles in schier endloser kunterbunter

Wiederholung. Eines aber ist sicher, nämlich man muss auf all diesen Flüssen sehr viel paddeln, man freut sich nur kurz einer guten Strömung, und so sicher wie das Amen in der Kirche folgt dann ein Abfall, der immer wieder die Frage stellt: durchfahren oder umtragen? Von W. Lerke wurde für diese Flüsse der Begriff „Wildwanderfluss" geprägt. Derartige Wildwanderflüsse gibt es vor allem in Nordschweden und Nordfinnland.

Die Ursache dieses stufenförmigen Aufbaus liegt in der Entwicklungsgeschichte unserer Erde begründet. Die skandinavischen Flüsse sind erst nach der letzten Eiszeit entstanden, erdgeschichtlich gesehen also erst vor ganz kurzer Zeit. Die Flüsse haben daher noch nicht ausreichend Zeit gehabt, ihr Flussbett zu einem leidlich gleichmäßigen Gefälle auszuschleifen, wie dies in erdgeschichtlich älteren Gebieten, z. B. im französischen Zentralmassiv, der Fall ist.

Ein sehr interessantes Fahrtengebiet, das es in ähnlicher Form sonst ebenfalls in Europa nicht wieder gibt, stellen die Schären dar. Diese Schären finden sich fast im ganzen Bereich der Ostseeküste Schwedens und Finnlands sowie auf dem schwedischen See Vänern. Einige Beispiele von Schärenfahrten sind ausführlich beschrieben, ähnliche Fahrten lassen sich aber auch an vielen anderen Stellen der genannten Küsten durchführen.

Die norwegischen Fjorde sind von einmaliger landschaftlicher Schönheit. Es handelt sich dabei um, meist vielfach verzweigte, Seitenbuchten des Atlantiks, die mitten hineinführen in die teilweise übergletscherten Skanden. Ihre Befahrung erfordert eine gute Ausrüstung und Erfahrung bei Fahrten im Grenzbereich Meer - Land.

Bei den Gewässern Dänemarks handelt es sich um kleine, ruhig fließende Flüsse, die denen Norddeutschlands ähneln und ohne Schwierigkeiten zu befahren sind.

Schwierigkeiten skandinavischer Gewässer

Die im Kapitel „Schwierigkeitsgrade von Wildwasser" gemachten Ausführungen sollten eigentlich auch für Skandinavien gelten. Dies trifft allerdings nur für die norwegischen Wildflüsse zu. Die im Text gemachten Bewertungen stammen von einigen wenigen deutschen und französischen Kanuten, die der Redaktion als vielseitige Wildwasserfahrer bekannt sind und die auch schon bei anderen Bänden der DKV-Auslandsführer mitgearbeitet haben. Ihre Angaben sind daher für Norwegen leidlich zuverlässig. Die Einschränkung „leidlich" beruht auf der Tatsache, dass die Schwierigkeitsangaben vielfach ohne Pegelangaben gemacht wurden, dass also bei Wasserständen, die von denen bei der Beschreibung abweichen, recht deutliche Bewertungsunterschiede möglich sind.

Für Schweden und Finnland liegen derart leidlich einheitliche Unterlagen nicht vor. Dies hat verschiedene Gründe:

Der schwedische Kanuverband richtet sich nicht nach den auch in Deutschland geltenden internationalen Bewertungen, sondern hat ein eigenes, recht eigenwilliges Beurteilungsschema, das Vergleiche kaum zulässt.

Soweit die Bewertungen von deutschen Kanuten stammen, ist zu berücksichtigen, dass viele ältere Beschreibungen auf Befahrungen mit Faltbooten zurückgehen und damit einem Bewertungsstandard entsprechen, wie er in den sechziger Jahren üblich war. Die Redaktion hat diesem Sachverhalt dadurch Rechnung getragen, dass bei der 1. Aufl. des Skandinavienführers alle Bewertungen älterer Beschreibungen um ein Grad zurückgenommen wurden. Diese Maßnahme hat sich bewährt.

Die größten Schwierigkeiten bei der Bewertung nordschwedischer und finnischer Flüsse ergeben sich jedoch durch die Tatsache, dass es sich dabei meist um „Wildwanderflüsse" handelt, also um Gewässer, die als „Wanderflüsse" mit einem urlaubsmäßig vollgepackten Boot befahren werden, dass aber dann nach mehr oder minder langen Wanderabschnitten immer wieder echte Wildwasserstrecken kommen.

Es ist unbestritten, dass die Befahrung von Wildwassern mit schwer beladenem Wanderboot erheblich schwieriger ist als mit einem leeren WW-Boot. Aber auch noch andere subjektive Gesichtspunkte spielen für die Beurteilung eine Rolle, wie z. B. die geringere Erfahrung von Wanderfahrern im Umgang mit Wildwassern und die Gefahr, im Falle eines Unfalles nur unter größten Schwierigkeiten aus der Wildnis in die Zivilisation zurückzufinden. Es ist ferner zu bedenken, dass eine gut eingespielte Mannschaft durchaus imstande sein kann, einen schwer beladenen Zweier, gleichgültig ob Kanu oder Kajak, durch eine unverblockte WW III-Stelle mit reiner Wasserwucht zu steuern, während sie bei einer Blockstelle, die mit gleicher Schwierigkeit im Buch steht, zwangsläufig scheitern muss.

All dies lässt sich nur sehr schwer in die Zahlen einer Bewertungsskala pressen.

Der lange Rede kurzer Sinn: alle Bewertungen finnischer und nordschwedischer Flüsse sind für die Praxis unsicher und nur wenig hilfreich; sicher kann nur eines sein, nämlich jede Stelle, die im Führer als schwierig vermerkt ist, unbedingt anzusehen, und dann eine sehr persönliche, vorwiegend auf Sicherheit abgestellte Entscheidung über die Möglichkeit einer Befahrung zu treffen.

Eine weitere Schwierigkeit skandinavischer Gewässer ist klimatisch bedingt:

Es ist über lange Zeit damit zu rechnen, dass sie infolge Vereisung nicht zu befahren sind. Dabei werden die Flüsse schneller eisfrei als die Seen und Seestrecken, im Norden später als im Süden. Feste Regeln lassen sich nicht geben, immerhin kann damit gerechnet werden, dass ab Ende Juni auch die Seen im hohen Norden eisfrei werden. Die bei den Gewässerbeschreibungen unter „Befahrbarkeit" mehrfach gemachte Angabe „ganzjährig" besagt also lediglich, dass eine Befahrung stets möglich ist, allerdings unter der Voraussetzung, dass das betreffende Gewässer eisfrei ist.

Flussauf- oder flussabwärts?

Jeder „vernünftige" Kanufahrer wird diese Frage mit kopfschüttelndem Unverständnis beantworten: natürlich fahre ich abwärts! In Skandinavien ist dies allerdings nicht so ganz selbstverständlich. Dies hat zwei Gründe:

Viele Gewässer, insbesondere die schwedischen Gebirgsseen, aber auch viele Flüsse, sind nur in ihrem Unterlauf auf dem Landweg zu erreichen. Wenn man ihren landschaftlich meist schöneren Oberlauf genießen will, muss man zwangsläufig aufwärtsfahren.

Der zweite Grund liegt in dem stufenförmigen Aufbau der skandinavischen Flüsse. Bei den langen See-, Stau- und strömungsarmen Strecken ist es weitgehend gleichgültig, in welcher Richtung man fährt, ebenso gleichgültig ist es bei unfahrbaren Flussabschnitten, ob man sie von unten nach oben oder von oben nach unten umträgt. Mühsam wird es nur bei den zahlreichen Stromschnellen, die gut fahrbar sind, bei der Aufwärtsfahrt aber mühsam überwunden werden müssen, wenn möglich treidelnder weise, sonst per Portage.

Die Aufwärtsfahrt wird zum Selbstzweck, wenn es gilt, die Wasserscheide zwischen Ostsee und Atlantik zu überwinden. „Mühsam" ist für dieses Unternehmen eine harte Untertreibung, trotzdem wird es gemacht.

Die Portagen

Wenn es in einem Flussführer für Mitteleuropa heißt: „Wehr, unfahrbar, li umtragen", dann weiß der kundige Kanute, dass er zumeist sein Boot an der Leine aus dem Wasser zerren und 20 m über das Ufer ziehen kann. Nach einem Kavaliersstart geht es dann wieder weiter. Auf solche Ideen des „Umtragens" braucht man in Skandinavien gar nicht erst zu kommen. Hier gibt es die „Portage". Sie will besagen, dass man sein Boot in unwirtlicher Landschaft irgendwie an Land bringen muss. Für die folgende, fast immer sehr mühsame Tragerei durch unberührte Wildnis ist das leere Boot und sein Urlaubsinhalt jeweils gesondert zu transportieren, endlich muss alles wieder eingepackt und das Boot erneut recht mühsam zu Wasser gebracht werden. Wenn man dann noch bedenkt, dass dies über ein Minimum von 100 m, gelegentlich aber auch über 8 km geht, dann hat man eine Vorstellung davon, was das Wort „Portage“ bedeuten kann. Sie wird nicht gerade erleichtert durch die Tatsache, dass man dabei den Angriffen stechlustiger Mücken besonders wehrlos ausgeliefert ist. Es gibt die Portage nicht nur beim Überwinden unfahrbarer Flussstrecken, sondern auch bei Aufwärtsfahrten bei sonst fahrbaren Stromschnellen, bei See-Fahrten im Wechsel von einem See zum nächsten und gelegentlich auch vom Endpunkt einer Straßenzufahrt zur Einsetzstelle irgendwo in der Wildnis. In Süd- und Mittelskandinavien leistet dabei ein Bootswagen gute Dienste, in Lappland braucht man ihn meist gar nicht erst mitzunehmen.

Welches Boot für skandinavische Gewässer?

Diese Frage ist eigentlich nur für Norwegen klar zu beantworten: man braucht für die dortigen Wildwasser gute Wildwasserboote, wobei die heute so beliebten Kurzboote wegen der starken Wasserführung vieler Gewässer nicht immer gut geeignet sind. Die Flüsse werden in Etappen befahren, das Gepäck bleibt an Land, die Hohlräume der Boote werden mit Auftriebskörpern gefüllt, also insgesamt ideale Verhältnisse für Wildwasser.

Auf den ausgedehnten Seengebieten Mittelschwedens und Südfinnlands ist der offene Wandercanadier das gebräuchliche Boot. Man erhält es auch, wenn man ein Boot zu leihen nimmt. Es ist damit aber keineswegs gesagt, dass es auch das bestgeeignete Boot ist. Sein Vorteil ist der reichliche Stauraum und eine gewisse Bewegungsfreiheit der Insassen. Die Nachteile sind jedoch unverkennbar: Bei Regen wird es im Boot recht feucht, Anfänger haben größte Schwierigkeiten, es auf Kurs zu halten, bei stärkerem Wind und Seegang wird dies auch für eine gut eingespielte Mannschaft schwer bis unmöglich. Für Wildwasserstrecken, die über den Schwierigkeitsgrad II hinausgehen, sind sie weitgehend ungeeignet. Andererseits sind Wildwassercanadier mit festsitzender Spritzdecke und wildwassererprobter Mannschaft fast ideal. Sie werden auch mit schwerstem Wildwasser fertig und dürften wohl auch mit ungünstigen Wetterverhältnissen klarkommen. Allerdings sind derartige Boote in Deutschland nur wenig gebräuchlich.

Als Kompromiss empfiehlt sich der Kajak, also das mit Doppelpaddel bewegte Boot. Es ist leichter als der Canadier - wichtig bei Portagen! -, es lässt sich leicht mit einer guten Spritzdecke und einem Fußsteuer - wichtig bei Seefahrten - versehen, so dass die Schwierigkeiten bei Wind und Wellengang recht gut gemeistert werden und, je nach Bootstyp, können damit, auch mit vollbeladenem Boot, Stromschnellen bis WW II befahren werden. Wegen der erheblich besseren Manövrierfähigkeit im Wildwasser ist der K 1, also der Einer, dem K 2 (Zweier) unbedingt vorzuziehen. Der Kunststoff-K 1 hat gegenüber dem Faltboot-Einer den ganz erheblichen Vorteil, dass er viel robuster und damit weniger bruchgefährdet ist. Man wird mit ihm manche Stromschnelle fahren können, die man mit dem Faltboot umtragen muss. Wenn man allerdings ohne Pkw in Skandinavien unterwegs ist, wird das Faltboot trotz seiner offensichtlichen Nachteile unverzichtbar.

Elektrizitätswerke

Dank des stufenförmigen Verlaufes seiner Gewässer ist Skandinavien ein ideales Land für Hydroingenieure: die schon natürlich vorhandenen Seen dienen als Stauseen, ihr natürlicher Ablauf wird durch Turbinen geschickt, fertig ist das Elektrizitätswerk. Dies hat durchaus Vorteile für den Kanufahrer. Die Landschaft wird nur wenig beeinträchtigt, bei NW der Seen (meist im Frühjahr und Frühsommer) ergeben sich allerdings hässliche Uferstreifen. Wenn man über einen See paddeln muss, ist es ziemlich gleichgültig, ob dieser See am Ende einen natürlichen Abfluss oder eine Staumauer hat, das fällige Umtragen geht im Bereich eines Kraftwerkes wahrscheinlich leichter als in wegloser Wildnis. Lästig wird die Angelegenheit allerdings dann, wenn sich an Stelle fahrbarer Stromschnellen ein trockengelegter Flussarm findet. Das ist aber eher die Ausnahme. Es ist vielmehr meist so, dass die Werke an Abfällen stehen, die ohnehin nicht zu befahren sind; je höher der Abfall, desto größer die zu gewinnende Energie. In der Praxis bedeutet dies, dass die kleineren Stromschnellen zumeist noch nicht verbaut sind.

Die großen Kraftwerke finden sich, im Gegensatz zu mitteleuropäischen Verhältnissen, sehr häufig im Unterlauf. Es hat dies den geologisch bedingten Grund, dass sich hier die letzte große Stufe vom mittelskandinavischen Höhenland hinunter zum Küstenvorland befindet. Eine Befahrung des Unterlaufs der schwedischen Flüsse ist deshalb oftmals nicht empfehlenswert.

Eine bemerkenswerte Ausnahme beim Kraftwerksbau bilden die Grenzflüsse zwischen Schweden und Finnland. Der Könkämäälven, der Muonioälven und der Torne älv gestatten über eine Strecke von 530 km eine durchgehende Befahrung ohne ein einziges künstliches Hindernis. Wahrscheinlich konnten sich Schweden und Finnland nicht über Ausbau und Nutzung dieses in Europa einzigartigen Flusssystemes einigen. Hoffentlich bleibt es noch lange so.

Die Mückenplage

Es gibt viele Kanuten, die einmal in Skandinavien waren und wegen der Mücken nie wieder dorthin fahren, es gibt auch noch mehr andere, die sich durch die unvermeidlichen Stiche nur wenig belästigt fühlen. Aus medizinischer Sicht kann man sagen, dass alle Leute mit empfindlicher Haut, insbesondere Ekzematiker und mit Neigungen zu Hautentzündungen, Skandinavien meiden sollten. Mückenfrei ist die Luft über den Seen und breiten Flüssen. Im Bereich der Städte und landwirtschaftlich genutzter Flächen gibt es kaum mehr Mücken als in Mitteleuropa, je weiter man in die freie Natur kommt, desto mehr Mücken. In der moorigen Wildnis Lapplands hat man oft den Eindruck, von Millionen dieser Quälgeister umschwirrt zu werden. Durch einige Schutzmaßnahmen kann man jedoch die Belästigung in Grenzen halten: Man sollte das Zelt nach Möglichkeit stets an freien, windigen Stellen aufbauen. Ein stark qualmendes Lagerfeuer ist, wo es gestattet ist, sicher günstig. Guten Schutz geben die Mückenschutzmittel, die man am besten im Land kauft. Unerlässlich ist ein Mückengitter vor dem Zelt. Manche Lapplandfans tragen eine Schutzkleidung wie Imker, also einen an Hut und Joppe befestigten Gesichtsschleier sowie dicke Kleidung und Handschuhe. Glücklich ist, wer es fertigbringt, sich ruhig stechen zu lassen und sich nicht darum zu kümmern. Aber wer kann das schon?

Zelten in Skandinavien

Grundsätzlich ist für Fahrten in Skandinavien inzwischen folgendes festzustellen: Dänen, Schweden und Norweger sehen das wilde Campieren von Ausländern sehr kritisch. Das Zelten nach Jedermannsrecht umfasst nur Fußwanderer, bei Bootsfahrten die Gepäckfahrer (auf bezeichneten Kanotled-Wanderstrecken dann unbedingt die eingerichteten Plätze verwenden) oder Fahrradwanderer. Wer motorisiert ist fällt nicht unter das Jedermannsrecht und sollte unbedingt nur ausdrücklich genehmigte Plätze (das sind in der Regel Campingplätze) ansteuern. Die Skandinavier sagen mit einem gewissen Recht, dass Ausländer in ihren Ländern nicht Rechte beanspruchen sollen, die in ihren Herkunftsländern verweigert werden. Das mag uns nicht gefallen, aber die Stimmung ist gereizt und man denkt über Verbote nach. Das heißt, die Entwicklung geht denselben Weg wie beispielsweise in Frankreich.

Gewässerbeschreibungen

Kanusport in Dänemark

Dänemark unterscheidet sich in seiner Landschaftsstruktur sehr stark von den übrigen Ländern Skandinaviens; es lässt sich am besten mit Schleswig vergleichen; im Westen die Dünenlandschaft der Nordseeküste, etwa entsprechend der nordfriesischen Inseln; im Osten die Sandstrände der Ostsee mit den tief ins Landesinnere eingeschnittenen Fjorden (entsprechend den deutschen Förden) und dazwischen ein hügeliges Gelände, höchste Erhebungen knapp über 100 m, zumeist jedoch weit darunter, landwirtschaftlich intensiv genutzt, mit Wiesen, Weiden und Feldern, Wälder sind selten, dazwischen eingestreut meist kleinere Seen. Besonders intensiv ist die landwirtschaftliche Nutzung auf den großen Inseln.

In dieser künstlichen Kulturlandschaft ist kaum mehr Platz für ursprüngliche Naturbelassenheit. Um diese nicht gänzlich verschwinden zu lassen, finden sich an vielen Stellen Dänemarks Naturschutzgebiete mit Einschränkungen der allgemeinen Nutzung entsprechend den deutschen Verhältnissen.

Die Auswirkungen dieser hier nur ganz grob skizzierten Verhältnisse auf den Kanusport ergeben sich fast von selbst. Die Fließgewässer Dänemarks haben durchweg nur geringes Gefälle und damit mäßige Strömung, keine Schwierigkeiten bei der Befahrung, alle Bootstypen möglich, gut geeignet als Wanderflüsse für Familien und Kanu-Anfänger. Allerdings sind die meisten Flüsse verhältnismäßig kurz. Wildwasser findet man in Dänemark nirgends. Das geringe Gefälle führt dazu, dass die Gewässer kaum je zur Energiegewinnung genutzt werden, Wehre bei Elektrizitätswerken und Mühlen sind selten, gelegentlich finden sich Wiesenwehre zu Bewässerungszwecken.

Auf einigen größeren Flüssen wird der Kanusport gewerblich betrieben, d. h. man kann hier Leihkanus mieten, zumeist offene Wanderkanadier für 2 bis 3 Personen.

Für Freunde von Befahrungen seeähnlicher Gewässer sei auf die Fjorde der dänischen Ostküste verwiesen, wobei insbesondere der quer durch Jütland gehende Lim-Fjord zahllose Möglichkeiten von Wanderfahrten bietet, aber andererseits wegen seiner großen, offenen Wasserflächen bei ungünstiger Wetterlage nicht nur sehr mühsam, sondern auch gefährlich werden kann.

Fahrten im Bereich der dänischen Ostseeküsten sind zwar möglich, es fehlen hier jedoch völlig die Schären der schwedischen Küste, man muss daher hier fast immer im offenen Meer fahren, mit allen sich daraus ergebenden Schwierigkeiten und Gefahren.

Besonders interessant ist eine Fahrt durch die Altstadt von Kopenhagen.

Gewässersperrungen

1992 haben die Behörden in Jütland (das ist der südlichste direkt an die Nordgrenze Deutschlands anschließende Teil Dänemarks) etliche Befahrungsregelungen festgelegt. Es wurden mehr als 75 % aller für eine Befahrung in diesem Bereich in Frage kommenden Gewässer total gesperrt. Es betrifft dies fast alle interessanten Kleinflüsse des Gebietes. Verblieben sind lediglich die weniger interessanten und vielfach eingedeichten Unterläufe der Gewässer Jütlands. Mehrere der noch in der 2. Aufl. des Skandinavienführers beschriebenen Gewässer müssen daher nachfolgend entfallen.

Es ist der Redaktion nicht bekannt geworden, ob auch in den übrigen Landkreisen Dänemarks ähnliche Einschränkungen in Kraft getreten oder vorgesehen sind. Es besteht aber durchaus die Möglichkeit, dass sie sich dem Beispiel Jütlands anschließen werden, Vorsicht ist daher geboten.

Verkehrsverhältnisse

Das sehr gut ausgebaute Straßennetz bietet die Möglichkeit, sämtliche Gewässer mit dem Pkw von Deutschland aus schnell zu erreichen, so dass auch ein Kurzurlaub in Dänemark lohnend wird.

Die dänische Hauptinsel Seeland ist sowohl mit den Fährschiffen der Vogelfluglinie als auch über eine Brückenverbindung ebenfalls recht schnell zu erreichen. Zur Hauptreisezeit sollte man allerdings nicht versäumen, Plätze für die Überfahrt mit der Fähre zu reservieren.

Landkarten

Für alle dänischen Gewässerbeschreibungen wird auf die dänischen Regionalkarten im Maßstab 1:200 000 verwiesen, es gibt davon 4 Blätter. Sie können in Deutschland in allen einschlägigen Geschäften besorgt werden. Da in Dänemark navigatorische Schwierigkeiten, wie sie in den übrigen skandinavischen Ländern sehr häufig vorkommen, kaum jemals auftreten, dürfte sich die Beschaffung von Landkarten in größerem Maßstab erübrigen.

Verschiedenes

Die Mückenplage, die in den übrigen skandinavischen Ländern so unangenehm werden kann, spielt in Dänemark keine größere Rolle als in Deutschland.

Es ist für Dänemark sehr zu empfehlen, sich beim Automobil-Club entsprechende „Reiseinformationen“ zu besorgen. Es sind darin, stets auf den neuesten Stand gebracht, alle wesentlichen Angaben enthalten über Personalpapiere, Zoll- und Devisenbestimmungen, Verkehrsregeln, Straßenhilfsdienste, Kontaktadressen usw.

Å = å = aa = Bezeichnung für „Fluss“, wird jeweils an den Eigennamen des Gewässers angehängt.

Anschriften

Botschaft des Königreichs Dänemark

Rauchstraße 1, 10787 Berlin
☎ +49 30 50 50 20 00
Mail: beramb@um.dk
Web: tyskland.um.dk

Botschaft der Bundesrepublik Deutschland

Göteborg Plads 1, 2150 Kopenhagen Nordhavn
☎ +45 35 45 99 00, Telefax +45 35 26 71 05 | +49 30 18 176 71 55
Hinweis: E-Mail über das Kontaktformular auf der Webseite
Web: kopenhagen.diplo.de

Tourismusinformation

»VisitDenmark, Dänemarks offizielle Tourismuszentrale«
Mail: daninfo@visitdenmark.com
Web: www.visitdenmark.de

Notruf

Polizei, Unfallhilfe/Notarzt ☎ 112

Kanu-Sport

Dansk Kano og Kajak Forbund DKF,
Idraettens Hus, Brondby Stadion 20, Brondby 2605, Denmark
☎ +45 43 29 10 94
Telefax: +45 43 26 20 95
Mail: dkf@kano-kajak.dk
Web: www.kano-kajak.dk

Die Anschriften der Kanu-Verleihstellen sind bei den örtlichen Verkehrsämtern zu erfragen.

Gewässer in Jütland, Dänemark

Vidå

Weitere Namen: Hvirlå [dan], Wiedau [deu]

Wanderfluss / Wiesen- und Marschenfluss
Mündung in Nordsee (DK)

Südjütland
Die Vidå fließt mit ruhiger Strömung parallel zur deutschen Grenze durch weit offenes Gelände, keine Schwierigkeiten.
Befahrbarkeit: ganzjährig, auch für Zweier.

28,1 Ursprung (Hvirlå) südlich von Rødekro in etwa 35 m Höhe. Die Befahrung der Hvirlå ist bis Hostrup verboten (54.9450,8.9625);
kurz nacheinander 2 II bei **Hostrup**, ab hier ist die Hvirlå befahrbar, empfohlene ⬇ (54.9451,8.9624)
25,8 ⇩ Zusammenfluss von Hvirlå (li) und Arnå (re), Befahrung der Arnå ist verboten. Ab hier Name des Flusses Vidå (54.9539,8.9306)
23,9 Str-II, re **DK Korntved** (54.9458,8.9061)
22,7 Str-II 11, Ortsumgehung von Tønder (54.9425,8.8884)
22,1 re ⇩ Galgenström (kanalisiert, **X**) (54.9407,8.8798);
Wege-II, EB-II Tønder, danach schöner Stadtpark (54.9404,8.8797)
21,2 Str-II Søndergade, **DK 6270 Tønder**, dahinter Mühlenteich mit Springbrunnen, Stadtbesichtigung, ⌘ (54.9342,8.8729)
21,0 Straßen-II Tønder, Kongevej, Schwallstrecke (Das Mühlenwehr wurde im Rahmen von Renaturierungsmaßnahmen entfernt.) (54.9328,8.8699)
20,8 re ⌂ Ruderclub Tondern mit Kanuabteilung, ⅄-Möglichkeit, ⬇-Möglichkeit, Kongevej 55, 6270 Tønder, www.toenderroklub.dk (54.9312,8.8699)
20,1 –17,1 ⚠ renaturierte Flussstrecke, unbedingt den Pfählen folgen, sonst kein Durchkommen (54.9247,8.8698)–(54.9122,8.8331)
19,7 li ⇩ der Grønå (s. Seite 48) in die Vidå (54.9225,8.8669)
19,4 EB-II (54.9217,8.8621)
18,5 li **DK Ubjerg** (54.9158,8.8538)
17,1 Str-II, li nach Aventoft, re nach Tønder (54.9122,8.8329)
16,5 li ⇩ der Sønderå (s. Seite 49) in die Vidå (54.9085,8.8269);
li Die Vidå ist jetzt ein wasserreicher Marschenfluss, von dichten Schilfwäldern begleitet, mit zahlreichen Windungen (54.9085,8.8261)
11,9 ⇩ in Rudbøl-See (54.8966,8.7617)
11,2 Str-II, re **DK Rudbøl**, Ausfluss aus Rudbøl-See (54.8987,8.7513)
6,9 li **DK Nørremølle** (54.9202,8.7102)

6,0 Str-Ⅱ (54.9268,8.7134)
2,3 Str-Ⅱ Siltoftvej, re **DK 6280 Højer** (54.9547,8.6922)
2,1 re ⌂ Deutscher Ruderverein Hoyer, gute und letzte ⬆-Möglichkeit, ⛺, Havnevej 12, 6280 Højer, www.rvh.nrv.dk (54.9552,8.6880)
1,7 Højer Schleuse (54.9566,8.6825)
0,2 ▬ zum Wattenmeer, Fahrt hier spätestens beenden. Abbau im Vorland re (54.9626,8.6618)
0,0 ⇩ in die Nordsee (54.9633,8.6591)

Grønå

Weitere Namen: Ugebæk [dan], Gröna

Kleinfluss-Wanderfluss
Mündung in Vidå bei km 19,7 (li Nebenfluss)

Südjütland
Die renaturierte Grønå fließt mit guter Strömung durch grüne Einsamkeit, unterbrochen von 4 Wehrstufen, die bei gutem Wasserstand fahrbar sind.
Befahrbarkeit: meist ganzjährig, auch für Zweier

23,9 Straßen-Ⅱ bei **DK Frestrup**, ⬇ in die Ugebæk (ihr Oberlauf ist ganzjährig gesperrt) (54.9372,9.1483)
21,0 Str-Ⅱ, li **DK Hajstrup** (54.9334,9.1149)
19,4 ▬ (54.9320,9.0965)
18,6 Wege-Ⅱ (54.9314,9.0850)
18,2 re ⇩ der Slogså (sie ist ganzjährig gesperrt); ab hier Flussname Grönå (54.9304,9.0810)
16,9 Str-Ⅱ N8, li **DK Saksborg**, mögliche ⬇ für die Befahrung der Grönå (54.9275,9.0677);
▬ (54.9278,9.0666)
15,5 ▬ (54.9218,9.0574)
14,9 re Dorf **DK Nolde**, Heimat des Malers Emil Nolde
12,9 Wege-Ⅱ, ▬, evtl. ≈, sonst überheben oder ⩳ (54.9177,9.0306)
10,2 Wege-Ⅱ (54.9245,9.0037)
8,6 Wege-Ⅱ (54.9237,8.9873)
8,4 Str-Ⅱ, re nach **DK Jejsingmark**, danach eine Schwallstrecke (das Wehr wurde entfernt), davor re ⬆ (54.9230,8.9845)
6,9 Wege-Ⅱ (54.9240,8.9677)
5,9 li ⇩ Vindtved-Kanal (s. Seite 49) in die Grønå (54.9247,8.9535)
5,8 Wege-Ⅱ, ab hier ist die Grønå begradigt (54.9246,8.9516)
4,4 Straßen-Ⅱ (54.9260,8.9306)
3,5 Wege-Ⅱ (54.9259,8.9162)
1,9 Str-Ⅱ 11, li nach **DK Sæd** (Grenze DK/D) (54.9243,8.8925)

1,9 –0,0 renaturierte Strecke, dem Stromzug folgen (54.9242,8.8923)–(54.9224,8.8670)
0,0 ⇩ der Grønå in die Vidå (s. Seite 47) bei km 19,7 (54.9225,8.8669)

Vindtved-Kanal

Kanal
Mündung in Grønå bei km 5,9 (li Nebenfluss)

Der Vindtved-Kanal verbindet als Hochwasserentlastungskanal die Sønderå mit der Grønå.

2,9 ➔ Vindtved-Kanal von der Sønderå (s. Seite 49) in einer re-Kurve. Hier läuft das meiste Wasser durch den Vindtved-Kanal zur Grønå. Die Fahrt ist auf diesem Kanal fortzusetzen (54.8998,8.9632)
2,8 Str-Ⅱ (54.9005,8.9630)
1,8 Wege-Ⅱ (54.9092,8.9608)
1,0 Str-Ⅱ, re davor ⛺ Holmgaard Lejrplads, www.biohof.dk (54.9165, 8.9589)
0,0 ⇩ Vindtved-Kanal in die Grønå (s. Seite 48) bei km 5,9 (54.9247, 8.9535)

Sønderå

Weitere Namen: Süderau (Vidå) [deu]

Wanderfluss (Wiesenfluss)
Mündung in Vidå bei km 16,5 (li Nebenfluss)

Südjütland
Die Sønderå (Süderau)ist ein recht reizvoller Wanderfluss, der mit guter Strömung mit vielen Bögen durch Wiesen und Wäldchen läuft, keine Schwierigkeiten.

Befahrungsregeln: Es besteht eine ganzjährige Sperrung des Oberlaufs bis km 25,9 sowie des Unterlaufs von km 10,2 bis zur Mündung.
Es kann jedoch über den Vindtved-Kanal zur Grønå weitergefahren werden. Das Zwischenstück zwischen diesen beiden Sperrstrecken kann nur in der Zeit vom 15.6.–14.11. befahren werden.

Umwelt: Wasser: sehr sauber, Salmonidengewässer

36,1 ⇩ Ursprung der Sønderå durch Zusammenfluss von Bjerndrup–Mölle Å und der Gejlå bei Bajstrup, beide Flüsse sind ganzjährig gesperrt (54.9038,9.2542)
36,1 –25,9 § ganzj. Befahrungsverbot (54.9038,9.2542)–(54.9051,9.1501)
25,9 Str-Ⅱ **DK Store Jindevad**, Mühlen-■, X, mögliche ⬇, Privatgelän-

de, nicht lagern (54.9051,9.1499)
25,9 –10,2 **§** Befahrungsverbot vom 15.11. bis 14.06 (54.9051,9.1498)–(54.8997,8.9632)
24,1 Wege-II (54.9055,9.1283)
23,7 Str-II (54.9035,9.1256)
22,3 ■, ≈, re ➔ Gammelå; sie ist ganzjährig gesperrt (54.9039,9.1114)
21,4 Wege-II (54.9009,9.1005)
20,9 Str-II, re **DK Rens** (54.9000,9.0926)
20,4 ■, **X**, re ⌂, Forellenzucht (54.8980,9.0876)
20,1 Str-II (54.8965,9.0837)
19,5 Str-II (54.8948,9.0760)
15,3 Str-II (54.8887,9.0229)
14,2 Wege-II (54.8894,9.0076)
13,3 Str-II, re nach Lydersholm, ab hier recht einsam (54.8918,8.9977)
13,0 ■, keine Angaben (54.8930,8.9941)
10,5 li ⇩ Gammelå, der Fluss wird zum Grenzfluss und ist begradigt (54.8981,8.9669)
10,2 re ➔ Vindtved-Kanal (s. Seite 49) von der Sønderå in einer re-Kurve. Hier läuft das meiste Wasser durch den Vindtved-Kanal zur Grønå. Die Fahrt ist auf diesem Kanal fortzusetzen (54.8998,8.9632)
10,2 –0,0 **§** ganzj. Befahrungsverbot (54.8998,8.9631)–(54.9085,8.8270)
0,0 ⇩ der Sønderå in die Vidå (s. Seite 47) bei km 16,5 (54.9085,8.8269)

Brede Å

Weitere Namen: Lobøk [dan]

Wanderfluss
Mündung in Nordsee (DK)

Südjütland
Die beiden Flüsse gestatten eine durchgehende Befahrung. Die Fahrt beginnt bei Nørre Løgum auf der Lobøk (heißt auf einigen Karten evtl. auch Fisbaek), nach ⇩ in die Bredå Å Weiterfahrt auf dieser bis zur ⇩ in die Nordsee, Ballum Sluse, insgesamt etwa 34 km.

34,7 Str-II **DK Nørre Løgum**, Lemmosevej, ⬇ (55.1161,8.9602)
34,5 Wege-II (55.1149,8.9596)
31,1 li ⇩ Smedebæk (55.0965,8.9562)
29,3 li ⇩ Havnebæk (55.0892,8.9437)
29,0 Wege-II, li **DK Ulstrup** (55.0883,8.9405)
27,0 Str-II, re **DK Løgumgårde** (55.0752,8.9342)
25,3 Str-II (55.0673,8.9442)
25,0 li ⇩ Kisbæk, ab hier Name Brede Å (55.0655,8.9465)

24,7 Str-II 401, re **DK 6240 Løgumkloster** (55.0634,8.9477)
24,2 Wege-II (55.0598,8.9457)
23,4 Wege-II (55.0540,8.9403)
21,6 Wege-II (55.0537,8.9202)
21,5 Str-II 25 (55.0538,8.9176)
20,6 Wege-II (55.0519,8.9091)
20,0 Str-II (55.0530,8.9023)
16,0 ←→ Flussteilung (55.0576,8.8592)
15,9 ⇩ Zusammenfluss der beiden Arme (55.0591,8.8588)
13,4 Str-II 11 (55.0597,8.8333)
13,3 Str-II, li **DK 6261 Bredebro**, 🚂 (55.0604,8.8315)
12,6 EB-II Bredebro (55.0621,8.8255)
8,1 Wege-II (55.0907,8.7798)
4,1 Str-II (55.1127,8.7316)
0,9 Str-II 419 (55.1298,8.6916)
0,5 ▬ Ballum Sluse, spätestens hier ⬆ (55.1308,8.6860)
0,0 ⇩ in die Nordsee (55.1317,8.6778)

Bronså

Kleinfluss
Mündung in Nordsee (DK)

Südjütland
Über diesen Kleinfluss liegt keine Befahrungsbericht vor. Erlaubte Fahrtstrecke: Arved – Seedeich.

11,6 **§** oberhalb ganzj. Befahrungsverbot (55.1815,8.8166);
Str-II, re nach **DK Åved**, ⬇ (55.1815,8.8165)
11,1 Str-II (55.1835,8.8103)
6,2 Str-II (55.1941,8.7545)
5,0 Wege-II (55.1923,8.7439)
4,7 EB-II, re 🚂 Brøns (55.1924,8.7414)
3,7 Str-II 11, re **DK Brøns** (55.1924,8.7276)
0,9 ▬ Brøns Sluse, ⬆ Fahrt spätestens hier beenden (55.1861,8.6881)
0,0 ⇩ in die Nordsee (55.1883,8.6741)

Ribe Å

Wanderfluss
Mündung in Nordsee (DK)

Südjütland
Die Ribe Å entsteht durch den Zusammenfluss der beiden Quellflüsse Gelså und Gramå und mündet nach 18 km in die Nordsee. Eine Beschreibung liegt

nicht vor.

18,1 ⇩ Zusammenfluss von li Gelså (s. Seite 53) und re Gramå (s. Seite 52), Beginn der Ribe Å (55.3209,8.8847)
17,5 Str-II (55.3225,8.8768)
14,7 Wege-II (55.3189,8.8479)
7,8 EB-II Ribe (55.3258,8.7693)
7,5 Str-II **DK 6760 Ribe**, Dagmarsgade, Kleinstadt, re (55.3277, 8.7673)
7,4 Wege-II Ribe, li halten (55.3283,8.7661)
7,3 Str-II Mühlendamm, ▬, Befahrbarkeit bzw. -Möglichkeit muss erkundet werden (55.3291,8.7637)
6,5 Str-II 11 und 24 (55.3337,8.7556)
2,5 li ⇩ eines Altarmes (55.3356,8.7001)
0,9 Kammer-, darüber Str-II, ⬆ hier ist die Fahrt spätestens zu beenden (55.3399,8.6763)
0,0 ⇩ in die Nordsee (55.3423,8.6633)

Gramå

Weitere Namen: Fladså

Wanderfluss
Mündung in Ribe Å bei km 18,1 (re Nebenfluss)

Südjütland
Die Gramå, die im Unterlauf Fladså genannt wird, ist der rechte Quellfluss der Ribe Å. Für die rund 22 km lange Fahrtstrecke liegt uns kein Befahrungsbericht vor.

Befahrungsregeln: Für den nicht beschriebenen Oberlauf soll ein ganzjähriges Befahrungsverbot bestehen.

21,8 Str-II Vråvej, ⬇ zu erreichen von der N24 in **DK Øster Lindet** (55.2967,9.1164);
§ ganzj. Befahrungsverbot für den Flusslauf oberhalb. Die genaue Grenze des Befahrungsverbotes ist uns nicht bekannt. Bitte vor Ort erkunden (55.2967,9.1165)
17,3 Str-II 449, li **DK 6510 Gram** , li Schloss Gram (Wasserschloss auf einer Insel), ⌘ Schlosspark (55.2964,9.0583)
16,0 Wege-II (55.2978,9.0409)
14,8 Kanu-, einfacher ⋀ (55.2965,9.0263)
11,9 Wege-II (55.2987,9.0016)
10,6 Wege-II, li **DK Nybølgård** (55.2992,8.9856)
8,4 Str-II, ab hier heißt der Unterlauf Fladså (55.3052,8.9645)
5,1 Str-II (55.3162,8.9308)

3,7 Wege-⊓ (55.3196,8.9157)
0,3 Wege-⊓ (55.3230,8.8863)
0,0 ⇩ Zusammenfluss von li Gelså (s. Seite 53) und re Gramå, Beginn der Ribe Å (s. Seite 51) bei km 18,1 (55.3209,8.8847)

Gelså

Wanderfluss
Mündung in Ribe Å bei km 18,1 (li Nebenfluss)

Die Gelså ist ein Quellfluss der Ribe Å. Eine Beschreibung liegt uns nicht vor. Aufgrund der in der Karte gefundenen Kanurastplätze ist anzunehmen, das dieser Fluss kanutouristisch genutzt wird

Befahrungsregeln: Der hier nicht beschriebene Oberlauf ist ganzjährig gesperrt.

38,7 **§** für den Oberlauf gilt ein ganzj. BV (55.1840,9.2545); Str-⊓, ⬇ bei **DK Over Jerstal**, Over Jerstal befindet sich re in ca. 1 km (55.1841,9.2544)
33,9 Str-⊓, li **DK 6541 Bevtoft** (55.2013,9.2145)
32,0 Str-⊓ N24 am Ortsende von Bevtoft (55.2027,9.1938)
31,2 Wege-⊓ (55.2060,9.1829)
29,3 Wege-⊓ (55.2130,9.1579)
28,0 re einfacher ⛺ Lunden (55.2234,9.1512)
27,6 Str-⊓ (55.2254,9.1472)
25,8 Wege-⊓, re einfacher ⛺ Gelsåen, li Siedlung **DK Åbøl** (55.2348, 9.1253)
25,7 Str-⊓ 25 (55.2350,9.1240)
22,2 Str-⊓ (55.2399,9.0716)
20,2 Str-⊓ 449 (55.2349,9.0429)
16,2 Str-⊓ (55.2449,8.9954)
14,7 Str-⊓ (55.2561,8.9863)
12,4 Wege-⊓ (55.2710,8.9757)
11,2 li Kanu-⛵ (55.2769,8.9680)
10,5 Wege-⊓ (55.2816,8.9679)
9,1 Str-⊓, re ⛺ Rastplatz Enderupskov (55.2820,8.9485)
7,1 Str-⊓ 24 (55.2942,8.9334)
6,6 Str-⊓, li ⛵ Gelsbro (55.2961,8.9286)
3,9 Wege-⊓ (55.3079,8.9139)
2,9 Wege-⊓ (55.3125,8.9078)
0,0 ⇩ Zusammenfluss von li Gelså und re Gramå (s. Seite 52), Beginn der Ribe Å (s. Seite 51) bei km 18,1 (55.3209,8.8847)

Kongeå

Wanderfluss
Mündung in Nordsee (DK)

Die Kongeå ist ein Wanderfluss in Südjütland, für den uns leider kein Fahrtenbericht vorliegt.

56,0 Str-Ⅱ **DK 6580 Vamdrup**, Søndergade, ⬇-Möglichkeit muss erkundet werden (55.4243,9.2799)
55,4 Str-Ⅱ Vamdrup (55.4228,9.2714)
53,1 Str-Ⅱ (55.4316,9.2417)
53,0 Wege-Ⅱ (55.4316,9.2408)
49,2 li ⛺ (55.4467,9.1904)
47,8 re ⇩ der Andst Å (55.4510,9.1708)
47,1 Str-Ⅱ, li Knagmølle, ▬ (55.4476,9.1636)
44,7 Str-Ⅱ 403 (55.4432,9.1366)
41,9 Str-Ⅱ, li 🚐 und 🅿 (55.4352,9.1095)
39,0 Wege-Ⅱ (55.4337,9.0717)
33,3 Str-Ⅱ 449, re **DK Foldingbro**, im Ort ein 🚐 (55.4409,9.0033)
32,8 Str-Ⅱ 32 (55.4396,8.9972)
31,8 Wege-Ⅱ (55.4391,8.9866)
28,4 Str-Ⅱ (55.4281,8.9536)
23,0 Wege-Ⅱ (55.4100,8.9063)
21,1 Str-Ⅱ 425, li in 200 m **DK Villebøl** mit 🚐 (55.4080,8.8854)
19,1 Wege-Ⅱ (55.4089,8.8682)
16,2 Str-Ⅱ (55.4124,8.8352)
14,7 Wege-Ⅱ (55.4118,8.8186)
12,9 Wege-Ⅱ (55.4055,8.8020)
7,8 Str-Ⅱ **DK Gredstedbro**, 🚆 (55.3956,8.7443)
7,6 EB-Ⅱ (55.3950,8.7421)
7,1 Str-Ⅱ A11 A24 (55.3925,8.7358)
6,7 Wege-Ⅱ (55.3919,8.7300)
5,5 Str-Ⅱ, li **DK Jedsted** (55.3951,8.7134)
4,8 Wege-Ⅱ (55.3946,8.7033)
0,3 ⬆ mit ⛺, die Fahrt muss hier beendet werden (55.3806,8.6483); ▬ Kongeåslusen (55.3807,8.6473)
0,0 ⇩ in die Nordsee (55.3800,8.6431)

Skjern Å

Kleinfluss-Wanderfluss
Mündung in Ringkøbing Fjord

Mittel-Jütland

Die Skjern Å ist ein ruhiger Wanderfluss. Sie windet sich mit guter Strömung und vielen Kurven durch eine ansprechende Landschaft, im Sommer stark verkrautet und mit Büschen verwachsen.

Befahrungsregeln:	Hier die uns bekannten momentan gültigen Bestimmungen für die Befahrung der Skjern Au in Dänemark/Westjütland: Oberhalb Borriskrog Brücke: mit Registrierungsmarke (Kauf bei Skern Aa Kanufart Tel. 004575736001 oder Brande Camping Tel. 004597181049) in der Zeit vom 16.6. - 30.9. von 8.00-18.00 Uhr. Unterhalb Borriskrog Brücke: Ohne Registrierungsmarke - im Hauptlauf des Flusses von Borris bis zur Mündung in den Ringköbingfjord mit dem Strom vom 16.6.-28./29.2. von 7.00 bis Sonnenuntergang, max. jedoch 20.00 Uhr. - Im Hauptlauf gegen den Strom vom Fjord bis zum Skjern Baadehavn im gleichen Zeitraum. - im Südlauf vom Hauptlauf bis zur Seilzugfähre am Gl. Botoftevej in beiden Richtungen im gleichen Zeitraum.
Umwelt:	Wasser: mäßig sauber
Infrastruktur:	⛺ bei Brande.

97,7	Ursprung aus dem Rørbæk Sø (dieser See ist auch der Ursprung der Gudenå) (55.9361,9.3561)
97,7	–27,0 § Befahrung nur mit Registrierungsmarke (Kauf bei Skern Aa Kanufart Tel. +45 75736001 oder Brande Camping Tel. +45 97181049) in der Zeit vom 16.6. - 30.9. von 8.00-18.00 Uhr (55.9362, 9.3560)–(55.9559,8.6665)
78,7	EB-II (55.9613,9.1138)
77,9	Str-II 18 (55.9624,9.1062)
77,3	Str-II 184 (55.9635,9.0988)
77,1	li ⇩ Brande Å (55.9638,9.0961)
76,3	re ⛺, gute ⬇, ab hier Befahrung ganzjährig möglich, Herningvej 107, 7330 Brande, ☎ +45 97 18 10 49 (55.9653,9.0905)
70,6	Straßen-II (55.9824,9.0556)
68,9	Wege-II (55.9849,9.0387)
66,5	**Hytten Dambrug**, ▬, X, re ⏏ etwa 30 m weit (55.9887,9.0243)
66,3	Wege-II (55.9900,9.0231)
65,5	Wege-II (55.9914,9.0150)
60,2	Str-II Sønder Green–Arnbourg Kirke, li ⛪ (55.9958,8.9639)
60,1	re ⇩ der Rind Å (s. Seite 57) in die Skjern Å (55.9959,8.9629); ▬, keine Angaben (55.9958,8.9627)
57,8	Wege-II (55.9920,8.9445)

51,4 Str-II, re **DK Skarrild** (55.9758,8.8980)
43,0 Str-II (55.9511,8.8307)
39,4 EB-II (außer Betrieb) (55.9409,8.7922)
39,1 Str-II 12 Sønder Felding (55.9410,8.7885)
39,0 Wege-II Sønder Felding (55.9419,8.7866)
38,9 li Anleger Sportplatz, gute Gelegenheit zur Beendigung der Fahrt, (55.9417,8.7858)
38,7 Str-II, **DK Sønder Felding** (55.9403,8.7834)
38,4 Wege-II (55.9405,8.7790)
30,3 Wege-II (55.9570,8.7074)
28,4 re ⇩ Vorgod Å. Ab hier kanalisiert (55.9601,8.6848)
27,0 Str-II Borriskrogvej, re **DK Borris** (55.9558,8.6664)
26,9 –0,0 **§** Befahrung ohne Registrierungsmarke - im Hauptlauf des Flusses von Borris bis zur Mündung in den Ringköbingfjord mit dem Strom vom 16.6.-28./29.2. von 7.00 bis Sonnenuntergang, max. jedoch 20.00 Uhr. - Im Hauptlauf gegen den Strom vom Fjord bis zum Skjern Baadehavn im gleichen Zeitraum. - im Südlauf vom Hauptlauf bis zur Seilzugfähre am Gl. Botoftevej in beiden Richtungen im gleichen Zeitraum (55.9557,8.6664)–(55.9130,8.3621)
23,4 Str-II (55.9396,8.6302)
18,4 Str-II (55.9423,8.5756)
16,1 li ⇩ Omme (eine Befahrung der Omme ist nicht möglich, da sie auf weiten Strecken durch militärisches Sperrgebiet führt, das für jeglichen Zutritt verboten ist; es werden strenge Kontrollen durchgeführt) (55.9314,8.5597)
16,0 Wege-II (55.9315,8.5582)
12,7 Str-II 28, li **DK Tarm**, re **DK 1787 Skjern**, ⬆ die Fahrt kann hier beendet werden (55.9292,8.5125)
12,4 EB-II (55.9297,8.5077)
11,7 Wege-II (55.9294,8.4990)
10,2 li ⇩ eines Kanals (55.9191,8.4898)
5,8 Str-II, li **Lønborg**, ⬆, letzte Gelegenheit, die Fahrt vor der ⇩ zu beenden (55.9075,8.4387)
5,3 re ➔ zu einem See (55.9099,8.4339)
4,9 li ← Fortgrøft, Weiterfahrt rechts (55.9119,8.4274)
3,1 Seilzug- (55.9176,8.4092)
0,0 ⇩ in Ringkøbing Fjord im Bereich eines Naturschutzgebietes. Der Ringkøbing Fjord ist ein großer Binnensee, durch einen schmalen Landstreifen von der Nordsee getrennt. Eine Durchfahrt zur Nordsee besteht nur bei Hvide Sande, hier ⇄. Eine Beendigung der Fahrt im

Mündungsbereich ist kaum möglich. Nächste Straßenzufahrt nach Süden 3 km bis Styg Gårde, nach Norden 5 km bis Sønderby (55.9129,8.3619)

Rind Å

Kleinfluss (Wiesenfluss)
Mündung in Skjern Å bei km 60,1 (re Nebenfluss)

Mitteljütland
Die Rind Å ist ein landschaftlich reizvoller kurvenreicher Kleinfluss durch Wiesen und teilweise durch Wald

Befahrbarkeit:	ganzjährig.
Umwelt:	Wasser: Im Oberlauf erheblich verschmutzt, später schnelle Reinigung. Im Sommer erhebliche Verkrautung.

20,7	Straßen-Ⅱ **DK Rind Kirke** bei Lind, ⬇ bei gutem Wasserstand (56.0901,8.9558)
19,7	li ⇩ Fjederholt Å mit guter Wasserzufuhr, das Wasser wird sauberer (56.0840,8.9609)
18,2	Str-Ⅱ Kiderisvej (56.0762,8.9698)
15,7	Wege-Ⅱ (56.0629,8.9789)
12,9	Wege-Ⅱ Ø. Høgildvej (56.0515,8.9886)
10,5	Str-Ⅱ Toksvigvej, ⬇, falls der Wasserstand oberhalb unzureichend ist (56.0419,8.9883)
7,2	▬, **X**, re ⌓ (56.0261,8.9918)
6,6	Wiesen-▬, ≈, darüber Steg
5,3	Str-Ⅱ 439, **DK Arnborg** (56.0140,8.9903)
4,9	Wege-Ⅱ (56.0120,8.9899)
1,4	Str-Ⅱ Søndre Greenvej (56.0027,8.9689)
0,2	Flussteilung, li ⬅ fahren (55.9965,8.9606)
0,0	⇩ der Rind Å in die Skjern Å (s. Seite 54) bei km 60,1 (55.9959, 8.9629)

Skals Å

Wanderfluss (Wiesenfluss)
Mündung in Hjarbæk Fjord

Mittel-Jütland
Die Skals Å ist ein kurvenreicher Wiesenfluss, landschaftlich reizvoll, im Oberlauf teilweise von Wald begleitet, im Unterlauf durch Sumpfgebiet, keine Schwierigkeiten.

Befahrbarkeit:	ab Fårup wahrscheinlich ganzjährig.
Umwelt:	Wasser: mäßig verschmutzt

45,8 re ⇩ Katbæk, mögliche ⬇ bei gutem Wasserstand, zu erreichen auf einem Feldweg südlich von Fårup (56.5340,9.8544)
44,9 stillgelegte EB-Ⅱ, jetzt Feldweg (56.5341,9.8543)
42,5 Str-Ⅱ Fårup–Nørbæk, gute ⬇, Flussbreite etwa 5 m (56.5436,9.8286)
41,1 Wege-Ⅱ Handestvej (56.5537,9.8284)
37,4 li ⇩ der Vorning Å (s. Seite 58) in die Skals Å. Dieser Fluss ist landschaftlich reizvoller als der Oberlauf der Skals Å, daher gut geeignet als Vorfahrt. (56.5606,9.7823)
37,0 Wege-Ⅱ Gråkærvej (56.5614,9.7769)
36,2 re ⇩ Kongsvad mølle Å mit glasklarem Wasser, **X** (56.5659,9.7671)
34,3 Str-Ⅱ 517, re **DK Sønder Onsild**, gute ⬇ (56.5733,9.7445)
26,8 Str-Ⅱ, re nach **DK Klejstrup** (56.5849,9.6596)
25,3 re ⇩ Klejstrup Å (56.5800,9.6436)
17,0 Str-Ⅱ bei **DK Herson** (56.5505,9.5674)
13,8 li ⇩ Rødå aus dem Rødsø (56.5541,9.5339)
11,1 Wege-Ⅱ (56.5680,9.5048)
10,1 Str-Ⅱ 13, 15 km nach Viborg (56.5731,9.4929)
4,6 Str-Ⅱ, re **DK Ejstrup** (56.5526,9.4275)
2,4 Str-Ⅱ 533, re **DK Skals**, Krautfangbalken (56.5416,9.4024)
0,0 Wege-Ⅱ, danach ⇩ in Hjarbæk Fjord. Nach 3 km li 🚐 bei Hjarbæk (56.5361,9.3703)

Vorning Å

Kleinfluss und See
Mündung in Skals Å bei km 37,4 (li Nebenfluss)

Mittel-Jütland

Die Vorning Å fließt zunächst durch den Tjele Langsø, einen einsamen, hübsch umgrünten See. Nach Ausfluss aus dem See ist die Vorning Å ein landschaftlich recht reizvoller Kleinfluss, mit vielen Kurven und mäßiger Strömung.
Eine Befahrung des Sees und der Vorning Å ist gut geeignet als Vorfahrt für eine Weiterfahrt auf der Skals Å.

Befahrbarkeit: Der Oberlauf der Vorning Å, also oberhalb des Sees, ist unfahrbar, ab See wahrscheinlich ganzjährig, auch für Zweier, keine besonderen Schwierigkeiten.
Umwelt: Wasser: erheblich getrübt

15,2 Am S-W-Ende des Sees befindet sich ein hochgelegener 🚐, ⬇ hier etwas mühsam. Die Fahrt geht entlang dem O-Ufer des etwa 500 m breiten Sees. Man kann die Fahrt auch am NO-Ende des Sees beginnen, ⬇ an der Straße von Sønder Onsild nach Lindum. Die Fahrt geht dann 2,5 km weit bis zum Ausfluss der Tjele Å, Vammen Camping,

Langsjøvej 15, 8830 Tjele, www.vammencamping.dk/de, ☎ +45 86 69 01 52 (56.5227,9.5965)

8,9 re Ausfluss der Vorning Å etwa 100 m vor dem Anfang der Bucht (56.5456,9.6812);
Steg, dahinter flache Stelle (56.5453,9.6820)

8,4 Str-II 517 Sønder Onsild–Tjele (56.5425,9.6869)

3,9 Str-II 575, danach Feldweg-II (56.5513,9.7318)

0,0 ⇩ der Vorning Å in die Skals Å (s. Seite 57) bei km 37,4. Dieser Fluss ist landschaftlich reizvoller als der Oberlauf der Skals Å, daher gut geeignet als Vorfahrt. (56.5606,9.7823)

Gudenå

Weitere Namen: Randers Fjord

Wanderfluss
Mündung in Ostsee (DK)

Mitteljütland

Die Gudenå ist der längste Fluss Dänemark; sie ist ein erholsamer Wanderfluss mit längeren See-Strecken, der sehr häufig befahren wird. An mehreren Stellen können Leihkanus gemietet werden. Sie wird gemeinsam mit dem Randers Fjord beschrieben. Auf manchen Karten wird dieser Fjord auch Gudenå genannt.

Befahrungsregeln: Die Gudenå ist in der Zeit vom 01.01. bis 15.06. von Tørring bis Mossø für jegliche Befahrung aus Naturschutzgründen gesperrt.

In der übrigen Zeit ist die Befahrung nur mit Genehmigungsschein gestattet. Er wird, in anscheinend nur sehr begrenzter Anzahl, von der Kreisgemeinde Vejle ausgegeben. Anschrift: Am Vejle, Damhaven 12, DK 7100 Vejle. Es wird daher empfohlen, die Genehmigung schon sehr frühzeitig anzufordern (Januar–Februar). Preis: 30 DKr pro Tag und Boot. Bei Befahrung mit Leihbooten bestehen keine Schwierigkeiten, da die Erlaubnis vom Vermieter beschafft wird. Als verbotsfreie Alternative kann empfohlen werden, die Fahrt auf dem Skanderborgsø zu beginnen. Man gelangt dann über einen kleinen Flusslauf zum Mossø und damit zum nicht verbotenen Abschnitt der Gudenå. In den Seen bestehen örtlich totale Befahrungsverbote von Uferzonen, an manchen Stellen beziehen sich die Beschränkungen nur auf Windsurfer, Segel- und Motorboote.

Befahrbarkeit: Im Oberlauf dürfte das Wasser gelegentlich knapp werden

Schwierigkeiten: je nach Wasserstand 5–7 Umtragstellen; das Umtragen wird durch vorhandene Bootswagen erleichtert. Sonst keine Schwierigkeiten, Zahmwasser. Auf den Seen evtl. Probleme durch Wind und Wellengang.

Infrastruktur: Zeltmöglichkeit: mehrere gekennzeichnete einfache Zeltplätze, meist mit Toiletten und Wasser, mehrere 🚐, Camping-Ausweis erforderlich (beim Platzwart erhältlich)

172,9 Str-II **DK Tørring**, 🚐, Bootsverleih. Der Fluss ist hier etwa 4 m breit. Die Fahrt geht durch Wiesen- und Marschlandschaft (55.8542,9.4849)

172,9 –131,5 § Die Gudenå ist in der Zeit vom 01.01. bis 15.06. von Tørring bis Mossø für jegliche Befahrung aus Naturschutzgründen gesperrt. In der übrigen Zeit ist die Befahrung nur mit Genehmigungsschein gestattet. Er wird, in anscheinend nur sehr begrenzter Anzahl, von der Kreisgemeinde Vejle ausgegeben. Anschrift: Am Vejle, Damhaven 12, DK 7100 Vejle. Es wird daher empfohlen, die Genehmigung schon sehr frühzeitig anzufordern (Januar–Februar). Preis: 30 DKr pro Tag und Boot. Bei Befahrung mit Leihbooten bestehen keine Schwierigkeiten, da die Erlaubnis vom Vermieter beschafft wird. Als verbotsfreie Alternative kann empfohlen werden, die Fahrt auf dem Skanderborgsø zu beginnen. Man gelangt dann über einen kleinen Flusslauf zum Mossø und damit zum nicht verbotenen Abschnitt der Gudenå (55.8542,9.4850)–(56.0423,9.6976)

172,3 Wege-II (55.8531,9.4924)

169,8 Wege-II (55.8519,9.5186)

164,6 Wege-II (55.8693,9.5609)

162,7 Str-II Raskvej (55.8796,9.5696)

162,1 Wege-II, li **DK Ale**, ⛺ mit Toilette (55.8832,9.5743)

158,7 Str-II 185, danach li ⛺ am Krug. Die Landschaft wird abwechslungsreicher mit steilen Uferböschungen (55.9012,9.6110)

152,0 re 🚐 Bredstenbro (55.9361,9.6514)

151,8 Str-II, re **DK Bredstenbro** (55.9366,9.6530)

151,5 Str-II 52 (55.9377,9.6574)

148,0 Str-II Bredvadmøllevej, Tages-⛺ (55.9564,9.6811)

146,9 ⇩ in den ersten Vestbirk Sø (55.9619,9.6928)

146,5 Am See-Ende re 🚐 Vestbirk Camping ApS mit Kochgelegenheit, Møllehøjvej 4, 8752 Østbirk, vestbirk.dk-camp.dk, ☎ +45 75 78 12 92 (55.9643,9.6975)

145,9 der schönere, rückwärtige Teil des 🚐 ist zu erreichen, wenn man nach 100 m re in den Kanal zum Naldal Sø und auf dem See 200 m

nach re fährt (55.9666,9.7026)
145,7 niedrige II, je nach Wasserstand evtl. ⌓, Bootswagen vorhanden (55.9671,9.7050)
145,1 Str-II am See-Ende, ▬, wenn geschlossen, re ⌓, danach Kanal (55.9718,9.7032)
144,5 Wege-II des Postkærgard-ϟ, re ⌓, Bootswagen vorhanden, danach li ⇩ der Gudenå, Tages-⛺ mit Toilette (55.9768,9.7004)
138,2 Str-II 453, li **DK Voervadsbro** (56.0138,9.6969)
136,6 Mühle Vilholt, Papierfabrik, ▬, **X**, li 50 m ⌓, Bootswagen vorhanden, auf dem Luftbild ist das Wehr nicht mehr zu erkennen. Tagesrastplatz und Toilette (56.0222,9.6834)
133,5 Wege-II, re Højlund. 500 m zum 108 m hohen „Sukkertop“ (Zuckerhut) (56.0400,9.6715)
133,3 li Klostermühlen-Kanal unter einem tunnelartigen Laubdach, hier anlanden verboten (56.0411,9.6735)
132,5 Str-II, li 500 m Vissingkloster (56.0414,9.6856)
131,9 Wege-II, ▬, **X**, li über eine 20 m lange Blechrutsche ⌓, Tages-⛺ mit Toilette (56.0401,9.6934)
131,5 ⇩ in den Mossø (56.0423,9.6977)
131,4 ⇩ der Route Skanderborgsø (s. Seite 65) in die Gudenå (56.0424, 9.6984)
131,0 Nach Weiterfahrt in Richtung NNO Ausfluss der Gudenå aus dem See (56.0463,9.7009)
129,4 li ⇩ Salten Å. 500 m flussaufwärts li Gudenå-Museum mit größter dänischer Sammlung von Geräten der steinzeitlichen Gudenå-Kultur, ⌘. Hier auch 🚐 (56.0563,9.7079)
128,3 Str-II, Tages-⛺, li nach **DK 8680 Gammel Rye** 2 km (56.0597, 9.7187)
125,9 ⇩ in Gudensø, Kurs entlang des Nordufers (56.0620,9.7450)
125,1 Am S-Ufer Tages-⛺, Besuch des nahegelegenen Klosters Øm mit Klosterruine und Museum, ⌘
123,7 bis 123,2 **§** am li Ufer fahren, die Entenbucht an der NO-Ecke des Gudensø ist aus Naturschutzgründen für eine Befahrung gesperrt
122,8 re 🚐, kurz danach See-Enge zum Rye Mølle Sø (56.0766,9.7609)
122,6 re ⇩ der Skærså, Befahren verboten (56.0778,9.7641)
120,9 Str-II, Mühlen-▬, **X**, ⌓ über die Straße in den Birksø, Bootswagen vorhanden, re **DK 8680 Ry**, 🚂 (56.0917,9.7532)
120,5 re ⛺ (56.0947,9.7483);
⚠ die Entenbucht am SW-Ufer des Birksø darf aus Naturschutzgründen nicht befahren werden (56.0939,9.7474)
120,1 re ➔ einer Nebenroute: unter der Str-II Einfahrt in den kleinen

Knudsø. Hier nach 800 m am N-Ufer Elito Camp Birkhede und nach 1 200 m am S-Ufer ein weiterer . Die Horskær Spids am N-Ufer darf in einem 50 m breiten Uferstreifen nicht befahren werden. Am O-Ende des Knudsø ⇩ der Knudå, Befahren verboten, nördlich davon eine Jugendherberge, Lyngvej 14, 8680 Ry, ✆ +45 86 89 13 55 (56.0949,9.7425)

119,2 Ausfluss der Gudenå aus dem See. re Tagesrastplatz mit Toilette (56.0937,9.7274)

116,9 ⇩ in den Rosvig, Befahrung des inneren westlichen Teiles ist verboten (56.1113,9.7178)

116,1 See-Enge, Einfahrt in Julsø, Kurs W (56.1175,9.7123)

114,7 ⚠ Sperrbereiche im See: am S-Ufer die N-Seite des Stigsballe-Hauptes sowie in See-Mitte ein 50 m breiter Bereich um die kleinen Inseln Alø und Bregnø

114,4 Am S-Ufer des Julsø Schiffsanleger und Hotel, in 1 km Entfernung der 147 m hohe Himmelsbjerget mit Aussichtsturm

111,4 li Skyttehusets Camping, danach See-Enge, re **DK Svejbæk**, Svejbækvej 3, Virklund,8600 Silkeborg, www.skyttehusetscamping.dk, ✆ +45 86 84 51 11 (56.1257,9.6393)

110,9 ⇩ in Borre Sø, Fahrt entlang dem S-Ufer (56.1281,9.6355)

109,7 li Schiffsanleger, von dort Wanderung 300 m zum stillen Slænsø mit glasklarem Wasser, Rundweg mit herrlichem Laubwald etwa 2,5 km

109,3 Weiterfahrt nach N an der Insel Borre Ø vorbei. Im Westen eine schöne Bucht, deren äußerste SW-Ecke gesperrt ist (56.1316,9.6107)

108,5 See-Enge, re **DK Sejs**, 2 km landeinwärts im N (56.1361,9.6002)

107,7 Ausfahrt in den Gudensø (56.1384,9.5902)

106,6 See-Enge, re Hattenæs (56.1459,9.5787)

106,5 Nebenroute: scharf li Abstecher durch einen kurzen Kanal zu dem idyllischen Arnsø (56.1458,9.5763)

106,2 Kleine Insel Kongsholm, **§**, Uferzone in 50 m Breite gesperrt, Durchfahrt jedoch beidseits frei (56.1483,9.5732)

106,0 Nebenroute: am NW-Ende der 500 m tiefen Bucht durch den Seeausfluss aufwärts nach 150 m in den ruhigen Vejlsø (500 m). An dessen W-Seite Ausfluss des 150 m oberhalb liegenden schönen Almind Sø (1,4 km) mit Seebad (56.1493,9.5694)

105,8 Ausfluss der Gudenå aus dem See Gudensø (56.1510,9.5714)

105,0 li (56.1570,9.5644)

104,9 li Freilichttheater von Silkeborg (56.1580,9.5635)

103,9 EB- und Str-Ⅱ, **DK 8600 Silkeborg**, Stadt mit ca. 46.000 Einwohnern, , Jugendherberge, 2 Museen, ⌘ (56.1644,9.5553)

103,3 li vor der 2. Str-Ⅱ in Silkeborg. ⚠ Unter der Brücke ein ▬, **X**.

Alle Brückendurchfahrten sind gesperrt. Nach der Brücke sind knapp über dem Wasser Stahlseile gespannt. Es wird empfohlen, die Schleuse li für 25,00 DKR zu benutzen. Zum ⏏ 50 m vor der Brücke li an einem Slip ausbooten und dann li 300 m auf Straße und Fußweg bis zur folgenden Fußgängerbrücke mit Bootswagen umsetzen (56.1701,9.5543)

103,1 Fußg-Ⅱ Silkeborg (56.1715,9.5546)
102,9 3. Str-Ⅱ Silkeborg (56.1731,9.5564)
102,8 Fußg-Ⅱ (56.1740,9.5557)
102,7 ⇩ der Gudenå in den Silkeborg Langsø, Weiterfahrt nach O (56.1742, 9.5557);
⇩ der Lyså (s. Seite 65) in die Gudenå (56.1746,9.5557)
101,3 re ⛟, hoch gelegen, am Ufer keine ⛺-Möglichkeit (56.1711,9.5756)
99,9 2 Str-Ⅱ 15 am Ende des Silkeborg-Langsø (56.1739,9.5993)
99,4 re **DK Skærbæk** (56.1729,9.6072)
97,0 re Str-Ⅱ Resendalvej (56.1820,9.6414)
92,8 See-Enge, danach Sminge-Sø (56.2107,9.6629)
92,4 re ⇩ Gjern Å, Befahrung verboten (56.2138,9.6712)
92,3 li See-Enge, ⛺ (56.2142,9.6675)
91,3 Str-Ⅱ, li **DK Svostrup**, Tages-⛺, ✕ (56.2229,9.6689)
89,2 Str-Ⅱ Brovejen (56.2402,9.6704)
84,1 re ⛟, Schwimmbad, Sauna, ⛺ am Ufer möglich (56.2808,9.6635)
81,6 Str-Ⅱ 26, li **DK Kongensbro**, ✕, 100 m davor li gepflegter Tages-⛺ (56.2973,9.6704)
81,0 re ⇩ Gjeld Å (56.2997,9.6790)
78,7 re ⛺
78,6 ⇩ in Ans Sø (56.3154,9.6592)
74,6 Str-Ⅱ, li **DK 8643 Ans**, danach der Tange Sø. Von Ans gute Busverbindung nach Silkeborg (56.3119,9.5998)
69,7 li am N-Ufer der Ort **DK Tange** (56.3499,9.5972)
69,4 Ausfluss der Gudenå aus dem See (56.3519,9.5976)
69,1 ϟ, **X**, ↰ 100 m vor dem ϟ, hinter dem Werk stehen Bootswagen, ⬇ über eine steile Treppe (56.3540,9.6024)
66,4 Wege-Ⅱ (56.3657,9.6343)
65,0 Wege-Ⅱ (56.3716,9.6536)
64,6 Str-Ⅱ, **DK Bjerringsbro**, li 🚂 (56.3715,9.6591)
63,2 Str-Ⅱ 575 (56.3736,9.6773)
61,9 Wege-Ⅱ (56.3772,9.6959)
57,1 re ⛟, Bamsebo Camping, Hagenstrupvej 28, 8860 Ulstrup, http://bamsebo.dk/, ✆ +45 86 46 34 27 (56.3883,9.7624)
55,0 Str-Ⅱ, re **DK Ulstrup**, nach 150 m Tages-⛺ (56.3936,9.7940)

49,9 Str-Ⅱ (56.3866,9.8644)
47,8 EB-Ⅱ, danach re ⇩ der Hadsten Lilleå, Befahrung verboten. Danach Wege-Ⅱ, li 🚆 Langå (56.3813,9.8927)
46,3 re Gut Loistrup, li **DK Langå**, 🚐 (56.3859,9.9096)
45,5 Wege- und Str-Ⅱ 587 (56.3931,9.9078)
37,2 EB-Ⅱ (56.4421,9.9730)
36,8 li ⇩ der Norreå (s. Seite 66) in die Gudenå (56.4458,9.9720)
35,1 Str-Ⅱ 16 (E45) (56.4558,9.9921)
33,2 li ⌂, ⛺-Möglichkeit auf Anfrage, 🚆 in 1,5 km (56.4575,10.0202)
32,6 EB-Ⅱ (56.4560,10.0311)
32,3 EB-Ⅱ (56.4556,10.0345)
32,0 Str- und Fußg-Ⅱ, li **DK 8900 Randers**, Hafenstadt mit ca. 62.000 Einwohnern, 🚆, re **DK Strømmen** und **DK Kritrup**. Es folgt das Hafengebiet von Randers (56.4565,10.0398)
30,5 ← in ein 1,2 km langes Hafenbecken (56.4618,10.0623)
29,6 li seeartige Erweiterung (56.4641,10.0762)
29,1 li Landungssteg von Dronningsborg (56.4668,10.0830)
27,8 Fahrrinne des Randersfjords, deutlicher Tideneinfluss (56.4634, 10.1041)
27,6 li Klosterenge-Nase, danach re der Tagholm
24,4 li Pumpstation und ⇩ der Møllebæk (56.4644,10.1529)
20,9 re Sportboothafen, gute ⇅ (56.4719,10.2063)
20,0 re ⇩ Grundfjord in die Gudenå, ab hier beginnt der Randers-Fjord (56.4783,10.2168)

Nebenstrecke Grundfjord

Der rechte Seitenfjord nimmt an seinem Ende die Alling Å auf.

4,8 ⇩ der Alling Å (s. Seite 67) in den Grundfjord (56.4698, 10.2907)
0,0 ⇩ Grundfjord in die Gudenå (s. Seite 59), ab hier beginnt der Randers-Fjord (56.4783,10.2168)

15,1 Auto-⛴, li **DK Mellerup** (56.5204,10.2274)
3,8 Auto-⛴, **DK Udbyhøj**, re Lotsenstation (56.6084,10.3013)
3,5 li der kleine Hafen von Vasehuse (56.6101,10.3065)
0,0 in das Kattegatt. Die Gezeiten sind im Kattegat mit etwa 60 cm Wasserstandsschwankung recht gering, der Flutstrom im Randersfjord ist jedoch deutlich wirksam.
Weiterfahrt auf der Ostsee:
Nach Norden bis Mariager Fjord 46 km, bis Limfjord nach Aalborg 74 km, bis Struer etwa 170 km.

Nach Süden bis Aarhus 115 km; etwa 5–6 Tage, da man bei stärkeren Winden alle Seebuchten ausfahren oder Ruhetage einlegen muss (56.6044,10.3606)

Skanderborgsø

Seen und Kleinflüsse
Mündung in Gudenå bei km 131,4

Eine Befahrung des Skanderborgsø mit anschließenden Fließ- und Seestrecken führt zum Mossø und damit zur Gudenå.
Eine Befahrung dieser Route kommt in Frage, wenn wegen des Befahrungsverbotes eine Befahrung des Oberlaufs der Gudenå nicht möglich ist. Von Skanderborg Bahnverbindung zu verschiedenen Bahnhöfen an der Gudenå.

19,2 **DK 8660 Skanderborg**, Stadt mit ca. 19.000 Einwohnern, 🚂, ⬇ in den Skanderborgsø im Søsporthavn, ⌂ 600 m. Fahrt entlang dem NW-Ufer (56.0436,9.9344)

15,8 re Durchfahrt zum Lillesø. Fahrt nach W (56.0186,9.9250)

13,9 See-Ausfluss, EB-II, danach seeartige Erweiterung, Fahrt weiterhin nach W (56.0167,9.8951)

13,1 See-Ausfluss, Str-II 170 und E45, danach weiterer kleiner See (56.0154,9.8829)

11,7 See-Ausfluss, es folgt ein schöner gewundener Wiesenfluss Tåning Å (56.0213,9.8635)

9,1 Str-II 409, ▬, X, li über Straße ⛺, re Fuldbro Mølle (56.0244, 9.8346)

8,7 ⇩ in Mossø, re nach 2,6 km im Norden der Ort **DK Alken**. Weiterfahrt über den See nach W (56.0275,9.8310)

6,4 li hochgelegener schöner 🚐 (56.0287,9.7941)

3,1 re Halbinsel Emborg Odde, Vogelschutzgebiet, **§**, 100 m Abstand vom Ufer halten. In der Bucht hinter der Halbinsel Emborg mit Øm Kloster, Museum und Ruine, ⌘ (56.0351,9.7451)

0,0 ⇩ der Route Skanderborgsø in die Gudenå (s. Seite 59) bei km 131,4 (56.0424,9.6984)

Lyså

Wanderfluss, Seen
Mündung in Gudenå bei km 102,7 (li Nebenfluss)

Die Lyså verbindet den Ørnsø mit dem Silkeborg Langsø und mündet dort in die Gudenå. Diese Strecke ist ein interessanter Abstecher bei einer Befahrung der Gudenå.

4,6 Ausfluss aus dem Ørnsø (56.1560,9.5163)

4,4 mehrere Ⅱ in **DK Silkeborg, StT Lysbro** (56.1571,9.5144)

3,7 Fußg-Ⅱ (56.1597,9.5099)

3,6 ⇩ in den Silkeborg Langsø (56.1604,9.5104)

1,9 Str-Ⅱ 52, Engstelle des Silkeborg Langsø (56.1727,9.5277)

0,0 Str-Ⅱ **DK 8600 Silkeborg**, Stadt mit ca. 46.000 Einwohnern (56.1745,9.5553);
⇩ der Lyså in die Gudenå (s. Seite 59) bei km 102,7 (56.1746,9.5557)

Norreå

Wald- und Wiesenfluss
Mündung in Gudenå bei km 36,8 (li Nebenfluss)

Die Norre Å ist ein landschaftlich reizvoller Fluss. Im Oberlauf fließt sie durch kleine, einsame Seen, später durch Wald und Wiesen, begrenzt von bewaldeten Höhenrücken. Im Unterlauf offene Wiesenlandschaft.

Umwelt:	Wasser: in den Seen klar, später mäßig verschmutzt.
Schwierigkeiten:	wenig Strömung, mäßig gewunden, Zahmwasser, auch für Zweier
Infrastruktur:	Zeltmöglichkeit: schlecht.

53,0 Günstige ⬇ am S-Ende des Hald Sø an der Straße Dollerup–Katlballe, 🅿 mit WC (56.3672,9.3325)

49,8 li Schloss Hald, ⌘

48,8 See-Ausfluss, ▬, Fischzuchtanlage. Danach gute Strömung (56.3975,9.3679)

48,3 Str-Ⅱ 13 (56.4007,9.3725)

47,3 ⇩ in Vedsø, Fahrt nach O (56.4055,9.3835)

43,9 Seeausfluss am O-Ende, Str-Ⅱ, danach ▬ mit Fischzuchtanlage, vor der Ⅱ ↱, nach li über die Straße ⏏ (56.3997,9.4290)

43,6 EB- und Straßen-Ⅱ, mögliche ⬇, Wasser stark verschmutzt. (56.4016,9.4335)

43,4 Str-Ⅱ 26 (56.4020,9.4358)

40,4 Str-Ⅱ Vinkelvej (56.4167,9.4613)

39,6 li ⇩ Vibæk aus dem Søndersø (56.4229,9.4567)

32,6 Straßen-Ⅱ 503, li **DK Vejrumbro**, gute ⬇. Es folgt auf 22 km ein sehr einsamer Flussabschnitt, kaum Ausstiegsmöglichkeit (56.4359, 9.5513)

28,0 Str-Ⅱ, re **DK Torsager** (56.4487,9.6122)

26,3 Wege-Ⅱ (56.4491,9.6385)

25,0 Wege-Ⅱ (56.4494,9.6591)

21,9 Wege-Ⅱ (56.4597,9.6969)

21,3 li ⇩ Søbæk (56.4637,9.6982)
19,4 Wege-Ⅱ (56.4595,9.7186)
17,9 li **DK Tindbæk** (56.4631,9.7373)
15,7 Str-Ⅱ 503, li nach Tindbæk (56.4536,9.7500)
9,7 Str-Ⅱ, li **DK Ålum** (56.4493,9.8313)
1,2 ⚠ Krautsperre (56.4462,9.9529)
0,8 Wege-Ⅱ (56.4466,9.9594)
0,7 Str-Ⅱ 525 (56.4463,9.9615)
0,3 Wege-Ⅱ (56.4456,9.9673)
0,0 ⇩ der Norreå in die Gudenå (s. Seite 59) bei km 36,8 (56.4458, 9.9720)

Alling Å

Wald- und Wiesenfluss
Mündung in Grundfjord bei km 4,8

Die Alling Å fließt bei guter bis mäßiger Strömung mit vielen Windungen zunächst durch eine hügelige und später durch eine offene Wald- und Feldlandschaft.

Befahrbarkeit: Am besten im Frühjahr; im Sommer ist mit Verkrautungen zu rechnen, dann ratsam erst nach dem Krautschnitt.
Umwelt: Wasser: ziemlich klar.

30,2 Str-Ⅱ bei Robdrup, etwa 1,5 km östlich der E3, ab hier für Einer bei gutem Wasserstand ≈, im Sommer verwachsen (56.3920,10.1036)
26,2 Wege-Ⅱ (56.3906,10.1459)
24,4 Str-Ⅱ bei **DK Årslev** (Straße Randers-Mejlby), ab hier auch für Zweier ≈, im Sommer verkrautet (56.3900,10.1689)
21,5 Str-Ⅱ (56.3956,10.2069)
18,3 Str-Ⅱ 21, re gute ⬇ (56.4041,10.2420)
15,6 Wege-Ⅱ (56.4100,10.2690)
15,1 Str-Ⅱ, re **DK Vester Alling** (56.4139,10.2728)
14,3 Wege-Ⅱ, li **DK Floistrup** (56.4146,10.2834)
11,2 Str-Ⅱ, re nach **DK Oster Alling**, re ⛺, gute ⬆⬇ (56.4192,10.3210)
8,3 Wege-Ⅱ (56.4297,10.3462)
7,7 Str-Ⅱ 16, re nach **DK Auning** (56.4346,10.3499)
7,1 li Schloß Estrup, mit Schloss- und Landesmuseum, ⌘ (56.4378, 10.3453)
4,9 Ab hier Tideneinfluss (56.4518,10.3472)
2,4 li Pumpenhaus, Beginn von **DK Allingbro** (56.4627,10.3181)
2,2 Straßen-, EB- und Fußgänger-Ⅱ (56.4642,10.3172)
1,5 Str-Ⅱ 547, li gute ⬆ (56.4687,10.3118)

0,0 ⇩ der Alling Å in den Grundfjord (s. Seite 64) bei km 4,0 (56.4698, 10.2907)

Vejle Å

Wanderfluss
Mündung in Vejlen Fjord (Ostsee)

Die Vejle Å fließt mit mäßig flotter Strömung durch eine recht ansprechende Landschaft, zunächst durch ein hügeliges Gelände mit Wäldern und Wiesen; später wird das Gelände flacher, und der Baumbestand nimmt ab.

Befahrungsregeln:	Die Vejle Å scheint zu den Flüssen zu gehören, deren Befahrung nur zeitlich beschränkt und mit Registrierung möglich ist. Einzelheiten sind nicht bekannt. Auskunft und evtl. Anmeldung beim Gemeindeamt Vejle.
Befahrbarkeit:	wahrscheinlich ganzjährig.

31,0 🚗 Randbøldal, ab hier ≋ für Einer, genaue Angaben fehlen jedoch (55.6900,9.2697)
29,4 Wege-Ⅱ (55.6838,9.2855)
27,5 Str-Ⅱ Tingkærvej (55.6728,9.2841)
26,0 Wege-Ⅱ, li Fischzucht (55.6619,9.2906)
25,6 Str-Ⅱ Slotsbjergvej (55.6589,9.2902)
24,9 Wege-Ⅱ (55.6545,9.2856)
24,3 Wege-Ⅱ (55.6508,9.2799)
22,2 Str-Ⅱ Tørskindvej, günstige ⬇, ab hier ganzjährig ≋ für Zweier. Nach 100 m li Latten-≡, günstig etwa 30 cm (55.6505,9.3077)
21,8 ▬, 30 cm hoch, Mitte ≋
21,1 Wege-Ⅱ (55.6582,9.3142)
20,7 ▬, 30 cm hoch, Mitte ≋
18,0 Wege-Ⅱ (55.6712,9.3464)
17,8 Straßen-Ⅱ Ravningvej (55.6716,9.3482)
15,4 Str-Ⅱ 176 Vingstedvej (55.6766,9.3817)
13,9 Wege-Ⅱ Skyttevej (55.6813,9.4002)
12,6 ▬ Haraldskær Fabrik, **X**, li ⌓, **X**, li ⌓, direkt danach 2 Sohlschwellen, ≋. Das ⬇ ist durch gemauerte Ufer etwas mühsam, evtl. 200 m weit ⌓, Straßen-Ⅱ Ruevej (55.6886,9.4051)
8,8 Str-Ⅱ Skibetvej (55.7014,9.4383)
8,2 Wege-Ⅱ (55.7046,9.4435)
6,5 Wege-Ⅱ Buldalen (55.7081,9.4643)
3,8 Wege-Ⅱ (55.7050,9.5001)
3,7 Str-Ⅱ 28 (55.7053,9.5008)
2,3 Str-Ⅱ 442, Beginn Stadtgebiet **DK 7100 Vejle**, Stadt mit ca. 57.000

Einwohnern, ab hier sind die Ufer promenadenartig ausgebaut. Fahrt am besten hier an geeigneter Stelle beenden (55.7054,9.5225)

1,9 Str-II Enghavevej (55.7057,9.5289)
1,7 Str-II Søndergade (55.7058,9.5324)
1,6 Str-II Dæmnige (55.7056,9.5338)
1,4 mehrere Str-II, EB-II, li ≡ (55.7046,9.5365)
0,9 Str-II 170 Toldbodvej (55.7033,9.5435)
0,0 ⇩ der Vejle Å in den Vejlen Fjord (Ostsee) (55.7010,9.5579)

Liver Å

Kleinfluss

Mündung in Nordsee (DK)
Nordjütland

Die Liver Å ist ein ohne Schwierigkeiten zu befahrender Kleinfluss, der zunächst, mit stark verschilften Ufern, durch Weideland und in seinem Unterlauf durch das der Nordsee vorgelagerte Dünengebiet führt. Sie mündet in die Nordsee (Skagerrak) südlich Hirtshals.

14,9 ⬇ bei der Str-II Åstrupvej östlich Sønder Harritslev (57.4348,9.9305)
12,4 Str-II 55 (57.4535,9.9208)
8,1 Str-II Skallerupvej, danach Wege-II (57.4798,9.9141)
5,9 Fußg-II (57.4957,9.9092)
2,9 Str-II Kærsgårdvej (57.5167,9.8978)
2,7 re ⇩ der Vabro Å (57.5180,9.8969)
0,3 Wege-II. Bei Ebbe fließt die Liver Å mit guter Strömung in die Nordsee (57.5296,9.8848)
0,0 ⇩ in die Nordsee, evtl. Weiterfahrt auf der Nordsee nach Norden 7 km bis Hirtshals oder nach Süden 9 km bis Lønstrup (57.5318,9.8854)

Uggerby Å

Wanderfluss
Mündung in Nordsee (DK)

Nordjütland

Die Uggerby Å verläuft mit mäßiger Strömung durch die reizvolle Landschaft Nordjütlands, im Unterlauf durch Wald. Keine Schwierigkeiten. Es können viele interessante Blumen beobachtet werden, das Abpflücken der Orchideen (Knabenkraut, Platanthera und Sumpfwurz) ist jedoch verboten (Naturschutz). Das Wasser ist sauber.

Befahrbarkeit: wahrscheinlich ganzjährig.

65,8 Der Fluss entspringt in der Nähe von Sterup. Die folgende Strecke führt durch mooriges Gelände. Es müsste erkundet werden, ob bei gutem Wasserstand schon eine Befahrung oberhalb der empfohlenen Einsatzstelle möglich ist

45,3 Straßen-II, li **DK Ilbro**, empfohlene ⬇, Fahrt durch Wiesen (57.4223, 10.0502)
41,7 Feldweg-II (57.4496,10.0726)
40,0 Feldweg-II (57.4514,10.0898)
39,9 re Bach-⇩ mit Wasserzufuhr (57.4510,10.0927)
39,0 Str-II Mølgårdsvej (57.4486,10.1035)
36,9 Str-II, li nach **DK Sønderskov** (57.4505,10.1325)
36,1 Feldweg-II (57.4514,10.1461)
31,7 Str-II Amagergade (57.4677,10.2050)
31,0 EB-II (57.4707,10.2083);
Str-II 35, li **DK Sindal** (57.4712,10.2082)
30,6 Wege-II (57.4743,10.2069)
29,5 Wege-II (57.4788,10.2210)
23,3 Steil-▬, **X**, ⌂
23,1 Str-II, re **DK Mosjberg**, etwas abseits gelegen (57.5022,10.2675)
20,1 Str-II Terkelsvej (57.5176,10.2525)
14,3 Str-II, **DK Bindslev** (57.5400,10.1979)
13,7 Str-II (57.5389,10.1907)
13,5 li ↯ Bindslev (57.5389,10.1870)
13,4 ▬, **X**, ⌂, re Fischtreppe, Wege-II (57.5394,10.1881)
4,9 Str-II **DK Uggerby**, hier können Kanus gemietet werden. Die Folgestrecke bis zur ⇩ ist strömungslos. Es kann also evtl. von der Nordsee nach Uggerby zurückgepaddelt werden. Die Weiterfahrt geht durch Wald (57.5669,10.1107)
4,7 Str-II 597 (57.5685,10.1096)
0,2 Fußg-II (57.5903,10.1475)
0,0 ⇩ in die Nordsee bei **DK Tversted** (57.5919,10.1491)

Voers Å

Kleinfluss
Mündung in Ostsee (DK)

Nordjütland
Die Voers Å ist ein idyllischer Kleinfluss, ca. 45 km lang, der mit sauberem Wasser und guter Strömung durch Wiesen, Weiden und kleine Wälder fließt, keine Schwierigkeiten.
Befahrbarkeit: ganzjährig.

23,4 ⬇ bei der Straßen-II zwischen Brønden und Dybvad (57.2835, 10.2900)

20,5 Wege-II (57.2640,10.3164)
20,0 Str-II 180 (57.2610,10.3209)
18,0 Str-II E45 (57.2538,10.3437)
17,2 Str-II Idskovvej (57.2489,10.3512)
13,5 Str-II 589 (57.2329,10.3825)
13,4 Str-II, li **DK Præstbro** (57.2322,10.3841)
10,8 Wege-II (57.2225,10.4059)
7,0 Str-II Fæbrovej (57.2084,10.4379)
1,6 Str-II 541, **DK Voerså** (57.2073,10.4865)
0,7 li ← in den Sportboothafen Voerså (57.2038,10.4966)
0,0 ⇩ in die Ostsee (Kattegat) (57.2000,10.5064)

Gewässer auf Seeland, Dänemark

Susà

Weitere Namen: Karrebæk Fjord

Wanderfluss
Mündung in Ostsee (DK)

Seeland
Die Susà ist der längste Wanderfluss Seelands (83 km). Sie verläuft mit ruhiger Strömung durch eine reizvolle Landschaft, teilweise bewaldet, sowie durch einen See und einen der Ostsee vorgelagerten Fjord. Für eine Befahrung der Susà können in Næstved Leihkanus gemietet werden. Bei der Touristeninformationsstelle in Næstved kann eine Flusskarte der Susà mit deutschem Text besorgt werden.

Befahrungsregeln: Jeder kann von Vetterslev nach Næstved über die Tystrup-Bavelse Seen Kanu fahren. Die tägliche Anzahl der Kanus ist jedoch begrenzt. Das bedeutet, dass man für sein Kanu ein Nummernschild erwerben muss, bevor man sich flussaufwärts oder -abwärts begibt.
Mietet man ein Kanu bei einem der Kanuvermieter am Fluss Susà, ist es bereits mit einem Nummernschild versehen. Für das eigene Boot muss man bei Kongskilde Friluftsgård, Naturabteilung, ✆ +45 57 84 92 77, ein Nummernschild erwerben. Der Preis für eine Fahrtgenehmigung und ein Nummernschild beträgt DKK 70,00. Die Genehmigung ist für jeweils vier Tage gültig.

Befahrbarkeit: Ganzjährig ab Vetterslev, von der Kanuvermietung empfohlene Einsetzstelle. Die Susà ist jedoch mit sehr großer Wahrscheinlichkeit bei guter Wasserführung, zumindest für Einer, von weit oberhalb fahrbar. Es gibt in diesem Bereich mehrere Brücken, bei denen der Wasserstand erkundet werden kann.

83,0 Ursprung bei Rønnede in etwa 90 m Höhe
53,2 Str-II Gammel Næstvedvej, **DK Vetterslev**, empfohlene ⬇ (55.3871, 11.7578)
51,2 EB-II (55.3993,11.7412)
50,0 Feldweg-II (55.4013,11.7297)
49,6 Str-II Vrangstrup Øvej (55.4010,11.7252)
49,3 re ⇩ Ringsted Å (s. Seite 73) in die Susà (55.4026,11.7226)
42,0 Str-II 239 Skelbyvej (55.3866,11.6479)
35,8 ⇩ in Tystrup Sø, dieser schöne See wird fast in seiner ganzen Länge

in Richtung SO durchfahren (55.3728,11.5759)
30,1 Durchfahrt zum Bavelve Sø (55.3372,11.6231)
27,8 See-Ausfluss, Str-Ⅱ Fuglebjergvej (55.3301,11.6522)
27,4 verfallenes ▬ Stridsmølle, re ⛺-Möglichkeit
25,0 Str-Ⅱ, li **DK Skelby** (55.3121,11.6727)
23,8 Flussteilung, li Arm fahren, das Wehr existiert nicht mehr (55.3049, 11.6809)
23,0 li ⇩ Zusammenfluss beider Arme, Holløse Mølle, danach Str-Ⅱ (55.3008,11.6893)
12,9 EB-Ⅱ (55.2492,11.7541)
12,7 Str-Ⅱ, re Internatsschule Herlufsholm ⌘ (55.2471,11.7518)
10,9 re Næstved Schleusen-Haus, Kanuvermietung, unbedingt ⬆, es folgt ein ▬, X, ⏏ lohnt nicht, da kurz danach die Suså unterirdisch weiterfließt, mit gewundener Flussführung und unterirdischer Flussteilung (55.2331,11.7516)
10,1 zur evtl. Weiterfahrt ⬇ bei ⇩ der Suså in den Hafen (55.2271,11.7574)
7,8 Str-Ⅱ 22 Vestre Ringvej (55.2140,11.7323)
6,4 ⇩ in Karrebæk Fjord. Die Weiterfahrt zur Ostsee geht durch ein Naturschutzgebiet des Dybsø Fjords (55.2083,11.7121)
3,8 re ⇩ der Saltø Å (s. Seite 74) in die Suså im Bereich des Karrebæk Fjords (55.2005,11.6723)
0,7 Str-Ⅱ, re **DK 4736 Karrebæksminde**, li ⛟ Enø Camping, Enø Kystvej 12, DK 4736 Karrebæksminde (55.1768,11.6470)
0,0 ⇩ in Ostsee (55.1750,11.6373)

Ringsted Å

Kleinfluss
Mündung in Suså bei km 49,3 (re Nebenfluss)

Die Ringsted Å ist ein reizvoller Kleinfluss durch Felder, Heide, Moor und einzelne Wälder. Keine Schwierigkeiten.

Befahrbarkeit: Ganzjährig, im Sommer muss mit gelegentlichen Grundberührungen gerechnet werden.

21,5 N-Ende des Gyrstinge Sø. Der See dient als Trinkwasserreservoir, er darf befahren werden. Baden ist jedoch verboten (55.5170,11.6735)
20,5 **DK Søtofte** am O-Ufer des Sees, mögliche ⬇ (55.5124,11.6877)
18,1 Ausfluss der Ringsted Å aus dem See, ▬, X, re oder li ⏏ (55.4948, 11.7082)
16,3 Beginn eines kleinen Sees (55.4843,11.7292)
16,0 Ausfahrt aus dem See (55.4822,11.7313)
15,5 Wege-Ⅱ (55.4789,11.7341)

15,2 Str-II 215 (55.4776,11.7387)
14,7 ⇩ in einen weiteren kleinen See. Der Ausfluss der Ringsted Å liegt nur wenige Meter re neben dem Einfluss in dichtem Schilf verborgen (55.4794,11.7445)
13,0 Str-II 215, li **DK Lille Svenstrup** (55.4676,11.7536)
11,7 Str-II E20 Vestmotorvejen (55.4577,11.7598)
9,4 Str-II Havemøllevej (55.4438,11.7752)
8,9 Str-II 150, li **DK 4100 Ringsted**, Stadt mit ca. 23.000 Einwohnern, (55.4402,11.7775)
8,7 Str-II (55.4388,11.7783)
8,6 EB-II (55.4375,11.7782)
6,3 Str-II, li Arm ▬, X, ⏏, re Mühlgraben zur Høm-Mühle (55.4198, 11.7778)
6,0 li ⇩ Mühlgraben (55.4180,11.7790)
5,7 li ⇩ Lille Å (55.4163,11.7777)
3,6 EB-II (55.4147,11.7514)
3,0 ▬, X, ⏏, re ➔ Mühlgraben (55.4138,11.7435)
2,8 Wege-II, danach re ⇩ Mühlgraben (55.4130,11.7408)
1,6 Feldweg-II (55.4070,11.7327)
1,4 Wege-II (55.4057,11.7329)
0,4 Str-II, li nach **Vrangstrup** (55.4044,11.7255)
0,0 Feldweg-II (55.4029,11.7229);
⇩ Ringsted Å in die Suså (s. Seite 72) bei km 49,3 (55.4026,11.7226)

Saltø Å

Kleinfluss
Mündung in Suså bei km 3,8 (re Nebenfluss)

Die Saltø Å fließt ohne Schwierigkeiten durch Felder und kleine Wälder.

Befahrbarkeit: Frühjahr und nach Regenfällen. Bei einem Pegel unter 60 cm ist mit mehrfachen Grundberührungen zu rechnen, vor allem in den Wäldern.

Pegel: Str-II km 13,5.

17,7 Str-II Hyllested–Hårslev, übliche ⬇, li **DK Hårslev**. Die vielen Wirtschaftsweg-Brücken werden nicht extra beschrieben (55.2708, 11.4732)
17,6 EB-II (55.2702,11.4736)
13,5 Str-II Fyrendal Kirke–Sandved, ≣ (55.2538,11.5176)
12,9 Str-II Tornemark–Sandved, li **DK Sandved** (1 km) (55.2504,11.5257)
11,4 Str-II, **DK Kvislemark** (55.2452,11.5461)
9,9 li ⇩ eines Baches (55.2439,11.5674)

8,0 Str-⌶, li **DK Marvede** (55.2359,11.5917)
4,5 Wege-⌶ (55.2253,11.6324)
4,4 Wege-⌶, li **DK Saltø** (55.2245,11.6336)
3,9 li ⇩ Harrested Å (55.2244,11.6419)
0,7 Str-⌶ N 265 Karrebæk–Næstved, 🚌-Haltestelle (55.2059,11.6687)
0,0 ⇩ der Saltø Å in die Suså (s. Seite 72) bei km 3,8 im Bereich des Karrebæk Fjords (55.2005,11.6723);
Nach Norden sind es entlang dem W-Ufer und durch den Kanal der Suså 6 km bis Næstved, ab hier Autobusverbindung zur ⬇. Bei Fahrt nach Süden erreicht man nach 3,7 km die Ostsee bei Karrebæksminde, hier ⛺.
re ⛺ De Hvide Svaner Camping, Karrebækvej 741, 4736 Karrebæksminde, Dänemark, www.dehvidesvaner.dk (55.2005,11.6724)

Havelse Å

Kleinfluss-Wiesenfluss
Mündung in Roskilde-Fjord

Die Havelse Å verläuft ohne Schwierigkeiten durch Felder und Wiesen.

Befahrbarkeit:	bei einem Pegel von etwa 37 cm ist die Havelse Å ab km 15,7 für dänische Kanuten, also für C 2, gut fahrbar, bei höherem Wasserstand auch weiter oberhalb, Einzelheiten sind jedoch nicht bekannt.
Pegel:	Str-⌶ km 15,7

15,7 Str-⌶ 6 Roskilde–Helsingør, übliche ⬇, ≣ (55.8948,12.2131)
14,1 Str-⌶ Harløse–Borup (55.9048,12.1995)
12,5 Wege-⌶ (55.9099,12.1831)
12,2 Str-⌶ **DK Borup**, auf 900 m beiderseits Ziegeleien (55.9070,12.1819)
11,7 EB-⌶ (55.9032,12.1784)
10,0 Wege-⌶ (55.8905,12.1713)
9,7 li ⇩ Gørløse Å (55.8910,12.1669)
8,2 Str-⌶, re **DK Skævinge**, li **DK Strø** (55.8998,12.1512)
7,0 Wege-⌶ (55.9052,12.1362)
5,1 Str-⌶ (55.9033,12.1136)
0,8 Str-⌶ (55.8827,12.0685)
0,2 Str-⌶ 211, **DK Havelse Mølle** (55.8790,12.0681)
0,0 ⇩ in den Roskilde Fjord (55.8792,12.0650)

Esrum Å

Weitere Namen: Esrum Sø

See und Kleinfluss

Mündung in Ostsee (DK)

Der Esrum Sø sowie die anschließende Esrum Å liegen in einer schönen Wald-, Heide- und Feldlandschaft. Ihre Befahrung macht keine Schwierigkeiten.

Befahrbarkeit: Am besten im Frühsommer. Im Hochsommer muss auf der Esrum Å mit erheblicher Verkrautung und Grundberührungen gerechnet werden.

17,8 S-Ende des Esrum Sø. Eine Umrundung des Esrum Sø, wie sie alljährlich bei der Esrum-Sø-Regatta stattfindet, führt bei Ausfahren aller Buchten über etwa 23 km (55.9678,12.3527)
16,9 re **DK Sørup** (55.9694,12.3697)
16,0 li **DK Nødebo** (55.9767,12.3572)
9,4 Ausfluss der Esrum Å aus dem See, ▬, re oder li ⏏ (56.0359, 12.3807)
8,6 Str-Ⅱ 205 (56.0425,12.3789)
8,1 Mühlen-▬, **X**, etwa 150 m auf Privatstraße ⏏ (56.0460,12.3770)
7,9 Fußg-Ⅱ (56.0472,12.3751)
7,7 Str-Ⅱ, re **DK Esrum**. Kurz danach flache, felsige Stufe (56.0485, 12.3750)
4,9 Wege-Ⅱ (56.0708,12.3641)
4,1 Wege-Ⅱ (56.0730,12.3753)
0,9 EB-Ⅱ (56.0983,12.3711)
0,3 Str-Ⅱ 237, li **DK Munkerup**, re **DK Dronningmølle** (56.1011, 12.3771)
0,2 Str-Ⅱ (56.1020,12.3791)
0,0 Wege-Ⅱ (56.1031,12.3801);
⇩ in Øresund (Teil der Ostsee). An der ⇩ gibt es bei stärkerem Wellengang zeitweise einen Sog hinaus in den Sund (56.1033,12.3802)

Mølleå

Kleinfluss und Seen
Mündung in Ostsee (DK)

Die Mølleå verläuft mit kurzen Fließstrecken und mehreren Seen durch die nördlichen Vororte von Kopenhagen zur Ostsee.

23,9 Ursprung aus dem Bastrupe See. Fahrtbeginn ist hier nicht möglich, da in einer schilfbewachsenen Moorlandschaft der Ausfluss nicht zu finden ist
21,4 Str-Ⅱ Nymölle–Farum, Gederæse Bro, mögliche ⬇, jedoch wenig ratsam, da die Fahrt bis zum Farum-See durch eine verwachsene Moorlandschaft extrem behindert ist (55.8071,12.3339)
20,5 ⇩ in Farum Sø, empfohlene ⬇ an geeigneter Stelle des Sees, z. B.

nahe der „alten“ Kirche von Farum (55.8018,12.3405)
19,2 li **DK Farum** Stadt mit ca. 20.000 Einwohnern (55.8055,12.3593)
18,1 Ausfluss aus dem Farum Sø, EB-II, mehrere Str-II 16 (55.8051, 12.3784)
17,7 ⇩ in Fure Sø (55.8045,12.3842)
13,3 Ausfluss aus Fure Sø, Nebenstrecke: Man kann diese Stelle auch erreichen, wenn man am 🚆 Holte in den Vejlesø einsetzt, 700 m bis Fure Sø, weitere 5 km bis zum See-Ausfluss (55.7840,12.4430)
12,9 Str-II **DK Frederiksdal**, darunter ▬, ⏏ leicht über Bootsrollen (55.7809,12.4462)
12,3 Wege-II (55.7784,12.4550)
11,3 re ist über einen 200 m langen ➔ der Bagsværd Sø zu erreichen (55.7753,12.4695)
11,2 Wege-II (55.7752,12.4703)
11,1 ⇩ in Lyngby Sø (55.7754,12.4727)
9,8 Ausfluss aus dem See, nicht verwechseln mit einem nach re führenden, blind endenden Graben für Rundfahrtschiffe (55.7746,12.4927); Wege-II, EB-II, Str-II 201 (55.7748,12.4933)
9,5 Str-II, davor Mühle mit ▬, neben Mühlenrad ⏏ leicht, li **DK Sorgenfri**, re **DK Lyngby** (55.7741,12.4982)
9,1 Wege-II (55.7770,12.4996)
8,1 Str-II **DK Skovbrynet** (55.7843,12.4961); ▬ Wassermühle Fuglevad, **X**, ⏏ schwierig über Straße. Es ist wahrscheinlich ratsam, die Befahrung hier zu beenden. Bis zur ⇩ folgen noch mehrere, schwer zu ⏏ ▬, Einzelheiten sind nicht bekannt (55.7847,12.4963)
0,0 ⇩ in die Ostsee (55.8079,12.5824)

Tryggevælde Å

Kleinfluss
Mündung in Ostsee (DK)

Die Tryggevælde Å verläuft im Osten Seelands durch reizvolle Moor-, Heide- und Waldlandschaft zur Køge-Bucht der Ostsee, keine Schwierigkeiten

Befahrbarkeit: Ab km 18 ganzjährig, der Unterlauf des Flusses ist hier jedoch ziemlich windanfällig.

Pegel: Hilfspegel Wehr bei km 14,2. Das Wasser sollte hier mindestens bis zu den Seitenteilen des Wehres stehen. Der Oberlauf des Flusses ist dann, wenn auch mit Grundberührungen, befahrbar. Für Kanadier sollte das Wasser reichlich über diese Seitenteile laufen.

20,2 Str-Ⅱ Lerskovvej (Lundmølle Bro), übliche ⬇, li in 1 km **Vråby** (55.3363,12.1624)
18,1 Wege-Ⅱ, re **DK Store Linde** (55.3298,12.1903)
17,6 Wege-Ⅱ (55.3312,12.1964)
17,0 Str-Ⅱ, li **DK Lille Linde** (55.3342,12.2042)
16,3 ▬ kleine Stufe, ≈, Wege-Ⅱ (55.3335,12.2132)
15,9 EB-Ⅱ (55.3313,12.2164)
14,5 Wege-Ⅱ (55.3341,12.2286)
14,2 ▬, Mitte ≈, Hilfspegel. Kurz danach Trolhættebro (55.3359,12.2318)
14,0 Str-Ⅱ 209, li in 1,5 km **DK Hårlev** (55.3360,12.2341)
13,2 re ⇩ Stevens Å (55.3360,12.2438)
10,9 Str-Ⅱ, li **DK Ammerup** (800 m) (55.3508,12.2647)
10,6 EB-Ⅱ (55.3536,12.2653)
9,6 li **DK Lille Tårnby** (55.3602,12.2712)
6,9 Wege-Ⅱ, re **DK Strøby** (55.3794,12.2787)
3,3 Str-Ⅱ, li **DK Valløby** (55.4022,12.2434)
2,0 Wege-Ⅱ, re **DK Strøby Egede** (55.4122,12.2338)
1,4 Wege-Ⅱ, re Parkanlage Solgårdsparken (55.4171,12.2305)
0,8 Str-Ⅱ 261 (55.4214,12.2250)
0,0 ⇩ in die Køgebucht der Ostsee, bei HW ist die ⇩ durch ein Sieltor versperrt, dann ⏏, zumeist jedoch freie Durchfahrt. Auf der Ostsee nach NW ca. 3 km bis Køge, hier 🚆 und Autobusverbindung nach Lille Linde (55.4265,12.2209)

Die dänischen Fjorde

Die Fjorde der dänischen Ostseeküste unterscheiden sich grundsätzlich von den norwegischen Fjorden, sie bieten nicht deren grandiose Gebirgsumrahmung, sie führen vielmehr mitten hinein in die geruhsame dänische Landschaft mit flachen Ufern, kleinen Hügeln. Ihre Befahrung macht nur geringe Schwierigkeiten, der Tideneinfluss spielt praktisch keine Rolle, das Anlanden im Falle eines Falles ist fast jederzeit gut möglich. Trotzdem sollte man stets ein Auge auf die Wetterlage haben. Bei ungünstigen Windverhältnissen können hohe und auch gefährliche Wellen auftreten. Es ist dann stets besser, auf günstigeres Wetter zu warten.

Die Fjorde können in West-Ost-Richtung und umgekehrt befahren werden, man sollte die Fahrtrichtung nach der zu erwartenden Windrichtung wählen; bei der vorherrschenden West-Wetterlage wird dies allerdings meist die Befahrung von West nach Ost, also zur Ostsee hin, bedeuten.

Zeltmöglichkeit: mehrere #Camping#.

Flensborg-Fjord, Nordufer

Weitere Namen: Flensburger Förde (DK)

Fjord
Mündung in Ostsee (DK)

Hier wird der dänische Teil der Flensburger Förde beschrieben, der sich an die Beschreibung der deutschen Ostseeküste anschließt. Der Alsfjord hat bei Sønderborg eine Verbindung zur Flensburger Förde. Man kann also eine Fahrt in Flensburg beginnen, auf der Flensburger Förde bis Sønderborg fahren, hier in das Ende des Alsfjord einbiegen und auf diesem bis zur Ostsee fahren.

71,0 ⇩ der Strecke Ostseeküste Kiel bis Flensburg in Flensborg-Fjord, Nordufer Grenze zwischen Deutschland und Dänemark (54.8319, 9.4206)
68,5 li **DK Kollund** (54.8386,9.4542)
67,7 li Frigård- Kollund (54.8424,9.4614)
67,2 li DCU- Kollund (54.8449,9.4693)
64,6 re 2 Inseln (54.8571,9.5021)
64,5 li **DK Sønderhav** (54.8601,9.4985)
56,6 li **DK Dalsgård** (54.8923,9.5782)
55,6 li Lærkelunden (54.8999,9.5745)
52,5 li **DK Egernsund**, Marina (54.8997,9.6179)
46,8 li **DK Brunsnæs** (54.8666,9.6370)
32,9 li Broager Strand (54.8680,9.7446)
30,4 li Gammelmark Strand (54.8865,9.7299)

28,1 li **DK Vemmingbund** (54.8942,9.7013)

22,0 ← Als-Fjord (s. Seite 80) vom Flensborg-Fjord, Nordufer (54.9045, 9.7816)

21,0 li Marina Sønderborg Lystbådehavn, Sønderborg (54.8985, 9.7912)

15,5 –6,1 li Insel Kegnæs, am Ost-Ende durch einen Straßendamm mit dem Festland verbunden (54.8769,9.8666)–(54.8557,9.9927)

13,5 li Sønderby Strand, **DK Sønderby** (54.8652,9.8899)

3,3 li **DK Skovmose** (54.8734,10.0234)

0,0 ⇩ der Strecke Flensborg-Fjord, Nordufer in die Ostsee, li **DK Gammelpøl** (54.8770,10.0722)

Als-Fjord

Fjord
Mündung in Ostsee (DK)

Der Als-Fjord hat bei Sønderborg eine Verbindung zur Flensburger Förde. Man kann also eine Fahrt in Flensburg beginnen, auf der Flensburger Förde bis Sønderborg fahren, hier in das Ende des Als-Fjordes einbiegen und auf diesem bis zur Ostsee fahren.

22,7 ← Als-Fjord vom Flensborg-Fjord, Nordufer (s. Seite 79) (54.9045, 9.7816)

21,9 Str-II 41, **DK 6400 Sønderborg**, Stadt mit ca. 28.000 Einwohnern, (54.9110,9.7830)

20,0 Str-II 8 (Alssundbroen) (54.9222,9.7645)

12,9 re ➔ in den Augustenborg-Fjord (54.9810,9.7435)

7,3 , li **DK Blans** (54.9999,9.6728)

0,0 ⇩ des Als-Fjord in die Ostsee (Kleiner Belt) (55.0492,9.6133)

Åbenrå-Fjord

Fjord
Mündung in Ostsee (DK)

Der Åbenrå-Fjord ist ein bis zu 3 km breiter Fjord. An seinem Beginn in der Stadt Åbenrå-Fjord befindet sich ein wichtiger Tiefwasserhafen.

9,7 Beginn des Fjords in **DK 6200 Åbenrå**, ⚠ Hafengebiet, Stadt mit ca. 16.000 Einwohnern (55.0423,9.4286)

5,0 li Skarrevcamping (55.0455,9.5002)

0,0 ⇩ des Åbenrå-Fjord in die Ostsee (55.0603,9.5723)

Haderslev-Fjord

Fjord
Mündung in Ostsee (DK)

Sehr schmaler, teilweise bewaldeter Fjord. Einsetzen beim Motorsportverein Haderslev am li Ufer.

17,6 Str-II **DK 6100 Haderslev**, Stadt mit ca. 22.000 Einwohnern, Hafen (55.2476,9.4942)
17,4 ⬇-Möglichkeit Haderslev an einer Rampe (55.2481,9.4959)
0,0 ⇩ in die Ostsee (Kleiner Belt) bei **DK Årøsund**, ⛴ (55.2623,9.7132)

Kolding-Fjord

Fjord
Mündung in Ostsee (DK)

Der Kolding-Fjord beginnt in der Stadt Kolding und mündet in die Ostsee (Kleiner Belt).

9,9 Str-II 170, **DK 6000 Kolding**, Hafenstadt mit ca. 60.000 Einwohnern, 🚂 (55.4878,9.4830)
9,2 Fußg-II Kolding (55.4889,9.4934)
2,8 re **DK Agtrup Vig** (55.4876,9.5909)
0,0 ⇩ des Kolding-Fjord in die Ostsee (Kleiner Belt) bei re Løverodde, ⛺ (55.4990,9.6263)

Horsens-Fjord

Fjord
Mündung in Ostsee (DK)

Der Horsens-Fjord verbindet die Hafenstadt Horsens mit der Ostsee.

14,0 Str-II 451 (55.8691,9.8925)
13,6 Wege-II, **DK 8700 Horsens**, Hafenstadt mit ca. 59.000 Einwohnern (55.8664,9.8973)
4,9 re schmale Halbinsel (55.8442,10.0240)
4,2 li Insel Alrø (55.8435,10.0371)
1,6 ⛴ Snaptun - Hjarnø (55.8229,10.0575)
0,0 ⇩ des Horsens-Fjord in die Ostsee (55.8118,10.0728)

Mariager-Fjord

Fjord
Mündung in Ostsee (DK)

Der Mariager-Fjord ist landschaftlich besonders reizvoll, mit bewaldeten Hügeln.

Um Mariager stark verschmutzt, Geruchsbelästigung. Große Muschelfelder sind durch Tonnen abgegrenzt. Vor Hadsund viele Kormorane ohne große Scheu.

39,5 ⇩ der Onsild Å, Beginn des Mariager-Fjord, **DK Hobro**, Stadt mit ca. 12.000 Einwohnern, 🚆, ⬇ an geeigneter Stelle (56.6405,9.8031)

29,3 li **DK Mariager** (56.6552,9.9689)

17,2 Str-II 507 (Hadsundbroen), li **DK Hadsund**, ca. 5.000 Einwohner (56.7141,10.1173)

0,0 ⇩ in die Ostsee (56.7057,10.3356)

Limfjord

Fjord
Mündung in Ostsee (DK)

Der Limfjord stellt eine von Thyborøn an der Nordsee bis Hals an der Ostsee durchgehend hindernisfreie Wasserverbindung zwischen Nord- und Ostsee dar. Er macht den nördlichsten Teil von Dänemark (Nørrejyske) zur Insel, die allerdings durch mehrere Brücken mit dem Festland verbunden ist. Der Limfjord wird von der Berufsschifffahrt nur wenig benutzt, er stellt jedoch ein ideales Erholungs- und Wassersportrevier dar.

Gesamtwasserfläche des Fjords 1.700 km² (zum Vergleich: Bodensee 539 km²).

Bei den großen freien Wasserflächen des Fjords ist bei ungünstiger Wetterlage besondere Vorsicht geboten, vielfach wird eine Weiterfahrt nicht möglich sein.

Nachfolgend wird die etwa 184 km lange direkte Durchfahrt durch den Limfjord in West-Ost-Richtung beschrieben. Durch Einfahrt in die großen Seitenbuchten, Abstecher zu den abseits gelegenen Inseln und Rundfahrten (insbesondere um die große Insel Mors) können die Kanufahrten in freier Auswahl fast beliebig erweitert werden.

Die in der Tabelle folgende Kilometrierung hat nur informellen Charakter. Die tatsächlich zu fahrenden Kilometer können durch Ausfahren von Buchten usw. beträchtlich abweichen.

183,2 Abzweig des Wasserweges von der Nordsee (56.7156,8.2134)

181,9 **DK Thyborøn** (Nordsee), ⬇ an geeigneter Stelle, nur bei Flut, sonst starke Gegenströmung, Fahrt durch den Thyborøn-Kanal (56.7071, 8.2216)

180,1 ⚓ Thyborøn, Ausfahrt in den großen Nissum Bredning. ⚠ Eine direkte Überquerung des Nissum Bredning ist nur bei sehr stabilem Wetter mit Kurs SO ratsam. Man kann bei O-Wetter auch mit O-Kurs direkt über den See fahren und im Schutz des gegenüberliegenden

Ufers nach SO weiterfahren. Bei W-Wetterlage sollte man zunächst entlang dem W-Ufer 8 km nach S fahren und dann dem S-Ufer nach O folgen (56.6924,8.2338);
li ⇩ der Nebenroute Limfjord, Bucht Krik Vig (s. Seite 84) in die Hauptstrecke des Limfjord (56.6921,8.2341)

151,7 See-Enge Oddesund, Str-Ⅱ 11. Weiterfahrt Richtung NO (56.5783, 8.5588)

146,3 re ⇩ der Nebenstrecke Limfjord, Venø Bugt (s. Seite 85) in die Hauproute Limfjord (56.6046,8.6294)

144,5 die große Insel Jegindø wird im O mit N-Kurs passiert (56.6173, 8.6483)

141,0 ← Limfjord, West-Umfahrung Insel Mors (s. Seite 85) von der Hauptroute Limfjord (56.6426,8.6807)

139,0 S-Spitze der großen Insel Mors, landschaftlich sehr reizvoll, teilweise mit Steilufern (56.6541,8.7062);
Die O-Umfahrung der Insel folgt zunächst deren S-Ufer nach NO durch den Salling-Sund (56.6541,8.7063)

125,2 Str-Ⅱ 26, Weiterfahrt Kurs NO (56.7489,8.8490)

125,1 re → der Limfjord, Ostroute (s. Seite 86) von der Hauptroute Limfjord (56.7490,8.8494)

121,3 Am W-Ufer **DK Nykøbing Mors**. Bei W-Wind ist es ratsam, dem O-Ufer der Insel nach N zu folgen (56.7797,8.8753)

96,5 li ⇩ Limfjord, West-Umfahrung Insel Mors (s. Seite 85) in die Hauptroute Limfjord (56.9805,8.9541)

95,8 Weiterfahrt entlang dem N-Ufer nach O (56.9840,8.9620)

73,4 ⇩ Limfjord, Ostroute (s. Seite 86) in die Hauptroute Limfjord (56.9991, 9.2947);
Str-Ⅱ 29, li **DK Aggersund** (56.9992,9.2947)

73,3 Die Weiterfahrt geht jetzt in allgemeiner Richtung O, je nach Wetterlage am N- oder S-Ufer (56.9993,9.2948)

58,4 Bei Fahrt entlang dem S-Ufer kann man hier nach S zwischen Inseln zur Ⅱ über den Sebbersund abbiegen und weiter nach S zum S-Ende des Halkær Breding fahren, etwa 10 km (57.0210,9.5311)

32,1 Nach Passieren der Insel Egholm (im N und S möglich) wird die große Stadt **DK Ålborg** erreicht, ca. 155.000 Einwohner, EB- und Str-Ⅱ (57.0566,9.9142)

30,0 die Weiterfahrt folgt dem schmalen Langerak zunächst nach NO und später nach SO (57.0528,9.9471)

2,5 ⛴, li **DK Hals**, re **DK Egense** (56.9883,10.3038)

0,0 ⇩ in die Ostsee (56.9746,10.3347)

Limfjord, Bucht Krik Vig

Fjord
Mündung in Limfjord bei km 180,1

Die Bucht Krig Vik des Limfjordes verbindet die Hvidbjerg Å mit der Hauptroute des Limfjordes.

12,5 ⇩ der Hvidbjerg Å (s. Seite 84) in Limfjord, Bucht Krik Vig (56.7767, 8.2620)
0,0 ⇩ der Nebenroute Limfjord, Bucht Krik Vig in die Hauptstrecke des Limfjord (s. Seite 82) bei km 180,1 (56.6921,8.2341)

Hvidbjerg Å

Wanderfluss – Seen
Mündung in Limfjord, Bucht Krik Vig bei km 12,5

Nordjütland
Diese Route führt über 2 kleine, einsame Seen und dazwischen liegende ruhige Fließstrecken der Hvidbjerg Å. Keine Schwierigkeiten. Die Fahrt kann auch mit Leih-Kanus durchgeführt werden

Befahrungsregeln: Die Hvidbjerg Å scheint zu den Gewässern zu gehören, die Sperrungen unterliegen. Es ist nicht bekannt, ob diese Sperrungen den gesamten Flusslauf und das ganze Jahr betreffen. Es dürfte sinnvoll sein, vor evtl. Befahrung Auskünfte einzuholen

19,8 ⬇ bei der Str-Ⅱ Legindvej am NW-Ende des Ove Sø. Die Fahrt geht entlang dem W-Ufer nach SO (56.8924,8.3919)
14,9 Ausfluss der Hvidbjerg Å aus dem See am W-Ufer. Man kann auf dem See noch 4 km nach SO weiterfahren, muss dann allerdings wieder zurückkehren (56.8542,8.4161)
11,4 Wege-Ⅱ Lyngholmvej (56.8399,8.3769)
8,4 Str-Ⅱ, re **DK Morup Mølle** (56.8202,8.3565)
7,5 Str-Ⅱ 181 Kystvejen (56.8141,8.3484)
7,1 ⇩ in Ørum Sø, Kurs SW (56.8121,8.3446)
3,0 Str-Ⅱ Lodbjergvej (56.7931,8.2909)
2,4 Ausfluss aus dem Ørum Sø (56.7937,8.2811)
0,8 Ⅱ Steg mit Netzöffnungen für Fischfang, re gute ⬆-Möglichkeit zur Beendigung der Fahrt. Bei der Fischerhütte geht ein Weg zum Wasser (56.7836,8.2643)
0,7 Str-Ⅱ 181, unter der Ⅱ ▬ Stauklappen, welche bei HW im Krig Vig geschlossen werden, re **DK Agger** (56.7822,8.2633)
0,6 re 🚐 Krik-Vig-Camping, Krikvej 112, DK 7770 Vestervig,

www.krikvigcamping.dk, ♪ +45 97 94 14 96 (56.7811,8.2638)
0,1 Str-II Krik Strandvej (56.7777,8.2630)
0,0 ⇩ der Hvidbjerg Å in Limfjord, Bucht Krik Vig (s. Seite 84) bei km 12,5 (56.7767,8.2620)

Limfjord, Venø Bugt

Fjord
Mündung in Limfjord bei km 146,3

Die Venø Bugt verbindet die Ortschaft Struer mit der Hauptroute des Limfjordes.

16,4 Ausfluss aus dem See Kilen (56.4945,8.5814)
16,2 Str-II 13, re **DK Struer** (56.4944,8.5833)
16,1 EB-II Struer (56.4944,8.5850);
⇩ in die Venø Bugt (56.4947,8.5858)
3,5 Nordspitze der Insel Venø By (56.5845,8.6739)
0,0 ⇩ der Nebenstrecke Limfjord, Venø Bugt in die Hauproute Limfjord (s. Seite 82) bei km 146,3 (56.6046,8.6294)

Limfjord, West-Umfahrung Insel Mors

Fjord
Mündung in Limfjord bei km 96,5

Die Strecke Limfjord, West-Umfahrung Insel Mors ist eine weitere Variante der Befahrung des Limfjordes. Außerdem ergibt sich eine Möglichkeit zur Umrundung der Insel.

60,7 ← Limfjord, West-Umfahrung Insel Mors von der Hauptroute Limfjord (s. Seite 82) (56.6426,8.6807)
57,4 Fahrt zwischen Inseln und Halbinsel nach NW, genaue Navigation erforderlich (56.6642,8.6451)
43,1 Auto-⛴ der Straße 545 (56.7392,8.4963)
24,0 Str-II 26, li **DK Vilsund Vest**. Die Weiterfahrt richtet sich nach der Wetterlage. Bei W-Wetter zunächst entlang dem W-Ufer nach N und dann dem S-Ufer nach O folgen. Bei O-Wetter zunächst dem S-Ufer nach O folgen und dann entlang dem O-Ufer nach NO (56.8842, 8.6314)
2,5 Feggesund, Auto-⛴ im Zug der Straße 581 (56.9786,8.9224)
1,1 N-Spitze der Insel Mors, südlich nach Nykøbing Mors zur Vollendung der Inselumrundung auf der Hauptroute (56.9857,8.9396)
0,0 ⇩ Limfjord, West-Umfahrung Insel Mors in die Hauptroute Limfjord (s. Seite 82) bei km 96,5 (56.9805,8.9541)

Limfjord, Ostroute

Fjord
Mündung in Limfjord bei km 73,4

Die Ostroute ist besonders ratsam bei Ostwind. Sie führt weit nach Süden bis zur Mündung der Karup Å und dann zurück bis Aggersund, wo die Hauptroute wieder erreicht wird.

- 109,0 re ➔ der Limfjord, Ostroute von der Hauptroute Limfjord (s. Seite 82) (56.7490,8.8494)
- 99,2 die Insel Fur im S durch den Fur-Sund passieren (56.8045,8.9641)
- 95,0 ⛴ über den Fur-Sund. Wenn man nach O über den Limfjord fährt, kann man das W-Ufer erreichen und auf kurzem Weg zur Aggersund-II fahren. Die Beschreibung dieser Route folgt jedoch einem Kurs, der zunächst nach SO und später nach S dem W-Ufer folgt (56.8015, 9.0246)
- 78,3 ⛴ Hvalpsund, Weiterfahrt nach S (56.7058,9.1884)
- 59,5 **DK Skive**, ⇩ der Karup Å (s. Seite 86) in Limfjord, Ostroute (56.5636, 9.0553)
- 59,4 Rückfahrt entlang dem O-Ufer (56.5636,9.0563)
- 45,9 Fahrt weiterhin entlang dem O-Ufer nach NO und später nach O. Hier kann man noch einen Abstecher nach O in den 10 km breiten Lovns Bredning machen (Rundfahrt um diesen See etwa 30 km). Der im Süden an den Lovns Bredning anschließende Hjärbæk-Fjord mit der ⇩ der Skals Å ist als Naturschutzgebiet für eine Befahrung gesperrt. (56.6701,9.1467)
- 41,2 ⛴, re **DK Hvalpsund** (56.7032,9.1919)
- 4,3 re **DK Løgstør** (56.9706,9.2541)
- 0,0 ⇩ Limfjord, Ostroute in die Hauptroute Limfjord (s. Seite 82) bei km 73,4 (56.9991,9.2947)

Karup Å

Weitere Namen: Skive Å

Wanderfluss
Mündung in Limfjord, Ostroute bei km 59,5

Mitteljütland
Die Karup Å ist einer der schönsten Wanderflüsse Dänemarks. Sie fließt zunächst mit guter Strömung mit sehr vielen Kurven durch eine herrliche Heide- und Moorlandschaft, später durch flaches Wiesen- und Weidegelände mit weitem Blick über das Land.
Befahrungsregeln: Eine Befahrung des Oberlaufs, oberhalb Karup, km 56,2

ist ganzjährig verboten. Unterhalb Karup ist eine Befahrung nur möglich in der Zeit vom 16.06. bis 31.10. zwischen 8 und 18 Uhr. Eine Erlaubnis mit Registernummer muss bestellt werden beim Hesselund See-Camping, ✆ +45 97 10 16 04, Preis 25 dKr pro Boot und Tag.

Infrastruktur: Zeltmöglichkeit: Hesselund

56,2 Str-⊥⊥, re **DK Karup**, gute ⬇ (56.3043,9.1600)
56,2 –0,0 **§** Eine Befahrung des Oberlaufs, oberhalb Karup ist ganzjährig verboten. Unterhalb Karup ist eine Befahrung nur möglich in der Zeit vom 16.06. bis 31.10. zwischen 8 und 18 Uhr. Eine Erlaubnis mit Registernummer muss bestellt werden beim Hesselund See-Camping, ✆ +45 97 10 16 04, Preis 25 dKr pro Boot und Tag (56.3044,9.1599)–(56.5636,9.0552)
56,0 EB-⊥⊥, ab hier weniger enge Kurven (56.3059,9.1580)
55,7 Straßen-⊥⊥ 12 Herning–Viborg (56.3062,9.1549)
50,0 li hoch gelegener Hesselund, gut geeignet als Standort für die Befahrung der Karup Å, www.hessellundcamping.dk, ✆ +45 97 10 16 04 (56.3228,9.1187)
49,2 Fußg-⊥⊥ (56.3272,9.1199)
44,6 Str-⊥⊥ Rørgårdsvej (56.3464,9.1061)
39,2 Fußg-⊥⊥ (56.3690,9.0805)
38,9 li **DK Fårbæk** (56.3707,9.0740)
36,8 Str-⊥⊥ Resen–Hoestrup (56.3778,9.0747)
32,5 Fußg-⊥⊥ (56.3938,9.0550)
30,5 Fußg-⊥⊥ (56.3999,9.0407)
28,6 Fußg-⊥⊥ (56.4030,9.0262)
26,7 Str-⊥⊥ 16. Die Ufer werden flach, Weideland (56.4070,9.0078)
25,7 Fußg-⊥⊥ (56.4113,9.0007)
22,8 Fußg-⊥⊥ (56.4298,8.9970)
22,1 Wege-⊥⊥ (56.4326,8.9971)
20,8 Str-⊥⊥, re **DK Vridsted** (56.4425,9.0019)
17,4 Str-⊥⊥ Trandumvej (56.4618,8.9845)
14,2 Fußg-⊥⊥ (56.4880,8.9885)
11,0 Wege-⊥⊥, davor Kanal zu den Flynderseen und zum Naturschutzgebiet Hjelm Hede mit Freilichtmuseum (56.5141,8.9824)
10,1 Fußg-⊥⊥ (56.5206,8.9893)
9,5 Str-⊥⊥ (56.5244,8.9961)
8,4 Wege-⊥⊥ (56.5333,8.9961)
7,4 Wege-⊥⊥ (56.5416,8.9966)
7,2 Str-⊥⊥ 26, re nach **DK Brårup** (56.5439,8.9976)

6,7 Wege-Ⅱ (56.5479,9.0028)

4,9 li ⇩ der Koholm Å (56.5623,9.0053); Str-Ⅱ (56.5624,9.0057)

2,9 Str-Ⅱ, li **DK 7800 Skive**, Stadt mit ca. 20.000 Einwohnern (56.5582, 9.0246)

2,3 EB-Ⅱ (56.5603,9.0333)

1,8 Str-Ⅱ Skive, Østerbro, zum Besuch von Skive sofort nach der Ⅱ auf einem alten Fabrikhof aussetzen, 100 m re Touristen-Information (56.5648,9.0320)

1,7 Fußg-Ⅱ (56.5653,9.0326)

1,5 EB-Ⅱ (56.5660,9.0336)

1,3 Str-Ⅱ Skive, Engvej (56.5670,9.0385)

0,2 Wege-Ⅱ (56.5634,9.0530)

0,0 **DK Skive**, ⇩ der Karup Å in Limfjord, Ostroute (s. Seite 86) bei km 59,5 (56.5636,9.0553)

Ise-Fjord

Fjord
Mündung in Ostsee (DK)

Eine Befahrung des Isefjords ist nur wenig ratsam, da er sehr weite, völlig ungeschützte Wasserflächen aufweist.

41,0 Str-Ⅱ Munkholmvej, Beginn des Iselfjordes (55.6737,11.8122)

33,2 ← in den Holbæk-Fjord (55.7351,11.7717)

27,0 li **DK Løserup-Strand** (55.7871,11.7443)

25,7 li ← in den Lamme-Fjord (55.7977,11.7359)

16,1 li ← in die Nykøbing-Bugt (55.8744,11.7071)

4,9 re ⇩ des Roskilde-Fjords (s. Seite 88) in den Ise-Fjord (55.9363, 11.8423)

0,0 ⇩ in die Ostsee (55.9782,11.8151)

Roskilde-Fjord

Fjord
Mündung in Ise-Fjord bei km 4,9 (re Nebenfluss)

Reizvoll ist eine Befahrung des schmalen Roskildefjords mit seinen zahlreichen Inseln.

48,2 Beginn des Fjordes in **DK 4000 Roskilde**, Stadt mit ca. 50.000 Einwohnern, 🚆 (55.6509,12.0805)

38,2 li **DK Sønderby** (55.7284,12.0334)

35,8 ⛴ Sønderby - Eskilsø (Insel) (55.7345,12.0660)

23,3 Str-Ⅱ 53, re **DK 3600 Frederikssund**, Stadt mit ca. 15.000 Einwoh-

nern, S-Bahnverbindung nach Kopenhagen (55.8434,12.0406)
4,0 ⛴ Straße 207 (55.9404,11.9050)
0,0 ⇩ des Roskilde-Fjords in den Ise-Fjord (s. Seite 88) bei km 4,9 (55.9363,11.8423)

Stadtfahrt Kopenhagen

Hafengebiet

In Kopenhagen bietet sich, ähnlich vielen holländischen Städten, die Möglichkeit einer Stadtrundfahrt im Kajak an. Die vorgeschlagene Route führt an vielen Sehenswürdigkeiten vorbei. Auf der gesamten Strecke starker Verkehr von Rundfahrtschiffen. Im Inderhavn und Yderhavn Großschifffahrt und Wellengang. Ausbootmöglichkeiten wegen steiler Ufermauern begrenzt.

5,1 ⬇ beim Kajakverleih in der Nybrogade. Hier befindet sich eine Plattform zum ⬇ von Kanus im Kanal. Parkmöglichkeiten begrenzt und teuer. ⚠ Diese ⇅ wurde im Luftbild nicht gefunden. Bitte vor Beginn der Fahrt erkunden und evtl. eine neue ⇅ erkunden. Bitte auch die Redaktion informieren (55.6759,12.5762)
4,6 ⇩ des Frederikholms Kanal in den Inderhavn, Weiterfahrt nach links, ⚠ auf Schiffsverkehr (55.6721,12.5805)
4,3 re ➔ in den Christianshavn Kanal (55.6725,12.5838)
2,8 ⇩ Christianshavn Kanal in den Inderhavn (55.6785,12.5967)
2,7 re ➔ Abstecher zur Meerjungfrau Kopenhagen von der Stadtfahrt Kopenhagen (55.6788,12.5957)

Nebenstrecke Meerjungfrau Kopenhagen

Hier besteht die Möglichkeit, nach rechts zum Yderhavn mit der "Kleinen Meerjungfrau" (Wahrzeichen Kopenhagens) weiterzufahren. Dieser Abstecher beträgt hin und zurück ca. 3,5 km und führt am Schloss Amalienborg und dem Kastell vorbei. Wellengang und Großschifffahrt. Nur für erfahrene Seekajakfahrer.

1,7 Kleine Meerjungfrau (55.6929,12.5993)
0,0 ➔ Abstecher zur Meerjungfrau Kopenhagen von der Stadtfahrt Kopenhagen (s. Seite 89) (55.6788,12.5957)

2,6 ansonsten Inderhavn überqueren und geradeaus in Nyhavn einfahren (55.6790,12.5938)
2,2 Der Kanal endet nach 500 m blind (55.6805,12.5880)
1,7 Rückkehr zum Inderhavn, rechts weiterfahren (55.6786,12.5948)
0,6 re ➔ in den Frederikholms Kanal Die Fahrt geht vorbei an der sehenswerten Börse, der Holmenskirche und dem Schloss Christians-

	borg zurück zum Ausgangspunkt (55.6720,12.5810)
0,0	⬆am Ausgangspunkt (55.6759,12.5761)

Kanusport in Finnland

Zum Verständnis der kanusportlichen Möglichkeiten in diesem Land muss man sich zunächst die geographischen und klimatischen Verhältnisse klarmachen.

Finnland erstreckt sich in Süd-Nord-Richtung über nahezu 1 200 km, was etwa der Entfernung München-Sizilien entspricht.

1. Die südfinnische Küstenebene

Der durchschnittlich 50 km breite Streifen zwischen dem Finnischen Meerbusen und dem Höhenzug des Salpausselkä (s. auch „finnische Seenplatte"), ist stark besiedelt mit den größten Städten des Landes, im Süd-Westen zum großen Teil landwirtschaftlich genutzt. Flüsse und Seen fehlen weitgehend.

Eine sinnvolle kanusportliche Betätigung dürfte hier nur im Bereich der Schärenküste möglich sein. Es handelt sich dabei, ähnlich wie in Schweden, um unzählige, z. T. felsige Halbinseln mit davor gelagerten baum- und strauchlosen Felsinseln. Freunde von Küsten- und Schärenfahrten kommen hier sehr gut auf ihre Rechnung. So ist es z. B., unter der Voraussetzung entsprechender Ausrüstung und Erfahrung, durchaus möglich, auf dem Wasserweg von Helsinki unter Ausnutzung der ungezählten kleinen Inselchen bis zu den Ålandinseln zu gelangen, einer Gruppe größerer Inseln in der Mitte des Bottnischen Meerbusens zwischen Finnland und Schweden.

Zu beachten sind dabei die Schutzbestimmungen der Nationalparks und besonders die Militärsperrgebiete. Das Militär, sowohl in Finnland wie in Schweden, kennt da keinen Spaß.

2. Bottnische Küstenebene

Ähnlich liegen die Verhältnisse im Bereich der etwa 100 km breiten bottnischen Küstenebene, also der Westküste Finnlands. Auch hier starke landwirtschaftliche Nutzung und dichte Besiedlung, die nach Westen abfließenden großen Flüsse sind durch Kraftwerke weitgehend verbaut, so dass nur Teilstrecken für eine sinnvolle Befahrung in Frage kommen, Seen fehlen. Es bleiben also auch in diesem Bereich im Wesentlichen die Schären, die nach Norden abnehmen.

3. Die finnischen Seenplatten

Finnland wird vielfach als das „Land der tausend Seen" bezeichnet. Das ist noch stark untertrieben. Die Zahl der Seen beträgt tatsächlich etwa 60 000, ungezählt die vielen kleinen Wannen und Becken, die auf den üblichen Karten nicht zum Ausdruck kommen. Die Seen bedecken rund 35 000 km² oder knapp 50% der Gesamtfläche der Seenplatte (zum Vergleich: Bodensee 539 km²). Diese Seen sind entstanden durch die Ausschleifung zahlloser Wannen und

Rinnen durch die Eismassen der Eiszeit und den Aufstau der Gewässer durch die Moränenablagerungen der eiszeitlichen Gletscher. Die Endablagerungen der Späteiszeit bilden mit dem Salpausselkä einen natürlichen Staudamm zwischen dem Seengebiet und der tiefer liegenden südfinnischen Küstenebene. Die Entwässerung erfolgt innerhalb des Seengebiets von Nord nach Süd durch zahlreiche Flüsse, die die einzelnen Seen miteinander verbinden. Da das gesamte Gebiet, erdgeschichtlich gesehen, noch sehr jung ist, sind diese Flüsse noch völlig unausgeglichen, d. h. Strecken ruhigen Laufs (Suvanto) wechseln ab mit Gefällstrecken unterschiedlicher Höhe (Koski). Man hat über 1 400 Stromschnellen gezählt, die für eine Nutzung durch Kraftwerke in Frage kommen. Zum Glück für uns Kanuten sind bisher davon nur ganz wenige erbaut.

Neben den Seen wird die Landschaft geprägt durch riesige Wälder. Der Anteil an landwirtschaftlich genutzter Bodenfläche ist verhältnismäßig gering.

Dieses Seen-Gebiet stellt den Hauptanziehungspunkt für die Mehrzahl der Kanuten dar, die nach Finnland fahren. Man kann hier bummelnd verweilen zwischen den vielen Inseln und Seitenbuchten oder sich auf Rundfahrten über mehrere 100 km so richtig austoben. Das Klima ist meist angenehm, und auf den Seen gibt es keine Mücken (wohl aber an den Ufern!). Man wird stets gut daran tun, den Pkw am Ort des Fahrtenbeginns abzustellen und entweder auf einem Rundkurs dorthin zurückzukehren oder ihn per Autobus bzw. Anhalter nachzuholen.

Ein besonderes Problem stellt auf den finnischen Seen die Navigation dar. Es kann oft sehr schwer sein, den richtigen Kurs zu fahren. Besondere Merkmale, wie Kirchtürme, Häuser, Brücken usw. fehlen zumeist völlig, bei der einförmigen Bewaldung der Ufer sehen sämtliche Inseln, Halbinseln und Buchten von weitem ganz ähnlich aus, ein Kompass oder ein GPS-Gerät und genaue Karten sind unerlässlich. Je weiter man nach Norden kommt, desto mehr spielt die Missweisung des Kompasses (Unterschied zwischen magnetischem und geographischem Nordpol) eine Rolle. Diese Missweisung ist auf vielen Karten nicht eingezeichnet. Wenn dann noch ein Erzlager in der Nähe ist, spielt der Kompass manchmal völlig verrückt. Eine Patentlösung kann nicht gegeben werden, Irrfahrten in blind endende Seitenbuchten sind gelegentlich unvermeidlich. Man sollte daher bei allen See-Fahrten, und nicht nur wegen jederzeit möglicher Witterungsumschläge, eine erhebliche Zeitreserve einplanen.

Im Osten liegt das größte Seengebiet, die Saimaa-Seenplatte. Es ist touristisch voll erschlossen, mit mehreren Ortschaften, guten Straßen, z. T. mit gekennzeichneten Rast-, Feuer- und Zeltplätzen (s. Campingführer und Veröffentlichungen der finnischen Forstverwaltung).

Die Höhenunterschiede zwischen den einzelnen Seen werden zumeist durch Schleusen überwunden, Portagen entfallen dadurch fast völlig. Auf den Seen findet, vor allem an Wochenenden, reger Verkehr mit Ausflugsschiffen und Motorbooten statt. Bei der Größe der Seen wirkt dies jedoch kaum störend, zumal wenn man sich abseits der Schiffsrouten im Bereich der zahlreichen Seitenbuchten und Inseln tummelt.

Es besteht eine Kanalverbindung, der Saimaa-Kanal, zur Ostsee, auch für größere Schiffe geeignet. Man trifft daher auf diesen Seen auch kleinere hochseegängige Schiffe an (Küstenmotorschiffe).

Die nach Westen anschließenden Gebiete (Päijänne- und Näsijärvi-Seegebiete) sind wesentlich weniger erschlossen, Schleusen fehlen weitgehend, kein Verkehr von Hochsee-Schiffen.

Die Höhenunterschiede zwischen den einzelnen Seen werden durch natürlichen Flusslauf, zumeist mit zahlreichen Koskis überwunden.

Im Textteil werden einige der wesentlichen Routen auf den verschiedenen Seen beschrieben. Die Angaben wollen nur Anregungen geben. Im Prinzip ist auf den Seen jeder Kanute sein eigener Kapitän, der, je nach Zeit, Wetterlage, Lust und Laune seinen eigenen Kurs anhand der Karte festlegen kann. Außerdem werden bei den einzelnen Seen auch die üblichen Zufahrtswege beschrieben; es handelt sich dabei meist um naturbelassene Fließstrecken mit leichtem Wildwasser.

4. Der mittelfinnische Rücken (Waldfinnland).

Diese Landschaft schließt sich im Norden an die Seenplatte an. Die Zahl und die Größe der Seen nehmen hier deutlich ab, dies führt zwangsläufig dazu, dass die Länge der Fließstrecken zwischen den Seen zunimmt. Für den Kanusport bedeutet dies, dass, im fast umgekehrten Verhältnis zur Seenplatte, längere Flussabschnitte immer wieder von Seen unterbrochen werden. Im Textteil werden einige der interessantesten Routen beschrieben. Die Landschaft trägt den Charakter von Hügelland, mit höchsten Erhebungen bis knapp 500 Metern, die kahlen Kuppen ragen wie Inseln aus der vorherrschenden Vegetationsform „Wald“. Die Flüsse haben in dieser Hügellandschaft im Ganzen gesehen ein nur geringes Gefälle, wobei allerdings auch hier nach langen, fast strömungslosen Abschnitten recht regelmäßig Koskis mit mehr oder minder schweren Stromschnellen folgen.

Die Holzindustrie ist ein sehr bedeutender Wirtschaftszweig Finnlands. Im 18. Jahrhundert wurde der aus Holz gewonnene Holzteer auf großen Booten zur Ostsee gebracht, daher für mehrere Flüsse auch heute noch die Bezeichnung „Teerroute“. Später wurde dann das Holz auf den Flüssen nach Westen transportiert, auf den Seen meist in Form von Flößen, auf den Flüssen einfach als Treibholz. Um bei diesem „Triften“ störende Baumversperrungen zu vermeiden, wurden im Stromzug liegende Felsen weitgehend entfernt und an exponierten Stellen die Ufer durch Baumpalisaden gesichert. Diese „Entsteinung“ hat für die Kanuten den Vorteil, dass die Mehrzahl der Stromschnellen, zumindest in Strommitte, ohne störende Verblockung befahren werden kann, man hat daher zumeist nur mit Wasser und Wellen zu kämpfen.

Durch den zunehmenden Transport des Holzes mit Lkw wurde das Triften völlig eingestellt, lediglich auf den Seen findet noch ein Holztransport durch von Schleppern gezogene Flöße statt. Als Folge dieser Entwicklung wurde mit der Renaturierung von Flüssen begonnen, d. h. die Entsteinung wird rückgängig gemacht. Man muss daher auf Flussstrecken, die noch vor wenigen Jahren nur mit kräftiger Wellenbildung zu befahren waren, wieder mit Verblockung rechnen.

Zwischen den Seen und Wäldern befinden sich, nach Norden zunehmend, große Moorgebiete, die bis zu 40 % der Gesamtfläche ausmachen. Die Besiedlung ist dünn (unter 5 Einwohner pro km²).

5. Finnisch-Lappland.

Dieses riesige Gebiet nördlich des Polarkreises umfasst etwa ein Drittel der gesamten Staatsfläche, es enthält insgesamt nur etwa 200 000 Menschen, die sich zudem noch im Wesentlichen auf einige wenige Gemeinden entlang den Straßen drängen. Das Übrige ist absolute, unberührte und naturbelassene Wildnis. Von Süd nach Nord fortschreitend wird der Wald allmählich durch die Vegetationsform der offenen Zwergstrauchheide und der Zwergbirke verdrängt, z. T. als spärlich bewachsene Felsheide, z. T. aber auch als Sumpfheide. Die Landschaft ist weitgehend eben, größere Erhebungen gibt es fast nur im Randbereich des Gebietes (im Süden der Pyhätunturi, 539 Meter; im Osten das Mittelgebirge des Saariselkä, 633 Meter; im Westen der Ounusselkä; 821 Meter; im nordwestlichen Zipfel von Finnland werden im Bereich der Gebirgslandschaft der skandinavischen Westküste sogar 1 300 Meter Höhe erreicht).

Auch in Lappland werden die Gewässer durch die Abfolge von Seen und Flüssen mit langen Staustrecken und kurzen Koskis beherrscht. Eine Sonderstellung nimmt der große Inari-See mit seinen wohl Tausenden von Inseln und Inselchen ein.

Nach vorstehender kurzer Charakteristik müsste man annehmen, dass Finnisch-Lappland ein ideales Gebiet für alle jene Kanuten sei, die die menschenleere Einsamkeit einer naturbelassenen Umwelt suchen. Dies ist im Prinzip auch richtig; trotzdem sollte man vor einer Kanufahrt nach Lappland ernstlich überlegen, ob man imstande ist, mehrere mit Sicherheit und einige mit Wahrscheinlichkeit auftretende Schwierigkeiten zu meistern:

Die Wasserführung:

Im Gegensatz zur wohl landläufigen Meinung ist Lappland zur Hauptreisezeit, ab Mitte Juli, ein verhältnismäßig trockenes Land mit wenigen Niederschlägen. Dies führt dazu, dass viele Flüsse um diese Zeit wenig Wasser führen.

Im Bereich der sehr häufigen Koskis stellt sich die Frage: fahren oder nicht fahren? Im leeren Polyäthylenboot wäre diese Frage sehr einfach zu beantworten, nämlich durchfahren. Im vollgepackten Wanderboot wird man in Rechnung stellen müssen, dass ein Verlust oder auch nur die schwere Beschädigung des Bootes, des Paddels oder der Ausrüstung zu einer lebensbedrohlichen Gefahr werden kann. Wenn man dann noch bedenkt, wie schwerfällig ein vollbepacktes Boot im Wildwasser reagiert, wird die Antwort meist auch einfach sein, nämlich: raus aus dem Boot! Wenn man Glück hat, kann man treideln. Bei starkem Uferbewuchs geht dies allerdings nur selten vom Ufer aus, vielmehr muss man, durch die Stromschnellen watend, die Boote vor sich herschwimmen lassen. Sehr oft ist treideln allerdings nicht möglich, es kommt dann zur „Portage".

Der Zugang zu den Flüssen:

Da es in Lappland nur sehr wenige Ortschaften gibt, fehlen auch weitgehend Straßen zu den Flüssen. Es werden daher bei den Flussbeschreibungen auch nur solche Flüsse angeführt (Ausnahme Siuttkajoki), die an Ein- und Aussetzstellen mit Pkw zu erreichen sind. Da die Besiedlung und damit auch die Straßen den Flusstälern folgen, ist es bei den beschriebenen Flüssen mit der urweltlichen Einsamkeit oft auch nicht ganz so weit her. Neben diesen Flüssen gibt es in dem riesigen Gebiet Lapplands laut Karte noch sehr zahlreiche weitere Flüsse, die weder befahren noch beschrieben sind. Sie wären die wirklich interessanten Naturflüsse. Der Zugang zu ihnen ist allerdings nur durch sehr lange und entsprechend mühsame Portagen möglich.

In Kanada und Alaska ist es üblich, sich in abgelegene Wildnis mit Wasserflugzeugen einfliegen zu lassen. Diese Möglichkeit scheint sich jetzt allmählich auch in Finnland anzubahnen, z. B. ab Inari. Auskunft durch die Fremdenverkehrsämter.

Gefahren der Wildnis:

Die in Lappland vorkommenden wilden Tiere sind kaum gefährlich. Man kann gelegentlich auf Bären treffen; im Gegensatz zu den Schwarzbären Kanadas sind sie aber nur wenig neugierig. Zweckmäßiges Verhalten: Ruhe bewahren, weder auf die Bären zugehen noch davonlaufen, auf keinen Fall mit den Armen gestikulieren (Angriffsaufforderung!). In fast allen Fällen wird der Bär nach kurzer Zeit wieder verschwinden. Wölfe und Luchse kommen ebenfalls gelegentlich vor, stellen aber im Allgemeinen keine Bedrohung dar.

Man muss sich jedoch darüber im Klaren sein, dass jeder Zwischenfall, der eine Weiterfahrt auf dem Fluss verhindert, zu einer lebensgefährlichen Bedrohung führen kann. Neben Beschädigungen von Boot oder Ausrüstung sei auch an die Möglichkeit einer Erkrankung oder Verletzung erinnert. Schon ein an sich harmloser Knöchelbruch kann ungeahnte Folgen haben. Der Weg vom Fluss durch völlig unwegsame Wildnis zurück zur Zivilisation kann dann unter Umständen nicht nach Stunden, sondern nach Tagen zu berechnen sein. Alleinfahrt kann Selbstmord sein!

Die Mückenplage:

Sie ist im Kapitel „Skandinavien" auf S. 42 ausführlich geschildert und ist dort nachzulesen.

Proviant, Boote, Ausrüstung:

Während der Saison von Anfang Juni bis etwa Mitte August ist im Gebiet der finnischen Seenplatte in den kleineren und größeren Orten der Einkauf von Lebensmitteln unproblematisch. Außerhalb der Saison kann es in den kleineren Orten schon schwierig werden, ein guter Einkauf ist dann nur noch in den größeren Orten möglich. In Lappland ist er, wenn man erst die Fahrt begonnen hat, praktisch unmöglich. Auf das Ergebnis von Angelkünsten sollte man sich nur rechtbedingt verlassen. In der Praxis bedeutet das, dass man den Proviant für die Dauer der geplanten Etappe plus ein bis zwei Tage Reserve im Boot mit sich führen muss. Ferner ist die Mitnahme des gesamten Zelt- und Schlafgepäcks unerlässlich. Ein Bootswagen ist in Lappland weitgehend sinnlos, da man ihn im Wildgelände ohnehin nicht gebrauchen kann. Um all das unterzubringen, sind Spezialboote wie Slalom- oder WW-Boote kaum zu gebrauchen, man sollte vielmehr Boote mit großem Stauraum bevorzugen. Faltboote sind nur wenig zweckmäßig, da sie bei der Befahrung wasserarmer Koskis sehr leicht beschädigt werden, d. h. man wird damit noch häufiger als mit anderen Booten umtragen müssen.

Andererseits sind bei ausschließlichen See-Fahrten Kajaks mit einer unerlässlichen Steuereinrichtung sehr gut zu gebrauchen.

Für die Portagen ist es sinnvoll, breite Trageriemen mitzunehmen, die man sich über die Schulter hängen kann.

Pkw, Landkarten:

Wer mit Pkw und Boot nach Finnland fährt, nimmt am besten eines der großen Fährschiffe. Es gibt dazu die direkten Verbindungen nach Helsinki, z. B. ab Travemünde oder Danzig, oder man führt über verschiedene Fährlinien nach Schweden, auf dem Landweg durch Schweden, um dann von der Ostküste Schwedens nach Finnland überzusetzen, z. B. von Stockholm aus. Man sollte sich dazu auf jeden Fall von einem guten Reisebüro beraten lassen.

Ohne Pkw ist es am besten, eines der Billigangebote der Fluggesellschaften anzunehmen, allerdings kann man dann nur ein Faltboot mitnehmen.

Wenn man nach Lappland will, nimmt man wohl am besten den reinen Landweg über Tornio. Die entsprechenden Bestellungen über ein Reisebüro sollten rechtzeitig erfolgen. Das Straßennetz ist in Süd- und Mittelfinnland gut ausgebaut, alle möglichen Einsetzstellen können hier gut mit Pkw erreicht werden. Weiter nach Norden wird das Straßennetz dünner, in Lappland gibt es nur wenige gut ausgebaute Durchgangsstraßen, der Weg zu den möglichen Einsetzstellen führt hier daher vielfach über schlechte Naturstraßen.

Für die Anreise empfiehlt sich eine Übersichtskarte in großem Maßstab. Für eine grobe Tourenplanung sowie für Fahrten auf den großen südfinnischen Seen genügt im Allgemeinen die „Finnische Straßenkarte“. Diese blaue Straßenkarte 1:250 000 gibt es seit Jahren auch in orange als Ausflugskarte. Sie enthält zusätzlich nützliche Informationen über Rad-, Kanu-, Wander- und Wintersportrouten. Für die großen Seen gibt es sehr genaue See-Karten 1:40 000. Sie sind allerdings recht teuer. Für Fahrten abseits der großen Routen, speziell in Lappland, sind genaue Karten unentbehrlich. Es gibt sie im Maßstab 1:100 000, 1:50 000 und 1:20 000.

Im Internet findet man unter der Adresse: **https://www.retkikartta.fi** eine digitale Karte aufrufen. Hier findet man **alle** nützlichen Informationen auf Finnisch und Englisch. Da die Voreinstellung, was angezeigt werden soll, länger dauert, kann man auch eine Nationalpark-Adresse aufrufen. Diese sind für Rastplätze und weitere Informationen voreingestellt. Zum Beispiel über: Nationalpark Kolovesi: https://retkikartta.fi/?id=846 oder Nationalpark Konnevesi: https://retkikartta.fi/?id=859 .Man kann dann in jedes andere Gebiet verschieben, die Voreinstellungen bleiben erhalten. Es lassen sich auch Lebensmittelläden, Cafés etc. anzeigen..

Von größter Wichtigkeit ist ferner die Benutzung eines GPS-Gerätes oder eines Kompasses. Beim Kompass ist dabei allerdings eine Missweisung zu beachten (entstanden durch den Unterschied zwischen geographischem und magnetischem Nordpol). Diese Missweisung wird umso größer, je weiter man nach Norden kommt.

Klima:

Finnland hat ein gemäßigtes Klima, der wärmste Monat ist der Juli. Auch in Lappland, weit nördlich vom Polarkreis, werden an warmen Sommertagen 30° erreicht. Das Wetter ist im Allgemeinen recht beständig. Trotzdem ist es erforderlich, warme Kleidung mitzunehmen. Bei einem jederzeit möglichen Wetterumschwung kann es, insbesondere im Norden, doch recht unerfreulich kühl werden.

Die „Mitternachtssonne" scheint umso länger, je weiter man nach Norden kommt. Am 70. Breitengrad bleibt die Nacht von Mitte Mai bis Ende Juli hell. Es hat dies den großen Vorteil, dass man, z. B. aus Witterungsgründen, auch während der Nacht paddeln kann.

Die Wassertemperaturen sind in größeren Gewässern auch im Sommer recht niedrig. In Süd- und Mittelfinnland übersteigen sie in den Monaten Mai bis Juni und ab Anfang August nur selten 16 Grad. Die Wind- und Wetterverhältnisse auf den Seen können sich sehr schnell verändern, es wehen z. T. sehr heftige Winde, die auch tagelang anhalten können. Daraus resultiert ein relativ hoher, steiler Wellengang, der leicht zu Kenterungen führen kann. Im Falle einer Kenterung besteht infolge der schnellen Unterkühlung absolute Lebensgefahr. Alleinfahrten sollten daher auch auf den Seen unbedingt vermieden werden. Das Tragen einer Schwimmweste ist angebracht.

Die finnischen Gewässer sind durchschnittlich ein halbes Jahr lang zugefroren. Daraus ergibt sich, dass Kanufahrten in Süd- und Mittelfinnland nur in der Zeit von Anfang Juni bis August sinnvoll sind; für Nordfinnland verringert sich die Befahrungszeit je nach Wasserstand auf die Zeit von Anfang Juli bis Ende August.

Zelten und Jedermannsrecht.

Es gibt auch in Finnland die „Jedermannsrechte". Informationen dazu findet man auf der Internetseite www.finnland.de der finnischen Botschaft in Deutschland.

Sich ungehindert in der Natur zu bewegen, Beeren und Pilze zu sammeln ist ein wichtiger Teil der finnischen Kultur. Deshalb sind die Jedermannsrechte in Finnland sehr umfassend ausgelegt. Sie gelten für annähernd 90 Prozent der Fläche Finnlands und stehen nicht nur Finnen zu: Ausnahmslos jeder darf sich frei in der finnischen Natur bewegen.

Das für alle unentgeltliche Jedermannsrecht gestattet, die Natur ohne Genehmigung des Grundeigentümers zu genießen, beinhaltet aber auch die Forderung, keinen Schaden zu verursachen: Das Recht darf nur so in Anspruch genommen werden, dass weder die Natur noch die Mitmenschen geschädigt oder gestört werden.

Jedermannsrecht ist Bestandteil der Gesetzgebung, und wer durch sein Handeln Umwelt oder Mitmenschen stört, macht sich strafbar.

Sich ungehindert in der Natur bewegen und Beeren zum Einfrosten sammeln

Das Jedermannsrecht erlaubt es, sich in der finnischen Natur zu Fuß, per Skier, mit dem Fahrrad und zu Pferde fortzubewegen. Allerdings muss die Privatsphäre respektiert werden. Deshalb sollte ein gebührender Abstand zu Wohnhäusern eingehalten sowie solche Felder, Wiesen und Anpflanzungen gemieden werden, die beim Betreten Schaden nehmen könnten.

Sollen Motorfahrzeuge zur Fortbewegung im Gelände dienen, ist unbedingt eine Genehmigung des Grundbesitzers erforderlich. Deshalb ist beispielsweise im Winter das Fahren mit Motorschlitten im Allgemeinen nur auf dem Eis beziehungsweise auf den besonders gekennzeichneten Motorschlittenstraßen gestattet.

Nach der in Finnland allgemein üblichen Praxis darf man sich in einem Wald, der Eigentum anderer ist, ungehindert bewegen und außerdem dort wachsende Blumen, Beeren sowie Pilze sammeln. Unter Naturschutz stehende Pflanzen sowie Moos, Holz oder Sträucher dürfen jedoch nicht mitgenommen werden.

Das Passieren der finnischen Naturschutzgebiete ist im Allgemeinen eingeschränkt, damit beispielsweise die Vögel nicht beim Nisten gestört werden. Deshalb sollten Vogelgewässer und äußere Schären während der Brutzeit gemieden werden. Auch die Ruhe des Wildes in der Natur ist zu respektieren.

Jagen ist in Finnland genehmigungspflichtig. Wer Wild jagen will, muss über eine Erlaubnis des Grundbesitzers verfügen und eine Wildhegegebühr an den Staat entrichten.

Hunde dürfen auf fremden Grundstücken nicht frei laufen, wenn nicht eine entsprechende Einwilligung des Grundbesitzers oder des Jagdberechtigten vorliegt.

Zelten im Schoße der Natur – aber rücksichtsvoll

In Finnlands Natur darf jeder unbesorgt vorübergehend lagern, baden, sich sonnen oder sein Zelt aufschlagen. Das Jedermannsrecht macht ein relativ ungehindertes Zelten möglich, wenn der Camper ausreichenden Abstand zu eventuell vorhandenen Wohnhäusern einhält. Wer sich länger aufhalten oder zelten will, sollte mit dem Grundeigentümer verhandeln.

In speziellen Bereichen, etwa an Badestränden, ist das Zelten im Allgemeinen untersagt. Auch in Finnland wird angestrebt, das Zelten hauptsächlich auf die dafür gedachten Campingplätz zu konzentrieren.

Wer sein Lager in der Natur aufschlagen will, muss daran denken, dass Lagerfeuer oder sonstige offene Feuer immer der Zustimmung des betreffenden Grundeigentümers bedürfen. Campingkocher beziehungsweise Heiz- oder Beleuchtungsgeräte dürfen jedoch ohne besondere Erlaubnis benutzt werden.

Der Camper sollte nicht vergessen, dass Finnlands Natur keine Mülldeponie ist. Mit anderen Worten: Das Hinterlassen von Abfällen ist verboten.

In die Tiefe abtauchen oder Äschen überlisten

Auch Finnlands Gewässer unterliegen dem Jedermannsrecht; jeder darf auf beziehungsweise in den Gewässern Boot fahren, schwimmen und sich waschen sowie die zugefrorenen Gewässer betreten. In Finnland sind Ufer und Strände häufig bewohnt. Belästigendes Fahren mit geräuschstarken Motorbooten ist deshalb in der Nähe solcher bewohnter Ufer und Strände zu unterlassen.

Auch Fische dürfen in Finnlands Gewässern überlistet werden, wenn dies mit Grund- oder Eisangel geschieht. Für Wurf- und Schleppangeln, Flug- und Spinnangeln, Reusen- und Netzfischerei sowie Krebsfang müssen 18- bis 64-Jährige jedoch in jedem Fall die staatliche Fischereiabgabe (finn. kalastuksenhoitomaksu) entrichten. Zusätzlich ist die Erlaubnis des Gewässereigentümers oder des Fischereiberechtigten einzuholen.

Abseits der Hauptrouten, im Ödland der kleinen Inseln und unbewirtschafteten Seitenbuchten, wird man wohl stets einen Platz finden, wo man ungestört sein Zelt aufbauen kann. Für Pkw-Camper gibt es auch zahlreiche offizielle Campingplätze. Sie sind gut geeignet als Ausgangspunkt für Fahrten auf den Seen. Allerdings haben die meisten Campingplätze außerhalb der Saison geschlossen.

Es gibt in Finnland temporäre Schutzgebiete, „Naturschutzwald“ und Nationalparks, in denen besondere Bestimmungen gelten. Es dürfte immer sinnvoll sein, die Erlaubnis des Eigentümers einzuholen. In der Wildnis Lapplands bestehen zwar keine behördlichen Hemmnisse, es ist hier jedoch oft recht schwierig, einen geeigneten Platz zu finden.

Schleusen

An mehreren Gewässern gibt es z. T. riesige Schleusen. Sie werden anscheinend ferngesteuert. Man braucht dann nur am Anleger hochsteigen und an einer Strippe ziehen. Es werden auch einzelne Boote geschleust.

Sprache

Die finnische Sprache gehört zur finnisch-ugrischen Gruppe und hat Verwandtschaft zur ungarischen Sprache. Sie kann vom normalen Touristen weder im gesprochenen noch im geschriebenen Wort verstanden werden. Die Mitnahme eines Sprachführers ist daher unerlässlich. In den Städten wird man allerdings fast überall Finnen treffen, die gut Deutsch oder Englisch können. Außerdem ist Schwedisch die 2. Landessprache.

Im Text kommen oft folgende Bezeichnungen vor:

Joki = Fluss

Koski = Stromschnelle

Saari = Insel

Järvi = See

Die Bezeichnung wird an den jeweiligen Eigennamen angehängt, so bedeutet z. B. Kienkinjoki einen Fluss namens Kienkin.

In den Überschriften der Beschreibungen wird vielfach von „Routen“ gesprochen, z. B. „Vieksinjoki-Route“. Dies besagt, dass der Vieksinjoki zwar namensgebend für die gesamte Strecke ist, dass die Tour jedoch durch verschiedene Seen und Fließstrecken mit evtl. sehr unterschiedlichem Namen führt.

Planung von Kanufahrten

Man kann nicht einfach „zum Paddeln nach Finnland fahren“, sondern man sollte sich schon vor Fahrtantritt ausreichend informieren. Man wird sich dazu zunächst anhand des Flussführers für eine bestimmte Region entscheiden, anschließend sollte man sich vom entsprechenden Fremdenverkehrsverband das jährlich neu erscheinende Informationsmaterial besorgen. Wenn man dann in Finnland ist, sollte man vor Fahrtantritt Kontakt mit den örtlichen Fremdenverkehrsbüros aufnehmen und sich die notwendigen topographischen Karten besorgen.

Allgemeines

Es ist sehr zu empfehlen, sich bei einem Automobilclub Reiseinformationen für Finnland zu besorgen. Es sind darin, stets auf den neuesten Stand gebracht, alle wesentlichen Angaben enthalten über Personalpapiere, Zoll- und Devisenbestimmungen, Verkehrsregeln, Straßenhilfsdienste, Kontaktadressen usw.

Anschriften:

Botschaft

Botschaft der Republik Finnland

Rauchstraße 1
10787 Berlin
Telefon +49 30 50 50 30
Mail: info.berlin@formin.fi
Web: www.finlandabroad.fi/deutschland

Deutsche Botschaft
Botschaft der Bundesrepublik Deutschland
Saksan liittotasavallan suurlähetystö
Krogiuksentie 4
FI-00340 Helsinki
Telefon +358 9 458 580
Telefax +358 9 4585 8590
Hinweis: E-Mail über das Kontaktformular auf der Webseite
Web: www.helsinki.diplo.de

Tourismusinformation
Informationen über Finnland erhalten Sie im Internet unter
Web: www.visitfinland.de

In fast jedem größeren Ort bestehen Fremdenverkehrsämter, die Auskünfte über die touristischen Möglichkeiten der Region erteilen, meist auch über Kanutouren, z. T. in deutscher Sprache.

Notruf
Polizei und Unfallrettung/Notarzt 112

Saimaa-Seengebiet

Das Saimaa-Seengebiet im Süd-Osten Finnlands ist das größte zusammenhängende Seengebiet Finnlands. Es entwässert über den Vuoksi nach Osten zum Ladoga-See. Die nachfolgend dargestellten Routen stellen nur eine Auswahl dar, das Gerippe, an dem man je nach Lust, Zeit und Wetter in dem Gewirr von Nebenseen und Inseln fast zahllose Abstecher und Erweiterungen anhängen kann. Man muss sich allerdings über einige Umstände im Klaren sein: Das Saimaa-Seengebiet liegt nicht in der wilden Einsamkeit Lapplands, sondern im weitgehend zivilisierten Südfinnland. Das hat Vor- und Nachteile. Das dichte Straßennetz gibt den Zugang zu den Gewässern an vielen Stellen frei, das evtl. Nachholen von Pkw bereitet dadurch kaum Schwierigkeiten, zumeist durch gute Busverbindungen. An einigen Orten besteht auch die Möglichkeit, das Boot auf einem Linienschiff zum Ausgangsort zurückzutransportieren, z. B. von Savolinna nach Kuopio. In den zahlreichen Ortschaften ist die Beschaffung von Proviant leicht. Beginn und Beendigung der Fahrt ist an vielen Stellen möglich. Andererseits stellen die Seen ein beliebtes Erholungsgebiet dar. Dies hat zur Folge, dass auf den Gewässern vor allem an Wochenenden viele Touristen unterwegs sind, sei es in Kanus, Motor- und Segelbooten sowie auf Ausflugsschiffen. Da die Saimaa-Seen über den Saimaa-Kanal Anschluss an die Ostsee haben, trifft man auf den Seen auch kleinere hochseegängige Schiffe (z. B. Küstenmotorschiffe) an.

Das freie Zelten ist nicht grundsätzlich verboten (s. „Jedermannsrechte"); man sollte jedoch stets versuchen, die öffentlichen Campingplätze oder die autorisierten Übernachtungsplätze zu benutzen.

Für die Navigation sind GPS oder Kompass und genaue Karten erforderlich. Auf den großen Seen kann bei entsprechender Wetterlage der Wellengang sehr unangenehm bis gefährlich werden; man sollte dann stets auf der Leeseite der Ufer fahren.

Bei der Benutzung der in Finnland üblichen offenen Kanadier können sich auf den Seen erhebliche Schwierigkeiten ergeben.

Unterlagen: man wird zumeist mit den finnischen Straßenkarten 1:200 000 auskommen. Es gibt eine Touristenkarte des gesamten Saimaa-Gebietes 1: 250 000 sowie Seekarten des Saimaa-Gebietes 1:40 000.

Es werden nachfolgend beschrieben:

Zufahrtsmöglichkeiten zum Zentrum des Saimaa-Seengebietes mit Fließstrecken, z. T. leichtem Wildwasser und See-Strecken.

Große Rundfahrten, fast ausschließlich über Seen, bei denen man nach kürzeren oder längeren Fahrten wieder zum Ausgangspunkt zurückkommen kann.

Diese Rundstrecken sind besonders geeignet für Ferienfahrten, bei denen man den Pkw abstellen will und sich keine Gedanken über das Nachholen des Wagens zu machen braucht. Natürlich sind auch bei den Rundstrecken nur Teilabschnitte zu befahren.

Außerdem finden sich an mehreren Stellen kurze Hinweise auf mögliche Abstecher von der Hauptroute. Man muss dann allerdings meist wieder zum Ausgangspunkt des Abstechers zurückfahren.

Die bei den einzelnen Routen gemachten km-Angaben beziehen sich auf die kürzest möglichen Strecken. Bei Fahrten entlang den Ufern, was vielfach bei stärkerem Wind notwendig wird, erhöhen sich die Entfernungen erheblich. Auch die Angaben in finnischen Unterlagen sind zum Teil erheblich höher.

Falls man nicht auf dem Wasserweg in das Saimaa-Seengebiet fahren will, kommt als Ausgangsort für längere Fahrten vor allem Puumala in Frage.

Saimaa-See

Seen

Die große Rundtour führt, unter Einbeziehung einiger Seitengewässer, von Puumala über Anttola zum Süd-Ost-Ende des Sees bei Imatra entlang dem Westufer. Für die Fahrt entlang dem Ostufer gibt es eine gesonderte Beschreibung. Mit beiden Beschreibungen und geeignetem Kartenmaterial kann man eine Umrundung des Saimaa-Sees planen und durchführen. Selbstverständlich gibt es auch eine Unzahl anderer, hier nicht beschriebener Routen im Bereich des Saimaa-Sees.

152,9	⇩ der Haukivesi-Pihlajavesi-Route (s. Seite 106) in den Saimaa-See **FIN Puumala**, neue Panorama-Str-II 62, Holzkirche, ⌘. Koskenselkä, nach Durchfahren der See-Enge 3 km nach N, Hütten, Jugendherberge. In der See-Enge deutliche Strömung von Nord nach Süd, erheblicher Schiffsverkehr. Puumala liegt am N-Rand des großen Saimaa-Sees und damit im Zentrum des gesamten großen Seen-Gebietes (61.5189,28.1758)
151,2	li ← der Route Saimaa-See, Ostufer (s. Seite 125) von der Route Saimaa-See (61.5274,28.1526)
143,8	, re **FIN Rokansalo** (61.4807,28.0612)
142,0	Nach Umrunden der Halbinsel Fahrt nach N. **FIN Kiviniemi**, ✕, , Sauna (61.4889,28.0330)
134,2	Kurs jetzt in Richtung Westen (61.5550,28.0050)
133,6	im Norden der Bucht Pistohiekka, , , ✕, Hütten, Sauna (61.5551,

27.9926)

131,9 Str-Ⅱ 62 (61.5516,27.9621)

125,7 Fahrt jetzt nach NW, zwischen Inseln und Halbinseln, am besten den Schifffahrtszeichen folgen (61.5496,27.8478)

116,6 Nebenroute: Fahrt nach N über den Luonteri-See und evtl. weiter bis **FIN Siikakoski**, etwa 35 km. Die Rückfahrt kann auf weitgehend anderem Weg nach insgesamt etwa 72 km zur Hauptroute bei Anttola führen (61.6052,27.7613)

111,1 3 km westlich der Route **FIN Anttola**, 🛒. Weiterfahrt nach S (61.5949,27.6887)

102,8 Str-Ⅱ 62, **FIN Väätämö**. Die Fahrt geht nach SW (61.5387,27.7025)

101,6 Kurs nun nach Südwest (61.5288,27.7067)

96,2 jetzt Kurs nach Westen (61.4949,27.6373)

88,3 Weiterfahrt auf der Hauptroute nach S abbiegen, nach Westen kann man auf einer Nebenroute in 29 km **FIN Mikkeli** erreichen, größerer Ort, 🛒, ✕, 🚐 Urpola (61.4947,27.4913)

86,7 Str-Ⅱ 4323, li **FIN Varkaantaipale** (61.4812,27.4905)

83,5 Einfahrt in den Yövesi-See, Fahrt nach Südost (61.4567,27.5005)

69,8 See-Enge, li Insel Vekarsalo, ⛺-Möglichkeit am W-Ufer. Einfahrt in den Saimaa-See, Richtung Südost (61.3865,27.6987)

46,7 Nach O vorspringende Halbinsel, Feriendorf Sur-Saimaa (Als „Sur-Saimaa" wird die größte Breite des Saimaa-Sees bezeichnet.). Nebenroute: Falls man den See queren will, sollte man, insbesondere bei schlechtem Wetter, hier nach O fahren. Man gelangt dann nach einer nur 4 km langen Fahrt über freien See zur langgestreckten, in West/Ost-Richtung verlaufenden Halbinsel Kyläniemi. In ihrem Windschutz kann man, je nach Windrichtung, entlang ihrem N- oder S-Ufer zur Ostseite des Sees fahren. Man trifft dann auf die Route entlang dem Ostufer des Saimaa-Sees (61.2842,28.0672)

23,0 Die Hauptroute geht weiter nach Osten, Nebenroute: Bei Fahrt nach Südwest kann in 17 km Entfernung **FIN Lappeenranta** erreicht werden (61.1648,28.4288)

0,3 ⇩ der Route Saimaa-See, Ostufer (s. Seite 125) in die Route Saimaa-See (61.2271,28.7945)

0,0 **FIN Imatra**, größere Stadt. Ausfluss des Vuoksi, der das gesamte Saimaa-Seengebiet entwässert. Befahrung nicht möglich, da er nach wenigen km auf das Staatsgebiet von Russland übertritt. Fahrt entlang dem O-Ufer nach NO, durch eine Ⅱ (61.2244,28.7934)

Saimaa-See, Ostufer

Seen
Mündung in Saimaa-See bei km 0,3

Mit der Beschreibung des Kurses entlang dem Ostufer des Saimaa-Sees wird die Umrundung des Sees vollendet.

65,6 ← der Route Saimaa-See, Ostufer von der Route Saimaa-See (s. Seite 103) (61.5274,28.1526)
56,3 Fahrt durch die See-Enge Hätinvirta, Str-Ⅱ (61.4526,28.1694)
38,4 ⊥ der Straße 14866, Fahrt durch den Kutveleen-Kanal nach Norden. Hier Zusammentreffen mit der Nebenroute West/Ost-Querung (61.3279,28.3425)
37,9 Dem Fahrwasser nach Osten folgen (61.3256,28.3516)
31,3 ⊥ (61.3275,28.4685)
17,5 Weiterfahrt entlang des Ostufers in Richtung Süden (61.3418, 28.6977)
7,8 Str-Ⅱ, li **FIN Ruokolahti** (61.2793,28.8227)
0,0 ⇩ der Route Saimaa-See, Ostufer in die Route Saimaa-See (s. Seite 103) bei km 0,3 (61.2271,28.7945)

Haukivesi-Pihlajavesi-Route

Seen
Mündung in Saimaa-See bei km 152,9

Diese Route führt über den Haukivesi-See, den Pihlajavesi-See und anschließende Gewässer von Oravi über Savonlinna nach Puumala. Sie stellt damit die Verbindung zwischen mehreren Routen im Kerngebiet des Saimaa-Sees dar. Die Pihlajavesi-Route ist kein genau fixierter Wasserweg. Der kürzeste Weg über den Pihlajavesi ist nur 36 km lang; in dem Gewirr von Inseln und Seitenbuchten des Sees kann man jedoch mehrere hundert Kilometer fahren und dabei immer wieder neue Wege entdecken. Die Weiterfahrt südlich des Sees nach Puumala kann über 2 verschiedene, jeweils gesondert beschriebene Routen erfolgen.

Schwierigkeiten: Starke Winde können zu größeren Abweichungen von der Route führen, wenn im Schutz der Ufer gefahren werden muss. Zur Orientierung ist unbedingt genaues Kartenmaterial und/oder ein GPS-Gerät erforderlich.

111,2 ⇩ von Pielininen-Orivesisee-Route (s. Seite 108), Kallavesi-Haukivesi-Route (s. Seite 122) und Suvasvesi-Haukivesi-Route (s. Seite 119) in die Haukivesi-Pihlajavesi-Route. Hier Möglichkeit der Weiterfahrt zu großen Rundtouren, sowie zum Zentrum des Saimaa-Seengebietes

(62.1106,28.6064)

87,7 der See verengt sich, Durchfahrt zwischen Inseln (61.9234,28.7802)

77,5 Str-II 14, **FIN Savonlinna**, ⬇. Fahrt über den Pihlajavesi-See, allgemeine Richtung WSW. Für den kürzesten Weg folgt man am besten den Schifffahrtszeichen (61.8697,28.9058)

77,1 EB-Dreh-II, kräftige Strömung (61.8666,28.9035)

76,7 Str-II, li die Festung Olavinlinna auf einer Insel, ⌘, Opernfestspiele. Die Festung kann umrundet werden. ⛟ befindet sich 6,5 km westlich der Burg Olavinlinna. Man fährt nach Westen, unterquert einen Damm mit Straße an einer II und hält sich li am Ufer. Der Platz befindet sich am hintersten Ende der Bucht. 🚌 oder Taxi nach Savonlinna. ⛺-Möglichkeit evtl. auch auf Insel südlich der Stadt (61.8640,28.8990)

76,6 ⇩ der Paasiselka-Puruvesi-Haukivesi-Route (s. Seite 125) in die Haukivesi-Pihlajavesi-Route (61.8632,28.8980)

43,3 See-Enge, Auto-Fähre der Straße 438 (61.7382,28.5016); li ⬅ der Pihlajavesi-Nebenroute von der Haukivesi-Pihlajavesi-Route, Weiterfahrt auf der Hauptroute in Richtung Westen über den See Enonvesi. Auf der Nebenroute geht der Kurs nach Süden (61.7381, 28.5015)

Nebenstrecke Pihlajavesi-Nebenroute

Hier wird eine weitere Möglichkeit zur Befahrung des Sees Pihlajavesi dargestellt.

28,3 ⬅ der Pihlajavesi-Nebenroute von der Haukivesi-Pihlajavesi-Route (s. Seite 106), Weiterfahrt auf der Hauptroute in Richtung Westen über den See Enonvesi. Auf der Nebenroute geht der Kurs nach Süden (61.7381,28.5015)

14,6 Kurs jetzt in Richtung Westen (61.6187,28.5510)

5,7 Auto-⛴ der Straße 15176 (61.6061,28.3856)

0,0 ⇩ der Pihlajavesi-Nebenroute in die Haukivesi-Pihlajavesi-Route (s. Seite 106), Insel Haapasari, die beiden Routen treffen sich wieder, ⛺-Möglichkeit. Weiterfahrt nach Süden über den See Haapavesi (61.5930,28.2846)

38,5 **FIN Sikoniemi**, re ➔ von hier nach Norden 7 km nach Sulkava, dort 🛒, ⛟ Vilkaharju am Ostufer in der Nähe der Straße (61.7355, 28.4231)

34,6 Str-II (61.7449,28.3599)

29,4 Ab hier Fahrt nach Süden (61.7530,28.2641)

18,6 am W-Ufer ⛟ Mannilanniemi

11,1 ⇩ der Pihlajavesi-Nebenroute in die Haukivesi-Pihlajavesi-Route,

Insel Haapasari, die beiden Routen treffen sich wieder, ⛺ Möglichkeit. Weiterfahrt nach Süden über den See Haapavesi (61.5930,28.2846)

0,0 ⇩ der Haukivesi-Pihlajavesi-Route in den Saimaa-See (s. Seite 103) bei km 152,9 **FIN Puumala**, neue Panorama-Str-II 62, Holzkirche, ⌘.

Koskenselkä, nach Durchfahren der See-Enge 3 km nach N, Hütten, Jugendherberge.

In der See-Enge deutliche Strömung von Nord nach Süd, erheblicher Schiffsverkehr.

Puumala liegt am N-Rand des großen Saimaa-Sees und damit im Zentrum des gesamten großen Seen-Gebietes (61.5189,28.1758)

Pielininen-Orivesisee-Route

Seen - Wanderfluss
Mündung in Haukivesi-Pihlajavesi-Route bei km 111,2

Dieser Wasserweg führt etwa parallel zur russischen Grenze von Nurmes in allgemeiner Südrichtung nach Savonranta und Oravi. Er bietet damit einen östlich gelegenen Zufahrtsweg zum Zentrum des Saimaa-Seengebietes. Informationen durch Lieska Tourist Service.

263,5 ⇩ des Saramojoki (s. Seite 110) in die Pielininen-Orivesisee-Route (63.5373,29.1561)

226,0 Im Osten **FIN Kalkinlathi**, kleine Bucht mit ⇩ des Ausflusses des Viekinjärvi. Nebenroute: Durch diesen Ausfluss zunächst nach SO, dann nach N zum Viekinjärvi fahren. 28 km bis zum N-Ende des Sees (63.2917,29.6781)

216,5 nach Umrundung einer Halbinsel öffnet sich nach O die große Bucht von Lieska. In 10 km Entfernung Richtung NO der größere Ort **FIN Lieska** (63.2219,29.8015)

214,4 ⇩ des Lieksanjoki (s. Seite 111) in die Pielininen-Orivesisee-Route (63.2218,29.8017)

203,3 am Ostufer **FIN Vuonislathi**, Jugendherberge, . Sehr zu empfehlen ist ein Abstecher auf dem Wasserweg nach Paaterie (nahe Ruunankylä)) mit Kirche und Atelier der Holzbildhauerin Eva Rynänen (63.1341,29.8672)

198,0 am Westufer der Berg Koli, mit 347 m höchste Erhebung in Süd-Ost-Finnland. Der Höhenzug ist Nationalpark. Auf den vorgelagerten 7 langgestreckten Inseln gibt es Rastplätze mit Feuerstellen, Toiletten und Trinkwasser (63.1087,29.8893)

178,0 Str-Ⅱ, re **Ahveningen**, 🚐. Einfahrt in den Rukovesi. Auf den Inseln im See gute ⛺-Möglichkeit (62.9466,30.1063)
170,5 EB-Ⅱ, Str-Ⅱ N 73, li **FIN Uimaharju**, 🛒, Post, Fahrt entlang dem Westufer (62.9075,30.2267)
166,3 li ⇩ des Koitajoki (s. Seite 115) in die Pielininen-Orivesisee-Route (62.8761,30.2656)
163,3 re **Paukkaja** (62.8641,30.2094)
160,0 Pajarinniemi, ⛺ Übernachtungsplatz am W-Ufer
157,1 Kurs nach West in Richtung Eno (62.8101,30.2153)
154,2 Str-Ⅱ 514, li **FIN Eno**, 🛒, ✕ (62.8027,30.1534)
149,2 ■ und ϟ Kaltimo, ⌗, Kanal (62.7701,30.1331)
147,7 ⛺ Übernachtungsplatz an der ⇩ des Kanals in den See Alusvesi (62.7569,30.1368)
141,2 li ⛵, Kanalmuseum mit Museumsschiffen ⌘ (62.7420,30.0385)
139,6 Str-Ⅱ N 5100 (62.7241,30.0437)
136,5 Einfahrt in den See Kangavesi, Kurs nach W (62.6980,30.0549)
128,3 re **FIN Paihola**, 🛒 (62.6833,29.9241)
124,6 ■ und ϟ, ⌗, Kanal (62.7054,29.8752)
106,7 Str-Ⅱ 6 (62.6086,29.7913)
106,0 EB-Ⅱ (62.6067,29.7795)
105,3 re zur Schleuse, li ■ (62.6032,29.7696)
105,0 ⌗ Joensuu, Str-Ⅱ, Kanal (62.6003,29.7676)
104,7 Str-Ⅱ, **FIN Joensuu**, Provinzhauptstadt, Hafen, ✕, 🛒 (62.5972, 29.7657)
103,1 🚐 Joensuu. Die Fahrt kann hier beendet werden. Es ist auch empfehlenswert, zurück nach Lieska oder Nurmes zu fahren (62.5908, 29.7397)
102,8 Die Weiterfahrt geht nach Süden über den Pyhäselkä-See. Auf den Inseln kaum Zeltmöglichkeit (62.5898,29.7339)
79,5 Durchfahrt zum Janisselka, Kurs nach SW (62.3974,29.7596)
65,4 li in ca. 1,5 km **FIN Koivuniemi** bei **FIN Rääkkylä**, 🚐 und Jugendherberge (62.3280,29.5514)
63,4 Str-Ⅱ 482, Durchfahrt zum großen Orivesi-See (62.3146,29.5142); ➔ Nebenroute: Fahrt nach N zum N-Ende des Heposelkä-Sees, 40 km (62.3075,29.5029)
50,0 See-Verengung zwischen Inseln, ← Nebenroute : Fahrt nach O in Seitenbucht des Orivesi bis Suorlathi, 49 km (62.2242,29.4318)
37,9 li ← der Paasiselka-Puruvesi-Haukivesi-Route (s. Seite 125) von der Pielininen-Orivesisee-Route, beide Routen ermöglichen eine interessante Rundfahrt ohne umzutragen (62.1573,29.2346)
37,8 Str-Ⅱ 474, re (sowohl auf der Straße als auch mit dem Boot) 2km

nach **FIN Savonranta**, Hafen, Feriendorf, ✕. Weiterfahrt über den Pyvesi-See nach Westen (62.1575,29.2324)

23,8 See-Enge, ⛴ Hanhivirta-Enonkoski, Weiterfahrt nach SW (62.1487, 28.9731)

14,0 In dem folgenden Gewirr von Inseln am besten dem markierten Schifffahrtsweg folgen. Es besteht jedoch auch die Möglichkeit nach SW in den Kiviselkä und dann entlang dem südlichen Festland weiter zu fahren. Da diese Strecke nach 5 km unter einer niedrigen Π hindurchführt, gibt es hier keinen Motorbootverkehr, sehr schöne Badestellen in einsamer Gegend. Nach weiteren 4 km gelangt man mit Kurs NW zurück auf die Hauptroute (62.1032,28.7920)

0,2 Str-Π 468, **FIN Oravi**, ✕ (62.1121,28.6070)

0,0 ⇩ von Pielininen-Orivesisee-Route, Kallavesi-Haukivesi-Route (s. Seite 122) und Suvasvesi-Haukivesi-Route (s. Seite 119) in die Haukivesi-Pihlajavesi-Route (s. Seite 106) bei km 111,2. Hier Möglichkeit der Weiterfahrt zu großen Rundtouren, sowie zum Zentrum des Saimaa-Seengebietes (62.1106,28.6064)

Saramojoki

Weitere Namen: Saramonjoki

Wildfluss – Wanderfluss
Mündung in Pielininen-Orivesisee-Route bei km 263,5

Der Saramojoki entsteht aus dem Zusammenfluss folgender drei Quellflüsse, die nur aus finnischen Beschreibungen bekannt sind:
Mäntyjoki: fahrbar ab Peurojoki; eng und flach; auf 11 km 6 Koskis WW I und II
Mehtojoki: fahrbar ab Mehtojärvi: 8 km mit 6 Koskis WW I und II
Palojoki: fahrbar ab Kolkonjärvi; schmaler Fluss durch Wald- und Moorlandschaft. Auf 17 km 13 Koskis WW I; einige erreichen bei HW WW III
Nach der Vereinigung der Quellflüsse durchfließt der Saramojoki teilweise als kleiner Wildfluss, als Wanderfluss und durch Seen eine reizvolle Kulturlandschaft. Die wenigen Koskis erreichen WW II.

Befahrbarkeit: Ganzjährig (in den Koskis im Sommer sehr steinig).
Umwelt: Das Wasser ist sehr sauber.

35,8 ⇩ Zusammenfluss der Quellflüsse. Bis Saramo liegt kein Befahrungsbericht vor (63.7330,29.2187)

33,0 Str-Π, **FIN Saramo**, ⬇ re bei ✕. Es folgen kleine Stromschnellen (Koskis) (63.7146,29.2080)

31,0 ⇩ in den kleinen See Pieni-Saramo, Fahrt nach Südwest (63.7055, 29.2022)

30,2 Ausfahrt aus dem See Pieni-Saramo am Westufer (63.7003,29.1933)

29,1 ⇩ in den See Suuri-Saramo, Fahrt nach Westen (63.6968,29.1732)
28,2 Ausfluss aus dem See Suuri-Saramo. Es folgen einige leichte Stromschnellen (63.6957,29.1541)
21,7 ■ und ↯ auf Schnelle Louhikoski, ⏏ li, bei Wasserablass WW IV+. Es folgen weitere kleine Schnellen (63.6744,29.1527)
20,1 Str-II bei **FIN Pitkäkoski** (63.6692,29.1297)
17,6 li ← in einen See, **FIN Viitajärvi**, Weiterfahrt geradeaus (nicht auf den See) (63.6527,29.1189)
14,6 ⇩ in den See Roukkajanjärvi (63.6415,29.0845)
13,6 Durchfahrt zum See Yliylänjärvi (63.6412,29.0647)
12,4 Ausfahrt im Süden des Sees Yliylänjärvi (63.6322,29.0561)
12,2 Str-II, **FIN Ylikylä**, ⇅ (63.6302,29.0579)
10,4 ⇩ in den See Lautiainen, Fahrt nach Süden (63.6165,29.0597)
2,5 Str-II 75, **FIN Nurmes**, Einfahrt in den See Nurmesjärvi (63.5581, 29.1376)
0,4 Str-II, EB-II Nurmes (63.5403,29.1545)
0,0 ⇩ des Saramojoki in die Pielininen-Orivesisee-Route (s. Seite 108) bei km 263,5 (63.5373,29.1561)

Lieksanjoki

Kleinfluss-Wildfluss-Wanderfluss
Mündung in Pielininen-Orivesisee-Route bei km 214,4 (li Nebenfluss)

Diese Route kann an der Grenze oder am Ruunaanjärvi begonnen werden. Ab See-Ausfluss folgt eine sehr schöne WW-Strecke mit mehreren Stromschnellen (WW I-III). Anschließend geht es weiter über Seen zum Pankajärvi. Empfohlene Fahrtstrecke bis zum Dorf Pankajärvi. Eine Weiterfahrt ist möglich, jedoch durch 7 sehr mühsame Umtragungen nicht ratsam.

Befahrbarkeit:	Wahrscheinlich ganzjährig.
Umwelt:	Das Wasser ist sehr sauber.
Schwierigkeiten:	Stromschnellen (WW I-III). Reger Bootsverleih und Motorbootverkehr erfordern einige Aufmerksamkeit beim Befahren der Stromschnellen.

115,2 Der aus Russland kommende Fluss überschreitet die Grenze zu Finnland (63.3764,30.8423)
114,1 ⇣-Möglichkeit (63.3798,30.8225)
113,8 Str-II. Ruhige Flussfahrt durch fast unberührte Natur (63.3795, 30.8167)
102,4 ⇩ in Ruunaa-See. Fahrt in Richtung NW (63.3895,30.6335)
94,1 li ← Kanal zum Flößen (Abkürzung zum Paasikoski) (63.4184, 30.4806)

90,7 Kurz vor dem Ende des Sees scharf nach SW in eine Durchfahrt einbiegen (63.4363,30.4329)
90,2 re **FIN Ruunaa**, übliche ⬇, falls nur die Stromschnellenstrecke befahren wird. Zufahrt über die Straße 5224. Man kann hier Leihboote für die folgende Stromschnellenstrecke mieten (63.4336,30.4134)
86,8 li ⇩ des Floßkanals (63.4161,30.4753)
85,4 ⚠ Stromschnelle Paasikoski, WW I, ⛱ (63.4067,30.4930)
84,5 Hänge-Ⅱ, ⚠ Stromschnelle Haapavitja, auf 1 200 m WW II-III, vorher besichtigen oder re auf Pfad ⌓, (63.4015,30.5030)
80,1 ⇩ in Neitijärvi, Staatspark, kein freies Zelten, nur Rastplätze benutzen. Scharf in Richtung NW fahren (63.3716,30.5349)
76,0 **FIN Kirpuvita**, ⛺, Wanderzentrum Ruunaa, 🚐, ✕ (63.3866, 30.4627)
75,4 ⚠, Stromschnelle Neitikoski, WW II-III, starker Rücklauf, nach Besichtigung evtl. li ≋ oder re ⌓. Dazu das Boot über den re Steindamm heben (63.3868,30.4527)
73,3 ⛱ auf der Spitze der Halbinsel Naukuniemi (nur mit Genehmigung des Bootstourenunternehmen nutzen) (63.3749,30.4490)
72,4 ⚠, Stromschnelle Kattilakoski, WW II, nach vorheriger Besichtigung mittig ≋ oder ⌓ (an beiden Ufern möglich) (63.3685,30.4573)
70,0 ⚠ Stromschnelle Murrookoski, auf 300 m verblockt, Walzen, WW III, unbedingt vorher auf ganzer Länge besichtigen, ⌓ an beiden Ufern möglich (63.3499,30.4719)
69,1 ⚠, Stromschnelle Siikakoski, WW II, vor Befahrung besichtigen von der folgenden Hängebrücke oder li ⌓ über einen Pfad. Eine weitere Möglichkeit ist das Überheben des Bootes über die Steindämme (63.3446,30.4769)
68,6 Hänge-Ⅱ (63.3403,30.4730)
67,7 re ⛱ mit Straßenanschluss. Es folgt eine ruhige Flussstrecke (63.3382,30.4570)
64,0 li 🡐 des Pudasjoki (s. Seite 115) vom Lieksanjoki (63.3483,30.3917)
58,9 Str-Ⅱ 5224, gute ⬆, ✕ (63.3847,30.3338)
54,2 ⚠ Stromschnelle Naarakoski, re ≋ oder re ⌓, ansehen (63.4116, 30.2647)
53,9 ⛱ Naarakoski (63.4141,30.2635)
53,4 ⚠ Stromschnelle Käpykoski, ca. 300m, nach Besichtigung evtl. ≋ (63.4159,30.2551)
51,5 ⚠ Stromschnelle Saarikoski, ≋ in der re Fahrrinne, ⌓ am re Ufer der li Fahrrinne (63.4271,30.2309)
39,5 ⇩ des Jongunjoki (s. Seite 113) in den Lieksanjoki (63.4649,30.0994)
32,6 ⚠ Stromschnelle Kohosenkoski, WW I, danach ⇩ in den See Panka-

järvi (63.4262,30.1196)
31,6 Dorf **FIN Pankajärvi**, übliche ⬆ zur Beendigung der Befahrung des Lieksanjoki. Wenn man auf dem Lieksanjoki weiterfahren will, geht die Fahrt über den See Richtung SW (63.4219,30.1054)
21,4 li ⇩ der Route Pudasjoki (s. Seite 115) in den Lieksanjoki (63.3516, 30.2218)
18,1 Ausfahrt aus dem See Pankajärvi (63.3377,30.1751)
15,4 ■ und ϟ Pankakoski, **X**. Nach Bitte um Erlaubnis kann man auf dem Gelände einer Papierfabrik 2 km weit li ⏏ (63.3265,30.1380)
9,7 ■ eines weiteren ϟ, **X**, li ⏏, dazu in die li Abzweigung einfahren und gleich re ⬆. ⚠ Strömung zu einem Tunnel des Kraftwerks (63.3434,30.0531)
8,6 steinige Stromschnelle (63.3510,30.0383)
6,6 Es folgen kurz hintereinander 5 ■ Steinwurf-Dämme, **X**, ⏏ sehr mühsam (63.3437,30.0242)
4,7 li ϟ-Ausfluss, Rückkehr des abgeleiteten Wassers (63.3352,30.0363)
1,9 Str-II, **FIN Lieksa**, größerer Ort, Museum, ✕, 🛒 (63.3130,30.0399)
1,5 Str-II 73 (63.3126,30.0339)
0,9 EB-II (63.3089,30.0260)
0,0 ⇩ in den Pielinensee, li ⛺ Timitraniemi-Camping (63.3083,30.0081)
-14,9 ⇩ des Lieksanjoki in die Pielininen-Orivesisee-Route (s. Seite 108) bei km 214,4 (63.2218,29.8017)

Jongunjoki

Kleinfluss-Wildfluss-Wanderfluss
Mündung in Lieksanjoki bei km 39,5 (re Nebenfluss)

Der Jongunjoki fließt aus dem Jonkeri-See südlich von Kuhmo in Nord–Süd-Richtung zum Nurmijärvi und über den Lieksanjoki zum Pielinen-See.
Bis km 48,1 (Aittokoski) ist er anfangs ein lebhafter Kleinfluss, später ein leichter Wildfluss mit beachtlichem Gefälle (70 m auf 27 km) und vielen überwiegend leichten Stromschnellen zwischen kurzen Seestrecken. Auf den folgenden 40 km bis Nurmijärvi fällt der Fluss nur noch um 10 m und entwickelt sich dadurch zum strömungsarmen Wanderfluss mit nur noch vereinzelten leichten Schnellen. Der Jongunjoki durchfließt eine sehr reizvolle, einsame Landschaft. Zeltmöglichkeiten am Ufer sind nicht leicht zu finden. Es empfiehlt sich deshalb, die eingerichteten Rastplätze (hölzerne Hinweis-Pfeile beachten) zu nutzen.

Befahrbarkeit: bis km 48,1 September–Juni: danach sehr steinig. Ab km 48,1 ganzjährig.
Umwelt: Das Wasser ist sehr sauber.
Literatur: Für die Strecke bis km 57,9 gibt es einen Streckenplan mit

genauen Informationen über Lage und Schwierigkeiten der einzelnen Schnellen, Schutzhütten, Lagerplätze, Landungsstellen und Telefon. Diese Streckenkarten sind erhältlich im Laden in Nurmijärvi-Dorf, sowie im Informationsbüro in Lieska.

73,1 Ausfluss aus Jonkeri-See, ⬇ an Str-Ⅱ 524 (Kuhmo-Lieksa), großer 🅿 mit ⛺-Einrichtungen (63.8437,29.8411)
72,1 ⇩ in den See Alannejärvi (63.8395,29.8286)
71,1 Ausfluss aus Alannejärvi; ▬ unter Ⅱ, li ≈, es folgen kleine Stromschnellen (63.8352,29.8161)
69,8 ⇩ in den See Pieni Kangasjärvi (63.8297,29.8012)
68,9 Durchfahrt zum See Kangasjärvi (63.8237,29.7968)
67,5 Ausfluss aus dem See Kangasjärvi über ein ▬, nach Vorbesichtigung evtl. li ≈, ⛺ Kangasjärvi. Es folgen weitere Stromschnellen bis WW II (63.8129,29.7898)
66,4 Stromschnelle und ⛺ Siltakoski
62,4 ⚠ Stromschnelle Hiidenportti zwischen Felswänden, WW II (bei HW bis WW III), vorher besichtigen (63.7826,29.8205)
59,8 ⇩ in den See Raatelampi (63.7688,29.8613)
59,2 Ausfahrt aus dem See Raatelampi (63.7656,29.8674)
58,9 Str-Ⅱ 524 bei **FIN Teljo** (ca. 2 km), ⇅, ⛺. Es folgen weitere leichte Stromschnellen (63.7632,29.8707)
54,2 Stromschnelle und ⛺ Otroskoski. Es folgen weitere kleine Stromschnellen (63.7362,29.9145)
48,1 Str-Ⅱ mit Anbindung an Straße 524 bei Kukkalampi. Danach Aittokoski (WW II). Links ⛺, gute ⇅, es folgt der ganzjährig befahrbare Flussabschnitt (63.6937,29.9154)
40,6 ⇩ des Valamojoki, 500 m flussauf ⛺ (63.6656,29.9163)
33,0 Hänge-Ⅱ, ⛺ Pälvekoski. Es folgen leichte Stromschnellen
26,5 Stromschnelle Kaksinkantankoski (WW II) (63.6034,30.0043)
26,1 li ⛺ Kaksinkantaja an ⇩ des Laklajoki. Von hieraus 1 km nach NO Anwesen des Jägers Väino Heikkinen mit großer Sammlung einheimischer Jagdtrophäen. Empfehlenswert (63.6000,30.0080)
18,5 Str-Ⅱ mit Anbindung an Straße 5241, ⛺, ⇅, li **Viitakoski**, letzte Stromschnelle in einer Kurve (63.5633,30.0140)
10,3 Str-Ⅱ N 5241 (63.5291,29.9993)
10,2 re 🅿 und ⛺ **FIN Nurmijärvi**. Gute ⇅. Im Ort ✕, 🛒 (63.5293, 29.9970)
2,4 ⇩ in den See Hämeenjärvi (63.4847,30.0937)
0,0 ⇩ des Jongunjoki in den Lieksanjoki (s. Seite 111) bei km 39,5

(63.4649,30.0994)

Pudasjoki

Weitere Namen: Pudasjärvi

Kleinfluss, Seen
Mündung in Lieksanjoki bei km 21,4

Diese Route führt vom Lieksanjoki über den Pudasjoki mit Pudaskoski (WW I) und den See Pudasjärvi zur Str-II 5224. Dort 🅿, gute ⬆. Kurz danach ⇩ in den See Pankasjärvi. Hier wird der Fluss Lieksanjoki wieder erreicht.

12,5 ← des Pudasjoki vom Lieksanjoki (s. Seite 111) (63.3483,30.3917); es folgen 4 leichte Koskis, die flussaufwärts getreidelt werden können. Somit ist es möglich eine Rundfahrt auf dem Pudasjoki und dem Lieksanjoki durchzuführen, indem man den Pudasjoki aufwärts befährt (63.3484,30.3914)

6,3 ⇩ des Pudasjoki (kaum wahrnehmbare Gegenströmung) in den See Pudasjärvi (63.3298,30.3298)

2,2 Ausfluss aus dem Pudasjärvi, Str-II 5224 (Pankakoski–Ruumaa) bei **FIN Putaansalmi**, ⇩ in den See Pankajärvi, gute ⇅ (63.3469, 30.2640)

0,0 ⇩ der Route Pudasjoki in den Lieksanjoki (s. Seite 111) bei km 21,4 (63.3516,30.2218)

Koitajoki

Wanderfluss - Seen
Mündung in Pielininen-Orivesisee-Route bei km 166,3 (re Nebenfluss)

Wanderfluss und See in Nordkarelien, Finnland. Der Koitajoki entspringt in Russland und wechselt bei Möhkö endgültig auf finnisches Gebiet, hier empfohlene Einsetzstelle. Außer dem Möhkönkoski (WW II) oberhalb der empfohlenen Einsetzstelle und dem Lylykoski (WW I, Bootsgasse) Zahmwasser und Seen. Der Unterlauf des Koitajoki ist wegen einer Wasserableitung zum Kraftwerk Pamilo wohl nur bei Hochwasser befahrbar. Hier etliche Stromschnellen (50 m Gefälle auf 22 km).
Viele einsame Partien durch weite Sumpflandschaften. Mehrere eingerichtete Biwakmöglichkeiten. Sehr zu empfehlen die Kombination mit dem Koitere-See oder mit dem Wanderweg Susitaival. Anschließend wird nur der Abschnitt ab Möhkö beschrieben, hier Fahrwassermarkierungen und geringer Motorbootverkehr, kaum Strömung, der Fluss kann in beiden Richtungen befahren werden.

Literatur: Touristenkarte Ilomantsi 1:100.000, guter Überblick und Markierung aller Übernachtungsplätze, Legende und Informationen auch in Englisch und Deutsch.

Koitajoki Flusskarte 1:30.000, sehr detaillierte Flusskarte mit allen Fahrwassermarkierungen, nur in Finnisch, unverzichtbar wenn auch Nebenarme im Bereich des Sumpfgebietes Kesonsuo befahren werden sollen.
Koitere Seekarte 1:30.000, sehr detaillierte Karte mit allen Fahrwassermarkierungen und Übernachtungsplätzen, nur in Finnisch.

93,2 Wechsel des Koitajoki vom Grenzfluss zu Russland ganz auf finnisches Gebiet (62.6403,31.3454)

91,4 Ende der Grenzzone, die Grenzzone darf von Ausländern nur mit besonderer Genehmigung betreten werden! (62.6413,31.3182)

90,0 rechts Windschutz mit Lagerfeuerstelle, Straßenzufahrt, oberste mögliche ⬇. Anschließend re ➔ eines verfallenen Kanals des ehemaligen Eisenwerkes Möhkö, links Holz-Ⅱ, dahinter Stromschnelle Möhkonkoski, bis WW II, bei Niedrigwasser steinig, re Eisenhüttenmuseum Möhkön Ruukki, sehr sehenswert (62.6426,31.2965)

89,3 Str-Ⅱ 5004, **FIN Möhkö**, re Museumsschiff Möhkön Manta mit Café, anschließend re ⛟ Möhkön Lomakylä, hier empfohlene ⬇ am Badestrand, Beginn der Fahrwassermarkierungen. Beim Campingplatz Beginn des Wanderwegs Susitaival (Wolfspfad) (62.6402,31.2864)

86,1 ⇩ in See Nuorajärvi, Fahrt nach NW, schöner Sandstrand und Zeltmöglichkeit auf der Südspitze der Insel Jänissaari (62.6479,31.2362)

82,2 li ⬅ einer Nebenroute über 31 km bis Mutalahti. Diese Route geht über Oinassalmi und den Petkeljärvi Nationalpark entlang der Grenzzone zu Russland, Bojenmarkierungen beachten! (62.6676,31.1804)

78,1 li in Bucht ⛺ Lagerfeuerstelle und Bootslandeplatz

73,8 Ende Nuorajärvi, li ⬅ einer Nebenroute : 7 km über Kasinjärvi und Muokonjärvi zum ⛟ Ruhkaranta (62.7135,31.0533)

70,4 re ⛺, Windschutz und Lagerfeuerstelle, Ufer verschilft und schlecht zum Anlegen

67,4 Str-Ⅱ 522, re **FIN Kallioniemi**, dahinter re ⛺, Lagerfeuerstelle und Windschutz (62.7580,31.0104)

65,6 li **FIN Mekrijärvi** (62.7712,30.9918)

59,0 Ala-Koita, li auf Landspitze Schutzhütte und ⛺-Möglichkeit, Anlegesteg (62.7858,30.9259)

58,9 li ⬅ einer Nebenroute über den See Mekrijärvi in 16 km nach **FIN Ilomantsi**. Es folgt das Sumpfgebiet Kesonsuo mit vielen Nebenarmen, am besten der markierten Fahrrinne folgen (62.7849,30.9236)

49,3 re ⛺ Huhus, Windschutz mit Lagerfeuerstelle (62.8290,30.8056)

42,5 nach Engstelle li ⛺ Kurjenharju, Schutzhütte

37,2 re ⚓ Lylykoski, Windschutz, Lagerfeuerstelle, ⛺-Möglichkeit, gute ⇅ mit Straßenzufahrt (62.7687,30.7046)

37,1 Stromschnelle Lylykoski, 2010 umgebaut, jetzt ■, Sohlschwelle mit Bootsgasse am rechten Ufer, aufwärts treideln möglich, (62.7683, 30.7039)

36,9 Str-II 5200, nach der Brücke auf 1 km Felsenstrecke, geringe Strömung (62.7686,30.6992)

34,0 In S-Kurve Felsenstrecke, Koverokoski, geringe Strömung, re ehemalige Flößerstation, ab hier Rückstau des Kraftwerkes Pamilo (62.7885, 30.6754)

31,0 li Schutzhütte mit Lagerfeuerstelle, ⛺-Möglichkeit

27,0 re **FIN Janisvaara** (62.8296,30.6704)

25,1 ⇩ in Tekojärvi, zur Weiterfahrt nach Norden (re) halten (62.8376, 30.6418)

24,5 li ← einer Nebenroute: in 11,5 km zum Kraftwerk Pamilo, dort ↑. (62.8410,30.6307)

23,1 Str-II 5200 (62.8534,30.6363)

22,9 re ⇩ des Haapajoki (s. Seite 117) in den Koitajoki (62.8544,30.6358)

22,8 Str-II 5200, Ausfluss des Koitajoki, dahinter ■ mit Wasserableitung, Hiiskoski, X, ⌓, Unterlauf des Koitajoki meist zu wenig Wasser und viele Stromschnellen. Empfehlung: Zur Weiterfahrt zum Koitere-See den aufgestauten Haapajoki aufwärtsfahren (keine Strömung) (62.8549,30.6342)

8,5 Str-II 513, Stromschnelle Pamilonkoski (62.8522,30.4080)

3,2 Str-II (62.8677,30.3209)

0,0 ⇩ des Koitajoki in die Pielininen-Orivesisee-Route (s. Seite 108) bei km 166,3 (62.8761,30.2656)

Haapajoki

Weitere Namen: Lutinjoki, Naarvanjoki

Kleinfluss-Wildfluss-Wanderfluss
Mündung in Koitajoki bei km 22,9 (re Nebenfluss)

Der Haapajoki hat seinen Ursprung in einem Seengebiet im russischen Karelien. Er fließt durch eine einsame Waldlandschaft, zuerst als friedlicher Kleinfluss, später als leichter Wildfluss. Er ist landschaftlich sehr reizvoll und sportlich interessant.

69,1 ↓ in den kleinen See Laamanlampi, zu erreichen über Naturstraße im Grenzgebiet zu Russland; idyllischer Kleinfluss (63.1366,31.1858)

62,4 Str-II 522, weitere gute ↓, mit einer Reihe von Stromschnellen bis WW II, bei HW auch darüber (63.1076,31.1252)

55,3 ⇩ in den kleinen Hilsjärvi, den man, sich li haltend, schnell wieder verlässt. Es folgt eine Fließstrecke mit einigen kleinen Schnellen, WW I-II (63.1056,31.0418)

50,5 ⇩ in Naarvanjärvi. Am li Ufer gute ⬆⬇, zu erreichen über eine Naturstraße über Naarva und Suurtuvaara. Weiterfahrt auf dem See nach re (NW) (63.0807,31.0238)

49,6 See-Ausfluss in den Naarvanjoki. Die Folgestrecke führt mit nur sehr geringer Strömung durch eine reizvolle Sumpf- und Waldlandschaft (63.0812,31.0152)

42,1 re ⇩ Ukonjoki, ab hier Name des Flusses Lutinjoki (63.1206,30.9407)

36,5 Stromschnelle Saarikoski (63.0828,30.9167)

30,6 ⇩ in Koitere-See, insgesamt ca. 15 km x 20 km groß, viele Inseln mit sehr schönen Stränden. Gute ⬆ bei Piilovaara. Entlang des W-Ufers erreicht man den einfachen Campingplatz Koitereen Helmi, sehr gute Ein- und Aussetzstelle oder Ausgangspunkt für See-Erkundungen. Auf den Inseln und am Ufer des Koitere gibt es mehrere eingerichtete Lagerfeuerstellen (teilweise sehr schön am Sandstrand gelegen), Windschutze und Schutzhütten (63.0681,30.8356)

12,7 ⇩ des Hattujoki (s. Seite 118) in die Route des Haapajoki (62.9265, 30.7884)

7,4 Ausfahrt aus dem Koitere-See (62.8937,30.7190)

0,0 ⇩ des Haapajoki in den Koitajoki (s. Seite 115) bei km 22,9 (62.8544, 30.6358)

Hattujoki

Kleinfluss – Wanderfluss – Seen
Mündung in Haapajoki bei km 12,7 (li Nebenfluss)

Der Hattujoki ist ein Fluss, der zwischen Seen und Fließstrecken wechselt. Das durchflossene Gebiet ist sehr einsam.

30,2 Str-II, ⬇ am Nordzipfel des Sees Hattujärvi. Die Fahrt folgt dem re Ufer (62.9902,31.1721)

27,2 See-Ausfluss, II, darunter ▬, ≋. Die Folgestrecke ist sehr eng und teilweise verwachsen, nur für geübte Kleinflussfahrer (62.9684, 31.1810)

21,5 ⇩ in den See Jorhonjärvi, kurz danach Ausfluss am re Ufer. Die folgenden 4 km führen mit geringer Strömung durch eine reizvolle Sumpf- und Auenlandschaft (62.9510,31.0979)

17,4 ⇩ in Harkkojärvi, den See in SW-Richtung überqueren (62.9533, 31.0521)

15,7 See-Ausfluss, II, darunter ▬, ≋ (62.9434,31.0252)

14,6 ⇩ in einen See (62.9363,31.0197)
12,8 Durchfahrt zum See Pirttijärvi, Fahrt nach W (62.9247,31.0042)
10,8 Ausfahrt aus dem See Pirttijärvi (62.9204,30.9674)
9,3 Str-Ⅱ 5221 bei **FIN Käenkoski**, gute ⬆ oder Weiterfahrt über den folgenden See Syväysjoki (62.9127,30.9478)
0,0 ⇩ des Hattujoki in den Koitere See (62.9200,30.8257)
-2,0 ⇩ des Hattujoki in die Route des Haapajoki (s. Seite 117) bei km 12,7 (62.9265,30.7884)

Suvasvesi-Haukivesi-Route

Seen
Mündung in Haukivesi-Pihlajavesi-Route bei km 111,2

Diese Route führt von Kuopio über Heinävesi nach Oravi. Es handelt sich um eine reine Seenfahrt. Die Höhenunterschiede zwischen einigen Seen werden durch Schleusen überwunden. Die nachstehende Beschreibung ermöglicht zusammen mit den anschließenden Routen verschiedene Rundfahrten. Es ist selbstverständlich möglich, die Fahrt in umgekehrter Richtung zu machen sowie nur Teilstrecken zu befahren. Man sollte sich dann anhand der Karte die besten Abschnitte für das Nachholen der Pkw heraussuchen.

Schwierigkeiten: Starke Winde können zu größeren Abweichungen von der Route führen, wenn im Schutz der Ufer gefahren werden muss. Zur Orientierung ist unbedingt genaues Kartenmaterial und/oder ein GPS-Gerät erforderlich.

132,7 ⇩ der Onkivesi-Kallavesi-Route (s. Seite 123) in die Kallavesi-Haukivesi-Route (s. Seite 122) und die Suvasvesi-Haukivesi-Route, **FIN Kuopio**, Stadt mit allen Möglichkeiten. Guter Ausgangspunkt für Fahrten auf den Saimaa-Gewässern (62.8897,27.7150)
118,0 re **FIN Ritoniemi** auf einer Insel im See Kallavesi, 🚐, Hütten, 🛒, ✕, Weiterfahrt entlang dem O-Ufer nach SO (62.8056,27.9126)
112,8 See-Enge, Str-Ⅱ, li Dorf **FIN Vehmersalmi**. Einfahrt in den großen Suvasvesi-See, Richtung SO (62.7691,28.0025)
102,4 ⛺-Möglichkeit am NW-Ufer der Insel Vuorikukkari (62.7049,28.1494)
93,6 Von Ukonkari Richtung SO, im S vorbei an Ruutana bis zur Bucht der Insel Kaupinsalo, Felsstrand, Übernachtungsmöglichkeit
86,8 ⛺-Möglichkeit am S-Ufer von Paimensaari in der Nähe der S-Stange. Weiterhin Fahrt nach SO (62.6155,28.3745)
76,0 ⇩ in den See Varisvesi (62.5679,28.5521)
74,9 li **FIN Palokki**, ⛺-Möglichkeit 400 m östlich der Landungs-Ⅱ (62.5619,28.5676)
72,2 ⇩ der Vaikkojoki-Route (s. Seite 120) in die Suvasvesi-Haukivesi-

Route (62.5465,28.6080)
68,5 Ausfahrt aus dem See Varisvesi (62.5164,28.6387)
68,3 Str-II 23, **FIN Karvio**, Kanal und ⛿. Der natürliche Flusslauf ist mit einer Stromschnelle evtl. ≈, WW II-, Einfahrt in den See Kermajärvi (62.5145,28.6416)
66,7 ⇩ in den See Kermajärvi, zur Weiterfahrt am Schifffahrtsweg orientieren (62.5032,28.6569)
61,9 ⛺ am Südufer von Muuttosaari nahe dem Leuchtturm (62.4668, 28.6727)
58,3 re 1,5 km zum Ort **FIN Heinävesi**, Kloster Uusi Valamo, ⌘, Jugendherberge, ✕, 🛒.
Der folgende Abschnitt bis km 0, die sog. „Heinävesi-Route" ist landschaftlich eine der schönsten Strecken des gesamten Saimaa-Seengebietes. In dem folgenden Gewirr von Inseln genaue Navigation erforderlich. Am besten folgt man den Schifffahrtszeichen (62.4396, 28.6369)
49,3 Ausfahrt aus dem See Kermajärvi (62.3954,28.7596)
49,2 Kanal und ⛿ Kerma. Der natürliche Flusslauf ist nach Besichtigung für geübte Fahrer evtl. ≈, WW II (62.3945,28.7582)
48,6 Str-II 476, li **FIN Kerma** (62.3933,28.7496)
46,8 Kanal und ⛿ Vihovuonne (62.3967,28.7169)
45,5 EB-II (62.3890,28.7071)
37,5 Kanal und ⛿ Pilppa (62.3268,28.7622)
28,7 Loikanniemi, ⛺ am O-Ufer in der Nähe der Orientierungszeichen
27,9 Str-II Pyylintie (62.3032,28.6533)
25,4 **Säyneniemi**, 🚐. Fahrt nach S
0,2 Str-II 486, **FIN Oravi** (62.1122,28.6068)
0,0 ⇩ von Pielininen-Orivesisee-Route (s. Seite 108), Kallavesi-Haukivesi-Route (s. Seite 122) und Suvasvesi-Haukivesi-Route in die Haukivesi-Pihlajavesi-Route (s. Seite 106) bei km 111,2. Hier Möglichkeit der Weiterfahrt zu großen Rundtouren, sowie zum Zentrum des Saimaa-Seengebietes (62.1106,28.6064)

Vaikkojoki-Route

Wildfluss - Wanderfluss - Seen
Mündung in Suvasvesi-Haukivesi-Route bei km 72,2 (li Nebenfluss)

Diese Zufahrt zum Saimaa-Seengebiet ist sehr interessant durch die Tatsache, dass sie auf einer Strecke von 58 km im Verlauf des Flusses Vaikkojoki fast durchgehend leichtes bis mäßig schweres Wildwasser mit sehr zahlreichen Stromschnellen bietet, die nachfolgend nicht einzeln aufgeführt werden. Der

Fluss wird renaturiert, ein Teil der Floßrinnen ist schon wieder verblockt. Dieser Prozess geht noch weiter. Der Oberteil des Flusses ist gut für Tagesfahrten geeignet, Wildwasserboote sind ratsam.

Schwierigkeiten: km 140,8–79,4 WW I-II mit Stellen WW III.
km 79,4–0 Zahmwasser, Seen

140,8 Ursprung des Vaikkojoki als Ausfluss aus dem Vaikojärvi, Str-II 5702, gute ⬇. Zunächst einige leichte Schnellen (63.2530,28.8546)

132,9 Str-II (63.2249,28.8047)

131,6 Str-II 508, weiter mögliche ⬇, Stromschnelle Ahmonkoski (63.2189, 28.8003)

127,6 ⩘. Ab hier haben die folgenden Stromschnellen fast durchweg WW II; es werden nur die schwierigeren Stellen angeführt

126,9 ⇩ in den See Mäntylampi (63.1932,28.8354)

126,2 Ausfluss aus dem See Mäntylampi (63.1896,28.8469)

126,0 Str-II (63.1894,28.8496)

121,7 ⇩ in den See Metsä-Vaikko (63.1715,28.8880)

119,9 Ausfluss aus dem See Metsä-Vaikko, Str-II (63.1580,28.9011); Kajoonjärvi, N-Ende, empfohlene ⬇. Zufahrt auf mäßiger Straße, die von der Straße Nr. 506 (Juukas–Kavi) bei Kajoo nach N abgeht. ⬇ in den Kajoonjärvi oder einen kleinen, nördlich davon gelegenen See. Die Ausflüsse beider Seen treffen sich nach kurzen Stromschnellen. Beginn der WW-Strecke

114,2 ⇩ in den See Lietukka, Fahrt nach Süden (63.1568,28.8392)

112,1 Ausfluss aus dem See Lietukka. Es folgt eine sehr schöne, lange WW-Strecke, mit zahlreichen Stromschnellen (Koskis), die als Folge der Renaturierung z.T. verblockt sind. Auch mit sonstigen Hindernissen ist zu rechnen, im Allgemeinen bis WW II (63.1395,28.8491)

109,7 Stromschnelle Myllykoski, WW III, ⚠, besichtigen

104,2 re ⩘

99,7 II, Stromschnelle Rakkinekoski, ⚠ (63.0611,28.8272)

90,5 ⚠, es folgen in längerem Abstand 2 Schnellen, bis WW III

82,7 ⇩ in den See Kärenjärvi (63.0250,28.6855)

80,5 Str-II, See-Ausfluss mit leichter Stromschnelle. Die Fahrt geht nach Süden, durch den See Viitajäti (63.0092,28.7052)

79,4 ⛺, Str-II, **FIN Niemikylä**, letzte Stromschnelle, ab hier Zahmwasser und Seen (63.0001,28.7133)

77,1 Str-II 5731, Sivinvirta, ⬆⬇, gute Stelle zur Beendigung der Fahrt. Die Weiterfahrt geht über mehrere Seen, über die dazwischen liegenden kurzen Fließstrecken ist nichts bekannt (62.9863,28.7342)

76,1 Einfahrt in den See Saarijärvi, Fahrt zunächst nach W, dann nach S

(62.9859,28.7170)

60,4 EB-Ⅱ (62.9318,28.6593)

59,5 Durchfahrt zum See Kaavinjärvi, Str-Ⅱ 573, Höhenunterschied 1 m. Fahrt nach Süden. Im Norden des Sees der Ort **FIN Kaavi** (62.9274, 28.6448)

52,6 Str-Ⅱ N 5720, Durchfahrt zum Rikkavesi-See. Weiterfahrt entlang dem W-Ufer des Sees nach S (62.8890,28.6330)

36,9 Str-Ⅱ 9 (62.7744,28.6951)

36,8 Str-Ⅱ, Durchfahrt zum See Juojärvi, weiterhin Fahrt nach Süden (62.7749,28.6941)

10,7 Nach W einbiegen in schmale Bucht zwischen Inseln. In einem Süd-Ost-Zipfel des Juojärvi liegt das Kloster Uusi Valamo, ⌘. Es fahren Linienschiffe dorthin. Der Endpunkt der Route, der Varivesi-See, liegt 21 m tiefer. Für die Überwindung dieses Höhenunterschiedes gibt es 2 Möglichkeiten:

1. Der hohe Abfall zum Koskijärvi ist durch eine Staumauer abgesperrt, re etwa 50 m weit ⌓. Die folgende Stromschnelle zum Varivesi-See ist ebenfalls durch eine Staumauer trockengelegt, sie muss re auf einem Weg etwa 1 km weit durch Palokki bis zum Varivesi-See umkarrt werden.

2. Es ist weitaus bequemer, den Schifffahrtszeichen zu folgen und kurz nach dem Verlassen des Juojärvi in den Schifffahrtskanal einzufahren. der kurz nach Beginn eine ⇄ und kurz vor seinem Ende in Palokki eine ⇄ hat (62.5777,28.7719)

5,5 Einfahrt in den Schifffahrtskanal (62.5664,28.6785)

4,9 Str-Ⅱ, Doppel-⇄ (62.5631,28.6702)

4,7 Ausfahrt aus dem Schleusen-Kanal (62.5618,28.6675)

2,8 Kanal-Einfahrt (62.5531,28.6425)

2,1 Str-Ⅱ, Vierfach-⇄, **FIN Varistaipale** (62.5473,28.6398)

1,6 ⇩ in Varisvesi-See (62.5438,28.6360)

0,0 ⇩ der Vaikkojoki-Route in die Suvasvesi-Haukivesi-Route (s. Seite 119) bei km 72,2 (62.5465,28.6080)

Kallavesi-Haukivesi-Route

Seen

Mündung in Haukivesi-Pihlajavesi-Route bei km 111,2

Diese Route führt von Kuopio über Varkaus nach Oravi. Es handelt sich um eine reine Seenfahrt. Die Höhenunterschiede zwischen einigen Seen werden durch Schleusen überwunden. Die nachstehende Beschreibung ermöglicht zusammen mit den anschließenden Routen verschiedene Rundfahrten. Es ist selbstverständlich möglich, die Fahrt in umgekehrter Richtung zu machen sowie nur Teilstrecken zu befahren. Man sollte sich dann anhand der Karte die besten Abschnitte für das Nachholen der Pkw heraussuchen.

Schwierigkeiten: Starke Winde können zu größeren Abweichungen von der Route führen, wenn im Schutz der Ufer gefahren werden muss. Zur Orientierung ist unbedingt genaues Kartenmaterial und/oder ein GPS-Gerät erforderlich.

119,2 ⇩ der Onkivesi-Kallavesi-Route (s. Seite 123) in die Kallavesi-Haukivesi-Route und die Suvasvesi-Haukivesi-Route (s. Seite 119), **FIN Kuopio**, Stadt mit allen Möglichkeiten. Guter Ausgangspunkt für Fahrten auf den Saimaa-Gewässern (62.8897,27.7150)

99,3 See-Enge, ⛴ Puutossalmen - Lossi, ⚓ sowohl am O- wie am W-Ufer. Weiterfahrt entlang dem W-Ufer nach N (62.7214,27.7605)

76,0 Ausfahrt aus dem See Kallavesi, ⌗ Konnus, ⇩ in den See Unnukka, Kurs entlang dem Westufer (62.5483,27.7716)

69,8 Str-Ⅱ, **FIN Leppävirta**, 🚐 Männistö am O-Ufer, 🚐 Mansikkaharju am W-Ufer (beide 🚐 in der Karte nicht gefunden) (62.5018,27.7955)

57,2 Timonsaari, ⚓ am W-Ufer der Insel in der Nähe der Orientierungszeichen. Fahrt nach Norden

48,9 Str-Ⅱ, re **FIN Varkaus**, 🚐 Kankunharja am SW-Ufer im N der Ⅱ (in der Karte nicht gefunden). Kurs entlang der Schifffahrtsroute (62.3339,27.8928)

44,7 ⇩ in den Taipaleen Kanava (Kanal) (62.3049,27.9121)

44,6 Str-Ⅱ 23 (62.3040,27.9112)

44,5 ⌗ Taipala (62.3033,27.9103)

44,4 EB-Ⅱ (62.3023,27.9092)

43,9 ⇩ in den See Haukivesi (62.2988,27.9061)

23,2 Lokkiluoto, ⛺-Möglichkeit in der Nähe der Linienzeichen

0,0 ⇩ von Pielininen-Orivesisee-Route (s. Seite 108), Kallavesi-Haukivesi-Route und Suvasvesi-Haukivesi-Route (s. Seite 119) in die Haukivesi-Pihlajavesi-Route (s. Seite 106) bei km 111,2. Hier Möglichkeit der Weiterfahrt zu großen Rundtouren, sowie zum Zentrum des Saimaa-Seengebietes (62.1106,28.6064)

Onkivesi-Kallavesi-Route

Wanderfluss – Seen

Mündung in Kallavesi-Haukivesi-Route bei km 119,2

Diese Route führt von Iisalmi über die Seen Onkivesi und Kallavesi nach Kuopio und damit auf einem westlichen Weg in das Zentrum des Saimaa-Seengebietes.

105,1 Str-II 88, **FIN Iisalmi**, II, re Camping Koljonvirta, ⬇ Fahrt nach Süden über den Porovesi (63.5944,27.1643)
104,4 EB-II (63.5887,27.1644)
99,9 re ➔ einer Nebenroute : Fahrt nach Westen zum Haapajärvi, auf diesem weiter nach Süden bis zum See-Ende, insgesamt 20 km (63.5487,27.1719)
96,2 Str-II 563, li **FIN Peltosalmi** (63.5206,27.2132)
90,4 ←➔, die Hauptroute teilt sich :
a) im Westen Einfahrt unter einer II in eine Fließstrecke,
b) nach SSO dem Schifffahrtsweg folgen entlang dem Ufer nach Nerkoo (63.4738,27.2312)
81,6 in den hier abzweigenden Kanal einfahren (63.4084,27.3079)
80,3 Nerkoo-Kanava, Str-II (63.3992,27.2948)
79,1 Beide Routen treffen sich wieder. Die Fahrt geht nach S über den langgestreckten Onkivesi-See. Viele Inseln erschweren die Orientierung (63.3883,27.2869)
76,0 am O-Ufer der Insel Paasisaari (63.3606,27.2925)
72,8 Str-II N 5646, li nach **FIN Lapinlathi** (63.3399,27.3363)
64,5 am O-Ufer der Insel Lapinsaari
56,9 nach Umrunden einer Halbinsel Kurs scharf nach W (63.2084, 27.3476)
50,8 Einfahrt in Schifffahrtskanal, Sääskiluoto, in der Nähe des Linienzeichens (63.2146,27.2379)
49,5 Str-II 77, **FIN Ahkiolahti**, . an der Mündung des Kanals, in der Nähe (63.2053,27.2233)
44,3 Str-II zur re liegenden Insel, ⅄-Möglichkeit am S-Ufer der Insel (63.1704,27.2828)
42,8 li **FIN Maaninka** (63.1581,27.2923)
39,8 Str-II 5571. Durchfahrt zum See Pieni Ruokovesi (63.1325,27.3043)
36,2 Durchfahrt zum Kallavesi-See. Fahrt über den langen und im Süden auch sehr breiten See nach SO. Vorsicht bei stärkeren Winden (63.1054,27.3357)
8,2 Str- und EB-II 5/E63 (62.9379,27.6667)
0,0 ⇩ der Onkivesi-Kallavesi-Route in die Kallavesi-Haukivesi-Route (s. Seite 122) bei km 119,2 und die Suvasvesi-Haukivesi-Route (s. Seite 119), **FIN Kuopio**, Stadt mit allen Möglichkeiten. Guter Ausgangspunkt für Fahrten auf den Saimaa-Gewässern (62.8897, 27.7150)

Paasiselka-Puruvesi-Haukivesi-Route

Seen
Mündung in Haukivesi-Pihlajavesi-Route bei km 76,6 (li Nebenfluss)

Es handelt sich dabei um eine reine Seenfahrt ohne künstliche Hindernisse von Oravi über Savonlinna, Punkaharju nach Savonranta. Gemeinsam mit der Pielininen-Orivesisee-Route ergeben sich Möglichkeiten für Rundtouren.

94,9 ← der Paasiselka-Puruvesi-Haukivesi-Route von der Pielininen-Orivesisee-Route (s. Seite 108), beide Routen ermöglichen eine interessante Rundfahrt ohne umzutragen (62.1573,29.2346)
84,1 ⇩ in den See Pistolanjarvi, li ⛪ (62.0973,29.3832)
77,7 Ausfahrt aus dem See Pistolanjarvi, Str-Ⅱ (62.0526,29.4461)
76,2 Str-Ⅱ, li **FIN Raikku**, alter Kanal, für Kanus Durchfahrt frei, für größere Boote gesperrt (62.0448,29.4635)
73,2 ehemalige Ⅱ (62.0282,29.4645)
72,2 Str-Ⅱ 71, ⇩ in den See Puruvesi (62.0238,29.4574)
49,8 Im Westen abseits der Route **FIN Kerimäki** (61.8664,29.4685)
37,1 Str-Ⅱ 14, EB-Ⅱ, **FIN Punkaharju**, 🚐, Ausfahrt aus dem See Puruvesi, ⇩ in den See Pihlajavesi, Fahrt nach SW (61.7635,29.3778)
22,3 Str-Ⅱ (61.7637,29.1911)
11,1 Auto-⛴, li Insel Ritosaari, ⛺-Möglichkeit. Fahrt nach W (61.7775, 28.9833)
0,0 ⇩ der Paasiselka-Puruvesi-Haukivesi-Route in die Haukivesi-Pihlajavesi-Route (s. Seite 106) bei km 76,6 (61.8632,28.8980)

Jänisjoki

Wanderfluss
Mündung in den Ladoga-See

Der Jänisjoki ist im Allgemeinen ein friedlicher Wanderfluss mit geringer Strömung zwischen bewaldeten Ufern. Seeartige Erweiterungen mit Seerosenfeldern geben idyllische Bilder, nur geringe Besiedlung, einzelne Wochenendhäuser.

Schwierigkeiten: Vier Kraftwerke unterbrechen die Fahrt. Die ⛰-Stellen sind markiert.

125,4 ⇩ des Kotajoki (s. Seite 126) in den Jänisjoki, Ausfluss des Jänisjoki aus dem See Loitimo (62.4474,30.4800)
125,3 Str-Ⅱ, li **FIN Oskola**, Durchfahrt zum See Melakko (62.4472,30.4793)
125,1 ⇩ in den See Melakko, Fahrt entlang dem Ostufer, die nach Süden verlaufende, lange Bucht ist eine Sackgasse (62.4461,30.4769)
121,5 ▬ und ϟ X, ⛰ (62.4270,30.4420)

115,7	▬ und ↯ X, ⌂ (62.3824,30.4626)
114,3	Str-II, li **FIN Uskali**, mögliche ⬇, falls nur der Jänisjärvi befahren wird (62.3704,30.4723)
109,1	Str-II bei **FIN Hukkala**, darunter leichte Stromschnelle, WW I. Davor li ⛺ (62.3306,30.4810)
96,5	Guter ⛺
95,6	Str-II, re **FIN Saario** (62.2536,30.4971)
95,1	▬ und ↯, X, re ⌂, hier auch ⛺-Möglichkeit, mögliche ⬆ (62.2494, 30.4963)
90,3	▬ und ↯, X, ⌂ (62.2144,30.5006)
83,2	Str-II (62.1985,30.5480)
77,4	Str-II, re **FIN Niirala** (62.1803,30.6062)
74,8	Str-II 500 bei **FIN Värtsilä**, ⬆. Die Fahrt muss hier beendet werden (62.1992,30.6144)
71,4	Der Jänisjoki ist ab hier Grenzfluss zwischen Finnland und Russland (62.1949,30.6352)
0,0	Der Jänisjoki mündet in den auf russischem Gebiet liegenden Ladoga-See (61.7099,30.9932)

Kotajoki

Weitere Namen: Loitimo-See

Wildfluss-Seen-Wanderfluss
Mündung in Jänisjoki bei km 125,4

Diese Route führt von der russischen Grenze über den Loitomo-See in großem Bogen zurück zur russischen Grenze. Der hier beschriebene, in den Loitomo-See mündende Kotajoki ist einer der 3 Quellflüsse des Jänisjoki. Es gibt außerdem noch zwei weitere, ebenfalls in den Loitimo-See mündende Quellflüsse des Jänisjoki. Das Wasser ist sehr sauber.

Befahrbarkeit: Ganzjährig, im Sommer in den Stromschnellen (Koskis) steinig.

31,7	Ausfluss des Kotajoki aus dem See Korpijärvi, Str-II 500 bei **FIN Hoilola**, ⬇. Es folgt ein langgestreckter See zwischen niedrigen, bewaldeten Ufern, Wochenendhäuser (62.3431,30.8428)
24,6	Str-II 4962 bei **FIN Öllölä**, ▬, ≈, langgestreckte leichte Stromschnelle, es folgen abwechselnd leichte Stromschnellen, kleine Seen und Fließstrecken, z.T. verwachsen (62.3917,30.7764)
19,3	Str-II 496 (Tuupovaara–Öllölä). Anfangs noch Stromschnellen bis WW II, danach strömungslose Strecke in parkartiger Landschaft (62.4212,30.7062)
13,3	Mögliche ⬆, falls nur der Kotajoki befahren wird; zu erreichen über

einen Waldweg, der etwa 200 m hinter Ortszufahrt Leppävaara von Naturstraße Richtung Oskola abzweigt

11,3 ⇩ in den See Kivijärvi (62.4174,30.6097)

7,5 ⇩ in Loitomijärvi. Für die Weiterfahrt müssen 2 große Halbinseln umrundet werden (62.4457,30.5770)

7,4 re ⇩ des Kuuttijoki (s. Seite 127) in den Kotajoki (62.4466,30.5816)

2,3 re ⇩ des Koverojoki (s. Seite 127) in den Kotajoki (62.4656,30.5025)

0,0 ⇩ des Kotajoki in den Jänisjoki (s. Seite 125) bei km 125,4, Ausfluss des Jänisjoki aus dem See Loitimo (62.4474,30.4800)

Kuuttijoki

Wildfluss
Mündung in Kotajoki bei km 7,4 (re Nebenfluss)

Der Kuuttijoki, ein Quellfluss des Jänisjoki, ist ein kleiner Wildfluss mit zahlreichen kleinen Stromschnellen, die flach und steinig sind, dazwischen kleine Seen.

Befahrbarkeit: Frühjahr und Frühsommer, im Juli zumeist Wasserstand nicht ausreichend.

29,6 ⬇ an der Südspitze des Eimisjärvi bei **FIN Kokonvaara** (62.4499, 30.8221)

23,4 Ausfluss aus dem See Eimisjärvi (62.5022,30.7908)

22,1 Str-II (62.4978,30.7767)

21,4 Str-II (62.5020,30.7674)

21,1 ⇩ in den See Kinnaasjärvi (62.5043,30.7706)

19,2 Ausfluss aus dem See Kinnasjärvi, an der Südspitze dieses Sees gibt es eine weitere ⬇-Möglichkeit (62.5017,30.7390)

10,8 Str-II (62.4892,30.6719)

6,3 Str-II 496, re **FIN Tuupovaara** (62.4752,30.6408)

5,6 ⇩ in den See Kaatiojärvi (62.4728,30.6301)

4,1 Str-II, Ausfluss aus dem See Kaatiojärvi (62.4715,30.6049)

3,8 ▬ (62.4692,30.6042)

0,0 ⇩ des Kuuttijoki in den Kotajoki (s. Seite 126) bei km 7,4 (62.4466, 30.5816)

Koverojoki

Weitere Namen: Haarajoki

Kleinfluss-Seen
Mündung in Kotajoki bei km 2,3 (re Nebenfluss)

Der Koverojoki ist ein Quellfluss des Jänisjoki.

Befahrbarkeit: Oberlauf Frühjahr bis Juni, ab Aittijärvi auch noch im Juli.

36,5 Ausfluss aus dem See Uramojärvi, Str-II, mögliche ⬇ bei ausreichendem Wasserstand. Der enge Fluss ist hier sehr naturbelassen, mit Baumhindernissen, auch mit von Bibern gefällten Bäumen muss gerechnet werden (62.6248,30.3231)
34,6 Str-II (62.6215,30.3439)
34,1 ⇩ in den See Pitkajärvi (62.6242,30.3497)
33,2 Ausfluss aus dem See Pitkajärvi (62.6230,30.3663)
30,5 ⇩ in den See Kotajärvi (62.6232,30.3933)
29,6 Ausfluss aus dem See Kotajärvi (62.6259,30.4069)
28,7 ⇩ in den See Aittojärvi (62.6274,30.4196)
27,1 Str-II, empfohlene ⬇ (62.6191,30.4398)
23,7 Ausfluss aus dem See Aittojärvi (62.5986,30.4816)
17,8 Str-II (62.5572,30.5138)
17,3 Str-II 74, **FIN Kovero**. Es folgen einzelne, leicht zu befahrende Stromschnellen (62.5547,30.5144)
16,2 Wege-II (62.5472,30.5193)
15,5 ⇩ in den See Koverojärvi, Fahrt nach Westen (62.5433,30.5263)
14,8 Ausfluss aus dem See Koverojärvi (62.5436,30.5145)
11,3 EB-II (62.5297,30.4775)
10,8 re ⇩ des Haarajoki. Der Fluss führt ab hier diesen Namen (62.5260, 30.4794)
10,3 Str-II 495 (62.5278,30.4842)
2,6 Str-II, **FIN Konnunniemi** (62.4872,30.5072)
2,1 ⇩ in den See Loitimojärvi (62.4829,30.5077)
0,0 ⇩ des Koverojoki in den Kotajoki (s. Seite 126) bei km 2,3 (62.4656, 30.5025)

Gewässer des Päijänne- Seen-Gebietes

Kymijoki

Seen-Fluss
Mündung in den Finnischen Meerbusen der Ostsee

Der Kymijoki entwässert den See Päijänne. Er ist der größte Fluss in Südfinnland, jedoch liegt für den größten Teil des Flusses keine Beschreibung vor. Mehrere Stauseen behindern die Fahrt.

198,5	Ausfluss aus dem Päijänne-See (s. Seite 129) in den Kymijoki (61.2790,25.5887)
198,0	Ausfluss des Kymijoki aus dem Päijänne-See über den Kalkistenkoski. Um diese Stromschnelle zu vermeiden, ist es sinnvoll, die weiter im N gelegene ⌘ im Kalkistenkanal zu benutzen (61.2825,25.5952)
195,5	Kurs Richtung Osten (61.2978,25.6228)
192,8	Str-II 3132, re **FIN Kalkinen** (61.2916,25.6720)
188,8	⇩ in den See Ruotsalainen, Weiterfahrt in Richtung Südost (61.2687, 25.7280)
171,9	Str-II 4/E75, Heinola (61.2137,26.0080)
171,8	li auf einer Insel ⛺ Heinäsaari Oy (61.2129,26.0121)
169,6	Str-II 140, EB-II, **FIN Heinola**, starke Strömung (61.1988,26.0334)
162,0	⇩ der Puula-See-Route (s. Seite 138) in den Kymijoki. Wenn man zum Päijänne-See will, muss man den Kymijoki, aufwärts befahren. Dabei insbesondere unter der II von Heinola starke Gegenströmung. Über eine Weiterfahrt auf dem Kymijoki stromab ist nichts bekannt (61.1528,26.1320)
123,0	Str-II 362, re **FIN Iittin Kk** (60.9457,26.3860)
109,1	⇩ des Sonnanjoki (s. Seite 141) in den Kymijoki (60.9986,26.5518)
102,0	▬ und ϟ, **FIN Voikka**, **X** (60.9389,26.5978)
0,0	⇩ in die Ostsee (60.4905,26.4525)

Päijänne-See

Seen
Mündung in Kymijoki bei km 198,5

Der Päijänne-See ist ein riesiger See. Sein Umriss ist stark zerklüftet mit zahlreichen Buchten, Halbinseln und Inseln. Länge etwa 140 km, größte Breite bei 30 km. Bei einer Rundfahrt um den See mit Ausfahrten sämtlicher Buchten müsste man mit einer Strecke von etwa 600 km rechnen. Am See liegen mehrere größere Ortschaften, Zufahrt zum See mit Pkw an vielen Stellen möglich. Auf dem See verkehren Linienschiffe auf mehreren Routen. Eine ausführliche Beschreibung aller auf dem See möglichen Routen würde bei weitem den

Rahmen dieses Buches überschreiten. Alle für eine Fahrtenplanung erforderlichen Unterlagen können auch leicht aus den Landkarten entnommen werden. Bei schlechter Wetterlage ist eine Befahrung des Sees nur mit größter Vorsicht, möglichst stets in der Nähe des Ufers, zu unternehmen. Bei Sturm wird eine Befahrung schnell lebensgefährlich.

Der Päijänne-See mit den zahlreichen Seen seines Einzugsgebietes schließt sich in Mittelfinnland im Westen an das Saimaa-Seengebiet an. Es stellt ein eigenständiges Gebiet dar, da es nicht, wie die Saimaa-Seen zum Ladogasee, sondern über den Kymijoki zum Finnischen Meerbusen entwässert.

Es gibt zwar Querverbindungen zwischen den beiden See-Gebieten, sie sind jedoch recht mühsam zu befahren. Es dürfte daher sinnvoll sein, sich bei einer Urlaubsplanung auf eines der Gebiete zu beschränken. Die Wasserwege sind so zahlreich, der Möglichkeiten so viele, dass es ohnehin unmöglich ist, in einer Urlaubsperiode auch nur annähernd alles auszuschöpfen.

Alles was auf über das Saimaa-Gebiet gesagt wird, gilt im Prinzip auch für das Päijänne-Gebiet. Um unnötige Wiederholungen zu vermeiden, wird gebeten, es dort nachzulesen.

Es werden nachfolgend vier Möglichkeiten der Zufahrt zum Päijänne-See beschrieben. Es wird damit die Mehrzahl der Seen dieses Gebietes erfasst. Rundtouren sind hier weniger gut als im Saimaa-Gebiet möglich.

Kilometrierung: Dient nur der Orientierung.

118,2 ⇩ der Saarijärvi-Route (s. Seite 130) in einen Nordzipfel des Päijänne-See Weiterfahrt zum Strandbad Nenäiniem, ⅄-Möglichkeit. Der Bootsverleiher von Jyväskylä kann das Boot abholen (62.2389, 25.8797)

0,0 Ausfluss aus dem Päijänne-See in den Kymijoki (s. Seite 104) (61.2790,25.5887)

Saarijärvi-Route

Seen – Wanderfluss – Wildwasser
Mündung in Päijänne-See bei km 118,2

Diese wohl interessanteste Zufahrt zum Paijänne-See wird in einer finnischen Beschreibung etwas anspruchsvoll als „Stromschnellenroute“ bezeichnet. Tatsächlich führen von einer 85 km langen Strecke 57 km über langgestreckte Seen, der Rest von 28 km sind Fließstrecken, auf denen sich insgesamt 22 Koskis mit jeweils klangvollen Namen befinden. Ihre Schwierigkeiten sind jedoch fast durchweg gering, so dass ihre Befahrung, auch mit Wanderbooten, keine Schwierigkeit bereitet. Die Fortsetzung der Route bis zum Päijänne-See führt fast ausschließlich über Seen.

Befahrbarkeit: Wahrscheinlich ganzjährig.

Schwierigkeiten: km 164,6–77,8 See, WW I, gelegentlich WW II (III)
km 77,8–0 Seen (WW I)

164,6 Beginn der Fahrt am See Kyyjärvi, am besten bei dem schönen 🚐 von **FIN Kyyjärvi**. Hier sind detaillierte Streckenkarten ausgehängt, jedoch nicht zu kaufen. Im See nördlich von der ⬇ eine unbewohnte, idyllische Insel, sehr geeignet zum Zelten, Sandstrand. Die Fahrt geht nach Süden (63.0447,24.6060)

158,0 Ausfluss aus dem See Kyyjärvi, der Flusslauf heißt jetzt Oikarinjoki (63.0292,24.6788)

156,9 Str-II 77, ruhige Strömung (63.0214,24.6898)

154,8 ⇩ in den See Järveke (63.0066,24.7083)

154,0 Ausfluss aus dem See Järveke, es folgt die 1. Stromschnelle (Koski) (63.0009,24.7155)

152,7 Str-II 13, **FIN Kiminki** (62.9901,24.7115)

152,0 ⇩ in den See Kiminginjärvi (62.9846,24.7099)

149,7 Ausfluss aus dem See Kiminginjärvi, ▬, 0,5 m hohe Stufe aus Holz mit Steinschüttung, gut ≈, bei höherem Wasserstand Achtung Rücklauf, ⌂ beidseits gut möglich, danach weitere Stromschnellen (62.9642,24.7119)

143,8 Str-II 697 (62.9242,24.7166)

143,5 Mündung in den See Paäjarvi (62.9222,24.7170)

136,2 Str-II 58 über See-Enge, li **FIN Karstula**, ✕, 🛒. Die Fahrt geht weiterhin über den großen See nach Süden (62.8692,24.7828)

126,2 Ausfluss aus dem See Paäjarvi, Str-II 636, Stromschnellen (62.7865, 24.8459)

125,9 ⇩ in den See Hepolampi (62.7859,24.8416)

122,2 Süd-Ende des Sees Hepolampi. #Abzweig link#, von hier über den Ausfluss des Karankajärvi ist ein Abstecher zu diesem See möglich. Die Fahrtroute geht weiter über den wenig östlich davon gelegenen Ausfluss des Hepolampi im SO des Sees. Ab hier zunehmende Wassermenge, die Schnellen jetzt durchweg WW II. Im Bereich der folgenden Fließstecken befinden sich mehrere, durch gelbe Tafeln markierte, kleine unbeaufsichtigte ⛺-Plätze. Es folgen 4 Stromschnellen (62.7561,24.8604)

117,6 ⇩ in den See Tuhmalampi (62.7646,24.9026)

112,4 Ausfluss aus dem See Thumalampi, Str-II, Stromschnelle, ⛺. Der Flusslauf heißt jetzt Tuhmajoki (62.7894,24.9529)

111,0 ⇩ in den See Kalmarinselka. Fahrt nach Süden (62.7828,24.9724)

107,4 Ausfluss aus dem See Kalmarinselka, es folgen 3 Stromschnellen, ein kleiner See, danach weitere Stromschnellen. Flussname jetzt Kalmu-

joki (62.7552,24.0030)
105,9 Str-Ⅱ (62.7450,24.9945)
102,8 Str-Ⅱ, li **Lehtola** (62.7228,25.0028)
100,9 ⇩ in den See Vartejärvi (62.7128,25.0280)
98,4 Ausfluss aus dem See Vartejärvi, Str-Ⅱ, li **FIN Muittari**, ⛺, kurze Durchfahrt zum See Mahlunjärvi. Fahrt entlang dem Nordufer (62.6931,25.0476)
93,2 See-Ende Mahlunjärvi, ⛺, kurze Durchfahrt zum See Saarijärvi, dort Fahrt nach Osten (62.6949,25.1110)
87,2 Str-Ⅱ Saarijärvi (62.7069,25.2065)
84,4 am Ost-Ufer **FIN Saarijärvi**, ✕, 🛒. Weiterfahrt nach SO (62.7010, 25.2520)
82,6 Ausfluss am See-Ende, Str-Ⅱ 633, re **FIN Roikolankylä** (62.6882, 25.2653)
80,2 Str-Ⅱ, ■ Staustufe, **X**, ⏏, ⛺ (62.6679,25.2693)
79,9 ⇩ in den See Kallinjärvi (62.6657,25.2711)
78,6 Ausfahrt aus dem See Kallinjärvi, Stromschnelle (62.6657,25.2948)
77,8 2 Str-Ⅱ, dann ⇩ in den See Summanen, Ende der "Stromschnellen-route". Die Weiterfahrt geht fast ausschließlich über Seen. Zunächst Fahrt nach SO (62.6642,25.3070)
76,1 🚐 an der W-Seite der Halbinsel Summanen (62.6590,25.3353)
70,1 Ausfahrt aus dem See Summanen (62.6459,25.4456)
66,4 li ← einer Nebenroute : Durchfahrt nach N unter einer Ⅱ in den Pyhäjärvi, 22 km bis zu dessen N–Ende (62.6282,25.4969)
64,4 Weiterfahrt in gewundenem Flusslauf (62.6143,25.5227)
61,5 Str-Ⅱ (62.6035,25.5676)
60,9 ■ und ϟ, darüber Ⅱ, **X**, ⏏ mühsam, empfohlene ↑, falls nur die Stromschnellen-Strecke befahren wird (62.5994,25.5750)
58,4 Str-Ⅱ 13, li **FIN Hietama** (62.5892,25.6071)
53,7 EB-Ⅱ, darunter Stromschnelle (62.6261,25.6367)
53,5 Stromschnelle, ⇩ in den See Keitele (62.6272,25.6376)
51,9 EB-Ⅱ (62.6248,25.6582)
49,2 Str-Ⅱ 4 (neu) (62.6050,25.6898)
48,7 Str-Ⅱ 4, **FIN Äänekoski**, größerer Ort. Fahrt weiterhin nach Südost (62.6014,25.6953)
46,3 li ⇩ eines ϟ-Kanal vom Keitele-See (62.5886,25.7335)
42,9 li ⇩ der Keitele-See-Route (s. Seite 133) in die Saarijärvi-Route (62.5663,25.7767)
38,7 Str-Ⅱ 69, **FIN Kapeenkylä**, li Kapeenkoski, re Einfahrt zum Keitele-Kanal mit ⯐ (62.5381,25.8321)
38,2 ⯐ Kapeenkoski, es folgt der See Vatiajärvi (62.5340,25.8346)

28,1	Str-II über re Kuusaa-Koski und li ⯐ (62.4585,25.9404)
27,8	Str-II N 637, EB-II, li **FIN Kuusaa** (62.4571,25.9439)
23,2	li ⇩ der Nilakka-See-Route (s. Seite 135) in die Saarijärvi-Route (62.4191,25.9788)
22,1	re **FIN Laukaa**, ✕. Die Weiterfahrt geht über Laukaanvirta, Yiä- und Kuhankoski zum Leppavesi (62.4105,25.9702)
19,1	Str-II (62.3881,25.9467)
18,4	re ⯐, li ■ und ϟ Kuhankoski (62.3814,25.9463)
10,9	Str-II 640, **FIN Vuontee** Beginn des Sees Leppavesi (62.3179, 25.9712)
3,6	Ausfahrt am W-Ufer des Sees (62.2629,25.9155)
1,7	EB-II (62.2506,25.8972)
1,0	⯐, ■ und ϟ Vaajakoski (62.2468,25.8868)
0,7	Str-II 13, li **FIN Vajakoski** (62.2445,25.8837)
0,0	⇩ der Saarijärvi-Route in einen Nordzipfel des Päijänne-See (s. Seite 129) bei km 118,2 Weiterfahrt zum Strandbad Nenäiniem, ⅄-Möglichkeit. Der Bootsverleiher von Jyväskylä kann das Boot abholen (62.2389,25.8797)

Keitele-See-Route

Seen – Wanderfluss
Mündung in Saarijärvi-Route bei km 42,9 (li Nebenfluss)

Diese Route bietet eine weitere Möglichkeit, von Norden her zum Päijänne-See zu gelangen. Die gesamte Strecke führt über mehrere Seen, z.T. mit dazwischen gelagerten Fließstrecken. Es bestehen zwei Querverbindungen zur Nilakka-See-Route.

143,2	**FIN Muurasjärvi**, am weitesten nördlich gelegene mögliche ⬇. Fahrt nach S über den See Muurasjärvi. Die ⬇-Möglichkeit muss erkundet werden (63.5419,25.2695)
132,2	Ausfahrt aus dem See Muurasjärvi, 1,5 km lang Durchfahrt zum Alvajärvi, 1 m Gefälle, wahrscheinlich nur geringe Schwierigkeiten (63.4573,25.3484)
131,2	Wege-II (63.4487,25.3480)
130,9	Str-II 760 (63.4470,25.3483)
130,6	Wege-II (63.4442,25.3507)
130,1	⇩ in den See Alvajärvi, auf dem See Weiterfahrt Kurs SO entlang dem O-Ufer (63.4414,25.3499)
118,1	Ausfluss aus dem See Alvajärvi, die 4 km lange Durchfahrt zum Kolima-See ist völlig problemlos (63.3822,25.5460)
117,7	EB-II (63.3812,25.5519)

117,4 Str-II (63.3805,25.5576)

115,9 Str-II, **FIN Phitipudas**, größerer Ort mit allen Möglichkeiten (63.3720,25.5768)

115,4 Str-II 4, danach Einfahrt in den Kolima-See, starke Verschilfungen, Felsen im gesamten See, z.T. dicht unter der Wasseroberfläche. ⚠ auf die Windverhältnisse, schneller Wechsel von Windrichtung und -stärke möglich, evtl. die Buchten ausfahren (63.3711,25.5854)

98,7 Weit in den See nach NW vorspringende Halbinsel; die westliche Bucht endet blind. Die Fahrt geht in die nach O abzweigende Bucht, entlang dem W-Ufer der Halbinsel (63.2886,25.8376)

84,5 See-Ausfluss; er ist schwierig zu finden. Der östliche Ausfluss ist auf der Karte durch einen Pfeil gekennzeichnet. Weiter westlich gibt es einen 2. Ausfluss, dessen Wassermenge durch ein ■ geregelt ist, Verlauf zu einem ↯, das an der Straße N 77 liegt. Es ist der östliche Abfluss zu nehmen, ein kleines ■ muss noch etwa 100 m weit durch dichten Wald ⏏ werden, ⬇ in einen kleinen See. Nach ⇩ des Kraftwerk-Auslaufs schöne WW-Strecke, WW I-II. (63.1758,25.9373)

84,1 Str-II 77 (63.1729,25.9411)

81,8 Stromschnelle Kellankoski (63.1566,25.9337)

76,9 Str-II, ⇩ in den See Kymönjärvi, am re Ufer entlangfahren (63.1202, 25.9622)

75,3 Ausfluss aus dem See Kymönjärvi, Str-II 659, **FIN Kymönkoski**, ⇩ in den Keitele-See. Achtung beim Einlauf in den Keitele-See. Hier können große Mengen von Baumstämmen auf ihren Abtransport warten (63.1119,25.9493)

70,9 am W-Ufer **FIN Viltasaari**. Bis km 8,0 kein Hindernis, jedoch Vorsicht auf dem großen See. Im Bereich des Sees Einfahrt in mehrere große Buchten möglich (63.0895,25.8920)

47,3 ← der Route Neiturin-Kanal-Route (s. Seite 137) von der Keitele-See-Route (62.8944,26.0629)

47,2 die Hauptroute führt nach re durch eine See-Enge und dann auf dem Keitele-See weiter nach Süden. Orientierung anhand einer Karte unbedingt erforderlich (62.8938,26.0629)

29,6 Str-II 637, Durchfahrt zum Ala-Keitele in Richtung Äänekoski (62.7587,25.9393)

22,4 See-Enge, Durchfahrt in Richtung W (62.6963,25.9412)

9,0 re **FIN Äänekoski**, größerer Ort. ⚠, die kurze Durchfahrt zum kleinen See Äänejärvi überwindet eine Höhendifferenz von 10 m. Der Äänekoski im Bereich der EB-II soll **X** sein, größte Vorsicht! Laut Luftbild befindet sich dort ein Wasserkraftwerk (62.6218,25.7462)

1,6 EB-II (62.5748,25.8014)

0,5 Str-Ⅱ 642 (62.5694,25.7824)

0,0 ⇩ der Keitele-See-Route in die Saarijärvi-Route (s. Seite 130) bei km 42,9 (62.5663,25.7767)

Nilakka-See-Route

Seen – Wanderfluss
Mündung in Saarijärvi-Route bei km 23,2 (li Nebenfluss)

Dieser Wasserweg führt über mehrere große Seen und einige leichtere Stromschnellen von Pielavesi nach Laukaa und damit über den unteren Teil der Saarijärvi-Route ebenfalls zum Päijänne-See.
Es bestehen zwei Querverbindungen zur Keitele-See-Route.

201,8 mögliche ⬇ am N-Ende des Pielavesi-Sees bei **FIN Laukkala**, Fahrt nach Süden, viele Inseln (63.3858,26.5374)

182,4 am O-Ufer in 6 km Entfernung der Ort **FIN Pielavesi** (63.2348, 26.6471)

178,0 Str-Ⅱ 77, **FIN Säviä**, gute ⬇, Durchfahrt zum See Nilakka (63.1973, 26.6700)

167,5 ➔ einer Nebenroute: Fahrt zum Ort **FIN Keitele** und auf dem See Vuonamonlahti. 32 km bis zum N-Ende des Sees (63.1274,26.5308); Weiterfahrt auf der Hauptroute nach Südwest, Umrunden der großen Halbinsel Hirviniemi, dann Fahrt entlang dem O-Ufer nach Südost (63.1273,26.5307)

147,4 Ausfahrt aus dem See Nilakka über den Kolun-Kanal (62.9757, 26.6891)

145,7 Str-Ⅱ 5517 (62.9716,26.7210)

145,5 ⇶, ⇩ in den See Koskivesi, Kurs in südlicher Richtung (62.9728, 26.7239)

142,7 Str-Ⅱ 551,**FIN Tervo**, Einfahrt in den Ravanki-See, Hauptroute: sofort nach Westen über den Ravanki-See und dann dessen W-Ufer nach Süden folgen zum Iivesi-See
Nebenroute: Dem O-Ufer nach SO folgen bis **FIN Karttula**, hier mehrere Seitenbuchten oder nach Süden bis zum Ende des Virmasvesi-Sees, 26 km (62.9557,26.7568)

110,8 Im Westen Str-Ⅱ, Durchfahrt zum Niinivesi-See. Nebenroute: Bei Weiterfahrt auf dem Iivesi-See vor der Durchfahrt nach Südost erreicht man nach 10 km den Ort **FIN Iivesi**
Nebenroute: Auf dem langgestreckten Niinivesi-See nach Norden fahren, 38 km bis zum Ende des Sees beim Ort **FIN Niinivesi** (62.7161,26.9006)

109,9 ⇩ der Route Neiturin-Kanal-Route (s. Seite 137) in die Nilakka-See-

Route (62.7154,26.8840)

109,8 Die Hauptroute führt über den Niinivesi-See nach S (62.7151, 26.8840)

109,4 Str-II 545 über See-Enge, Fahrt weiter nach Süden über den See Miekkavesi (62.7117,26.8797)

103,3 nach Umrundung der großen Halbinsel Kurs West über den See Koskelovesi (62.6667,26.9146)

99,7 Ausfahrt aus dem See Koskelovesi (62.6771,26.8503)

97,7 Str-II 5451, **FIN Tyrinvirta**, Fahrt nach Süden über den See Lonkari (62.6666,26.8235)

95,7 Ausfahrt aus dem See Lonkari (62.6513,26.8228)

95,0 Str-II N 5451 (62.6458,26.8315)

93,1 re ➔ zum See Rautalampi (62.6303,26.8348)

91,4 Str-II 69, **FIN Rautalampi**. Weiterfahrt durch den Talinvirta nach Süden (62.6182,26.8551)

86,9 Einfahrt in den See Hankavesi, Kursänderung nach Nordwest, Fahrt zwischen mehreren Inseln (62.5874,26.8171)

79,9 Str-II, Fahrt durch den kanalisierten Konnekoski zum Konnevesi-See. Diesen See nach Westen überqueren (62.6189,26.7057)

73,5 re ⇩ der Neiturin-Kanal, Nebenstrecke (s. Seite 137) in die Nilakka-See-Route (62.6176,26.6007)

59,1 Str-II, re **FIN Konnevesi**, Einfahrt in die enge Durchfahrt zum Liesvesi-See. In diesem Bereich mehrere Stromschnellen: Siikakoski, 220 m lang, 1,1 m Gefälle; danach Karinkoski und Kellankoski (660 m/2,85 m). Sehr verwinkelte Fahrt zwischen zahlreichen Inseln und Krümmungen über die folgenden Seen, genaue Karten unerlässlich (62.6174,26.3433)

54,2 ⇩ in den Liesvesi-See. Fahrt über diesen See nach Westen (62.5804, 26.3130)

49,3 Str-II 641, li **FIN Pesiäissalmi**, Durchfahrt zum Vanginvesi. Kurs nach Nordwest und nach Umrandung einer Halbinsel nach Süden (62.5654,26.2445)

43,7 Ausfahrt aus dem See Vanginvesi, Stromschnelle (62.5485,26.2242)

40,5 Einfahrt in den See Kynsivesi, Fahrt nach Süden (62.5358,26.2133)

21,8 Str-II, Durchfahrt zum Leivonvesi, scharf nach Nordwest fahren (62.3761,26.2375)

16,9 Stromschnelle Simunankoski (200 m/2,2 m) zum Kuusvesi-See. Fahrt zunächst nach Nord, dann nach West und später nach Süden (62.3802,26.1741)

6,6 Str-II, Tarvalaankoski (200 m/1,4 m) (62.3872,26.0553)

0,0 ⇩ der Nilakka-See-Route in die Saarijärvi-Route (s. Seite 130) bei km 23,2 (62.4191,25.9788)

Neiturin-Kanal-Route

Seen, kurze Kanäle
Mündung in Nilakka-See-Route bei km 109,9 (re Nebenfluss)

Diese Route ermöglicht über Seen, die mit mehreren kurzen Schifffahrtskanälen verbunden sind, eine Querverbindung zwischen der Keitele-See-Route und der Nilakka-See-Route.

51,0 ← der Route Neiturin-Kanal-Route von der Keitele-See-Route (s. Seite 133) (62.8944,26.0629);
der See wird in Richtung Ost-Ufer gequert, dann Weiterfahrt entlang dem Ostufer der großen Bucht (62.8944,26.0632)
42,0 ⛴ Mertalahti-Pängätsalo (62.8640,26.2216)
26,2 Einfahrt in den Neiturin-Kanal (62.7565,26.4096)
25,6 ⌗ und Str-II 659 (62.7596,26.4203)
25,3 ⇩ in den See Konnevesi, der nach Osten gequert wird (62.7612, 26.4255)
23,1 ➔ der Neiturin-Kanal, Nebenstrecke (s. Seite 137) vom Neiturin-Kanal-Route (62.7664,26.4674)
21,0 Einfahrt in den Kiesimän-Kanal (62.7693,26.5078)
20,8 Str-II und ⌗ (62.7693,26.5121)
20,5 ⇩ in einen See, dort Weiterfahrt in Richtung Osten (62.7694,26.5166)
12,3 Einfahrt in den Kerkoskenkanal (62.7570,26.6736)
11,4 ⌗ und Str-II 545, **FIN Kerkonkoski** (62.7575,26.6908)
9,2 Ausfahrt in den See Niinivesi, dann Weiterfahrt in Richtung Südost entlang dem Ostufer (62.7583,26.7320)
0,0 ⇩ der Route Neiturin-Kanal-Route in die Nilakka-See-Route (s. Seite 135) bei km 109,9 (62.7154,26.8840)

Neiturin-Kanal, Nebenstrecke

Seen
Mündung in Nilakka-See-Route bei km 73,5 (re Nebenfluss)

Diese Nebenstrecke ermöglicht eine weitere Verbindung von der Keitele-See-Route zur Nilakka-See-Route.

18,1 ➔ der Neiturin-Kanal, Nebenstrecke vom Neiturin-Kanal-Route (s. Seite 137) (62.7664,26.4674);
auf dem See Konnevesi in Richtung Süden fahren (62.7663,26.4675)
5,7 Str-II 69 bei **FIN Kivisalmi** (62.6659,26.5695)

0,0 ⇩ der Neiturin-Kanal, Nebenstrecke in die Nilakka-See-Route (s. Seite 135) bei km 73,5 (62.6176,26.6007)

Puula-See-Route

Seen – Wanderfluss – Wildwasser
Mündung in Kymijoki bei km 162,0 (li Nebenfluss)

Diese lange Strecke führt in allgemeiner Richtung nach Süd-West von Haukivuori zum Kymijoki. Den Kymijoki weiter stromauf gelangt man zum Süd-Ende des Päijänne-Sees. Die Route geht über zahlreiche Seen und dazwischenliegende Fließstrecken mit Stromschnellen und Umtragestellen. Die Stromschnellen (Koskis) sollen gut zu befahren sein, eine gewisse Vorsicht ist trotzdem angebracht.

167,5 **FIN Pohjalahti** am N-Ende des Sees Petäselka, mögliche ⬇, die genaue Lage konnte nicht ermittelt werden (62.1322,27.0571)

155,7 Str-II über See-Enge (62.0350,27.1421)

152,3 im W **FIN Haukivuori**, gute ⬇. Fahrt nach SW über den Kyvesi-See (62.0174,27.1954)

143,2 ⇩ der Naarajoki-Route (s. Seite 140) in die Puula-See-Route (61.9632,27.1371)

135,2 See-Ausfluss unter Str-II, enges Fahrwasser (61.9245,26.9978)

133,9 ⇩ in den See Rauhajärvi. Hier dem re Ufer folgen (61.9155,26.9921)

129,7 am West-Ufer Ausfahrt aus dem See Rauhajärvi (61.9200,26.9339)

128,1 Str-II 13, re **FIN Läsäkoski** (61.9094,26.9182)

127,6 ⚠ Läsäkoski, **X**, re ⌓, Gefälle zwischen den beiden Seen 5 m (61.9084,26.9091)

125,6 ⇩ in den See Vuojaselka. Verwinkelte Durchfahrt zwischen mehreren Inseln und Halbinseln zum großen Puula-See. Die Fahrt über den See erfolgt in Richtung S. Im Bereich des Sees gibt es mehrere Möglichkeiten zu Abstechern in Seitenbuchten und Nebenseen. Nebenrouten:
a) Sofort nach Einfahrt in den Puula-See Fahrt nach NW bis **FIN Kongasniemi**, etwa 20 km
b) Aus der Mitte des Sees nach N über Hölönselkä und Konnanselka bis **FIN Laitiala**, etwa 25 km (61.9007,26.8894)

98,5 Am S-Ende des Puula-Sees Str-II 431, **FIN Sounsalmi**, Durchfahrt zum Liekune-See, kein Gefälle. Fahrt nach Süden (61.7018,26.6919)

90,8 im Osten liegt der Ort **FIN Hirvensalmi**, 🛒 (61.6446,26.7629)

88,9 im SW des Liekune-Sees Einfahrt in den Kissakosken-Kanal (61.6284,26.7624)

88,3 Str-II, **FIN Kissakoski** (61.6245,26.7531)

88,1 ▬ und ϟ, **X**, li 110 m ⌓, danach Fahrt nach Westen, 4 kleine Seen

(61.6242,26.7502)
84,8 Leichte Stromschnelle, Einfahrt in den See Vahvajärvi. Fahrt nach Westen zwischen kleinen Inseln (61.6180,26.6952)
80,3 See-Ausfluss Ripatin-Kanava (61.6120,26.6479)
79,2 Str-II, re **FIN Ripatti**, ⚠, in diesem Bereich 3 schwere Stromschnellen, WW III, unbedingt besichtigen (in einer alten Beschreibung werden sie als „unfahrbar" bezeichnet). Treideln oder ⌓ möglich (61.6034,26.6556)
78,8 ⇩ in den 3,5 km lange Sänpia-See. An dessen Ende Verbindung zu einem kleinen See. Entlang dessen W-Ufer zu einem etwas versteckt gelegenen, 1,5 km langen Ausfluss (61.6015,26.6622)
73,4 vor einer Holz-II leichte Stromschnelle, li schöne Wiese mit ⛺-Möglichkeit (61.5644,26.7095)
72,5 Einfahrt in den See Tuusjärvi, weiterhin Fahrt nach Süden (61.5573, 26.7137)
66,1 Str-II 428, leichte Stromschnelle Kavivannonkoski zum Lahnavesi-See. Kurs Süd. li **FIN Toivola** (61.5060,26.6996)
58,3 Str-II 5, li **FIN Vihantasalmi**, 🏕, beim Kiosk kann ein Traktor für das Umfahren der Boote auf der folgenden Portage-Strecke bestellt werden (61.4405,26.6769)
56,0 Str-II, ⇩ in den Tarhavesi-See, Kurs 1 km nach West, dann Fahrt zwischen Inseln nach Süden in den Juolasvesi-See. Voraus 2 kleine Inseln. Kurs halbrechts nach Westen und die Inseln li liegen lassen (61.4215,26.6694)
52,7 ← des Sonnanjoki (s. Seite 141) von der Puula-See-Route (61.4051, 26.6374)
51,2 eine von weitem kaum zu erkennende größere Bucht, an deren Ende eine Floßrutsche (Holzstämme) zu sehen ist. Hier ↑. Falls diese Stelle nicht auf Anhieb gefunden wird, muss man sie suchen, denn hier befindet sich die ⌓-Stelle. Falls keine Vereinbarung wegen eines Traktors getroffen wurde, kann man von einem Bauernhof (nach der Kreuzung Waldweg–Straße li) auch einen Traktor holen. Die Boote müssen 800 m weit ⌓ werden (61.4001,26.6145)
50,4 ↓ nach dem ⌓. Es folgen mehrere kleine Seen bis zum Ylä-Rieveli. Nach dessen Überquerung in SW-Richtung weitere schmale Seen-Kette (61.3976,26.6010)
49,4 Wege-II (61.3999,26.5894)
31,3 🏕 Räävelin-Leirintä an der Straße Nr. 5. Einfacher und ruhiger Platz. Jeden Mittag kommt ein Einkaufswagen zur Tankstelle (61.3689, 26.2916)
28,8 li Bauernhof, scharf nach re abbiegen (61.3511,26.2660)

28,3 am Ende der Bucht See-Ausfluss mit ▬, ✕, re 100 m ⌂, ! an der Holz-II, Beginn des Sees Ala Rieveli (61.3550,26.2616)

13,4 Ende des Sees, Stromschnelle Sulkavankoski, Str-II 46. Weiterfahrt auf dem See Konnevesi entlang dem W- und später dem N-Ufer (61.2536,26.0959)

0,0 ⇩ der Puula-See-Route in den Kymijoki (s. Seite 104) bei km 162,0. Wenn man zum Päijänne-See will, muss man den Kymijoki, aufwärts befahren. Dabei insbesondere unter der II von Heinola starke Gegenströmung. Über eine Weiterfahrt auf dem Kymijoki stromab ist nichts bekannt (61.1528,26.1320)

Naarajoki-Route

Seen – Wanderfluss
Mündung in Puula-See-Route bei km 143,2 (re Nebenfluss)

Über Seen und kurvenreichen Flusslauf kann man über diese Route zur Puula-See-Route gelangen.

63,5 Str-II 23 bei **Pieksämäki**, Nord-Ende des Sees Naarajärvi. Fahrt Richtung Südwest (62.2808,27.0580)

62,6 re 🚐 Lomatrio (62.2749,27.0464)

61,7 am Westufer Ausfluss des Naarajoki, Str-II. Nach ungefähr 5 km li ⚡, Stromleitung (62.2676,27.0418)

61,3 ⇩ in den See Alaanteenlampi (62.2653,27.0383)

61,1 Ausfahrt aus dem der See Alaanteenlampi (62.2632,27.0379)

51,9 Str-II, bei HW ⌂ erforderlich, li **FIN Tensala**. Ungefähr in 3 km Stromschnelle Kälystenkoski, ≈. Nach weiteren 3 km ⚡ Niskanivu, ⛺-Möglichkeit (62.2000,27.0782)

51,2 Wege-II (62.1945,27.0845)

41,0 Str-II (62.1996,27.0074)

39,4 ⇩ in Niskajärvi. Fahrt nach West, Durchfahrt zwischen Insel und dann nach Süden (62.2076,26.9987)

38,2 Ausfahrt aus dem See Niskajärvi in den Välijoki (62.2003,26.9965)

37,4 ⇩ in den See Vehvaa. Kurs nach Südwest (62.1945,26.9955)

36,4 am Westufer Ausfluss des Rantajoki (verschilft) (62.1869,26.9842)

33,0 ⚠ Paaskoski, Befahrung erkunden (62.2007,26.9534)

32,5 ⇩ in den See Pyhäluoma. Vorher Paaskoski, Befahrung erkunden (62.1999,26.9464)

31,4 Seeausfahrt, Str-II **FIN Porsakoski** (62.1911,26.9415)

31,3 ▬ Porsakoski, ✕, li 100 m ⌂, Privatgelände (62.1901,26.9402)

31,0 ⇩ in Pitkajärvi. Richtung West um Landspitze und dann Kurs nach Süden (62.1877,26.9427)

29,7 Ausfahrt aus dem See Pitkajärvi (62.1806,26.9328)
28,9 ⇩ in den See Palvalampi (62.1751,26.9372)
28,5 re **Palvalampi** (62.1709,26.9374)
27,5 Ausfluss aus dem See Palvalampi, ⇩ in den Nykälänjoki (62.1635, 26.9470)
24,7 Str-II 4474 (62.1458,26.9720)
24,1 ⇩ in den Orjuu, viele Wasserpflanzen, Route wird durch Strömung vorgezeichnet (62.1427,26.9796)
21,2 Str-II 4474, See-Ausfluss, **FIN Nykälä**, nach der Brücke re ⚓, ⛺-Möglichkeit (62.1211,26.9840)
20,4 ⇩ in den See Kyyvesi, viele Inseln, Karte erforderlich (62.1140, 26.9892)
0,0 ⇩ der Naarajoki-Route in die Puula-See-Route (s. Seite 138) bei km 143,2 (61.9632,27.1371)

Sonnanjoki

Seen – Wanderfluss
Mündung in Kymijoki bei km 109,1 (li Nebenfluss)

Diese Route zweigt von der Puula-See-Route ab und bildet über mehrere Seen und den Sonnanjoki eine Verbindung zum Kymijoki im Bereich des Sees Pyhäjärvi. Diese Route, früher als Nebenroute zum Kymijoki bezeichnet, bot bisher nur wenige Angaben. Sie wurde mit mehreren Angaben, die man aus dem Luftbild entnehmen konnte, ergänzt, z.B. auch um einige Wehre. Trotzdem sind bei der Befahrung noch Überraschungen möglich. Auf jeden Fall wird gutes Kartenmaterial benötigt, um den richtigen Kurs zwischen den vielen Inseln zu finden.

64,0 ← des Sonnanjoki von der Puula-See-Route (s. Seite 138) (61.4051, 26.6374);
Fahrt auf dem See Juolasvesi nach Süden (61.4050,26.6376)
54,0 Str-II Virransalmentie, Durchfahrt zum See Sarkavesi, weiterhin Kurs nach Süden (61.3496,26.7372)
53,7 Str-II 368 (61.3476,26.7419)
41,0 ■ Voikoski, X, ⌂ (61.2560,26.7703)
40,9 Str-II 368 (61.2549,26.7697)
38,8 ⇩ in den See Vuohijärvi, Kurs nach Süden (61.2366,26.7539)
22,4 Ausfahrt aus dem See Vuohijärvi (61.1028,26.7237)
21,0 ■ Sikakoski, darüber Str-II, X, ⌂, Weiterfahrt nach Südwest über den See Suolajärvi (61.0933,26.7128)
15,9 Str-II, Durchfahrt vom See Suolajärvi zum See Jukajärvi (61.0824, 26.6237)

14,4	Str-II 14569, Durchfahrt vom See Jukajärvi zum See Sonnanjärvi (61.0714,26.6142)
11,0	Ausfluss aus dem See Sonnanjärvi, weiter auf dem Sonnanjoki (61.0519,26.5740)
10,0	2 Str-II 369, darunter Stromschnelle (61.0477,26.5813)
6,3	Str-II, **FIN Palojärvi** (61.0314,26.6028)
4,7	li ⇩ eines ebenfalls vom Sonnanjärvi kommenden Gewässers (61.0212,26.6044)
3,0	Str-II 46 (61.0128,26.5892)
1,3	⇩ in den See Pyhäjärvi (61.0081,26.5630)
0,0	⇩ des Sonnanjoki in den Kymijoki (s. Seite 104) bei km 109,1 (60.9986,26.5518); zum ⬆ kann man über den Kymijoki stromab die Stadt Voikka erreichen, stromauf ist die Str-II bei Iittin Kk eine Möglichkeit zur Beendigung der Fahrt. Eine Fahrt flussaufwärts zum Päijänne-See ist wegen schwerer Stromschnellen kaum möglich (60.9986,26.5518)

Finnische Flüsse zum Bottnischen Meerbusen

Näsijärvi-Seengebiet

Weitere Namen: Vaskivesi-See-Route

Seen, Wanderfluss
Mündung über den Kokemäenjoki in den Bottnischen Meerbusen

Im Westen des riesigen Päijänne-Seengebietes schließen sich die Seen um den Näsijärvi an. Alle Seen dieses Gebietes entwässern über den Kokemäenjoki nach Westen zum Bottnischen Meerbusen. Dieses Gebiet ist für den Wasserwanderer erheblich weniger interessant als das Saimaa- und das Päijänne-Gebiet. Es liegt dies nicht nur daran, dass es deutlich kleiner ist; zwischen den einzelnen Seen bestehen auch erhebliche Höhenunterschiede, die zu Abfällen und Stromschnellen führen, die nur teilweise befahrbar sind, z.T. auch industriell genutzt werden.
Nachfolgend wird daher auch nur eine Zufahrt zum Näsijärvi von Norden her beschrieben. Auch diese Strecke ist in ihrem Oberlauf recht mühsam, mit Stromschnellen und Umtragestellen
Die Beschreibung ist zudem schon recht alt, so dass sie möglicherweise nicht mehr ganz zutreffend ist. Wer diese Schwierigkeiten vermeiden möchte, sollte daher erst bei km 132,1 einsetzen; ab hier hindernisfreie Fahrt über Seen.

201,4 **FIN Salmenkyla** am N-Ende des Äthtärinjärvi, mögliche ⬇, Fahrt nach Süden (62.8189,24.0038)
197,3 Str-II 697, re **FIN Rantalankylä** (62.7839,24.0125)
188,3 re am West-Ufer **FIN Äthärinranta** (62.7077,24.0574)
174,2 Str-II, Durchfahrt zum See Välivesi (62.5906,24.1350)
169,4 Ausfahrt aus dem See Välivesi (62.5505,24.1672)
169,1 Str-II 18, **FIN Inha**, nichts bekannt über die Durchfahrt zum Hankavesi-See. Empfohlene ⬇. Fahrt nach Süden (62.5487,24.1633)
168,9 EB-II (62.5475,24.1611)
165,9 Abfluss aus dem Hankavesi-See am W-Ufer, ▬, **X**, ⌂, Weiterfahrt auf dem Inhanjoki (62.5233,24.1585)
164,9 ▬ an Sägewerk und Papierfabrik, **X**, ⌂ (62.5164,24.1508)
164,7 Str-II, li **FIN Inhantehtaat** (62.5155,24.1468)
163,6 Str-II (62.5124,24.1290)
163,1 Str-II 6215 (62.5149,24.1213)
162,9 re ▬, li ↯, **X**, ⌂, keine Angaben (62.5161,24.1179)
162,1 Str-II (62.5195,24.1073)
161,9 ⇩ in Ouluvesi-See, Fahrt entlang dem S-Ufer nach NW (62.5178, 24.1034)
158,5 See-Ausfluss über den Hyvösenjoki, in diesem Bereich erneut mehre-

re Stromschnellen mit starkem Gefälle (62.5306,24.0508)

157,9 Str-II (62.5278,24.0448)

157,4 ■, **FIN Vääräkoski**, **X**, ⏏, keine Angaben (62.5238,24.0438)

156,8 ⇩ in Perännejärvi (62.5197,24.0389)

155,5 See-Enge (62.5130,24.0213)

150,4 See-Enge (62.4699,23.9931)

146,9 Ausfluss aus dem See, Str-II, ⇩ in den Pakarinjoki. Er verbindet eine Kette von kleinen Seen, dazwischen zahlreiche Stromschnellen mit erheblichem Gefälle, zwei ϟ (62.4433,23.9610)

145,4 Str-II (62.4336,23.9596)

138,9 ■, Wasserableitung, **X**, ⏏, keine Angaben, unterhalb des Wehres wahrscheinlich Wassermangel (62.3963,23.8895)

137,9 Str-II 68 (62.3900,23.8800)

136,5 Str-II (62.3847,23.8577)

135,6 ■, li ϟ, **X**, ⏏, keine Angaben (62.3782,23.8551)

135,3 Str-II (62.3778,23.8491)

134,8 ⇩ in einen See, Fahrt nach Süden (62.3797,23.8427)

133,3 Str-II, Durchfahrt zu einem kleinen See (62.3679,23.8317)

131,9 Str-II bei **FIN Lahdenkyla**, ⇩ in See Toivesi, ⬇, um die vorausgehenden Schwierigkeiten zu vermeiden. Ab hier Fahrt nach Süden über mehrere Seen (62.3590,23.8175)

120,1 Ausfahrt aus dem See Toivesi (62.2636,23.7326)

119,9 **FIN Virrat**, Str-II, Höhenunterschied zum Vaskivesi-See 2 m, entweder Fahrt durch den Herraskosken-Kanal mit ⌘ oder durch den Herraskoski (ansehen) (62.2622,23.7301)

119,7 Str-II 23/66 (62.2613,23.7285)

119,3 Fahrt über den See Vaskivesi nach Süden und über den anschließenden Visuvesi nach Osten (62.2600,23.7201)

118,6 EB-II (62.2561,23.7151)

98,0 Durchfahrt zum See Visuvesi (62.1177,23.8190)

91,7 Kaivoskenkanal, Str-II 66, **FIN Visuvesi**, Einfahrt in den Tarjannevesi-See. Fahrt zunächst nach Osten, dann nach Süden (62.1176, 23.9258)

78,3 See-Ausfluss durch Syvinginsalmi, Str-II 3481, ⇩ in Ruovesi-See. Nach O ➔ einer Nebenroute:
Fahrt über Paloselka nach **FIN Vilppula**, 🚆, 26 km. Zwei Möglichkeiten der Weiterfahrt, allerdings bestehen auf beiden Routen erhebliche Höhenunterschiede zu den folgenden Seen, wahrscheinlich ⏏ erforderlich.
a) Nach SO zum Kuorevesi-See und nach **FIN Kuorevesi**, 22 km,
b) Nach N über Keurusselkä nach **FIN Keuru**, 34 km.

Weiterfahrt auf der Hauptroute nach Süden (62.0642,24.0689)

69,1 im W in einer Seitenbucht **FIN Ruovesi**, ⛺, 🛒 (61.9898,24.1052)

64,3 Kautun-Kanal, keine Schwierigkeiten, Str-II 66, **FIN Kauttu**, Fahrt nach Südwest über Jämingselka und Palovesi-See (61.9568,24.1065)

43,6 Str-II 3382, Muruleenkoski (1,1 m Gefälle auf 120 m) oder Fahrt durch Muruleen-Kanal, hier ⌘. Die Weiterfahrt geht zunächst nach Südwest über den Jankovesi und dann nach Süden über den Näsijärvi (61.8554,23.9068)

0,0 △, Stromschnelle Tammerkoski, **X**, Fahrt an geeigneter Stelle beenden, **FIN Tampere**, Großstadt mit ca. 235.000 Einwohnern. Der Abfluss des gesamten Seen-Gebiets, der Kokemäenjoki, mündet nach weiteren 160 km bei Pori in den Bottnischen Meerbusen. Unterlagen über diesen Fluss sind nicht bekannt, anscheinend neben Stromschnellen auch Industrie und Kraftwerke (61.5061,23.7539)

Kyrönjoki

Wanderfluss
Mündung in den Bottnischen Meerbusen nördlich von Vasa

Dieser mit seinen Quellflüssen fast 200 km lange Fluss verläuft als Zahmwasser durch die stark besiedelte bottnische Küstenebene im Westen Finnlands. Eine Beschreibung liegt nur für eine kurze Teilstrecke seines Unterlaufs vor. Er ist in diesem Bereich ein Fluss mit einzelnen Wehren und kleinen Schnellen.

29,8 Str-II, **FIN Vähäkyrö**, mögliche ⬇ (63.0575,22.1109)

27,3 li ← Flussteilung, die Beschreibung folgt dem li Arm (63.0634, 22.0655)

26,1 Wege-II, li **FIN Saarensivu** (63.0651,22.0462)

25,3 Wege-II (63.0681,22.0333)

22,0 Str-II, li **FIN Merikaarto** (63.0651,21.9695)

20,9 Mühlen-■, ≈ oder li ⌓, li **FIN Holtilla** (63.0699,21.9550)

19,8 Mühlen-■, evtl. li ≈ oder re ⌓, danach Str-II (63.0770,21.9448)

16,0 Str-II bei **FIN Veikars**, ⬆. Eine Weiterfahrt bis zur Ostsee soll ohne Schwierigkeiten möglich sein, jedoch keine gesicherten Unterlagen (63.0924,21.8822)

14,8 Stromschnelle (63.1019,21.8802)

7,9 Str-II 8/E8, li **FIN Koivulahti** (63.1618,21.8604)

0,0 ⇩ in den Vassorfjärden, eine Bucht des Bottnischen Meerbusen (63.1853,21.9742)

Lentua-Route

Weitere Namen: Teer-Route

Wanderfluss-Seen
Mündung in den Bottnischer Meerbusen

In Waldfinnland wurden im 18. und 19. Jahrhundert große Mengen an Holzteer produziert, die für den Export auf großen Ruderbooten zur Ostsee transportiert wurden; daher der Name "Teer-Route". Infolge des Baus von Kraftwerken ist eine Befahrung des Oulujoki, des letzten Abschnittes der ehemaligen Teer-Route, heute kaum mehr möglich. Für die Sportschifffahrt verblieben ist jedoch der obere Abschnitt bis zum Oulujärvi. Die Strecke ist landschaftlich recht reizvoll, mit großen Wäldern; sie führt zu etwa 70% über Seen, der Rest sind Fließstrecken. Mäßige Schwierigkeiten gibt es nur in den Stromschnellen, die, falls sie nicht befahren werden, getreidelt oder evtl. umtragen werden können. An einigen Stellen sind auf Gleisen verlaufende Bootswagen vorhanden, die ein sehr bequemes Umsetzen mit Aufschwimmen der Boote ermöglichen (= Gleitweg). Da die Wagen recht massiv gebaut sind, sollten sie zu zweit bedient werden. Falls die Absicht besteht, die gesamte Strecke zu befahren, ist die Mitnahme eines Bootswagens dringend anzuraten. Für die gesamte Tour sind genaue topographischen Karten sehr zu empfehlen, auf denen jede Insel und jeder Koski genau verzeichnet sind.

Infrastruktur: Es gibt gekennzeichnete Plätze zum Feuermachen und zur Übernachtung.

186,0 mögliche ⬇ am Ausfluss des Juortanjärvi bei **FIN Kiimimavaara** in der Nähe der Grenze zu Russland. Auf 6 km erhebliche Verblockung, Baumhindernisse, enges Flussbett, mehrere Stromschnellen, Befahrung dieser Strecke nur mit leeren Booten ratsam (64.5024,29.9184)

185,8 Str-Ⅱ 89 (64.5008,29.9209)

184,2 re ⇩ in den See Puhakkajärvi (64.4925,29.9123)

183,7 Ausfahrt aus dem See Puhakkajärvi (64.4885,29.9077)

183,6 Str-Ⅱ, **FIN Vartius** (64.4871,29.9075)

183,5 ⇩ in den See Vartiusjärvi, Fahrt nach Süden (64.4863,29.9068)

181,8 Ausfahrt aus dem See Vartiusjärvi (64.4743,29.9179)

180,8 Str-Ⅱ 9123, übliche ⬇ für die Befahrung der Teer-Route, ab hier nur noch geringe Schwierigkeiten durch einzelne Stromschnellen, auch für Faltboote möglich, jedoch Vorsicht, bei NW können die zahlreichen Felsen im Fluss für Faltboote unangenehm werden (64.4732, 29.8979)

180,5 ⇩ in den See Änättijärvi. Fahrt zunächst nach Südwest, später nach Süden (64.4724,29.8925)

171,7 Ausfluss aus dem S-Ende des Sees Änättijärvi, Der folgende Änättikoski WW II, gut ≈. Es folgt auf 1,5 km ein kleiner See, im Osten der Ort **FIN Lentiira**, 🛒; Weiterfahrt nach Westen. Der Ausfluss erfolgt über den rechten Aittokoski (64.3977,29.8527)

169,4 Str-II 912, ⇩ in den Lentiira-See, Fahrt nach Süden (64.3954, 29.8272)

168,0 Str-II 9126, Weiterfahrt nach Westen (64.3877,29.8254)

165,3 Im Norden 🚐 (64.3807,29.7811)

162,4 Ende des Sees, der folgende Lentiira-Fluss verläuft mit ruhiger Strömung durch unbebautes Gebiet; später folgen kleine Seen, dazwischen kleine, kaum wahrnehmbare Stromschnellen, Kurs NW (64.3865,29.7246)

154,4 Im Norden Feuerstelle. Sorgfältige Navigation zwischen kleinen Inseln und Halbinseln. Kurs zunächst W, später SW

151,8 Str-II bei **FIN Salmela**, danach ⇩ in den Iivantiira-See. Kurz danach Insel Ränkänsaari, Feuerstelle, ⛺-Möglichkeit. Auf dem See Fahrt nach Süden (64.4055,29.5520)

143,5 ← der 1. Nebenstrecke von der Lentua-Route (64.3471,29.5378)

Nebenstrecke Lentua-Route, 1. Nebenstrecke

Sie führt nach O über den See Hoikka zum Juttuajärvi entlang dem W-Ufer bis zum S-Ende des Sees. Hier befindet sich hier ein Gleitweg, über den man die 6 m Höhenunterschied zum folgenden Lentua-See überwinden kann. Auf dem See kann man entweder nach W fahren und trifft dann bei der Insel Salonsaari wieder auf die Hauptroute. Man kann aber auch zwischen verschiedenen kleinen Inseln im Osten des Sees zunächst nach Süden und später nach Westen wieder zurück zur Hauptroute fahren.

29,0 ← der 1. Nebenstrecke von der Lentua-Route (s. Seite 145) (64.3471,29.5378)

26,2 ⇩ in den See Hoikka, Fahrt entlang dem West-Ufer zuerst nach Osten, dann nach Süden (64.3472,29.5966)

23,1 Weiterfahrt in Richtung Süden über den See Juttuajärvi (64.3373,29.6573)

17,4 ⬆ am Beginn des Gleitweges, über den man die 6 m Höhenunterschied zum folgenden Lentua-See überwinden kann (64.2921,29.7065)

16,8 ⬇ am Ende des Gleitweges (64.2879,29.7129)

16,0 →, Möglichkeit nach Westen zu fahren, man trifft dann bei der Insel Salonsaari wieder auf die Hauptroute. Hier wird jedoch ein Kurs beschrieben, auf der man zwischen verschiedenen kleinen Inseln im Osten des Sees zunächst nach Süden und später nach Westen fährt und hier wieder zur Hauptroute gelangt (64.2811,29.7173)

14,9 ⇩ der Kalliojoki-Route (s. Seite 151) in die Lentua-Route, 1. Nebenstrecke, unübersichtliche Fahrt zwischen mehreren Inseln (64.2741,29.7323)
7,5 hier wechselt der Kurs in Richtung Westen (64.2254,29.7748)
0,0 ⇩ der 1. Nebenstrecke in die Lentua-Route (s. Seite 145) (64.2446,29.6305)

140,1 Str-Ⅱ **Niva**, keine 🛒, Ausfluss aus dem Iivantira-See über die drei Niva-Stromschnellen. 1. Stromschnelle unter der Str-Ⅱ, leicht ≋, WW I, etwa 0,3 m Gefälle (64.3102,29.5580)
139,9 2. Schnelle, kaum wahrnehmbar, lediglich etwas stärkere Strömung zwischen den kleinen Seen (64.3086,29.5570)
138,5 3. Stromschnelle (Vuonteenkoski), am re Ufer Holzdamm, evtl. zur Besichtigung ↱. Die Schnelle ist entlang dem Damm gut ≋, WW I–II, hier auch sehr gut flussaufwärts treideln möglich. Am li Ufer alte Wassermühle. Weiterfahrt über den Niskjärvi nach Süden (64.3000, 29.5447)
136,8 ⚠ Stromschnelle Karneenkoski, sie stellt die Verbindung zum Lentua-See her. Sie ist schwierig zu befahren, da sich im Bereich einer niedrigen Ⅱ bei starker Strömung erhebliche Verblockung befindet, unbedingt ansehen! Man kann diese Stromschnelle vermeiden, wenn man im Bereich der südlichsten Bucht des Niskajärvi einen Gleitweg zum Lentua-See benutzt. Weiterfahrt über den Lentua-See zunächst nach Südost, hier mehrere Inseln mit schönen Rastplätzen, z.T. mit Feuerstelle (64.2906,29.5349)
128,7 nach Erreichen der freien Wasserfläche des Lentua-Sees Fahrt nach Süden (64.2630,29.6272)
126,6 ⇩ der 1. Nebenstrecke in die Lentua-Route (64.2446,29.6305)
122,5 li Pukkosaari-Insel, ⛺-Möglichkeit, Feuerstelle (64.2109,29.5986)
120,5 Ausfluss aus dem See Lentua, Ende der bei km 143,0 abzweigende Neben-Route. ⚠, die folgende Stromschnelle Lentuankoski ist die größte und schwierigste Stromschnelle der gesamten Strecke. Bei einem Gefälle von 5,3 m sehr schnelle Strömung, bei höherem Wasserstand erhebliche Wasserwucht und hohe Wellen, WW II+, auch bei NW gut ≋, keine Verblockung, vor Befahrung unbedingt besichtigen. Die Strecke kann auf einem Gleitweg umfahren werden. Anschließend Pikku-Lentuan-Koski, leicht ≋, am re Ufer Holzdamm mit guter Möglichkeit zum Aufwärtstreideln (64.1940,29.5910)
119,0 ⇩ in den See Poroselka, 🚐 am N-Ufer des Sees (64.1851,29.5753)
112,0 ⇩ der Saunajoki-Route (s. Seite 152) in die Lentua-Route (64.1361, 29.5283)

111,0 Str-Ⅱ, Ausfluss aus dem See Poroselka, li **FIN Kuhmo**, kleine Stadt mit vielen Möglichkeiten, Verkehrsbindung mit Bus, re Museum, Krankenhaus, 🛒. Gute ⬇ Nähe Schwimmbad.
2. Nebenroute: ➔. Vor Erreichen von Kuhmo nach SO unter einer Ⅱ hindurch in den Lammasjärvi. Weiterfahrt insgesamt 23 km bis zum O-Ende des Sees.
Weiterfahrt Hauptroute: Seeausfluss über 4 leichte Stromschnellen (Pajakkakoski unter der Str-Ⅱ, Akonkoski, Pyssyniva und Saarikoski) mit dazwischen liegenden kleinen Seen (64.1276,29.5021)

100,5 ⇩ in Ontojärvi-See. Der Wasserstand des Sees wird durch das Kraftwerk Katerma reguliert. Er kann im Jahresablauf um 4 m schwanken. Dadurch können Inseln zu Halbinseln werden und umgekehrt. Fahrt über den See nach Westen. Auf den Inseln gibt es Feuerstellen und Übernachtungsplätze (64.1322,29.3007)

90,5 ⇩ der Vieksinjoki-Route (s. Seite 155) in die Lentua-Route (64.1125, 29.1053)

85,2 See-Enge (64.1051,28.9991)

84,4 Str-Ⅱ, danach li Hochwasserüberlauf, Weiterfahrt geradeaus in einem kanalisierten Abschnitt (64.1003,28.9886)

83,5 ▬ und ϟ Katerma, **X**, ⏏, re auf Schotterweg gut mit Bootswagen (mitbringen!) etwa 300 m weit umfahren. Es soll evtl. möglich sein, einen Lkw zu mieten und damit die Boote bis zum folgenden ϟ zu transportieren, der nach dem ϟ Katerma folgende Ontojoki ist ein breiter Fluss mit ruhiger Strömung, Behinderung durch treibende Baumstämme möglich (64.0973,28.9740)

79,7 Feuerstelle am S-Ufer des Flusses

75,4 ▬ und ϟ Kalliosten, **X**, ⏏, re ebenfalls auf Schotterweg mit Bootswagen (mitbringen) etwa 300 m weit umkarren, Beginn des Sees Iso-Kiimanen, zunächst als schmale, langgestreckte Bucht, Kurs West (64.0934,28.8466)

74,1 Str-Ⅱ (64.0946,28.8197)

68,3 Insel Karppasaari, Feuerstelle und ⛺-Möglichkeit in einer Bucht am W-Ende der Insel. Fahrt weiter nach NW

53,5 See-Enge bei **FIN Kaitainsalmi**, Str-Ⅱ 888, weiter nach NW (64.1695,28.4511)

50,4 der See wird breiter, scharfer Kurswechsel nach Süden (64.1838, 28.3993)

44,9 li **FIN Sokami**, Stadt mit ca. 10.000 Einwohnern, auf der Insel Honkisaari gute ⛺-Möglichkeit in der Nähe der Stadt.
3. Nebenroute: ⬅, durch Str-Ⅱ Einfahrt in den Iso-Sapsojärvi, Fahrt nach S. Nach 4 km teilt sich der See in 2 große Buchten. Nach S ge-

langt man unter einer Ⅱ in den Kiantajärvi, 10 km bis See-Ende. Etwa in der Mitte des Sees befindet sich im NW der Insel Kunnansaari eine Feuerstelle mit ⛺-Möglichkeit. Wenn man bei der Teilung nach SO fährt, gelangt man in den Pieni-Sapsojärvi, 8 km bis See-Ende. Bei einer Rundfahrt um die drei Seen müssen etwa 45 km zurückgelegt werden.

Die Hauptroute geht weiter nach Westen (64.1427,28.3737)

39,4 See-Ausfluss, EB-Ⅱ (64.1565,28.2726)

38,1 Str-Ⅱ 899, **FIN Vuokatti**, größerer Ort (64.1610,28.2525)

35,6 li Halbinsel Huuskonniemi, re ⛺, kurz danach ⇩ in den See Nuasjärvi. Wenn man auf diesem See nach Südost fährt, erreicht man nach 5 km zwei weitere ⛺ am SO-Ende des Sees.

Die Hauptroute geht von der ⇩ weiter nach Westen. Vorsicht bei stärkeren Winden! Einige Inseln können als ⛺ benutzt werden (64.1686,28.2062)

25,1 See-Enge, Fahrt weiter nach Westen (64.1792,27.9980)

12,2 Ausfluss des Kajaani-Flusses aus dem Rehji-See, ruhige Strömung, Str-Ⅱ N 5, EB-Ⅱ (64.2248,27.7722)

10,9 Onnela, ⬆, übliche Stelle zur Beendigung der Befahrung der Teer-Route, ✕. 1 km zur Stadt **FIN Kajaani** mit allen Möglichkeiten. Eine Weiterfahrt ist wohl nur lohnend, wenn man zu dem großen Oulu-See will. Im Stadtbereich 2 ϟ, mit Bootswagen (mitbringen) auf befestigten Wegen gut umfahrbar. ↱ vor der Ⅱ beim Hotel Kajanuss, ⬇ etwa 250 m hinter der ⌘ des alten Teerkanals, ⌘. Gesamtstrecke etwa 900 m. Zwischen den beiden ϟ liegt die alte Festung und das Kainuu-Museum mit Sonderausstellung zur ehemaligen Holzteerwirtschaft, beides ⌘. Die Weiterfahrt geht durch kultivierte Landschaft (64.2240, 27.7530);

Im Stadtbereich 2 ϟ, mit Bootswagen (mitbringen) auf befestigten Wegen gut umfahrbar. ↱ vor der Ⅱ beim Hotel Kajanuss (etwa 500 m flussabwärts von ⛺ Onnela), ⬇ etwa 250 m hinter der ⌘ des alten Teerkanals, ⌘. Gesamtstrecke etwa 900 m. Zwischen den beiden ϟ liegt die alte Festung und das Kainuu-Museum mit Sonderausstellung zur ehemaligen Holzteerwirtschaft, beides ⌘. Die Weiterfahrt geht durch kultivierte Landschaft

0,0 ⇩ in Oulu-See. Nach Osten in 4 km Entfernung Paltaniemi mit ⛺. Der Oulujärvi ist ein riesiger See mit einer Länge von 76 km und einer maximalen Breite von 30 km. Eine Umrundung des gesamten Sees mit Ausfahren der größeren Buchten geht über eine Strecke von etwa 250 km. Da der See nur wenige schützende Inseln hat, dürfte seine Befahrung bei stärkerem Wind schnell recht gefährlich werden.

Der Oulujoki ist der Ausfluss des Sees bei Vaala. Er verläuft in allgemeiner Richtung nach Westen auf einer Länge von 100 km bis zur ⇩ in den Bottnischen Meerbusen bei Oulu. Der Oulujoki ist durch große Kraftwerke weitgehend verbaut, eine durchgehende Befahrung dürfte daher nur mit erheblichen Schwierigkeiten möglich sein. Bekannt sind nur Unterlagen über eine 18 km lange Strecke des Unterlaufs zwischen der Ⅱ Läitassari und der Fähre bei Madekoski. Der Fluss ist hier etwa 200 m breit, hat gute Strömung, keine Schwierigkeiten. Gegen Ende der Strecke ist mit touristenbelegten Motorfähren zu rechnen (64.2840,27.5961)

Kalliojoki-Route

Wildwanderfluss
Mündung in Lentua-Route, 1. Nebenstrecke bei km 14,9 (li Nebenfluss)

Diese Route führt von einem Startplatz in der Nähe der Grenze zu Russland durch eine einsame, stark bewaldete Gegend über mehrere Seen zum Lentua-See und damit zur Teer-Route. Zwischen den einzelnen Seen befinden sich fast durchweg Stromschnellen, die im Allgemeinen gut zu befahren sind, WW I. Lediglich bei Niedrigwasser, im Herbst, können sich Schwierigkeiten durch Verblockung ergeben. Es ist dann zweckmäßig, die Schnellen vor Befahrung zu erkunden.

Befahrbarkeit: Ganzjährig.

38,9 West-Ende des Iso-Palonen-Sees, mögliche ⬇, die Boote müssen allerdings von der Straße etwa 400 m weit zum See getragen werden. Fahrt nach Osten (64.3234,30.0492)

33,9 3 Feuerstellen und Übernachtungsplätze. Die Durchfahrt zum Veräinen-See erfolgt über eine 400 m lange Stromschnelle (64.3200, 30.1423)

33,5 ⇩ in den See Veräinen, Fahrt nach Südost und dann dem re Ufer folgen (64.3177,30.1461)

27,4 Kurze Fließstrecken wechseln mit kleinen Seen. Niedrige Ⅱ bei der Alannenhütte (64.2997,30.1339)

25,7 Str-Ⅱ 9122, ⇩ in Kaurojärvi-See. Er wird nach Westen entlang dem Nord-Ufer durchfahren (64.2947,30.1079)

24,6 See-Ausfluss mit leichter Stromschnelle (Kauronniva) (64.2886, 30.0903)

23,3 ⇩ in den kleinen See Kalastonlampi. Er wird entlang dem Süd-Ufer durchfahren (64.2902,30.0655)

21,6 See-Ausfluss mit 2 Stromschnellen, bei NW sehr steinig, ansehen (64.2816,30.0438)

20,5 Str-II, ⇩ in den Juolanka-See, dieser ist zunächst sehr schmal, Fahrt nach Westen (64.2771,30.0421)
17,0 nach einer See-Enge wird der See breiter, Fahrt nun nach Süden (64.2825,29.9726)
15,2 Juolankajoki als See-Ausfluss, auf 1,5 km mehrere Stromschnellen, Gefälle in diesem Bereich 6 ‰. Die Schnellen haben in der Mitte des Flusses wenige Steine und können bei sehr schneller Strömung gut durchfahren werden. Vorsicht bei NW (64.2677,29.9791)
13,8 ⇩ in den See Kalliojärvi, die Weiterfahrt geht entlang dem Nord-Ufer des Sees nach Westen. Am Süd-Ufer befindet sich eine Feuerstelle mit ⛺-Möglichkeit (64.2582,29.9705)
11,8 ein See-Enge durchfahren, danach weiterhin Fahrt nach Westen (64.2588,29.9334)
10,9 Ausfluss des Kalliojoki aus dem See. Zunächst leichte Stromschnellen, danach kleiner See. Es folgen 2 weitere Stromschnellen mit erheblichem Gefälle, jedoch gut zu befahren, Vorsicht bei NW! Danach wieder kleine Seen mit dazwischenliegenden leichten Stromschnellen (64.2603,29.9150)
6,1 Str-II 912, darunter 400 m lange, leichte Stromschnelle. Kurz danach ⇩ in den See Sumsanjärvi. Weiterfahrt entlang dem Süd-Ufer. Am Süd-Ufer des Sees Feuerstelle (64.2758,29.8300)
4,7 Ausfahrt aus dem See Sumsanjärvi, auf 1 km fast ununterbrochene Folge von Stromschnellen, bei gutem Wasserstand gut ≈, bei NW Vorsicht (64.2741,29.8093)
4,0 Str-II, re **FIN Kattilakoski** (64.2721,29.8065)
3,1 ⇩ in den See Iso Korpijärvi. Er wird in westlicher Richtung in ganzer Länge durchfahren (64.2714,29.7950)
1,8 Ausfahrt aus dem See Iso Korpijärvi (64.2712,29.7680)
1,4 ⇩ in eine Seitenbucht des Lentua-Sees (64.2727,29.7613)
0,0 ⇩ der Kalliojoki-Route in die Lentua-Route, 1. Nebenstrecke (s. Seite 147) bei km 14,9, unübersichtliche Fahrt zwischen mehreren Inseln (64.2741,29.7323)

Saunajoki-Route

Wildwanderfluss
Mündung in Lentua-Route bei km 112,0 (li Nebenfluss)

Die Saunajoko-Route führt durch eine einsame, sehr waldreiche Gegend über verschiedene Seen mit dazwischen liegenden Fließstrecken zum Lammasjärvi und damit zur Teerroute bei Kuhmo. Mehrere, z. T. lange Stromschnellen können ohne größere Schwierigkeiten befahren werden. In der einsamen

Gegend gibt es sogar noch Biber, Bären und Luchse.

Befahrbarkeit: Ganzjährig. Im Sommer, bei NW können sich bei einzelnen Stromschnellen Schwierigkeiten ergeben.

40,3 Str-II 9111 am Ausfluss aus dem See Saunjärvi, übliche ⬇. Beginn des 500 m langen Nisakoski, Gefälle 13 ‰, im Sommer ist das Wasser niedrig, dann Vorsicht auf Steine! Danach ruhige Strömung (63.9306,29.9751)

39,3 ⇩ in den See Alasenjärvi (63.9378,29.9697)

37,1 Der Louhenjoki fließt aus dem See; re Feuerstelle. ▬, kurzes ⏏, im Louhenjoki insgesamt 3 Stromschnellen (63.9564,29.9546)

31,6 ⇩ in den See Lutjanjärvi, dem West-Ufer nach Norden folgen (63.9917,29.9460)

28,4 Ausfluss des Saunajoki aus dem See. Es folgt eine Serie zunächst harmloser, später recht interessanter Stromschnellen (64.0033, 29.9083)

27,4 Str-II (64.0093,29.9069)

25,9 re ⇩ der Kienkinjoki-Route (s. Seite 153) in die Saunajoki-Route. Anschließend eine fast ununterbrochene Serie von Schwällen, alle gut ≈. Eine Beendigung der Fahrt ist bei der kurz darauffolgenden Brücke möglich, sonst Weiterfahrt bis zum Lammasjärvi (64.0147, 29.9247)

25,1 Str-II (64.0211,29.9160)

22,4 ⇩ in Lammasjärvi. Eine Beendigung der Fahrt ist an verschiedenen Stellen des Sees möglich, s. Landkarte. Die folgenden km-Angaben gelten für die Weiterfahrt auf dem großen See. Zunächst langgestreckte, schmale Bucht (64.0417,29.8975)

20,1 Der See wird breit (64.0468,29.8644)

18,0 Am O-Ufer Feuerstelle und ⛺-Möglichkeit

8,0 Feuerstelle am W-Ende der Insel Kuikkasaari

3,2 Str-II 912 (64.1233,29.5824)

0,0 ⇩ der Saunajoki-Route in die Lentua-Route (s. Seite 145) bei km 112,0 (64.1361,29.5283)

Kienkinjoki-Route

Wildwanderfluss

Mündung in Saunajoki-Route bei km 25,9 (re Nebenfluss)

Diese Route bietet, neben der Saunajoki-Route, eine weitere Möglichkeit, aus dem Waldgebiet östlich von Kuhmo zum Lammasjärvi und damit zur Teer-Route bei Kuhmo zu gelangen. Die Fahrt geht über mehrere kleine Seen; im Bereich der dazwischen liegenden Fließstrecken finden sich zahlreiche, durchweg gut fahrbare Stromschnellen. Vorsicht ist lediglich bei NW geboten, da dann Steine aus dem Wasser schauen können.

Befahrbarkeit: Meist ganzjährig. In trockenen Sommern können sich jedoch im Oberlauf Treidelstellen ergeben.

48,7 Mögliche ⬇ am Kivi-Kiekki-See, nur bei gutem Wasserstand. Zufahrt auf einer gut befahrbaren Naturstraße. Die Folgestrecke bis km 31 wurde nur vom Land aus erkundet. In diesem Bereich 1,6 ‰ Gefälle, Wechsel von Fließ- und Seestrecken (64.1394,30.4156)

42,2 Str-II (64.1042,30.4094)

39,4 Str-II und ▬ (64.0859,30.3841)

35,9 Str-II (64.0684,30.3746)

31,9 Str-II (64.0465,30.3394)

31,3 ⇩ in Hukkajärvi an dessen NW-Ende. Die Fahrt kann auch an geeigneter Stelle des Sees begonnen werden, z. B. bei **FIN Vehkalahti** am O-Ende des Sees (64.0417,30.3397)

30,8 enge Durchfahrt nach Südwest zum See Tulijärvi (64.0375,30.3365)

28,5 See-Ende, Ausfluss des Takajoki, breiter Fluss mit mäßiger Strömung (64.0362,30.2961)

24,8 Str-II, weitere gute ⬇. ⇩ in Hieta-Kiekki-See (64.0328,30.2401)

23,1 Str-II, Durchfahrt zum See Alajärvi. Es folgen noch 2 weitere kleine Seen mit dazwischenliegenden kurzen Stromschnellen (64.0229, 30.2335)

19,0 See-Ausfluss, auf 400 m Kienkinkoski, die Stromschnelle ist gut zu befahren. Str-II, weitere mögliche ⬇ (64.0111,30.1869)

17,5 Ausfluss des Kesselinjoki aus dem See Peurajärvi. Auf 5 km mehrere Stromschnellen, Vorsicht bei NW! Dann evtl. besichtigen (64.0015, 30.1967)

11,4 Str-II, 2 weitere Stromschnellen (63.9959,30.1056)

9,8 li ⇩ eines Baches (63.9953,30.0757)

5,1 ⇩ in den See Selkajärvi (64.0163,29.9969)

2,5 See-Ausfluss Komulanjoki mit 2 Armen, re Arm fahren, geringe Strömung. Es folgen auf 700 m 2 längere Stromschnellen, gut ≋ (64.0247,29.9497)

0,0 ⇩ der Kienkinjoki-Route in die Saunajoki-Route (s. Seite 152) bei km 25,9. Anschließend eine fast ununterbrochene Serie von Schwällen, alle gut ≋. Eine Beendigung der Fahrt ist bei der kurz darauffolgenden Brücke möglich, sonst Weiterfahrt bis zum Lammasjärvi (64.0147, 29.9247)

Vieksinjoki-Route

Wildwanderfluss
Mündung in Lentua-Route bei km 90,5

Diese Route verläuft in allgemeiner Richtung Nord-Süd durch eine recht einsame Gegend. Die Fahrt geht durch mehrere kleine, z. T. recht langgestreckte Seen, große See-Flächen fehlen völlig, also kaum Gefahr bei stärkerem Wind. Zwischen den Seen liegen jeweils Fließstrecken mit zahlreichen Stromschnellen, die sämtlich gut zu befahren sind. Nur im Oberlauf kann im Spätsommer das Wasser etwas knapp und damit die Befahrung der Schnellen schwierig werden.
Befahrbarkeit: Ganzjährig.

53,8 ⬇, Beginn der Fahrt östlich von **FIN Kuusamonkylä** am N-Ufer des Sees Kuusamonjärvi (Straße 89). Fahrt entlang dem Nord-Ufer nach Westen (64.4260,29.2947)
51,8 See-Ausfluss in den Kuusamonjoki, im Sommer wenig Wasser (64.4174,29.2604)
50,2 ⇩ in den Vuosangjärvi, der See wird in allgemeiner Richtung Südwest in ganzer Länge durchfahren (64.4089,29.2452)
41,6 Ausfluss aus dem See Vuosangjärvi, im Fluss 2 Stromschnellen mit 8 ‰-Gefälle. Sie sind bei gutem Wasserstand leicht ≈, bei NW Besichtigung und evtl. ⌂ erforderlich. Zwischen den Schnellen ein 1 km langer See (64.3578,29.1275)
40,0 Str-II 9050 (64.3519,29.1076)
39,3 ⇩ in den See Kuivajärvi; im Norden des Sees, nur wenig von der ⇩ entfernt, sehr schöner Feuer- und ⅄-Platz mit Toiletten. Fahrt nach Südwest (64.3458,29.1040)
36,6 Ausfluss aus dem See Kuivajärvi, Hiidenkoski auf 800 m 10 ‰ Gefälle, WW II, bei MW gut ≈, bei NW (Spätsommer und Herbst) schwierig (64.3280,29.0796)
36,3 Str-II 904 (64.3261,29.0771)
35,9 ⇩ in den See Korpijärvi (64.3230,29.0780)
34,6 Durchfahrt zum See Kellojärvi, Fahrt nach Süden (64.3111,29.0731)
33,2 Der See teilt sich, nicht in die blind endende Seitenbucht nach Südost, sondern entlang dem W-Ufer nach SW fahren (64.2999,29.0722)
22,7 S-Ende des Sees, Feuerstelle, Str-II, ⅄-Möglichkeit. Der Ausfluss des Sees, der Konapinkoski, ist ganzjährig gut ≈ (64.2131,29.0225)
22,5 ⇩ in den See Murtojärvi, Fahrt nach Süden (64.2120,29.0259)
21,9 Str-II 900, ⇩ in den See Kuurtajanjärvi, Fahrt nach Westen (64.2082, 29.0298)
19,7 Kurswechsel nach Süden (64.2060,28.9927)

15,2 See-Ausfluss, Kuurtajankoski, Beginn harmlos, Steigerung zu einer wuchtigen Stromschnelle, stets sehr reichlich Wasser, gut ≈ (64.1721,29.0089)

14,6 Str-II über den Kuurtajankoski. Es folgen mehrere langgestreckte schmale Seen mit mehrfacher Änderung der Fahrtrichtung (64.1678, 29.0079)

12,3 Str-II (64.1700,28.9710)

3,0 ▬ zur Regulierung des Wasserstandes, erforderlich wegen der starken Schwankungen des Wasserstandes des Ontojärvi, ⏏ einfach mittels Gleitweg. Kurz danach ⇩ in den See Ontojärvi (64.1291, 29.0567)

0,0 ⇩ der Vieksinjoki-Route in die Lentua-Route (s. Seite 145) bei km 90,5 (64.1125,29.1053)

Kanufahrten um Hossa

Wildwasser-Seen

Hossa ist ein kleiner Ort im Osten Mittelfinnlands. In ihrer Umgebung befindet sich ein sehr reizvolles Kanugebiet. Als Standort empfiehlt sich der Campingplatz von Hossa. Alle nachfolgend beschriebenen Kanurouten enden hier oder können hier begonnen werden.
Es ist unbedingt erforderlich, sich in Hossa den Kanuwanderführer für Hossa zu besorgen. Er gibt, in deutscher Sprache, genaue Streckenkarten mit Textbeschreibungen aller Besonderheiten. Es werden daher nachfolgend nur die wesentlichen Merkmale der einzelnen Routen angegeben. Einzelheiten sind dem Wanderführer zu entnehmen.

H 1 Peranka–Hossa

Fahrtstrecke: Die Fahrt beginnt in **Peranka** am Iso-Peranka-See. Der Ausfluss des Sees, der Peranganjoki, bietet auf einer Strecke von 12 km gut 20 Koskis, durchweg WW I. Es folgt eine Reihe langgestreckter Seen, die Ausflüsse sind nicht immer ganz leicht zu finden und bilden jeweils auf kurzer Strecke leichtes WW. Die einzig wirklich schwierige Stelle ist der Lounatkoski, etwa 30 km nach dem Start, ein gut 1 m hoher verwinkelter Abfall unter einer II, WW III; er wird zumeist li umtragen. Die Reststrecke bis **Hossa** führt über größere Seen. Gesamtstrecke etwa 40 km

H 2 Ala-Ölkky–Hossa

Die insgesamt etwa 20 km lange Fahrt geht über mehrere langgestreckte Seen, die Route in diesem Bereich ist labyrinthartig, ohne die Wanderkarte kaum zu finden. Die zwischen den Seen liegenden Fließstrecken weisen mehrere leichte

Koskis auf, WW I, bei sommerlichem NW können sie recht steinig sein bzw. es können sich Treidelstrecken ergeben
Die Fahrt beginnt bei gutem Wasserstand an dem 🅿 von Julma-Ölkky, hier Bootsanlegestelle. Bei NW muss die Fahrt evtl. erst am Laukojärvi begonnen werden
Von der Hauptroute sind reizvolle Abstecher zu weiteren Seen möglich, allerdings ist dazu meist erforderlich, die Abflüsse dieser Seen aufwärts zu treideln

H 3 Iijärvi - Hossa
Die Fahrt geht weitgehend über Seen und ruhige Fließstrecken. Lediglich der Abfluss des Hypasjärvi bildet auf 350 m steinige Koski, WW II, die bei NW evtl. unfahrbar werden können
Fahrtstrecke: ⬇ bei der Ⅱ über den Sakkojoki, einem Zufluss des Iijärvi, 20 km bis Hossa. Weitere ⬇ am West-Ende der Iso-Ahvenlahti-Bucht des Iijärvi, 13 km bis Hossa. Achtung, Iijärvi nicht verwechseln mit dem gleichnamigen See, dessen Ausfluss den Iijoki bildet!

H 4 Hossa - Juntusranta
Diese 30 km lange Strecke ist sehr reizvoll durch die Tatsache, dass sie über die Flüsse Hossanjoki und Alajoki über sehr lange Fließstrecken führt mit zahlreichen Koskis mit WW I, 2 Stellen WW II. Die dazwischen liegenden See-Abschnitte sind verhältnismäßig kurz. In trockenen Sommern können die Koskis steinig werden, Kunststoffboote sind dann von Vorteil
Die Fahrt wird zumeist in Juntusranta beendet, es besteht jedoch die Möglichkeit der Weiterfahrt über größere Seen, z. B. über den Kianajärvi nach Suomussalmi, etwa 45 km

Befahrbarkeit: Wahrscheinlich ganzjährig. Im Sommer können manche Koskis recht steinig werden, Kunststoffboote sind ratsam.

Schwierigkeiten: In den Stromschnellen zumeist WW I, mit mehreren Stellen WW II, eine Stelle bis WW III.

0,0 ⛺ Hossa, Start- und Zielpunkt der empfohlenen Routen (65.4436, 29.5502)

Kiiminkinjoki

Wildwanderfluss
Mündung in den Bottnischen Meerbusen bei Haukipudas

Der Kiiminkinjoki durchfließt in O–W-Richtung auf gut 170 km Länge die Hügel und Wälder Mittelfinnlands. Streckenweise ist er sehr einsam, in der 2. Hälfte nehmen Besiedlung und landwirtschaftliche Nutzung zu. Als typisch skandinavischer Fluss stellt der Kiiminginjoki eine Aneinanderreihung von seeartigen

Erweiterungen und dazwischen liegenden Fließstrecken dar. Es handelt sich dabei um rund 70 überwiegend harmlose Schnellen, WW I–II. Die Tatsache, dass der Kiiminkinjoki völlig unverbaut ist, macht ihn zu einem idealen Wanderfluss. An fast allen Brücken Zeltplätze für Bootsfahrer, mit WC, Hütten und Feuerstellen.

Befahrbarkeit: Ganzjährig.
Umwelt: Das Wasser ist moorig-braun, aber sehr sauber.
Schwierigkeiten: Seen, Zahmwasser, WW I - II (3 Stellen WW III).

188,3 **FIN Puolanka** am See Puolankajärvi, 🛒, ✕, mögliche ⬇, Kurs entlang dem Westufer. Am NW-Ende des Sees ⛺ Puolankajärvi Camping (64.8673,27.6502)

186,8 Str-II, Durchfahrt zum See Ristijärvi (64.8573,27.6676)

184,5 Stromschnelle Virtalankoski, ≈. Es folgt der See Puutiojärvi (64.8529, 27.6284)

182,3 Ausfluss aus dem See Puutiojärvi. Es folgt die Stromschnelle Puutiokoski (WW I-II) (64.8633,27.5957)

182,1 Wege-II (64.8657,27.5947)

181,7 Str-II 800, ⛺ (64.8688,27.5961)

179,9 Str-II 837, Stromschnelle Kärryskoski (WW I-II) (64.8820,27.5946)

179,3 ⇩ in den See Kivarinjärvi. Fahrt nach Norden (64.8856,27.5868)

178,0 Ausfahrt aus dem See Kivarinjärvi (64.8960,27.5784)

177,8 Str-II, danach Stromschnelle Kypäräkoski (WW I) (64.8982,27.5770)

177,0 ⇩ in den See Vähä-Kivari (64.9031,27.5730)

176,3 Ausfahrt aus dem See Vähä-Kivari. Es folgen die Stromschnellen Seinäskoski (WW I) und Vasmaskoski (WW I-II), ⛺ (64.9060,27.5615)

171,8 Wege-II (64.9135,27.4914)

168,1 Str-II, ⛺, ⚠ Stromschnelle Kalliuskoski (WW III), li ↰ zur Besichtigung (64.9210,27.4352)

156,4 re ⇩ Tilanjoki. Davor Schwallstrecke (64.9491,27.2542)

155,2 Str-II, ⚠, es folgt der Kurimokoski, (WW III) (64.9526,27.2316)

151,2 ⇩ in den See Kaihlanen (64.9575,27.1573)

149,0 Ausfahrt aus dem See Kaihlanen (64.9716,27.1241)

148,0 ⇩ in See Hakojärvi (64.9722,27.1038)

144,5 Ausfahrt aus dem See Hakojärvi (64.9608,27.0363)

141,7 Str-II, li **FIN Juorkuna**, 🛒, ⇩ in den See Jourkuna (64.9605,26.9796)

138,5 Ausfahrt aus dem See Jourkuna, Str-II, Stromschnellen (64.9600, 26.9146)

137,1 ⇩ in den See Hamarinjärvi (64.9632,26.8934)

135,3 Flussteilung, ←, der li Arm wird befahren und ist 1,5 km kürzer als der re. Es folgen die Stromschnellen Saarikoski, Vääräkoski, Paanakkakoski (alle WW I). Im re Arm wird ein See gequert, jedoch existieren keine Angaben zur Befahrung dieses Armes (64.9604,26.8577)

131,1 Zusammenfluss der beiden Arme (64.9457,26.8074)

131,1 –73,2 es folgen bis zur Mündung des Nuorittajoki mehrere Stromschnellen (WW I) (64.9455,26.8072)–(65.0768,26.2196)

106,7 li **FIN Yli-Vuotto**, davor Inninkoski, dreistufig, WW I-II (64.9602, 26.5312)

97,7 li **FIN Ala-Vuotto**, 🛒 (65.0039,26.4794)

82,9 li **FIN Joki-Kokko**, ⛺ (65.0643,26.3217)

81,6 Str-II 8361 (65.0689,26.3070)

73,2 re ⇩ des Nuorittajoki (s. Seite 160) in den Kiiminkinjoki (65.0773, 26.2201)

71,0 re **FIN Säävälä** (65.0742,26.1871)

68,5 2 Inseln, beide li umfahren, ⛺. Es folgen 2 Stromschnellen (WW I) (65.0583,26.2095)

63,0 Str-II 8341, li **FIN Ylikiiminki**, ✕, 🛒, Stromschnelle Palokoski, ⛺ (65.0326,26.1463)

57,3 Stromschnelle Ruuttikoski, im li Arm ▬ niedriger Damm (65.0377, 26.0371)

57,1 ⛺, Stromschnelle Aittokoski (WW I-II), darüber Str-II, **FIN Versala**, 🛒 (65.0399,26.0321)

55,1 Stromschnelle Seluskankoski (WW II), li von der Insel fahren (65.0359,25.9961)

51,7 es folgen 4 Stromschnellen (WW I) (65.0503,25.9452)

48,3 li ⛺ Pyykkösenniva, neben der Schule

47,2 Stromschnelle Tulikurkku, mittleren Arm fahren

45,5 Str-II, **FIN Huttukyla** (65.0810,25.8608)

42,9 ⚠ Koitelikoski, WW III. Mehrere Flussarme mit unterschiedlichen Schwierigkeiten, re Arm wählen, anlanden zur Besichtigung. Steg, schon von weitem zu sehen. Mitte Slalomstrecke und Kiosk. 🅿. 100 m weiter li ⛺ mit Hütte. Danach auf 2 km schöne Schwallstrecken (65.0958,25.8296)

37,4 Str-II 20, Str-II, re und li **FIN Kiiminki**, 🛒, ✕, ⛺ (65.1300,25.7908)

35,3 Stromschnelle Vääräskoski (WW II). Bis Jokela folgen 16 weitere Koskis (WW I) (65.1378,25.7573)

27,1 Str-II, **FIN Alakylä** (65.1506,25.6396)

12,7 Str-II 8460, **FIN Jokela** (65.1832,25.4984)

10,5 Beginn Insel Kurkelan, ←, li Arm fahren, Str-II (65.1828,25.4605)

8,7 Ende der Insel, Str-II 4. Es folgt die Stromschnelle Sämppikoski mit mehr als 2 km Länge (WW I-II), ⛺. Weitere Schnellen sind Marjanniemenkoski (WW I-II) und Alakoski (WW I) (65.1894,25.4277)

7,6 EB-Ⅱ (65.1935,25.4075)
4,2 Str-Ⅱ 847, **FIN Haukipudas** (65.1799,25.3565)
0,0 ⇩ in den Bottnischen Meerbusen der Ostsee (65.2019,25.2842)

Nuorittajoki

Wildwanderfluss
Mündung in Kiiminkinjoki bei km 73,2 (re Nebenfluss)

Der Nuorittajoki, mit Ursprung aus dem Ruotisenjärvi, fließt in O–W-Richtung durch Mittelfinnland in reizvoller nordischer Landschaft. Er ist ein Wildwanderfluss, wobei Staustrecken abwechseln mit leichten Stromschnellen, WW I–II. Für den Nuorittajoki ist lediglich eine Beschreibung einer Teilstrecke seines Unterlaufs bekannt. Er ist mit großer Wahrscheinlichkeit auch auf längeren Abschnitten oberhalb der empfohlenen Einsetzstelle befahrbar. Fahrtstrecke: Ⅱ Nuoritta bis Kauhaskoski bei Mündung, ca. 18 km.

Befahrbarkeit: Wahrscheinlich ganzjährig.
Umwelt: Sehr sauberes bräunliches Moorwasser.
Schwierigkeiten: Zahmwasser, WW I–II

17,6 Str-Ⅱ, ⬇ für die bereits befahrene Strecke, **FIN Nuoritta** (65.0973, 26.4544)
0,0 ⇩ des Nuorittajoki in den Kiiminkinjoki (s. Seite 157) bei km 73,2 (65.0773,26.2201)

Iijoki

Wildwanderfluss
Mündung in Bottnischen Meerbusen beim Ort Ii

Der Iijoki fließt von der Nähe der russischen Grenze in allgemeiner Richtung Süd-West quer durch ganz Finnland. Er ist ein idealer Wildwanderfluss. Auf der empfohlenen Fahrtstrecke von insgesamt 200 km bis Pudasjärvi verläuft der Iijoki etwa auf 60 km durch Seen, dazwischen sehr schöne Fließstrecken in nordskandinavischem Waldland. Empfehlenswert ist die Beschaffung von Spezialkarten der Region.

Befahrbarkeit: Frühjahr bis etwa Mitte Juni.
Schwierigkeiten: Lange Schnellen WW I/II+, auf der Schlussetappe vor Pudasjärvi wird vereinzelt WW III erreicht.
Infrastruktur: Zufahrt mit Kfz nur bei wenigen Ⅱ möglich. Einkaufsmöglichkeit nur in Kuusamo, Taivalkoski und Pudasjärvi, ausreichend Proviant ist mitzunehmen.

305,7 **FIN Poussu**, empfohlene ⬇ in den See Poussunjärvi. Es folgen lange See-Strecken. Die zwischen den Seen liegenden kurzen Fließstrecken führen z. T. eigene Namen (65.7988,29.3153)

302,2 Ausfluss aus dem See Poussunjärvi (65.7822,29.3785)
300,4 Str-II, danach ⇩ in den See Luokkajärvi, Fahrt nach Süden und dann dem re Ufer folgen (65.7699,29.3943)
298,1 See-Enge und Einfahrt in den See Soivionjärvi. Fahrt nach Südwest (65.7560,29.3816)
296,4 Ausfahrt aus Soivionjärvi (65.7497,29.3514)
295,8 ⇩ in Raakunjärvi. Fahrt entlang dem re Ufer und nach Umrundung einer Halbinsel nach NW (65.7437,29.3483)
291,1 Ausfluss aus dem See Raakunjärvi (65.7345,29.3271)
286,5 ⇩ in den See Piko-Kero (65.7013,29.3278)
284,8 Str-II 843, Durchfahrt zum See Iso-Kero (65.6903,29.3039)
275,4 Durchfahrt zum See Kataja (65.6491,29.1533)
275,0 Str-II (65.6461,29.1496)
272,8 Inselgruppe, Übergang in den See Irnijärvi, in Richtung Südwest fahren (65.6282,29.1694)
264,6 See-Enge (65.5779,29.0517)
257,7 Ende der Seen-Kette, Ausfluss aus dem See Alainen Irnijärvi. Hohes, altes Flößer-■, **X**, Vorsicht! Bei geöffnetem Wehr sehr starker Stromzug zum Wehr, unbedingt weit vorher am Seeufer anlanden. Im Sommer 1988 war das Wehr, anscheinend nur vorübergehend, geschlossen, der darunter liegende Flusslauf trocken. Die Boote müssen dann etwa 10 km weit über Land transportiert werden. Der Iijoki hat ab hier fast durchgehend gute Strömung, nur unterbrochen von kurzen und schmalen Seen (65.5535,28.9180)
251,1 Str-II 5 (65.5140,28.9001)
249,0 Str-II (65.5154,28.8627)
248,0 ⇩ in den See Turpeisenjärvi (65.5191,28.8450)
242,2 Ausfluss aus dem See Turpeisenjärvi, ■, keine Angaben (65.5214, 28.7257)
233,3 ⇩ in den See Jokijärvi, Fahrt nach Westen (65.5038,28.6182)
232,1 See-Enge, Str-II 8400, re **FIN Jokijärvi** (65.5041,28.5928)
229,8 Ausfluss aus dem See Jokijärvi (65.5041,28.5435)
205,1 Str-II 20 vor Taivalkoski (65.5692,28.2374)
204,3 ■ Taivalkoski, darüber EB-II, **X**, danach Stromschnelle, erkunden (65.5742,28.2327)
204,2 Str-II, **FIN Taivalkoski**, 🚂, 🛒 (65.5741,28.2313)
201,2 re ⇩ des Kostonjoki (65.5774,28.1842)
182,2 re **FIN Jurmu** (65.5108,27.9553)
180,5 Str-II 20 unterhalb Jurmu, gute ⬆ bzw. ⬇ für die Befahrung der Reststrecke. Bis Pudasjärvi verläuft meist eine kleine Straße neben dem Fluss, nur wenig Sel-Strecken, dafür zahlreiche Schwälle, zu-

meist WW I und II (65.4997,27.9421)

171,9 re **FIN Hautakylä** (65.4453,27.8642)

154,1 re **FIN Ili-Kurki** (65.3629,27.6957)

137,7 Str-II 78, re **FIN Ervasti** (65.3291,27.4446)

130,7 Flussteilung. Es ist nicht bekannt, welcher Arm befahren werden sollte (65.3462,27.3228)

128,6 Zusammenfluss der beiden Arme, Str-II (65.3426,27.2807)

124,4 li ← in den See Jongunjärvi (65.3432,27.2051)

121,6 ⚠, es beginnt eine Serie kräftiger Stromschnellen, die schwerste im Bereich von 2 Überlandleitungen, die den Fluss kreuzen. Besichtigung ratsam, doch recht mühsam, je nach Wasserstand bis WW III (65.3523,27.1492)

113,2 Str-II 20, **FIN Pudasjärvi**, 🛒, Ende der empfohlenen Fahrtstrecke. Auf der Reststrecke bis zur ⇩ befinden sich mehrere ϟ. Über eine Weiterfahrt ist nichts bekannt, wahrscheinlich nicht lohnend (65.3644, 26.9869)

112,5 Freibad der Gemeinde Pudasjärvi, gute ⬆ (65.3684,26.9757)

39,6 re ⇩ des Siuruanjoki (s. Seite 162) in den Iijoki (65.3676,25.8455)

7,6 Str-II 4, li **FIN Ii** (65.3277,25.3789)

0,0 ⇩ in den Bottnischen Meerbusen der Ostsee (65.3461,25.2536)

Siuruanjoki

Wanderfluss-Seen

Mündung in Iijoki bei km 39,6 (re Nebenfluss)

Von diesem Fluss ist nur eine etwa 33 km lange Strecke seines Unterlaufs beschrieben. Diese führt hier zum Teil über Seen, zum anderen Teil über leichte Schwälle, die im Sommer recht steinig sein können. Landschaftlich sehr reizvoll. Von dem mit seinen Quellflüssen nahezu 200 km langen Siuruanjoki sind mit großer Wahrscheinlichkeit weitere Teilstrecken befahrbar.

32,2 li **FIN Yli-Tannila** an der Straße 855, mögliche ⬇ (65.5044,26.1219)

23,4 Str-II 849/855, **FIN Tannila** (65.4879,25.9768)

0,8 Str-II N 849, re **FIN Yli-Ii**, ✕, ⬆ (65.3741,25.8486)

0,0 ⇩ des Siuruanjoki in den Iijoki (s. Seite 160) bei km 39,6 (65.3676, 25.8455);
weitere ⬆ bei einer Str-II über den Iijoki nach 1,1 km. Eine Weiterfahrt ist kaum möglich, da der Iijoki in diesem Bereich durch ϟ total verbaut ist

Kuivajoki

Wanderfluss

Mündung in den Bottnischen Meerbusen

Der Kuivajoki entwässert den großen Oijärvi und verläuft auf etwa 50 km in südwestlicher Richtung zum Bottnischen Meerbusen. Er fließt als überwiegend ruhiger Wanderfluss durch eine hübsche, stark landwirtschaftlich geprägte Landschaft Mittelfinnlands. Lediglich auf der 2. Hälfte der beschriebenen Strecke befinden sich einige z. T. stark verblockte Koskis. Die Straße 852 verläuft stets parallel zum Fluss, doch ist der Fluss nur teilweise einsehbar.

Befahrbarkeit: Wohl ganzjährig.
Umwelt: Bräunliches Moorwasser, doch sehr sauber.

47,3 Ausfluss aus dem See Oijärvi, schwer zu finden (65.6460,25.8709)
47,1 ■ Sohlschwelle (65.6465,25.8682)
44,6 Str-II (65.6636,25.8381)
40,8 Str-II 8520, **FIN Harjula**, gute ⬇. Anfangs Sel-Strecke, dann leichte Schwälle (65.6832,25.7774)
39,8 re ⇩ Hamarinjoki (65.6893,25.7631)
34,9 Str-II, weitere leichte Schwälle (65.6923,25.6763)
29,7 Str-II, **FIN Koivuniemi** (65.6727,25.5976)
23,4 Str-II von Hyry nach Lola-aapa, bald danach steinige Schwälle (65.6443,25.5027)
21,9 li Wege-II, **FIN Hyry** (65.6362,25.4864)
16,0 li **FIN Heinikoski** (65.6249,25.3677)
14,5 Str-II, danach 3 km See (65.6201,25.3406)
11,4 steinige Schwälle, 2 Stellen WW II
7,1 Beginn der Insel Patosaari (65.6166,25.2076)
6,6 Ende der Insel (65.6130,25.2018)
5,5 Str-II, **FIN Kuivaniemi** (65.6057,25.2016)
5,0 EB-II (65.6052,25.1908)
4,8 Str-II 4 (65.6046,25.1869)
0,0 ⇩ in die Ostsee (65.5644,25.1694)

Simojoki

Wildfluss – Wanderfluss
Mündung in den Bottnischen Meerbusen

Mit Ursprung aus dem Simojärvi in 176 m Höhe verläuft der Simojoki über etwa 160 km in allgemeiner Richtung West bis zur Mündung in die Ostsee bei Simo. Im Oberlauf weitab der Straße, wird der Simojoki im Mittel- und Unterlauf in einem trotz der recht dichten Besiedlung ruhigen Tal durchweg von der Straße 924 begleitet. Der Simojoki ist ein Fluss mit guter Strömung mit langen Schwallstrecken, Kleinverblockung und nur kurzen Sel-Strecken.

Schwierigkeiten: WW I (II) bei sommerlichen NW

178,6 **FIN Kortteenperä**, mögliche ⬇ in den See Kaitajärvi (66.0770, 26.9128)

175,8 Ausfluss aus dem See Kaitajärvi, kurz danach Str-II bei **FIN Riekki**, gute ⬇. Es folgen Sel-Strecken (66.0592,26.8974)

174,2 ⇩ in den See Auralampi (66.0481,26.8948)

173,4 Ausfahrt aus dem See Auralampi (66.0421,26.9070)

146,2 Str-II 942, gute ⬇; es folgen schöne, einsame Sel-Strecken, dazwischen mäßige Strömung (65.9793,26.6821)

138,0 Str-II, li **FIN Tolja** (66.0205,26.5940)

136,2 ⇩ in den See Toljanjärvi, in Richtung Nordwest durchqueren (66.0298, 26.5695)

133,1 See-Ausfluss Toljakoski mit 2 Stromschnellen, bis WW II. Es folgen mehrere Seen, immer Richtung NW fahren (66.0434,26.5107)

125,7 Ausfluss aus dem See Saukojärvi am li Ufer, leicht zu übersehen, weiterhin Richtung Nordwest (66.0928,26.4251)

120,3 Str-II 78, **FIN Portimo**, danach kleiner See mit viel Schilf. Fahrt Richtung Süden (66.0999,26.3400)

118,4 See-Ausfahrt mit mehreren Armen, die sich nach einigen km wiedervereinigen. Leichte Strömung (66.0844,26.3367)

114,0 Str-II, gute Strömung (66.0595,26.3146)

101,8 Str-II 924, li **FIN Raiskio**, mäßige Strömung mit leichten Schwällen (65.9986,26.2098)

74,8 Str-II 9243 bei **FIN Hosio** (65.9174,25.8341)

53,1 Stromschnelle Saarikoski (65.8357,25.6424)

47,6 Str-II 924, Ufer teilweise landwirtschaftlich genutzt (65.8733,25.5831)

33,0 li **FIN Alakärppä** (65.8466,25.3235)

31,2 Str-II 923 (65.8334,25.3165)

11,8 li **FIN Hamari** (65.6993,25.1577)

7,1 Stromschnelle Patakoski (65.6720,25.0962)

5,4 EB-II (65.6620,25.0756)

5,1 re Sportplatz, günstige ⬆ (65.6603,25.0718)

5,0 Str-II 4, **FIN Simo** (65.6590,25.0729)

1,5 re **FIN Jokipää** (65.6331,25.0552)

0,0 ⇩ in die Ostsee (65.6208,25.0460)

Kemijoki

Wanderfluss

Mündung in den Bottnischer Meerbusen bei Kemi

Der Kemijoki ist mit einer Länge von über 480 km der längste und wohl auch wasserreichste Fluss Finnlands. Dies führte fast zwangsläufig dazu, dass seine

Wasser beginnend mit dem Jahr 1948 zur Energiegewinnung genutzt werden. 18 Kraftwerke behindern inzwischen den freien Lauf des Kemijoki. Ein Befahrungsbericht liegt nur für eine etwa 30 km lange Strecke von der Mündung des Kitinen bis **FIN Tapionniemi** vor. Der Kemijoki ist hier ein fast strömungsloser Fluss, keine Schwierigkeiten, landschaftlich reizvoll. Der folgende riesige, fast 60 km lange Kemijärvi mit vielen großen Seitenbuchten erfordert für eine evtl. Befahrung entsprechende Ausrüstung und Erfahrung für Großgewässer. Oberhalb der ⇩ des Kitinen verläuft der Kemijoki auf langen Strecken weitab von Straßen durch völlig einsame Landschaft. Eine Befahrung könnte interessant sein. Einige Fotos im Internet weisen auf eine Befahrung hin.

486,8	Ursprung des Kemijoki am Zusammenfluss der Quellflüsse Naltiohaara, Keskihaara und Kemihaara (67.9631,28.9528)
315,0	re ⇩ des Kitinen (s. Seite 165) in den Kemijoki (67.1339,27.4927)
285,9	re **FIN Tapionniemi** (66.9021,27.4593)
122,0	re ⇩ des Ounasjoki (s. Seite 165) in den Kemijoki (66.5069,25.7412)
0,0	⇩ in die Ostsee (65.7667,24.4500)

Kitinen

Wanderfluss
Mündung in Kemijoki bei km 315,0 (re Nebenfluss)

Der etwa 200 km lange Kitinen ist in seinem Oberlauf durch 8 Staustufen weitgehend verbaut. Lohnend dürfte nur eine etwa 30 km lange Strecke seines Unterlaufs sein. Er ist hier ein ruhiger Wanderfluss mit nur einer Umtragestelle.

26,3	Str-II, li **FIN Suvanto**, mögliche ⬇, Beginn eines Stausees (67.1475, 27.2893)
16,6	▬ und ϟ Kokkosniva, **X**, re 100 m weit ⛺ (67.2224,27.3239)
15,5	Str-II 5/E63; bis zur ⇩ wenig Strömung (67.2311,27.3347)
7,1	Str-II, re **FIN Kairala** (67.1896,27.4612)
3,9	li ⇩ des Luiro (67.1662,27.4968)
1,5	Str-II 965, gute ⬆-Möglichkeit (67.1454,27.5042)
0,0	⇩ des Kitinen in den Kemijoki (s. Seite 164) bei km 315,0 (67.1339, 27.4927)

Ounasjoki

Wildwanderfluss
Mündung in Kemijoki bei km 122,0 (re Nebenfluss)

In seinem Oberlauf durchfließt der Ounasjoki das fast menschenleere und unerschlossene Tundra-Naturschutzgebiet im Westen finnisch Lapplands. Die Besiedlung der Flussufer ist zwar recht gering, doch lassen die relativ vielen Wochenendhäuser am Fluss den Eindruck von Einsamkeit kaum zu. Trotzdem machen die Landschaft, zuerst flache, dann hügelige bewaldete Ufer und der Flusscharakter, eine Mischung aus Sel-Strecken und Abschnitten mit rascher Strömung und mehreren Stromschnellen, eine Befahrung des Ounasjoki zu einem Erlebnis. Der Fluss bietet sich für mehrtägige Fahrten mit Zeltgepäck an.

Befahrbarkeit:	Ganzjährig.
Umwelt:	Sehr sauberes braunes Moorwasser.
Infrastruktur:	Im Oberlauf Zufahrt mit Kfz nur an wenigen Stellen möglich. Mehrere Straßenverbindungen und Einkaufsmöglichkeiten gibt es im Mittellauf des Flusses. Unterhalb Lohiniva besteht eine durchgehende Straßenverbindung.

316,2 Südende des Sees Moutkajärvi (68.3022,23.3453)
314,7 li **FIN Moutkajärvi**, mögliche ⬇ (68.3163,23.3522)
307,7 Str-Ⅱ, ⇩ in den Ounasjärvi (68.3575,23.4672)
299,8 li **FIN Enontekiö**, größerer Ort, 🏕, 🛒, ✕ (68.3840,23.6430)
295,1 Str-Ⅱ, Ausfluss aus dem See, Beginn des Ounasjoki (68.3950, 23.7494)
292,0 li ⇩ des Näkkälajoki (68.4013,23.8209)
287,3 li ⇩ des Pöyrisjoki (s. Seite 167) in den Ounasjoki (68.3929,23.8999)
284,8 li ⇩ des Käkkälöjoki, re Naturschutzgebiet Ounanstunturi, Berge bis 700 m Höhe (68.3729,23.9243)
272,8 li **FIN Ketomella** (68.2844,24.0200)
271,6 Str-Ⅱ 957 (68.2743,24.0314)
258,2 re Lappensiedlung **FIN Yili-Kyrö** (68.1736,24.1594)
253,0 re **FIN Raattam**, 🛒 (68.1413,24.2332)
235,6 re und li **FIN Kurkkio** (68.0609,24.5092)
227,5 li ⇩ des Süwa Tepastojoki (68.0334,24.6537)
221,9 Str-Ⅱ 956, li **FIN Tepasto**, mögliche ⬇ (68.0046,24.7108)
211,4 li ⇩ des Kuortanojoki. Es folgen mehrere leichte Stromschnellen (67.9472,24.8446)
200,5 Str-Ⅱ, **FIN Köngäs**, Stromschnelle bis WW II+, li problemlos ≈ (67.8749,24.8586)
191,1 re ⇩ des Levijoki (67.8197,24.8782)
190,6 re **FIN Sirkka** (67.8159,24.8844)
187,0 li ⇩ Loukinen (67.7952,24.9366)
177,9 Molkoköngäs, größere Stromschnelle, re leichter als li ≈, WW II+, Besichtigung vom 🏕 aus an der Straße nach Rovaniemi (67.7204, 24.9602)
170,6 re ⇩ des Aakennusjoki über ein Überlauf-■ (67.6634,24.9058)
167,6 Str-Ⅱ 80, re **FIN Kittilä**, größerer Ort, 🛒, ✕, li vor der Brücke 🏕 Camping Kittilä (67.6468,24.9301)

141,5 Str-Ⅱ 79, **FIN Kaukonen**, die Strömung nimmt allmählich wieder zu (67.4807,24.9113)

123,1 li **FIN Alakylä**; die Besiedlung am Fluss wird stärker. Er fließt mit guter Strömung zwischen bewaldeten, teils felsigen Ufern, einige schöne Schwallstrecken (67.3470,24.8820)

116,0 li **FIN Kokkovaara** (67.2931,24.8735)

102,5 li **FIN Helppi** (67.2000,24.8343)

93,8 Str-Ⅱ 9361, **FIN Lohiniva**, größerer Ort mit allen Möglichkeiten. Die Strömung bleibt flott, die Gegend trotz stärkerer Besiedlung und linksufriger Straßenbegleitung recht ansprechend. Es lohnt sich, auf dem Fluss weiterzufahren. Auf den nächsten km WW II (67.1614, 24.9556)

83,8 li ⇩ des Molkojoki (67.0916,25.0854)

80,2 Schwallstrecke

75,8 li **FIN Jaaskö** (67.0265,25.1058)

59,2 Str-Ⅱ 79 bei re **FIN Sorviselkä**, ab hier verläuft eine Straße auf beiden Seiten des Flusses, die Befahrung bleibt weiterhin lohnend. (66.9366,25.3661)

55,4 li ⇩ des Meltausjoki, re **Meltaus** (66.9083,25.3799)

50,9 Patokoski, größere Stromschnelle (66.8761,25.4395)

39,6 re Marraskoski, weitere größere Stromschnelle. Kurz danach ⛺. Günstige ⬆, die Strömung wird immer langsamer (66.7941,25.4201)

28,8 Str-Ⅱ, re **FIN Tapio** (66.7060,25.4648)

20,5 re **FIN Sinettä** (66.6470,25.4823)

12,3 li **FIN Nyvankylä** (66.5963,25.6157)

0,4 Str-Ⅱ 4, re **FIN Rovaniemi**, größerer Ort mit allen Möglichkeiten (66.5093,25.7345)

0,0 ⇩ des Ounasjoki in den Kemijoki (s. Seite 164) bei km 122,0 (66.5069,25.7412);
300 m nach der ⇩ li ⛺ Ounascamping

Pöyrisjoki

Weitere Namen: Vuontisjoki

Wildwanderfluss
Mündung in Ounasjoki bei km 287,3 (li Nebenfluss)

Der Pöyrisjoki ist ein sehr empfehlenswerter Wildwanderfluss in der Einsamkeit finnisch Lapplands. Er fließt in buntem Wechsel durch stille Seen, ruhige Wanderstrecken und lange Wildwasserabschnitte, zumeist nur mäßig schwer, bei gutem Wasserstand fast alle fahrbar, bei NW recht steinig. Zufahrt zur Einsetzstelle mit eigenem Pkw nicht möglich. Man fährt auf der Straße 958

Richtung Norwegen und nimmt die Abzweigung nach Näkkälä. Ab hier kann man sich samt Ausrüstung von einem Führer durch das Wildmarkgebiet zur Einsetzstelle bringen lassen. Verpflegung ist für die gesamte Dauer der Befahrung mitzunehmen. Die erforderlichen Karten in größerem Maßstab sollte man sich in Enontekio besorgen.

Befahrungsregeln: Im Naturzentrum Enontekio sollte gefragt werden, ob ein Erlaubnisschein für das Pöyrisvuoma Moor-Reservat erforderlich ist (anscheinend nur für Jäger und Angler).

Befahrbarkeit: Am besten Juni. Ab Juli wird das Wasser knapp, mit längeren Treidelstrecken.

Schwierigkeiten: WW II–III (2 Passagen WW IV, gut zu treideln)

Infrastruktur: Zahlreiche schöne Zeltplätze am Fluss.

61,8 ⬇ in den Pöyrisjärvi bei einer Wildmarkhütte am SW-Ende des Sees. Die genaue Lage konnte nicht ermittelt werden. Fahrt in allgemeiner Richtung NO, Umrunden einer Halbinsel (68.7042,23.8068)

57,2 Ausfluss des Pöyrisjoki aus dem See, leichte Strömung (68.7152, 23.9091)

53,6 einzelne leichte Stromschnellen

45,3 re kleine Hütte mit Feuerplatz, privat

44,3 die Strömung wird stärker

41,2 re und li bis 600 m hohe Hügel

40,7 ⚠, ab hier längere Stromschnellen WW II–III, evtl. vor Befahrung besichtigen

34,6 li ⇩ Valkamajoki (68.6013,24.0711)

32,6 Mehrere große Mäander, einige Jagd- und Ferienhäuser

26,6 re Lagerplatz, privat

25,6 li an großer Insel vorbeifahren (68.5468,24.0524)

21,8 ⚠, schwere Stromschnellen WW IV, evtl. ≋, treideln oder ⏏

16,0 Letzte Stromschnellen; ab hier ruhiger, breiter Fluss

10,0 ⇩ in den Vuontasjärvi, mögliche ⬆; ein markanter Schneemobilpfad führt zur Straße 956. Eine Weiterfahrt ist möglich (68.4471,24.0005)

9,2 li **Vuontasjärvi** (68.4410,24.0063)

6,5 Ausfahrt aus Vuontasjärvi. Ab hier Flussname Vuontisjoki (68.4253, 23.9613)

5,6 Str-Ⅱ 956, weitere gute ⬆. ⚠, unter der Brücke eine Stelle WW III–IV (68.4181,23.9596)

0,0 ⇩ des Pöyrisjoki in den Ounasjoki (s. Seite 165) bei km 287,3 (68.3929,23.8999);
Hier kann die Fahrt nicht beendet werden. Es gibt 2 Möglichkeiten zur Beendigung

a) Fahrt flussabwärts auf dem Ounasjoki
b) Flussaufwärts auf dem Ounasjoki mit Treidelstrecken bis zum Ounasjärvi. 8 km und auf dem See weitere 6 km westwärts bis Enontekio

Naamijoki

Weitere Namen: Venejoki, Vaattojoki

Wanderfluss
Mündung in Torne älv bei km 151,7 (li Nebenfluss)

Der Naamijoki fließt mit guter Strömung in Richtung Süd-West aus den Tunturi durch das einsame westfinnische Moor- und Tundragebiet. Außer einigen kleinen Schnellen ist der Fluss völlig harmlos. Aus landschaftlichen Gründen ist seine Befahrung jedoch sehr lohnend.

Befahrbarkeit: Wahrscheinlich ganzjährig.
Umwelt: Sehr sauberes braunes Moorwasser.

61,5 Str-II bei **FIN Laajala** (67.2444,24.0372)
53,8 Str-II, ⇩ in den See Vaattojärvi, am li Ufer bleiben, kurz danach wieder Ausfahrt (67.2124,24.1246)
53,0 Ausfahrt aus dem See und Str-II (67.2102,24.1214)
36,5 ⇩ in den See Sieppijärvi (mehrere Arme), re **FIN Sieppijärvi** (67.1479,23.9988)
35,6 Ausfluss aus dem See Sieppijärvi (67.1403,24.0037)
34,3 Str-II E8/21, gute ⬇, leichte Strömung, Sel-Strecken, einsam (67.1335,23.9801)
23,9 Str-II bei **FIN Koivumaa**, mögliche ⬇, zu erreichen auf einer Straße von Väylänpää–Alatalo an der E8. Es folgen auf 8 km leichte Schwälle, WW I-II, danach wieder wenig Strömung (67.0564,23.9594)
20,6 Wege-II (67.0475,23.9145)
2,2 EB-II (66.9375,23.8880)
0,9 Str-II bei **FIN Naamjoki**, davor re gute ⬆ (66.9275,23.8866)
0,0 ⇩ des Naamijoki in den Torne älv (s. Seite 376) bei km 151,7 (66.9308,23.8693)

Lätäseno

Weitere Namen: Rommaeno

Wildwanderflüsse
Mündung in Muonio älv bei km 233,3 (li Nebenfluss)

Der Lätäseno und sein rechter Quellfluss Rommaeno werden zusammenhängend beschrieben. Diese beiden Flüsse durchströmen im äußersten Nordwestzipfel Finnlands das sogenannte Käsivarsi - Wildmarkgebiet. Die Fahrt beginnt am Paihkasjärvi in einem langgestreckten Trogtal knapp oberhalb der Baumgrenze und verläuft später in völliger Einsamkeit durch hervorragend schöne naturbelassene Birkenwälder. Um zur Einsetzstelle zu gelangen, ist es erforderlich, die Boote und die gesamte Ausrüstung etwa 10 km weit und über einen Höhenunterschied von etwa 150 m auf einer Pfadspur vom Touristenhotel Kilpisjärvi zum Paihkasjärvi zu transportieren. Die Verwendung eines Bootswagens ist in der steinigen Landschaft keine Hilfe. Ein Abbruch der Fahrt ist erst bei der Ortschaft Markkina, kurz vor der Mündung in den Muonio älv möglich. Die einzigen beiden Siedlungen, die unterwegs passiert werden, verfügen weder über Straßenanschluss noch über Einkaufsmöglichkeiten. Die nächstgelegene Straße ist im Durchschnitt etwa 40 km durch weglose nordfinnische Wildnis entfernt. Es muss daher Proviant für mindestens zehn Tage mitgenommen werden. Weitere Voraussetzung für eine Befahrung sollte eine sichere Beherrschung des vollbeladenen Bootes in schwierigem Wildwasser (WW III) sein. Die vier Stellen mit WW IV-VI können alle durch kurzes Umtragen umgangen werden.

Als frühester möglicher Zeitpunkt für eine Befahrung kommt Mitte Juni in Betracht, da die Seen im Oberlauf erst dann eisfrei sind. Spätestens ab Anfang August wird das Wasser knapp, dann sind längere Treidelstrecken unumgänglich.

121,1 Beginn des See Paihkasjärvi, ⬇ in diesen See, ca. 10 km Fußweg vom Touristenhotel Kilpisjärvi (69.0182,21.0879)

119,6 Ende des Sees. Es folgen auf 3 km treidelbare Stromschnellen (69.0161,21.1236)

116,8 Beginn des Terbmisjärvi; nach 2 km li Schutzhütte (69.0223,21.1797)

111,4 Ende des Sees. Es folgt eine Reihe kleinerer Seen, die Fließstrecken dazwischen müssen meist getreidelt werden (69.0288,21.3093)

103,2 li ⇩ des Kaitsajoki. Ab hier sind bei gutem Wasserstand alle Stromschnellen fahrbar, auf 3 km bis WW II-III (69.0410,21.4689)

100,8 ⇩ in den See Rommajärvi (69.0337,21.5202)

98,4 Ende des Sees; auf 3 km folgen z.T. steinige Schnellen, nicht über WW II (69.0275,21.5422)

88,5 Lappensiedlung **FIN Raitijärvi**, keine Straßenverbindung, keine Einkaufsmöglichkeit; bis zur ⇩ des Poroeno folgt eine sehr schöne Wildwasserstrecke bis WW III (69.0129,21.7337)

71,8 ⇩ des Poroeno (s. Seite 171) in den Lätäseno (68.9859,22.0597); Der Poroeno hat eine deutlich höhere Wasserführung. Flussname nun Lätäseno, zunächst seeartig (68.9854,22.0593)

68,8 △, unterhalb der Grenzschutzstation Munnikurkio (keine Straßenverbindung, keine Einkaufsmöglichkeit) auf 200 m sehr wuchtige Schnelle, WW IV, bei HW evtl. re ⏏. Nach 2 km weitere Schnelle WW III-IV, danach auf 20 km wenig Strömung (68.9678,22.1075)

46,0 Pingiskoski, ab hier auf 22 km immer wieder Schnellen WW II, sehr schöne Strecke

22,0 li Schutzhütte Isokurkkio, ⚠, Zunahme der Schwierigkeiten; zunächst auf 2 km bis WW III mit Prallfelsen, dann unvermittelt mächtiger Katarakt, WW VI, bereits mehrere tödliche Unfälle. Li 100 m auf gutem Pfad ⏏. ⬆ vorher besichtigen, starke Strömung. Nach weiteren 500 m Flussteilung, re Arm WW IV, li Arm WW III, bei NW nur treidelbar

18,6 ⚠, Vähäkurkkio, WW IV, ganz re Arm einfacher, danach bis zur Mündung wenig Strömung

1,7 Str-II E 8/21, li Ortschaft **Markkina**, ⛟, Hütten (68.4856,22.2689)

0,0 ⇩ Zusammenfluss von re Könkämäälven (s. Seite 387) und li Lätäseno zum Muonio älv (s. Seite 385) bei km 233,3 (68.4844, 22.2954)

Poroeno

Wildwanderfluss

Mündung in Lätäseno bei km 71,8 (li Nebenfluss)

Der Poroeno durchfließt in völliger Einsamkeit das Käsivarsi-Wildmarkgebiet. Ein Straßenzugang zur Einsetzstelle besteht nicht. Um dorthin zu gelangen, ist es daher erforderlich, sich mit dem Hubschrauber von Kilpisjärvi aus einfliegen zu lassen. Dies wird von finnischen Kanuten in den letzten Jahren vielfach gemacht.

Fahrtstrecke: Einsetzen in den See Porojärvi am Fuß des Halti-Massivs, dem höchsten Berg Finnlands. Mündung in den Läteseno nach etwa 40 km. Weiterfahrt bis Markkina, weitere 71 km. Gesamtstrecke daher 111 km. Ausreichender Proviant für die gesamte Fahrt muss mitgenommen werden.

Befahrbarkeit: Mitte Juni bis Ende August.

Schwierigkeiten: Als Wildwanderfluss Fahrt über mehrere Seen mit dazwischen liegenden WW-Strecken, mit 4 Stellen WW IV. Ein Abbruch der Fahrt ist auf dem Poroeno nicht möglich, man muss daher auf dem Läteseno bis Markkina weiterfahren.

39,6 Beginn des Sees Porojärvi, ⬇ am See (69.1579,21.4926)

35,7 Ausfluss des Poroeno aus dem See Porojärvi (69.1474,21.5827)

0,0 ⇩ des Poroeno in den Lätäseno (s. Seite 169) bei km 71,8 (68.9859, 22.0597)

Äkäsjoki

Wildfluss

Mündung in Muonio älv bei km 41,7 (II Nebenfluss)

Von dem Äkäsjoki ist lediglich die Befahrung des Unterlaufs bekannt. Er ist hier ein leichter Wildfluss mit dazwischen liegenden Sel-Strecken. Eine Befahrung dürfte allerdings auf einer wesentlich längeren Strecke, z.B. ab N-Ufer des Jerisjärvi möglich sein. Die Fahrt geht über 2 große Seen und längere Fließstrecken, ein Befahrungsbericht ist nicht bekannt.

31,1 Ausfluss aus dem See Äkäslompolo, re Ylläksen ykkös Caravan (67.6081,24.1542)

30,5 Str-II, **FIN Äkäslompola**, gute ↓, ab hier gesicherter Befahrungsbericht. P. Flotte Strömung, bei NW steinig, WW I (67.6060,24.1437)

26,0 Fußg-II (67.5788,24.0750)

25,9 Str-II (67.5782,24.0738)

18,1 Str-II, **FIN Hannukainen**, danach auf 3 km ruhig, Mäander (67.5393, 23.9570)

15,0 Str-II 940, wieder Strömung mit kleinen Schwällen, dazwischen kleine Seen (67.5303,23.9071)

1,3 EB-II (67.4557,23.7144)

0,4 Str-II E 8/21, gute ↑, **FIN Äkasjokisuu**. Bis zur ⇩ kräftiger, verblockter Schwall (67.4497,23.7049)

0,0 ⇩ des Äkäsjoki in den Muonio älv (s. Seite 385) bei km 41,7 (67.4467, 23.7035)

Finnische Flüsse zur Barentssee

Tenojoki

Weitere Namen: Inarijoki [fin], Anarjokka [nor], Tana-Elv [nor]

Wanderfluss
Mündung in Tanafjord

Inarijoki (FIN) bzw. Anarjokka (N) und der anschließende Tenojoki (FIN) bzw. Tana-Elv (N) sind Wanderflüsse mit sportlichen Einlagen. Sie werden hier gemeinsam beschrieben.
Auf 282 km, von denen 221 km die Grenze zwischen Norwegen und Finnland bilden, gestatten die beiden Flüsse eine durchgehende Befahrung ohne künstliche Hindernisse. Ursprung in etwa 500 m Höhe aus mehreren kleinen Quellseen. Auf beiden Seiten werden die Flüsse von Straßen begleitet. Auf den letzten 61 km fließt der Tana-Elv ausschließlich auf norwegischem Staatsgebiet.

Befahrbarkeit:	Ganzjährig.
Umwelt:	Das Wasser ist sehr sauber.
Schwierigkeiten:	Zahmwasser und WW I, mit einzelnen Stellen WW I - II und WW III.

282,2 re **FIN Angeli**, mögliche ⬇ in den Inarijoki (68.9099,25.6563)
277,6 ab hier leichte Stromschnellen (68.9481,25.6916)
259,6 Storfossen/Inarinköngäs, Stromschnelle WW I - II
249,5 li ⇩ des Goššjohka (69.1695,25.7203)
248,4 re ⇩ eines Flusses, **FIN Kuolna** (69.1790,25.7151)
218,1 Str-II 92, re **FIN Karigasniemi**, 🛒, ✕ (69.3984,25.8432)
217,9 re 🚐 Tenorinne, Ylätenontie 55, 99950 Karigasniemi, Suomi-Finland, http://kompassi.com/~tarbohh/tenorinne/index-de.html, ☎ +358 40 832 8487, camping@tenorinne.com (69.4000,25.8419)
211,4 li ⇩ des Karasjokka (s. Seite 351) in den Inarijoki (69.4357,25.8064)
211,3 Ab hier Flussname Tenojoki (FIN) bzw. Tana-Elv (N) (69.4358, 25.8083)
207,0 re **FIN Rovisuvanto** (69.4698,25.8473)
190,5 re ⇩ Akukoski, **FIN Akukoski** (69.5865,25.9483)
178,5 re **FIN Nuorpiniemi** (69.6736,25.9109)
168,9 re **FIN Aittijoki** (69.7261,26.0849)
159,1 re **FIN Nuvvus** (69.7859,26.2264)
137,8 li Fluss-⇩ (69.9378,26.4607)
129,1 Övre Strofossen/Yläköngäs, lange Stromschnelle, bis WW II
109,2 Str-II 4/E75, re **FIN Utsjoki**, 🛒, ✕, 🚐 (nicht am Fluss) (69.9107, 27.0317)

108,5 re ⇩ des Utsjoki (s. Seite 174) in den Tenojoki (60.0100,27.0500)
104,8 re **FIN Garnjarga** (69.9266,27.1220)
99,6 li **N Luosnjárga** (69.9501,27.2422)
87,3 li **N Sirma** (70.0149,27.4029)
72,3 Storfossen/Alaköngäs, ⚠, lange, z. T. stark verblockte Stromschnelle, schwerste Stelle der beiden Flüsse, bis WW III, bei HW sehr schwer. ≈ am besten am finnischen Ufer, evtl. ⌓ am norwegischen Ufer (70.0765,27.6927)
64,5 re **FIN Nuorgam**, 🛒, ✕ (70.0828,27.8697)
61,9 li **N Hillágurra** (70.0911,27.9304)
60,8 ab hier verläuft der Tana-Elv ausschließlich auf norwegischem Gebiet (70.0919,27.9595)
57,7 re **N Buolbmát** (70.0714,28.0127)
43,3 re **N Skiippagurra**, im Ort ⛺ Tana Familiecamping (70.1677, 28.2199)
39,5 Str-II Tana Bru E6/E75, li **N Tana**, 🛒, ✕, 🚌-Verbindungen, Ende der Stromschnellen (70.1992,28.1997)
28,7 li **N Masjok** (70.2882,28.1581)
15,7 li **N Rustefjlbma**, Tankstelle (70.3983,28.2025)
0,0 ⇩ in Tanafjord (70.5197,28.3700)

Utsjoki

Wildwanderfluss – Seen
Mündung in Tenojoki bei km 108,5 (re Nebenfluss)

Der Utsjoki ist ein landschaftlich reizvoller Fluss, der in Süd–Nord-Richtung durch mehrere langgestreckte Seen mit dazwischen liegenden WW-Abschnitten fließt.

Befahrbarkeit: Ganzjährig.
Umwelt: Das Wasser ist sehr sauber.
Schwierigkeiten: Seen, Zahmwasser und WW I–II.

53,8 Süd-Ende des Sees Miersjärvi, gute ⬇ (69.5093,27.1854)
45,5 Ausfahrt aus dem See Miersjärvi (69.5800,27.2327)
43,9 re **FIN Mieraslompola**, mögliche ⬇ (69.5890,27.2097)
41,2 ⇩ in eine Seenkette (69.6060,27.1725)
37,5 weitere mögliche ⬇ (69.6261,27.1015)
36,1 See-Ausfahrt (69.6347,27.0846)
24,7 Str-II 4/E75, ⛺ Kenestupa, gute ⬇, Beginn des Kenishjärvi (69.7249,27.0414)
23,0 Ausfahrt aus dem See Kenishjärvi (69.7382,27.0227)
22,7 ⇩ in den See Kevojärvi (69.7399,27.0200)

20,7 re **FIN Kevo** (69.7584,27.0168)
19,2 Durchfahrt zum See Suohpajärvi (69.7697,27.0066)
17,2 Str-II 4/E75, re **FIN Patoniva**, weitere gute ⬇. Anschließend Seenkette (69.7843,26.9998)
8,3 li Lappenkirche von Utsjoki, ⌘, ⛺ Lapinkylä (69.8581,27.0129)
6,4 Ausfluss aus dem See Mantojärvi, auf der folgenden Strecke hübsche kleine Schnellen, Mantokoski (69.8741,27.0215)
0,3 Str-II 970, beste ⬆-Möglichkeit, li **FIN Utsjoki** (69.9088,27.0481)
0,0 ⇩ des Utsjoki in den Tenojoki (s. Seite 173) bei km 108,5 (69.9109, 27.0500)

Näätämöjoki

Weitere Namen: Neidenelv [nor]

Wildfluss – Seen
Mündung in Neidenfjord

Der Näätämöjoki (FIN) bzw. Neidenelv (N) fließt durch die völlig einsame und unzugängliche Landschaft des nördlichsten Finnlands und beendet seinen Lauf im norwegischen Neidenfjord. Die Fahrt geht über mehrere Seen, im Bereich der Fließstrecke sind größere Abschnitte schweres Wildwasser. Auf den Fluss sollten nur Kanuten mit guter Wildwassererfahrung gehen. Ein Abbruch der Fahrt unterwegs ist praktisch unmöglich.

Befahrbarkeit: Am besten im Frühsommer; ab Mitte Juni kann das Wasser im Oberlauf schon knapp werden, mit längeren Treidelstrecken.

Schwierigkeiten: km 100–78,4 Seen,
km 78,4–9 WW II, III und IV (**X**)

Infrastruktur: Unterwegs keine Einkaufsmöglichkeit, es ist daher Verpflegung für etwa 6 Tage mitzuführen. Zufahrt nur am Anfang und Ende der Strecke möglich.

100,1 Iijärvi am Iijärvi-See. Zufahrt auf schlechter Stichstraße Iijärventie, abzweigend von der Straße N 4/E75 zwischen Kaamanen und Utsjoki. Empfohlene ⬇. Die Fahrt geht nach NO über den ganzen, langgestreckten See (69.3912,27.6133)
87,9 re kann etwa 1,5 km weit durch Niedermoor zu dem völlig einsamen Pautujärvi umgetragen werden. Ab hier Fahrt über Siuttkajoki zum Inarisee möglich
78,4 Ausfluss des Näätämöjoki am NO-Ende des Iijärvi. Auf 500 m 2 Stromschnellen, WW I+ (69.5089,28.0378)
77,9 ⇩ in Kaartilompolo (69.5099,28.0506)
76,2 Ende des Sees Kaartilompolo, ⚠, auf 4 km mehrere Stromschnellen

bis WW IV (69.5171,28.0865)

74,1 ⇩ in den See Vuadasluobal (69.5253,28.1330)

69,9 Ende des Sees Vuadasluobal, ⚠, Stromschnelle mit niedrigem Rentierzaun! Es folgen im Wechsel relativ leichte Stromschnellen, bis WW II und kurze Seestrecken (69.5463,28.2046)

60,9 ⚠, Beginn einer Reihe schwerer Schwälle in Felsstufen, bis WW IV. Nach kurzem Stau und zunächst leichtem Schwall eine 2 m hohe wasserfallartige Stufe, nur bedingt ≈, rechtzeitig li ⏏. Anschließend weiterhin bis WW IV

57,8 ⇩ in Opukasjärvi, Schutzhütte. Nach Osten besteht die Möglichkeit, nach mehreren Portagen und einigen Seen nach etwa 14 km den Sevettijärvi und damit auch die Straße zu erreichen, sehr mühsam (69.5969,28.4294)

54,2 Ende des Opukasjärvi, ⚠, deutliche Zunahme der Wasserführung gegenüber Oberlauf, zunächst WW II, dann Felsstufe WW V, re ⏏. Anschließend fast pausenlos WW III - IV, oft sehr schnelle Strömung (69.6144,28.4943)

44,8 Ab hier leichter, breites Kiesbett mit flachen Stellen

42,8 Kleine Felsschlucht mit leichter Stufe

40,2 re ⇩ des Sevettijoki (s. Seite 176) in den Näätämöjoki (69.6515, 28.7791)

30,3 li ⇩ Kallojoki (69.7102,28.9572)

29,2 Wege-II über Kallokoski, re ⛺ (69.7068,28.9809)

26,8 Grenze Finnland nach Norwegen (69.7110,29.0358)

19,7 ⚠, viele wuchtige Stromschnellen mit erheblicher Walzenbildung, WW IV

15,7 re 🚐 Neiden fjellstue (69.7041,29.2555)

9,1 ⚠ Stromschnelle Skoltefoss, **X**, ⏏, darüber Str-II E6, **N Neiden**, 🚐 im Ort (69.6928,29.3710)

0,0 ⇩ in Neidenfjord (69.7006,29.5414)

Sevettijoki

Wildwasser und Seen

Mündung in Näätämöjoki bei km 40,2 (re Nebenfluss)

Die Befahrung des Sevettijoki als Teilstrecke der Route vom Inarisee zur Barentssee stellt die logische Fortsetzung der Sevettijärviroute dar. Wenn man sich die Plackereien der Überwindung der Wasserscheide sparen will, kann der Sevettijoki auch für sich befahren werden; er wird daher auch gesondert beschrieben.

Schwierigkeiten: km 23–0 Seen und WW I–IV.

22,6 ⬇, Beginn der Fahrt auf dem See Sevettijärvi bei der Ortschaft **FIN Sevettijärvi**, hier 🛒, Tankstelle und 🚌-Haltestelle. Zufahrt entweder auf der Sevettijärviroute oder auf der Straße 971. Der Sevettijärvi ist stellenweise sehr flach, viele schöne Sandstrände, herrlicher Ausblick auf die Berglandschaft (69.5122,28.5980)

17,2 Durchfahrt zum See Ukonselka, am li Ufer weiterfahren (69.5526, 28.6688)

13,5 Str-II 971, ⚠, mehrere Stromschnellen, die teils ≋, teils zu treideln sind, bis WW III, ansehen. Im folgenden See Jänisjärvi li halten (69.5815,28.7098)

8,8 Ausfluss zum See Räkkijärvi, steinig, aber kaum Schwallbildung. Felsufer und viele Felsen im Fluss, schlechte ⛺-Möglichkeiten, einzelne Hütten (69.6063,28.7987)

6,6 Ausfluss aus dem See Räkkijärvi in li Bucht, leicht, WW I. Danach 2 weiteren Seen mit Stromschnellen (Koskis) als Ausfluss, WW II (69.6222,28.8143)

4,4 Ausfluss aus dem See Luolajärvi, WW II, am li Ufer gut zu treideln. ⚠, es folgen eine Stromschnelle, ≋, WW I und 5 Stromschnellen bis WW IV, evtl. ≋ oder treideln (69.6362,28.8281)

0,0 ⇩ des Sevettijoki in den Näätämöjoki (s. Seite 175) bei km 40,2 (69.6515,28.7791)

Inarijärvi

Weitere Namen: Inarisee [deu]

See

Der Inarisee ist der größte See Lapplands. Die Angaben über ihn sind schwankend. Größe 1 100 oder 1 500 km², Zahl der Inseln 2 000–3 000, wahrscheinlich hat sie noch niemand genau gezählt. Der See ist etwa 100 km lang und an seiner breitesten Stelle 60 km breit. Trotz der zahllosen Inseln gibt es völlig freie Wasserflächen ohne Windschutz. Da Russland am Ausfluss des Sees ein großes Kraftwerk gebaut hat, ist der Inarisee ein riesiger Stausee mit Schwankungen des Wasserstandes um maximal 2 m. Dadurch bei NW kahle Steine und Schlammufer. Zum Abschluss der Schneeschmelze, also etwa Mitte Juni, dürfte der See immer gut gefüllt sein, die anschließende Zeit bis Ende Juli ist daher wohl auch die günstigste Zeit für Fahrten auf dem Inarisee.

Der Inarisee ist ein ideales Gebiet für alle Kanuten, die ihren Urlaub in der völligen Einsamkeit großer Seen verbringen wollen. Auf den Inseln gibt es fast überall sehr schöne Zeltplätze, das Wasser hat Trinkwasserqualität.

Eine besonders reizvolle Rundfahrt ergibt sich in der NW-Ecke des Inarisees. Man kann hier mittels Gleiswagen zu dem nur etwa 1 m höher gelegenen

Suolisjärvi übersetzen. Er ist nur durch einen schmalen Endmoränenwall vom Inarijärvi getrennt. Der Abfluss des Suolisjärvi führt dann in einem großen Bogen zurück zum Inarijärvi. Man hat dabei einen herrlichen Ausblick auf die im Norden gelegenen etwas höheren Berge.

Allerdings bringen Fahrten auf dem Inarisee auch einige Schwierigkeiten und Gefahren mit sich:

Einkaufsmöglichkeit besteht nur in Inari, bei einem längeren Aufenthalt auf dem See muss man sich also entsprechend mit Proviant eindecken.

Bei stärkerem Wind entsteht ein erheblicher Wellengang, die Schwierigkeiten entsprechen durchaus Fahrten auf dem Meer. Eine Befahrung der freien Wasserflächen kann lebensgefährlich werden. Auf der Luv-Seite der Inseln kann die Brandung bei Windstärken 7–8 eine Höhe von 2 m erreichen, das Anlanden wird dann fast unmöglich.

In dem Gewirr der unzähligen Inseln ist eine genaue Navigation sehr schwierig, die Mitnahme eines GPS-Gerätes/Kompasses sowie von genauen Karten in unerlässlich. Die „Finnischen Straßenkarten“ sind zwar als Übersichtskarten gut zu gebrauchen, für längere Fahrten auf dem See sollte man sich in Inari jedoch unbedingt Karten in größerem Maßstab besorgen. Trotzdem ist die Gefahr, sich zu verirren, groß. Besonders schwierig wird es, wenn man sein Zelt auf einer Insel stehen lässt und von dem Platz aus Rundfahrten machen will. Es soll schon vorgekommen sein, dass man das Zelt nicht wiedergefunden hat.

Außer in Inari gibt es nur an ganz wenigen, den Karten zu entnehmenden Stellen die Möglichkeit, den See mit Pkw zu erreichen.

Übliche Zufahrt- und Einsetzstelle ist **FIN Inari** an der E 4. Hier, Tankstellen, Post, Busverbindungen. Die meisten Fahrten auf dem See werden auch hier wieder beendet.

Eine Befahrung des Inarisees ergibt sich auch im Zusammenhang mit Flussfahrten, so wird z. B. die Fahrt auf dem Ivalojoki oder Siuttkajoki meist über den See bis Inari fortgesetzt. Wenn man über die Sevettijärviroute zur Barentssee will, ist eine Fahrt über den Inarisee unerlässlich.

Aber auch bei Fahrten auf dem Lemmenjoki, Vaskojoki oder Kaamasjoki, die über den Juutuanjoki in den See münden, wird man vielfach als geruhsamen Abschluss einige Tage auf dem See verbringen.

Genaue Fahrtenbeschreibungen oder Tourenvorschläge für den See sind unmöglich. Jeder einzelne kann und muss sich je nach Zeit, Lust und Wetterlage, die für ihn am besten passenden Routen anhand der Karten zusammenstellen.

Unterlagen: Finn. Straßenkarten Nr. 17 und 19.

See-Karte 1: 50 000, erhältlich im Buchhandel vor Ort, unerlässlich für die Navigation auf dem See. Auf der Karte sind auch Schutzhütten verzeichnet, die auf mehreren Inseln des Sees anzutreffen sind.

Ivalojoki

Wildwanderfluss
Mündung in Inarijärvi

Der Ivalojoki gehört zu den schönsten Flüssen Finnlands, der wegen Goldfieber ab 1868 auch historische Bedeutung hat. Ursprung aus verschiedenen Quellbächen und -seen in etwa 300 m Höhe. Er führt über 150 km durch völlig einsame, naturbelassene Landschaft von Tiefgebirgscharakter mit großen Wäldern. Lediglich im Unterlauf wird die Landschaft etwas eintönig; hier verläuft auch die Straße in der Nähe des Flusses.

Der Ivalojoki ist ein idealer Wanderfluss für alle Kanuten, die mit leichtem bis mäßig schwerem Wildwasser fertig werden, auch für Zweier. Bei fast durchweg guter Strömung zahlreiche Stromschnellen (Koskis), bei höherem Wasserstand alle fahrbar mit starken Wellen, bei NW mit teilweise starker Verblockung, die für Faltboote häufig zum Treideln zwingt.

Befahrbarkeit:	Am besten im Juni. Ab Mitte Juli wird das Wasser knapp. Letzte Möglichkeiten Anfang Oktober
Schwierigkeiten:	km 112,9–36 WW I - II (III)
Infrastruktur:	Freie Zeltplatzsuche bei dem starken, naturbelassenen Uferbewuchs zwischen km 113,4–43 gelegentlich etwas schwierig, zahlreiche präparierte Zelt- und Lagerfeuerplätze; im Oberlauf schöne, flache Ufer. Proviant ist ausreichend mitzunehmen (4 Tage minimal). Einkaufsmöglichkeiten erst 150 km nach dem Start in Ivalo

175,7 Zusammenfluss von 2 Flüssen (68.4254,25.0242)

173,1 re ⇩ des Korsaoja (68.4105,25.0362)

152,7 re ⇩ Naskamajoki (68.3469,25.4398)

149,2 li ⇩ des Lismajoki. Es besteht eine gute Möglichkeit, von der Straße 955 zwischen Kittlä und Inari auf Naturstraßen den kleinen Ort **FIN Lisma** zu erreichen, etwa 3 km oberhalb vom Ivalojoki. Direkt vor dem malerischen Altkern links; nach 1 km im Birkenwald li Ufer der stetig strömende Lismajoki (gute Zeltplätze). Die Befahrung bis zur ⇩ in den Ivalojoki ergibt nur eine Schwierigkeit: Bei NW nach 2 km, gerade in der letzten Windung, zwischen re Ufer und Kiesbett, ein sehr niedrig überhängender Baum. Danach 18 km leichte Fahrt durch einsames Wildmarkgebiet (68.3545,25.5136)

130,5 Beton-Str-Ⅱ 955, mögliche ⬇ (68.3388,25.8863)

126,3 **FIN Ivalon Matti** an der Straße 955, übliche ⬇. Es ist ratsam, Pkw gegen eine geringe Gebühr bei einem der Gehöfte abzustellen, Diebstahlgefahr! Zunächst leichte Fahrt durch fast ebene Sumpf- und Moorlandschaft (68.3682,25.8953)

112,9 li ⇩ des Repojoki. Der Ivalojoki fließt in einem 20–50 m breiten Kiesbett, Beginn der Stromschnellen, die relativ kurz sind, bei NW jedoch sorgfältige Steuerung erfordern (68.4135,26.0328)

89,2 Beton-Str-Ⅱ, li **FIN Kuttura**, kein 🛒, re Straßenverbindung via 4/E75 nach Ivalo, mögliche ⬇ (68.4071,26.4726)

84,3 Ab hier zunehmend felsiges Flussbett, teilweise schluchtartig. Die Koskis werden gröber verblockt, Besichtigung bei unübersichtlicher Strömung ratsam

73,9 li ⇩ des Appisjoki, ab hier Goldwäscherlager (68.5100,26.6261)

71,8 li Fußgängerhänge-Ⅱ, li **FIN Kultala**, Schutzhütte. Besichtigung Saunakoski ratsam! Re ⇩ des Sotajoki, Schutzhütte (68.5046, 26.6751)

59,7 li Vuokrakämppa, Hütte. Ab Ritakoski wird das Tal breiter, Kiesbankschwälle mit längeren ruhigen Abschnitten

50,8 re ⇩ Louhioja, Schutzhütte

45,8 ⚠, in ausgeprägter S-Kurve Toloskoski, beginnt leicht, zum Ende hin unübersichtliche Verblockung und sehr schnell, letzter schwieriger Koski (68.5482,27.2310)

44,0 re ⇩ Tolosjoki (68.5510,27.2640)

42,7 re **Fin Tolonen**, keine Ⅱ, Straßenverbindung nach Ivalo. Ab hier verläuft eine Straße parallel zum Fluss, doch meist abseits (68.5586, 27.2856)

36,5 Alakoski, letzte Stromschnelle, ab hier träge Strömung, der Fluss macht große Mäander. Mögliche ⬆ (68.5977,27.3649)

26,4 re **FIN Tormänen** (68.6109,27.4973)

21,6 re 🚐

14,4 Str-Ⅱ4/E75, re **FIN Ivalo**, 🛒, 🍴. ⬆-Möglichkeit, um die Fahrt zu beenden. Die Reststrecke bis zur Mündung in den Inari-See ist landschaftlich weniger reizvoll. Es ist trotzdem anzuraten, weiterzufahren, da die anschließende Fahrt über den Inari-See sehr lohnend ist (68.6615,27.5381)

3,9 li **FIN Koppelo** (68.7282,27.6352)

0,0 ⇩ in den Inarijärvi (Inarisee) (68.7569,27.6375)

Kaamasjoki

Weitere Namen: Kettujoki, Juutuanjoki

Wildwanderflüsse und Seen
Mündung in Inarijärvi

Die drei Flüsse mit mehreren dazwischen gelagerten Seen gestatten auf einer Strecke von 123 km eine durchgehende Befahrung. Sie werden daher auch in durchlaufender Kilometrierung beschrieben

Kaamasjoki und Kettujoki, beides leichte Wildflüsse, fließen weitab von Straßen durch einsame finnische Wildnis. Der Juutuanjoki ist zwar weithin auch ein leichter Wildfluss, dessen Lauf allerdings durch 3 Stromschnellen unterbrochen wird, die je nach Wasserstand recht schwer sind und mit vollbeladenem Boot evtl. umtragen werden müssen.

Befahrbarkeit:	Mitte Juni bis Mitte Juli.
Schwierigkeiten:	km 122,4–56,4 WW I und II (II+)
	km 56,4–31,3 Seen und Zahmwasser
	km 31,3–17,3 WW I–II (II+)
	km 17,3–10,9 Zahmwasser, See
	km 11,0–0 WW I (3 Stellen WW III und IV)
Infrastruktur:	Zufahrt nur an den angegebenen Brücken, Begleitung unmöglich.

122,6	**FIN Kaamasmukka**, 🚌 nach Inari, ⬇ an den ersten Häusern bei Anfahrt aus Richtung Kaamanen auf der Straße 92. Schmaler Fluss mit einigen Stromschnellen (69.3500,26.5334)
104,4	kleiner Felsdurchbruch, WW I–II, auf den nächsten 3 Kilometern noch einige leichte Stromschnellen
98,6	re ⇩ des Kielajoki, Verdoppelung der Wasserführung und der Breite des Flusses. Es folgen einige Stromschnellen, z.T. verblockt, maximal WW II (69.2953,26.8328)
95,7	li ⇩ des Siikajoki (69.2911,26.8895)
92,1	re ⇩ des Peltojoki (69.2791,26.9620)
91,2	li ⇩ eines Flusses (69.2844,26.9787)
85,5	li ⇩ Aksujoki (69.2486,27.0144)
84,2	li ⇩ des Venejoki (69.2436,27.0404)
65,3	Lange und schwierige Stromschnelle, verblockt, bis WW III (69.1475, 27.2055)
63,6	Str-II 92 Kaamanen–Karigasniemi, vor und nach der II Stromschnellen, WW II (69.1366,27.2083)
58,3	Ortsmitte **FIN Kaamanen**, 🛒 (69.1040,27.1941)
56,5	⇩ in den See Vastusjärvi. Dieser See ist 8 km lang und maximal 2 km breit. Nach Einfahrt in den See in südwestlicher Richtung etwa 3 km weit fahren (69.0915,27.1691)
53,2	li Ausfluss aus dem See bei einem Gehöft (69.0700,27.1181)
51,8	Str-II 9710 (69.0715,27.0876)
49,8	⇩ in Muddusjärvi. Dieser 20 km lange und maximal 3 km breite See

hat Mittelgebirgscharakter mit ausgedehnten Kiefernwäldern. Zunächst Richtung SW fahren. Nach 1 km Richtung West. Nach weiteren 2 km erneut Richtung SW, entlang der Halbinsel Syrminiemi, danach 3 km in Richtung SO (69.0586,27.0565)

31,3 Kinderheim Riutula, hier Ausfluss des Kettujoki aus dem See Muddusjärvi. Natürlicher Flusslauf, Richtung SW, geringe Strömung, flache Landschaft, Birken- und Kiefernwälder (68.9420,26.7994)

28,3 Str-II 9553 Inari–Angeli, kurz danach Kettukoski, WW II+ (68.9232, 26.7552)

17,3 ⇩ in den Verbindungsarm zwischen Paatarijärvi und Solojärvi. In den Paatarijärvi münden Vastojoki und Lemmenjoki, dadurch erhebliche Steigerung der Wasserführung (68.8540,26.6843);
⇩ des Lemmenjoki (s. Seite 182) in die Route Kaamasjoki (68.8541, 26.6821)

15,1 ⇩ in Solojärvi, kleiner See, ausgedehnte Kiefernwälder. Auf dem See zunächst 2 km nach Osten und dann 3 km Richtung NO (68.8462, 26.7295)

11,0 Ausfluss des Juutuanjoki aus dem See Solojärvi. Wasserreicher Fluss mit z.T. erheblichem Gefälle. Beginn mit einer Stromschnelle, WW II, dann meist WW I (68.8591,26.8117)

6,9 ⚠ Stromschnelle Ritakoski, nach Besichtigung re ≈, WW III (68.8786,26.8934)

3,3 ⚠ Janiskoski, schwerste Stelle der gesamten Strecke, WW IV. Mit voll beladenem Boot Befahrung nicht ratsam, re ⏏. Danach weitere Stromschnellen, z.T. verblockt, WW II (68.8969,26.9608)

0,7 Str-II 4/E75, davor Stromschnelle Anakoski, **FIN Inari** (68.9090, 27.0136)

0,0 ⇩ in den Inarijärvi (68.9093,27.0297)

Lemmenjoki

Wildwanderfluss
Mündung in Kaamasjoki bei km 17,3

Der Lemmenjoki (Ursprung aus dem Lemmikasjärvi in 284 m Höhe) fließt durch mehrere langgestreckte Seen, dazwischen Fließstrecken mit leichten Stromschnellen. In seinem Oberlauf, im Lemmenjoki-Nationalpark, gibt es keinerlei Straßenzufahrt. Hier befindet sich in der Nähe des Flusses ein Goldwäscherlager, das oft besucht wird. Um dorthin zu gelangen, muss man den Fluss aufwärtsfahren, was ab km 50, Njurgalahti, leicht möglich ist. Man muss nur einige Male kurze Strecken treideln. Hier findet auch Motorbootverkehr statt.

Befahrbarkeit: Am besten Juli bis August. Bei höherem Wasserstand wird das Treideln flussaufwärts mühsam.

Schwierigkeiten: km 31,7–0 Seen und WW I

Infrastruktur: Im Nationalpark ist Zelten und Feuer machen nur an den kenntlich gemachten Plätzen erlaubt. Zufahrt mit Pkw nur bei km 16,8.

31,7 li ⇩ Ravadasjoki, Wasserfall (68.6831,25.9609)

31,6 li öffentliche Schutzhütte, Ende der Motorbootfahrten. Übliches Ende der Aufwärtsfahrten. Von hier etwa 1 1/2 Stunden Fußmarsch zum Goldwäscherlager. Wahrscheinlich kann man noch weiter flussaufwärts fahren, Unterlagen darüber bestehen nicht. Man muss jedoch auf alle Fälle wieder zurück (68.6839,25.9631)

31,1 li Schutzhütte (68.6875,25.9714)

30,4 Leichte Stromschnelle, an deren Ende re Feuerstelle und ⛺-Möglichkeit. Beginn eines Sees

24,9 See-Ende, Kahnfähre, Stromschnelle Härkäkoski (68.7248,26.0745)

23,6 Stromschnelle Kahlaamo. re Feuerstelle

22,6 ⇩, es beginnt der langgezogene See Sotkajärvi (68.7345,26.1100)

16,8 re in der Bucht Njurkalahti, **FIN Lemmenjoki**, 🚐, ✕, 🛒, einzige Stelle des Flusses, die mit Pkw erreicht werden kann. Übliche Stelle für den Beginn der Fahrt zu den Goldwäschern. Mögliche ⬇ für die Befahrung des Unterlaufs. Bis zur ⇩ folgen noch weitere Seen, dazwischen Stromschnellen, maximal WW I (68.7587,26.2324)

0,0 ⇩ in Paatari-See in 196 m Höhe. Man kann den Lemmenjoki auch vom See her aufwärtsfahren. Das ist infolge der langgestreckten Stromschnellen jedoch recht mühsam und daher wenig ratsam. Eine sofortige Beendigung der Fahrt am See ist nicht möglich. Für die Weiterfahrt gibt es mehrere Möglichkeiten: 1. Fahrt entlang dem Süd-Ufer bis zum See-Ausfluss (15 km) und dann weiter über den Solojärvi und den Juutanjoki nach Inari. 2. Fahrt entlang dem Nord-Ufer bis zur ⇩ des Vaskojoki (14 km) und diesen Fluss 8 km aufwärts bis zur Ⅱ von Tirro. 3. Zunächst Fahrt wie 1, in den Abfluss des Sees einfahren, nach 4 km li ⇩ Kettujoki, diesen aufwärts bis zur Ⅱ bei km 28,3. Dabei muss allerdings der Kettukoski etwas mühsam überwunden werden. Entweder Beendigung der Fahrt bei der Ⅱ oder Weiterfahrt zu den schönen Seen Mutusjärvi und Vastusjärvi. Die Befahrung des Lemmenjoki kann auch in umgekehrter Richtung durchgeführt werden, also Fahrtbeginn auf Vaskojoki oder Kettujoki, über den Paatarisee und den Lemmenjoki ab ⇩ aufwärts. Dies ist allerdings weniger ratsam (68.8463,26.4200)

-8,8 ⇩ des Vaskojoki (s. Seite 184) in die Route des Lemmenjoki (68.8747,

26.6286)

-11,8 ⇩ des Lemmenjoki in die Route Kaamasjoki (s. Seite 180) bei km 17,3 (68.8541,26.6821)

Vaskojoki

Wildwanderfluss
Mündung in Lemmenjoki bei km -8,8

Der Vaskojoki (Ursprung in etwa 300 m Höhe) fließt in seinem Oberlauf durch die einsame Wildnis des Lemmenjoki-Nationalparks, eine Zufahrt mit Pkw ist unmöglich. Falls dieser Teil mit dem Boot befahren werden soll, muss man den Repojoki etwa 35 km flussaufwärts fahren (d. h. treideln, schieben und tragen) und dann das Boot 9 km weit weglos durch die Wildnis des Nationalparks tragen, bis man nach etwa 4 Tagen eine mögliche Einsetzstelle am Vaskojoki erreicht. Der Unterlauf, ab Koskenniska, ist auf mäßiger Straße mit Pkw zu erreichen.

Befahrbarkeit:	Mitte Juni bis Anfang August.
Schwierigkeiten:	km 84,5–36 WW II - II+
	km 36–Einödhof Heikkila WW I - II
	km Einödhof Heikkila–0 WW I und Zahmwasser

84,5 Vaskolompolo (kleiner See), mögliche ⬇. Der Weg dorthin ist beschrieben in dem Buch "Lappland, Bd. 1" von Joachim Hermann (nur noch antiquarisch zu bekommen) (68.7023,25.3303)

36,1 Str-II 9553, **FIN Koskenniska**, übliche ⬇. Es folgen zahlreiche Stromschnellen, maximal WW II (68.8916,26.0649)

23,2 li ⇩ Seksmojoki, Nachlassen der Schwierigkeiten, der Fluss wird breiter und langsamer (68.9307,26.3047)

20,7 li ⇩ Palojoki, li Einödhof Heikkilä (68.9392,26.3590)

12,1 li ⇩ Vestojoki (68.9515,26.5629)

6,9 Str-II 9553, **FIN Tirro**, ⬆, gute Gelegenheit zur Beendigung der Fahrt (68.9495,26.6648)

0,0 ⇩ in den See Paatarijärvi. Mögliche Weiterfahrt über den Juutuanjoki. Bis dorthin sind 5 km zu paddeln (68.8967,26.6436)

-2,6 ⇩ des Vaskojoki in die Route des Lemmenjoki (s. Seite 182) bei km -8,8 (68.8747,26.6286)

Siuttkajoki

Wild-Kleinfluss
Mündung in Inarijärvi

Der Siuttkajoki, der Abfluss des Pautujärvi, ist ein sehr abwechslungsreicher kleiner Wildfluss mit sehr warmem Wasser. Zum Siuttkajoki besteht keine

Straßenverbindung. Seine Befahrung beginnt daher mit einer Portage. Man trägt dazu die Boote bei km 88 des Sees Iijärvi (siehe Näätämöjoki) etwa 1,5 km nach Westen über Niedermoor zum Kuotkolompolo um. Vom Kuotkolompolo auf weiteren 1,5 km treideln oder tragen. Es müsste erkundet werden, ob man sich mit einem Flugzeug zum Pautojärvi einfliegen lassen kann.

Befahrbarkeit: Frühsommer.

Schwierigkeiten: km 48,7–0 WW I–IV

54,3 ⬇ in Pautojärvi. Auf diesem etwa 9 x 4 km großen See mit kaltem Wasser Fahrt entlang dem Westufer nach SW (69.4276,27.8787)

48,7 Ausfluss des Siuttkajoki aus dem See an dessen SW-Ende. Der Bach hat hier gerade Bootsbreite. Es folgt eine sehr reizvolle Kette kleiner Seen, die durch schmale Fließstrecken miteinander verbunden sind. Das Wasser erwärmt sich schnell. ⚠, im Bereich der Fließstrecken zahlreiche Stromschnellen, entweder ≈, bis WW III, treideln oder leichtes ⌂. Durchweg felsige Ufer, oft sehr flach (69.3786,27.8469)

38,4 Der Fluss windet sich jetzt durch eine sehr schöne Heide- und Moorlandschaft, Fließstrecken meist sehr eng und tief, die Seen sind jedoch sehr flach, so dass hier evtl. getreidelt werden muss

36,2 Sehr flacher Schilfsee. Bei mindestens 2 der folgenden Stromschnellen ⌂, da sich das Wasser total zwischen großen Blöcken verläuft (69.3047,27.6945)

17,5 ⚠, Felsdurchbruch, erster Teil treidelbar, die beiden letzten Stufen müssen li ⌂ werden. Rechtzeitig ↰ und ansehen (69.2116,27.7580)

13,2 ⚠, weiterer Felsdurchbruch, re Arm treidelbar, Hauptarm in Felsschlucht bedingt ≈ für WW-Boote. Anschließend lässt das Gefälle nach, der Fluss wird oft sehr seicht, nur noch wenige Stromschnellen zum Treideln

6,1 Π der Straße Kaamanen–Neiden, Beendigung der Fahrt ist möglich (69.2087,27.8692)

2,2 ⚠, letzte Stromschnelle, WW IV, gut zu treideln (69.2000,27.9127)

0,0 Str-Π, re zur Straße 971 (69.1840,27.9043);
⇩ in Inarisee. Auf dem See Richtung SW etwa 42 km durch ein Gewirr von kleinen Inseln nach Inari (69.1839,27.9044)

Sevettijärvi-Route

Seen, Flüsse, Portagen

Die Sevettijärvi-Route überwindet die Wasserscheide zwischen dem Inarisee und dem Näätämöjoki und ermöglicht damit die Fahrt von Nordfinnland zum Eismeer. Beginn der Fahrt in Inari am Inarisee. Die Fahrt über den See kann auch an einigen wenigen anderen Stellen des Sees mit Straßenzufahrt sowie auf den Zuflüssen des Inarisees begonnen werden. Nach Überquerung des Inarisees Fahrt nach NNO in die Bucht Suolisvuono bis zum Ende.

Schwierigkeiten: Seen, mehrere Umtragestellen, die über teilweise sehr unwegsame Blockstrecken führen, Treidelstrecken, Fahrtdauer mindestens drei Tage.

Kilometrierung: Die Route ist nur eine ungefähre Übersicht. Bitte genaue Informationen einholen.

42,0 Nach Überquerung des Inarisees Fahrt nach NNO in die Bucht Suolisvuono bis zum Ende (69.2628,28.3370)

27,3 bei einer Schutzhütte mit Gleisbootwagen in den See Suolisjärvi umsetzen. Sehr klar und fischreich (69.3623,28.5829)

20,7 Nach Westen in tiefe Bucht bis zu ihrem Ende fahren (69.4070, 28.6608)

20,5 Über ein Blockfeld etwa 200 m weit nach Norden in kleinen See ⌓. In diesem See bis NW-Ende fahren (69.4085,28.6603)

20,1 Etwa 100 m weit über Moos in Vestijärvi ⌓. Fahrt nach Norden (69.4108,28.6539)

16,8 500 m nördlich der Kämppäa li bei kleiner Insel anlanden (Holzkreuz). Es folgt eine 2 km lange Kette kleinerer Seen, mehrere Portagen, die z. T. mit querliegenden Birkenstämmen zum Ziehen der Boote eingerichtet sind (69.4360,28.6703)

15,1 Beginn des Sollomusjärvi, Fahrt nach NO, sehr schöne Landschaft (69.4512,28.6639)

10,8 Kurz hinter einer Schutzhütte geht li ein treidelbarer Abfluss ab. Den folgenden See nach NW durchfahren. Sein Abfluss, der versteckt hinter einer größeren Insel liegt, ist im ersten Teil treidelbar, am Ende muss kurz über ein Blockfeld ⌓ werden. Anschließend Seenkette mit vier leichten Treidelstrecken, die je nach Wasserstand evtl. ≋ sind. Bei scharfer re-Kurve li ⇩ eines Nebenbaches, auf 3 km stark verblockte schwierige Treidel- und ⌓-Strecken. Dann ⇩ in einen größeren, weitgehend verschilften See. Abfluss li hinter Landzunge. Jetzt leichter Fluss mit einzelnen Schwällen, die alle gut ≋ oder treidelbar sind. Bei Flussgabelung re halten. Drei weiteren kleine Seen (69.4825,28.7181)

0,0 ⇩ in die Seenplatte des Sevettijärvi bei gleichnamiger Ortschaft. Weiterfahrt siehe Sevettijoki (69.5141,28.6070)

Luttojoki

Wildwanderfluss
Mündung in Nota

Der Luttojoki entspringt am Fuß des Kaunispää südlich von Ivalo in etwa 400 m Höhe. Er verläuft zunächst auf etwa 40 km durch eine völlig einsame Gegend, weitab von Straßen, Zufahrt hier nur an wenigen Stellen möglich. Eine Erkundung dieses Abschnittes, der wohl nur bei HW ≈ sein dürfte, könnte interessant sein. Ein Befahrungsbericht ist bisher nur über eine etwa 24 km lange Strecke bis zur Grenze nach Russland bekannt geworden. Die nachfolgenden Angaben gelten nur für diesen Abschnitt.
Fahrtstrecke: ⇩ des Kolomosjoki (⬇ auch an anderen Stellen möglich) bis zur Fußgänger-Ⅱ Riippusita. Auf keinen Fall weiterfahren, da dann Schwierigkeiten mit den finnischen und russischen Grenzbehörden unvermeidlich wären.

Befahrbarkeit: Ganzjährig.
Umwelt: Das Wasser ist sehr sauber.
Schwierigkeiten: Zahmwasser und WW I–II.
Infrastruktur: Zufahrt zur ⬇ auf der Straße 91. Die ⬆ wird auf einer Piste erreicht, die vor dem Schlagbaum der finnischen Grenzstation Raja Jooseppi nach re abbiegt.

21,2 li ⇩ des Kolomosjoki, ⬇ (68.5143,28.0654)
0,0 unbedingte ⬆-Stelle an der Fußgänger-Ⅱ Riippusita (68.4537, 28.4192)

Oulankajoki

Wildwanderfluss
Mündung in Paanhajärvi (Russland)

Der Oulankajoki bietet auf ca. 45 km eine sehr abwechslungsreiche Fahrt in herrlicher Landschaft: Idyllische Seen wechseln ab mit mäandrierenden Fließstrecken von Kleinflusscharakter und canonartigen Felsdurchbrüchen, dazwischen auf kurzen Abschnitten verblocktes, schweres und z. T. unfahrbares Wildwasser. Der Oulankajoki verläuft durch den Oulanka-Nationalpark. Man sollte sich vor Fahrtantritt im Nationalparkmuseum über die Regelungen im Nationalpark informieren. Das Kanufahren ist jedoch ausdrücklich erlaubt! Hier erhält man auch die Touristenkarte „Kuusamo“ 1:100 000, deren Beschaffung dringend anzuraten ist.

Befahrbarkeit: Ab km 62,1 wahrscheinlich ganzjährig.
Schwierigkeiten: Zumeist WW I bis Zahmwasser, jedoch mehrere Stellen WW III–IV–V–**X**, ⌓ gut möglich.
Infrastruktur: Der Fluss verläuft weitgehend abseits der Straße durch völlige Einsamkeit, Zufahrt nur an wenigen Stellen möglich.

89,1 Ausfluss aus dem See Hirvasjärvi in 252 m Höhe (66.5392,28.5556)
88,8 Str-Ⅱ 9481. Bei sehr gutem Wasserstand könnte eine Befahrung ab

hier evtl. möglich sein, ein Befahrungsbericht ist nicht bekannt (66.5370,28.5599)

80,6 li **FIN Aholanvaara** (66.5315,28.7007)

78,6 Insel, darüber Str-II (66.5237,28.7408)

62,1 Str-II 950, li **FIN Oulanka**, übliche ⬇. Es folgt ein Wechsel von See- und Fließstrecken mit teilweise stärker verblockten Schnellen, im Allgemeinen nach Besichtigung gut ≈ (66.4585,28.9922)

55,5 Beginn des Oulanka-Nationalparks und des Oulanka-Canons, mit eindrucksvollen Felswänden auf beiden Seiten (66.4421,29.1188)

53,3 Fußgänger-II, li Schutzhütte (66.4318,29.1560)

53,1 ⇩ in den kleinen See Savilampi (66.4318,29.1592)

52,4 li ⇩ des Savinajoki (66.4296,29.1723)

52,2 ⚠, verblockte Passage, je nach Wasserstand evtl. ≈, WW IV, ⌓ re steil hoch und 350 m weit, mühsam (66.4272,29.1747)

49,9 li ⛺ (66.4097,29.1881)

49,7 ⚠ Taivalköngäs, Felsdurchbruch in 3 Armen : li Arm, fängt leicht an (WW I), steigert sich nach einer Hänge-II schlagartig auf WW III–IV, nur mit WW-Ausrüstung ≈. Mittlerer Arm, meist trocken, wahrscheinlich immer X. re Arm WW II–III, evtl. treidelbar, Auslauf sehr steinig. ⌓ am besten zwischen dem mittleren und re Arm in flacher Bucht anlegen und 150 m weit auf gutem Weg bis zu einem ⛺ am Unterwasser (66.4089,29.1932)

49,5 li ⛺ (66.4074,29.1914)

42,9 Offizieller ⛺ des Nationalparks, empfehlenswert (66.3732,29.2885)

40,7 Str-II 8693, gute ⬆⬇, Nationalpark-Information und Museum (66.3693, 29.3119)

40,2 Stufe, etwa 1 m hoch, ganz re an Felswand gut ≈. Sofort danach re halten und rechtzeitig zur Besichtigung ↱ (66.3674,29.3206)

39,9 ⚠, es folgt Kiutaköngäs, ein Wasserfall, etwa 7 m hoch, evtl. ≈, WW VI, danach auf 200 m herrlicher Flussdurchbruch zwischen roten Felswänden mit 2 weiteren Stufen, WW III–IV. re ⌓ des gesamten Abschnittes etwa 500 m weit bis zu einem ruhigen Becken (66.3670, 29.3269)

39,3 re ⛺ (66.3689,29.3366);
Stufe, evtl. ≈, treideln oder ⌓. Ende der Schwierigkeiten (66.3696, 29.3373)

31,6 re ⛺, Schutzhütte (66.3488,29.4431)

24,2 li ⛺, Schutzhütte (66.3288,29.5316)

16,5 ⬆ bei **FIN Jäkälämutka**, Zufahrt auf Forstweg, die Fahrt muss hier beendet werden. Auch ⬆ für eine Befahrung des Kitkanjoki. Zufahrt über Straße Richtung Kiutkaköngäs–Kyalä (66.2915,29.6250)

14,1 re ⇩ des Kitkajoki (s. Seite 189) in den Oulankajoki, anschließend Grenzzone, eine Weiterfahrt ist nicht möglich (66.2834,29.6475)
10,4 finnisch-russische Grenze (66.2752,29.7048)
1,9 ⇩ des Kuusinkijoki (s. Seite 190) in den Oulankajoki in Russland (66.2567,29.7853)
0,0 ⇩ in Paanajärvi (Russland) (66.2653,29.8169)

Kitkajoki

Wildfluss
Mündung in Oulankajoki bei km 14,1 (re Nebenfluss)

Der Kitkajoki fließt aus dem Alakitka-See nördlich von Kuusamo in überwiegend west–östlicher Richtung und mündet ca. 5 km vor der finnisch-russischen Grenze in den Oulankajoki. Im Oberlauf bis zum Juumajärvi ist der Kitkajoki ein leichter Wildfluss mit kürzeren ruhigen Fließ- und Seenstrecken. Unterhalb des Juumajärvi gräbt sich der Fluss durch eine enge Felsschlucht und wird streckenweise zu schwerem Wildwasser. Auf den letzten 10 km lassen die Schwierigkeiten nach (WW I–II). Der untere Teil des Kitkajoki verläuft ohne jegliche Straßenanbindung durch völlige Einsamkeit. Der Wanderpfad „Bärenrunde" (Karhunkierros) begleitet diesen Flussabschnitt über viele km.

Befahrbarkeit:	Ganzjährig.
Umwelt:	Das Wasser ist sehr sauber.
Schwierigkeiten:	km 32,3–16,7 WW I–II (III) km 16,7–15,2 WW III–IV (X) km 15–5 abnehmend WW III–II km 5 bis ⇩ WW I
Infrastruktur:	Mehrere ⛟ bei Juuma

39,5 Str-II 5/E63, Ausfluss des Kitkajoki aus dem See Alakitka (66.2852, 29.0147)
32,3 Str-II 950, darunter Stromschnelle, re **FIN Käylä**, 🛒. Übliche ⬇. Es folgen Zahmwasser- und Fließstrecken mit Schnellen bis WW II (66.3032,29.1455)
25,3 ⚠, Stromschnelle Harjakoski, WW II–III, evtl. ansehen (66.2935, 29.2840)
23,9 ⇩ in den See Juumajärvi (66.2906,29.3069)
19,8 Str-II Juuma–Kantojoki, li **FIN Juuma**, mehrere ⛟. Gute ⬆⬇. Zunächst weiterhin leicht bis WW II (66.2700,29.3801)
16,7 ⚠ Beginn der schweren WW-Strecke Myllykoski, 200 m bis WW IV, re ≋, ⌂ ab Bohlenpfadbrücke li, bis hinter Jyrävä-Fall; mühsam (66.2607,29.4177)
16,3 ⚠ Stromschnelle Aallokkoski, 900 m bis WW IV, li ≋ (66.2576,

29.4184)

15,5 ⚠ Wasserfall Jyrävä, 9 m hoch, **X**, ⌂ li, sehr mühsam (66.2552, 29.4324)

15,3 ⚠ auf den folgenden 10 km nehmen die Schwierigkeiten allmählich ab (WW III–II). Fahrt durch ein völlig einsames Waldtal (66.2549, 29.4370)

0,0 ⇩ des Kitkajoki in den Oulankajoki (s. Seite 187) bei km 14,1, anschließend Grenzzone, eine Weiterfahrt ist nicht möglich (66.2834, 29.6475);
zum ⬆ ca. 2 km flussauf auf dem Oulankajoki bis **Jäkälämutka** an Naturstraße, die zwischen Hautala und Liikasenvaara von Straße 8693 (Käylä – russ. Grenze) abzweigt. Alternative: nach Zusammenfluss Oulankajoki nach re fahren bis zur Grenzzone, dort ⬆-Möglichkeit mit 200 m-Bootstransport zum Forstweg Kuusinkiniemi (66.2835,29.6478)

Kuusinkijoki

Wildfluss
Mündung in Oulankajoki bei km 1,9 (re Nebenfluss)

Der Kuusinkijoki fließt aus dem Vuotunki-See nordöstlich von Kuusamo als kleiner, interessanter Wildfluss mit starkem Gefälle in nordöstlich Richtung nach Russland. Eine Befahrung ist nur im Frühjahr und im Herbst möglich und empfiehlt sich im Zusammenhang mit der Befahrung der nahegelegenen Flüsse Kitkanjoki und Oulankajoki.
Fahrtstrecke: **Vuotunki** am gleichnamigen See bis **Saunavaara**, Streckenlänge 21 km. Die Straße 869 verläuft über ca. 10 km in Flussnähe.

26,5 ⬇ **FIN Vuotunki** am gleichnamigen See (66.1389,29.5356)

5,3 ⬆ bei **FIN Saunavaara** (66.2455,29.7057)

2,5 finnisch-russische Grenze (66.2485,29.7397)

0,0 ⇩ des Kuusinkijoki in den Oulankajoki (s. Seite 187) bei km 1,9 in Russland (66.2567,29.7853)

Kanusport in Island

Wer den Ehrgeiz hat, Neuland zu entdecken und den beträchtlichen zeitlichen und finanziellen Aufwand, dorthin zu kommen, nicht scheut (Island ist mehr als 2 000 km von Norddeutschland entfernt), der wird von Island nicht enttäuscht sein. Das Klima ist dank des Golfstroms trotz der hohen Breitenlage knapp südlich des Polarkreises verhältnismäßig mild (mittlere Juli-Temperatur im Süden 11°), dabei bietet die Insel sehr viel, was man sonst in Europa vergeblich sucht, helle Mittsommernächte, satte Farben, staubfreie Luft mit einzigartiger Fernsicht, dramatisches Wettergeschehen, beste Wasserqualität, tätige Vulkane, heiße Quellen und Geysire, Gletscher und Wüsten, gastfreundliche Isländer - und kaum bekannte Kanuflüsse. Die Flüsse Islands haben, ähnlich wie viele Gewässer in Skandinavien, ein unausgeglichenes Gefälle. Gefällearme Strecken überwiegen bei weitem. Dazwischen liegen dann Wildwasserstrecken unterschiedlicher Schwierigkeit oder Wasserfälle. Ausgesprochene Seen finden sich dagegen in Island nur selten.

Island ist das Land mit den größten Gletschern Europas. Alle Flüsse, die ihren Ursprung im Gletscherbereich haben, führen im Sommer sehr reichlich Wasser, mit starker Wasserwucht und erheblicher Wellenbildung. Die Flüsse, die nicht aus den Gletschern kommen, führen klares Wasser, ihre Durchflussmenge ist sehr unterschiedlich. Sind die Sommer in ihrem Einzugsbereich zu kalt und zu trocken, kann ihre Wasserführung für eine Befahrung unzureichend sein.

Island liegt als Kanusportland im Abseits. Es führt dies dazu, dass nur wenige deutsche Kanuten nach Island kommen, mit der weiteren Folge, dass Berichte über Befahrungen isländischer Gewässer sehr spärlich gesät sind. In der 2. Auflage des Skandinavienführers konnten einige Beschreibungen von Ulf Aurich aus München veröffentlicht werden. Inzwischen hat 1991 Hans-Jörg Otto aus Hamburg über Befahrungen und Erkundungen zahlreicher weiterer Gewässer berichtet; seine Beschreibungen finden sich im nachfolgenden Text. Man muss sich aber darüber im Klaren sein, dass es sich dabei nur um Bruchteile einer erschöpfenden Beschreibung handeln kann. Einige Flüsse wurden nur oberflächlich erkundet, zahlreiche weitere haben sich bisher jeder Erkundung oder gar Befahrung entzogen. Es bedeutet dies, dass, trotz der folgenden Beschreibungen, Island, kanusportlich gesehen, immer noch ein Neuland ist, in dem noch viele Flüsse ihrer Erstbefahrung harren.

Kanufahrten in Island bringen eine Reihe logistischer Probleme mit sich. Zunächst wird man nicht damit rechnen können, in Island Leihboote zu bekommen, d. h. man muss die eigenen Boote mit nach Island nehmen. Am einfachsten ist es wahrscheinlich, im Flugzeug nach Reykjavik ein Faltboot zu transportieren und dort einen Mietwagen zu nehmen. Da bei den meist wasserreichen

Flüssen Islands die Verblockungen nur eine geringe Rolle spielen, dürfte die Mehrzahl der Flüsse mit Faltbooten gut zu befahren sein. Schwieriger wird es, wenn man starre Boote transportieren will. Es müsste erkundet werden, ob sie evtl. von Flugzeugen transportiert werden. Im Nordatlantikverkehr ist dies bei einzelnen Gesellschaften möglich. Es ist natürlich möglich, die Boote auf eigenem Pkw nach Island zu transportieren. Es geht dies im Fährverkehr von Dänemark über die Faröer nach Island. Allerdings verliert man dadurch, im Vergleich zum Fliegen, etwa eine ganze Woche. Die beste, schnellste und zugleich billigste Methode besteht darin, den Pkw nebst Booten und Gepäck mit dem Schiff vorauszuschicken und selbst mit dem Flugzeug nachzukommen. Es funktioniert allerdings nur über eine Hamburger Reederei; man muss daher wohl in Hamburg oder dessen nächster Umgebung wohnen, um davon Gebrauch zu machen.

Die Preise sind in Island im Durchschnitt etwa doppelt so hoch wie in Deutschland.

Die Straßen in Island sind nur teilweise asphaltiert; die Abzweigungen von den Hauptstraßen zu möglichen Einsetzstellen sind vielfach Pisten, also Naturstraßen, deren Befahrung bei schlechtem Wetter durchaus Schwierigkeiten bereiten kann. Ein geländegängiges Fahrzeug ist ideal.

Wenn man in Skandinavien Wildwasser fahren will, kann man dies in Norwegen besser als in Island machen: die Flüsse sind besser beschrieben, es gibt von ihnen eine größere Auswahl, und sie sind erheblich einfacher zu erreichen.

Es lohnt sich also wahrscheinlich kaum, nur zum Zwecke des Kanufahrens nach Island zu gehen. Wer aber als Kanufahrer die eingangs erwähnten Schönheiten Islands genießen will, der ist sicher gut beraten, sein Boot mitzunehmen und auch auf den Flüssen des Landes kaum bekanntes Neuland zu betreten. Ein Reiseführer für Island ist unerlässlich für eine derartige kombinierte sightseeing-Kanufahrt.

Unterlagen:

Straßenkarte 1:500 000, Touring Map.

6 Blätter des geodätischen Institutes von Island 1:250 000.

Die nachfolgend beschriebenen Flüsse folgen einer Reihung im Uhrzeigersinn, beginnend nördlich von Reykjavik.

Pkw:

Auf dem Lande gibt es nur wenige Kfz-Werkstätten, jedoch können Sie kleinere Reparaturen fast in jedem Ort vornehmen lassen. Die Mitnahme von Luftdruckmesser und Ersatzwindschutzscheibe wird empfohlen.

Allgemeines

Es ist sehr zu empfehlen, sich bei einem Automobil-Club Reiseinformationen für Island zu besorgen. Es sind darin, stets auf den neuesten Stand gebracht, alle wesentlichen Angaben enthalten über Personalpapiere, Zoll- und Devisenbestimmungen, Verkehrsregeln, Straßenhilfsdienste, Kontaktadressen usw.

Anschriften

Botschaft

Botschaft der Republik Island
Rauchstraße 1
10787 Berlin
✆ (030) 50 50 40 00
Telefax (030) 50 50 43 00
Mail: berlin@mfa.is
Web: www.mfa.is/de

Deutsche Botschaft

Botschaft der Bundesrepublik Deutschland
Embassy of the Federal Republic of Germany
Laufasvegur 31
IS-101 Reykjavik
✆ +354 530 11 00
Telefax +354 530 11 01
Hinweis: E-Mail über das Kontaktformular auf der Webseite
Web: www.reykjavik.diplo.de

Notruf

Polizei und Unfallhilfe/Notarzt 112

Flüsse in Island

Hvítá (Borgarfirði)

Wildfluss – Gletscherfluss
Mündung in Atlantik (IS)

Die Hvitá ist ein sehr wasserreicher Gletscherfluss. Sie bietet in ihrem Oberlauf sehr schweres Wildwasser, später nehmen die Schwierigkeiten bis zum Zahmwasser ab.

Schwierigkeiten:	km 73–61 WW IV – VI - X, km 61–35 WW I - Zahmwasser (II), km unterhalb km 35, keine Unterlagen, wahrscheinlich Zahmwasser. Wasserführung: je nach Wetterlage stark schwankend; Ende Juli 91 wurden etwa 150 m³/s angetroffen.
Kilometrierung:	Es handelt sich um eine alte Beschreibung. Mit Veränderungen ist zu rechnen.

73,1 ⬇ bei der Str-Ⅱ N523 nordöstlich von Husafell. Die Hvitá fließt zunächst auf 4 km durch ein Lavafeld, die z.T. senkrechten Lavawände bieten wenig Landemöglichkeit. Wegen der hohen Schwierigkeiten ist eine vorherige Besichtigung anzuraten (64.7391,-20.8299)

71,2 Auf den folgenden 3 km häufen sich die Schwierigkeiten. Das Flussbett verengt sich zunächst auf 2 m. Die folgenden 300 m unbedingt besichtigen! Auf einige kleine Stufen folgt eine höhere Stufe mit Verschneidung, **X**. Das Anlegen davor ist schwierig. Wegen der senkrechten Basaltwände ist ein ⬇ danach kaum möglich. Die nächsten 150 m bieten schönes, verblocktes WW. Dieser S-förmige Streckenabschnitt wird von einer bedingt ≈ Stufe beendet, mit schwieriger Anfahrt und einer unterspülten Felswand im Unterwasser. Die 3. sehr schwierige Stelle folgt nur ein wenig später. Das Wasser fließt durch ein enges, kanalförmiges Bett ohne ⬆-Möglichkeit zwischen Basaltwänden über eine Doppelstufe, deren Ausgang fast ganz durch große Blöcke versperrt ist (64.7356,-20.8615)

67,0 Am Ende des Lavafeldes, re ⇩ Nordlingsfljot, danach Wasserfall, 4 m hoch, der li Abfall ist im Unterwasser unsauber, der re Arm ist verwinkelt, eine evtl. Befahrung ist daher gefährlich (64.7087,-20.9006)

66,0 Wenn man die vorausgehenden Schwierigkeiten vermeiden will, kann man am Beginn des Flugplatzes von Husafell in einen der Bäche aus dem Lavafeld einsetzen; man erreicht dann nach kurzer Fahrt die Hvitá. Es folgt sehr schönes Wildwasser, WW III/II (64.7008,-20.9079)

63,0 ⚠ Es folgt eine Stufe mit Verschneidung, Befahrung problematisch

	(64.6995,-20.9482)
62,3	⚠ Barnafoss. Das Wasser stürzt in eine schräg durch den Fluss verlaufende Spalte, durch die sich das Wasser in mehreren Stufen und Kesseln den Weg nach unten sucht. Man kann hier ⬆ und das Boot über die Fußgänger-Ⅱ zu einem Fahrweg tragen. Ein phantastisches Erlebnis ist es jedoch, li bis an das Ende der Spalte vorzufahren, den Kindafoss zu ⩍ und direkt am Ende der Fälle wieder ⬇. Nach einer kurzen, jedoch unerhört wirbligen Schlucht unter der Fußgänger-Ⅱ hindurch sind re die Hraunfossar. Auf einer Länge von einigen 100 m stürzen kleine Wasserfälle direkt aus dem Steilufer, ohne dass oberhalb ein Wasserlauf zu sehen wäre (64.7020,-20.9743)
61,4	Ende der Schlucht, die Hvitá verläuft, vielfach mäandrierend, in einem weiten Tal, WW I und Zahmwasser (64.7032,-20.9916)
58,7	Str-Ⅱ N519, die Straße N523 verläuft am re Ufer (64.7044,-21.0396)
35,1	Str-Ⅱ N50, darunter Engstelle mit Stufe, WW II, gute ⬆. Über die Reststrecke liegt kein Befahrungsbericht vor (64.6928,-21.4107)
19,2	li **IS Hvítárbakki** (64.6290,-21.6273)
15,3	re ⇩ der Norðurá (Hvítá) (s. Seite 195) in die Hvítá (Borgarfirði) (64.6175,-21.6856)
13,3	Str-Ⅱ N510, weitere ⬆ (64.6035,-21.7093)
0,0	Str-Ⅱ N1, ⇩ in Atlantik, Borgarfjördur (64.5336,-21.8925)

Norðurá (Hvítá)

Wildfluss
Mündung in Hvítá (Borgarfirði) bei km 15,3 (li Nebenfluss)

Fahrtstrecke: ⬇ nachdem die Nordurá den See Holtavörduvatn verlassen hat. Beendigung der Fahrt auf der Höhe der Kirche von Hvammur.

Schwierigkeiten:	Nach der ⬇ auf einige km einige höhere Stufen; danach wechselt flaches Kiesbett mit kurzen Engstrecken. In diesem Bereich nur geringe Schwierigkeiten, WW bis II.
Kilometrierung:	Es handelt sich um eine alte Beschreibung. Mit Veränderungen ist zu rechnen.

64,5	Ausfluss aus dem See Holtavörðuvatn (64.9845,-21.0779)
57,6	Str-Ⅱ N1 (Ringstraße) (64.9340,-21.0746)
50,7	Str-Ⅱ N1 (Ringstraße) (64.9030,-21.1832)
44,9	Str-Ⅱ N1 (Ringstraße) (64.8575,-21.2135)
37,3	⬆ bei der Kirche von **IS Hvammur** (64.8382,-21.3362)
0,0	⇩ der Norðurá (Hvítá) in die Hvítá (Borgarfirði) (s. Seite 191) bei km 15,3 (64.6175,-21.6856)

Langá

Wildfluss
Mündung in Atlantik (IS)

Die Langá verläuft mit klarem Wasser und geringer Wasserwucht durch eine ansprechende Landschaft. Befahrungsbericht nur über eine Teilstrecke
Fahrtstrecke: Man erreicht die mögliche ⬇ von der Π der Ringstraße (nahe der ⇩) auf der Straße 536 etwa 12 km flussaufwärts. Eine höhere ⬇ dürfte möglich sein. Auf 12 km meist leichtes Wildwasser (WW I - II). Schwieriger sind eine Stufe WW III und ein Felsriegel mit S-förmiger Stufe, WW IV. ⬆ bei der Π der Ringstraße, kurz danach Wasserfall.
Eine Erkundung des Oberlaufs, ab Ausfluss aus dem See Langavatn, könnte lohnend sein.
Kilometrierung: Es handelt sich um eine alte Beschreibung. Mit Veränderungen ist zu rechnen.

26,1 Ausfluss aus dem See Langavatn (64.7744,-21.8032)
14,5 Furt (64.6890,-21.8657)
1,0 Str-Π N54, empfohlene ⬆ (64.5923,-21.9912)
0,6 Wasserfall (64.5903,-21.9923)
0,0 ⇩ der Langá in den Atlantik (64.5882,-21.9891)

Blandá

Wildfluss – Gletscherfluss
Mündung in Atlantik (IS)

Ursprung der Blandá westlich des Gletschers Hofsjökull. Ihr Wasser wird in einer Talsperre aufgestaut und in ein Kraftwerk abgeleitet. Erst ab Kilometer 41,6 kehrt das Wasser zurück und ab hier ist die Blandá befahrbar. Die Blandá mündet in den Hunafjördur (Atlantik, Nordküste bei Blöndosbaer).
Schwierigkeiten: km 41,6–28,4 WW II und III
km 28,4–0 Zahmwasser (III)
Kilometrierung: Es handelt sich um eine alte Beschreibung. Mit Veränderungen ist zu rechnen.

69,6 ▬ Staudamm mit Wasserableitung, eine Befahrung ab hier ist nicht möglich (65.2254,-19.6714)
41,6 li ⇩ des oben abgeleiteten Wassers, Schwallbetrieb (65.4292,-19.7991)
41,6 –28,4 WW II und III (65.4292,-19.7991)–(65.5299,-19.8942)
33,7 Str-Π 731 (65.4904,-19.8547)
28,4 re ⇩ der Svartá (s. Seite 197) in die Blandá, Aufteilung in viele Arme (65.5303,-19.8934)

28,4 –0,0 Zahmwasser (III) (65.5300,-19.8944)–(65.6619,-20.3007)
17,9 re **IS Holtastađir** (65.5813,-20.0518)
3,1 Flussverengung (65.6620,-20.2471)
1,0 Str-Ⅱ N1, **IS Blönduós**, hier WW III (65.6575,-20.2823)
0,0 ⇩ in den Atlantik (65.6620,-20.3009)

Svartá

Wildfluss – Gletscherfluss
Mündung in Blandá bei km 28,4 (re Nebenfluss)

Die Svartá entwässert den Nordteil des Gletschers Hofsjökull.
Kilometrierung: Es handelt sich um eine alte Beschreibung. Mit Veränderungen ist zu rechnen.

29,0 li ⇩ Fossar, ⬇, zu erreichen über eine einfache Straße, die den Fluss begleitet. Die Folgestrecke ist zumeist WW I, streckenweise WW II (65.3611,-19.5719)
27,7 Str-Ⅱ Svartárdalsvegur (65.3700,-19.5823)
18,7 Str-Ⅱ Steinárvegur (65.4217,-19.6904)
15,5 Wege-Ⅱ (65.4453,-19.7167)
9,5 Das Tal wird enger, auf etwa 1 km Durchbruchsstrecke, maximal WW III (65.4897,-19.7621)
7,4 Wege-Ⅱ (65.5028,-19.7733)
1,5 Str-Ⅱ N731 (65.5232,-19.8681)
0,0 ⇩ der Svartá in die Blandá (s. Seite 196) bei km 28,4, Aufteilung in viele Arme (65.5303,-19.8934)

Norðurá (Héraðsvötn)

Weitere Namen: Kroka, Heiðará

Wildflüsse
Mündung in Héraðsvötn

Die Heiðará, die Kroka und die anschließende Norðurá (Héraðsvötn) verlaufen östlich des Flusses Blandá. Sie verlaufen parallel zur Straße N 1, westlich Akureyri und östlich Blöndosbaer. Sie sind mäßig schwere Wildflüsse. Da ihr Ursprung nicht im Gletscherbereich liegt, ist ihre Durchflussmenge nur gering, etwa 5 m³/s. Die Schwierigkeiten liegen bei maximal WW III.
Die Beschreibung beruht auf einer Besichtigung von der Straße aus. Eine Beschreibung der Reststrecke bis zur Mündung in den Atlantik ist nicht bekannt.
Kilometrierung: Es handelt sich um eine alte Beschreibung. Mit Veränderungen ist zu rechnen.

23,0 ⬇ oberhalb der roten Hütte im Bereich des Heidarfjäll. Das Tal ist zunächst offen, später eine landschaftlich schöne Schlucht. Im Luftbild nicht gefunden

18,3 ⇩ der Heiðará in die von li kommende Kroka (65.4626,-18.8675)

15,3 ⇩ in Norðurá (Héraðsvötn), Weiterfahrt auf diesem Fluss (65.4628,-18.9229)

2,4 ⬆ an der Str-Ⅱ N759, ab hier offenes Tal (65.4327,-19.1607)

0,0 ⇩ in die Héraðsvötn, für die keine Beschreibung vorliegt (65.4334,-19.2054)

Hörga

Wildfluss – Gletscherfluss
Mündung in Atlantik (IS)

Ursprung im Hjaltadalsheidi im Bereich mehrerer Gletscher. Mündung in den Eyjafjördur des Atlantiks.

Kilometrierung: Es handelt sich um eine alte Beschreibung. Mit Veränderungen ist zu rechnen.

34,8 mögliche ⬇ am südlichen Ende der Straße N814. Sie verläuft im Tal. Es folgt mit Sicherheit schweres Wildwasser, eine Erkundung oder Befahrung ist nicht bekannt (65.5996,-18.6182)

20,6 Str-Ⅱ N814 (65.6814,-18.4242)

20,2 re ⇩ der Öxnadalsá (s. Seite 198) in die Hörga (65.6837,-18.4220)

20,1 Str-Ⅱ N815. Das Tal weitet sich, der Fluss verläuft in mehreren Armen, WW I–II, flotte Strömung (65.6847,-18.4213)

6,5 Str-Ⅱ N 82, gute ⬆ (65.7596,-18.2325)

6,3 Ⅱ (65.7604,-18.2308)

0,0 ⇩ in Eyjafjördur des Atlantiks, etwa 13 km nördlich von **Akureyri** (65.7939,-18.1630)

Öxnadalsá

Wildfluss
Mündung in Hörga bei km 20,2 (re Nebenfluss)

Zufahrt über die Straße Nr. 1, die auf der ganzen Länge im Flusstal verläuft.

Kilometrierung: Es handelt sich um eine alte Beschreibung. Mit Veränderungen ist zu rechnen.

30,4 Beginn der Öxnadalsá, ⬇ muss erkundet werden. Weites Tal, der Fluss verläuft in mehreren Armen, keine besonderen Schwierigkeiten (65.4722,-18.6597)

24,9 ehemalige Str-Ⅱ (65.5112,-18.6050)

23,5 Str-Ⅱ N1 (65.5218,-18.5947)

20,6 Straße direkt am Fluss (65.5396,-18.5693)

17,6 Flussverengung, starke Verblockungen, WW V?; li etwa 1 km weit ⩍. Danach W III
16,0 ⌶, danach etwas leichter, WW II - III (65.5708,-18.5487)
13,9 Scharfe li-Kurve, Stufe, WW V, danach ⌶ (65.5861,-18.5412)
1,2 ⌶ Straße Nr. 815 bei Baegisa, davor 2 Stufen, WW III. Nach der ⌶ folgt eine kleine Schlucht auf 1 km Länge. 1. Stufe direkt unter der ⌶ WW V, 2 weitere Stufen sind leichter (65.6744,-18.4189)
0,0 ⇩ der Öxnadalsá in die Hörga (s. Seite 198) bei km 20,2 (65.6837,-18.4220)

Fnjoska

Wildfluss – Wanderfluss
Mündung in Atlantik (IS)

Die Fnjoska verläuft in einem landschaftlich schönen Flusstal, Ufer teilweise mit Birkenwäldchen, und mündet in den Eyjafjördur des Atlantiks. Das Wasser ist klar und kalt, keine Wasserwucht. Begleitung mit Pkw durchgehend möglich.

Kilometrierung: Es handelt sich um eine alte Beschreibung. Mit Veränderungen ist zu rechnen.

49,3 ⬇-Möglichkeit, Zufahrt zum Hof Reykir über die Straßen N1 und 833. Man gelangt unterhalb des Hofes über ein trockenes Flussbett zum Fluss. Weites Tal, gute Strömung, WW II (65.5846,-17.7637)
48,2 re ⇩ Bakkaá (65.5907,-17.7558)
43,0 Str-⌶ 8631 bei **IS Illugastaðir**; ab hier zumeist Zahmwasser, mit Stellen WW I (65.6222,-17.8121)
33,0 re schöner ⛺ (65.6991,-17.8869)
32,2 Str-⌶ 836, Zufahrt zum ⛺ (65.7065,-17.8946)
29,8 Wege-⌶ (65.7255,-17.9033)
26,6 Str-⌶ N1, dann S-Kurve, WW I (65.7465,-17.9061)
15,3 Straße N835 dicht am re Ufer, gute Übernachtungsmöglichkeit (65.8308,-17.8885)
12,1 re ⇩ der Dalsa (sie wurde auf 4 km nur erkundet. Die Dalsa verläuft z. T. in enger Schlucht, WW III und IV. Im Bereich vor der ⇩ befindet sich eine Engstelle, WW V) (65.8578,-17.9002)
4,9 ⚠ Zunahme der Schwierigkeiten bis WW III, danach Stufe, **X**, re an Lachstreppe ⩍. Danach 2. Stufe, evtl. ≈ oder re ⩍ (65.8898,-18.0302)
4,3 ⌶; es folgt eine kleine Schlucht, keine Schwierigkeiten (65.8933,-18.0418)
3,0 Str-⌶ N83 (65.9000,-18.0623)
1,6 Gute ⬆ am re Ufer zur Stichstraße, die zum Hof Nes führt (65.9018,-

	10.0903)
0,0	⇩ in Eyjafjördur, etwa 25 km nördlich von Akureyri (65.8953,-18.1131)

Skjálfandafljot

Wildfluss – Gletscherfluss
Mündung in Atlantik (IS)

Ursprung im Bereich des Vatnajökull. Milchig-naturtrübes Gletscherwasser. Mündung in den Atlantik bei Husavik.

Kilometrierung: Es handelt sich um eine alte Beschreibung. Mit Veränderungen ist zu rechnen.

119,3	li Schutzhütte, oFollgil; die Piste F 28 (Sprengisandur) ist 2 km entfernt. Es folgt eine etwa 40 km lange Schlucht. (65.0809,-17.6136)
81,4	Hrofnabjargarfoss (65.3400,-17.3399)
77,3	Durchbruch mit eindrucksvollem Wasserfall, Aldeyarfoss (65.3667,-17.3401)
74,4	die Angaben oberhalb wurden der Karte entnommen. Ab hier gesicherte Unterlagen durch Befahrung (65.3822,-17.3735); i ⇩ der Mjðadalsa, oberhalb der Str-II N842/F 28 über die Mjðadalsa befindet sich eine ⬇. Mächtige Strömung, sehr breit, geringe Wassertiefe (65.3820,-17.3738)
67,7	li ⇩ der Svartá (65.4392,-17.3767)
60,5	II zwischen den Straßen Nr. 842 und 844 (65.4948,-17.4488)
46,9	Gefälle nimmt zu, Verblockung bis WW III. Dieser Abschnitt kann am besten von der Straße am li Ufer eingesehen werden (65.6121,-17.5123)
44,9	← eines Armes, der nach etwa 7 km um den folgenden Godafoss herumführt (nur von der Straße aus besichtigt). Eine Besichtigung des Nebenarmes ergab schönes Wildwasser (WW III mit- einer Stelle WW IV), der Mündungsbereich wurde allerdings nicht mehr besichtigt (65.6287,-17.5230)
38,6	⚠ Godafoss, Wasserfall, X,. Etwa 80 m oberhalb der Fallkante zweigt li ein Flussarm ab, der den Wasserfall umgeht. Man kann in diesen Arm einfahren und von hier aus mit Pkw den Wasserfall auf kurzem Weg umfahren (65.6827,-17.5503)
38,0	An der II der Ringstraße kann man wieder ⬇, WW III, abnehmend WW II. Wem die Einfahrt in diesen Arm zu gefährlich ist, der muss früher anlegen, sein Boot zu dem Arm tragen und ihn queren (65.6867,-17.5411)
36,7	li ⇩ des Nebenarmes (65.6985,-17.5385)
32,2	Ab hier wurde der weitere Verlauf nicht erkundet. Beschreibung nach

der Karte (65.7357,-17.5220)
30,8 Im linken Arm Barnafoss (65.7480,-17.5226)
19,6 Str-II N 85 bei **IS Poroddsstadur** (65.8404,-17.5080)
0,3 ⬆ Beendigung der Fahrt vor der ⇩ li, hier Ende der Straße Nr. 851 (65.9873,-17.6379)
0,0 ⇩ in den Atlantik (65.9903,-17.6376)

Laxa

Wildfluss
Mündung in Atlantik (IS)

Die Laxa ist der wohl schönste Fluss Islands. Allerdings ist ein Befahrungsbericht nicht bekannt. Die folgenden Angaben beruhen auf Besichtigungen und dem Studium der Landkarten.

Befahrbarkeit:	Man braucht eine Genehmigung der Grundbesitzer zum Betreten der Ufer an den Ein- und Aussetzstellen.
Schwierigkeiten:	(geschätzt) km 60–27,7 WW III mit Gefällestufen, ⩍ möglich; km 26,8–0 überwiegend Zahmwasser mit einigen WW-Stellen.
Kilometrierung:	Es handelt sich um eine alte Beschreibung. Mit Veränderungen ist zu rechnen.

60,3 Ursprung als Ausfluss aus dem Myvatn-See (65.5987,-17.0931)
57,4 Str-II N 848, mögliche ⬇. Es folgt herrliches Wildwasser mit Stufen um WW III, Gefälle anfangs 13 ‰, später abnehmend auf 7 ‰ (65.5860,-17.1341)
55,4 Die Straße N 1 geht vom Fluss weg (65.5934,-17.1670)
49,8 Wege-II (65.6399,-17.1654)
41,6 **IS Arholar**, re Straße Nr. 856, li Straße Nr. 8767 (65.7100,-17.2057)
35,5 re **IS Thverá** (65.7528,-17.2639)
33,4 II Straße Nr. 856 (65.7722,-17.2716)
28,5 ■ und ϟ Laxarvirkjun, **X**, die ⬆ sollte vorher besichtigt werden. Umsetzen bis unterhalb des Kraftwerkes bei km 26.9 (65.8115,-17.2989)
27,8 Dettifoss (65.8156,-17.3089)
27,5 ■ und ϟ (65.8181,-17.3139)
27,2 Str-II (65.8197,-17.3193)
27,0 wieder ⬇ in Unterlauf eines ϟ, das Tal weitet sich, seeartige Erweiterungen (65.8208,-17.3218)
20,0 Str-II N853, Strömung, danach Zahmwasser (65.8539,-17.3998)
9,1 Str-II 8515, darunter Stufe (65.9311,-17.4433)

4,2	2 Str-II N05, danach wieder flotte Strömung (65.9661,-17.4096)
2,1	Foss Laxárós (65.9828,-17.4147)
0,0	⇩ in den Atlantik 9 km südlich von Husavik (65.9922,-17.4148)

Jökulsa á Bru

Wildfluss – Gletscherfluss
Mündung in Atlantik (IS)

Die Jökulsa á Bru wird für das Kárahnjúkar-Kraftwerk aufgestaut. Der dann folgende Flusslauf wurde nur besichtigt, die Schwierigkeiten geschätzt. Vor einer evtl. Befahrung müssten insbesondere die Schluchtstrecken genau erkundet werden!

Schwierigkeiten: km 126,8–69 nichts bekannt,
km 69–59,7 W II und III,
km 59,7–50 W III und IV,
km 50,0-36 W IV, V, **X**, ?

Kilometrierung: Es handelt sich um eine alte Beschreibung. Mit Veränderungen ist zu rechnen.

126,8	▬ und ϟ Kharanjukar. Es folgt eine Schluchtstrecke (64.9468,-15.7917)
101,2	Str-II N 923 (65.1070,-15.5304)
83,9	Str-II 9214 (65.1895,-15.2489)
75,8	Str-II 9216 (65.2561,-15.1932)
69,0	Ab hier verläuft am li Ufer die Straße N 1. Schnell fließendes, glattes Wasser (65.3094,-15.1425)
59,7	Str-II N 924, zunächst weites Tal, danach folgen Schluchten, die vor einer evtl. Befahrung unbedingt erkundet werden müssten (65.3467,-14.9814)
36,0	Ende einer engen Schlucht Str-II N 1, das Tal weitet sich (65.4312,-14.6005)
0,0	⇩ in die Heradsfloi des Antlantik, 30 km nördlich von Egilsstadabaer (65.6577,-14.3101)

See Jökulsarlon

Gletschersee
Mündung in Atlantik (IS)

Eislagunen von Breidamerkurjökull
Eine Fahrt auf diesen Eislagunen, halbwegs zwischen Skaftafell und Höfn, ist ein Erlebnis, das einer zünftigen Wildwasserfahrt sicher gleichrangig ist. Der Gletscher schiebt sich hier in einen See und kalbt dabei in großen Eisbergen. Man kann zwischen den Eisblöcken herumpaddeln und eindrucksvolle Farben

und Figuren sehen, mit blauschimmernden Eishöhlen, in die man mit dem Kajak eindringen kann. Jedoch größte Vorsicht, das Eis schmilzt und ist in fortwährender Bewegung! Es tropft überall, und von den Eisbergen poltern große Eisstücke herunter. Birst ein großer Block entzwei, so rollt, kippt und tanzt er minutenlang, bis er endlich seine Ruhelage erreicht hat.

Befahrbarkeit: Die Gletscherkante wurde anhand eines Luftbildes aus dem Jahr 2019 ermittelt. Der Kurs ist entsprechend der aktuellen Lage der Eisblöcke und den erforderlichen Vorsichtsmaßnahmen festzulegen.

11,0 Gletscherkante (64.0970,-16.2548)
0,6 Ausfahrt aus dem See, li 🅿 (64.0468,-16.1817)
0,5 Str-II N1 (64.0456,-16.1803)
0,0 ⇩ in den Atlantik (64.0416,-16.1786)

Markarfljot

Weitere Namen: Krossa

Wildfluss (Gletscherfluss)
Mündung in Atlantik (IS)

Über den Oberlauf des Flusses ist nichts Genaues bekannt. Nach der Karte beträgt das Gefälle hier 7 ‰, was bei der Unausgeglichenheit der Landschaft zahlreiche Stromschnellen, Katarakte und Wasserfälle vermuten lässt. In einer 12 km langen Schlucht bricht der Markarfljot dann aus den Bergen zu dem nachfolgend beschriebenen Unterlauf durch. Das Hauptwasser stammt aus den großen Gletschern Myrdals- und -Eyjafjallajökull, HW Mai–Juni.

Schwierigkeiten: WW I–II; das Wasser verteilt sich in einem 3 km breiten Flussbett in zahllose Arme. Es ist oft schwierig, den Hauptarm zu finden. Wenn man aussteigen muss, besteht die Gefahr, in Schwemmsandbänke tief einzusinken.

Kilometrierung: Es handelt sich um eine alte Beschreibung. Mit Veränderungen ist zu rechnen.

40,9 ⬇ auf dem Nebenfluss Krossá bei der Berghütte von Thorsmörk, mit öffentlichen Verkehrsmitteln von Reykjavik aus gut zu erreichen. Thorsmörk ist landschaftlich außerordentlich eindrucksvoll, auf drei Seiten von gletscherbedeckten Vulkanen eingeschlossen. Das Tal ist in Island wegen seiner Wetterbeständigkeit berühmt.
Nach Fahrtbeginn zunächst leicht verblockt, am re Prallhang entlang, bis WW III (63.6836,-19.5130)

35,8 Das Tal weitet sich, im N sieht man einige km entfernt die Austrittsschlucht des Markarfljot. li ⇩ eines Gletscherbaches aus der Lagune des Falljökull. Fußmarsch zum kalbenden Gletscher lohnend

(63.0841,-19.0021)

34,8 ⇩ in Markarfljot (63.6909,-19.6156)

17,4 re querab der Inselberg „Stora Dimon“, der Koloss ragt 100 m über die Ebene, phantastischer Rundblick. Am Fuße ⩓ und Trinkwasserquelle (63.6744,-19.9414)

16,1 Wege-Ⅱ (63.6547,-19.9473)

10,3 Einzige Str-Ⅱ N1 über den Fluss, Straßenverbindung nach Reykjavik (63.6162,-20.0139)

6,3 li 2 km entfernt leuchtet die Fontäne des 40 m hohen Seljalandsfoss, re Weideland, Thufur-Wiesen

2,4 Beginn des Kroß-Sandur, fast vegetationslos, ohne Süßwasser

0,0 ⇩ in Atlantik; auf den Sandbänken, noch im Fluss, riesige Vogelschwärme, ein Paradies für Ornithologen, bei gutem Wetter sonnen sich mehrere Rudel von Robben. Sehr lohnend ist eine Überfahrt zu den 15 km entfernt liegenden bewohnten Westmännerinseln mit dem erst 1973 entstandenen Vulkan Eldfell und großen Brutkolonien von Seevögeln. Überfahrt nur bei gutem Wetter machen (63.5302,-20.0562)

Ytri-Rangá

Weitere Namen: Holsa

Wildfluss
Mündung in Atlantik (IS)

Der Ytri-Rangá ist ein interessanter Wildfluss mit stark wechselnden Schwierigkeiten. Ursprung aus Quellen aus der Asche des Vulkans Hekla nördlich der Piste Landmannaleidir. Das Wasser hat Trinkwasserqualität, Wasserstand während des Jahres fast gleichbleibend, da der Fluss von großen Quellen aus den Hekla-Aschen gespeist wird.

Schwierigkeiten: km 73,5–40,7 WW I–II mit Stellen WW III (IV)
km 40,7–5,8 Zahmwasser mit Stellen WW IV und **X**

Kilometrierung: Es handelt sich um eine alte Beschreibung. Mit Veränderungen ist zu rechnen.

70,9 Str-Ⅱ der Piste Landmannaleidir (64.0582,-19.7717)

69,7 Fossabrekkur, Zufluss durch Quellen am re Ufer, ⬇, Anfahrt über die Straße N26, 2 km südlich der Piste Landmannaleidir, 500 m nach Osten fahren. Die Fahrt geht durch eindrucksvolle Vulkanlandschaft, zunächst WW I–II, später sportliches Wildwasser, bis WW III, eine S-Kurve WW IV (64.0508,-19.7842)

61,8 Str-Ⅱ N268, Verbindung zur Straße N26; vor und nach der Ⅱ Engstelle, WW II und III (64.0144,-19.8966)

59,0 Stufe, li ≋ (63.9989,-19.9323)
58,9 enge Schlucht, WW III (63.9989,-19.9340)
57,1 Wasserfall, etwa 10 m hoch, sehr eindrucksvoll, **X**, li ⌂. Anschließend Zahmwasser mit guter Strömung in weiterhin beeindruckender Landschaft (63.9942,-19.9585)
40,1 Straße N 268 unmittelbar am Fluss, gute ⬇ oder ⬆. Für die Fahrt von km 69,7 – 40.0 muss man etwa 4 Stunden rechnen (63.9268,-20.1831)
39,0 Katarakt über Basaltschwelle, evtl. ≋ oder re treideln
35,9 Schwallstrecke, Einfahrt bis WW IV, dann leichter
25,4 re Kirche und Häuser von **IS Arbær**, ⚠, 15 m hoher Wasserfall, ein kleiner Teil des Wassers läuft durch einen li Arm. Am Turbineneinlauf ↱ und leichtes ⌂ (63.8627,-20.3408)
20,6 Str-II N1 (Hauptstraße nach Reykjavik), li Ort **IS Hella**, 🛒 (63.8361,-20.4043)
19,5 ⚠ Fluss teilt sich, li Arm bis zum Wasserfall fahren (63.8299,-20.4208)
17,9 Wasserfall Aegisidufoss fahren (10 m hoch), ↰, über Rampe direkt am Fall ⌂. Ab hier sehr fischreich, mit Lachsen und Forellen (63.8194,-20.4161)
11,0 li ⇩ Thverá, ab hier Name des Flusses „Holsá". Er wird sehr breit, Aufteilung in viele Arme, richtige Fahrrinne oft schwer zu erkennen, feiner Schwemmsand, in den man tief einsinken kann (63.7750,-20.4879)
4,7 re Ortschaft **IS Þykkvibær**, ⬆, gute Gelegenheit zur Beendigung der Fahrt. Eine Weiterfahrt ist nur sinnvoll, wenn man entlang der Küste weiterpaddeln will (63.7332,-20.5674)
0,0 ⇩ in Atlantik (63.6908,-20.5648)

Pjörsá

Wildfluss (Gletscherfluss)
Mündung in Atlantik (IS)

Die Pjörsá ist mit etwa 230 km der längste Fluss Islands. Er entwässert den Ost-Teil des Gletschers Hofsjökull und den Westteil des Gletschers Vatnajökull. Die nachfolgenden Angaben stammen aus Karten und einer Besichtigung einiger Stellen vom Ufer aus. Sie sind daher zwangsläufig unvollständig und unzuverlässig. Eine durchgehende Befahrung des Flusses scheint wenig lohnend zu sein.

Kilometrierung: Es handelt sich um eine alte Beschreibung. Mit Veränderungen ist zu rechnen.

101,7 ■ und ↯ Tangafoss, Stausee Sultartangalón (64.1902,-19.5047)

97,2 Str-Ⅱ N32, mögliche ⬇, starke Strömung in breitem Flussbett, Wassermenge etwa 200 m³/s, WW II(?) (64.1611,-19.6145)

89,5 Flussteilung: li Arm altes Flussbett der Pjörsá über ■, X, ⩯, der re Arm ist eine Wasserableitung zum ↯ Burfells Virkjun (210 MW Stromerzeugung). Das Wasser wird im See Björnalón aufgestaut (64.1191,-19.7350)

83,6 ⚠ Stufe Tröllkonufoss, X, das Flussbett wird enger, starke Strömung (64.0701,-19.7745)

78,6 ⚠ Þjófafoss (keine Angaben) (64.0565,-19.8663)

66,7 Straße N32 verläuft dicht am re Ufer, große Aufweitung, geringe Strömung (64.0829,-20.0092)

60,5 Schwallstrecke, WW II - III

57,5 re **IS Stórinupur**, die Straße N32 verlässt den Fluss (64.0447,-20.1553)

45,2 Die Straße 32 ist wieder am Fluss, re Ort **IS Skeiða- og** (64.0324,-20.3559)

24,9 ⚠ Engstelle, wuchtige Wellen, WW IV bis zur folgenden Brücke (63.9346,-20.6275)

23,8 Wege-Ⅱ (63.9312,-20.6495)

23,0 Str-Ⅱ N1 (63.9298,-20.6651)

22,2 ⚠ Wasserfall Urriðafoss, erreichbar über die Straße N302 (63.9250,-20.6727)

0,0 ⇩ in Atlantik (63.7746,-20.8115)

Hvítá (Ölfusá)

Wildfluss – Gletscherfluss
Mündung in Atlantik (IS)

Die Hvítá (gesprochen: Quita) ist Islands drittlängster und mit einer Wasserführung von etwa 400 m3/sec an der Mündung, wohl auch der wasserreichste Fluss.

Befahrbarkeit:	am besten Juli-August.
Schwierigkeiten:	km 139-97 WW II und III (IV), 3 Stellen X, Gefälle zwischen 3 und 8 ‰ km 97-87 WW II und III, Gefälle 3 ‰ km 87-57 Zahmwasser, Gefälle 2 ‰ km 57-0 Gefälle 1 ‰, keine Unterlagen, vermutlich Zahmwasser
Kilometrierung:	Es handelt sich um eine alte Beschreibung. Mit Veränderungen ist zu rechnen.

142,3 Ausflusses aus dem Gletschersee Hvitarvatn. Dieser 30 km² große und 84 m tiefe See wird gespeist von dem zweitgrößten Gletscher Islands, dem etwa 1000 km² großen Langjökull (64.5618,-19.7931)

139,0 ⬇ an der Ⅱ der Straße F 35.unterhalb des Die Zufahrt zur ⬇ erfolgt vom Gullfoss (Goldwasserfall) über die Piste F 35 in Richtung Kjölur. Nach 12 km überquert man einen re Nebenfluss. Die folgenden 28 km sind bei günstigen Witterungsverhältnissen für einen gewöhnlichen Pkw befahrbar, man muss dabei eine Furt problemlos durchqueren. Die Piste wird meist erst Ende Juli freigegeben. Im Sommer fahren auf dieser Piste Linienbusse 1–2-mal wöchentlich. Das Tal an der ⬇ ist weit, mit Blick auf die umliegenden Gletscher (64.5366,-19.7804)

137,0 li ⇩ Jökulkvisl, ebenfalls ein Gletscherfluss. Er entwässert Teile des Hofsjökull (64.5323,-19.7436)

133,4 re-Kurve mit Wasserfall Abdti, **X**, re ⌓. ⬇ nach etwa 200 m unterhalb der Schlucht

123,3 li ⇩ Grjota, ⚠ das Tal wird enger, Stufe mit erheblicher Wasserwucht, li ≈, WW IV (64.4461,-19.8615)

121,6 ⚠ Beginn einer Schlucht. Verlassen der Schlucht schwierig, rechtzeitig ↰ und die folgende Klamm besichtigen

119,9 ⚠, re-Kurve. Es folgt eine, einige 100 m lange Klamm, nur schwer einsehbar. Unmittelbar vor der re-Kurve befindet sich hinter einer im Fluss stehenden Felsnadel ein Kehrwasser. Man kann hier die Schlucht verlassen und die folgende Klamm ⌓. Sie wurde nicht befahren. Danach leichter

111,2 li ⇩ Sanda, danach Wasserfall, **X**, mit anschließender Klamm, li etwa 500 m ⌓ (64.3975,-20.0120)

110,3 re Hütte Fremstaver, dicht am Fluss, Zufahrt mit Pkw möglich

106,0 ⚠, Hochspannungsleitung kreuzt den Fluss; davor Stufe, re ≈ WW III. Danach Stufe mit Insel, re Abfall **X**, Mitte nach Besichtigung ≈. Es folgen wuchtige Stellen, WW III (64.3601,-20.0526)

101,0 ⚠ Gullfoss, etwa 500 m davor ↱, re etwa 4 km weit umfahren, der Gullfoss ist ein eindrucksvoller Wasserfall, der in 2 Kaskaden in eine bis zu 70 m tiefe und 3 km lange Schlucht stürzt (64.3302,-20.1141)

96,7 Hof Brattholt, zu erreichen über die Straße N 3669. Unterhalb davon geeignete ⬇ für den 2. Abschnitt der Befahrung. Auf der Folgestrecke starke Strömung, Gefälle etwa 3 ‰, eine Stelle WW III (64.2991,-20.1608)

91,2 Str-Ⅱ N30, ⚠ enge Schlucht, 500 m lang, WW II-III, Presswasser. Danach weitere Schlucht, WW II–III (64.2612,-20.2233)

87,2 Ende der Schlucht, das Tal weitet sich, Zahmwasser mit stellenweise guter Strömung, interessante Vogelwelt (64.2305,-20.2585)

71,1 re ⇩ der Tungufljot (s. Seite 208) in die Hvítá (Ölfusá), geringe Strömung (64.1508,-20.4701)
64,2 Str-II N 31, re **IS Laugarás**, Hvitá, re Gut Skalholt mit Kirche (1056-1796 Bischofssitz!) (64.1110,-20.5104)
57,2 re ⇩ der Bruara (s. Seite 208) in die Hvítá (Ölfusá) (64.0726,-20.5972)
24,5 re ⇩ Sog. Ab hier heißt der Fluss Ölfusá (63.9858,-20.9706)
18,1 Str-II N1, S-Kurve mit WW II, **IS Selfoss**, im Ort. Danach Aufweitung der Ölfusá (63.9387,-21.0047)
0,7 Str-II N34 (63.8790,-21.2103)
0,0 ⇩ in Atlantik, mit kräftiger Strömung südwestlich von Selfoss (63.8728,-21.2089)

Tungufljot

Wildfluss
Mündung in Hvítá (Ölfusá) bei km 71,1 (re Nebenfluss)

Der Tungufljot hat seinen Ursprung im Bereich des Gletschers Langjökull. Infolge des vorgeschalteten Sandvatn macht sich der Gletschercharakter jedoch kaum bemerkbar. Der Fluss wurde nur besichtigt, für eine Befahrung könnten evtl. 2 Teilstrecken in Frage kommen.

Kilometrierung: Es handelt sich um eine alte Beschreibung. Mit Veränderungen ist zu rechnen.

37,1 ⬇ an der Furt der Straße F338 für die 1. Teilstrecke, erreichbar über Straße N35 (64.3730,-20.1276)
25,2 Str-II N35, ⬆ der 1. Teilstrecke, nach etwa 12 km mit einem Gefälle von etwa 12 ‰. Einzelheiten sind nicht bekannt. Östlich ein Geysir. Vor der Aussetzstelle eindrucksvolles Wildwasser, WW III.
⬇ für die 2. Teilstrecke. Durchfluss hier etwa 50 m^3/s. Etwa 25 km mit einem Gefälle von 2 ‰ bis zur ⇩ in die Hvitá (64.3138,-20.2656)
12,8 Str-II (Verbindung zwischen N35 und N358) (64.2316,-20.3333)
12,0 re am Faxafoss (64.2266,-20.3332)
11,8 ⚠ Wasserfall Faxafoss (64.2250,-20.3359)
6,0 Str-II N359 (64.1881,-20.4049)
0,0 ⇩ der Tungufljot in die Hvítá (Ölfusá) (s. Seite 206) bei km 71,1, geringe Strömung (64.1508,-20.4701)

Bruara

Zahmwasser (?)
Mündung in Hvítá (Ölfusá) bei km 57,2 (re Nebenfluss)

Ursprung der Bruara im Rotasandur.

Kilometrierung: Es handelt sich um eine alte Beschreibung. Mit Verände-

	rungen ist zu rechnen.
29,4	Str-II N37 in 87 m Meereshöhe, mögliche ⬇ (64.2399,-20.5249)
27,8	li ⇩ eines Nebenflusses. Davor Schwallstrecke (64.2284,-20.5293)
22,8	re Ortschaft, Endpunkt der Straße N366 (64.2066,-20.5581)
18,8	re ⇩ der Hagaós, Ausfluss von Langarvatn und Apavatn (64.1894,-20.5964)
10,9	Str-II N35, mögliche ⬆ (64.1450,-20.5570)
0,0	⇩ der Bruara in die Hvítá (Ölfusá) (s. Seite 206) bei km 57,2 (64.0726, -20.5972); Weiterfahrt auf der Hvitá 3 km, mögliche ⬆, hier re Straße N354 und li Straße N324 (64.0725,-20.5972)

Kanusport in Norwegen

Die geographische Struktur Norwegens wird weitgehend durch das westskandinavische Gebirge, die Skanden, bestimmt. Es erstreckt sich als mächtiger Gebirgsriegel auf einer Länge von etwa 1700 km über fast die ganze Längenausdehnung von Norwegen. Im Norden und speziell in der Mitte Skandinaviens ist Norwegen so schmal (stellenweise nur knapp 50 km zwischen Schweden und Atlantik), dass nur der Westabfall dieses Gebirges auf norwegischem Gebiet liegt; im Süden wird das Gebirge erheblich breiter, gleichzeitig verbreitert sich aber auch das Staatsgebiet, so dass hier auch der Ost-Abfall der Skanden mit den östlichen Tallandschaften zu Norwegen gehört.

Im Bereich der Skanden, mit Erhebungen bis knapp 2500 m, finden sich im Süd-Teil des Gebirges zahlreiche Gletscher, darunter mit dem Jostedalsbre der größte Gletscher des europäischen Festlandes. Im Bereich dieses Gebirges werden die großen, fast plateauartigen Abschnitte, soweit sie nicht übergletschert sind, als „Fjells" bezeichnet, weit entrückte Einöden, zum Teil versumpft, nur bewachsen mit Flechten, Moos, Heidekraut und Beeren sowie teilweise mit Zwerggestrüpp.

Nach Westen fallen die Skanden sehr steil zum Nordatlantik bzw. zu den weit in die Landschaft eingeschnittenen Fjorden ab, nach Süd-Osten ergibt sich ein wesentlich verzögerter Abfall zu den östlichen Tallagen.

Norwegen ist also ein fast reines Gebirgsland. Im Verhältnis gesehen hat es weniger kulturfähiges Land als der Alpenbereich.

Das Klima Norwegens wird weitgehend durch den Atlantik mit seinem Golfstrom bestimmt, d. h. es ist im Bereich der Küsten recht mild, mit starken Niederschlägen, im Winter im Gebirge als Schnee. Die Niederschlagsmenge beträgt hier bis zu 2000 mm im Jahr. Bergen gilt als die regenreichste Stadt Europas. Im Osten der Skanden, also in Finnland, Schweden und dem Süd-Ostteil von Norwegen, betragen die Niederschläge dagegen nur knapp 500 mm im Jahr. Die Schneegrenze, also der Bereich, in dem auch im Sommer der Schnee nicht abtaut, liegt in Nordnorwegen bei 600 m, in Mittelnorwegen bei 1200–1300 m und im Süden bei 1800 m (zum Vergleich: Mittel der Alpen bei 2700 m).

Im äußersten Norden wird das Staatsgebiet von Norwegen wieder breiter, es erfasst damit auch einen kleinen Teil der Ostabdachung der Skanden. Hier, in Norwegisch-Lappland, entsprechen die Landschaft, das Klima und die Vegetationsform weitgehend den Verhältnissen in Finnisch-Lappland.

Die Auswirkungen dieser geographischen und klimatischen Verhältnisse auf die Gewässer Norwegens ergeben sich fast von selbst. Sie sind fast durchweg Wildwasser.

Während in Schweden und Finnland bei den Gewässern nach langen Staustrecken nur kurze, meist nicht allzu schwere WW-Strecken folgen, sind in Norwegen die Flüsse fast durchweg mäßig bis sehr schweres Wildwasser. Die WW-Experten kommen in Norwegen voll auf ihre Rechnung. Die Art der Schwierigkeiten ist dabei recht unterschiedlich. Bei allen Gewässern, die ihren Ursprung im Gletscherbereich haben, ist mit sehr starker Wasserführung und damit oft sehr starker Wasserwucht zu rechnen. Infolge der späten Schneeschmelze haben die Gletscherflüsse ihren Höchstwasserstand ab Mitte Juni bis August.

Der Charakter der Flüsse, die nicht aus dem übergletscherten Teil der Skanden stammen, ist völlig anders. Ihre Wasserführung ist, zumindest zur Haupturlaubszeit ab Mitte Juli, eher dürftig, die Schwierigkeiten daher vorwiegend technischer Art. Die Tatsache, dass Norwegen im Laufe des letzten Jahrzehntes zum größten Erdölförderland Europas geworden ist, ist wohl dafür maßgebend, dass die ungeheuren Reserven an Wasserkraft, vor allem im Bereich der Gletscherflüsse, bisher nur recht zögernd energetisch genutzt wurden. Im Klartext: Im Bereich der Wildflüsse gibt es in Norwegen kaum Kraftwerksbauten. Dies gilt allerdings nicht für Flüsse der östlichen Tallandschaften. Sie sind im Prinzip Wanderflüsse, jedoch durch Staudämme, Kraftwerke und Wasserableitungen ihrer Natürlichkeit beraubt. Ihre Befahrung ist daher nur auf Teilstrecken lohnend. Für die Flüsse Norwegens gilt das gleiche wie für alle Flüsse Skandinaviens, nämlich dass sie als erdgeschichtlich junge Flüsse ein noch sehr uneinheitliches Gefälle haben. Auf gleichmäßigen Lauf folgt sehr oft und unvermutet ein plötzlicher Abfall, im Norwegischen „Fossen“ genannt. Diese Bezeichnung, die sich häufig auch auf den Landkarten findet, sagt nichts über die Möglichkeit einer Befahrung. Es kann sich dahinter sowohl ein harmloses Wellengeplätscher als ein 20 m hoher Wasserfall verbergen.

Zwar gibt es auch in Norwegen Seen; sie treten jedoch an Größe und Vielfalt ihrer Möglichkeiten weit zurück gegenüber den Seen Finnlands oder Schwedens. Auf ihre Beschreibung wird daher im Rahmen dieses Führers verzichtet.

Einmalig in Europa sind dank ihrer landschaftlichen Schönheit und der Eigenart ihrer Gewässer die norwegischen Fjorde. Wenn man bedenkt, dass die Länge des Küstenumrisses vom Nordkap bis zum südlichsten Punkt Norwegens bei Kap Lindesnes 1750 km beträgt, dass aber die Gesamtküste Norwegens in diesem Bereich (die zahllosen Inseln nicht mit gemessen!) eine Länge von etwa 20 000 km hat, wird deutlich, welche Bedeutung die Fjorde für Norwegen haben. Sie sind in einem gesonderten Kapitel kurz beschrieben.

Pegel

Aktuell kann man sich über die Pegelstände in Norwegen im Internet informieren. Der Link dazu lautet: http://www2.nve.no/h/hd/plotreal/Q/index.html . Es fehlen jedoch irgendwelche Bezugswerte.

Zeltmöglichkeit

Im Bereich der großen Straßen und in den ausgesprochenen Ferienregionen gibt es zahlreiche Campingplätze. Meist kann man dabei Hütten mieten. Das Schild „ledige Hytta“ weist auf diese Hütten hin, die, je nach Größe, für 2–6 Personen eingerichtet sind mit Betten und Kochgelegenheit. Bettwäsche ist meist mitzubringen, die sanitären Anlagen finden sich zentral im Gelände. Mit diesen Hütten kann man in Norwegen ohne eigene Campingausrüstung recht gut einen Urlaub, ohne Hotel, mit häufig wechselndem Standort verbringen, für Kanufahrer genau das Richtige. Sehr schöne freie Plätze am Fluss gibt es ausreichend, man wird von ihnen allerdings nicht ganz so oft Gebrauch machen können, da sie mit Pkw schwer zugänglich sind und beim Wildwasserfahren das Zeltgepäck im Boot nicht mitgeführt werden kann. Behördliche Beschränkungen der Zeltmöglichkeiten spielen kaum eine Rolle. Die für Schweden gemachten Ausführungen über das „Jedermannsrecht“ gelten sinngemäß auch für Norwegen. Allerdings ist das freie Zelten in Norwegen auch nicht mehr ganz so einfach wie früher. Vor allem an den vielbefahrenen Flüssen wie Sjoa, Driva, Atna und Bövra macht sich zunehmend ein Unmut der ansässigen Bevölkerung sowie der Angler gegen das freie Zelten breit. Dies äußert sich in Sperrungen der Zufahrtswege, z. B. durch quergestellte Pkw, durch Ausheben von Gräben quer über den Weg. Dadurch wird nicht nur das freie Zelten, sondern auch die Zufahrt zum Fluss erschwert. Es wird daher dringend empfohlen, wenn möglich, auf öffentliche Campingplätze zu gehen. Ihre Zahl vermehrt sich ständig. In abgelegenen, nicht überlaufenen Seitentälern dürfte das freie Zelten aber nach wie vor gut möglich sein.

Im Text werden bei vielen Flüssen Hinweise auf Zeltmöglichkeiten gegeben; bei der vorstehend geschilderten Sachlage kann man aber nicht sicher sein, sie auch wirklich nutzen zu können.

Mit dem Pkw nach Norwegen

Für die in Norwegen vorherrschende Form von Kanufahrten, nämlich die etappenweise Befahrung von Wildflüssen, ist der eigene Pkw unentbehrlich. Für die Zufahrt gibt es verschiedene Möglichkeiten. Am bequemsten und schnellsten, aber auch am teuersten ist die Benutzung eines Fährschiffes von Kiel nach Oslo.

Am billigsten ist es, mit dem Pkw durch Dänemark bis Frederikshaven zu fahren, von dort mit der Fähre nach Göteborg überzusetzen und dann auf der Straße nach Norwegen weiterzufahren. Weitere Möglichkeiten sind z. B. die Fährverbindungen von Frederikshaven nach Larvik oder Oslo oder die Benutzung der „Vogelfluglinie" über Dänemark nach Helsingborg und weiter auf dem Landweg entlang der schwedischen Westküste nach Norwegen. Auch gänzlich ohne Fährverbindung kann man über die Øresundbrücke nach Norwegen und Schweden fahren.

Alle Fährschiffe sollten rechtzeitig gebucht werden, zur Hauptreisezeit sind sie vielfach ausgebucht, Wartezeiten und Enttäuschungen dann unvermeidlich.

Die Straßen in Norwegen sind fast durchweg gut ausgebaut, Naturstraßen werden zwar immer seltener, abseits der Hauptroute muss man aber doch mit ihnen rechnen.

Lachsflüsse

Auf wohl allen Flüssen, die von den Skanden nach Westen zum Atlantik abfließen, wird in größerem Umfang von Sportfischern nach Lachsen geangelt. Schwierigkeiten zwischen Anglern und Kanuten sind daher vorprogrammiert.

Nach Auskunft des Norges Padleforbund besteht in Norwegen keine gesetzliche Regelung, die das Kanufahren auf diesen Gewässern einschränkt, andererseits fühlen sich jedoch die Eigentümer der Gewässer, die von den Anglern erhebliche Gebühren kassieren, durch die Zunahme von Wildwasserfahrten in ihren Einkünften bedroht und versuchen daher, Einschränkungen durchzusetzen.

Sie haben auch das Recht, das Betreten ihres Landes, z. B. zum Ein- oder Aussetzen sowie zum Umtragen und Zelten zu verbieten.

Die Fischereizeit beginnt Anfang Juni, im Oberlauf der Flüsse etwas später, und endet am 1. September. Der norwegische Kanu-Verband empfiehlt daher, um weitergehende Beschränkungen zu vermeiden, die betreffenden Flüsse in dieser Zeit zu meiden.

Da sich die Fischereizeit mit der Urlaubszeit deckt, dürfte dieser Wunsch kaum zu verwirklichen sein. Es ist jedoch dringend zu empfehlen, auf die Angler Rücksicht zu nehmen und sie möglichst wenig störend in weitem Abstand zu passieren.

In der Praxis werden gelegentlich Kanuten vom Ufer oder von Brücken aus mit großen Steinen beworfen, es soll auch schon vorgekommen sein, dass mit Blinkern nach ihnen gezielt oder sogar geschossen wurde, überwiegend bleiben die Kanufahrer jedoch unbehelligt.

Bei diesen Lachsflussen sollte man unbedingt die Vorschriften zur Bekämpfung des Lachsparasiten beachten: **Boote unbedingt auch innen trocknen, bevor auf einem andern Fluss eingesetzt wird. Die ausgeschilderten Desinfektionsstationen unbedingt nutzen.**

Verschiedenes

Die Preise für Lebensmittel und vor allem für alkoholische Getränke liegen in Norwegen deutlich höher als in Deutschland. Man sollte daher im Rahmen der zollrechtlichen Bestimmungen und der Zuladungsmöglichkeit des Pkw so viel wie möglich mitnehmen.

Die norwegische Sprache ist für uns Deutsche im gesprochenen Wort nicht verständlich, bei der Schrift entdeckt man aber doch manche Ähnlichkeiten, so dass man sich einiges zusammenreimen kann. Weiter als mit der deutschen kommt man in Norwegen mit der englischen Sprache.

Mit der Mückenplage verhält es sich in Norwegen ähnlich wie in Finnland; sie kann je nach Jahreszeit und klimatischen Verhältnissen schon in Süd- und Mittelnorwegen recht lästig sein, in Norwegisch-Lappland ist sie vielfach unerträglich.

Es ist auch für Norwegen sehr zu empfehlen, sich bei einem Automobilclub das Merkblatt „Reiseinformationen" zu besorgen. Es sind darin, stets auf den neuesten Stand gebracht, alle wesentlichen Angaben enthalten über Personalpapiere, Zoll- und Devisenbestimmungen, Verkehrsregelungen, Straßenhilfsdienste, Kontaktadressen usw.

Anschriften:

Botschaft

Botschaft des Königreichs Norwegen
Rauchstraße 1
10787 Berlin
✆ +49 30 505 05 86 00
Telefax +49 30 505 05 86 01
Mail: emb.berlin@mfa.no
Web: https://www.norway.no/de/germany

Deutsche Botschaft

Botschaft der Bundesrepublik Deutschland
FörbundsrepublikkenTysklands ambassade
Oscarsgate 45
N-0244 Oslo

☎ +47 23 27 54 00
Telefax +47 22 44 76 72
Mail: info@oslo.diplo.de
Web: https://oslo.diplo.de

Tourismusinformation

Innovation Norway
Caffamacherreihe 5
20355 Hamburg
☎ +49 40 2 29 41 50
Telefax +49 40 22 94 15 88
Mail: germany@innovationnorway.no
Web: www.visitnorway.de

Notruf

Polizei	112
Unfallrettung/Notarzt	113

Kanu-Sport

Norges Padleforbund
Sognsveien 73, 0855 Oslo
Mail: post@padleforbundet.no
Web: www.padling.no

Flüsse in Norwegen

Enningdalsälven

Weitere Namen: Enningdalselva [nor], Berbyelva [nor]

Seen, Wildwanderfluss
Mündung in Idefjorden

Der Enningdalselva entwässert eine Seenkette, die in Süd-Nordrichtung parallel zur schwedischen Westküste bei Strömstad verläuft und in das Südende des Idefjorden mündet. Vom Südende des Södra Bullaresjön bis zum Nordende des Norra Bullaresjön handelt es sich um Rinnenseen in schöner Landschaft. Es gibt hier Biber und viele Vögel. Ab km 10 bis zur Mündung in den Idefjorden fließt er in einem Waldtal und wechselt zwischen WW II und III und Selstrecken (2 Stellen sind unfahrbar).

Befahrbarkeit: der WW-Strecke Frühjahr bis Frühsommer.
Infrastruktur: Offene Campingplätze im Frühjahr in Strömstad.

43,6 Südende des Södra Bullaresjön (S). Mögliche ⬇ von der Straße am Ostufer bei Tövenborg (58.6163,11.5724)
29,6 Str-II, re **S Sundshult**. See-Enge, Durchfahrt problemlos, mögliche ⬆⬇ (58.7416,11.5722)
23,4 Str-II 164, Ende des Södra Bullaresjön, auf 1 km Långvallströmmen, WW I bis zur Mündung in Norra Bullaresjön, ⬆⬇ (58.7966,11.5696)
22,3 ⇩ in den See Norra Bullaresjön (58.8050,11.5668)
14,5 li ⛺ Bullarebygdens Camping, SE-Vassbotten 11, 457 50 Bullaren, https://www.camping.se/de/Campingse-Camping-Schweden/campings/2858/Bullarebygdens-Camping/, ✆ +46 525 520 03 (58.8723,11.5392)
13,9 Str-II bei **S Vassbotten**. Der Fluss bildet jetzt die schwedisch–norwegische Grenze. Ausfahrt aus dem See Norra Bullaresjön. ⬆⬇. Zunächst Selstrecken und Fließstrecken WW I (58.8771,11.5371)
12,8 Ab hier sind beide Ufer norwegisch (58.8859,11.5338)
12,7 Wege-II, ⬆⬇, re ⇩ des Baches vom Elgafossen, li 🅿 an der Straße N22 (58.8861,11.5336)
12,0 ⇩ in den See Gatetjernet (58.8917,11.5298)
9,8 Str-II 22, re ⛺ Svingen Camping in ca. 200 m (58.9103,11.5208)
8,2 Wenn der Wald in einer Linkskurve auftaucht, beginnt auch die Wildwasserstrecke mit WW II (58.9211,11.5125)
8,1 ⚠, der Fluss verengt sich zwischen Felswänden. Rechts mündet ein Bach. Hier ↱ und die nächsten 200 m mit WW III besichtigen (58.9213,11.5108)
7,9 Altes ▬ 4 m hoch, **X**, re überheben, danach Wechsel zwischen

ruhigem Wasser und WW II (58.9215,11.5080)
6,5 Ⅱ Steg, ⚠ darunter Abfall WW III, li Durchfahrt fahren, re Verklemmungsgefahr (58.9327,11.5019)
6,3 ⚠ 2-stufiger Katarakt 6 m hoch, 1. Stufe **X**, li ⏏, 2. Stufe eventuell re ≈, WW IV, oder ebenfalls gleich li weiter ⏏ (58.9347,11.5005)
4,6 ⇩ in den See Rødsvannet (58.9488,11.4966)
3,9 See-Ausfluss. Bis zur folgenden Straßen-Ⅱ WW II+ (58.9550, 11.4941)
3,1 Str-Ⅱ 102, rechts **N Berby**, mögliche ⬆ (58.9610,11.4907)
2,0 hier eine Strecke mit WW II (58.9655,11.4837)
1,3 ehemaliges Mühlen-▬, Felsstufe, WW III (58.9716,11.4814)
0,0 Mündung in den Idefjorden. Zum Aussetzen am linken Ufer noch 4 km weiter bis **S Krokstrand** fahren. Hier gute ⬆. Wer auf dem Fjord (18 km) weiterfahren will, sollte sich nach den Gezeiten erkundigen. Zwischen Halden und der alten Str-Ⅱ E6 ergeben sich kräftige Gezeitenströme. Direkt danach gibt es links auf der schwedischen Seite eine ehemalige Fährenzufahrt zum ⬆. Mit entsprechender Ausrüstung und Erfahrung kann man auch weiter durch die Westschären bis nach **S Strömstad** fahren (58.9823,11.4736)

Glomma

Weitere Namen: Glåma [nor]

Wildfluss - Wanderfluss (Gebirgsfluss)
Mündung in Oslofjord, Skagerrak

Die Glåma, Norwegens längster Fluss in der reizvollen Landschaft des meist breiten Österdalen, ist ein sehr abwechslungsreicher Fluss: schwere und leichte Wildwasserstrecken wechseln ab mit leichten Wanderstrecken, Zahmwasser und durchflossenen Seen, immer wieder unterbrochen durch Fossen, hinter deren Namen sich sowohl leichte Stromschnellen wie unfahrbare Wasserfälle verbergen können. Eine durchgehende Befahrung des Flusses ist kaum sinnvoll; man wird vielmehr gut daran tun, sich je nach Können, Ausrüstung und Wasserführung die passenden Teilstrecken auszuwählen.

Befahrbarkeit: Die Glåma bezieht ihr Wasser aus einem riesigen Einzugsgebiet (etwa 13 % der Gesamtfläche Norwegens), dadurch sehr reichliche Wasserführung. Der Oberlauf der Glåma ist daher ganzjährig befahrbar. Infolge Wasserableitung bei km 443 ist auf der folgenden Strecke mit gesicherter Wasserführung nur bis etwa Juni zu rechnen. Ab ⇩ Atna, km 404 zwar meist auch im Sommer fahrbar, der Wasserstand ist in dem breiten, auf große Wassermassen ausgelegten Flussbett jedoch oft etwas kümmerlich; ab km 319, nach Rückführung des abgeleiteten Wassers, stets reichliche Wasserführung.

Schwierigkeiten: km 545-506 WW I und II (IV)
km 506-472 WW III und IV (VI)
km 472-449 Zahmwasser und WW I
km 449-369 WW I (WW III+ und **X**)
km 369-283 Zahmwasser (WW II-III)
km 283-250 wenig zu empfehlen (Umtragestellen)
km 250-140 Zahmwasser (WW II, III und IV)
km 140-93 wenig empfehlenswert
km 93-68 See
km 68-0 wenig ratsam

Infrastruktur: Mehrere ⛺; vielfach schöne Plätze am Fluss.

596,1 Ursprung aus dem See Riasten (62.8326,11.7922)

582,0 Ausfluss aus dem Rien-See. Auf den folgenden 5 km wird ein Höhenunterschied von 58 m überwunden, keine Unterlagen über die Möglichkeit einer Befahrung (62.7223,11.8806)

576,6 Str-Π, ab hier ganzjährig ≈, kaum noch Strömung. Die Glåma fließt durch Wälder und steile Sandufer (62.6931,11.8709)

573,4 Str-Π 705 (Brekken–Glåmos) (62.6753,11.8625)

570,1 ⇩ in den Aursunden-See. Eine evtl. Weiterfahrt folgt dem Nord-Ufer des Sees (62.6618,11.8412)

549,2 Ausfluss der Glåma aus dem See. Es folgt 1 Staumauer, danach wird ein Höhenunterschied von 40 m überwunden, nichts bekannt über die Möglichkeit einer Befahrung (62.6794,11.4648)

548,8 Str-Π (62.6765,11.4603)

548,5 ■ Staumauer (62.6740,11.4570)

545,4 Str-Π, **Glåmos**, gute ⬇, ab hier ganzjährig ≈. Zunächst auf 150 m WW III, danach leicht (62.6710,11.4290)

544,9 EB-Π, 🚂 Glåmos, 🛒, weitere gute ⬇, WW II-I, danach Zahmwasser (62.6721,11.4191)

540,2 ■ und ↯ (re) Ormhaugfossen, **X**, li ⬆ und ≏ (62.6388,11.3979)

539,5 Str-Π 30 (Glåmos–Røros), li Flussarm WW I mit starker Wellenbildung, re Arm verblockt (62.6344,11.3912)

531,4 Str-Π (62.5856,11.3287)

530,3 li ⇩ der Håelva. Man kann die Håelva 2 km aufwärts paddeln und an einer Fußgänger-Hänge-Π ⬆, ⛺. Von hier 2 km bis zum Zentrum **N Røros**, 🛒, Weltkulturerbe, Altstadt der Kupfer-Bergleute, Røros Camping, Havsjøveien 131, 7374 Røros, Norwegen, www.roroscamping.no (62.5754,11.3339)

526,0 Str-Ⅱ (62.5484,11.2892)

518,5 ■ und ϟ Röstefossen, X, li 330 m ⏢, evtl. mit Bootswagen, folgende Strecke steter Wechsel -zwischen WW I und Zahmwasser (62.5078,11.2632)

518,3 Str-Ⅱ (62.5065,11.2611)

515,8 Str-Ⅱ und Str-Ⅱ 30, li **N Os**, 🚆, die Schnellen lassen nach (62.4986, 11.2225)

512,1 Fußgänger-Hänge-Ⅱ (62.4843,11.1749)

507,0 Str-Ⅱ (62.4483,11.1237)

506,8 🚐 Hummelfjell, gute ⇅. Es folgt ein tief eingeschnittenes Tal mit durchgehend leichtem WW, dazwischen schwerere Abschnitte (62.4459,11.1200)

505,0 Natur-■ mit 2 Stufen, WW II-III, evtl. re 100 m ⏢ (62.4318,11.1108)

503,6 Hänge-Ⅱ, davor li und re ⇡ (62.4261,11.0913)

502,0 ⚠ Stufe, re gut ≈; li je nach Wasserstand bis WW IV (62.4178, 11.0674)

500,1 ⚠, wenn die alte Brücke von Tolga in Sicht kommt, folgen plötzlich mehrere Stufen mit Rücklauf, WW II-III (62.4149,11.0304)

499,4 alte Ⅱ von Tolga restauriert, Auto-Rastplatz, gute ⇅ (62.4151, 11.0185)

498,0 Str-Ⅱ 26, **N Tolga**, alle Möglichkeiten, 🚌, 🚆, ⬆ vor Brücke möglich, jedoch keine Pkw-Zufahrt (62.4110,10.9932)

493,0 ⚠, nach schweren Schnellen folgt die Extremstelle Wasserfall Eidfoss Nr. 1, rechtzeitig vorher ⬆ und besichtigen, li evtl. ≈, WW V-VI oder re ⏢, 300 m weit, es folgt ein landschaftlich sehr schöner Abschnitt, auf gut 50 km Zahmwasser (62.3792,10.9429)

491,5 re ⛺ Übernachtungsmöglichkeit mit Feuerstelle vor einer Insel (62.3752,10.9197)

490,8 re ⇩ eines Baches, Straße verläuft neben dem Fluss, gute ⬇, falls die folgende leichte Wanderstrecke befahren wird (62.3748,10.9058)

490,1 re 🚐 Kvennan Camp, 🚌 , http://kvennancamping.no/en_GB/booking/ (62.3700,10.8987)

484,9 Str-Ⅱ, **N Telneset** (62.3396,10.8885)

477,4 Str-Ⅱ (62.2883,10.8238)

474,0 Str-Ⅱ 30, **N Tynset**, größerer Ort, 🛒, 🚌, 🚆 (62.2807,10.7716)

472,2 re ⇩ der Tunna (s. Seite 222) in die Glomma (62.2758,10.7476)

472,2 –448,9 bis Alvdal wenig Strömung, Ufer befestigt, nur wenig lohnend (62.2755,10.7488)–(62.1123,10.6232)

467,1 re 🚐 Fåsetbru (62.2602,10.6736)

461,7 Str-Ⅱ, li **N Auma** (62.2196,10.6531)

448,9 Str-II und Str-II E3, **N Alvdal**, 🛒, mögliche ⬇ bei der Brücke. Ab hier flotte Strömung, kaum Hindernisse (62.1122,10.6231)

447,7 re ⇩ der Folla (s. Seite 223) in die Glomma (62.1031,10.6304)

446,7 Str-II (62.0966,10.6446)

443,0 Str-II (62.0781,10.6946)

437,6 Stromschnellen bei Bellingmo, WW I-II, Beginn eines Stausees (62.0408,10.7425)

434,7 Str-II, li **Strand** (62.0272,10.7846)

432,5 ▬ Staumauer Høyeggadammer, **X**, bei gutem Wasserstand re ⏏, im Sommer kann die Wasserabgabe des ▬ für die Weiterfahrt unzureichend sein, der größte Teil des Wassers wird zur Rena abgeleitet, Staumauer ist mit Pkw zu erreichen, li 🅿, re unterhalb des ▬ ⛺-Möglichkeit (62.0200,10.8216)

431,8 Beginn des Barkaldfosses, ⚠, allmähliche Steigerung der Schwierigkeiten, schnelle Strömung, erhebliche Verblockung, breiter Strom, wenig Kehrwasser, bis WW III+ (62.0161,10.8332)

428,4 li **N Barkald**, ⛺-Möglichkeit auf dem Vorplatz des NAF-Platzes, laut; Übernachtung in Hütten möglich (61.9937,10.8674)

426,0 ⚠, **X** Abschnitt des Barkald-Foss, erkennbar an kurzem, ruhigem Flussabschnitt und starkem Getöse, ↱, 400 m weit schwieriges ⏏, für Ersteinsatz müsste erkundet werden, ob li hinter dem Fossen der Fluss mit Booten erreicht werden kann. Diese Stelle ist als Touristenattraktion auf der Straße Barkald-Hanestad ausgeschildert (61.9806, 10.8949)

425,8 –368,9 bis Koppang schöne Fahrt, dauernd Schnellen zwischen WW I und WW II, schnelle Strömung, Felsen im Wasser, breiter Fluss (61.9784,10.8949)–(61.5699,11.0214)

407,1 Str-II, **N Hanestad**, re ⛺-Möglichkeit (61.8371,10.8685)

403,3 ▬, neue Blockwurf-Stufe, li oder re vorher ⬆, nach Besichtigung evtl. ≋, ansonsten ⏏ (61.8082,10.8424)

395,2 re ⇩ der Atna (s. Seite 227) in die Glomma (61.7393,10.8159)

394,9 Str-II E3 (61.7374,10.8204)

393,8 Str-II, li **N Atna**, 🛒, zum Besuch von Atna hinter der Brücke re ⬆ (61.7289,10.8266)

393,1 re 🚐 Atna Camping, guter Standort für Befahrungen von Glåma, Atna und Setninga. Ab hier wohl ganzjährig ausreichende Wasserführung (61.7232,10.8320)

368,9 Str-II, **N Koppang**, li #Verpflegung in ca. 2,5 km, davor re 🚐, ⬆⬇ zum Besuch von Koppang re hinter der II. Beginn einer ausgesprochenen Wanderstrecke, Gefälle 0,4 ‰, flacher, teils seeartiger Strom, Aufteilung in mehrere Arme, gute ⛺-Möglichkeit auf den Inseln. Bis

Elverum gelegentlich Belästigung durch re-ufrige Straße, zunehmend touristisch erschlossen, trotzdem lohnend (61.5697,11.0213)

359,6 Str-Ⅱ, re **N Stai**, li 🚂 und 🚌 (61.4956,11.0562)

354,7 re ⇩ der Imsa (s. Seite 231) in die Glomma, Stromschnellen, danach re schöne ⛺-Plätze (61.4584,11.0447)

349,7 Str-Ⅱ, li nach **Evenstad** (61.4194,11.0839)

335,4 Str-Ⅱ, li 🚂 und 🚌 Opphus (61.3306,11.2590)

326,4 EB-Ⅱ, Str-Ⅱ (61.2597,11.3192)

314,9 Große Insel, schöne ⛺-Plätze (61.1660,11.3607)

311,4 Str-Ⅱ, **N Rena**, 🛒, zum 300 m entfernten 🚐 direkt unter der Ⅱ ↱. 🚂 und 🚌 1,5 km (61.1382,11.3834)

311,1 li ⇩ der Rena (s. Seite 232) in die Glomma mit Rückführung des bei km 432,5 abgeleiteten Wassers. Ab hier reichliche Wasserführung (61.1354,11.3846)

310,8 Str-Ⅱ N 215 (61.1331,11.3815)

304,0 Str-Ⅱ (61.0789,11.3670)

303,7 re ⇩ der Åsta (s. Seite 237) in die Glomma, danach Schnellen, re fahren, li stark verblockt, WW I-II (61.0760,11.3667)

293,2 ⚠ Torgerstufoss, in der Mitte Insel, re verblockte Durchfahrt, WW II-III,. Es folgt ein ruhiges Stück (60.9944,11.4352)

283,3 ▬ am Grundsetfoss, ⚠, auf keinen Fall re in den Werkskanal einfahren, sondern li am ▬ ⏏. Hier in der ausgebaggerten Fahrtrinne etwa 400 m weiter und dann über kleinen Schwall in den Grundsetfoss, dessen Befahrung wegen Wassermangels problematisch sein kann, evtl. ⏏ (60.9246,11.5257)

281,4 re ⇩ des Werkkanals (60.9077,11.5266)

277,9 2 Str-Ⅱ N25, **N Elverum**,🚂, 🚌, 🛒 (60.8827,11.5565)

277,5 Fußg-Ⅱ (60.8798,11.5577)

276,6 Prestfoss, re neben Insel auf 300 m WW II-III, li ⏏ möglich. Nach 200 m li 🚐 Elverum Camping. Nach Elverum 3 km, dort 🚂 und 🚌, 🛒, Glommdalsmuseum, Forstwirtschaftsmuseum. Gute Möglichkeit zur Beendigung bzw. Unterbrechung der Fahrt (60.8721,11.5557)

270,7 EB-Ⅱ, li fahren (60.8366,11.6086)

270,2 Skjefstadsfoss, ▬ Staudamm, **X**, nach EB-Ⅱ li fahren und ⏏ (60.8324,11.6126)

251,3 Str-Ⅱ, li **N Braskereidsfoss**, li 🚐 Støa Camping (60.7133,11.7816)

250,3 ▬ Staumauer (60.7050,11.7892)

243,3 Str-Ⅱ 210 (60.6528,11.8359)

243,0 ⚠, Eidsfoss Nr. 2, WW IV, li treideln oder re ⏏ möglich (60.6508, 11.8392)

230,2 li **Flisa**, 🚌 (60.5987,12.0175)

229,2 li ⇩ der Flisa (s. Seite 238) in die Glomma (60.5890,12.0193)

225,1 Str-II (60.5600,12.0347)

210,9 Str-II, li nach **N Kirkenær** (2,5 km) (60.4665,12.0217)

194,7 Norsfoss, ≋ (60.3399,12.0354)

191,7 Str-II, li **N Brandval** (60.3193,12.0106)

186,8 Gjölstadfoss, ≋ (60.2780,12.0136)

174,6 Str-II, **N Kongsvinger**, li 🚂, 🚌 (60.1894,11.9974)

174,4 Str-II, Kongsvinger (60.1905,11.9933)

167,7 ▬ Staudamm (60.2034,11.8931)

161,6 Str-II, li **Sander** (60.2302,11.8123)

153,4 Str-II 24, **Skarnes** (60.2564,11.6791)

153,2 Str-II Skarnes (60.2551,11.6778)

143,7 re ⛺ Sanngrund (60.1986,11.5818)

140,2 **N Seterstöa**, li 🚌. Wegen der folgenden mühsamen ⏏-Stellen wird die Fahrt meist hier beendet (60.1705,11.5660)

138,1 ▬ Staumauer Fundifoss, ⏏, sehr schwierig (60.1685,11.5315)

136,6 re ⛺ Frognerstrand (60.1673,11.5059)

132,4 re ⇩ der Vorma (s. Seite 243) in die Glomma (60.1443,11.4612)

129,9 Str-II 177, li **N Arnes**, 🚂 (60.1236,11.4589)

117,0 Str-II (60.0343,11.3358)

116,4 Str-II, li 🚂 Ranafoss (60.0308,11.3286)

115,9 ▬, ϟ Raanaasfross, X, ⏏ (60.0282,11.3217)

110,0 ▬, ϟ Bingsfoss, X, ⏏ (59.9884,11.2611)

108,8 li **Sørumsand**, 🚂 (59.9888,11.2399)

100,2 EB-II Fetsund (59.9284,11.1709)

99,8 re **N Fetsund**, ✝, Stadt mit ca. 7.000 Einwohnern, 🚂, weitere gute Gelegenheit zur Beendigung der Fahrt (59.9267,11.1644)

99,6 Str-II 22 Fetsund (59.9237,11.1635)

93,3 ⇩ in See Öyeren, ca. 25 km lang. Stets am windgeschützten Ufer fahren (59.8765,11.1454)

68,1 Ausfluss aus dem See. Es bestehen keine genauen Unterlagen über die Reststrecke. Der Fluss soll hier weitgehend reguliert sein, mit vielen Stufen und ⏏-Stellen. Im Unterlauf Industrie und Seeschifffahrt. Eine Befahrung dürfte kaum lohnend sein (59.6614,11.2280)

0,0 ⇩ in den Oslofjord, Skagerrak Nähe Fredrikstad (59.2031,10.9490)

Tunna

Wildfluss (Gebirgsfluss)
Mündung in Glomma bei km 472,2 (re Nebenfluss)

Die Tunna ist ein reizvoller Wildfluss.

Befahrbarkeit: Frühjahr bis Ende Juni. Der Fluss verträgt viel Wasser. Für eine genussreiche Fahrt sollten ab ⇩ der Lona mindestens 20 m³/s fließen.

Umwelt: Wasser sauber.

Schwierigkeiten: WW IV-/III/II/I.

17,7 ⬇ am Fuß des Fossbakken (6 m hoher Wasserfall); gutes Gefälle, mäßige Verblockung, spritziges Wildwasser, WW III (62.3660, 10.5925)

17,4 Str-Ⅱ, re **N Fossbakken** (62.3664,10.5974)

16,8 Str-Ⅱ 3 (62.3626,10.6033)

15,2 Wege-Ⅱ (62.3638,10.6303)

13,9 li ⇩ der Lona in die Tunna mit guter Wasserzufuhr (62.3652,10.6518)

13,6 Str-Ⅱ 3, ⚠, direkt darunter Route nicht gut einzusehen, WW IV-. Es folgen noch einige weitere Stellen WW III-IV (62.3623,10.6530)

11,1 Ab hier breites Flussbett in unberührter Landschaft, WW I

2,8 Str-Ⅱ (62.2885,10.7369)

2,5 2. Schlucht, WW II-III, alles gut einzusehen

1,9 Str-Ⅱ 3 (62.2825,10.7266);
⚠ Ende der Schlucht, Natur-▬-ähnliche verblockte Stelle, kann lebensgefährlich werden, unbedingt besichtigen. Merkmal: li Beginn einer Uferverbauung (62.2824,10.7267)

0,0 ⇩ der Tunna in die Glomma (s. Seite 217) bei km 472,2 (62.2758, 10.7476)

Folla

Wildfluss (Gebirgsfluss)
Mündung in Glomma bei km 447,7 (re Nebenfluss)

Die Folla verläuft auf weiten Strecken in einem breiten Tal; sie ist hier zumeist ein leichter Wildfluss. Als Wildwasser interessant sind ein kurzer Abschnitt des Oberlaufs sowie der Durchbruch der Folla durch einen Moränenriegel im Bereich einer engen Schlucht.

Befahrbarkeit: Oberlauf nur bei sehr gutem Wasserstand (Frühjahr), ab km 63.2 ganzjährig

Pegel: Hilfspegel (gilt nur für die Befahrung ab km 75.5): 5 m unterhalb der Ⅱ der ⬇ großer, flacher, brauner Stein; Idealwasser, wenn dieser Stein gerade knapp überspült ist.

Schwierigkeiten: km 81.4–75.5 WW III–IV
km 75.5–26.6 und 15.4–4,3 WW I–II
km 26.6–15.4 WW IV–III–II

81,7 Nach Aufnahme mehrerer Quellflüsse Ursprung aus einem kleinen

See (62.1945,9.5402)

81,4 Str-Ⅱ, li **N Gautåsæter**, ⬇ für die Befahrung der WW-Strecke des Oberlaufs, nur bei sehr gutem Wasserstand. ⚠, enger Fluss mit zahlreichen Stufen, z.T. Besichtigung vor Befahrung erforderlich. WW IV, Hilfs-≣ (gilt nur für die Befahrung ab km 75,5): 5 m unterhalb der Ⅱ der ⬇ großer, flacher, brauner Stein; Idealwasser, wenn dieser Stein gerade knapp überspült ist (62.1959,9.5438)

81,2 re ⛟ Hageseter, ✕, http://www.hageseter.no/ (62.1962,9.5470)

75,5 Ⅱ **Rydningsøyi**. Sehr schnelle Strömung, erhebliches Gefälle, WW II-III (62.1966,9.6414)

71,8 Str-Ⅱ Slåbrua (62.1889,9.7006)

70,9 Str-Ⅱ 29 (62.1845,9.7158)

67,6 Str-Ⅱ Borkhusvegen (62.1937,9.7667)

65,8 Str-Ⅱ 29 (62.1922,9.7879)

63,5 Fußg-Ⅱ (62.1760,9.7974)

63,2 Str-Ⅱ (62.1743,9.8013)

47,7 Str-Ⅱ 27, li **N Folldal**, bis zur Mündung der Grimsa liegt kein Befahrungsbericht vor (62.1264,10.0020)

36,0 re ⇩ Grimsa (s. Seite 225) in die Folla mit reichlicher Wasserzufuhr. Die Folla ab hier ist ganzjährig ≈. Weiterhin WW I (62.1440,10.1683)

34,4 Ⅱ, **Grimsbu**, mögliche ⬇. Die Fahrt kann auch weiter flussabwärts an geeigneter Stelle in breitem Kiesbett begonnen werden (62.1541, 10.1807)

33,1 li ⇩ eines Flusses (62.1625,10.1842)

32,3 Holz-Ⅱ **Ryfeta** (62.1684,10.1933)

26,6 ⚠, Beginn der Schluchtstrecke, allmähliche Zunahme der Schwierigkeiten, WW III

26,1 ⚠ Am Hang werden li Straße und ein Gehöft sichtbar, es folgt die schwierigste Stelle der Folla, bei NW WW III, bei MW WW IV, bei HW bis WW V. Zur Besichtigung ↱, evtl. re ⏏. Diese Stelle ist bei der Anfahrt von der hoch darüber verlaufenden Straße gut zu sehen. In der folgenden re-Kurve erneut schwere Stelle mit, je nach Wasserstand, riesigem Rücklauf (62.1911,10.2840)

23,7 Abnahme der Schwierigkeiten, WW II–III, landschaftlich weiterhin hervorragend schön

19,6 li ⇩ der Einunna (s. Seite 226) in die Folla (62.1966,10.3920)

15,4 Beton-Ⅱ Dølpassbrua, Ende der Schlucht, re gute ⬆ zur Beendigung der Fahrt (62.1915,10.4618)

5,2 Str-Ⅱ, re **N Plassen**, ab hier WW I–Zahmwasser (62.1318,10.5708)

4,0 re ⇩ Sølna (s. Seite 227) in die Folla (62.1244,10.5876)

1,6 Str-Ⅱ und Flussteilung, die Beschreibung folgt dem re Arm (62.1099,

10.6125)

0,0 ⇩ der Folla in die Glomma (s. Seite 217) bei km 447,7 (62.1031, 10.6304)

Grimsa

Wildfluss (Gebirgsfluss)
Mündung in Folla bei km 36,0 (re Nebenfluss)

Die Grimsa, Ursprung am Fuß des Hornsjöjö in etwa 1400 m Höhe, ist ein sehr reizvoller, im Allgemeinen nur mäßig schwerer Wildfluss. Sie verläuft in ihrem Oberlauf (oberhalb der Str-II 27) in einem breiten Tal mit zwei kurzen Schluchtstrecken. Der Unterlauf führt, weitab von jeder Straße, durch ein einsames Waldtal. Hier an den Bäumen mehrfach Bissspuren von Bibern.

Befahrbarkeit:	Ab km 45 nur bei leichtem HW (meist bis Juni), ab km 18 meist ganzjährig.
	Pkw:
Umwelt:	Wasser sehr sauber
Schwierigkeiten:	km 50–0 WW I-III (IV, V, **X**)

50,4 mögliche ⬇ bei sehr gutem Wasserstand unterhalb eines 2-m-Abfalles bei **N Verkejessætre**. Auf den folgenden 27 km im allgemeinen WW I-II (62.0611,9.5462)

49,2 ⚠, 1 m hoher Abfall, WW III (Konnte im Luftbild nicht lokalisiert werden.)

28,9 ⚠ Schluchtstrecke mit sehr schönem Wildwasser, bis WW III (Konnte im Luftbild nicht lokalisiert werden.)

27,3 Ende der Schlucht (Konnte im Luftbild nicht lokalisiert werden.)

24,9 ⚠, Beginn einer Gefällstrecke, WW III (Konnte im Luftbild nicht lokalisiert werden.)

22,6 ⚠, in scharfer re-Kurve taucht unvermutet ein hoher Wasserfall auf, **X**, Lebensgefahr. Ein Steg führt über den Anfang des Abfalles, ⬆ unbedingt schon vor Befahrung festlegen! 50 m vor dem Fall befindet sich in Fluss-Mitte ein großer, dreieckiger Stein. re ⏏ (62.0651, 9.9334)

19,2 Str-II 27. ⬇ für die Befahrung des Unterlaufs, ab hier zumeist ganzjährig ≋. ⚠, zunächst auf 6 km erhebliches Gefälle, mäßige Verblockung, WW II+ (62.0683,9.9827)

16,8 II (62.0660,10.0259)

13,0 II, ⚠, sofort danach 2 wasserfallähnliche Stufen, unbedingt vor der Brücke ↱. Die 1. Stufe ist in der Mitte gut ≋, WW IV. Der kurz danach folgende 5 m hohe Wasserfall wurde bei günstigem Wasserstand

(NW) ebenfalls schon ganz re befahren, WW V. Beide Stufen können re ⏏ werden, ⬇ am besten mit Abseilen der Boote. Die Reststrecke hat nur noch geringe Schwierigkeiten, gute Strömung, mäßiges Gefälle, Kiesbankschwälle, WW I (62.0853,10.0794)

4,8 Holz-Ⅱ mit eigenwilliger Konstruktion, Ende des Waldtales. Die Grimsa tritt in das breite Folla-Tal aus (62.1117,10.1462)

0,0 ⇩ Grimsa in die Folla (s. Seite 223) bei km 36,0 mit reichlicher Wasserzufuhr. Die Folla ab hier ist ganzjährig ≈. Weiterhin WW I (62.1440,10.1683)

Einunna

Wildfluss
Mündung in Folla bei km 19,6 (li Nebenfluss)

Die Einunna verläuft in einem einsamen, landschaftlich beeindruckend schönen Hochtal. Als Wildwasser bietet sie sehr unterschiedliche Schwierigkeiten.

Befahrbarkeit: Der Wasserstand der Einunna ist in ihrem Oberlauf abhängig von der Wasserabgabe des Stausees Fundin. Durch Zufluss von Seitengewässer ergibt sich aber auch eine Befahrbarkeit der Teilstrecke ab km 37.4. Nur dieser Abschnitt wurde befahren, diese Beschreibung ist daher gesichert.

Schwierigkeiten: km 39.5–37.4 WW II-III (nur besichtigt)
km 37.4–16.0 WW I-II-III-IV (V)
km 16.0–11.3 keine Unterlagen
km 11.3–0.0 **X**.

Infrastruktur: Zeltmöglichkeit ⛺ bei km 23.3, sowie im Tal der Folla, sehr schöne Plätze am Fluss.

33,0 Staudamm des Fundin-Stausees (1 120 m hoch gelegen). Bei ausreichender Wasserabgabe kann die Fahrt hier begonnen werden. Nach eingehender Erkundung von der Straße aus handelt es sich bei der Folgestrecke um sehr interessantes Wildwasser, WW II-III (62.3236, 9.9150)

31,0 **Dölibru**, mögliche ⬇ bei ausreichender Wasserführung. Ab hier dürfte eine Befahrung bis in den Sommer möglich sein. Zunächst WW I-II, später Zahmwasser in einem herrlichen Hochtal (62.3233,9.9539)

21,9 Str-Ⅱ (62.2894,10.0796)

19,0 △, ab hier Zunahme der Schwierigkeiten, WW III-IV (V). ⏏ der schweren Stellen jeweils gut möglich (62.2877,10.1126)

18,0 li ⛺, ab hier wieder Zahmwasser (62.2840,10.1331)

15,0 Ⅱ, △, hier steiler Katarakt, WW IV, ⏏ gut möglich (62.2688, 10.1709)

14,8 Wege-⌶ (62.2596,10.1953)
13,0 Die Straße verlässt den Fluss, gute ⬆, ab hier keine gesicherten Unterlagen, wahrscheinlich See und Zahmwasser (?) (62.2454, 10.2155)
10,2 Beginn des Stausees (62.2447,10.2724)
9,0 ▬ Staumauer mit Wasserableitung, **X**, mögliche ⬆ bei evtl. Weiterfahrt (62.2469,10.2971)
4,0 ↯ Einunna mit Zufahrtsmöglichkeit. Die folgende Flussstrecke ist zumeist total trocken; aber auch bei evtl. Überlauf ist die folgende Steilzone absolut **X** (62.2314,10.3423)
0,0 ⇩ der Einunna in die Folla (s. Seite 223) bei km 19,6 (62.1966, 10.3920)

Sølna

Wildfluss
Mündung in Folla bei km 4,0 (re Nebenfluss)

Die Sølna ist ein nur mäßig schwerer, kurzer Wildfluss in einer sehr ansprechenden Waldschlucht.
Fahrtstrecke: ⬇ beim Zusammenfluss der beiden Quellbäche bei Franksetra, Beendigung der Fahrt nach 10 km am Beginn einer Klamm 1,5 km oberhalb der ⇩ in den Stausee. Die Boote müssen durch den Wald zur Straße getragen werden. In der Mitte der Klamm überspannt die ⌶ der zur ⬇ führenden Straße die Klamm. Der Anfangsteil der Klamm kann evtl. mit größter Vorsicht befahren werden, der Rest ist absolut **X**.
Befahrbarkeit: Im Frühsommer.
Schwierigkeiten: enges Flussbett, ständig hohes Gefälle, WW II-III, bei HW auch darüber.

15,1 re ⇩ der Vestsølna in die Sølna (62.0652,10.3804)
14,4 Sttr-⌶, re **N Franksetra**, wahrscheinliche ⬇ (62.0694,10.3892)
10,4 ⬆ am Beginn der Klamm (Konnte im Luftbild nicht lokalisiert werden.)
8,5 Wege-⌶ (62.0911,10.4731)
3,4 Str-⌶ über die Klamm (62.1091,10.5461)
2,2 ▬ Staudamm und Str-⌶, **X** (62.1147,10.5572)
0,0 ⇩ Sølna in die Folla (s. Seite 223) bei km 4,0 (62.1244,10.5876)

Atna

Wildfluss – Wanderfluss
Mündung in Glomma bei km 395,2 (re Nebenfluss)

Die Atna, Ursprung aus einem kleinen Gebirgssee des Nationalparks von Rondane in 1446 m Höhe, hat mehrere, deutlich unterschiedene Abschnitte: im

Oberlauf fließt sie durch eine beeindruckende Klamm; sie bietet hier sehr schweres Wildwasser. Der anschließende Mittellauf (oberhalb Atnasee) ist ein leicht zu befahrender Wanderfluss. Der Unterlauf, in reizvoller, einsamer Waldlandschaft, bietet mäßig schweres Wildwasser.

Befahrbarkeit: Oberlauf nur bei NW (Sommer bzw. Spätsommer). Günstig sind etwa 4-6 m³/s.

Pegel: Oberlauf Behelfspegel: Brücke bei km 73.1; ideal: Wasserstand 3 cm über der unteren der beiden Befestigungsschrauben des vorderen Holzblockes, der den Wasserstand bis zu 1 m anzeigt. Bei höherem Wasserstand wird die Klamm schnell **X**.
Mittel- und Unterlauf: meist ganzjährig, günstig Mai - Juli, in trockenen Sommern können jedoch Schwierigkeiten entstehen.
für Mittel- und Unterlauf: Unterhalb der Str-Brücke bei km 41.2 am re Ufer; 110 cm entspricht etwa 20 m³/s. Dieser Wasserstand wird häufig von Mitte Mai bis Ende Juni angetroffen.

Schwierigkeiten: km 87.4 - 83.5 WW II
km 83.5 - 72.2 WW V-VI
km 72.2 - 51.0 Zahmwasser
km 51.0 - 42.1 Atnasee
km 42.1 - 26.2 WW III-IV
km 26.2 - 0.0 WW I und II (II+)

Infrastruktur: 🚐 bei Atna. 🚐 an der Setninga, gut geeignet für Befahrungen von Atna und Setninga.

87,4 **Doràlseter**, Zufahrt auf mautpflichtiger Straße, offen nur ab 10. Juni. ⬇ Oberlauf. Zunächst Kiesbankschwälle, WW II; bei Idealwasserstand für die Klamm viele Grundberührungen (61.9969,9.8091)

84,5 Fußgängerholz-Ⅱ über einer Miniklamm (Konnte im Luftbild nicht lokalisiert werden.)

83,5 ⚠, Beginn von kleinen Stufen mit Schlitzen, WW III-IV, gut ≋, (Konnte im Luftbild nicht lokalisiert werden.) (62.0104,9.8718)

82,2 ⚠ Beginn der Klamm mit mehreren bootsbreiten Schlitzen, WW IV-V. In der Klamm 2 Zwangspassagen, Anhalten davor kaum möglich. Eine Befahrung der Klamm ist nur ratsam mit Kurzbooten und in einer kleinen Gruppe, (Konnte im Luftbild nicht lokalisiert werden.) (62.0145,9.8927)

81,1 ⚠, nach 2 Schlitzen auf 30 m Katarakt, WW V; er endet in einem Siphon, absolut **X**, Lebensgefahr! Vor dem Katarakt re ⬆ und am re

Schluchtrand etwa 300 m ⏏. (Konnte im Luftbild nicht lokalisiert werden.)

80,9 ⚠, verwinkelte Stufe, WW V-VI, re ⏏ möglich, sehr mühsam, danach lassen die Schwierigkeiten nach, WW II-III, (Konnte im Luftbild nicht lokalisiert werden.)

80,6 ⚠, Katarakt, auf 20 m 10 m Höhenunterschied, WW V-VI, Befahrung riskant, re ⏏ möglich, mühsam, (Konnte im Luftbild nicht lokalisiert werden.)

79,5 ⚠, auf 50 m mehrere verwinkelte Stufen und Schlitze, Zwangspassage, WW V+, Klemmgefahr! (Konnte im Luftbild nicht lokalisiert werden.)

76,2 Ende der Klamm, auf 2 km offenes Kiesbett (62.0287,9.9725)

73,1 Ⅱ einer Sandstraße, die von der N 27 zu mehreren Gehöften geht; mögliche ⬆. Es folgt auf 100 m eine Klamm, WW III-IV, in der Mitte Wasserfall, WW VI, ⏏ li möglich (62.0101,9.9993)

72,2 Die Straße N 27 entfernt sich vom Fluss, gute ⬆⬇. Keine besonderen Schwierigkeiten, Zahmwasser. Der Fluss ist von der Straße aus gut einzusehen (62.0083,10.0138)

51,0 Beginn des Atnasjöen.⚠, ⬆ hier kaum möglich. Man wird daher den See in seiner ganzen Länge durchfahren müssen (61.8919,10.1102)

42,1 Ⅱ der Straße 27, Atnabrua, gute ⬆, ⚠, Wasserfall (Atnafoss), **X** (61.8506,10.2340)

41,2 re ⛺, ▤, eine kleine Straße führt am li Ufer entlang, hier nach etwa 1 km gute ⬇ für die Befahrung der WW-Strecke der Atna. Zumeist WW II (61.8456,10.2459)

37,1 ⚠, kurzer Katarakt (Stufe), in der Mitte verklemmungsgefährlich, WW III-IV, evtl. re ⏏. Danach wieder leichter (61.8506,10.3156)

30,6 Ⅱ, ab hier ist die den Fluss begleitende Forststraße gesperrt, weitere gute ⬇ für die folgende schöne WW-Strecke. Beginn einer schönen Waldschlucht. ⚠ zunächst auf etwa 1000 m schöner Katarakt, Besichtigung und evtl. ⏏ re, je nach Wasserstand WW III-IV. Danach leichter, aber immer noch sehr lohnendes Wildwasser, WW III-II (61.8509,10.4234)

26,2 Ab hier nur noch WW II-I (61.8297,10.4703)

21,2 re ⇩ der Setninga (s. Seite 230) in die Atna (61.7878,10.4951)

20,1 Str-Ⅱ bei li **N Mugrenda** (61.7873,10.5138)

11,3 Str-Ⅱ bei li **N Fossum**, kurz davor Doppelstufe, WW II+ (61.7871, 10.6638)

4,3 Str-Ⅱ, li **N Solbakken** (61.7458,10.7463)

3,0 re ⇩ der Hira (s. Seite 230) in die Atna (61.7424,10.7686)

0,0 ⇩ der Atna in die Glomma (s. Seite 217) bei km 395,2 (61.7393, 10.8159)

Setninga

Wildfluss
Mündung in Atna bei km 21,2 (re Nebenfluss)

Die Setninga läuft als herrliches Wildwasser durch eine völlig einsame, tief eingeschnittene Schlucht.

Die Fahrt kann bei der II der Straße 219, kurz oberhalb der ⇩ oder bei der folgenden II über die Atna beendet werden. Hier ⛺-Möglichkeit.

Befahrbarkeit: Am besten Juni bis Mitte August. Abschätzen der Befahrbarkeit schon bei der Anfahrt.

Umwelt: Glasklares Wasser.

Schwierigkeiten: Erhebliche Verblockung, verwinkelte Stufen, unterspülte Felswände, je nach Wasserstand geringe bis mäßige Wasserwucht, Baumversperrungen möglich. In der engen, streckenweise zur Klamm verengten Schlucht ist Umtragen der schwersten Stellen zwar möglich, doch z. T. sehr mühsam. WW IV mit Stellen WW IV+, evtl. WW V. Ein Abbruch der Fahrt ist zwischen Start und Ziel kaum möglich.

Infrastruktur: Begleitung mit PKW nicht möglich.

13,6 ⬇ am Ausfluss aus enem See bei **N Bretningen**, 🚌, ⚠, es folgen erhebliche Verblockung, verwinkelte Stufen, unterspülte Felswände, je nach Wasserstand geringe bis mäßige Wasserwucht, Baumversperrungen möglich. In der engen, streckenweise zur Klamm verengten Schlucht ist Umtragen der schwersten Stellen zwar möglich, doch z. T. sehr mühsam. WW IV mit Stellen WW IV+, evtl. WW V. Ein Abbruch der Fahrt ist zwischen Start und Ziel kaum möglich (61.7553, 10.2739)

12,9 Str-II (61.7532,10.2841)

0,4 Str-II 219, ⬆-Möglichkeit (61.7855,10.4889)

0,0 ⇩ der Setninga in die Atna (s. Seite 227) bei km 21,2 (61.7878, 10.4951)

Hira

Wildfluss
Mündung in Atna bei km 3,0 (re Nebenfluss)

Die Hira ist ein als Wildwasser sehr interessanter, in der 2. Etappe jedoch sehr mühsam zu befahrender Wildfluss

Befahrbarkeit: Nur bei gutem Wasserstand (Frühjahr und nach stärkeren

	Regenfällen).
19,9	Str-Ⅱ, ⬇, anfangs einige Büsche am Bach, dann sehr interessantes WW in einer märchenhaften Landschaft mit vielen unbefahrbaren Stellen, dazwischen längere Zahmwasserstrecken. Wasser sehr sauber. Dauer der Befahrung bis zur folgenden ⬆⬇ etwa 4 Stunden (61.6715,10.5409)
18,8	Str-Ⅱ (61.6797,10.5471)
16,3	Str-Ⅱ (61.6944,10.5765)
14,3	Wege-Ⅱ (61.7036,10.6016)
12,6	Str-Ⅱ (61.7123,10.6205)
4,2	Str-Ⅱ, ⬆⬇, ⚠, Schwierigkeiten bis zur ⇩: erhebliche Verblockung, mehrere Stufen, WW IV+, 2 große Wasserfälle sind unbefahrbar. Sie müssen sehr mühsam umtragen werden. Für diese Strecke wurden mit mehrfachen Besichtigungen und den beiden Umtragungen 5 Stunden benötigt. An dieser Einsetzstelle sollte ein Durchlauf von etwa 7–8 m³/s vorhanden sein (61.7371,10.7040)
0,0	⇩ der Hira in die Atna (s. Seite 227) bei km 3,0 (61.7424,10.7686)

Imsa

Wildfluss (Gebirgsfluss)
Mündung in Glomma bei km 354,7 (re Nebenfluss)

Die Imsa verläuft als interessanter Wildbach durch ein sehr einsames Waldtal.

Befahrbarkeit:	Frühjahr und Frühsommer. Es ist sinnvoll die Befahrbarkeit an der Aussetzstelle bei der Brücke km 1.1, abzuschätzen. Wenn das Wasser oberhalb der Brücke gut für eine Befahrung ausreicht, kann die gesamte Strecke befahren werden.
Umwelt:	Wasser sehr sauber.
Schwierigkeiten:	km 25.7–20.6 WW II-III km 20.7–19.6 **X** km 19.6–9.8 WW I-II km 9.8–0.0 WW III-IV
Infrastruktur:	Herrliche Zeltplätze am Quellsee. Camping bei km 1,1.

25,7	Ursprung aus einem kleinen Quellsee (Imssjöen). ⬇ bei der Ⅱ am See-Ausfluss, Hilfspegel. ⚠ Die folgenden 5 km sind eng und schnell, WW III-IV (61.5474,10.6639)
20,6	⚠, Wasserfälle Kvitkallen, **X**, ⌘. Die Fälle beginnen sehr unvermutet. Sie sind von der Straße aus zu sehen, unbedingt ⬆ schon bei der Anfahrt festlegen, am besten 200 m oberhalb der Fälle, Straße hier nahe dem Fluss. 800 m weit ⏏ oder mit Pkw umfahren. Bei ausge-

sprochenem NW, wenn das Wasser für die Befahrung des Oberlaufs nicht ausreicht, sollen die Fälle ≈ sein, WW VI (61.5270,10.7376)

19,6 ⚠, wenn man ziemlich dicht nach den Fällen einbootet, folgt noch eine 3 m hohe gefährliche Stufe, evtl. ⌓ li auf 500 m; danach auf 9 km leicht, auch für Anfänger zu empfehlen (61.5237,10.7530)

9,8 ⚠ Str-Ⅱ Nybru; danach zunächst offenes Flussbett WW II-III. In der folgenden Waldschlucht, weitab von der Straße, erhebliches Gefälle in stark verblocktem Flussbett, Baumhindernisse möglich, WW III-IV (61.4830,10.8852)

1,8 ▬, X, lebensgefährlich durch Eisenträger, kein Rückstau, ↰ bei ehemaliger Wasserableitung gut möglich, ⌓ (61.4633,11.0133)

1,1 Str-Ⅱ E3, li gute ⬆, ⛟ mit Hütten (61.4613,11.0258)

0,0 ⇩ der Imsa in die Glomma (s. Seite 217) bei km 354,7, Stromschnellen, danach re schöne ⛺-Plätze (61.4584,11.0447)

Rena

Weitere Namen: Tysla

Wanderflüsse

Mündung in Glomma bei km 311,1 (li Nebenfluss)

Ursprung (Tysla) mit Quellfluss am Berg Tron. Tysla und Rena werden in durchlaufender Kilometrierung beschrieben. Sie sind, abgesehen von einer kurzen Blockstrecke, leichte Wanderflüsse, die ohne besondere Schwierigkeiten befahren werden können. Der Oberlauf der Rena ist streckenweise reguliert.

li ⇩ Riva, danach Ⅱ Rivvangen, mögliche ⬇ bei gutem Wasserstand. Keine besonderen Schwierigkeiten.

Ⅱ Brua, weitere mögliche ⬇

Befahrbarkeit: Oberlauf nur Frühjahr und Frühsommer, ab km 85 ganzjährig.

Schwierigkeiten: km 119.2–80.6 WW I (IV)
km 80.6–31.1 Stauseen
km 31.1–10 WW I und Zahmwasser
km 10–5.5 Stausee
km 5.5-0.0 Zahmwasser

Infrastruktur: Zeltmöglichkeit ⛟ Brenneset.

119,2 Str-Ⅱ N30 (62.0283,10.9191)

117,7 Kleines ▬, Bachbreite 2–3 m. Danach WW II-III, für Wanderfahrer nicht geeignet. Der Bach verläuft mit mäßigem Gefälle in einem offenen Waldtal

111,0 li Wege-Ⅱ, Hof Nygårdsengen, ⬇, WW I, Kleinflusshindernisse

(61.9808,10.9576)

107,0 li Hof Brenneset, 🚐, weitere mögliche ⬇ (61.9531,10.9959)

106,8 Str-Ⅱ (61.9524,10.9990)

102,2 Str-Ⅱ N30, re **N Elval** (61.9327,11.0554)

99,9 li ⇩ der Unsetåa (s. Seite 234) in die Tysla, ab hier Flussname Rena (61.9170,11.0687)

98,0 Str-Ⅱ, in diesem Bereich ist das Flussufer reguliert (61.9014,11.0802)

95,5 Str-Ⅱ, li **N Rendalen**, 🛒 (61.8804,11.0891)

90,8 Str-Ⅱ (61.8483,11.1083)

85,0 re ⇩ des ϟ-Kanals mit Zuführung des Wassers, das aus der Glåma beim Barkaldfossen abgeleitet wurde. Ab hier sehr reichliche Wasserführung (61.8046,11.1376)

83,6 Str-Ⅱ, li **N Hornset** (61.7944,11.1507)

80,6 ⇩ in See Lomnessjöen, 5 km lang (61.7726,11.1703)

78,5 li **N Otnes** (61.7582,11.1847)

75,6 Str-Ⅱ, Ausfluss aus dem See Lomnessjöen (61.7324,11.2023)

71,4 li ⇩ der Mistra (s. Seite 235) in die Rena (61.6967,11.1981)

71,3 Leichte Stromschnelle, Str-Ⅱ 217, li **N Akrestrømmen**, 🛒 (61.6959, 11.1973)

70,4 ⇩ in den 39 km langen See Storsjöen. Zur Weiterfahrt auf der Rena muss der See in seiner ganzen Länge durchfahren werden. Mehrere kleine 🚐 am See. An mehreren Stellen ist die Straße ganz nahe am See, so dass man zum evtl. ⬇ oder ⬆ nur ganz kurz durch den Wald tragen muss (61.6884,11.1990)

67,0 li ⇩ der Flena (s. Seite 235) in die Rena (61.6591,11.2161)

34,0 Str-Ⅱ (61.3837,11.3668)

31,1 See-Ende, Stau-▬, **X**, li ⏏, das ▬ ist von der Straße aus nicht zu sehen, einzige Straßenabzweigung in Richtung Fluss, nach 100 m mit Schranke gesperrt, noch 200 m zu Fuß zum Fluss. Ab Stau-▬ gute Strömung (61.3611,11.3712)

23,4 Str-Ⅱ (61.3089,11.4441)

22,4 li **Deset**, 🛒 (61.3006,11.4476)

16,4 Natur-▬, ≈, bei HW nicht zu bemerken (61.2554,11.4856)

14,6 Str-Ⅱ (61.2403,11.4972)

12,4 Str-Ⅱ Rödsåsveien, in diesem Bereich längere Stromschnellen, gut ≈. Fahrt evtl. hier beenden, nach 2 km Beginn des Besina-Stausees (61.2218,11.4942)

10,0 li gute ⬆; ein Fahrweg führt vom Straßendreieck Uferstraße/Straße Nr. 215 an einigen Häusern vorbei zum Stausee. In diesem Gebiet ⛺ verboten (61.2010,11.4905)

9,8 li ⇩ der Søndre Osa (s. Seite 236) in die Rena (61.1994,11.4895)

5,5 ▬ Staumauer, 40 m hoch, re ⏏ sehr mühsam, auf der Reststrecke gute, gleichmäßige Strömung (61.1641,11.4573)
0,2 Str-Ⅱ (61.1363,11.3880)
0,0 ⇩ der Rena in die Glomma (s. Seite 217) bei km 311,1 mit Rückführung des bei km 432,5 abgeleiteten Wassers. Ab hier reichliche Wasserführung (61.1354,11.3846)

Unsetåa

Weitere Namen: Finstadåa

Wildflüsse (Gebirgsflüsse)
Mündung in Rena bei km 99,9 (li Nebenfluss)

Die beiden Flüsse gestatten eine durchgehende Befahrung; sie werden daher zusammen beschrieben. Ursprung der Finstadåa aus dem Finstadsjöen, zunächst **X**.

Befahrbarkeit:	wahrscheinlich ganzjährig
Pegel:	200 m oberhalb Ⅱ km 3.3; Minimum für die Schlucht 5 cm; günstig 10–15 cm; HW ab 20 cm, dann erhebliche Zunahme der Schwierigkeiten in der Schlucht.
Schwierigkeiten:	km 22.8–8.9 WW I km 8.9–2.0 WW III und IV
Infrastruktur:	Zeltmöglichkeit km 3.3, beim altem Brückenkopf li.

25,8 Str-Ⅱ bei **N Finnstad**, ⚠, auf keinen Fall hier ⬇. Es folgt eine Extremstrecke, nach Besichtigung evtl. machbar, WW VI, ein Befahrungsbericht ist nicht bekannt (62.0982,11.0272)
22,8 Mögliche ⬇ für Wanderfahrt, WW I (62.0767,11.0412)
12,7 Str-Ⅱ, weitere ⬇, weiterhin WW I (62.0125,11.0894)
10,5 Str-Ⅱ (61.9957,11.0913)
9,8 li ⇩ von N. Ugleåa und kurz danach S. Ugleåa, ab hier Name des Flusses Unsetåa (61.9898,11.0902)
8,9 Die Schwierigkeiten nehmen allmählich zu
6,4 ⚠ Beginn einer Schlucht, streckenweise klammartig, landschaftlicher Höhepunkt der Fahrt. Schwierigkeiten: starke Verblockung, verwinkelte Abfälle, WW III-IV, ein Fahrtabbruch ist streckenweise unmöglich, anhalten zum Besichtigen ebenfalls vielfach unmöglich, auch meist nicht erforderlich
3,3 Die Schlucht geht noch weiter, Schwierigkeiten unverändert. Str-Ⅱ, ≣ 200 m oberhalb der Ⅱ li. Gute Stelle zur Beendigung der Fahrt, ⛺-Möglichkeit (61.9439,11.0821)
2,0 Die Straße geht vom Fluss weg, weitere Gelegenheit zur Beendigung der Fahrt. Kurz danach Ende der Schlucht. Ab hier WW I, begradigte

Ufer. Befahrung der Reststrecke daher kaum lohnend

0,0 ⇩ der Unsetåa in die Tysla, ab hier Flussname Rena (s. Seite 232) bei km 99,9 (61.9170,11.0687)

Mistra

Wildfluss (Gebirgsfluss)
Mündung in Rena bei km 71,4 (li Nebenfluss)

Die Mistra, Ursprung in etwa 1100 m Höhe, verläuft zunächst als nur mäßig schwerer Wildfluss in einem sehr schönen Tal. Gegen Ende ihres Laufs bricht sie in einer sehenswerten Schlucht in das Tal der Rena durch; sie ist in diesem Bereich ein schwerer Wildfluss.

Befahrbarkeit: Über eine Befahrbarkeit bis km 19 ist nichts bekannt. Die Schluchtstrecke nur bei wenig Wasser (ab Mitte Juni), der Oberlauf kann viel Wasser vertragen.

Pegel: Brücke bei km 3.3; MW für die Schlucht 20 cm, die Schwierigkeiten in der Schlucht dann WW IV. Ein Maximalwert für eine noch mögliche Befahrung der Schlucht ist nicht bekannt.

Schwierigkeiten: km 19.2–8.6 WW II-III (IV)
km 8.6–3.3 (Schlucht) WW IV-V, Gefälle 30 ‰
km 3.3–0.0 WW III
Wasserführung: HW (etwa 40 m³/s) Mitte April - Anfang Juni. Später stark abhängig von Regenfällen.

19,2 li ⇩ Gröna, mögliche ⬇. Zufahrt auf einer Straße, die von der N 217 abzweigt. Zunächst WW II-III (61.7761,11.4213)

13,9 ⚠ Zunahme der Verblockung und der Schwierigkeiten bis WW IV

8,6 li ⚠ li oben ist ein ⛺ an der Straße sichtbar, Beginn der Schlucht, ab hier je nach Wasserstand WW IV/V/**X**. Bei HW sollte die Fahrt spätestens hier beendet werden

3,3 Ⅱ, ≣, Ende der Schlucht, ab hier WW II-III (61.7109,11.2422)

0,0 ⇩ der Mistra in die Rena (s. Seite 232) bei km 71,4 (61.6967,11.1981)

Flena

Wildfluss
Mündung in Rena bei km 67,0 (li Nebenfluss)

Die Flena ist auf langer Strecke ein nur mäßig schwerer Wildfluss. Die Schlucht am Ende ihres Laufs bietet allerdings extreme Schwierigkeiten mit einer sehr mühsamen Umtragung.

Fahrtstrecke: ⬇ bei Ⅱ Flenbua, zunächst wenig Wasser, WW II-III, einige Stellen sollten besichtigt werden

Beginn der Schlucht nach 7 km. ≋ Abfall WW VI, danach Katarakt mit Wasserfall, 3 m hoch, WW VI/**X**, ⩟ anstrengend, aber möglich; dazu re etwa 50 m hoch aus der Schlucht, nach 300 m wieder zurück zum Fluss mit Abseilen der Boote. Es folgt noch eine Kunststufe, **X**, re ⩟. Danach bis zur ⇩ WW III. Fahrtstrecke insgesamt 13 km.

Befahrbarkeit: Mai bis Anfang Juni. Die Befahrung der Flena ist eine gute Alternative, falls die Befahrung der ganz nahe gelegenen Mistra-Schlucht wegen zu hohen Wasserstandes nicht möglich ist

Pegel: Str-II kurz vor der ⇩ am re Ufer. Die nachfolgende Beschreibung beruht auf einer Befahrung am 07.06. 79 bei einem Pegel von 1,45 m

13,1 Str-II, ⬇ (61.5907,11.3660)
8,2 Sr-II (61.6144,11.3079)
0,2 Str-II 237, unterhalb re #Pegel' (61.6603,11.2197)
0,0 ⇩ der Flena in die Rena (s. Seite 232) bei km 67,0 (61.6591,11.2161)

Søndre Osa

Wildfluss – Wanderfluss
Mündung in Rena bei km 9,8 (li Nebenfluss)

Die Søndre Osa ist im Allgemeinen ein schnellfließender Wanderfluss mit kurzen eingelagerten WW-Strecken, landschaftlich wenig interessant.

Befahrbarkeit: Der Wasserstand der Søndre Osa wird durch ϟ-Auslass verändert, dadurch schnelles Ansteigen des Wasserstandes und der Schwierigkeiten in den WW-Stellen möglich. Die Wasserabgabe scheint sehr unregelmäßig zu sein. Juli 93 wurde jedenfalls während mehrerer Tage ein für eine Befahrung ausreichender Wasserstand nicht angetroffen.

Schwierigkeiten: km 16.4–4.1 WW I–Zahmwasser (WW II und III).

16,4 Ausfluss aus dem Osjö in 438 m Höhe über ▬ Osdammen. Dieser See wird aus zahlreichen Quellflüssen gespeist. ⬇ unterhalb des Dammes. Es folgen 3 Stromschnellen (in Karte nicht gefunden), WW III, die alle re ⩟ werden können (61.2461,11.7427)
4,1 ▬ Staudamm, ϟ, ⬆ die Fahrt muss hier beendet werden. Eine Weiterfahrt scheint nicht möglich zu sein, da nach der Karte ein Steilabbruch und ein weiteres ϟ folgen (61.1977,11.5570)
0,4 Str-II Osabru (61.2001,11.4974)
0,0 ⇩ der Søndre Osa in die Rena (s. Seite 232) bei km 9,8 (61.1994, 11.4895)

Åsta

Wildfluss (Gebirgsfluss)
Mündung in Glomma bei km 303,7 (re Nebenfluss)

Die Åsta, Ursprung im Sköllfjellet in etwa 1 000 m Höhe, ist ein sehr interessanter Wildfluss. Sie verläuft durch ein einsames Waldtal, am Ende der Strecke durch eine 2 km lange Schlucht.

Befahrbarkeit:	Frühjahr und Frühsommer; die obere Strecke bis zum Beginn der Schlucht verträgt viel Wasser. Der untere Teil, besonders die untere Schlucht, wird bei viel Wasser kritisch.
Pegel:	Hilfspegel II Bringebu, wahrscheinlich handelt es sich um die Brücke bei km 19.7, li Brückenpfeiler Fundament gerade überspült = gutes MW; Fundament 10 cm frei = Minimum
Schwierigkeiten:	km 55.9-29.4 WW I, Zahmwasser km 29.4-11.5 WW I, II und III km 11.5-0.0 WW III und IV (V)
Kilometrierung:	Anhand Kartenmaterial. Es war oft nicht möglich, die alte Beschreibung mit dem Kartenmaterial in Einklang zu bringen. Deshalb ist diese Beschreibung mit entsprechender Vorsicht zu nutzen.

55,9 Mögliche ⬇ für die Befahrung des Oberlaufs, ein gesicherter Befahrungsbericht liegt jedoch nicht vor. Auf Grund einer Besichtigung handelt es sich auf der Strecke bis km 30 vorwiegend um Zahmwasser mit gelegentlichen leichten Schwällen, sehr einsam, schöne ⛺ (61.3216,10.7047)

29,4 ⬇ **N Olshølen**, ab hier gesicherter Befahrungsbericht (E 1). Zahlreiche Schwälle in breitem Kiesbett, einzelne kleine Schluchten, WW III mit Stellen, je nach Wasserstand, bis WW IV (61.1460,10.9293)

25,5 Str-II Bjønnåsbrua, weitere mögliche ⬇, Schwierigkeiten unverändert (61.1234,10.9758)

23,0 unterhalb der Str-II Tingstadbrua, (A 1), hier gute ⛺ Übernachtungsmöglichkeit (61.1074,11.0031)

20,5 Holmbua (E 2)

19,7 Str-II Fjellvegen (61.1007,11.0570)

15,7 re Åstholmen (61.0959,11.1219)

11,5 Åstvollen, Zunahme der Schwierigkeiten, ⚠, Stufen und kleine Schluchten, WW IV, bei HW sehr wuchtig (61.0958,11.1822)

5,0 Hemstad, mehrere Stufen mit erheblichem Rücklauf, gefolgt von einem gefährlichen Wasserfall. Vorsicht! Zur Besichtigung ↱. Je nach

Wasserstand evtl. re ≈ oder ⏏. Es folgt eine schöne Schlucht, gefährlich bei HW

1,2 Str-II E3, gute ⬆ zur Beendigung der Fahrt (A 2) (61.0765,11.3465)

0,0 ⇩ der Åsta in die Glomma (s. Seite 217) bei km 303,7, danach Schnellen, re fahren, li stark verblockt, WW I-II (61.0760,11.3667)

Flisa

Wildwanderfluss

Mündung in Glomma bei km 229,2 (li Nebenfluss)

Die Flisa, Ursprung am Hestberget in etwa 500 m Höhe, verläuft in einsamer Landschaft von Mittelgebirgscharakter durch große Wälder. Erstbeschreibung von 1963. Seitdem keine neuen Erkenntnisse, besondere Aufmerksamkeit ist daher geboten.

Befahrbarkeit: Frühsommer.

Schwierigkeiten: meist leichtes WW, einige Umtragestellen.

70,0 Zufahrt mit Pkw von Norwegen her, geeignete ⬇ muss erkundet werden, evtl. kurzer Transport zum Fluss. Die Fahrt geht zunächst fast ohne Strömung durch Hochmoor, 2 verblockte Schnellen, evtl. ≈ (60.9142,12.3486)

66,0 ⇩ in Bergsee Halsjön, ein Teil des W-Ufers gehört zu Schweden, Kurs S (60.8951,12.3382)

60,2 ▬ am S-Ende des Sees mit anschließendem Wasserfall und Schlucht, li 1,7 km umkarren. Nach W in 4 km Entfernung Gravberget, 🛒 (60.8545,12.3065)

58,2 re ⇩ Halån, ⬇, starkes Gefälle (60.8419,12.3210)

53,2 ⚠ Övre Flisfallet, Kaskaden, Gefälle 4,4 m/150 m, **X**, re ⏏,. Weiterhin starkes Gefälle (60.8005,12.3046)

51,7 Str-II (60.7872,12.3103)

49,6 Nedrfe Flisfallet, Gefälle 11,3 m/700 m, ⏏ oder evtl. treideln

43,0 li ⇩ Vermundselv, Nebenroute: den Fluss aufwärts fahren, nach 1 km ▬, kurz ⏏ in den schönen Vermundsjön, nach 3 km li 🛒, See-Ende nach insgesamt 9 km (60.7187,12.3176);
Die folgenden Angaben nach hydrographischen Unterlagen, ohne Bestätigung durch Befahrung: (60.7187,12.3167)

39,6 Str-II Flisbru, danach Eftasbergfossen, 1,4 m/400 m (60.6899, 12.3019)

34,6 Haneknäfossen, 1,3 m/200 m. Der Fluss wendet sich nach W

33,1 Str-II N 202, ⚠ Valbyfossen, Gefälle 5,9 m/450 m, li **N Velta** (60.6412,12.2701)

16,7 ▬ vor Kjelaasfossen, evtl. ≈ (60.6644,12.1108)

13,3 Insel, danach Buskenebfossen, 1,1 m/100 m und Kalfossen, 2,2 m/200 m (60.6466,12.0835)
9,4 Str-II, davor Stromschnelle, 3,8 m/350 m. # Achtung#, danach sofort landen und auf Straße 2 ↯ mit 11 m Fall umkarren, re **N Kjellmyra** (60.6392,12.0412)
6,0 Str-II 2, Str-II, re **N Flisa** (60.6130,12.0366)
1,3 EB-II (60.5901,12.0376)
0,0 ⇩ der Flisa in die Glomma (s. Seite 217) bei km 229,2 (60.5890, 12.0193)

Lågen (Gudbrandsdal), Mjösa-See, Vorma

Wildfluss – Seen – Wanderfluss
Mündung in Glomma bei km 132,4 (re Nebenfluss)

Der Lågen und die anschließende Vorma bieten für jeden etwas: leichtes Wildwasser, extrem schweres Wildwasser, fahrbare und unfahrbare Fossen, lange Umtragestellen und Befahrung von Seen, darunter den größten See Norwegens, den Mjösa. Jeder kann sich, je nach Können und Neigung, die passenden Teilstrecken heraussuchen. Eine durchgehende Befahrung ist allerdings nicht möglich. Es ist außerdem zu berücksichtigen, dass die Angaben über die Strecke ab Kvam, km 226.8, schon alt sind und daher möglicherweise nicht mehr zutreffen

Befahrbarkeit: Wahrscheinlich ganzjährig, die Schluchtstrecke nur bei NW.

Schwierigkeiten: Lagen:
km 338-303 Zahmwasser, Seen
km 303-271 WW I-II-III (V),
km 269-260 WW V und VI (**X**),
km 260-238 WW II,
km 238-219 WW I-II (III),
km 219-208 wenig empfehlenswert, schwierige Umtragestellen,
km 208-147 WW I und Zahmwasser,
km 147-135 wenig empfehlenswert, schwierige Umtragestellen,
Mjösa: See
Vorma: Zahmwasser

Lågen (Gudbrandsdal)

Ausfluss des Lågen aus dem Lesjaskogsvatnet. Die zahlreichen Quellflüsse dieses Sees stammen aus etwa 1600 m Höhe.

330,1 Str-II, li **Lesjaverk**, 🚂 (62.1894,8.5389)
336,0 Wege-II (62.1816,8.5657)
335,1 Wege-II (62.1805,8.5783)
329,8 Wege-II (62.1644,8.6311)
325,8 Wege-II (62.1475,8.6674)
324,4 Wege-II, li nach **N Lora** (62.1416,8.6767)
324,0 Fußg-II (62.1410,8.6808)
323,5 Feldweg-II (62.1384,8.6875)
323,1 Feldweg-II (62.1351,8.6921)
322,8 Straßen-II (62.1335,8.6960)
322,3 re ⇩ der Lora (s. Seite 244) in den Lågen (Gudbrandsdal) (62.1309, 8.6982);
Die Wasserführung nimmt durch die Aufnahme der Lora zu (62.1311, 8.6985)
321,6 Str-II Nyhusvejen (62.1281,8.7104)
320,8 Wege-II, li **N Flitti** (62.1239,8.7198)
319,6 Wege-II (62.1180,8.7382)
316,3 Wege-II (62.1113,8.7931)
315,0 Wege-II (62.1146,8.8150)
312,3 Str-II, li **Lesja** (2 km), 🚂 (62.1039,8.8566)
309,1 Str-II, li nach **N Hattrem** (62.1150,8.9013)
306,5 Str-II, li nach **N Bø** (62.1097,8.9445)
304,6 Wege-II (62.1028,8.9748)
303,1 Str-II, li **N Bottheim**, Ausfluss aus dem letzten See. Zunächst schnell fließendes Wasser, später leichte Verblockung und kleine Stufen bis WW III (62.0991,8.9985)
301,0 Wege-II (62.0898,9.0233)
300,3 Str-II 496, sehr schöner ⛺ Rolstad, 🚌. Zunächst wieder Zahmwasser, später leichte Schnellen ohne Hindernisse (62.0849,9.0310)
297,5 li ⇩ des Jori (s. Seite 245) in den Lågen (Gudbrandsdal) (62.0730, 9.0730)
295,3 ⚠ Stufe Dombfossen in kurzer Klamm, Mitte ≈, WW V. Vor der Stufe zur Besichtigung ↰, li ⩠ möglich (62.0609,9.1066)
295,2 Str-II über Dombfossen, li **N Dombas** (2 km) (62.0602,9.1068)
294,2 Mögliche gute ⬆ bei einer Schießanlage
291,1 Str-II, mögliche ⬇, 🚌, li ⛺ über die Straße E6 zu erreichen. Die Folgestrecke ist Zahmwasser (62.0402,9.1492)
287,7 Str-II, li zur E6 (62.0198,9.1903)
284,5 Str-II 497, 🚌, davor li ⛺ Toftemo Turiststasjon Aksjeselskap, zu erreichen von der E6 (61.9984,9.2201)
282,1 Str-II, **N Dovre** (61.9840,9.2471)

278,9 Str-Ⅱ E6, danach leichte Zunahme der Schwierigkeiten, WW I-II (61.9597,9.2622)

278,7 EB-Ⅱ (61.9582,9.2656)

274,0 Str-Ⅱ, li Dovreskogen Camping (61.9279,9.3144)

271,1 Str-Ⅱ unterhalb **Brennhaug**, li und re, gute Gelegenheit zur Unterbrechung der Fahrt, falls die folgende extrem schwere Schlucht nicht befahren wird. Zunächst noch leicht (61.9183,9.3566)

269,1 –260,5 ⚠ Schwallstrecke mit Zunahme der Schwierigkeiten : Die folgenden Schwierigkeiten konnten im Luftbild nicht festgelegt werden und wurden deshalb nicht mit Kilometerangaben versehen:
- Danach Beginn der Schlucht. Gesamtstrecke von der Straße aus gut einzusehen.
- Blockstrecke mit großer Wasserwucht, WW IV+.
- Stufe, ganz re fahren, WW V.
- 2. Katarakt, ⬆ WW VI/**X**, unbedingt schon bei der Anfahrt ⬆ festlegen, ↰, hoch zur Straße, schwierig.
- Ende des 2. Kataraktes, hier wieder ⬇ möglich. Weiterhin zahlreiche Stufen mit schwerer Verblockung, WW V.
- Schwerer Katarakt, von einem Parkplatz aus nur schwer einzusehen. Kurz danach Ende der Schlucht, die Schwierigkeiten lassen schnell nach (61.9032,9.3742)–(61.8497,9.4248)

265,5 Str-Ⅱ E6 (61.8797,9.4103)

260,4 Str-Ⅱ, **N Sel**, ⬇ zur Fortführung der Befahrung. Leichtes Wildwasser, WW II (61.8495,9.4252)

255,1 Str-Ⅱ (61.8305,9.5120)

250,9 Str-Ⅱ (61.8040,9.5427)

250,3 li ⇩ der Ula (s. Seite 246) in den Lågen (Gudbrandsdal) (61.7989, 9.5452)

247,1 Str-Ⅱ E15, **N Otta**, (61.7724,9.5435)

246,9 Str-Ⅱ (61.7709,9.5450)

246,5 re ⇩ der Otta (s. Seite 247) in den Lågen (Gudbrandsdal) (61.7673, 9.5449);
es folgen 10 km Zahmwasser (61.7671,9.5455)

242,1 li Sæta Camping und Vangen Camping, an der E6 (61.7287, 9.5449)

237,9 EB-Ⅱ, sehr wuchtiger Schwall, WW IV (61.6954,9.5485)

236,2 1. Str-Ⅱ, **N Sjoa**, li Sjoa Camp (61.6821,9.5376)

236,0 2. Str-Ⅱ 259 in Sjoa (61.6799,9.5356)

235,8 ⚠ sehr wuchtiger Schwall (61.6787,9.5358);
re ⇩ der Sjoa (s. Seite 257) in den Lågen (Gudbrandsdal) ⚠ in einer li-Kurve des Lågen mit sehr wuchtigem Schwall, vor der Kurve nicht

einsehbar, WW III-III+. Danach weiterhin WW II-I (61.6797,9.5347)

226,9 Str-II E6 bei Kvam (61.6601,9.6755)

226,8 Hänge-II, li **N Kvam**, (61.6603,9.6778)

222,0 Str-II (61.6414,9.7187)

218,5 Eidfoss, 3 m hoher Abfall, bei gutem Wasserstand evtl. ≈, WW III (61.6148,9.7237);
Danach Beginn des 5,5 km langen Vinstrafossen mit sehr starkem Gefälle, WW III/IV. Es wird empfohlen, bei HW die gesamte Strecke ab Eidfoss bis nach dem Harpefoss zu umfahren

216,4 Str-II, re Furuheim Camping (61.5992,9.7390)

216,2 Str-II N 255, **Vinstra**, , II (61.5977,9.7397)

209,5 EB-II (61.5816,9.8392)

209,4 ▬ Staudamm Harpefoss, ϟ, sofort ↱, **X**. Mit Bootswagen über Straße und Bahnhof und Weg zum Sportplatz am Lågen umkarren (61.5811,9.8398)

208,1 Str-II, **N Harpefoss**, . Anschließend leichte Fahrt, Kiesbankschwälle (61.5747,9.8563)

205,1 Str-II (61.5641,9.9060)

199,8 Str-II 256, **N Hundorp** (61.5456,9.9665)

195,1 li ⇩ der Frya (s. Seite 261) in den Lågen (Gudbrandsdal) (61.5387, 10.0511)

195,0 li **N Frya** (61.5396,10.0549)

189,6 Str-II, li **N Ringebu**. Nach 100 m neues ▬ mit starkem Rücklauf, re Arm fahren: Danach zunächst noch Kiesbankschwälle, dann Nachlassen der Strömung (61.5190,10.1424)

187,1 li Elstad, (61.5014,10.1671)

181,0 Str-II, li **N Fåvang** (61.4511,10.1857)

164,6 hinter der E6, gute ↑, (61.3218,10.2885)

163,4 Ende des Sees, Str-II 254, davor Schnellen, **N Tretten**, , (61.3123,10.3000)

161,0 Insel; ⚠, li Arm **X**; 5 m hoher Abfall, re Arm stark verblockt, unbedingt besichtigen, evtl. treideln, auch nach dem Zusammenfluss beider Arme noch erhebliche Schwierigkeiten (61.2933,10.2817)

151,9 Str-II, **N Øyer**, , Beginn eines Stausees (61.2626,10.4120)

149,2 Str-II, **N Granrudmoen** (61.2411,10.4309)

146,8 **Hunderfossen**, ▬ Staudamm mit Wasserableitung, **X**. Auf 4 km folgt eine landschaftlich sehr schöne Schlucht, die Schwierigkeiten sind stark abhängig vom Überlauf des ▬. Bei 50 m³/s, WW III. Geröllbankschwälle. Bei HW können viele hundert m³/s durchfließen, die Schwierigkeiten sind dann erheblich höher (61.2206,10.4428)

146,1 EB-II (61.2146,10.4377)

142,3 li ⇩ des abgeleiteten Wassers, ab hier Zahmwasser (61.1869, 10.4155)
139,8 Str-II, li **N Faberg**, gute ⇅ (61.1660,10.3983)
138,9 re ⇩ der Gausa (61.1581,10.3951)
138,1 Str-II (61.1526,10.4050)
135,0 ⇩ des Lågen (Gudbrandsdal) in den Mjösa (s. Seite 243) (61.1279, 10.4048)

Mjösa

Dieser See ist der größte See Norwegens. Er ist im Allgemeinen nur 2 bis 3 km breit, nur im Mittelteil bei Hamar wird eine Breite von etwa 15 km erreicht. Im Luftbild wurde eine Fahrtstrecke von 102 km gemessen. Falls eine Befahrung des Sees geplant ist, wird empfohlen, sich wegen der vorherrschenden Westwinde am westlichen Ufer zu halten. Auf eine ausführliche Beschreibung des Sees wird verzichtet, Einzelheiten sind den Karten zu entnehmen.

135,0 ⇩ des Lågen (Gudbrandsdal) (s. Seite 239) in den Mjösa (61.1279, 10.4048)
132,3 Str-II E6 (61.1122,10.4433)
131,6 Fußg-II, li **N Lillehammer** (61.1073,10.4523)
106,2 Str-II (60.9281,10.6712)
33,5 Ausfluss der Vorma (s. Seite 243) aus dem Mjösa (60.4000,11.2320)

Vorma

Mündung in Glomma bei km 132,4 (li Nebenfluss)
Ausfluss aus dem Mjösa, der Fluss heißt jetzt Vorma.

33,5 Ausfluss der Vorma aus dem Mjösa (s. Seite 243) (60.4000,11.2320)
33,3 2 Str-II und EB-II, re **N Minnesund** (60.3990,11.2342)
25,3 Str-II, **N Eidsvoll**, ⇅. Die jetzt seeähnliche Vorma fließt mit unterschiedlicher Geschwindigkeit in einsamer Landschaft (60.3282, 11.2556)
25,0 Str-II 181 (60.3263,11.2608)
23,6 re ⇩ der Andelva (60.3174,11.2709)
11,3 Str-II 179 (60.2160,11.3551)
11,1 ■, ↯ Fenstad am Svanfossen, li Kahn-⇆ oder li an Rampe ⏏ (60.2140,11.3563)
3,2 Str-II 177, **N Vormsund** (60.1545,11.4179)
0,0 ⇩ der Vorma in die Glomma (s. Seite 217) bei km 132,4 (60.1443, 11.4612)

Lora

Wildfluss (Gebirgsfluss)
Mündung in Lågen (Gudbrandsdal), Mjösa-See, Vorma bei km 322,3 (re Nebenfluss)

Die Lora, Ursprung aus mehreren Quellseen in etwa 1400 m Höhe, verläuft als sehr schwerer Wildfluss mit längeren Schluchtstrecken durch ein landschaftlich hervorragend schönes Hochtal.

Befahrbarkeit:	ganzjährig.
Umwelt:	Wasser kristallklar.
Pegel:	nicht vorhanden; ein geschätzter Durchfluss von etwa 10 m^3/s ist für den Oberlauf (bis km 24) etwas knapp; für die Schlucht (km 24-28) ideal.
Schwierigkeiten:	km 21,4–8 WW II-III-IV (IV+) km 8–0 WW III (**X**)
Infrastruktur:	Zeltmöglichkeit sehr schöne Plätze am Fluss.

21,4 ⬇ bei den Gehöften von Nyseter, Str-II, li 🅿 (62.0529,8.3561)
20,4 Beginn einer kleinen klammartigen Schlucht, starkes Gefälle und Verblockung, bis WW IV, von der Straße aus gut einzusehen (Konnte wegen eines schlechten Luftbildes nicht lokalisiert werden.)
17,5 Ende der Schlucht, WW II–III (Konnte wegen eines schlechten Luftbildes nicht lokalisiert werden.)
16,6 Str-II (62.0680,8.4366)
15,6 Leichte Zunahme der Schwierigkeiten, WW III
12,6 ⚠, in re-Kurve 3 m hohe Rutsche, Mitte gut ≈, bei Anfahrt besichtigen (62.0876,8.4979)
11,2 Str-II, ⚠, darunter schwere Stelle, WW IV+. Wer hier Probleme hat, sollte auf die Befahrung der nachfolgenden Schlucht verzichten. Die folgende, etwa 4 km lange sehr enge Schlucht hat ein sehr starkes Gefälle mit gefährlichen Unterspülungen, WW IV. Anhalten zur Besichtigung sowie ⏏ sind bei günstigen Wasserstand (s. "Pegel") gut möglich. Die Straße verläuft li ohne Sichtkontakt in der Nähe des Flusses (62.0924,8.5212)
9,0 ⚠, letzte schwierige Engstelle, WW IV+, re starke Unterspülung, Ende der Schlucht, danach leichter, WW III-IV (Konnte wegen eines schlechten Luftbildes nicht lokalisiert werden.)
8,0 ab hier WW II-III
6,1 ⬆. Die Straße verläuft knapp neben dem Fluss, gute Gelegenheit zur Beendigung der Fahrt. Weiterhin WW III+ (62.1119,8.6048)
5,3 ⚠, die Straße geht vom Fluss weg. Es folgt eine langgezogene re-Kurve, li Hang Geröllhang. Vor dieser re-Kurve ↱ und die nächsten

300 m ⩠. Ein ⬆ erst nach der Kurve ist sehr riskant. Es folgt eine Felsrinne und ein 8 m hoher Wasserfall, beides **X** (wurden anscheinend schon befahren). Man kann diese Stelle auch bei der Anfahrt erreichen. Man geht dazu zwischen 2. und 3. Kieswerk zum Fluss (62.1134,8.6195)

4,3 Wieder ⬇ im Tumpf des hohen Wasserfalles. Die Folgestrecke ist WW II-III (IV-) (62.1152,8.6357)

2,4 Ab hier breites Kiesbett, WW I (62.1211,8.6667)

0,2 Str-Ⅱ, gute ⬆, zu erreichen, indem man direkt vor der Mautstelle links abbiegt (62.1298,8.6966)

0,0 ⇩ der Lora in den Lågen (Gudbrandsdal) (s. Seite 239) bei km 322,3 (62.1309,8.6982)

Jori

Wildfluss (Gebirgsfluss)
Mündung in Lågen (Gudbrandsdal), Mjösa-See, Vorma bei km 297,5 (li Nebenfluss)

Die Jori, Ursprung als Abfluss des Sees bei Tandseter, fließt in ihrem Oberlauf durch eine herrliche Landschaft mit Blick auf Hochfjelle mit schneebedeckten Bergen. Sie ist hier Zahmwasser mit einigen Stufen. In ihrem Unterlauf verläuft sie als traumhaft schöner Wildfluss durch einsame Schluchten. Im unteren, schweren Teil der Schlucht ist ein Abbruch der Fahrt kaum mehr möglich.

Befahrbarkeit: Der Fließstrecke der Jori ist ein großer See vorgeschaltet, in den zahlreiche Quellflüsse münden. Die Jori hat daher ganzjährig einen ausreichenden Wasserstand. Höchste Wasserführung Mai bis Ende Juni. In dieser Zeit sollte von einer Befahrung der Schluchtstrecke Abstand genommen werden, da die Walzen im unteren Teil der Schlucht dann sehr gefährlich werden.

Umwelt: Wasser extrem sauber.

Pegel: unterhalb der Ⅱ E69 am li Ufer, erreichbar auf einem Fußweg über die Schlucht, li bei einem Fabrikgebäude.
100 cm = NW = etwa 10 m^3/s
120 cm = MW = etwa 20 m^3/s
140 cm = HW = etwa 40 m^3/s

Schwierigkeiten: km 22,4–12,3 Zahmwasser mit Stufen
km 12,3–0 WW III und IV (VI)
Sehr wuchtiges WW. Der Abschnitt beim Pegel, km 2,2 (bei der Anfahrt besichtigen) dient als Maßstab für die Schwierigkeiten im unteren Teil der Schlucht.

Infrastruktur: Zufahrt auf mautpflichtiger Straße, die von der E136 bei Lesja in Richtung Aursjön abzweigt.

22,4 ⬇ für die Befahrung des leichten Oberlaufs bei Str-II Skamsdalsvegen (62.1923,8.9201)
21,1 ⚠ Doppelstufe, X, re ⏏ (62.1838,8.9226)
20,8 Stufe, ≋, WW III (62.1813,8.9216)
17,3 ⚠ Stufe, WW V, evtl. ≋ oder re ⏏ (62.1595,8.9342)
12,3 Str-II Reindølsvegen bei Nedre Reindal (Straße Aurstad - Svartdalsetra), gute ⛺-Möglichkeit; übliche ⬇ für die Befahrung der schweren WW-Strecke. Zunächst noch leicht (62.1340,8.9994)
11,3 ⚠ Beginn der Schlucht, schnelle Zunahme der Schwierigkeiten, WW III-IV, Walze quer über den Fluss, ansehen (62.1340,9.0179)
6,5 li ⇩ Grona, weiterhin schwierig, Zunahme der Wasserwucht (62.1116, 9.0793)
3,6 ⚠ schwierige Kurven mit enormen Prallhängen, WW IV+ (62.0965, 9.1038)
3,1 EB-II (62.0929,9.1052)
2,5 Str-II E136, ⚠, darunter und danach bis zum Pegel drei wuchtige Felsrutschen mit Rücklauf, WW IV-V, ansehen (62.0880,9.1022)
2,2 li gute ⬆, 🅿, schöne ⛺-Möglichkeit, unterhalb ≣, erreichbar auf einem Fußweg über die Schlucht, li bei einem Fabrikgebäude. Weiterhin sehr wuchtiges Wildwasser, WW III und IV (62.0857,9.1000)
1,4 Der Fluss teilt sich in mehrere Arme, WW I-II, Baumhindernisse möglich (62.0828,9.0871)
0,0 ⇩ des Jori in den Lågen (Gudbrandsdal) (s. Seite 239) bei km 297,5 (62.0730,9.0730)

Ula

Wildbach
Mündung in Lågen (Gudbrandsdal), Mjösa-See, Vorma bei km 250,3 (li Nebenfluss)

Die Ula ist zwar nur kurz, doch als Wildbach äußerst interessant und schwer.
Befahrbarkeit: Frühjahr und Frühsommer.
Schwierigkeiten: Lange, ununterbrochene Stromschnellen bei rasanter Strömung und hohem Gefälle, WW V und IV bei MW. Mehrfache Besichtigungen sind unerlässlich.

6,4 ⬇ am Zusammenfluss der beiden Quellbäche Store Ula und Veste Ula. Die ⬇ ist nur mühsam zu erreichen. Man muss die Boote von der hoch über den Fluss verlaufenden Straße 500 m weit in das tief eingeschnittene Tal hinuntertragen. ⚠, Beginn einer kurzen Schlucht,

WW V (61.8135,9.6457)
4,2 Ⅱ, danach leichter, WW III-IV (61.8096,9.6098)
1,2 ⬆ Beendigung der Fahrt bei einer ▬-Anlage, ⚠, die weitere Strecke ist **X** (61.8001,9.5636)
0,0 ⇩ der Ula in den Lågen (Gudbrandsdal) (s. Seite 239) bei km 250,3 (61.7989,9.5452)

Otta

Wildfluss (Gebirgsfluss)
Mündung in Lågen (Gudbrandsdal), Mjösa-See, Vorma bei km 246,5 (re Nebenfluss)

Die Otta, Ursprung am Fuß des Dalsnibba aus dem Djupvatnet-See in 1 017 m Höhe, ist ein sehr abwechslungsreicher Fluss: Mäßig schweres Wildwasser wird unterbrochen von unfahrbaren Wasserfällen und mehreren Extremstellen. Empfehlenswert sind zwei Teilstrecken. Dazwischen liegt eine lange Seen-Strecke.

Befahrbarkeit: ganzjährig. Die Otta ist ein Fluss mit starker Wasserführung. In den leichteren Abschnitten entstehen dadurch schöne, langgezogene Schwallstrecken. In den schwierigen Teilstrecken bietet die Otta sehr wuchtiges Wildwasser mit zahlreichen, haltenden Walzen, die bei HW schnell lebensgefährlich werden können.

Schwierigkeiten: km 113.7–104.7 WW II-III-IV, V und VI
km 104.7–93.5 keine Unterlagen
km 93.5–74.2 WW I-II (IV-VI)
km 74.2–17.8 Zahmwasser, Seen
km 17.8–0.0 WW I (**X**, III)

113,7 See oberhalb Billingen (etwa 5 km unterhalb Grotli), mögliche ⬇ für eine 9 km lange Teilstrecke (62.0113,7.8014);
⚠ (Die folgenden Angaben konnten in der Karte nicht lokalisiert werden): - Kurz nach See-Ausfluss folgen mehrere hohe Stufen, die sich über die ganze Flussbreite erstrecken. 1. Stufe, evtl. li ≈, steckgefährlich, WW VI.
- Die nächsten Stufen können über mehrere Routen befahren werden, WW V, vorher besichtigen. Alle Stufen können beidseits ⏏ werden. Danach leichter, abnehmend bis WW II-III (62.0113,7.8015)
110,2 li ⇩ der Torda, li liegt **N Billingen**, 🚌 an der E15 (62.0048,7.8633); li ⚠, danach wieder Zunahme der Schwierigkeiten, anhaltende Schwallstrecken mit schwierigen Umfahrungen von haltenden Walzen, WW IV-V (62.0047,7.8633)

104,7 ⚠, es beginnt der Pollfossen; die ersten Abbrüche sind bei herbstlichem NW evtl. ≋, WW V-VI, die folgenden Abbrüche sind absolut stets **X**. Die ⬆ sollte unbedingt schon bei der Anfahrt besichtigt und festgelegt werden. Für die Folgestrecke bis km 93,5 liegt kein Befahrungsbericht vor (61.9615,7.8958)

93,5 Mögliche ⬇ am Ende einer Schlucht (konnte im Luftbild nicht lokalisiert werden)

91,4 re ⇩ Ostri (Astre), li Arm (61.9171,8.0642)

90,3 re ⇩ des Astre (s. Seite 249), re Arm, in die Otta. Vorsicht, haltende Walzen müssen umfahren werden (61.9166,8.0842)

89,8 Str-Ⅱ E15 Dönfossbru, ⚠. Unbedingt vor der Ⅱ ↰ oder ↱. Nach der Ⅱ Wasserfall (Dönfoss), re absolut **X**, li evtl. ≋, WW V-VI. Übliche ⬇ für die lohnenswerte obere Etappe der Otta unterhalb des Falls. Auf den folgenden 18,5 km im allgemeinen WW I-II, mit 3 schweren, nachfolgend beschriebenen Stellen (61.9157,8.0928)

82,9 Str-Ⅱ Bokkoden bru, li **N Nordberg**, re E15, 🚗. Nach etwa 2 km Vorsicht! (61.8991,8.2097)

81,0 ⚠ nach den Resten einer verfallenen Ⅱ folgt eine längere Gefällstrecke (Ofossen) mit erheblicher Wellenbildung und haltenden Walzen, die evtl. umfahren werden können, je nach Fahrtroute und Wasserstand WW IV bis WW VI, unbedingt vor Befahrung besichtigen. ⏜ 500 m weit möglich (61.8950,8.2447)

80,4 Str-Ⅱ E15 Skamsarbru, li 🚗, von hier aus kann man den Ofossen einsehen, li **N Bismo** (61.8909,8.2519)

75,6 ⚠ Str-Ⅱ mit Stufe und starkem Rücklauf. Man kann sich evtl. daran vorbeischleichen. Diese Stelle ist je nach Wasserstand und Fahrtroute bis WW V+. Der ganze Abschnitt ab km 73,2 sollte vor einer Befahrung unbedingt besichtigt werden. Links an Straße E15 🚗 Ofossenbru (61.8826,8.3073)

74,6 re ⇩ des Skjøli (s. Seite 251) in die Otta (61.8816,8.3237); Str-Ⅱ E15 (61.8816,8.3247)

74,1 Str-Ⅱ, **N Skjak**, li Storøya ⛺, Ende der 1. lohnenden Etappe, li an E15 🚗 Dalseth (61.8811,8.3329)

73,1 Beginn einer längeren Schwallstrecke, WW III bis zur folgenden Straßenbrücke

70,8 Str-Ⅱ bei li **Anstad**, 🚗 an E15, 🛒, gute ⬆ bzw. ⬇ für die Befahrung der Folgestrecke, Zahmwasser und mehrere lange Seen, ein genauer Befahrungsbericht ist allerdings nicht bekannt (61.8786,8.3902)

60,1 li ⇩ der Bøvra (s. Seite 251) in die Otta (61.8469,8.5722)

60,0 Str-Ⅱ, li **N Lom**, li ⬇ (61.8479,8.5741)

54,1 Str-Ⅱ (61.8595,8.6828)

38,9 re **Tessand**, gute ⬆, 🚌 nach Lom (61.8491,8.9588)
31,2 Str-II E15, li **N Vågåmo** (61.8667,9.1009)
30,5 li ⇩ der Finna (s. Seite 256) in die Otta (61.8697,9.1122)
25,8 Str-II (61.8702,9.1911)
17,8 Str-II, **N Lalm**, mögliche ⬇, wegen des folgenden Eidefoss jedoch Fahrtbeginn wenig ratsam. Bis zur ⇩ im allgemeinen WW I (61.8175, 9.2732)
15,5 ⚠ Wasserfall Eidefoss, re ϟ, **X**, re vor ϟ-Einlauf ⬆ und über Straße und Fahrweg re ⩍ (61.8046,9.3020)
15,2 Übliche ⬇ für die Befahrung des lohnenden Unterlaufs der Otta unterhalb des Wasserfalls. Bis zur ⇩ weitgehend WW I mit einzelnen leichten Schwällen (61.8036,9.3064)
6,5 Str-II Arsarbrua (61.7923,9.4448)
5,8 ⚠ auf 500 m langer kräftiger Schwall mit hohen Wellen, in Strommitte bis WW IV. Wenn man sich ganz am re Ufer hält, kann dieser Abschnitt meist problemlos umfahren werden, hier nur WW II (61.7891, 9.4567)
1,9 li 🚐 Otta Camping (61.7724,9.5106)
0,6 Str-II, **N Otta** Kleinstadt, Verwaltungszentrum, 🚂 (61.7699,9.5343)
0,4 EB-II Otta (61.7688,9.5384)
0,0 ⇩ der Otta in den Lågen (Gudbrandsdal) (s. Seite 239) bei km 246,5 (61.7673,9.5449)

Astre

Weitere Namen: Ostri [nor]

Wildfluss (Gebirgsfluss)
Mündung in Otta bei km 90,3 (li Nebenfluss)

Der Astre ist ein sehr schöner, schwerer Wildfluss. Ursprung am Fuß des Sprangdalsegga in etwa 1 500 m Höhe. Durchfluss durch mehrere kleine Seen und Aufnahme von Nebenflüssen aus dem Gletscherbereich mit schneller Zunahme der Wasserführung. Allerdings hat auch er, wie viele andere norwegische Wildflüsse, einen stufenförmigen Verlauf, so dass auf See-Strecken und nur mäßig schwere Wildwasserabschnitte unfahrbare Abfälle bzw. Extremstrecken folgen. Erkunden der Aussetzstellen vor Befahrung unerlässlich.

Befahrbarkeit: Wahrscheinlich ganzjährig, am besten im Sommer.
Flusscharakter: Der Astre bezieht sein Wasser zum großen Teil aus Gletschern, infolge durchströmter Seen macht sich der Gletschercharakter im Tagesverlauf nur wenig bemerkbar. Er führt jedoch zu starker Wasserführung, damit sehr schnelle Strömung und große Wasser-

wucht, wenig Kehrwasser. In den Abfällen haltende Rückläufe, die bei höherem Wasserstand gefährlich werden.

Schwierigkeiten: Zahmwasser - WW II-III-IV-V-VI-X

34,2 Ende der Mautstraße, ⬇ an einer Fußgänger-Hänge-Π. Die Folgestrecke ist landschaftlich hervorragend schön, umrahmt von riesigen Gletschern: zunächst WW II-III (61.8003,7.6220)

33,3 ⚠ nach einer markanten 180-Kurve mit einem Haus auf einer Halbinsel folgt eine 3 m-Stufe mit unsauberem Unterwasser, re ≈. Danach nur noch 100 m bis zu den folgenden Wasserfällen. Die Kehrwasser werden vor allem für schwächere Fahrer ziemlich knapp. Daher am besten schon bei der Stufe 1 ⬆ und 400 m weit ⌓

33,1 ⚠ Wasserfälle, X, li ⌓, ⬆-Stelle schon vorher festlegen

32,3 Beginn einer Seen-Strecke mit dazwischen liegenden WW-Einlagen, bis WW III. Die oberhalb liegenden Objekte konnten wegen fehlendem Luftbild nicht lokalisiert werden (61.7920,7.6494)

29,6 ⚠, von re stürzt ein Bach in einer gigantischen Schrägrinne zu Tal. Die Astre teilt sich; unbedingt li Arm fahren, im re Arm Wasserfall, X. Es folgt der schwierigste Abschnitt der oberen Astre, starkes Gefälle und Wasserwucht, WW IV. Man kann diesen Abschnitt bei der Anfahrt von der 2. Holz-Π aus einsehen (61.7985,7.6940)

28,6 Str-Π (61.8056,7.7015)

27,5 ⇩ in See Liavatnet, gute ⬆ am re Ufer (61.8140,7.7068)

20,8 See-Ende, kleine Π, übliche ⬇, ⚠. Zunächst WW III. Bald darauf Beginn einer Schlucht, WW IV und V. Mehrere Stufen mit quer über die ganze Flussbreite gehendem Rücklauf, vor Befahrung unbedingt erkunden, bei HW lebensgefährlich! (61.8663,7.7670)

18,4 Str-Π, auf 3 km WW III (61.8822,7.7892)

15,3 ⚠, Π, die folgende Schlucht ist X.
Für die Weiterfahrt gibt es 2 Möglichkeiten:
1. bei der Π ↰ und 1000 m weit über einen Hang ⌓.
2. schon 200 m vor der Π bei der hier ganz nahen Straße ⬆ und die Folgestrecke mit Pkw umfahren. Dazu fährt man im Bereich der nachfolgenden Seen über die Π auf das re Ufer. Ab der Abzweigung von der asphaltierten Straße folgt man diesem Feldweg etwa 2 km. Hier, im Bereich eines Gehöftes, folgt man dem re Weg, der nach 4 km am Fluss endet. Hier sehr schöne ⛺-Möglichkeit und ⬇ zur Weiterfahrt (61.8950,7.8362)

13,5 ⬇ beim ⌓ der Schlucht (Konnte im Luftbild nicht lokalisiert werden.). Die Schwierigkeiten der nachfolgenden Strecke betragen auf 2 km WW II-III. Unter einer Wege-Π WW III, danach auf 2,5 km Zahmwasser in den Seen. Der See-Ausfluss ist wieder WW III, nach 500 m abnehmend WW I-II

8,7 Str-Ⅱ (61.9081,7.9382)

6,4 Str-Ⅱ (61.9118,7.9768)

5,1 Hänge-Ⅱ (61.9107,8.0014)

3,8 ⬆ bei einem Pumpenhäuschen direkt neben der Straße, ⚠ Die folgende Schlucht ist X, ⌓ (61.9105,8.0217)

2,9 Wege-Ⅱ, hier wieder ⬇. Bis zur ⇩ WW III, abnehmend WW II (61.9116,8.0354)

2,2 ←→ Flussteilung, beide Arme ≈, re anscheinend besser. Die Beschreibung folgt dem re Arm (61.9126,8.0486)

0,8 Str-Ⅱ, empfohlene ⬆. Eine Weiterfahrt ist möglich, kurz nach der ⇩ folgt jedoch auf der Otta ein Wasserfall (Dönfoss, s. Beschreibung Otta) (61.9136,8.0728)

0,0 ⇩ des Astre, re Arm, in die Otta (s. Seite 247) bei km 90,3. Vorsicht, haltende Walzen müssen umfahren werden (61.9166,8.0842)

Skjøli

Wildfluss (Gletscherfluss)
Mündung in Otta bei km 74,6 (re Nebenfluss)

Der Skjøli ist ein extrem schwerer Wildfluss. Er wird von den Befahrern als „Superbach" bezeichnet.

Pegel: Am Ende der Schlucht, wo der Fluss in das Tal der Otta austritt, am li Ufer; günstig 35-50 cm.

Schwierigkeiten: Bis zum Pegel auf 5 km durchgehend WW V mit Stellen bis WW VI; die Restrecke auf 3 km WW IV.

9,0 ⬇ bei der Ⅱ Heimste-Lundalssetra (61.8307,8.2240);
⚠: Nach 1,5 km schwer verblockter, wuchtiger Abfall, nach 3,5 km quer liegender Baum, je nach Wasserstand X. Die möglichen ⬆ für diese beiden Abschnitte sollten schon bei der Anfahrt festgelegt werden. Man sollte für die Befahrung des Skjöli etwa 6 bis 7 Stunden einplanen

1,2 Str-Ⅱ Lundavegen (61.8747,8.3081)

0,0 ⇩ des Skjøli in die Otta (s. Seite 247) bei km 74,6 (61.8816,8.3237)

Bøvra

Wildfluss (Gletscherfluss)
Mündung in Otta bei km 60,1 (re Nebenfluss)

Der Bøvra ist ein schwerer bis sehr schwerer Wildfluss mit unfahrbaren Teilstrecken bzw. Wasserfällen. Ursprung in den Gletschern des Sognefjells. Der folgende Oberlauf der Bøvra ist mit mehreren unfahrbaren Schluchten und Wasserfällen zwar sehenswert, für eine Befahrung jedoch kaum geeignet.

Befahrbarkeit: Als Gletscherfluss stärkste Wasserführung Mai - Mitte Juli, zu dieser Zeit ist von einer Befahrung abzuraten. Günstiger Wasserstand August - September.

Pegel: Brücke km 25.2, li Ufer; ideal sind etwa 30-40 cm. Bei diesem Pegelstand treffen die bis km 10 gemachten Schwierigkeitsangaben zu.
Weiterer Pegel bei km 8.1, Pegelhäuschen am re Ufer (Straßen-km 8). Die oben gemachten Schwierigkeitsangaben treffen für die Folgestrecke für einen Pegelstand von etwa 2,1 m zu. Die Pegelwerte werden allerdings von verschiedenen Befahrern recht unterschiedlich beurteilt, also Vorsicht!
Die beiden Pegel lassen sich wegen der unterschiedlichen Wasserführung der Nebenflüsse nicht vergleichen.

Schwierigkeiten: km 32.5–25.2 WW IV (V/VI)
km 25.2–22.7 **X**
km 22.7–18.1 WW V
km 18.1–16.1 **X**
km 16.1–10.3 WW I
km 10.3–1.1 WW IV

Infrastruktur: Zeltmöglichkeit ⛺ Lom

32,5 Mögliche ⬇ am Ende des Sees "Dalsvatnet", ⚠, sofort danach schwerer Katarakt mit unterspülter Felswand, evtl. erst danach ⬇. Es beginnt eine 7,5 km lange "Rodelbahn", eine abwechslungsreiche Folge von Blockstrecken, Stufen und Rutschen (61.7043,8.1950)

31,5 Kleine Holz-II, darüber Stufe (61.7110,8.2052)

29,6 Str-II, ⚠, unbedingt etwa 150 m davor ⬆ und die Folgestrecke besichtigen. Beginn einer 500 m langen Klamm. Eingangsstufen sehr wuchtig mit unterspülten Felsen, Ausgangsstufen z. T. verblockt. Schon bei der Anfahrt besichtigen. ⏏ li auf Straße einfach (61.7156, 8.2373)

28,8 Str-II, 🚌 Kvandalsvoll (61.7219,8.2425)

27,3 Holz-II, ⚠, davor schöne Blockstrecke mit kleinen Stufen. 200 m danach gefährlicher Abfall in Engstelle übergehend, je nach Wasserstand starker Rücklauf, re ⏏ möglich. Danach Abnahme der Schwierigkeiten. Bei Flussteilungen stets li fahren (61.7209,8.2643)

25,2 Str-II, re **N Brustugunn**, 🅿, ⚠. Befahrung hier unterbrechen. Es folgt die Rusta-Schlucht. Sie ist **X**, da sich an ihrem Ende eine 2 x 5 m hohe Stufenkombination befindet, die praktisch nicht umtragen werden kann, eine Befahrung dieser Stufen ist extrem riskant (61.7261,8.2961)

22,7 re ⇩ der Leira (s. Seite 254) in die Bøvra (61.7145,8.3194); ⬇ am besten in die Leira, 1,5 km oberhalb ihrer ⇩. ⚠, die folgende Galdesand-Schlucht ist der schwerste Abschnitt der Bövra. Sie kann zwar von der Straße aus eingesehen werden, doch unterschätzt man dabei leicht das tatsächliche Gefälle und die Wasserwucht. WW V. Befahrung am besten bei NW, bei höherem Wasserstand wird die Schlucht schnell sehr wuchtig und gefährlich. Bei NW ist mit einem Siphon zu rechnen (61.7145,8.3197)

22,3 Wege-Ⅱ (61.7151,8.3269)

21,1 Str-Ⅱ Bakkebergsvegen (61.7198,8.3428)

18,1 ⚠, ⬆ bei einem wilden, jedoch stark frequentierten ⛺ bei einer paddelbreiten Engstelle, bei Straßen-km 16. Die folgende imposante Klamm ist **X** (Konnte im Luftbild nicht lokalisiert werden.)

16,6 Str-Ⅱ 55, ⬇ zur Weiterfahrt nach der Ⅱ li. Die folgende Strecke in breitem Flussbett ist leicht, Kiesbankschwälle, WW I (61.7505,8.3865)

16,1 re ⇩ der Visa (s. Seite 255) in die Bøvra, dieser Gletscherfluss bringt bei heißem Sommerwetter eine sehr reichliche Wasserzufuhr in die Bøvra (61.7540,8.3924)

10,4 Str-Ⅱ N55, ⚠. Es beginnt der letzte Abschnitt der Bøvra. Günstig für die Folgestrecke etwa 3 m beim Pegel km 47, dann W IV. Bei einem Pegel von mehr als 3,5 m wird diese Strecke sehr gefährlich durchgehend WW V. Es finden sich dann extreme Walzen, die man bei der hohen Strömungsgeschwindigkeit und den hohen Wellen leicht übersieht. Bei einer evtl. Kenterung ist mindestens mit Bootverlust zu rechnen; nach Aussage von Einheimischen hat es hier schon einige Todesfälle gegeben. Eine eingehende Besichtigung nicht nur der Schluchtstrecke, sondern auch der offenen Abschnitte ist unerlässlich (61.7924,8.4488)

8,9 Katarakt bei Bergsturz (61.8033,8.4504)

8,1 am Ende der ruhigen Strecke re ≣-Häuschen, von der Straße aus über Kuhweide zu erreichen (Straßen-km 8)

7,2 ⚠, auf offener Strecke starke Walzen, von der Straße aus ansehen (Konnte im Luftbild nicht lokalisiert werden.)

7,0 ⚠ Engstelle und Abfall mit unterspülten Felsen, ansehen (Straßen-km 6). Konnte im Luftbild nicht lökalisiert werden

5,2 ⚠ Wuchtige S-Kurve, geht in eine kurze Klamm über. Fast am Ende der Klamm Engstelle mit Stufe, starker Rücklauf, besichtigen (61.8174,8.5077)

4,6 ⵊ, ⚠ danach kurze Schlucht-Strecke, an deren Ende Flussverengung mit Stufe, das Wasser schießt auf einen unterspülten Felsen, unbedingt ansehen, WW V (61.8209,8.5170)
4,3 ⚠ Wasserfall, **X**, das Tosbecken des Falls ist von der Straße aus, etwa 2,5 km oberhalb Lom, einzusehen. Besonders bei hohen Wasserständen ist eine vorherige Markierung der ⬆ schon bei der Anfahrt anzuraten, re ⩍ (61.8213,8.5222)
3,9 ⚠ Blockkatarakt, unbedingt besichtigen
1,7 ⛺ von Lom, ⬆, die Fahrt wird zumeist hier beendet (61.8342,8.5583)
1,1 Str-ⵊ 15, **N Lom**, ⚠, darunter Wasserfall, absolut **X**, es hat bei Befahrungsversuchen schon Todesfälle gegeben. Stabkirche von Lom, ⌘ (61.8382,8.5674)
0,0 ⇩ der Bøvra in die Otta (s. Seite 247) bei km 60,1 (61.8469,8.5722)

Leira

Wildfluss (Gletscherfluss)
Mündung in Bøvra (Otta) bei km 22,7 (re Nebenfluss)

Die Leira ist ein schwerer Wildfluss, dessen Befahrung mehrfach durch unfahrbare Schluchten und Abfälle unterbrochen wird. Die drei empfehlenswerten Teilstrecken bieten herrliches Wildwasser, WW III und IV.
Befahrbarkeit: Die empfohlenen Teilstrecken sind ganzjährig befahrbar.

25,7 Ursprung als Abfluss eines Sees (Leiravatn). Bei günstigem Wasserstand könnte nach etwa 3 km die Befahrung begonnen werden, es folgen jedoch 2 Teilstrecken, **X**, so dass eine Befahrung des Oberlaufs der Leira wohl nur wenig empfehlenswert ist (61.5466,8.2500)
15,5 re Fluss-⇩ mit Zufuhr von reichlich Gletscherwasser, ab hier ganzjährig ≈, Beginn der 1. empfehlenswerten Etappe. ⚠, die folgenden 5 km bieten WW IV ohne ⩍-Stellen, schnellfließendes Wasser, nur geringe Wasserwucht (61.6195,8.1760)
10,3 Str-ⵊ, die hier befindliche Mautstelle ist anscheinend zeitweise geschlossen, eine Befahrung der oberen Teilstrecke ist dann nicht möglich. ⚠, Fahrt hier unterbrechen, es folgt eine Schlucht, **X** (61.6599,8.1827)
7,2 Ende der Schlucht, wieder ⬇ für die 2. Etappe. Auf 4 km sehr schönes Wildwasser, WW II-IV. (Konnte im Luftbild nicht lokalisiert werden.)
4,2 Wege-ⵊ, gute Möglichkeit zum ⬆ (61.6903,8.2672)
2,4 li Touristenhütte „Fjellro“, ⚠, spätestens hier ⬆, es folgt erneut eine Schlucht, **X**. (Konnte im Luftbild nicht lokalisiert werden.)
2,2 Str-ⵊ 55 (61.7037,8.2873)
1,5 Str-ⵊ, ⬆⬇, ⚠, die Folgestrecke bis zur ⇩ WW III und IV, starke Was-

serwucht (61.7069,8.2987)
0,0 ⇩ der Leira in die Bøvra (s. Seite 251) (61.7145,8.3194); ⚠, es folgt kurz danach die sehr schwere Galdesand-Schlucht der Bøvra

---

Visa

Wildfluss (Gletscherfluss)
Mündung in Bøvra (Otta) bei km 16,1 (re Nebenfluss)

Die Visa ist ein sehr schwerer, nur auf einer kurzen Teilstrecke fahrbarer Wildfluss.

Wasserführung: Die Wasser der Visa stammen aus mehreren Gletschern, hohes Wasser daher an heißen Sommertagen sowie nach Regenfällen.

Fahrtstrecke: ⬇ am Ende der Straße in das Visa-Tal bei Spiterstulen. Die beiden Wasserfälle kommen nach etwa 2 und 2,5 km. Die folgenden 4 km bis zur 1. Klamm sowie die Klamm selbst sind sehr schweres Wildwasser, mehrere Abfälle, bis WW VI. Ab Ende der Klamm etwas leichter (WW IV). Nach einer Fahrtstrecke von insgesamt etwa 9 km muss die Fahrt bei einer kleinen Ⅱ beendet werden. Die folgende etwa 8 km lange 2. Schlucht ist total **X**. Die Schlucht endet erst kurz oberhalb der ⇩ in die Bøvra.

Pegel: Str-Ⅱ 1,7 km oberhalb der ⇩. Günstig zwischen 1,6 und 1,8 m; ab 2,1 m wird der Abschnitt oberhalb der ersten Klamm schon sehr gefährlich.

Schwierigkeiten: Schnelle Strömung, starke Wasserwucht, Stufen mit starkem Rücklauf, auf der kurzen Strecke sind alle Schwierigkeiten zwischen WW III und WW VI anzutreffen, 2 Wasserfälle sind **X**.

16,9 Wege-Ⅱ, re **N Spiterstulen**, ⬇. ⚠ Zwei Wasserfälle kommen nach etwa 2 und 2,5 km. Die folgenden 4 km bis zur 1. Klamm sowie die Klamm selbst sind sehr schweres Wildwasser, mehrere Abfälle, bis WW VI. Ab Ende der Klamm etwas leichter (WW IV). Die Fahrt muss-bei einer kleinen Ⅱ beendet werden (61.6246,8.4028)

11,6 Wege-Ⅱ, wahrscheinlich ist hier die genannte ⬆. ⚠ Die folgende etwa 8 km lange 2. Schlucht ist total **X**. Die Schlucht endet erst kurz oberhalb der ⇩ in die Bøvra (61.6668,8.4361)

1,0 Str-Ⅱ, ≣. Günstig zwischen 1,6 und 1,8 m; ab 2,1 m wird der Abschnitt oberhalb der ersten Klamm schon sehr gefährlich (61.7489, 8.4023)

0,0 ⇩ der Visa in die Bøvra (s. Seite 251), dieser Gletscherfluss bringt bei heißem Sommerwetter eine sehr reichliche Wasserzufuhr in die Bøvra (61.7540,8.3924)

Finna

Wildfluss (Gebirgsfluss)
Mündung in Otta bei km 30,5 (li Nebenfluss)

Die Finna ist ein sehr schwerer Wildfluss. Ursprung aus mehreren Quellseen in etwa 1300 m Höhe. Sie verläuft auf der für eine Befahrung in Frage kommenden 15 km langen Durchbruchstrecke vom hochgelegenen Fjell zu dem tief eingeschnittenen Trogtal der Otta durch eine unzugängliche Waldschlucht, die sich mehrmals zu längeren, engen Felsklammen verengt. Diese Umgebung, die Länge und das stets schwierige Wildwasser (mit Zwangspassagen) lassen die Befahrung der Finna zu einem ernsten und zeitraubenden Unternehmen werden.

Umwelt:	Wasser sehr sauber
Pegel:	Am Ende der letzten Schlucht oberhalb Vagamo am li Ufer. Für eine Befahrung ab km 15 sind erforderlich 120 cm, ab Mündung der Skjerva genügen 100 cm. HW 130 cm, mehrere Stufen werden dann unfahrbar, ein Umtragen ist dann unmöglich.
Schwierigkeiten:	km 16.8–8.6 WW V, 2 Stellen **X** km 8.6–2.1 WW V-VI Skjerva: 1 km WW IV

16,8 Die Straße kommt zum Fluss zurück, alter Pegel, ⬇ bei gutem Wasserstand (61.9371,8.8798)

15,6 ⚠, eine Stelle WW V, nach 200 m li Stelle **X**, li ⩍ (Konnte im Luftbild nicht lokalisiert werden.)

13,3 ⚠, schwerer Blockverhau, danach auf 2 km leicht (Konnte im Luftbild nicht lokalisiert werden.)

11,0 ⚠, beim Anblick einer Felsversperrung unbedingt re ⬆. 2. Stelle **X**, Lebensgefahr, re ⩍ (Konnte im Luftbild nicht lokalisiert werden.)

9,8 li ⇩ Skjerva mit reichlich Wasserzufuhr. Falls die Wasserführung ab km 15 unzureichend ist, kann die Befahrung auf der Skjerva bei einer Π 1 km oberhalb der ⇩ begonnen werden. Achtung auf Bauschutt an der ⬇! Sehr schönes WW, WW IV bis zur ⇩ (61.9156,8.9836)

8,6 Steinbruch zu erreichen über einen Weg, der bei einer Schule von der Hauptstraße abzweigt, weitere ⬆⬇. ⚠, die folgende große Schlucht bietet mehrere Problemstellen, z.T. mit gefährlichem Rücklauf. Eine gefährliche Engstelle mit überhängender Felswand kann re gut umhoben werden (61.9079,8.9923)

2,1 Ender der Schlucht, 🅿 (Konnte im Luftbild nicht lokalisiert werden.). ⚠, die Folgestrecke ist sehr gefährlich durch mehrere flussaufwärts gerichtete Eisenschienen im Flussbett. Es ist wahrscheinlich am besten, beim Pegel ⬆ und bis zum Weg die Boote zu tragen. Man sollte für die Befahrung der gesamten Strecke auch bei einer guten Mannschaft mindestens 24 Stunden rechnen

1,1 Str-II von **N Vagamo** (61.8770,9.0975)

0,0 ⇩ der Finna in die Otta (s. Seite 247) bei km 30,5 (61.8697,9.1122)

Sjoa

Wildfluss (Gletscherfluss)
Mündung in Lågen (Gudbrandsdal), Mjösa-See, Vorma bei km 235,8 (re Nebenfluss)

Die Sjoa ist einer der schönsten Wildflüsse Norwegens mit stark wechselnden Schwierigkeiten. Sie beruhen im Wesentlichen auf starker Wasserwucht, Verblockungen spielen nur eine geringe Rolle. Eine durchgehende Befahrung ihres 98 km langen Laufes ist allerdings wegen unfahrbarer Teilstrecken nicht möglich.

Befahrbarkeit: wahrscheinlich ganzjährig, günstig bei NW (Spätsommer). Besonders empfehlenswert: km 16–4.

Pegel: Brücke bei km 4.3, li Ufer: günstig 1,40–1,70 m. 1,60 entsprechen etwa 50 m³/s; 2,10 etwa 120 m³/s.
Wasserführung als Gletscherfluss abhängig von Regenfällen und Sonneneinstrahlung, dabei starker Anstieg möglich.
Die Schwierigkeitsangaben und die im Text über die Befahrbarkeit der Stufen und Wasserfälle gemachten Angaben beziehen sich auf vorstehenden Idealpegelstand. Bei höheren Wasserständen wird die Mehrzahl der Stufen schnell unfahrbar. Es wurden auch schon Befahrungen bei einem Pegel von mehr als 2 m durchgeführt.

Schwierigkeiten:
km 88–70 See
km 70–65 WW III (IV)
km 65–59 See
km 59–58 WW IV
km 58–56,7 See
km 56,7–55,8 **X**
km 55,8–40,2 WW I (IV)
km 40,2–37,2 **X**
km 37,2–35,4 WW IV und V, Wasserfälle, wenig ratsam
km 35,4–3.2 WW II-III-IV (**X**)
km 3,2–0,0 WW V und VI und **X**

Infrastruktur: Zeltmöglichkeiten bei km 31,9 und 17.

88,0 Gjendebu, Westende des Gjende Sees. Dieser 984 m hoch gelegene See ist der echte Ursprung der Sjoa. Er erhält sein Wasser aus zahlreichen Zuflüssen, z. T. aus dem Gletscherbereich (61.4510,8.4884)
70,0 **N Giendesheim**, Ausfluss der Sjoa aus dem See, mögliche ⬇. ⚠, auf 4 km WW III mit Stellen bis WW IV (61.4952,8.8078)
65,3 ⇩ in den Övre Sjodalsvatn (61.5068,8.8581)
59,0 Ausfluss aus dem See, ⚠, auf 500 m WW IV, vor Befahrung besichtigen (61.5421,8.9345)
58,3 ⇩ in den Nedre Sjodalsvatn (61.5474,8.9418)
56,7 Ausfluss aus dem See, ⚠, die Sjoa ist hier zunächst **X** (61.5613, 8.9363)
55,7 II in das Griningstal, ⚠ Wasserfall, **X**. Zur ⬇ müssen die Boote etwa 300 m weit flussabwärts getragen werden. Zunächst auf 1,6 km WW IV (61.5690,8.9410)
53,8 Die Straße 51 verläuft neben dem Fluss, WW I (61.5832,8.9246)
48,5 Die Sjoa verengt sich stark, Schwälle. In li Kurve ↱ und den folgenden 20 m hohen Stuttkongfossen ⌓ (61.6181,8.9748)
42,6 li ⇩ des Veo (s. Seite 260) in die Sjoa (61.6512,9.0268)
40,2 ⚠, die Fahrt wird am besten hier beendet, ⬆ schon bei der Anfahrt festlegen. Danach auf 300 m **X**, li ⌓ (61.6702,9.0378)
37,7 II nach Eldsbua. Oberhalb und unterhalb davon Abfälle und Wasserfälle, **X**. Es lohnt sich, die folgenden 700 m bis zum Ridderspranget vom li Ufer aus zu besichtigen (61.6784,9.0730)
37,2 Ridderspranget, Wasserfall, **X**. ⬇ unterhalb am li Ufer möglich (61.6821,9.0764)
36,6 ⚠, hohe Stufe, bei NW evtl. ≈, bei HW **X**, re oder li ⌓ (61.6827, 9.0869)
36,2 ⚠, li-Kurve mit großem Korkenzieher, WW IV-V, je nach Wasserstand (61.6819,9.0933);
⚠, S-Kurve, bei hohem Wasserstand unbedingt rechtzeitig ↱, **X**, Lebensgefahr! ⌓, es beginnt eine schöne Schlucht (61.6813,9.0942)
35,8 Falls die vorausgehenden Schwierigkeiten vermieden werden sollen, besteht hier die Möglichkeit, die Boote über einen Hang zur Sjoa hinabzulassen. Es folgt herrliches Wildwasser, WW III, 2 Stellen WW IV, vor Befahrung besichtigen
31,9 II Rindseter-Hammerseter, li schöner wilder ⛺, oft überfüllt. ⚠ Es folgen die sog. „Brurusten-Fälle“, evtl. ≈ nur bei NW, WW V-VI, besser nach der II li ⬆ und ⌓ (61.6888,9.1666)
30,6 ⚠, "Nedere Trasafoss", zu erkennen an einem li aufragenden großen Felsen, frühzeitig re ⬆ und ⌓. Bei NW ist eine Befahrung möglich, jedoch aufgrund des Rücklaufs am Ende sehr gefährlich, WW VI, da-

nach leichter, schönes WW mit munteren Schwällen, WW III

27,0 li ⇩ Rinda, li Ortschaft **Rindseter**. Beginn der landschaftlich sehr eindrucksvollen großen Schlucht, im allgemeinen WW III und IV (61.7277,9.1738)

23,6 ⚠ In einer re-Kurve beginnt der schwerste Teil der Schlucht. Dieser Katarakt ähnelt sehr den vorausgehenden Schwierigkeiten. Rechts lauert eine große Walze. Wenn man daran li vorbeifährt, muss man ganz schnell wieder zur Flussmitte fahren. li besteht hier Lebensgefahr durch 2 riesige Rückläufe. Es haben sich hier schon mehrere tödliche Unfälle ereignet, unbedingt vorher besichtigen. Rechts ⌂ über 400 m möglich (61.7430,9.2095)

23,3 Scharfe li-Kurve mit Prallwand, am re Ufer 3 Wasserfälle, die Schwierigkeiten lassen nach (61.7413,9.2125)

20,7 Ende der Schlucht (61.7479,9.2525)

17,0 li **N Heidal** mit 2 Stabkirchen mit 2 Stabkirchen, ⌘ (61.7523,9.2994)

16,9 Str-Ⅱ 440, gute ↓ (61.7519,9.3025)

12,8 Ⅱ, offenes Tal, WW II-III (61.7341,9.3611)

12,1 ⚠, Beginn einer kleinen Schlucht, sehr eindrucksvoll, WW IV (61.7303,9.3714)

10,6 die Straße geht vom Fluss weg, ⚠, scharfe re-Kurve, WW IV. Danach eine rassige WW-Strecke mit wuchtigen Schwällen, wenig Verblockung, WW III (61.7224,9.3950)

7,6 Ⅱ, li Ortschaft **N Nedre Heildal**, ⚠, kurz danach Stufe, besichtigen, WW III-IV. Danach leichter (61.7097,9.4224)

4,3 Ⅱ, li nach der Ⅱ 🅿. Gute Gelegenheit zur Beendigung der Fahrt, falls die folgenden schweren Durchbruchsschluchten nicht befahren werden sollen. (61.6945,9.4709)

3,3 re-Kurve, li oben an der Straße 🅿, keine ⋏-Möglichkeit.⚠, ↰ und die folgende li-Kurve besichtigen. WW V. Danach 200 m lange ruhige Klamm. (61.6871,9.4803)

2,9 Beginn einer Slalomstrecke, auf 400 m herrliches Wildwasser, WW IV in einer Schlucht. Hier wurden Junioren-Weltmeisterschaften ausgetragen. Dafür wurden Tribünen und Stege im Bereich der Schlucht errichtet (Reichszentrum für Wildwassersport!). Verlassen der Schlucht nach einer Holz-Ⅱ am Ende der Slalomstrecke möglich (61.6856, 9.4854)

2,4 ⚠, letzte ↑ vor Beginn der sehr schweren Durchbruchstrecke. 🅿. Die kommende Schlucht mit klammartigen Abschnitten bietet das schwerste, durchgehend fahrbare Wildwasser der Sjoa. Im Falle einer Kenterung besteht die Gefahr, von den zahlreichen Unterströmungen hinab gezogen zu werden (61.6841,9.4928)

2,2 Es folgt eine schwierige Linkskurve, erkenntlich an dem für die Durchbruchstrecke typischen weißen Grundgestein. WW V. Danach 200 m lange Schlucht mit senkrechten Wänden. Es folgt eine neugebaute Slalomstrecke. Für diesen Neubau hat man nur Holz aus den umliegenden Wäldern genommen. Sehr sehenswert. Bis km 2 WW IV (61.6835,9.4976)

1,8 Anspruchsvolle S-Kombination, am Ende Prallwand mit Unterspülung. WW V. Es folgt eine längere Gerade bis zur Ⅱ von Kvam. Bei Niedrigwasser viele Walzen, bei höheren Wasserständen unheimliche Presswasser und Wirbel. WW V-VI (61.6829,9.5038)

1,1 Ⅱ nach Kvam, darunter schwere Stufe mit Rücklauf. Verschwindet bei viel Wasser (61.6809,9.5144)

1,0 ⚠, es folgen die zwei schwersten Stellen der Durchbruchstrecke, der Fluss verengt sich bis auf wenige Meter. Besichtigen und Umtragen am rechten Ufer gut möglich. WW V–VI. Danach Nachlassen der Schwierigkeiten, die Felswände treten zurück (61.6806,9.5172)

0,0 ⇩ der Sjoa in den Lågen (Gudbrandsdal) (s. Seite 239) bei km 235,8 ⚠ in einer li-Kurve des Lågen mit sehr wuchtigem Schwall, vor der Kurve nicht einsehbar, WW III-III+. Danach weiterhin WW II-I (61.6797,9.5347);
⬆ entweder 100 m flussab re an einem Kieswerk oder man traversiert über den Lågen und trägt sein Boot zu einem paddlerfreundlichen ⛺ unter der Lågen-Ⅱ zurück

Veo

Wildbach (Gebirgsbach)
Mündung in Sjoa bei km 42,6 (li Nebenfluss)

Der Veo fließt auf seiner für eine Befahrung in Frage kommenden Strecke weitab von jeder Straße durch völlig einsame Schluchten. Er ist in diesem Bereich ein schwerer bis extrem schwerer Wildbach mit unfahrbaren Passagen. Eine Befahrung ist äußerst mühsam, da weder die Ein- noch die Aussetzstelle direkt mit Pkw erreichbar sind und ein Abbruch der Fahrt unmöglich ist. Es sollten für die Befahrung mindestens 6 Stunden eingeplant werden.
Fahrtstrecke: Die ⬇ wird erreicht, wenn die Mautstraße von Randsverk nach Glitterheim den Fjell erreicht und der Bach unten sichtbar wird; man muss dann die Boote etwa 2 km weit durch eine Tundra-Moorlandschaft zum Fluss tragen.
Zunächst auf etwa 3 km WW II-III bis zum Eingang der Schlucht. Wenn der Wasserstand für die Schlucht stimmt, ist es hier im breiten Flussbett recht niedrig, evtl. stellenweise treideln. Etwa 1,5 km nach dem Start lebensgefährlicher Siphon, es hat hier schon einen schweren Unfall gegeben, ⏏. Ab

Schluchteingang auf 3 km schweres Wildwasser WW IV und V; bei höherem Wasserstand als die der Beschreibung zu Grunde liegenden 123 cm am Pegel wahrscheinlich mit Zwangspassagen. Kurz nachdem die Schwierigkeiten nachlassen, fließt der Veo in eine kurze Klamm, **X**, ⏏ gut möglich. Danach folgt auf 1,5 km das Kernstück des Veo mit WW V-VI-**X**; es wechseln sich ab Stufen mit starkem Rücklauf, winklige Rinnen und steckgefährliche Rutschen. Nach hoher verwinkelter Stufe WW VI-**X**, folgen auf 3 km sehr schönes Wildwasser, WW IV, in schöner Waldschlucht. Die ⬆ 500 m oberhalb der Str-⌶ muss unbedingt schon vor Beginn der Fahrt festgelegt werden, kurz danach Beginn einer letzten Klamm, **X**. Fahrtstrecke insgesamt etwa 11 km.

Befahrbarkeit:	Frühsommer und nach starken Regenfällen. Das aus dem Gletscherbereich stammende Wasser wird oberhalb der beschriebenen Strecke zur Tessa abgeleitet
Pegel:	100 m oberhalb der ⌶ der Straße Nr. 51 am re Ufer; Minimum 123 cm, günstig wahrscheinlich 130 cm.
Kilometrierung:	Konnte anhand des Luftbildes nicht angelegt werden.

0,0 ⇩ des Veo in die Sjoa (s. Seite 257) bei km 42,6 (61.6512,9.0268)

Frya

Wildfluss (Gebirgsfluss)
Mündung in Lågen (Gudbrandsdal), Mjösa-See, Vorma bei km 195,1 (li Nebenfluss)

Die Frya, Ursprung aus dem Furusjöen in 850 m Höhe, verläuft als sehr schwerer Wildfluss in völliger Einsamkeit durch eine landschaftlich hervorragend schöne, urwüchsige Waldschlucht, die sich an 4 Stellen zu Klammen verengt. Mit einer Fahrtdauer von 6–7 Stunden muss gerechnet werden. Es ist äußerst schwierig, die Schlucht zu verlassen. Die Steine am Ufer sind z. T. sehr glatt.

Befahrbarkeit:	bis Frühsommer und nach Regenfällen.
Pegel:	Hilfspegel, der Wasserstand wurde an der ⌶ der Einsetzstelle gemessen: Widerlager der ⌶ vom Knickpunkt der Oberkante Beton, (flussabwärts re) bis zur Wasseroberfläche; 1,20 m wurde als ideal empfunden.
Schwierigkeiten:	WW II–V (**X**)
Infrastruktur:	Zeltmöglichkeit an der Einsetzstelle.

23,9 Alte Mühle mit Wasserfall, Zeltmöglichkeit, ⬇ unterhalb der ⌶. Zunächst leicht, WW II (61.7111,9.9371)

19,5 ⚠ 1. Klamm, Einfahrt WW III, danach wieder WW II-III

17,3 ⚠ 2. Klamm, WW IV, auf 100 m nur 2 m breit, re ⏏ möglich, danach zunächst WW III in sehr schöner Waldschlucht. Anschließend Zunahme der Schwierigkeiten, stark verblockte Passagen, häufige Besichtigungen erforderlich, WW IV-V. Danach wieder etwas leichter, WW III+

3,5 ⚠ 3. Klamm, WW III und IV mit einer Stelle WW V in einer schwierig einzusehenden re-Kurve, Zwangspassage, ⏏ kaum möglich. Quer liegender Baum, X, re ⏏

2,9 Ende der Klamm

2,4 ⚠, ▬ und 4. Klamm, X. Vor dem ▬ ↱, über eine Ⲓ und nach 400 m wieder ⬇ (61.5570,10.0589)

2,2 Str-Ⲓ (61.5567,10.0612)

1,5 Str-Ⲓ (61.5516,10.0566);
Str-Ⲓ E6 (61.5514,10.0564)

1,4 EB-Ⲓ (61.5506,10.0557)

1,1 Str-Ⲓ (alte E 6), Beendigung der Fahrt, Café, Tankstelle (61.5486, 10.0532)

0,0 ⇩ der Frya in den Lågen (Gudbrandsdal) (s. Seite 239) bei km 195,1 (61.5387,10.0511)

Drammenselva

Fluss und Seen
Mündung in die Ostsee

Die Drammenselva ist ein wasserreicher Fluss. Zu seinem Einzugsgebiet gehören mehrere hier beschriebene Flüsse. Für die Drammenselva existiert keine Fahrtenbeschreibung. Sie ist wahrscheinlich aufgrund der vielen Staustufen mit Kraftwerken nicht lohnend.

41,7 Ausfluss aus dem Tyrifjorden (59.9278,9.9685)

41,5 ▬ Staustufe, X (59.9298,9.9672)

39,2 ⇩ der Hallingdalselva (s. Seite 262) in die Drammenselva (59.9297, 9.9448)

35,7 ▬ Staustufe, X (59.9016,9.9277)

33,4 ▬ Staustufe, X (59.8853,9.9105)

21,6 ▬ Staustufe, X (59.7873,9.8995)

0,0 ⇩ in die Ostsee (Drammensfjord) bei Drammen (59.7319,10.2385)

Hallingdalselva

Weitere Namen: Snarumselva [nor]

Wildfluss – Wanderfluss
Mündung in Drammenselva bei km 39,2 (li Nebenfluss)

Die Hallingdalselva, Ursprung im Bereich des Hallingdalskarvet in etwa 1300 m Höhe, ist in ihrem Oberlauf ein sehr schwerer Wildfluss, ab Gol Wanderfluss mit nur noch stellenweise geringen Schwierigkeiten. Die gesamte Strecke ist landschaftlich sehr reizvoll. Die Hallingdalselva mündet links in die Drammenselva, die ab hier in diese Beschreibung mit aufgenommen wurde, da dieser Abschnitt kaum befahren wird und dadurch keine Beschreibung vorliegt.

Befahrbarkeit:	Ab km 154.7 bis Juni, ab km 112 wahrscheinlich ganzjährig.
Umwelt:	Wasser sauber.
Schwierigkeiten:	km 154.7–172 WW II-III (IV) km 172–68.7 WW I/II und Zahmwasser (III) km 68.7–30.1 See km 30.1–0.0 keine Unterlagen
Infrastruktur:	Mehrere ⛟ und Miethütten; freie ⛺ sind selten.

158,1	**N Al**-Station (Bahnhof), hier nicht ⬇. Es folgen nach 1 km absolut X Wasserfälle (60.6269,8.5602)
154,7	⇩ der Votna, ab hier meist bis Juni ausreichend Wasser. ⬇ bei der Abzweigung der Straße nach Leveld von der Hauptstr. Nr. 7. ⚠, die Folgestrecke bis km 62 bietet sehr schweres Wildwasser mit quer über den Fluss verlaufenden Felsriegeln, ▬-ähnlichen Abstürzen und gewaltigen Felsblöcken, die den Einblick nach vorne versperren, Erkundung mehrfach unerlässlich, mehrere Stellen WW IV, evtl. bis V (60.6487,8.6021)
153,1	Str-II (60.6538,8.6256)
152,9	re ⛟ (60.6531,8.6283)
152,3	⚠ Felsriegel schräg durch den Fluss rinnenartig ausgewaschen, WW IV. Die Stelle sollte schon bei der Anfahrt besichtigt werden, Kennzeichen: auf der Flussseite der Straße ist ein größerer Holzplatz (60.6503,8.6388)
151,1	Str-II (60.6463,8.6570)
150,6	Fußg-II (60.6475,8.6645)
146,7	Str-II mit Schwall (60.6619,8.7190)
144,2	li Felswand, die wie gemauert aussieht, ⚠, ▬-ähnlicher Riegel, WW IV (60.6661,8.7607)
142,0	Str-II Ridalsvegen, li Trillhus-⛟ (60.6685,8.7928)
141,3	▬, nach Besichtigung evtl. ≈ (60.6722,8.8033)
139,6	Rotheim-II, unmittelbar davor stark verblockte Strecke, bei Anfahrt besichtigen, WW IV-V. Es folgt ein recht flaches ▬, gut ≈ (60.6799, 8.8273)
139,4	⚠, stark verblockte Stelle, WW IV (60.6803,8.8322)
136,9	li Brekko-⛟, gute Gelegenheit zur Beendigung der WW-Strecke (60.6829,8.8758)
136,5	li Fossheim-⛟ (60.6832,8.8833)

133,9 Str-Ⅱ, li zum Zentrum von **N Gol** und ins Hemsedalsfiella (60.6928, 8.9244)

132,8 li ⇩ des Hemsil (s. Seite 265) in die Hallingdalselva (60.6966,8.9432)

131,3 Str-Ⅱ Gol (60.7001,8.9681)

129,1 li ⛺ Gol. Es folgen bis Svenkerud mehrere Schnellen bis WW II (60.6987,9.0052)

128,7 Str-Ⅱ (60.6967,9.0118)

122,5 Str-Ⅱ 7, EB-Ⅱ, re **N Svenkerud**, keine gute ⇅ (60.6486,9.0520)

121,9 S-Kurve zwischen Felswänden, danach alte Ⅱ- Pfeiler, re darunter Stufe WW IV, 200 m danach Stufe WW III–IV. Beides kann li ⏏ werden. Bis zur Brücke bei Nesbyen wieder Schnellen bis WW II (60.6438,9.0547)

119,3 Wege-Ⅱ (60.6216,9.0585)

116,4 re ⛺ Sutøya Feriepark, danach von re kräftiger Kraftwerkzufluss (60.5995,9.0821)

112,8 Str-Ⅱ, **N Nesbyen**, 200 m re nach der Brücke Kiosk, gute ⇅, 🅿, Folkemuseum, ⌘, gute 🚌-Verbindung nach ⛺ Gol. Ab hier Befahrung meist auch noch im Sommer möglich, Lärmbelästigung durch Hauptstraße. Ruhige Fahrt (60.5731,9.1145)

106,7 Str-Ⅱ, li Liodden-⛺ (60.5262,9.1624)

101,9 re **N Bromma** (60.4884,9.1928)

98,4 Str-Ⅱ bei Bergheim, re danach 🅿, Ende der Selstrecke, mögliche ⇅. Ab hier auf 19 km mehrere Stromschnellen bis WW II. Die Straße verlässt den Fluss und damit kaum noch Lärm. Landschaftlich sehr schön (60.4722,9.2305)

97,9 ⚠ Sävrefoss, erheblich verblockt, evtl. ⏏ (60.4710,9.2394)

94,5 ⚠, kleine Stromschnelle, im Sommer evtl. wenig Wasser (60.4519, 9.2780)

92,0 Str-Ⅱ, li **Kolsrud**, im li, nicht durchgängigen Arm ⛺ Kolsrud (60.4468,9.3133)

88,5 ⚠, Stromschnelle, ⏏ möglich, **N Stavn**. Danach schöne Fahrt (60.4271,9.3366)

87,1 Str-Ⅱ 203, li **N Austvoll** (60.4296,9.3585)

85,2 li gute ⇅ bei Gerds Kano-Utleie. Zu erreichen von der Straße 7, Hinweisschild bei einer Brücke über einen Zufluss und einer Bushaltestelle, 500 m Waldweg zum Fluss (60.4291,9.3871)

78,9 Str-Ⅱ, **N Flå**, schlechte ⇅-Möglichkeit (60.4286,9.4712)

73,0 Str-Ⅱ (60.3920,9.5342)

69,4 Str-Ⅱ 7 (60.3864,9.5789)

68,7 ⇩ des Hallingdalselva in den See Krødoren. Die Fahrt wird meist hier beendet. Bei einer Weiterfahrt über den ca. 40 km langen und meist nur 2–3 km breiten See ist bei stärkerem Wind Vorsicht geboten (60.3822,9.5867)

66,5 li **N Gulsvik** (60.3739,9.6227)

42,8 Str-II, **N Noresund** (60.1814,9.6193)

30,1 Str-II, Ausfluss aus dem See Krøderen, ab hier heißt der Fluss Snarumselva, li **N Krøderen**. Über die Reststrecke bis zur Ostsee liegen keine genauen Unterlagen vor; es soll hier mehrere große ↯ geben. Anscheinend wird dieser Abschnitt kaum je befahren (60.1231, 9.7838)

24,8 ■ Staustufe Ramfossen, **X**, danach Wasserableitung (60.0830, 9.8145)

5,1 ■ Staustufe Kaggefossen, **X**, danach wegen Wasserableitung wahrscheinlich nicht lohnend (59.9703,9.9299)

0,0 ⇩ der Hallingdalselva in die Drammenselva (s. Seite 262) bei km 39,2 (59.9297,9.9448)

Hemsil

Weitere Namen: Grøndøla [nor]

Wildflüsse (Gebirgsflüsse)
Mündung in Hallingdalselva bei km 132,8 (li Nebenfluss)

Die Grøndøla und der anschließende Hemsil werden in durchlaufender Kilometrierung beschrieben. Ursprung aus mehreren Quellseen in etwa 1500 m Höhe. Bis km 47.4 ist nichts bekannt, es soll hier mehrere gefährliche Wasserfälle geben. Sie sind Wildflüsse von stark wechselnder Schwierigkeit; sowohl der WW-Anfänger wie auch der Extrem-WW-Fahrer können hier auf ihre Rechnung kommen. Eine durchgehende Befahrung ist allerdings infolge von 2 Stauseen nicht möglich

Befahrbarkeit: Abhängig von der Wasserabgabe der beiden Stauseen; zumeist Frühjahr bis Mitte Juni ausreichende Wasserführung.

Schwierigkeiten: km 47.4–46.4 WW III+
km 46.4–39.3 WW II/II+
km 33,5–30.2 WW II-III (V)
km 30.2–28.2 WW III-I
km 28.2-25.3 WW IV und unbekannt
km 25.3–16.2 WW I und Zahmwasser
km 16.2–9.0 WW V
km 9.0–7.9 WW II-III (IV)
km 7.9–0.9 WW IV (V)
km 0.9–0.0 WW V-VI-**X**

Kilometrierung: Anhand Kartenmaterial. Aufgrund des sehr schlechten Luftbildes und starken Abweichungen zur vorhergehenden Beschreibung ist vorherige Erkundung unbedingt erforderlich.

47,4 **Stunde**, mögliche ↓ in die Grøndøla, zunächst WW III+ (60.9377, 8.3954)

46,4 Ⅱ, **Heggestad**, ↓, falls nur die leichtere Strecke befahren wird, leichte Schwälle, dazwischen ruhig (60.9299,8.4011)

39,3 ■ Staudamm Brekkefoss, ca. 1,5 km umfahren (60.8910,8.4544)

38,5 ↯ mit Zufuhr des abgeleiteten Wassers, mögliche ↓. Auf 5 km WW II-III (60.8872,8.4599)

35,5 ⇩ der Mørkedøla (s. Seite 267) in den Hemsil (60.8711,8.4956)

31,8 Str-Ⅱ **N Hemsedal**, ⛺, ↑. ⚠, es folgen einige Wasserfälle, näheres ist nicht bekannt (60.8623,8.5519)

30,2 Wege-Ⅱ, ⚠, darunter sehr schwerer Katarakt, je nach Wasserstand WW V-VI-**X**, li ⩯ möglich. Es folgen einige sehr schöne Felsbarrieren, WW III. Danach leicht, WW I–II (60.8562,8.5764)

28,1 Fossheim, ⚠ hier erneut WW IV (60.8515,8.6132)

25,3 Ab hier leicht, ↓ an geeigneter Stelle, WW I und Zahmwasser (60.8298,8.6281)

16,2 Stausee mit ■ Staumauer, Eikreddammen (60.7834,8.7443)

16,0 die Fahrt kann unterhalb der Staumauer fortgesetzt werden ⚠, auf 1,5 km sehr schwer, WW V (60.7827,8.7463)

10,9 Ⅱ, **Gladhus**, ⚠, Zunahme der Schwierigkeiten: Kurze Schlucht, welche mit einem Wasserfall beginnt, li Rinne ≈, WW V; danach WW IV (60.7597,8.8217)

9,0 Zumeist wird die Befahrung des Hemsil hier an geeigneter Stelle fortgesetzt, WW II-III (60.7523,8.8515)

7,9 Str-Ⅱ 52 (60.7473,8.8669)

0,9 Str-Ⅱ, **Gronli**, ⚠ im Ort Stufe, **X**. Beginn einer sehr anspruchsvollen Schluchtstrecke. Anfangs WW IV-V, nach einem 20 m hohen Wasserfall, **X**, Zunahme der Schwierigkeiten bis WW VI. Nach einer enorm hohen Rutsche mit einer gefährlichen Unterspülung re (Stelle kann komplett li mit dem 20 m Fall ⩯ werden). Es folgen längere, unübersichtliche Katarakte. Kurz vor Gol erneut Anstieg des Gefälles. Es folgen die Wasserfälle der Durchbruchsstelle vor Gol. Besichtigung von der Str-Ⅱ von **Gol** aus. Die erste 8 m hohe Rutsche fährt man li, Achtung, bei Langbooten Lebensgefahr! Der zweite, 10 m hohe Fall kann re befahren werden. Die letzte Stufe vor der Ⅱ nur li ≈, re starke Unterspülung. Kurz danach re oder li vor der Ⅱ ↑. Vorsicht, es folgt eine

Stelle, **X** (60.7030,8.9340)

0,5 Über die restlichen 500 m bis zur ⇩ ist nichts bekannt (60.7000, 8.9380)

0,0 ⇩ des Hemsil in die Hallingdalselva (s. Seite 262) bei km 132,8 (60.6966,8.9432)

Mørkedøla

Wildfluss

Mündung in Hemsil bei km 35,5 (re Nebenfluss)

Wer im Tal des Hemsil dessen schwere Teilstrecken befährt, sollte auch auf Teilstrecken des Mørkedøla gehen. Er ist ein sehr schwerer Wildfluss.

Befahrbarkeit: Frühjahr; nach ergiebigen Regenfällen auch noch bis Ende Juli.

Schwierigkeiten: Hohes Gefälle mit Stufen, Katarakten und Rutschen, WW IV mit Stellen WW V und VI. Die dazwischen liegenden Abschnitte sind WW II-III

12,1 Mögliche ⬇ am Ausfluss aus dem See Storeskardvatnet, zunächst WW IV (60.8937,8.3258)

10,8 Ab hier leichter (60.8864,8.3385)

8,2 ⚠ rutschenartiger Katarakt, der Fluss teilt sich in 2 Arme, li ≈, WW V, Str-Ⅱ (60.8689,8.3662)

6,6 ⚠, erneute Zunahme der Schwierigkeiten. Es folgt ein steiler Katarakt in einer li-Kurve, WW V. Einige hundert Meter nach einer kleinen Holz-Ⅱ beginnt unvermutet eine neue Steilzone, davor nur spärliches Kehrwasser. Die folgenden 3 Felsbarrieren sind bei höheren Wasserständen WW VI, danach leichter (60.8674,8.3912)

4,3 Str-Ⅱ N52 **N Lio**, empfohlene ⬆, für die Reststrecke liegt ein Befahrungsbericht nicht vor. Nach oberflächlicher Besichtigung wechseln ruhige Abschnitte mit schwersten Abbrüchen (60.8687,8.4291)

0,0 ⇩ der Mørkedøla in den Hemsil (s. Seite 265) bei km 35,5 (60.8711, 8.4956)

Begna

Wildfluss – Wanderfluss

Mündung in den See Sperillen

Ursprung in etwa 1600 m Höhe. In ihrem 90 km langen Oberlauf fließt die Begna durch mehrere, insgesamt 65 km lange Seen, dazwischen mehr oder minder lange Fließstrecken. Einzelheiten sind über diesen Abschnitt nicht bekannt. Ab Bagn wird die Begna zum leichten Wildfluss und schließlich zum geruhsamen Wanderfluss.

Befahrbarkeit:	Anscheinend gibt das ⚡ in Bagn ganzjährig ausreichend Wasser für eine Befahrung ab hier ab.
Umwelt:	Wasser leicht verschmutzt.
Schwierigkeiten:	oberhalb km 72.3 Seen und Wasserableitung km 72.3–15.1 WW I und II (III) km 15.1–0 Zahmwasser
Infrastruktur:	Zeltmöglichkeit, mehrere ⛺, freies Zelten schwierig.

72,3 Str-Π N 51, **N Leira**, oberhalb der See Strondafjorden. An der Π hoher Wasserfall, X und ▬ (60.9668,9.2894)
70,7 ⇩ in den Fløafjorden (60.9573,9.3024)
69,1 Ausfluss aus dem Fløafjorden (60.9446,9.3064)
68,0 ⇩ in den Aurdalsfjorden (60.9400,9.3210)
62,9 Str-Π, **N Aurdal**, li ⛺ Aurdal Fjordcamping (60.9163,9.3885)
52,4 ▬ Staudamm mit totaler Wasserableitung, X (60.8497,9.5071)
48,2 Str-Π (60.8252,9.5450)
47,8 Str-Π E16 (60.8259,9.5504);
⚡-Auslauf mit Rückführung des Wassers (60.8262,9.5506)
47,2 Str-Π 244, **N Bagn**, kurz danach li Kirche mit 🅿, gute ⬇ (60.8242, 9.5559)
41,5 Str-Π (60.7845,9.6020)
36,3 Str-Π (60.7585,9.6654)
30,1 ▬ Staumauer und ⚡ Eidsvoss, re auf Fahrweg 300 m ⏏ (60.7207, 9.7134)
27,4 Str-Π (60.7009,9.7203)
23,6 Hänge-Π, ⚠ 200 m davor Stromschnelle, WW II, von der Π aus nicht einzusehen, bei HW schwer, re gut ≋, ⏏ re oder li möglich. Danach bei der Π verblockter Eidsfoss, WW III, Einfahrt besichtigen, ⏏ möglich (60.6757,9.7491)
19,3 Wege-Π (60.6528,9.7817)
15,1 Str-Π, **N Haugsrud**, Ende der WW-Strecke, ⬇ falls nur die leichte Reststrecke befahren wird (60.6514,9.8543)
13,6 re ⛺ Sørund (60.6429,9.8725)
0,8 Str-Π E16, li **N Nes**, ⬆, die Fahrt wird meist hier beendet (60.5629, 9.9925)
0,0 ⇩ in den See Sperillen. Eine Weiterfahrt über den 35 km langen See, kurze Fließstrecken und weitere kleine Seen bis Hönefoss ist möglich, jedoch keine genauen Unterlagen (60.5562,9.9948)

Etna

Wildfluss

Mündung in den Randsfjord

Ursprung der Etna in etwa 1000 m Höhe. Sie fließt durch das landwirtschaftlich stark genutzte Etnatal. Sie ist ein Wildfluss unterschiedlicher Schwierigkeiten. Die vorliegenden Unterlagen sind dürftig.

Befahrbarkeit: Oberlauf nur bei sehr niedrigem Wasserstand, aber auch für den Unterlauf ist ein Durchfluss von nur etwa 10-15 m3/sec ratsam. Bei höheren Wasserständen (Zeit der Schneeschmelze) wird der ganze Fluss wahrscheinlich unbefahrbar.

Oberlauf: **N Espeset** bis **N Kleivgardsøyi** 10 km. Zunächst auf 0,5-1 km WW IV-V, danach bis **N Bruflat** meist WW II, mehrere Stellen **X**. Unterhalb Bruflat folgen weitere Stufen, WW III-V.

Unterlauf: ⬇ 100 m unterhalb der Str-Ⅱ 35 (Dokka – Fagernes). Die kurze Klamm oberhalb der Ⅱ ist WW VI. Nach 2 km, bei einer kleinen Ⅱ, schwieriger Abfall, WW V. Im Übrigen sind die 3 km nach der ⬇ WW III-IV mit Stufen und Rutschen in gewachsenem Fels. ⬆ nach 3 breiten und hohen Rutschen am li Ufer. Weiterfahrt bis zur Ⅱ nach Venasen möglich, weitere 8 km, WW I.

0,0 ⇩ in den Randsfjord (60.7976,10.1425)

Lågen (Numedal)

Weitere Namen: Numedalslågen [nor]

Wildfluss – Wanderfluss
Mündung in Ostsee

Der Numedalslågen, Ursprung im Ostteil des Hardangervidda aus mehreren Quellseen in etwa 1400 m Höhe ist mit einer Gesamtlänge von 352 km einer der längsten Flüsse Norwegens. Im Oberlauf ist er sehr einsam, später zunehmende Besiedlung mit größeren Städten. Der Oberlauf bietet interessantes Wildwasser.

Befahrbarkeit: Ganzjährig. Die WW-Strecke sollte nur bei mäßigem Wasserstand befahren werden. Günstig ist eine Schüttung von 15 - 25 m^3/s. Sie ist am besten ab Ende Juni anzutreffen. Bei HW wird der Rücklauf in den Stufen so stark, dass eine Befahrung sehr gefährlich wird.

Pegel: Beim km 259.9. Er befindet sich am Ende eines von der Straße aus sichtbaren Schwalles 200 m oberhalb eines verfallenen, kleinen Kraftwerkes. Die folgenden Schwierigkeitsangaben beruhen auf einem Pegelstand von 140 cm,

	entspricht einem Durchfluss von etwa 20 m³/s = NW.
Schwierigkeiten:	Km 270–255 mehrfacher Wechsel zwischen sehr schwerem und leichtem WW.
Infrastruktur:	Zeltmöglichkeit, mehrere 🏕 und Miethütten.

270,3	Ausfluss aus dem Ossjøen, mögliche ↓, △ kurz danach 2 m hoher Abfall, WW IV. Nach einem weiteren kleinen See folgen zunächst einige leichte Schwälle. Nach scharfer re-Kurve beginnt der schwerste Teil des Flusses: eine Stufe leitet einen 500 m langen Abschnitt ein, durchgehend WW IV-V, der in einer kleinen Schlucht endet. Danach vorübergehend leichter, WW I-III. Oberhalb und unterhalb von Breidset folgen erneut sehr schwere Abschnitte, bis WW V, dann erneut leichter, WW II-III (60.3818,8.2642)
259,9	≣, △ danach Wasserfall, evtl. ganz re ≈, besser re ⌂, die folgenden 6 km bieten nochmals sehr interessantes Wildwasser, bei NW verhältnismäßig leicht, WW II; bei HW (mehr als 100 m³/s) ein einziger Wellenritt, etwas schwerer als die Imster Schlucht
258,9	Str-Ⅱ 40, **N Dagali** (60.4028,8.4388)
255,2	Ende der WW-Strecke. Die ↑ ist etwas kurios: Am Fluss li ein kleines Holzschild „Airport Dagali"; die Rafter haben mit dem Flughafenpersonal eine Vereinbarung, dass die Boote entlang der Rollbahn etwa 200 m weit zum 🅿 getragen werden dürfen. Falls Schranke offen, nicht in das Flughafengelände einfahren. Kurz danach ⇩ in den See Palsbufjorden. Bis km 120, Veggli, liegen keine Unterlagen vor, der Lågen verläuft hier durch mehrere Seen (60.4141,8.4966)
182,7	**Veggli**. Ab hier im Allgemeinen leichter Wanderfluss, unterbrochen durch zahlreiche Fossen, nur teilweise ≈, sowie mehrere ϟ und Wasserfälle. Eine durchgehende Befahrung ist daher ein etwas mühsames Unternehmen, nur mit Bootswagen zu bewältigen. Außerdem ist der gesamte Unterlauf des Lågen als Lachsgewässer für eine Befahrung während der Fangzeit verboten. Aus diesen Gründen wird auf eine ausführliche Beschreibung verzichtet (60.0471,9.1479)
0,0	⇩ in Skagerrak (Nordsee) bei Larvik (59.0375,10.0556)

Austbygdaa

Weitere Namen: Tessungelva [nor]

Wildfluss
Mündung in den Tinnsjø

Der Abfluss des Sees Tinnsjö, der nicht beschriebene Tinnelva, mündet westlich von Larvik in das Skagerrak.

Bei der Austbygdaa, die im Oberlauf Tessungelva heißt, handelt es sich um

einen Fluss mit extremen Schwierigkeiten. Sie verläuft vorwiegend in einem Felsbett mit teils sehr hohem Gefälle, Schlitzen, Stufen und Wasserfällen, ein Tipp für Extremfahrer.
Die Schwierigkeiten der gesamten Strecke steigern sich langsam von WW IV bis WW VI mit 2 Stellen **X**, mit einigen Zwischenstücken WW II. Bei hohen Wasserständen wird die Grenze der Befahrbarkeit schnell erreicht. Die Wasserfälle und Rutschen haben eine Höhe von bis zu 10 m. Insgesamt einer der extremsten und gleichzeitig schönsten Flüsse Norwegens; er ist an einem Tag kaum zu schaffen.

⬇:	etwa 18 km oberhalb der Ortschaft Austbygde.
⬆:	etwa 1 km oberhalb Austbygde.
Befahrbarkeit:	Bis Ende Juni und nach Regenfällen; ideal sind etwa 15 - 20 m³/s.
Umwelt:	Wasser extrem sauber.
Infrastruktur:	Zeltmöglichkeiten kleine Plätze im Tal.

20,6	Str-II, li **N Haugen**, ⬇ (muss erkundet werden) (60.1236,8.6866)
2,0	⬆ (muss erkundet werden) (60.0035,8.8314)
1,0	Str-II 364, **N Austbygde** (59.9956,8.8277)
0,0	⇩ in den Tinnsjø (59.9875,8.8219)

Nidelva

Wanderfluss
Mündung in Skagerrak bei Arendal

Der Nidelva fließt zumeist mit ruhiger Strömung durch die östlichen Tallagen Norwegens. Unterbrochen wird die Befahrung des streckenweise stark regulierten Flusses durch mehrere Fossen, die je nach Wasserstand und Bootsmaterial z. T. ≈ sind. z. T. umtragen werden müssen. Außerdem auch Verbauung des Flusses durch mehrere große ϟ. Mitnahme eines Bootswagens sehr zu empfehlen. Mögliche ⬇ bei Treungen am Nissersee. Wegen der folgenden Staudämme besser ⬇ bei Haugsjåsund.

112,8	Str-II 41, li **N Treungen**, mögliche ⬇ am Ausfluss des Sees Nisset. Es folgen jedoch mehrere Staustufen mit Wasserableitung (59.0178, 8.5246)
110,9	▬ Staustufe, **X** (59.0082,8.5524)
106,6	▬ Staustufe, **X**, danach totale Wasserableitung (58.9843,8.5354)
106,4	⇩ in den Kjørull-See (58.9819,8.5354)
105,9	Ausfahrt aus dem Kjørull-See im Süden, nicht den See in östlicher Richtung queren (58.9784,8.5350)
103,4	⇩ in den 2. Teil des Kjørull-Sees, Fahrt entlang des Westufers (58.9684,8.5546)

101,7 ➔ aus dem Kjørull-See (58.9560,8.5662)
99,8 ▬ Staustufe, X, danach totale Wasserableitung (58.9624,8.5391)
97,9 ⇩ in einen Stausee (58.9579,8.5194)
97,7 Str-II (58.9563,8.5203)
97,5 ab hier wieder totale Wasserableitung (58.9550,8.5180)
97,0 li ⚡, Rückkehr des abgeleiteten Wassers (58.9515,8.5162)
95,5 Str-II 41, empfohlene ⬇, re ⛟ Haugsjåsund (58.9429,8.5056)
94,1 ⚠ Stufe, keine Angaben zur Befahrbarkeit (58.9320,8.5059)
83,4 Str-II, ⚠ darunter Stufe, keine Angaben zur Befahrbarkeit (58.8600, 8.5729)
74,7 Str-II (58.8044,8.5060)
74,6 re ⇩ des Gjøv (58.8037,8.5035)
69,8 Str-II, li **N Amli** (58.7694,8.4840)
69,6 ▬ Staustufe, re ⚡, X, ⏢ (58.7677,8.4824)
66,0 Str-II 41, ⚠ darunter Stufe, keine Angaben zur Befahrbarkeit (58.7426,8.4673)
63,7 re Åmli Natur-⛟ (58.7371,8.4953)
62,9 re ⇩ der Stuvána (58.7327,8.5073)
55,1 ⇩ in den See Nelaug, Kurs nach Süden (58.6955,8.5974)
48,7 ▬ Staustufe, X, ⏢ (58.6602,8.6179)
48,4 EB-II (58.6587,8.6214)
47,9 li **N Nelaug**, 🚂 (58.6570,8.6305)
42,2 ▬ Staustufe, X, ⏢ (58.6295,8.6868)
40,9 ⚠, es folgen 3 Stufen, keine Angaben zur Befahrbarkeit (58.6218, 8.6857)
40,4 ⚠, eine weitere Stufe, keine Angaben zur Befahrbarkeit (58.6183, 8.6892)
38,7 ▬ Staustufe, davor Sperrbojen, X, ⏢, danach totale Wasserableitung (58.6103,8.7060)
37,1 EB-II (58.5975,8.7106)
36,7 li ⚡, ab hier wieder befahrbar (58.5955,8.7160)
35,1 Str-II (58.5811,8.7116)
30,3 ▬ Staustufe, li ⚡, X, ⏢ (58.5437,8.6749)
27,6 EB-II (58.5250,8.6503)
23,9 Str-II 42, **N Blakstad**, li 🚂 (58.5052,8.6453)
16,6 Str-II (58.4442,8.6073)
10,1 ▬ Staustufe, X, ⏢ (58.4070,8.6349)
9,5 ⚠ Stufe, keine Angaben zur Befahrbarkeit (58.4039,8.6415)
9,4 Str-II 407 (58.4039,8.6427)
9,2 ⚠ Stufe, keine Angaben zur Befahrbarkeit (58.4049,8.6449)
8,4 ⚠ auf ca. 1 km mehrere Stufen, keine Angaben zur Befahrbarkeit

(58.4081,8.6551)
7,2 li Marina (58.4120,8.6726)
5,1 Str-II E18 (58.4233,8.7001)
4,4 Str-II 178, **N Bjorbekk** (58.4289,8.7066)
1,8 Str-II 420 (58.4256,8.7271)
0,0 ⇩ in Skagerrak (58.4168,8.7413)

Otra

Wildfluss
Mündung in Skagerrak bei Kristiansand

Die Otra ist durch Kraftwerke weitgehend verbaut, so dass für eine Befahrung nur noch Teilstrecken in Frage kommen. Es wechseln dabei Abschnitte mit leichtem Wildwasser, langen Seestrecken und kurzen Extremstrecken. Dazwischen liegen Abschnitte, die wegen Wasserableitung meist trocken sind.

Befahrbarkeit: Weitgehend abhängig von der Wasserabgabe der Kraftwerke. Sie müsste wohl jeweils an Ort und Stelle erkundet werden.

213,5 Ende des Sees Hartevatn, 750 m Höhe, mögliche ⬇ für die Befahrung einer Teilstrecke etwa 10 km unterhalb Bykle. Es folgt eine sehr interessante WW-Strecke mit einigen, teilweise unübersichtlichen Stufen, WW III. Dieser Abschnitt kann allerdings völlig trocken sein (59.5247, 7.3633)
207,6 Str-II, ⬆ Ende der 1. Teilstrecke, die folgenden Schluchtstrecken sollen aufgrund von Wasserableitungen **X** sein (59.4950,7.4010)
201,7 Str-II 9 (59.4479,7.4142)
186,6 Str-II 9 (59.3435,7.3297)
164,1 Str-II 9 (59.2321,7.5004)
158,9 Str-II 9 (59.2151,7.5335)
149,3 Str-II 9 (59.1354,7.5309)
147,1 re ⇩ Kraftwerkskanal, Rückführung des abgeleiteten Wassers (59.1192,7.5136)
145,7 Str-II 322, Skagevegen, Rückführung des abgeleiteten Wassers, mögliche ⬇ für die Befahrung einer weiteren Teilstrecke, zunächst gute Strömung (59.1085,7.5097)
143,5 re **Rystad**, ⛟, gute ⬇, breiter und ruhiger Fluss (59.0916,7.5432)
139,4 Str-II, **N Straume**, danach Wechsel zwischen Abschnitten WW II-III und Zahmwasser (59.0675,7.5732)
135,9 ▬ Staustufe mit Wasserableitung, **X**, ⌂ (59.0431,7.5641)
128,1 li ⇩ Kraftwerkskanal, Rückführung des abgeleiteten Wassers, ab hier Zahmwasser (58.9871,7.5485)

116,7 re **N Ose** (58.9516,7.6786)
116,5 re Str-II, ⇩ in den Araksfjorden, re zum ⌘ Reiårsfossen (58.9473, 7.6873)
103,4 li Storestraumen-⛺, re ▬ (58.8500,7.7492);
Str-II 9, danach ⇩ in den Byglandsfjorden (58.8499,7.7496)
89,1 li **N Longerak**, ⛟ (58.7447,7.8425)
84,0 li **N Grendi** (58.7009,7.8157)
81,5 li ⛟ Neset Camping (58.6880,7.8013)
78,6 Str-II, li **N Byglandsfjord** (58.6650,7.8047)
75,7 ▬ Staudamm Virtseitsfossen, 5 m hoch, **X**, ⏏, ⚠, danach folgt auf 1 km eine extrem schwere WW-Strecke, WW V und VI, bei höheren Wasserständen sicher **X**. Dann auf 5 km sehr schönes Wildwasser mit herrlichen Übungs- und Spielstrecken bei warmem Wasser (58.6466,7.8145)
67,7 ⚠ Fossen oberhalb Evje, keine Angaben zur Befahrbarkeit (58.5974, 7.8196);
Über die Reststrecke der Otra sind Einzelheiten nicht bekannt. Es sollen eintönige Abschnitte mit langgestreckten Seen sowie Verbauungen durch weitere ϟ folgen (58.5971,7.8195)
65,9 Str-II, li **N Evje** (58.5870,7.8035)
65,4 li Odden-⛟ (58.5867,7.7956)
64,8 ⚠ Fossen, keine Angaben zur Befahrbarkeit (58.5847,7.7897)
63,4 Str-II 9 (58.5754,7.7778)
61,2 Fußg-II (58.5569,7.7808)
60,6 ⇩ in See Breidflå (58.5537,7.7888)
59,4 Ausfluss aus dem See Breidflå (58.5439,7.7951)
55,5 Str-II 419 (58.5096,7.7817)
54,8 re **N Moi** (58.5039,7.7771)
50,5 Str-II 403 (58.4672,7.7980)
50,2 ⇩ in den Kilefjorden (58.4648,7.8007)
44,0 Ausfahrt in die Fortsetzung des Kilefjorden am Ostufer (58.4131, 7.7909)
39,8 ▬ Staustufe am Ende des Kilefjorden, **X**, ⏏, jedoch danach Wasserableitung, keine Angaben zur Befahrbarkeit (58.4001,7.8543)
36,1 li ϟ Nomelandsdammen, Rückkehr des abgeleiteten Wassers (58.3903,7.8946)
35,9 Str-II (58.3884,7.8964)
31,8 ▬ Staustufe und ϟ, **X**, ⏏ (58.3568,7.9030)
29,6 Str-II, li Insel, li an der Insel vorbeifahren ist auch möglich, li **N Skisland** (58.3426,7.9039)
29,4 ⇩ in Rayknesfjord (58.3417,7.9060)

27,1 ▬ Staustufe am Ende des Rayknesfjord, X, ⩍, danach Wasserableitung (58.3265,7.9319)
24,7 ▬ Staustufe, X, ⩍, jedoch weiterhin Wasserableitung (58.3155, 7.9628)
23,7 EB-II (58.3072,7.9661)
22,9 Str-II Steinfossvegen (58.3010,7.9699)
22,5 ⚠ Fossen, keine Angaben, ab hier Venneslafjorden (58.2983,7.9754)
18,1 Str-II 454, **N Vennesla** (58.2687,7.9701)
17,2 Str-II (58.2623,7.9730)
17,1 ▬ Staustufe, X, keine Angaben (58.2618,7.9714);
EB-II (58.2618,7.9705)
16,1 Str-II (58.2572,7.9642)
15,6 ▬ Staustufe und ϟ Vikeland, X, ⩍ (58.2544,7.9580)
14,5 Fußg-II Heiselbrua (58.2461,7.9520)
14,2 ⚠ Fossen, keine Angaben zur Befahrbarkeit (58.2440,7.9489)
13,9 Fußg-II (58.2426,7.9449)
12,7 Fußg-II (58.2361,7.9346)
11,8 EB-II (58.2297,7.9349)
11,7 re Insel (58.2295,7.9362)
11,4 Str-II 405 (58.2269,7.9361)
10,2 Fußg-II (58.2171,7.9300)
8,9 Fußg-II (58.2078,7.9314)
1,6 Str-II E18 (58.1545,7.9975)
0,9 Str-II 471, **N Kristiansand**, Stadt mit ca. 92.000 Einwohnern, 🚂, ⛴-Verbindung nach Hirtshals in Dänemark (58.1498,8.0055)
0,0 ⇩ in Skagerrak bei Kristiansand (58.1434,8.0135)

Lygna

Wildfluss
Mündung in Nordsee bei Lyngdal

Für eine Befahrung der Lygna kommt nur eine kurze Teilstrecke ihres Oberlaufs in Frage; sie ist hier ein schwerer Wildfluss.
Fahrtstrecke: ⬇ bei Haddelandstørni am See Haddelandstjødna. Enge und steile Passagen, z. T. in Schluchten, zumeist WW IV. Kurze Abschnitte bei Orta sowie oberhalb der II von Bryggesåk WW V, Besichtigung dieser Stellen unbedingt angezeigt. Beendigung der Fahrt nach 4,5 km bei Bryggesåk.
Befahrbarkeit: Frühjahr.

57,1 ⬇ bei **N Hadeland** (58.5101,7.1260)
56,7 Ausfluss aus dem See Haddelandstjødna, ⚠, es folgen Enge und steile Passagen, z. T. in Schluchten, zumeist WW IV. Kurze Abschnit-

te bei Orta sowie oberhalb der ⌶ von Bryggesåk WW V, Besichtigung dieser Stellen unbedingt angezeigt (58.5079,7.1308)

53,9 Str-⌶ 42 (58.4976,7.1700)
53,8 Str-⌶ vor **N Bryggesåk** (58.4975,7.1708)
53,4 ⬆ Brüggesåk (58.4954,7.1758)
0,0 ⇩ der Lygna in die Nordsee (58.1424,7.0187)

Litleåna

Wildfluss
Mündung in die Knivna

Die Litleåna ist ein kurzer, nur mäßig schwerer Wildbach.

Fahrtstrecke: ⬇ bei ⌶ am Ausfluss aus dem Galdalsvatnet, Beendigung der Fahrt nach 6 km nach der letzten Stufe, 50 m vor einer gefährlichen Klamm.

Befahrbarkeit: Frühjahr.

Schwierigkeiten: Zumeist Kiesbett mit einigen engen Passagen und Stufen, WW II-III, in den Stufen bis WW IV

15,6 ⬇ bei der ⌶ unterhalb des Ausflusses aus dem Galdalsvatnet, die im Text genannte ⬆ in 6 km Entfernung wurde im Luftbild nicht gefunden. Bitte erkunden (58.4151,7.0089)
12,7 Str-⌶ (58.3921,7.0229)
10,3 Str-⌶ (58.3731,7.0297)
9,0 EB-⌶ (58.3617,7.0316)
0,0 ⇩ in die Knivna (58.3171,6.9581)

Suldaslågen

Wanderfluss (Lachsfluss)
Mündung in Sandsfjord

Der Suldaslågen ist ein sehr abwechslungsreicher Fluss. In seinem Oberlauf, oberhalb des Suldalsvatnet, bietet er Wildwasser unterschiedlicher Schwierigkeiten, die bis in den Extrembereich reichen, mit unfahrbaren Teilstrecken. Unterhalb des Sees wird er wesentlich leichter, mit nur noch kurzen, schweren Abschnitten.

Befahrbarkeit: Die Wasserführung wird reguliert durch Kraftwerke. Bei dem großen Einzugsgebiet und den großen Stauseen ist mit ganzjährig ausreichender Wasserführung zu rechnen, dies ist allerdings nicht gesichert.

Schwierigkeiten: km 94.5 - 84.9 Stausee
km 84.9 - 82.1 WW II-IV (**X**)
km 82.1 - 75.9 **X**
km 75.9 - 61.8 See

km 61.8 - 52.2 WW IV (V und VI)
km 52.2 - 49.3 **X**
km 49.3 - 22.5 See
km 22.5 - 0.0 WW I (V)

94,5 **N Valldalseter**, Zufahrt auf gut ausgebauter Forststraße, hervorragender Ausgangspunkt für Wanderungen in das Gebiet des Hardangervidda, sehr lohnend auch für Biker. Nord-Ende des Sees Valldalvatnet, mögliche ⬇ für die Befahrung des Sees in landschaftlich hervorragender Umrahmung (59.9500,6.9667)

84,9 Ende des Stausees, mögliche ⬇ 500 m unterhalb der Staumauer. Zufahrt über eine kleine Teerstraße, die bei Nyastöl bzw. Austmannli in Richtung Valdal von der E 134 abzweigt. Es folgen schöne Schwallstrecken in breitem Flussbett mit geringer Verblockung, WW II–III+. Die Straße ist meist in Nähe des Flusses (59.8753,6.8908)

83,1 ⚠, verblockte Stufe, je nach Wasserstand WW IV–**X**, evtl. re ≏ (59.8635,6.8730)

82,1 ⚠, der Fluss stürzt in einen Tunnel, **X**, unter der Ⅱ der E134, ⬆ kurz vor der Ⅱ unbedingt schon bei der Anfahrt festlegen. Die folgende, tief eingeschnittene Schlucht ist **X** (59.8551,6.8697)

75,9 Röldal mit Stabkirche, ⌘. Mögliche ⬇ für die Befahrung einer kurzen Strecke vor dem See, WW III, abnehmend (59.8305,6.8278)

74,4 ⇩ in Röldalsvatnet (59.8210,6.8149)

66,0 Str-Ⅱ 13, kurze Fließstrecke li **N Botnen** (59.7532,6.7896)

63,0 Str-Ⅱ 13, re **N Hauge** (59.7369,6.7535)

61,8 See-Ende, ⚠ es folgen Abstürze, **X** (59.7280,6.7420)

60,0 Str-Ⅱ, **N Hegerland**, ⬇ für die Weiterfahrt. ⚠, die Folgestrecke bietet relativ wuchtiges WW, mit schneller Strömung, starkem Gefälle und teilweise erheblicher Verblockung. Mehrere Stellen müssen unbedingt besichtigt und, je nach Wasserstand, auch ≏ werden, WW IV mit Stellen WW V und VI. Die Straße verläuft stets neben dem Fluss, allerdings unterschätzt man von ihr aus leicht die Schwierigkeiten und die Wasserwucht (59.7174,6.7294)

52,2 ⚠, unbedingt ⬆ in einer li-Kurve, am re Ufer liegt ein markanter Fels (vorher erkunden). Anschließend stürzt der Fluss in einer Durchbruchsstrecke, absolut **X**, in den folgenden See (59.6631,6.7786)

49,3 ⇩ in den Suldalsvatnet, Str-Ⅱ. Eine weitere mögliche ⬇ befindet sich am NO-Ende des Sees bei Roaldkvam. Der See ist landschaftlich hervorragend schön. Die Berge steigen aus dem in 68 m Seehöhe gelegenen See fast unvermittelt, z.T. in steilen Felswänden, bis zu 1450 m Höhe an (59.6482,6.8127)

48,5 re **N Nesflaten** (59.6148,6.0000)
26,7 Str-II 692 (59.5071,6.5784)
23,5 Str-II, Ursprung des Suldalslågen (59.4942,6.5329)
22,5 Ausfluss des Suldalslågen aus dem See, II, ■, ↓, falls der See nicht befahren wird. Klares Wasser, gute Strömung, keine Schwierigkeiten, Straße meist in Flussnähe. Ein Teil des Wassers wird zum Hylenkraftverk abgeleitet, das sich am Hylsfjord befindet (59.4907,6.5174)
14,9 Str-II (59.4670,6.4256)
13,3 Str-II (59.4605,6.4115)
6,3 ⚠, wenn li ein einzelnes weißes Haus sichtbar wird, ↰ an der Straße vor einer Schluchtstrecke. Auf 300 m WW V, bei HW sicherlich **X**, umfahren über Straße. Danach wieder leicht (59.4712,6.3188)
4,2 li zum ⛺ über die Straße 13 (59.4767,6.2925)
3,9 Str-II 689 (59.4786,6.2898)
0,8 ⚠, Fußg-II, hinter einer Bergverengung wuchtiger Abfall, 2 - 3 m hoch, nach Besichtigung evtl. ≈ (59.4811,6.2595)
0,0 ⇩ in Sandsfjord bei **N Sand** (59.4823,6.2474)

Björeia

Wildfluss
Mündung in Eidfjord (Teil des Hardangerfjords)

Die Björeia ist ein Wildfluss, dessen Schwierigkeiten von WW V-WW II abnehmen, unterbrochen durch einen kleinen See.
Befahrbarkeit: wahrscheinlich ganzjährig, nicht bei HW.

12,5 Str-II 7 (60.4189,7.2074)
12,1 ⚠, Mabödalsfossen, **X**, ⩠ sehr mühsam (etwa 1 Stunde) oder umfahren mit Pkw, wegen dieser Schwierigkeiten ist es sinnvoll, die Befahrung erst unterhalb dieser Wasserfälle zu beginnen. Zunächst auf 1 km WW V, dann abnehmend WW IV (60.4165,7.2064)
6,1 ⇩ in Eidfjordvatnet, **N Øvre Eidfjord**, li ⛺ (60.4275,7.1223)
2,1 Seeausfluss. Die Reststrecke ist wesentlich leichter, WW II (60.4574, 7.0932)
0,6 ⚠, im Ortsbereich von **N Eidfjord** 2 Geröllbremsen, 0,5-1 m hoch (60.4651,7.0749)
0,4 Wege-II (60.4663,7.0718)
0,2 Str-II (60.4677,7.0713)
0,0 ⇩ in Eidfjord (Teil des Hardangerfjords) bei **N Eidfjord** (60.4696, 7.0701)

Raundalselva

Weitere Namen: Kleivelva

Wildfluss (Gebirgsfluss)
Mündung in den See Vangsvatnet

Die Kleivelva ist der li Quellfluss der Raundalselva. Beide Flüsse werden in fortlaufender Kilometrierung beschrieben. Sie sind landschaftlich hervorragend schöne Wildflüsse. Sie verlaufen mit stark wechselnden, z. T. extremen Schwierigkeiten durch Schluchten und Klammen. Mehrere Wasserfälle und Siphone erfordern sehr mühsames Umtragen. Eine durchgehende Befahrung des gesamten Flusses ist noch nicht bekannt geworden, die nachstehende Beschreibung beruht z.T. auf Besichtigungen.

Befahrbarkeit: Ganzjährig ausreichender Wasserstand; der sehr schwere Mittellauf dürfte allerdings bei HW sehr gefährlich bzw. unfahrbar werden.

43,0 Ausfluss aus dem See Langavatnet, ⚠, sehenswerten Wasserfall, X. Die folgenden 2 km wurden nur erkundet (60.7022,6.9648); Mögliche ⬇ unterhalb des Wasserfalles (Muss erkundet werden.). Es folgt sehr schnelles WW mit einigen steilen Stufen (60.7021,6.9601)

42,0 li Bach-⇩ mit reichlich Wasserzufuhr. ⚠, nach der ⇩ auf 300 m extremes Gefälle, bei NW evtl. ≋, WW VI (60.6971,6.9490)

41,7 ▬, X, danach schöner Wasserfall, 6 m hoch, ≋ (60.6988,6.9429)

41,6 ⚠, sehr steiler Katarakt, X, re ⏏ gut möglich (60.6993,6.9417)

41,5 Rückführung des abgeleiteten Wassers, auf 500 m WW III (60.7000, 6.9404)

41,0 Hänge-Ⅱ, mögliche ⬇, zu erreichen auf asphaltierter Straße. Auf 7 km im Allgemeinen leicht, WW I mit einigen teils sehr schweren Abbrüchen, besichtigen und ⏏ überall gut möglich (60.7017,6.9362)

35,4 ⇩ Zusammenfluss von (li) Kleivelva und (re) Rjoåni zur Raundalselva (60.6900,6.8426)

34,0 Fußg-Ⅱ, li 🚆 Mjölfjell, am besten hier ⬆ (60.6896,6.8416)

32,0 ⚠, letzte ⬆-Möglichkeit vor der folgenden 14 km langen Schlucht. Es ist sinnvoll, die Befahrung bis km 25 zu unterbrechen. Nach leichtem Beginn folgen geballt auftretende extreme Schwierigkeiten mit mehreren Passagen, absolut X, welche nur durch sehr langes und äußerst mühsames Umtragen zu überwinden sind. Für eine Befahrung der gesamten Schlucht bis km 18 sollte man 8–9 Stunden einplanen (60.6830,6.8122)

31,5 ⚠ Stufe und kurz danach Doppelstufe, je nach Wasserstand evtl. ≋ (60.6742,6.8145)

25,0 🚆 von **Reimegrend**, mögliche ⬆⬇, ⚠, der folgende untere Abschnitt der Schlucht ist zwar nicht leichter als der obere Teil, die ⏏-Stellen sind jedoch weniger häufig und daher weniger mühsam. Günstiger Wasserdurchlauf für die Folgestrecke 15-30 m³/s, dann WW V (VI, **X**). Zunächst schöne und gut ≈ Felsrutschen, danach Verengung zu einer langen Klamm. Bei höherer Wasserführung kaum mehr Möglichkeiten zum Anlanden. Zum Vergleich: die Schwierigkeiten der folgenden 7 km liegen deutlich über denen der unteren Verzasca (Tessin) bei HW (60.6779,6.7308)

23,0 ⚠ Steilzone, **X**, re ⏏ 500 m, sehr mühsam

20,0 ⚠, große Felsrutsche, WW V, ⏏ kaum möglich. Danach vor einem Steg enge, steile und sehr wuchtige Klamm, unbedingt besichtigen (60.6750,6.6829)

18,0 Fußg-Ⅱ unterhalb **N Skiple**, Nachlassen der Schwierigkeiten. ⬇, falls auf die Befahrung der großen Schlucht verzichtet wird. ⚠, auf 4 km schönes Wildwasser, WW II-III, 2 Stellen WW IV und drei Fossen, nur bedingt ≈, ⏏ teils sehr mühsam möglich (60.6785,6.6741)

14,0 Ⅱ bei **N Urdland**, ⚠, zunächst WW II-III, mit einem Wasserfall, 3 m hoch und einer schwierigen Rutsche (60.6787,6.6081)

11,0 Ⅱ, Zufahrt auf schlechter, steiler Schotterstraße. ⚠, Beginn einer weiteren Schlucht. Sie ist extrem schwer, spektakuläres Wildwasser mit hohen Wasserfällen, je nach Wasserstand einige ⏏-Stellen möglich, WW V und VI. Ein riesiger Siphon bald nach der Ⅱ muss auf alle Fälle sehr mühsam über 200 Höhenmeter ⏏ werden. Diese Schlucht sollte nur bei NW befahren werden; bei höheren Wasserständen wird sie sehr gefährlich bzw. **X** (60.6706,6.5603)

9,0 Ⅱ, ⬇ für eine weitere, sehr schöne Klamm, ⚠, WW IV-V (VI) mit Zwangspassagen, jedoch keine wirklich **X** Stellen. Ideal sind 10 bis maximal 25 m³/s (60.6597,6.5423)

5,5 Ende der Schlucht, mögliche ⬆; es folgt WW I-II

3,5 ▬, kurz danach Ⅱ der Straße, die von der E 13 in das Raundal abzweigt. Die folgende Klamm entlang der E 13 wurde nur besichtigt. Sie sieht von der Straße aus ≈ aus (60.6359,6.4687)

0,0 ⇩ in Vangsvatnet, **N Voss** (60.6186,6.4125)

Strandaelvi

Wildfluss
Mündung in den See Lønavatnet

Die Strandaelvi ist ein zwar nur kurzer, doch als Wildwasser sehr interessanter Bach.

Zufahrt: Die Straße E 16 von Gudvangen nach Voss verläuft neben dem Fluss, eine Besichtigung ist daher schon bei der Anfahrt möglich.

16,2 Str-II Ausfluss aus dem See Oppheimsvatnet, ⬇, ⚠, nach einer Doppelstufe beginnt die 1. Klamm, in deren Mitte eine Stufe, **X**, li etwa 30 m ⏢, im Übrigen 4 Stellen WW IV, der Abschlusskatarakt WW V (60.7825,6.5586)

12,0 re ⇩ der Myrkdalselva (s. Seite 281) in den Strandaelvi (60.7882, 6.5022)

10,8 Str-II, mögliche ⬆, **N Kroken**, für die weitere Strecke liegt keine Beschreibung vor (60.7820,6.4885)

0,0 ⇩ der Strandaelvi in den Lønavatnet (60.6943,6.4769)

Myrkdalselva

Wildfluss
Mündung in Strandaelvi bei km 12,0 (re Nebenfluss)

Die Myrkdalselva ist ein extrem schwerer Wildfluss; ein Befahrungsbericht liegt nur über eine kurze Teilstrecke vor. Zufahrt auf der Straße 13 von Voss Richtung Vik am Sognefjord.

Schwierigkeiten: Nach verhältnismäßig leichtem Beginn wechselt der Fluss von der re Seite der Straße nach li. Ab hier Steigerung der Schwierigkeiten, sehr schnelles, wuchtiges WW, WW V und VI-**X**, in den Abfällen z.T. starker Rücklauf, unbedingt vor Befahrung besichtigen. Je nach Wasserstand wird die Grenze des Möglichen schnell erreicht.

14,7 ⬇-Möglichkeit konnte auf der Karte nicht gefunden werden. Bitte erkunden (60.8902,6.4981)

14,1 Str-II, ⚠, ab hier Steigerung der Schwierigkeiten, sehr schnelles, wuchtiges WW, WW V und VI-**X**, in den Abfällen z.T. starker Rücklauf, unbedingt vor Befahrung besichtigen. Je nach Wasserstand wird die Grenze des Möglichen schnell erreicht (60.8859,6.5026)

6,7 ⬆ an geeigneter Stelle oberhalb der Str-II 13, **N Bygd**. Hier sollte auch der Wasserstand abgeschätzt werden. Für den weiteren Verlauf gibt es keine Beschreibung (60.8339,6.4608)

5,3 ⇩ in den See Myrkdalsvatnet (60.8232,6.4531)

1,8 Ausfahrt aus dem Myrkdalsvatnet (60.8015,6.4970)

0,5 Str-II E16 (60.7914,6.5071)

0,0 ⇩ der Myrkdalselva in den Strandaelvi (s. Seite 280) bei km 12,0 (60.7882,6.5022)

Bøyaelva

Wildfluss

Mündung in Fjoorlandsfjorden (Teil des Sognefjords)

Der Fluss entspringt direkt aus dem Bøyabreen Gletscher. Der Gletscher selbst ist eine Touristenattraktion und, entsprechend seiner leichten Zugangsmöglichkeit, sehr viel besucht. ⬇ direkt am Gletscher zwischen Eisschollen; ein ganz besonderes Erlebnis! ⬆ im Fjoerlandsfjorden.

⬇ im Bereich des Tunnels der Straße 625 zwischen Skei und Sogndalen. Zunächst leichtes WW; allmähliche Steigerung der Schwierigkeiten. Ab der Siedlung Böyumsetter steigern sich die Schwierigkeiten auf WW V (VI), steil, Stufen, Engstellen, starke Verblockung, bei mäßiger Wasserwucht (8-10 m³/s). Achtung: in dem engen Flussbett muss man stets mit Baumverhauen rechnen! Der oben angegebene Wasserstand ist ideal; bei HW wird diese Durchbruchsstrecke absolut unfahrbar! Alle Passagen können sowohl angesehen, als auch umtragen werden. Nach 3 km lassen die Schwierigkeiten allmählich nach. Die Folgestrecke bis in den Fjord ist Zahmwasser.

Befahrbarkeit:	Nach der Hauptschneeschmelze ab Mitte Juli. Der Wasserstand von 8-10 m³/s ist ideal. Bei HW wird diese Durchbruchsstrecke absolut unfahrbar. Alle Passagen können sowohl angesehen als auch umtragen werden. Nach 3 km lassen die Schwierigkeiten allmählich nach. Die Folgestrecke bis in den Fjord ist Zahmwasser.
Umwelt:	Wasser, eisigkalt und sehr sauber.
Schwierigkeiten:	WW I steigernd bis V und VI, dann wieder abnehmend auf Zahmwasser.

8,9	Ausfluss aus dem Gletschersee Breavatnet (61.4826,6.7538)
0,0	⇩ in den Fjoerlandsfjorden (Teil des Sognefjords) (61.4161,6.7567)

Henja

Wildfluss

Mündung in Sognefjord - Nordufer bei Hermansverk

Die Henja ist ein zwar nur kurzer, doch als Wildwasser sehr interessanter Zufluss des Sognefjords in einer schönen Waldschlucht.

Zufahrt: In Hermansverk zunächst Richtung Kleppe, später re ab ins Henjatal. Man kann die Fahrt auch etwa 4 km höher beginnen, die Boote müssen dann allerdings getragen werden.

Befahrbarkeit:	Wahrscheinlich ganzjährig.
Schwierigkeiten:	Starke Verblockung ähnlich der Loisachschlucht, doch deutlich schwerer, WW III und IV. Bei HW steigen die Schwierigkeiten ganz erheblich an.

7,2	⬇ am Ende der Straße in das Henjatal bei einer Trinkwasserzapfstelle (61.2354,6.8548)

3,4 ▬ **X**, re ⏏ (61.2055,6.8451)
1,4 ⬆ bei einer Ⅱ direkt unterhalb des Fußballstadions von **N Hermansverk**. ⚠, unmittelbar danach folgt eine Klamm, absolut **X** (61.1921, 6.8582)
0,0 ⇩ in den Sognefjord (61.1831,6.8504)

Sogndalselva

Wildfluss
Mündung in Sognedalsfjord (Teil des Sognefjords)

Der Sogndalselva verläuft als sehr schwerer Wildfluss durch eine enge Waldschlucht. Er ist auf der 1. Teilstrecke ein absoluter Superbach mit fast ununterbrochenen Katarakten. Über den 2. Teil liegt kein Befahrungsbericht vor. Nach einer Besichtigung ist er ein extremes Wildwasser mit sehr hohen Wasserfällen.

Befahrbarkeit: Mai - August und nach Regenfällen; 2. Etappe nur bei NW.
Pegel: Die Schwierigkeitsangaben beziehen sich auf einen geschätzten Durchfluss von etwa 15 m³/s.
Schwierigkeiten: km 12.2–6.6 WW IV und V,
km 6,6–0.0 WW V-VI-**X**.

12,2 Ausfluss aus dem See Dalavatnet, ⬇, zunächst WW II-III (61.2979, 7.0056)
10,2 Str-Ⅱ, ⚠, Beginn der Schwierigkeiten, WW III-IV (61.2818,7.0048)
9,3 ⚠ Beginn der Waldschlucht. Bis zum Ausstieg folgen fast ununterbrochen Walzen, Rutschen und längere Katarakte, Besichtigung mehrfach erforderlich. Der Fluss hat ein enormes Gefälle, bei viel Wasser werden die Rückläufe gefährlich. Im 2. Teil der Schlucht lassen die Schwierigkeiten etwas nach (61.2751,7.0071)
6,6 Str-Ⅱ, ⬆, mögliche ⬇ für den nur erkundeten 2. Teil des Flusses. Er beginnt mit Kombination aus 3 Wasserfällen (61.2534,7.0201)
6,1 Str-Ⅱ 5 (61.2503,7.0254)
0,0 ⇩ in den Sognedalsfjord bei Sogdal (61.2278,7.1042)

Mørkridselvi

Wildfluss (Gebirgsfluss) – Gletscherfluss
Mündung in Lustrafjord (Teil des Sognefjords)

Die Mørkridselvi ist ein zwar nur kurzer, aber doch recht interessanter und auf kurzen Teilstrecken sehr schwerer Wildfluss.

Befahrbarkeit: Die Mørkridselvi entwässert die beiden Gletscher Spörteggbreen und Harbardsbreen, daher ganzjährig gute Wasserführung. Bei einer Befahrung im Juni 88 wurden noch etwa 100 m³/s angetroffen. Die Mörkriselva gehört zu

	den Lachsflüssen. Es gibt zwar keine Verbotsschilder, trotzdem ist zu überlegen, ob man nicht in Anbetracht der nur kurzen Fahrtstrecke auf eine Befahrung verzichten sollte.
Pegel:	Am Ende der Straße. Bei 1,6 m wurde HW angetroffen.

8,9 ⬇ am Ende der Straße unterhalb von Wasserfällen, absolut **X**. WW III-IV sehr schnell und wuchtig (61.5468,7.6264)

7,9 II, ⚠ zur Besichtigung ↱. Es folgt ein extrem wuchtiger, sehr steiler Katarakt je nach Wasserstand WW V-VI-**X**, re ⏏ einfach (61.5389, 7.6243)

7,5 re **N Mørkrid**, ⚠ ab hier leichter, jedoch weiterhin sehr schnell und wuchtig, WW III-IV (61.5378,7.6171)

6,7 Beton-II, ab hier WW II, re hoher Wasserfall, ⌘ (61.5352,7.6054)

3,0 ⚠, in re-Kurve auf 500 m langgezogener Katarakt, WW III-IV, li fahren (61.5015,7.6052)

2,5 ab hier leicht (61.5021,7.6011)

0,0 Str-II N 55, **N Skjolden**, ⇩ in Lustrafjord (61.4917,7.5981)

Fortunselva

Wildfluss (Gebirgsfluss)
Mündung in Lustrafjord (Seitenfjord des Sognefjords)

Trotz der niedrigen Meereshöhe (70 m über NN) fließt der Fortunselva durch ein sehr reizvolles Tal von hochalpinem Charakter. Er ist, abgesehen von einer kurzen Durchbruchsstrecke, ein nur mäßig schwerer Wildfluss.

Befahrbarkeit:	Die aus dem Liabreen stammenden Gletscherwasser des Fortunselva werden hoch oben abgeleitet. Eine Befahrung seines Oberlaufs dürfte daher nur bis etwa Ende Juni möglich sein. Die Rückführung des abgeleiteten Wassers bei km 8 gestattet ab hier eine ganzjährige Befahrung.
Pegel:	bei km 7,8; NW = 40 cm; MW = 60 cm; HW = 80 cm und mehr
Schwierigkeiten:	WW I-II-III (IV)
Infrastruktur:	Zeltmöglichkeit ⛺ am See, viele schöne Plätze im Tal.

14,3 ⬇ bei **N Oxyane**, letztes Gehöft, bevor die Straße steil ins Gebirge führt. Oberhalb ist der Fluss absolut **X**. Ab hier zunächst WW II-III (61.5534,7.7543)

12,7 Str-II, ab hier WW I (61.5430,7.7350)

11,7 Str-II (61.5380,7.7238)

10,9 Wege-II (61.5316,7.7169)

9,2 Wege-II (61.5185,7.7041)

8,8 Wege-Ⅱ (61.5162,7.7075)
8,6 Fußg.-Ⅱ (61.5152,7.7051)
7,8 ⚠ Durchbruchsstrecke, je nach Wasserstand WW III-IV. Die Kataraktstrecke endet in einem 3 m hohen Wasserfall, bei höherem Wasserstand gefährlicher Rücklauf, bzw. **X**. ≏ am Fall ist unmöglich. Man sollte unbedingt schon bei der Anfahrt die Situation klären und die ⬆ am li Ufer bei der Pegelanlage 100 m oberhalb des Falls festlegen. Eine Hochspannungsleitung geht hier über den Fluss. Evtl. li ≏ (61.5088,7.7025)
7,6 ≣
7,5 Str-Ⅱ (61.5059,7.6993)
7,4 ⇩ des Abflusses ϟ Skagen mit Zufuhr des abgeleiteten Wassers, ab hier erhebliche Wasserwucht. In der folgenden li-Kurve WW III, abnehmend WW II (61.5054,7.6988)
5,8 Str-Ⅱ, **N Fortun**, ab hier bis See WW I (61.4948,7.6867)
2,0 ⇩ in einen kleinen See (61.4843,7.6308)
0,5 Seeausfluss, ⚠ danach folgt die letzte schwere Stelle, WW II-III (61.4910,7.6078)
0,2 Str-Ⅱ 55, **N Skjolden**, danach weitere Ⅱ (61.4901,7.6027)
0,0 ⇩ in Lustrafjord (61.4894,7.5992)

Jostedalselva

Wildfluss (Gletscherfluss)
Mündung in Gaupne-Fjord (Seitenbucht des Sognefjords)

Der Jostedalselva bezieht seine Wassermassen mit mehreren Quell- und Nebenflüssen aus dem Jostedalsbreen, dem größten Gletscher des europäischen Festlandes. Dies führt, je nach Witterung, zu einer sehr starken Wasserführung. Auf fast der gesamten Strecke wechseln sich unfahrbare Schluchten mit kurzen fahrbaren Zwischenstrecken ab.

Befahrbarkeit: Am besten bei NW - kühle Tage im Spätsommer und Herbst. An heißen Tagen wie auch nach Regenfällen nehmen die Wasserführung und damit die Schwierigkeiten schnell zu.

Umwelt: Naturtrübes Gletscherwasser.

Schwierigkeiten: Mehrfacher Wechsel zwischen WW III-IV-V-VI-**X**. Starkes Gefälle, enorme Wasserwucht, große Walzen, Verblockung spielt keine Rolle. Die Schwierigkeiten werden von der neben dem Fluss verlaufenden Straße aus meist unterschätzt. Originaltext AKC-Tipp: "Manche Walze ist ein Paddler verschlingendes Monster, das einen nicht mehr

	aus den Klauen lässt."
Infrastruktur:	Viele schöne Zeltplätze am Fluss, besonders im oberen Teil.
Kilometrierung:	Anhand Kartenmaterial. Aufgrund des schlechten Luftbildes konnten nicht alle Positionen markiert werden.

47,1 Oberste ⬇ am Tal-Ende, breites Kiesbett, WW I-II (61.7262,7.3662)
44,9 Str-Ⅱ, ⚠ Beginn der 1. Steilzone, **X** (61.7111,7.3514)
41,8 Str-Ⅱ, weiterhin **X** (61.6936,7.3121)
38,6 Mögliche ⬇ für 2. Teilstrecke, breites Kiesbett, sehr schnelle und sehr wuchtige Strömung, WW IV
36,3 Beginn einer Felsschlucht, empfohlene ⬆-Stelle. Eine Weiterfahrt ist jedoch noch auf 1 km möglich
34,7 Ⅱ, ⚠; die Fahrt muss spätestens hier unterbrochen werden. Der Anfang der immer tiefer werdenden Klamm ist zwar noch ≈, an ihrem Ende befinden sich jedoch 2 über die ganze Flussbreite gehende Stufen, bei normalen Wasserständen absolut **X**, ⌂ kaum möglich (61.6525,7.2816)
34,0 mögliche ⬇ für die Weiterfahrt, re ⇩ eines Baches, zunächst auf 1 km WW III-IV, **N Nigard**, 5 km bis zum Nigardsbreen, ⌘ (61.6472, 7.2837)
33,1 ⚠, Beginn einer weiteren Felsklamm, bei NW evtl. ≈, WW V-VI mit Zwangspassagen. Der letzte Katarakt kann nur vom Rand der Schlucht besichtigt werden; in dem davor liegenden Felskessel gibt es keine Möglichkeit, das Boot zu verlassen. Danach re Gjerde
31,2 re ⇩ der Krundalselva (s. Seite 287) in die Jostedalselva mit starker Wasserzufuhr (61.6256,7.2681);
mögliche ⬇ für die 3. Teilstrecke, Kiesbankschwälle (61.6254,7.2691)
26,5 Ⅱ einer Nebenstraße (61.5902,7.2795)
26,1 ⚠, kurze, klammartige Schlucht, von der Straße gut einzusehen, WW IV. Danach wieder etwas leichter
25,5 Beton-Ⅱ einer Nebenstraße (61.5835,7.2898)
24,6 ⚠, klammartige Schlucht, WW IV-V, etwa 500 m lang. Danach Steigerung der Schwierigkeiten bis zur Unbefahrbarkeit bei einem Straßentunnel
23,3 Straßentunnel, Holz-Ⅱ, ⬇ für die 4. Teilstrecke; ab hier wieder leicht (61.5675,7.2931)
21,9 Beton-Ⅱ einer Nebenstraße (61.5577,7.2992)
21,5 ⚠, kurz hintereinander 2 ▬ mit gefährlichem Rücklauf
21,0 Kleine Holz-Ⅱ, ⚠, darunter WW VI/**X**. Danach wieder leichter
20,6 ⚠, im Bereich eines Straßen-Tunnels sehr schweres Wildwasser,

WW IV (61.5463,7.2940)

19,2 Ⅱ einer Nebenstraße, weiterhin leicht (61.5372,7.2905)

18,0 Wasserableitung

17,4 Str-Ⅱ (61.5262,7.2787)

15,2 ⚠ Straßentunnel, daneben Schlucht, WW III-IV (V) (61.5091,7.2705)

14,8 Ⅱ der Straße nach Vigdal. ⚠, in diesem Bereich extremes WW bis **X**. Am besten bis km 13 mit Pkw umfahren (61.5062,7.2751);
li ⇩ der Vigdola mit starker Wasserzufuhr (61.5058,7.2764)

14,3 Kurzes, leichteres Teilstück

13,3 ⚠, erneute Steilzone, **X**

12,9 ⬇ für die 5. Teilstrecke; auf 3 km wieder leichter

10,0 ⚠, weitere Steilzone, je nach Wasserstand evtl. ≋

9,6 Offenes Kiesbett, leicht. Ab hier ist eine durchgehende Befahrung bis zur ⇩ möglich

8,1 Fußgänger-Hänge-Ⅱ, auf etwa 500 m WW III (61.4549,7.2601)

7,1 ⚠, weiterer, sehr schwerer Katarakt, ≋, WW IV-V

6,1 Ab hier offenes Kiesbett

4,7 Hier anscheinend Rückführung des bei km 18,5 abgeleiteten Wassers

3,6 Str-Ⅱ (61.4216,7.2578)

1,6 Str-Ⅱ, Beginn **N Gaupne** (61.4083,7.2804)

0,7 Str-Ⅱ 55 (61.4018,7.2878)

0,0 ⇩ in Gaupnefjord (Seitenbucht des Sognefjords) (61.3956,7.2908)

Krundalselva

Wildbach (Gletscherbach)
Mündung in Jostedalselva bei km 31,2 (re Nebenfluss)

Der Krundalselva hat, wie sein Stammfluss, der Jostedalselva, seinen Ursprung im Jostedalsbreen, dem größten Gletscher des europäischen Festlandes.

Befahrbarkeit: Ganzjährig, als reiner Gletscherfluss stärkste Wasserführung an heißen Sommertagen sowie nach Regenfällen.

Schwierigkeiten: Starke Wasserwucht, schnelle Strömung, wenig Kehrwasser, WW III mit je einer Stelle WW IV und V.

6,7 übliche ⬇ am Ende der Straße 335, ⬇ theoretisch am Gletschertor des Tuftbreen (Ausläufer des Jostedalsbreen) möglich, allerdings hierher keine Straßenzufahrt (61.6439,7.1699)

3,8 ⬆, Beendigung der Fahrt vor einer Ⅱ, ⚠ unbedingt vorher besichtigen. Die Boote können über eine Wiese zur nahen Straße getragen werden. Gleich danach Anstieg der Schwierigkeiten bis WW V. Es folgt eine Klamm, **X**. Nach der Klamm könnte man noch 800 m bis in den Jostedalselva paddeln, eine Befahrung scheint jedoch wenig

sinnvoll und gefährlich (61.6349,7.2150)
0,0 ⇩ der Krundalselva in die Jostedalselva (s. Seite 285) bei km 31,2 mit starker Wasserzufuhr (61.6256,7.2681)

Utla

Wildfluss (Gletscherfluss)
Mündung in Årdalsfjord (Seitenbucht des Sognefjords)

Die Utla ist ein sehr lohnender, verhältnismäßig leichter Wildfluss in einem landschaftlich hervorragend schönen Engtal. Ursprung im Bereich der Gletscher von Jotunheimen in etwa 2 000 m Höhe. Über die Folgestrecke ist nichts bekannt, keine Straße, sehr lohnend Wanderungen, hier höchster Wasserfall Norwegens.

Befahrbarkeit: Ganzjährig. Der Bach verträgt sehr viel Wasser.
Schwierigkeiten: km 18.4–10.5 WW II, 2 Stellen WW IV
Infrastruktur: Zeltmöglichkeiten, vereinzelt Plätze im Tal.

18,4 Ende der Straße bei **N Hjelle**, 🅿 Wasserfall, ⬇. Zunächst sehr schnelles, wuchtiges Wasser, WW II-III, später leichter (61.3431,7.8779)
15,1 Str-Ⅱ **N Svalheim** (61.3225,7.8425)
14,4 ⚠, nach der 2. Ⅱ schwere Blockstrecke, WW IV, von der Straße aus gut zu sehen, wird leicht unterschätzt (61.3217,7.8308)
13,4 Str-Ⅱ, darunter 2. schwierige Passage, li ≈, ⚠ re Eisenreste im Wasser, WW III-IV (61.3178,7.8165)
12,4 Str-Ⅱ, **N Øvre Årdal**. Danach bis in den See schöne Schwälle, WW I-II (61.3102,7.8116)
11,0 ⇩ in Årdalvatnet. re im See gute ⬆ (61.3055,7.7904)
1,6 See-Ende; über die Möglichkeit einer Weiterfahrt zum Fjord ist nichts bekannt (61.2435,7.7196)
0,9 Fußg-Ⅱ, **Årdalstangen**, re 🚐 (61.2402,7.7095)
0,2 Str-Ⅱ (61.2364,7.6998)
0,0 ⇩ in Årdalsfjord (Teil des Sognefjords) (61.2351,7.6975)

Laerdalselva

Wildfluss (Gebirgsfluss)
Mündung in Laerdalsfjorden, Teil des Sognefjords

Der etwa 35 km lange Oberlauf bietet nach oberflächlichen Eindrücken von der Straße aus extrem schweres, korsikaähnliches Wildwasser. Vor einer evtl. Befahrung ist eine eingehende Erkundung unerlässlich. Bekannt geworden ist die Befahrung von Teilstrecken des Unterlaufs

⬇ bei einer Ⅱ der Straße nach Myrsete (auf der Karte nicht eingezeichnet), Schwierigkeiten mindestens WW IV mit Abschnitten WW V. 1 km nach dem

Start ▬, X. Nach weiteren 500 m auf der Höhe von Husum ein Wasserfall mit Fischtreppe, WW V+. 3 km nach Start Sjurhaugsfossen, X, ⬆.
Eine weitere, beschriebene Teilstrecke beginnt unterhalb des Sjurhaugsfossen. Die Schwierigkeiten in der folgenden Schlucht betragen durchweg WW IV mit einigen Stufen WW V. Nach der Schlucht WW I-II. Gute ⬆ 4 km nach Start bei der Ⅱ E 68, hier Pegel. Günstig für diese 2. Etappe 30 cm. Eine Weiterfahrt ist möglich, es folgt jedoch ein sehr schwerer Katarakt, WW V. Bis zur nächsten Ⅱ dann Abnahme der Schwierigkeiten
Im weiteren Verlauf könnte es schöne Wanderstrecken geben (nur besichtigt).
Der Laerdalselva gehört zu den Lachsflüssen, Schwierigkeiten mit Anglern sind möglich.

0,0 ⇩ in den Laerdalsfjorden (61.1031,7.4719)

Flåmselva

Wildfluss
Mündung in Aurlandsfjorden (Teil des Sognefjords)

Das Tal dieses Flusses ist durch einen verwegenen Eisenbahnbau bekannt geworden. Die Flåmsbahn verbindet den Ort Flåm auf Meereshöhe mit der Bergenbahn, die im Bahnhof Myrdal erreicht wird. Dabei überwindet die 20,2 km lange Strecke einen Höhenunterschied von 864 m und durchfährt dabei 20 Tunnel. Die Flåmselva wird stets begleitet von der Eisenbahn und einem schmalen Feldweg, der für Busse oder Wohnmobile gesperrt ist.

Befahrbarkeit: Das Quellgebiet liegt im Bereich großer Gletscher, so dass der Fluss ganzjährig fahrbar ist. Für die Befahrung kommen 3 Abschnitte in Frage. Die dazwischen liegenden Teilstrecken sind absolut unfahrbar.

Pegel: beim km 5.4: NW 110 cm, MW 130 cm, HW 150 cm (Achtung: dann ist der Fluss äußerst schwierig!).

16,9 Ende des Feldweges. ⬇ unterhalb der Wasserfälle. Hier ist sehr wenig Platz und keine Parkmöglichkeit; daher unbedingt die Autos hier wegfahren; auf 1 km rasante Schwälle bis WW IV (60.7459,7.1226)

15,8 li vor der Ⅱ ⬆, ⚠, der folgende Wasserfall scheint X zu sein. li ⌓, danach zunächst leicht, dann starke Zunahme des Gefälles und der Schwierigkeiten WW III-IV. Später öffnet sich das Tal wieder, Abnahme der Schwierigkeiten (60.7520,7.1081)

12,9 Die Straße nähert sich dem Fluss; li Bauernhäuser. Hier unbedingt ⬆, die Folgestrecke ist absolut X (60.7733,7.1015)

7,3 Mehrere Bauernhöfe rechtsufrig. Unterhalb der Katarakte kann man wieder ⬇, WW III (60.8141,7.1199)

6,1 Fußgänger-Ⅱ, hier re ⬆, es folgt ein Felssturz, X, am besten bis zur

Rückführung des abgeleiteten Wassers beim Kraftwerk ⌓ (60.8241, 7.1150)
5,4 Staumauer mit Wasserableitung und ≣. Die nachfolgende Schlucht ist absolut unfahrbar (60.8294,7.1122)
4,9 ϟ, Rückführung des abgeleiteten Wassers. Die letzten 4 km bis zur Mündung sind WW II, kleine Schwälle in hübscher Landschaft (60.8318,7.1185)
4,2 Str-II (60.8369,7.1218)
3,5 Str-II (60.8432,7.1200)
2,4 Str-II (60.8501,7.1140)
1,0 2 Str-II E 16, Flåm, ⛺. Es folgen 2 weitere II (60.8602,7.1062)
0,0 ⇩ in Aurlandsfjorden (60.8652,7.1202)

Aurlandselva

Wildfluss
Mündung in den Aurlandsfjorden (Teil des Sognefjords)

Sämtliche, auch noch so kleine Zuflüsse im Bereich sind total verbaut.

Befahrungsregeln:	km 6,9 bis 0 (gesamtes Gewässer): ganzj. Befahrungsverbot
Befahrbarkeit:	Juli bis September. Zur Zeit des Lachszuges ist das Wehr am Seeausfluss immer geöffnet.
Umwelt:	Extrem sauberes Wasser.
Schwierigkeiten:	WW II–III.
Infrastruktur:	Gute Zeltplätze am See.

6,9 ▬ am Ausfluss des Vassbygdvatnet, ⬇ (60.8760,7.2640)
6,9 –0,0 §, ganzj. Befahrungsverbot. Wir erhielten eine Meldung, dass das Befahren des Aurlandselva verboten ist (Kontrollen durch die Polizei) (60.8761,7.2639)–(60.9052,7.1838)
5,1 Str-II (60.8834,7.2383)
3,3 Str-II (60.8940,7.2296)
0,0 ⇩ in den Aurlandsfjorden (60.9052,7.1836)

Jølstra

Wildfluss (Gebirgsfluss)
Mündung in Fjørdefjord

Die Jølstra ist ein interessanter, auf Teilstrecken sehr schwerer Wildfluss, Rafting.

Befahrbarkeit:	Ganzjährig reichliche Wasserführung, nicht bei HW fahren, günstige Wasserführung Juli–September.
Pegel:	II km 14.7; günstig etwa 160 - 210 cm

Schwierigkeiten: Schwere Blockschwälle und Stufen mit dazwischen liegenden ruhigen Abschnitten, einige der Stellen müssen besichtigt werden, WW IV mit Stellen WW V

24,3 Ausfluss aus dem Jølstravatnet, ⬇; verblockte Schwälle, WW IV (61.4926,6.1143);
Str-II, **N Vassenden** (61.4924,6.1135)

22,8 Stufe bei **N Myrwang**, ⚠, unbedingt vor Befahrung von der Straße aus besichtigen. re Arm einschließlich der schwierigen Einfahrt WW V+. Es besteht aber auch die Möglichkeit, in einem kleinen Kanal (alter Mühlenkanal?) li zu kneifen, ebenfalls vorher besichtigen oder li ⩯. Danach auf 3 km WW IV+ (61.4882,6.0905)

22,2 Str-II, re ⛺ PlusCamp Jølstraholmen (61.4878,6.0807)

19,8 Str-II, **Slatten**, ⚠ auf 500 m WW V (61.4738,6.0589)

19,3 Str-II (61.4716,6.0546)

18,4 Str-II, **Flatten**, ⚠. Wenn sich der Fluss kurz danach von der Straße entfernt, folgt der schwierigste Abschnitt der Jølstra, auf 600 m WW V, unbedingt besichtigen (61.4664,6.0417)

16,6 Str-II (61.4565,6.0184)

15,6 ▬ mit Wasserableitung re. Die Fahrt wird zumeist am Wehr re beendet (61.4494,6.0122);
⚠ Stakallevoss, **X**. Eine Weiterfahrt unterhalb des Falles ist möglich, sehr wuchtige Schwälle, bis WW V, bei HW gefährlich. Dieser Eintrag muss aufgrund der Wasserableitung am vorhergehenden Wehr überprüft werden (61.4492,6.0122)

15,1 re ↯, Rückkehr des abgeleiteten Wassers (61.4454,6.0093)

14,7 Str-II E13, ≣.⚠ Auf 1,5 km wuchtige Stufen, besichtigen (61.4423, 6.0077)

14,0 Am Beginn der ruhigen Strecke, li ⬆-Möglichkeit (61.4385,6.0052)

12,4 Str-II, **N Moskog** (61.4322,5.9876)

12,2 ⇩ in den See Movatnet. Für den Unterlauf liegt keine Fahrtenbeschreibung vor (61.4320,5.9837)

3,3 ⇩ der Ångeldalselva (s. Seite 291) in die Jølstra (61.4552,5.8762)

0,0 ⇩ in den Førdefjord (61.4595,5.8298)

Ångeldalselva

Wildfluss
Mündung in Jølstra bei km 3,3 (re Nebenfluss)

Die Ånga fließt durch ein landwirtschaftlich stark genutztes Tal. Sie ist auf weiten Strecken ein nur mäßig schwerer Wildfluss, bevor sie mit einigen unfahrbaren Abbrüchen in das Tal der Jølstra durchbricht.

Befahrbarkeit: Im Frühsommer und nach Regenfällen. Die Wasserführung sollte mindestens 10 m³/s betragen.

15,4 letzte Ⅱ der Talstraße, höchstmögliche ⬇. Zunächst WW III, abnehmend (61.5364,6.0532)
14,3 Str-Ⅱ (61.5320,6.0373)
13,6 Str-Ⅱ (61.5316,6.0263)
13,2 Wege-Ⅱ (61.5278,6.0232)
12,6 Str-Ⅱ (61.5242,6.0178)
11,4 Kleine Ⅱ bei **N Haugen**, ab hier auf 9 km zumeist WW II-II+ (61.5182, 6.0050)
10,9 △ auf 800 m eng verblockt, vergleichbar mit der Loisachschlucht, WW III-IV (61.5165,6.0011)
10,4 △, es folgt eine 3,5 m hohe Stufe, li ≋, von der Straße aus sichtbar, evtl. schon bei der Anfahrt ⬆ festlegen (61.5127,5.9939)
10,2 Str-Ⅱ (61.5108,5.9920)
8,5 Str-Ⅱ (61.4994,5.9760)
6,8 △,schöne Rutsche, auf 40 m ein Gefälle von 6 m, ≋. Danach wieder leicht (61.4868,5.9715)
6,7 Wege-Ⅱ (61.4860,5.9709)
4,0 Holz-Ⅱ bei Straßen-km 4,8, hier ⬆, △, es folgt eine **X** Schlucht (61.4731,5.9306)
0,0 ⇩ der Ångeldalselva in die Jølstra (s. Seite 290) bei km 3,3 (61.4552, 5.8762)

Stardalselva

Weitere Namen: Votedalselva

Wildfluss
Mündung in Bergheimsvatnet

Die Stardalselva, im Unterlauf Votedalselva genannt, fließt zunächst durch das landschaftlich stark genutzte Stardalen. Sie ist in diesem Bereich ein landschaftlich hervorragend schöner, sehr abwechslungsreicher und z.T. extrem schwerer Wildfluss.

Befahrbarkeit: Ganzjährig, da Ursprung aus dem größten Gletscher des europäischen Festlandes, dem Jostedalsbreen.
Umwelt: Das Wasser ist sehr sauber, eiskalt.
Schwierigkeiten: Zahmwasser - WW VI
Infrastruktur: Zeltmöglichkeit wegen der starken landwirtschaftlichen Nutzung schlecht, unbedingt um Erlaubnis fragen.

25,1 Stein-Ⅱ bei **Fonn** oberste ⬇; Ende der Straße; interessant könnte eine Wanderung zum Gletscher sein. Zunächst Fließstrecke mit leich-

ter Wellenbildung in herrlichem Hochtal (61.6036,6.7464)
23,3 re ⇩ des starken Nebenbaches Driva (61.6129,6.7208)
19,7 Str-II, danach kleine künstliche ■-Stufe, gut ≈ (61.6149,6.6608)
18,5 re ⇩ der Veitebergselva mit reichlich Wasser (61.6170,6.6409)
17,1 Str-II, ⚠ Beginn einer 1 km langen WW-Strecke WW III-IV (61.6105, 6.6200)
16,7 Weiterhin kräftige Schwälle, allmählich nachlassend
16,1 Markante re-Kurve, die Straße ist direkt am Fluss, ⚠, hier unbedingt ⬆. Es folgt um die nächste Kurve eine absolut X Steilzone (61.6081, 6.6040)
15,7 ⚠, Beginn der Steilzone, mühsames ⏢ re über Bergflanke möglich; besser vorher ⬆ und umfahren (61.6114,6.6023)
15,1 Mögliche ⬇ für den folgenden Extremabschnitt, auf 1 km WW V-VI, bei höherem Wasserstand wird der gesamte Abschnitt völlig X
14,0 Nachlassen der Schwierigkeiten; ⬇ über eine Wiese. Es folgt noch ein schwieriger Schwall
13,6 ⚠, schwieriger Schwall direkt unter der II, WW IV. Ab hier wechseln sich Fließstrecken ab mit stark verblockten Stellen bis WW IV (61.6064,6.5701)
12,7 ⚠, schwierige Engstelle bis WW IV, danach wieder leicht bzw. Fließstrecke
10,7 der Bach nähert sich der Straße E39, kleine Schwälle, danach wieder Fließstrecke (61.6160,6.5309)
9,2 Str-II E39 (61.6294,6.5254)
8,5 Str-II, auf 200 m leichtes Wildwasser, danach re gute ⛺-Möglichkeit und Zugang zum Fluss (61.6348,6.5222)
5,4 ⚠, schwieriger Katarakt WW V, gleich danach weitere schwierige Stelle WW IV; ⏢ jeweils gut möglich (61.6599,6.5153)
3,9 ab hier wieder Fließstrecke (61.6720,6.5176)
1,9 ⚠ Beginn von leichtem Wildwasser, das sich sehr schnell bis zur absoluten Unbefahrbarkeit steigert. rechtzeitig li ⬆ und auf dem Feldweg 200 m weit ⏢. Die Folgestrecke ist Zahmwasser (61.6896, 6.5207)
1,3 ■ mit Wasserableitung, es ist wahrscheinlich sinnvoll, die Fahrt zu beenden, li ⬆ (61.6942,6.5220)
0,0 ⇩ in den Bergheimsvatnet (61.7051,6.5266)

Stryneelva

Wildfluss
Mündung in Innvikfjorden (Teil des Nordfjords)

Die Stryneelva ist auf kurzer Strecke ein schwerer Wildfluss, anschließend Zahmwasser.

Befahrbarkeit: Ganzjährig.

Umwelt: Wasser sehr sauber.

10,3 Ausfluss aus dem See Nedrefloen (61.9272,6.8477)

10,1 ⬇ am Ausfluss aus dem See bei einer Ⅱ, △, unter der Ⅱ hängt ein Fangnetz. Die folgenden 400 m sind WW IV, re fahren (61.9271, 6.8428)

9,1 Nachlassen der Schwierigkeiten, WW I und Zahmwasser bis zum Fjord

7,7 Str-Ⅱ (61.9186,6.8060)

4,9 Str-Ⅱ (61.9133,6.7769)

0,5 Str-Ⅱ, **N Stryn** (61.9019,6.7229)

0,2 Str-Ⅱ 60, hier ⬆ (61.9018,6.7172)

0,0 ⇩ in den Innvikfjorden (61.9019,6.7136)

Kvita

Weitere Namen: Horningsdalelva

Wildfluss

Mündung in Hornindalsvatn bei Grodas

Die Kvita ist ein schwerer, nur auf kurzer Strecke fahrbarer Wildfluss.

Fahrtstrecke: ⬇ bei Ⅱ der Abzweigung von der Straße Nr. 60 nach Seljeset. Zunächst auf etwa 2 km verhältnismäßig leicht, mit 2 Stellen bis WW IV. Danach wird der Fluss enger, WW IV bis VI, 2 Stellen sind **X**. Die erste unfahrbare ist ein 7 m hoher Wasserfall, re ⏏; die 2. unfahrbare kommt nach einer über die ganze Flussbreite gehenden Walze, der Fluss verschwindet in einer absolut **X** kurzen Klamm, etwa 4 km nach dem ⬇. ⬆ nach insgesamt etwa 5 km bei der Ⅱ der Straße Nr. 60 bei Hof Tomasgard. Die Folgestrecke bis zum See ist anfangs **X**.

9,8 Str-Ⅱ 726 (61.9989,6.6407)

3,7 Str-Ⅱ 60 (61.9891,6.5358)

2,4 Str-Ⅱ E39 (61.9868,6.5142)

0,0 Mündung der Kvita in den Hornindalsvatn bei Grodas (61.9697, 6.5187)

Valldalselva

Wildfluss (Gebirgsfluss)

Mündung in Norddalsfjord bei Sylte

Von der Valldalselva ist die Befahrung von 2 Etappen mit unterschiedlichen Merkmalen bekannt.

1. Etappe:
Befahrbarkeit: Juni bis Juli, später nur nach ergiebigen Regenfällen
Gefälle: 24 ‰
Schwierigkeiten: auf den ersten Kilometern WW II-III, dann Anstieg auf WW IV. Lange eigenartige Rutschen und Kanäle machen die Befahrung zu einem unvergesslichen Erlebnis. Jemand hat den Valldalselva als den Eiskanal des Nordens bezeichnet. Nach dieser 4 km langen Kernstrecke wieder einfacher, WW II. Kurz nach einer Str-Ⅱ eine Stufe mit starkem Rücklauf, WW IV-V.
Fahrtstrecke: ⬇ bei Nedestolen unterhalb von Abbrüchen, **X**. Die Straße dorthin ist neuerdings gesperrt, man muss die Boote etwa 1 km weit tragen. Man kann daher die Fahrt auch schon am Beginn der Sperrstrecke bei einem ⛺ beginnen. ⬆ nach guten 7 km bei einer zerstörten Ⅱ, an der die Straße in Sichtweite verläuft. Es folgen die unbefahrbaren Schluchten von Gronning

2. Etappe:
Befahrbarkeit: ganzjährig
Schwierigkeiten: WW I-II, 3 Stellen WW III, bei HW bis WW IV
Fahrtstrecke: ⬇ Ⅱ bei Hol unterhalb eines hohen Wasserfalles, ⬆ nach etwa 10 km bei Valldal im Norddalsfjord. Auf dieser Strecke wird geraftet.
Kilometrierung: Es war nicht möglich, die karge Beschreibung im Kartenmaterial nachzuvollziehen. Die Beschreibung ist deshalb mehr eine Anleitung zum Entdecken.

10,9 Str-Ⅱ 63 Hoelsbrua (62.3370,7.3882)
0,0 ⇩ der Valldalselva in den Norddalsfjord bei **N Sylte** (62.2965,7.2595)

Måna

Wildfluss
Mündung in Romsdalsfjord

Der Måna ist ein interessanter Wildfluss in einsamer, landschaftlich reizvoller Gegend.
Fahrtstrecke: ⬇ bei Venas, zu erreichen über die E69 Åndalsnes–Alesund, bei Mandalen nach Süden in das Mandalen abbiegen. Der letzte Abschnitt vor der Mündung wurde grob begradigt, daher hier nicht mehr, wie früher beschrieben, ein interessanter Katarakt, sondern nur noch eine Schwallstrecke und Grundschwellen, WW II. Beendigung der Fahrt bei der Ⅱ in Mandalen unmittelbar vor der Mündung, hier 🅿. Insgesamt etwa 6 km, WW III.
Befahrbarkeit: wahrscheinlich ganzjährig.
Wasserführung im Sommer etwa 20 m³/s.

6,0 StrⅡ **N Venas**, ⬇ (62.5086,7.3562)

0,2 Str-Ⅱ F136, ⬆, Måna-🚐 (62.5371,7.4303)
0,0 ⇩ der Måna in den Romsdalsfjord (62.5385,7.4387)

Rauma

Wildfluss (Gebirgsfluss)
Mündung in Romsdalsfjord bei Åndalsnes

Die Rauma, Ursprung am Digerkampen in etwa 1 800 m Höhe, fließt durch das landschaftlich hervorragend schöne Romsdal, ein enges Tal zwischen Bergen, die bis zu 1800 m hoch aufragen. Als Wildwasser ist die Rauma ein Fluss, bei dem völlig ruhige Strecken abwechseln mit kurzen, sehr schweren, stark verblockten Fossen.

Befahrbarkeit:	Wahrscheinlich ganzjährig; die Rauma gehört allerdings zu den Lachsgewässern.
Schwierigkeiten:	oberhalb km 50 WW IV und V (VI) km 21–0,7 WW I mit Stellen WW V und IV

55,6 re **Björli**, mögliche ⬇ etwa 1 km oberhalb der Ortschaft. Die folgende Strecke gehört zu den schönsten und spektakulärsten Wildwassern Norwegens. Herausragend ist der extreme Wechsel zwischen Fließstrecken und tollen Wasserfallkombinationen, WW IV und V, bei HW bis WW VI. Alle Stellen sind sauber, evtl. ⏢ jeweils gut möglich (62.2582,8.1992)
54,6 EB-Ⅱ (62.2610,8.1919)
53,5 Ⅱ (62.2646,8.1801)
50,0 Str-Ⅱ ins Bröstdalen (zur Ulvåa), ⬆, ⚠, danach **X**.
Die Folgestrecke bis km 21 wurde nur besichtigt. Sie ist hier ebenfalls ein interessantes Wildwasser, mehrfach unterbrochen von gestauten Abschnitten und **X** Wasserfällen (62.2837,8.1394)
48,5 li ⇩ der Ulvåa (s. Seite 297) in die Rauma (62.2923,8.1238)
21,0 Ⅱ, **Marstein**, ⬇ (62.4456,7.8323)
18,8 EB-Ⅱ (62.4613,7.8108)
16,5 ⚠ Flussenge mit schwerem, stark verblocktem Abfall, WW V, evtl. re 200 m weit ⏢ (62.4746,7.7808)
15,8 EB-Ⅱ mit Stromschnelle (62.4766,7.7688)
14,3 ⚠ Storfossen, WW V, quer liegende Bäume. Falls ⏢, wieder-⬇ beim 🚐 oder umfahren mit Pkw bis km 12,8. Privatwege vermeiden, da dabei Schwierigkeiten mit den Lachsanglern (62.4854,7.7541)
13,2 re 🚐 (62.4937,7.7546)
12,8 Mögliche ⬇ für die Weiterfahrt (62.4950,7.7545)
11,3 S-Kurve, auf 1 km schöne Stromschnelle mit enger Durchfahrt, WW III. Danach Nachlassen der Schwierigkeiten

7,4 Str-Ⅱ (62.5327,7.7368)
3,1 li ⇩ Istra (62.5438,7.7010)
2,1 Ⅱ, li ⛺ Åndalsnes (62.5527,7.7055)
0,7 Str-Ⅱ **Åndalsnes**, ab hier Tideneinfluss (62.5569,7.6816)
0,0 ⇩ der Rauma in den Romsdalsfjord (62.5575,7.6688)

Ulvåa

Wildfluss
Mündung in Rauma bei km 48,5 (li Nebenfluss)

Die Ulvåa ist ein interessanter, auf kurzen Abschnitten sehr schwerer Wildfluss in einem landschaftlich sehr eindrucksvollen Hochtal.

Befahrbarkeit: Im Prinzip ganzjährig; bei HW dürften die beiden Extremstrecken unfahrbar werden. Wasserführung: Im Sommer zwischen 40 - 50 m³/s.

16,3 Ursprung als Ausfluss des Ulvadalsvatnet (62.2460,7.9125)
14,9 **N Tunga**, 🅿, Ⅱ, mögliche ⬇. ⚠, unter der Ⅱ Katarakt, WW IV+. Es folgt auf 2 km sehr schönes WW II (62.2443,7.9401)
13,8 re ⇩ der Puttåa (s. Seite 297) in die Ulvåa (62.2438,7.9585)
12,4 ⚠, in einer langgezogenen Blockstrecke nimmt das Gefälle plötzlich enorm zu. Es folgt auf 300 m ein langer Katarakt mit immensem Gefälle, WW V+, ⏏ beidseits gut möglich. Mögliche ⬆ etwa 100 m vor einer kleinen Fußgänger-Ⅱ, schon bei der Anfahrt festlegen (62.2499,7.9815)
11,9 Ⅱ bei **Kabben**, weitere mögliche ⬇ (62.2527,7.9882)
6,9 ⚠, nach einem langen ruhigen Stück folgt unvermutet ein gewaltiger Katarakt, WW V, herrlich zu befahren, re ⏏ gut möglich. Besichtigung bei der Anfahrt
6,0 Ⅱ bei **Bröset**, gute ⬆. Eine Weiterfahrt bis zur ⇩ ist nicht möglich, kurze Teilstrecken könnten evtl. ≋ sein (62.2700,8.0612)
0,0 ⇩ der Ulvåa in die Rauma (s. Seite 296) bei km 48,5 (62.2923,8.1238)

Puttåa

Wildfluss
Mündung in Ulvåa bei km 13,8 (re Nebenfluss)

Der Puttåa wird von den Befahrern als "Wildwasserschmankerl" bezeichnet; er hat allerdings den Nachteil, dass er mit dem Pkw nicht zu erreichen ist.

Fahrtstrecke: Die Boote müssen zur ⬇ getragen werden. Man folgt dazu vom Straßenende (🅿 Tungaseter) dem Weg über die Ⅱ, später dem rot markierten Wanderweg auf der orographisch li Seite des Flusses. Nach etwa 4 km (1 1/2 Stunden) erreicht man einen kleinen See, kurz oberhalb eine kurze Klamm mit

Wasserfall, ⬇ direkt darunter. Schöne Schwallstrecken wechseln ab mit Stufen und Rutschen, WW III-IV+. Besonders markant sind ein wuchtiger Katarakt mit Unterspülung am Ausgang, WW V, sowie die Stufen oberhalb und unterhalb der Ⅱ von Tungaseter, WW IV+. Die Fahrt wird nach insgesamt etwa 4,5 km in Tunga beendet oder auf der Ulvåa fortgeführt.

Befahrbarkeit: Wahrscheinlich bis in den Sommer.
Schwierigkeiten: Stark wechselnd, WW II bis WW V.

0,0 ⇩ der Puttåa in die Ulvåa (s. Seite 297) bei km 13,8 (62.2438,7.9585)

Eira

Weitere Namen: Aura

Wildfluss
Mündung in Eresfjord

Aura und Eira, Wildwasser wechselnder Schwierigkeiten, gestatten eine durchgehende Befahrung. Sie werden daher auch in durchgehender Kilometrierung beschrieben. Allerdings liegen im Verlauf der Flüsse längere See-Strecken. Sie sind landschaftlich hervorragend schön zwischen Bergen, die bis zu 1800 m hoch aus den Seen ansteigen. Besonders sehenswert der Mardalsfossen, mit 500 m Abfall der höchste Wasserfall Europas. Infolge Wasserableitung ist er allerdings nur noch für Touristen in der Zeit vom 20.06.–20.08. "in Betrieb", in der übrigen Zeit wird sein Wasser total zur Rauma abgeleitet.

39,0 Bei ausreichender Wasserabgabe bzw. durch Zuschuss aus Nebenbächen mögliche ⬇ in **N Finnset** an einer kleinen Ⅱ, bevor die Mautstraße zum Pass hinaufgeht. ⚠ Direkt unter der Ⅱ Engstelle, **X**, danach auf 3 km WW II-III, die Straße verläuft in der Nähe des Flusses (62.4205,8.3194)

38,8 Str-Ⅱ (62.4217,8.3188)

33,6 ⇩ in den See Lillevatnet, einen traumhaft schönen Bergsee (62.4548, 8.2608)

31,8 Ausfluss aus dem See Lillevatnet. ⚠, es folgen auf 3 km WW IV (V–IV). Bei der Anfahrt besichtigen. Die Zufahrt zu einer Schießbahn (Skytebane) führt zu einer Brücke. Auf einem Fußweg entlang dem re Ufer flussaufwärts können die Schwierigkeiten besichtigt werden (62.4587,8.2269)

27,9 Str-Ⅱ, **N Eikesdal**, ⛺ (62.4785,8.1810)

27,4 ⇩ in den See Eikesdalsvatnet. Es gibt jetzt eine am Ostufer verlaufende Straße von Överas nach Eikesdal (62.4786,8.1734)

25,5 Am W-Ufer Mardalen, sehr schöne Wanderung etwa 2 Stunden zum Mardalsfossen (62.4862,8.1638)

10,0 ⛺ Meridal Camping am Ostufer, Hüttenvermietung (62.6247,8.1201)

9,3 **N Överås**, ⚔, Straßenverbindung von Nauste her, 1 km West (62.6252,8.1160)
8,1 Str-Ⅱ, See-Ausfluss, Flussname ab hier "Eira" (62.6317,8.1021)
7,0 S-Kurve, WW II, sonst durchweg WW I (62.6415,8.1038)
4,1 Str-Ⅱ, li **N Eresfjord** (62.6608,8.1124)
1,0 Str-Ⅱ 660, Eira-Camping (62.6798,8.1228)
0,0 li **N Nauste**, ⇩ in Eresfjord, Seitenfjord des Langfjord, die Fahrt kann hier beendet oder auf dem Eresfjord und dem anschließenden Langfjord beliebig weit fortgesetzt werden, z. B. 10 km bis Eidsvåg (62.6850,8.1298)

Usma

Wildfluss
Mündung in Sunndalsfjorden (Südufer)

Die Usma, in älteren Beschreibungen Öksena genannt, verläuft als interessanter Wildfluss durch das landschaftlich sehr schöne Öksendalen; es ist landwirtschaftlich stark genutzt.

Befahrbarkeit: Bis Ende Juli.
Infrastruktur: Keine Zeltmöglichkeiten.

12,0 Beton-Ⅱ am Talende bei Brandstad, oberste mögliche ⬇. WW II-III (62.6340,8.2981)
11,1 Wege-Ⅱ, li nach **N Egnan** (62.6398,8.3123)
8,5 Kleine Ⅱ, ⚠ davor und danach WW IV. Um die nächste Kurve folgen die Extremstellen des Flusses, eine Wasserfallkombination, unbedingt ansehen, am besten schon bei der Anfahrt, WW V–VI, bei HW **X** (62.6604,8.3564)
8,2 Ⅱ und ⇩ eines Nebenbaches; von dieser Ⅱ aus kann man den Ausgang der Extremstellen einsehen. Ab hier wieder leichter, WW II-III. Es folgen bis zur ⇩ einige kleine künstliche Stufen, alle ≈ (62.6622,8.3576)
7,2 Wege-Ⅱ (62.6681,8.3699)
5,7 Wege-Ⅱ (62.6754,8.3933)
3,2 Wege-Ⅱ (62.6945,8.4205)
1,9 Wege-Ⅱ (62.7054,8.4240)
0,4 Str-Ⅱ (62.7171,8.4208)
0,0 ⇩ der Usma in den Sunndalsfjorden (62.7207,8.4202)

Litjdalselva

Wildfluss
Mündung in Sunndalsfjord

Der Litjdalselva bezieht seine Wasser aus einer Reihe von Seen, die auf einem landschaftlich hervorragend schönen Hochplateau liegen. Es lohnt sich, vor der Befahrung des Flusses zu diesen Seen hinaufzufahren.
Nach Ausfluss aus den Seen stürzt der Litjdalselva zunächst über unfahrbare Steilzonen zu Tal. Aber auch in seinem fahrbaren Teil ist er immer noch landschaftlich sehr bemerkenswert, zwischen senkrecht bis zu 1800 m Höhe ansteigenden Felswänden.
Die Felswand des Store Kalkjin, 1880 m hoch, soll immer noch nicht bezwungen sein.
Der Litjdalselva ist in diesem engen Tal ein zwar nur kurzer, doch recht interessanter Wildbach.

Befahrbarkeit:	Frühjahr und nach Regenfällen.
Umwelt:	Wasser sehr sauber.
Pegel:	Als Hilfspegel bietet sich die Holz-Ⅱ bei Straßen-km 3,5. Der Mittelpfeiler steht auf einem Betonsockel. Gutes MW findet sich, wenn dieser Sockel etwa 20 cm aus dem Wasser ragt (entspricht etwa 25-30 m³/s).

9,6	Ausfluss aus See Dalavatnet (62.5985,8.5226)
6,9	Ende der Wasserfälle, ⚠, mögliche ⬇ je nach Können und Wasserstand etwa 500 m oberhalb Linset, WW VI, abnehmend
6,5	Str-Ⅱ (62.6229,8.5306)
6,4	**N Linset**, empfohlene ⬇, ⚠, ab hier WW IV, erhebliche Verblockung, je nach Wasserstand mäßige Wasserwucht, auf 1 km WW IV. Danach abnehmend, zumeist WW II, im Bereich eines Steinbruches bis WW IV, am Beginn der Ortschaft Aura kräftiger Schwall, WW III
6,2	Wege-Ⅱ (62.6253,8.5303)
6,1	Str-Ⅱ (62.6260,8.5300)
4,2	Wege-Ⅱ (62.6427,8.5330)
3,4	Wege-Ⅱ (62.6488,8.5328)
2,0	Wege-Ⅱ (62.6590,8.5292)
1,3	Str-Ⅱ (62.6653,8.5297)
0,8	li ⇩ eines ↯-Kanals. Es ist nicht bekannt, in wieweit der Kraftwerksbetrieb sich auf die Wasserführung der Litjdalselva auswirkt (62.6693, 8.5253)
0,7	Ⅱ Straße Nr. 62, gute ⬆ (62.6696,8.5254)
0,0	⇩ in Sunndalsfjord bei **N Sunndalsøra**, nur wenig westlich von der ⇩ der Driva (62.6758,8.5231)

Driva

Wildfluss (Gebirgsfluss)

Mündung in Sunndalsfjord

Die Driva ist mit einer für eine Befahrung in Frage kommenden Länge von 119 km einer der größten Wildflüsse Norwegens. Sie ist landschaftlich hervorragend schön, z.T. Verlauf durch enge Schluchten. Sie ist fast durchgehend als schwerer bis sehr schwerer Wildfluss befahrbar; nur kurze Teilstrecken sind leicht.

Befahrbarkeit:	Am besten nach Beendigung der Schneeschmelze, also etwa ab Mitte Juli. Bei höheren Wasserständen nehmen die Schwierigkeiten erheblich zu bis zur Unbefahrbarkeit.
Pegel:	Km 44,3 am li Ufer günstig für Oberlauf 2,5 m; für die Schluchtstrecken ab Opdal günstig 2,2 m; ein Pegel von 2,5 m bedeutet für die Schluchtstrecken extreme Schwierigkeiten.
Schwierigkeiten:	Stark wechselnd; sie sind dem Text zu entnehmen. Es sei ausdrücklich darauf aufmerksam gemacht, dass die Schwierigkeitsangaben von verschiedenen Befahrern bei unterschiedlichen Wasserständen stammen, wobei zuverlässige Pegelangaben fehlen. Die WW-Werte können daher nur einen ungefähren Anhalt geben. Sie sind für die einzelnen Teilstrecken kaum vergleichbar.

119,3 ⬇-Möglichkeit, bei ausreichender Schüttung Befahrung ab hier möglich, WW III, ⚠ Grundberührungen (62.2560,9.5457)

117,7 EB-Ⅱ (62.2651,9.5663)

115,4 Wege-Ⅱ (62.2780,9.5883)

112,9 li ⇩ der Strapla in die Driva (62.2950,9.5934)

111,9 Fußg-Ⅱ (62.3015,9.6019)

111,1 Str-Ⅱ, ⬇-Möglichkeit, li 🏠 Kongsvoll, beliebter Ausgangspunkt für Wanderungen. Durch Zufluss von Seitenbächen ist ab hier fast immer eine Befahrung gut möglich. Zumeist WW IV (62.3069,9.6077)

109,6 ⚠ Katarakt, WW V (E6, Straßen-km 7,2) (62.3184,9.6197)

107,6 ⚠ Doppel-Stufe, WW V (E6, Straßen-km 9,2), unbedingt vor evtl. Befahrung besichtigen, gefährliche Ausfahrt. Die Stellen sind von der Straße aus einzusehen und können gut ⌂ werden

104,5 Das Gefälle lässt nach, WW I-II

102,6 Wege-Ⅱ (62.3751,9.6379)

101,3 ⚠, schwieriger Katarakt, von der Straße E6(km 15) gut einzusehen

100,0 Landschaftlicher Höhepunkt dieser Strecke ist ein 1,5 km langer klammartiger Durchbruch mit schönen Schwällen, WW III+

98,2 EB-Ⅱ (62.4130,9.6349)

96,2 Beton-Ⅱ, ⚠ darunter sehr schwere, hohe Stufe, WW V-VI, rechtzeitig davor ⬆; die Stufe geht in eine Klamm über, absolut **X**. Sie mündet in

einen Siphon. re ⏏ möglich (62.4273,9.6164)
95,7 Gumpen am Ende der Klamm, ↓ für die Weiterfahrt mit Alpinstart
95,5 4 m hohe Stufe, WW VI, re ↓ mit Alpinstart
95,4 6 m hoher Wasserfall, li ⏏, schwierig. Auf 300 m See-artig mit Stellen WW IV
95,2 re-Kurve mit großer Kiesbank, li in kleinem Kehrwasser ↑. Die folgende landschaftlich einmalige Honka-Schluchte ist von der Straße nicht einzusehen, mit mehreren Wasserfällen, **X**. ⏏ mühsam durch Gestrüpp und über Wiesen
91,1 Str-Ⅱ (62.4606,9.5709)
89,0 li ⇩ der Amotselva in die Driva (62.4783,9.5741)
88,0 Str-Ⅱ (62.4861,9.5817)
86,5 Eisen-Ⅱ, hier wieder ↓. Ab hier deutlich leichter, WW II-III+ (62.4984, 9.5875)
84,4 △ Flussteilung: der li Hauptarm führt zu 2 hohen Stufen, WW VI–**X**. Unbedingt den re Arm fahren (alter Mühlkanal). Am Ende ▬, **X**, ⏏, Str-Ⅱ. Danach auf 300 m sehr schwerer Katarakt, WW IV-VI (62.5113,9.5938)
82,4 li ⇩ eines Baches (62.5288,9.5974)
82,3 △ Str-Ⅱ, darunter Stufe mit Schwall, WW IV+. Anschließend etwas leichter. Das Tal weitet sich, das Gefälle nimmt ab (62.5295,9.5990)
81,0 Wege-Ⅱ (62.5381,9.6138)
80,8 re ⇩ der Vinstra (62.5396,9.6149)
79,5 re Grammo-⛺ (62.5484,9.6273)
75,9 Str-Ⅱ bei der Schule von Oppdal "Vollan Skole". Beginn der unteren Schluchten (62.5762,9.6364)
74,2 Str-Ⅱ. △, weiterhin meist WW IV (62.5893,9.6363)
68,5 △, die hier folgende sehr schwere Stelle ist vorher schlecht zu erkennen. Sie hat re einen 1,8 m hohen Abfall mit lebensgefährlichem Tosbecken; li extreme Verblockung, starkes Gefälle und Wasserwucht, WW V+; re ⏏ dringend empfohlen
61,0 Str-Ⅱ (62.5919,9.4332)
58,7 △, nach längeren Flachwasserstrecken auf 1 km Länge einige schwierige Stufen
57,8 △, Str-Ⅱ bei **N Ishol**, an der Abzweigung von der Straße 70 befinden sich Wegweiser nach Vikaseter und Dindalshytta; wuchtiger Katarakt, der in eine unterspülte Engstelle übergeht, WW V, ⏏ re anzuraten. Die Stelle kann von der Ⅱ aus schon bei der Anfahrt gut eingesehen werden. Nach der Ⅱ folgt auf einer Strecke von 13 km ein sehr schwerer Abschnitt mit wuchtigen Blockschwällen und Stufen, z. T. in engen Felsschluchten (Graura-Schlucht), WW V. Landschaftlich her-

vorragend schön. Ein Abbruch der Fahrt ist im Schluchtbereich praktisch unmöglich. Im unteren Drittel der Schlucht befindet sich bei einem sehr großen Stein eine Stufe als Zwangspassage mit Rücklauf und Unterspülung. Das Wasser li vom großen Stein geht in einen Siphon, **X**. Unbedingt rechtzeitig li ⬆ und besichtigen. Eine Einsicht in die Schlucht ist von der hoch darüber verlaufenden Straße gut möglich (62.5750,9.3875)

54,8 re ⇩ der Vinndøla (Driva) (s. Seite 304) in die Driva (62.5794,9.3334)

44,3 Ende der Schlucht, li Pegelhäuschen

44,2 Str-Ⅱ 70 (62.5731,9.1470)

43,7 re einfacher ⛺, gut geeignet als Standplatz für Befahrungen von Driva und Grøvu. Die folgenden 18 km sind landschaftlich sehr schön, mit steil aufragenden Felswänden, dabei nur mäßig schwer, meist WW I, mit Stellen bis WW III (62.5732,9.1398)

41,3 Str-Ⅱ 70 (62.5574,9.1130)

39,1 Str-Ⅱ (62.5449,9.1097)

38,2 li ⇩ der Grøvu (s. Seite 304) in die Driva (62.5495,9.0992)

34,5 Str-Ⅱ 70 Bjørbekk Brua (62.5688,9.0562)

32,5 Eisen-Ⅱ (62.5822,9.0315)

29,2 der Fluss geht ganz auf die re Talseite, auf 400 m WW II+/III

26,7 Str-Ⅱ, **N Romfo**, ⚠, Zunahme der Schwierigkeiten, bei HW hier ⬆ (62.6009,8.9428)

26,5 Str-Ⅱ E 70 (62.6014,8.9388)

26,0 ⚠, auf gut 1 km Bergsturzgebiet; Blockstrecke mit Stufen und z. T. engen Durchfahrten, unterspülte Felswände. Die Schwierigkeiten dieser Strecke sind stark wasserstandsabhängig: bei NW (Pegel 210) WW IV, vergleichbar mit der Loisachschlucht, bei MW WW V, bei HW extrem schwer. Es sollte dann bei km 27,2 die Fahrt unterbrochen werden

23,6 re ⛺ Myren, Nachlassen der Schwierigkeiten (62.6173,8.9022)

22,7 re ↯ Fale, nach 200 m Hänge-Ⅱ. Mögliche ⬆⬇ (62.6224,8.8891)

19,9 Str-Ⅱ 70, ⚠, S-Kurve mit schwieriger Ausfahrt, bei höheren Wasserständen Monsterwalze, kann ganz li umfahren werden, WW IV (62.6321,8.8419)

15,0 ⚠ Lawinengalerie der Straße, Beginn einer 1 km langen Gefällestrecke mit z.T. erheblicher Verblockung und Wasserwucht, WW IV. Der 1. Teil dieser Strecke kann gut von der Straße aus eingesehen werden (62.6415,8.7617)

12,8 Str-Ⅱ, li **Grøa**, gute ⬆⬇. Ab hier bis ⇩ WW III, abnehmend WW II u. I (62.6462,8.7217)

11,1 Str-Ⅱ 70 (62.6484,8.6933)

6,2 Str-Π (62.6618,8.6208)
0,8 Str-Π 62, **N Sunndalsøra** (62.6736,8.5565)
0,0 ⇩ der Driva in den Sunndalsfjord bei **N Sunndalsøra** (62.6763, 8.5436)

Vinndøla (Driva)

Wildfluss
Mündung in Driva bei km 54,8 (re Nebenfluss)

Die Vinndøla (nicht zu verwechseln mit dem Fluss gleichen Namens, der in die Surna mündet) ist ein kurzer nur mäßig schwerer Wildbach in einem landschaftlich hervorragend schönen Hochtal mit einigen Seen. In ihrem Unterlauf fällt sie über sehenswerte Wasserfälle in das Tal der Driva.
Fahrtstrecke: ⬇ bei der Π am Ausfluss aus dem 3. See (Straße zwischen Haugen und Steinbueg). ⬆ nach etwa 5 km vor einem Bauernhof vor den unfahrbaren Wasserfällen.
Anmerkung der Redaktion: Laut Luftbild hat es den Anschein, dass an der genannten Einsetzstelle der größte Teil des Wassers abgeleitet wird und somit eine Befahrung nicht mehr möglich ist.
Befahrbarkeit: bis Ende Juni.
Schwierigkeiten: WW II-III
Infrastruktur: Zahlreiche schöne Zeltmöglichkeiten am Fluss.

12,2 Ausfluss aus dem See Dalsvatnet (62.6613,9.2642)
11,9 ▬ mit li Wasserableitung (62.6598,9.2687)
11,6 Str-Π (62.6583,9.2727)
8,7 ▬ (62.6413,9.2966)
8,0 Wege-Π (62.6349,9.2985)
6,5 Str-Π (62.6248,9.3055)
0,0 ⇩ der Vinndøla (Driva) in die Driva (s. Seite 300) bei km 54,8 (62.5794,9.3334)

Grøvu

Wildfluss
Mündung in Driva bei km 38,2 (li Nebenfluss)

Der Grøvu, landschaftlich hervorragend schön in einem steilen Engtal, ist ein zwar nur kurzer, jedoch sehr schwerer und überaus interessanter Wildfluss.
Befahrbarkeit: Mitte Juni - Ende August. Bei HW (meist im Mai) wird die Grenze des Möglichen schnell erreicht, im Spätsommer Wasserstand vielfach zu niedrig.
Pegel: 1 km unterhalb Myra am re Ufer; NW = 190 cm; günstig = MW 200 - 220 cm; HW über 250 cm.

Schwierigkeiten: Bei MW WW IV mit Stellen WW V.

5,8 re ⇩ der Reppa (62.5084,9.0588)
5,7 li ⇩ der Grødøla (s. Seite 305) in die Grøvu (62.5094,9.0590); Oberhalb mehrere, über 100 m hohe Wasserfälle, ⬇ gegenüber einem hohen Wasserfall; man muss dazu bei **N Jenstad** die Boote etwa 200 m weit in die Schlucht tragen (62.5093,9.0599)
5,6 ⚠ Stufe am Schluchteingang, schon vor Fahrtantritt besichtigen
5,5 ⚠, schwerste Stelle des Grøvu im Bereich einer li-Kurve, WW V, unbedingt besichtigen (62.5110,9.0626)
3,7 Ⅱ, **Myr**, weitere mögliche ⬇, ab hier Pkw-Begleitung möglich. ⚠, auf 3 km WW IV (62.5241,9.0745)
2,7 re ≣
1,6 Ⅱ, mögliche ⬆, ab hier leichter, WW III (62.5365,9.0979)
0,0 ⇩ der Grøvu in die Driva (s. Seite 300) bei km 38,2 (62.5495,9.0992)

Grødøla

Wildfluss
Mündung in Grøvu bei km 5,7 (li Nebenfluss)

Es lohnt sich, in das Tal der Grødøla hochzufahren und ihre beeindruckenden Wasserfälle zu bestaunen. Es gibt in dem Tal auch sehr schöne Zeltplätze. Wenn man aber schon in diesem Hochtal ist, kann man auch einen kurzen Abschnitt des Flusses befahren.
⬇: nach den Wasserfällen, die aus einem See kommen.
⬆: nach etwa 2 km, WW II-III, in Höhe einiger Bauernhöfe, vor weiteren unfahrbaren Wasserfällen. Die ganze Strecke ist von der begleitenden Straße gut einzusehen.

Kilometrierung: Aufgrund der spärlichen Angaben konnte keine Kilometrierung gefertigt werden.

0,0 ⇩ der Grødøla in die Grøvu (s. Seite 304) bei km 5,7 (62.5094, 9.0590)

Ålvundelva

Wildfluss
Mündung in Alvundsfjorden

Die Ålvundelva ist in ihrem für eine Befahrung in Frage kommenden Unterlauf ein Wildfluss mit stark wechselnden Schwierigkeiten; Fließstrecken mit nur mäßig schwerem Wildwasser wechseln ab mit schweren Katarakten und Wasserfällen, die mühsam umtragen werden müssen. Insgesamt gesehen ein sehr mühsamer Fluss. Die Ålvundelva wird von einem neueren Befahrer als "absolut nicht lohnend" abqualifiziert.

Befahrbarkeit: bis Ende Juli, evtl. auch später.
Schwierigkeiten: WW I–VI–X.
Infrastruktur: Schöne Zeltplätze am Fluss, ⛟ Alvundeid.

25,3 Ende der Straße Viromdalsvegen, 🅿, oberste mögliche ⬇, **N Nerdal**. ⚠, es folgt der schwerste Teil der Ålvundelva (62.7352,8.7059)
21,9 Str-Ⅱ Viromdalsvegen (62.7448,8.6619)
19,7 Ⅱ bei Dalsbøen, weitere mögliche ⬇, ab hier leichter (62.7516, 8.6369)
16,9 Wege-Ⅱ (62.7614,8.5925)
16,0 ⚠ Durchbruchsstrecke, auf 300 m Verblockung und Wasserwucht, WW III+
13,5 Str-Ⅱ, li **N Alvundeid** (62.7665,8.5388)
11,9 Wege-Ⅱ (62.7776,8.5339)
11,1 Str-Ⅱ 70, re **N Nedre Haugan** (62.7762,8.5252)
7,0 Wege-Ⅱ, ⚠, darunter Verblockung, ansehen (62.7983,8.4981)
1,9 ▬ mit re Wasserableitung oberhalb Ålvundfoss direkt an der Hauptstraße. Der 85 m hohe Fall ist ⌘. Hier ⬆ (62.8282,8.5268)
0,0 ⇩der Ålvunda in den Ålvundfjorden, **N Ålvundelva**, schöner ⛟ direkt am Fjord (62.8411,8.5122)

Todalselva

Wildfluss (Gebirgsfluss)
Mündung in Todalsfjord

Der Todalselva kann nur auf ganz kurzer Strecke befahren werden; er ist in diesem Bereich jedoch ein sehr bemerkenswerter Wildbach. In kürzesten Abständen reiht sich Stufe an Stufe, vergleichbar dem obersten Golo, alles gut zu befahren, WW IV.

Fahrtstrecke: ⬇ bei einer kleinen Ⅱ, etwa 1 km unterhalb der Karvatn Hütte. Nach 2 km in einer li-Kurve eine Doppelstufe, 3 und 2,5 m hoch, bei NW ganz re ≋, WW V oder li ⏏. Beendigung der Fahrt nach 3 km bei einer Holz-Ⅱ bei einem einzelnen Gehöft. Es folgen Wasserfälle, X.

Unterhalb der Wasserfälle eine leichte Strecke bis zur ⇩ in den Fjord bei **N Todalsøra** (62.819001,8.698627)

Befahrbarkeit: Frühsommer, Minimum für eine Befahrung ist ein Durchlauf von etwa 2 m³/s; ideal sind etwa 6 m³/s.
Kilometrierung: Aufgrund der spärlichen Angaben konnte keine Kilometrierung gefertigt werden.

0,0 ⇩ in den Fjord bei **Todalsøra** (62.8190,8.6986)

Søya

Wildfluss
Mündung in Stangvikfjorden

Die Søya ist ein interessanter Wildfluss in sehr schöner Landschaft. Als Lachsfluss ist bei ihrer Befahrung mit Schwierigkeiten mit Anglern zu rechnen.

Befahrbarkeit: Frühjahr und nach Regenfällen.
Umwelt: Wasser sehr sauber.

18,9 Str-Ⅱ Søyadalsvegen (zu erreichen von der Straße 670 Skei – Vanne, Abzweigung in das obere Søya-Tal bei Åsen), gute ⬇; bei gutem Wasserstand kann die Befahrung auch schon etwas höher begonnen werden. Zunächst mäßige Verblockung, WW II-III (62.9282, 8.8417)
17,3 Wege-Ⅱ (62.9368,8.8212)
16,0 Die Folgestrecke ist auf 2 km kanalisiert, schnelle Strömung, wenig Kehrwasser. 4 teilweise verfallene ■ sind nach Besichtigung ≈
15,4 Str-Ⅱ Søyadalsvegen (62.9381,8.7875)
14,0 ⚠ 12 m hoher Absturz nach li-Kurve, evtl. ≈, WW V-VI, besser ⌂
13,5 Beginn einer sehr schönen Schwallstrecke mit Verblockung und Wasserwucht, WW II mit Stellen bis WW III. Später lassen die Schwierigkeiten nach, WW II
10,0 Wege-Ⅱ (62.9245,8.6993)
7,4 Wege-Ⅱ (62.9125,8.6581)
5,6 Str-Ⅱ 671 (62.9047,8.6279)
4,0 Str-Ⅱ (62.9000,8.6032)
0,5 Ⅱ, gute ⬆ (62.8911,8.5493)
0,0 ⇩ der Søya in Stangvikfjorden bei **N Kvanne**, auch hier ⬆ möglich (62.8881,8.5342)

Surna

Wildfluss
Mündung in den Surnadalsfjord bei Surnadalsøra

Die Surna ist ein leichter Wildfluss in einem landschaftlich reizvollen, weit offenen Tal.

Schwierigkeit: WW I.

37,5 li **Rindal**, ⬇-Möglichkeit (63.0572,9.1999)
36,7 li ⇩ der Rinda (63.0520,9.1954)
35,4 Str-Ⅱ 65 (63.0503,9.1717)
35,3 Str-Ⅱ, re **N Bolme** (63.0500,9.1695)
29,5 Str-Ⅱ Dønnembru (63.0234,9.0872)

29,4 li ⇩ der Folda (63.0230,9.0002)
24,4 Str-Ⅱ (63.0018,9.0132)
22,8 Fußg-Ⅱ, davor li ⛺ Øvre Sæter Camping (62.9994,8.9887)
20,1 Str-Ⅱ Røvbru, ⛺ Vindøla Campingplass (62.9934,8.9441)
19,3 li ⇩ der Vinddøla (Surna) (s. Seite 308) in die Surna (62.9972,8.9316)
13,5 Str-Ⅱ Honnstadvegen (62.9924,8.8369)
5,4 Str-Ⅱ Øyebru, li ⛺ Brekkøya Camping Aksjeselskap, li **N Skei** (62.9791,8.7217)
1,4 Str-Ⅱ, **N Surnadalsøra** (62.9735,8.6718)
0,0 ⇩ der Surna in den Surnadalsfjord (62.9711,8.6428)

Vinddøla (Surna)

Wildfluss
Mündung in Surna bei km 19,3 (re Nebenfluss)

Die Vinddøla ist ein extrem schwerer, nur mühsam zu befahrender Wildfluss. Der Fluss sollte nicht verwechselt werden mit dem Fluss gleichen Namens, der in die Driva mündet.

Befahrbarkeit: Ideal ist ein Durchfluss von etwa 5-8 m3/s. Dieser Wasserstand ist am ehesten im Juli und August anzutreffen. Im Juni ist meist noch zu viel Wasser.

Schwierigkeiten: WW V-VI und X.

8,4 mögliche ⬇ am Ende der Mautstraße an geschlossener Schranke. Eine Erkundung oberhalb der Schranke könnte interessant sein (62.9489,8.9810)
6,6 Str-Ⅱ, ⚠, im Bereich der Ⅱ befinden sich Wasserfälle, X. ⬆ vor den Wasserfällen, ⬇ etwa 250 m nach der Ⅱ mit Abseilen der Boote. Die folgende Strecke ist extremes Wildwasser mit mehreren Stellen X, ⏏ teilweise recht mühsam. Auf diese Strecke sollten sich nur Fahrer wagen, die mit Extremsituationen vertraut sind. Es gibt keine Möglichkeit, die Schlucht zu verlassen (62.9619,8.9750)
1,1 ⬆ im Rückstau eines ▬ 300 m oberhalb der Hauptstraße, danach 30 m hoher Wasserfall (62.9890,8.9221)
0,8 Str-Ⅱ 65 (62.9917,8.9226)
0,0 ⇩ der Vinddøla (Surna) in die Surna (s. Seite 307) bei km 19,3 (62.9972,8.9316)

Bøvra (Hamnesfjorden)

Wildfluss
Mündung in den Hamnesfjorden

Die Bøvra wurde nur erkundet; die folgenden Angaben sind daher mit Vorsicht

zu bewerten.
Mögliche ⬇ für den Oberlauf: bei dem Gehöft Brattset, die Boote müssen weit zum Fluss hinuntergetragen werden.
Die Bøvra fließt auf etwa 6 km durch eine tiefe Schlucht. Es wechseln leichte Abschnitte mit sehr schwierigen WW-Strecken. Ab Ende der Schlucht verläuft die Bøvra in einem breiten Kiesbett in sehr schöner Landschaft, etwa 10 km bis zur ⇩. ⬆ am besten bei einem schönen ⛺ nach der Ⅱ der Hauptstraße.

17,0 ⬇ beim Gehöft Brattset, die Boote müssen weit zum Fluss hinuntergetragen werden (63.0850,8.8667)
0,6 Str-Ⅱ 65, ⬆, li ⛺ (63.0235,8.5959)
0,0 ⇩ der Bøvra in den Hamnesfjorden (63.0194,8.5872)

Orkla

Wildfluss
Mündung in Orkdalsfjorden südwestlich Trondheim

Die über die Orkla vorliegenden Unterlagen sind dürftig.

Befahrbarkeit: Der Oberlauf ist anscheinend weitgehend reguliert, so dass eine Befahrung wohl nur im Frühjahr in Frage kommt.
Es soll hier, insbesondere oberhalb Ulsberg, sehr schöne WW-Strecken geben, allerdings auch mit mühsamen Umtragestrecken. Einzelheiten sind nicht bekannt, eingehende Erkundung unerlässlich.
Gesichert ist eine Befahrung des Unterlaufs von km 40,7 bis km 15,9. Diese Strecke entspricht im Wesentlichen von der Befahrbarkeit und der Schönheit dem Lech ab Steeg. WW II mit 3 schwierigeren Stellen. Lachsfluss, Achtung auf Angler. Der Unterlauf ist im Frühjahr und Frühsommer befahrbar.

Infrastruktur: ⛺ in Vormstad.

179,0 Ausfluss aus dem See Orkelsjø
53,5 ⇩ der Resa (s. Seite 310) in die Orkla, Beendigung der Fahrt auf der Resa (62.9890,9.7424)
43,9 Str-Ⅱ 700, ⬇, re **N Meldal** (63.0455,9.7123)
40,7 Str-Ⅱ unterhalb Meldal, darunter ■, X, Wasserableitung, bei genügend Überlauf li ⩧ (63.0549,9.6609)
37,0 Str-Ⅱ Losbrua oberhalb Storås, ⚠, darunter 2 Stufen WW II–III (63.0753,9.6168)
34,3 li ⇩ derSkervja, li **N Storås** (63.0981,9.6066)
31,7 Str-Ⅱ, li **N Solset** (63.1181,9.6179)

26,6 re Kurve, ⚠, danach lange verblockte Stromschnelle, anfangs WW II+, am Ende WW III mit kräftigen Walzen
23,8 li hoher steiler Hang zur Straße, ⚠, verblockte Stromschnelle WW III
20,7 Str-Ⅱ, li **N Svorkmo**. Die Schwierigkeiten lassen nach, WW I, li mögliche ⬆ (63.1676,9.7430)
20,2 re ⇩ der Svorka (63.1715,9.7484)
15,9 Str-Ⅱ, li **N Vormstad**, re nach der Brücke ⬆ (63.2005,9.7725)
0,0 ⇩ der Orkla bei Orkanger in den Orkdalsfjord (63.3183,9.8394)

Resa

Wildfluss (Gebirgsfluss)
Mündung in Orkla bei km 53,5 (li Nebenfluss)

Die Resa ist ein extrem schwerer Wildfluss in sehr eindrucksvoller, wilder und unberührter Landschaft. Ihre Befahrung erfordert neben ausgezeichneter Technik auch eine sehr gute physische und psychische Kondition.

Befahrbarkeit: wahrscheinlich ganzjährig, jedoch auf keinen Fall bei höherem Wasserstand. Günstig ist ein Durchfluss von etwa 10 m3/s.
Schwierigkeiten: km 11.2–0 WW II-III-IV-V mit 3 Stellen **X**.
Kilometrierung: Anhand Kartenmaterial, jedoch aufgrund der wenigen Angaben ungenau.

16,1 Ausfluss aus dem See Resvatnet in 470 m Höhe (62.9596,9.5227)
14,4 re ⇩ Jola (62.9533,9.5306)
11,2 Wenn der Fluss flach wird, ist das ⬇ möglich. ⚠, zunächst WW II, dann schnelle Zunahme der Schwierigkeiten, WW IV und V, eine Stelle **X**, re ⩍. Gefälle im Durchschnitt 25 ‰
8,0 Kleine Ⅱ
7,7 ⚠, nach einem schweren Schwall mit hohen Wellen und starker Wasserwucht folgt ein Wasserfall, **X**. Die ⬆ muss unbedingt genau festgelegt werden. Man beginnt das ⩍ am li Ufer, und quert den Fluss vor einem weiteren Abfall, ebenfalls **X**. Beendigung des ⩍ am re Ufer. Das ganze Manöver ist gefährlich, also Vorsicht und entsprechende Sicherungen! Es folgen zahlreiche weitere Passagen mit WW V und ein Abfall, **X**, li ⩍. Danach lassen die Schwierigkeiten nach
0,0 ⇩ der Resa in die Orkla (s. Seite 309) bei km 53,5, Beendigung der Fahrt auf der Resa (62.9890,9.7424)

Gaula

Wildfluss (Gebirgsfluss)
Mündung in Trondheimsfjord

Die Gaula verläuft als im Allgemeinen leichter Wildfluss in einem engen, landschaftlich sehr schönen Tal. Sie wird in ihrem Lauf von Straße und Eisenbahn begleitet. Ursprung nördlich von der Bergbaustadt Röros in etwa 1 100 m Höhe. Die Gaula bietet hier extrem schweres Wildwasser mit dazwischen liegenden Seen und Fließstrecken. Eine genaue Erkundung und evtl. Befahrung von Teilstrecken könnte lohnend sein, ein Befahrungsbericht ist jedoch nicht bekannt.

Befahrbarkeit: Wahrscheinlich ganzjährig. Die Wasserführung des Flusses ist enormen Schwankungen unterworfen. Nach Regenfällen kommt es sehr schnell zu einem starken Ansteigen des Wasserstandes.

118,0 Str-II 30, re **N Ålen**, evtl. ⬇, bis zur ⬇ in Haltdalen liegt kein Befahrungsbericht vor (62.8415,11.3028)
116,4 Str-II 30 (62.8437,11.2755)
112,2 Wasserfall Eafossen (62.8586,11.2144)
112,0 Str-II 30 (62.8602,11.2125)
111,9 alte Str-II Malmvegen (62.8610,11.2120)
107,2 Wasserfall Eggafossen (62.8894,11.1843)
103,1 re **N Haltdalen**, 🚂, empfohlene ⬇, ab hier leichter Wildfluss, WW II (62.9249,11.1464)
102,3 Str-II (62.9275,11.1246)
99,6 re ⇩ der Holta (62.9395,11.0808)
98,8 Str-II (62.9420,11.0658)
96,9 Str-II (62.9524,11.0405)
94,2 re 🚂 Langlete, Str-II (62.9605,10.9792)
85,2 re **Reitstoa**, ⬇-Möglichkeit (62.9617,10.8658)
77,0 Str-II, re **N Singsås**, 🚂 (62.9550,10.7297)
72,1 li ⇩ der Forda (s. Seite 312) in die Gaula (62.9410,10.6607)
72,0 Str-II 30 (62.9422,10.6595)
71,5 Str-II (62.9428,10.6485)
64,7 Str-II, **N Kotsøy**, re zum 🚂 (62.9753,10.5621)
62,8 Str-II (62.9881,10.5425)
59,1 li ⇩ der Bua (s. Seite 313) in die Gaula (62.9952,10.5023); li △ an der ⇩, wuchtige Schwallstrecke, die auf Felsvorsprung zuläuft, hier starke Verwirbelungen, WW III. Danach noch auf 2 km kräftige Schwälle (62.9956,10.5025)
57,3 Str-II, re **Rognes**, 🚂 (63.0037,10.4566)
52,6 Str-II (63.0160,10.3870)
46,9 li ⇩ der Sokna (s. Seite 314) in die Gaula (63.0347,10.3001)
46,8 Str-II (63.0355,10.3008)

46,6	Str-Ⅱ E0, li **N Støren** (63.0371,10.2968)
45,7	EB-Ⅱ mit Schwall (63.0428,10.2918)
43,9	li **N Engan** (63.0556,10.2893)
42,7	Str-Ⅱ (63.0659,10.2872)
36,3	Str-Ⅱ Gaulfossbrua, li **N Hovin**, ⚠, 500 m lange Klamm "Gaulfossen", ⏶ in der Klamm nicht möglich. Man kann sich die ganze Strecke von einem re verlaufenden Fußweg gut ansehen, je nach Wasserstand WW III-IV, evtl. V (63.1085,10.2300)
0,0	⇩ der Gaula in den Trondheimfjord (63.3367,10.2117)

Forda

Wildfluss (Gebirgsfluss)
Mündung in Gaula bei km 72,1 (li Nebenfluss)

Die Forda ist ein sehr reizvoller Wildfluss in ansprechender Landschaft. Wegen einer unfahrbaren Schlucht ist sie nur in zwei Teilstrecken zu befahren.

Befahrbarkeit:	Mai–Juni und nach Regenfällen. Wie bei allen Flüssen in diesem Bereich steigt und fällt das Wasser sehr schnell.
Pegel:	Ⅱ am km 1: Minimum geschätzt 130 cm; untere Strecke dann nur WW III. Bei einem Pegel von 180 cm dann in diesem Bereich WW IV+
Schwierigkeiten:	km 13–9 WW III (IV) km 9–6 **X** km 6–0 WW III (IV)
Kilometrierung:	Anhand Kartenmaterial. Die in der Beschreibung genannten Ortsnamen wurden in den Karten nicht gefunden. Deshalb ist die Kilometrierung nicht vollständig. Vor Ort erkunden.

13,0	Mögliche ⬇ für die Befahrung der oberen Etappe bei Leirvollen
10,0	⚠ Høgfossen (62.8754,10.7204)
9,0	**N Volden**, ⚠, die Straße verläuft neben dem Fluss hier ⬆. Infolge der starken Wasserführung ist die folgende Schlucht **X**. Über eine evtl. Befahrbarkeit bei NW ist nichts bekannt. Nach Aussagen von Einheimischen soll es in der Schlucht einen 25 m hohen Wasserfall geben
6,0	Bei einem großen Bauernhof mit einem weißen und gelben Haus geht ein schwer erkennbarer Weg zum Fluss. ⬇ für die Weiterfahrt
5,0	⚠, 2 Blockstellen bis knapp WW IV, danach sehr schönes WW, leicht verblockte Schwälle, die gegen Ende der Strecke etwas wuchtiger werden
1,0	Ⅱ, ≡, gute Stelle zur Beendigung der Fahrt (62.9393,10.6523)
0,0	⇩ der Forda in die Gaula (s. Seite 310) bei km 72,1 (62.9410,10.6607)

Bua

Wildfluss (Gebirgsfluss)
Mündung in Gaula bei km 59,1 (li Nebenfluss)

Die Bua ist ein interessanter, auf größeren Teilstrecken sehr schwerer Wildfluss

Befahrbarkeit:	Frühsommer, später nach Regenfällen.
Pegel:	Hilfspegel li Betonsockel der Ⅱ bei km 0.3. 10 cm unter Sockelkante bedeuten gutes MW, etwa 30 m³/s; ist der Sockel überspült, wird die Schlucht nach Auskunft von norwegischen Paddlern **X**.
Schwierigkeiten:	km 23.7–16.0 WW III-IV (V, **X**) km 16.0–4.0 WW IV und V (**X**) km 4.0–0.0 WW III-IV

23,7 Str-Ⅱ unterhalb **N Storbudal**, mögliche ⬇ (62.8233,10.5492)

20,2 Str-Ⅱ (62.8496,10.5275)

19,8 ⚠, ■ und Wasserfall, **X**, ⌓ mühsam. Es ist daher wahrscheinlich sinnvoll, die Fahrt erst bei Solberg unterhalb des Wasserfalles zu beginnen. In der folgenden Schlucht zumeist WW III mit Stellen bis WW IV. Ein Abfall sollte besichtigt werden, ⌓ mühsam (62.8535,10.5247)

16,0 Ⅱ auf der Höhe von Enodden, ⚠, Beginn einer zunehmend tiefer eingeschnittenen Schlucht, deren evtl. Verlassen mit der Tiefe immer schwieriger wird. Befahrung nur bei NW ratsam (62.8804,10.4958)

15,7 ⚠, enge Stufenkombination, WW V-VI, ⌓ nur re. Die Schwierigkeiten nehmen zu, zahlreiche verblockte Steilstufen, zumeist WW IV mit Stellen bis WW V

14,7 li ⇩ der Ena (s. Seite 313) in die Bua. ⚠, die Schwierigkeiten gehen unverändert weiter. Wer bis hierher schon überfordert ist, kann hier noch halbwegs sinnvoll aus der Schlucht klettern, später wird dies praktisch unmöglich (62.8907,10.4858)

4,0 Str-Ⅱ Bua Bru, ⚠, die Schwierigkeiten lassen zwar etwas nach. Ununterbrochene kräftige Schwälle, WW III-IV, sehr wuchtig. Diese Reststrecke verträgt viel Wasser (62.9707,10.4743)

0,4 Str-Ⅱ 30, mögliche ⬆ (62.9929,10.4978)

0,0 ⇩ der Bua in die Gaula (s. Seite 310) bei km 59,1 (62.9952,10.5023)

Ena

Wildfluss (Gebirgsfluss)
Mündung in Bua bei km 14,7 (li Nebenfluss)

Die Ena ist ein interessanter, jedoch nur auf kurzer Strecke befahrbarer Wildfluss. Eine Befahrung lohnt wohl nur im Zusammenhang mit einer Befahrung der Bua. Die Breite des Flusses schwankt stark. Wenn beim Start eine Wassermenge von etwa 10 m³/s angetroffen wird, ist dies für die Stellen der Flussverbreiterungen schon recht knapp.

Befahrbarkeit: Frühjahr, Frühsommer und nach Regenfällen.

Schwierigkeiten: Durchweg mindestens WW IV, mit Stellen WW V-VI.

9,6 Mautstelle und alte Holz-Π, empfohlene ⬇. Wahrscheinlich sind auch noch einige Abschnitte oberhalb ≈, eine Erkundung könnte lohnend sein. ⚠, die gesamte Strecke ist schweres, z.T. extrem schweres WW, mehrfache Besichtigungen erforderlich, ⏏ und absichern jeweils gut möglich (62.8218,10.4547)

9,3 Stufe (62.8242,10.4584)

8,6 Riesiger Felsrücken im Fluss; ⚠, in diesem Bereich extrem schweres WW, ⏏ li gut möglich (62.8298,10.4594)

6,2 Str-Π der Straße nach Enmoen, ⚠, darunter ebenfalls sehr schwere Stelle (62.8452,10.4486)

3,7 Str-Π (62.8631,10.4562)

1,5 Kleines ■ mit Rückstau, ⚠, hier unbedingt li ⬆. Die Straße ist hier ganz nahe am Fluss. Das ■ ist **X**, die Folgestrecke wahrscheinlich ebenfalls (62.8793,10.4750)

1,2 Str-Π (62.8812,10.4774)

0,0 ⇩ der Ena in die Bua (s. Seite 313) bei km 14,7. ⚠, die Schwierigkeiten gehen unverändert weiter. Wer bis hierher schon überfordert ist, kann hier noch halbwegs sinnvoll aus der Schlucht klettern, später wird dies praktisch unmöglich (62.8907,10.4858)

Sokna

Weitere Namen: Ila

Wildflüsse (Gebirgsflüsse)

Mündung in Gaula bei km 46,9 (li Nebenfluss)

Mündung in Gaula (li Nebenfluss)

Die Ila ändert nach Aufnahme der Stavilla ihren Namen in Sokna. Beide Flüsse werden durchgehend beschrieben

In einem engen, landschaftlich reizvollen Tal ist die Igla nur auf kurzer Strecke ein sehr schwerer, anschließend ein mäßig schwerer Wildfluss.

Befahrbarkeit: Je nach Schneelage bis Juni, die Extremstrecke jedoch nur bei NW im Sommer.

Wasserführung: im August 81 wurden an der Einsetzstelle etwa 4 - 5 m³/s angetroffen. Durch Aufnahme von Nebenflüssen schnelle Zunahme der Wasserführung, an der Aussetzstelle waren es dann schon etwa 20 m3³/s.

	Bei stärkeren Regenfällen sehr schneller und hoher Anstieg der Wasserführung.
Pegel:	Km 6,7 an der Ⲡ der Straße, die von der E6 in Richtung Hauka führt; Minimum = 130 cm; MW = 150 cm; HW ab 170 cm. Der Fluss wird bei HW sehr schwierig.
Schwierigkeiten:	km 18,5–16,5 WW V, **X** km 16,5–0 WW II-III-IV
Kilometrierung:	Anhand Kartenmaterial. Aufgrund der alten Beschreibung sollte vorher erkundet werden.

18,5	Str-Ⲡ E6, mögliche ⬇ unterhalb der Ⲡ am Fuß eines Wasserfalls. ⚠, es folgt auf 2 km eine sehr schwere WW-Strecke mit starkem Gefälle, WW V. Erkundung von der Straße aus möglich (62.9265,10.1561)
16,2	Str-Ⲡ E6 (62.9357,10.1877)
16,1	⚠, Abfall, **X**, ⩊ (62.9361,10.1883)
16,0	▬, **X**, ⚠, die folgende Strecke ist ebenfalls **X**, ⩊ des gesamten Abschnittes bis zur folgenden Ⲡ (62.9372,10.1891)
15,8	Str-Ⲡ 6572, hier beginnt der leichtere Teil der Ila, ⬇, falls der obere Teil nicht befahren wird (62.9381,10.1905)
15,6	re ⇩ der Stavilla (s. Seite 315) in die Sokna, ab hier Gewässername Sokna, zunächst WW II (62.9378,10.1954)
13,8	Str-Ⲡ E6, li **N Soknedäl**, weitere mögliche ⬇ (62.9522,10.1892)
12,0	⚠, Zunahme der Schwierigkeiten, je nach Wasserführung WW III-IV
8,3	Ⲡ **Snöan**, ⚠, Es folgt auf 2 km der schwierigste Abschnitt der Sokna, WW IV (62.9835,10.2363)
8,1	Str-Ⲡ E6 (62.9839,10.2393)
7,2	re ⇩ der Hauka (s. Seite 316) in die Sokna (62.9897,10.2507)
6,7	Str-Ⲡ, re ≣. Nachlassen der Schwierigkeiten. WW II mit Stellen WW III (62.9938,10.2464)
0,4	Str-Ⲡ 30, li **N Storen**, die Fahrt kann hier beendet werden (63.0327, 10.2954)
0,0	⇩ der Sokna in die Gaula (s. Seite 310) bei km 46,9 (63.0347, 10.3001)

Stavilla

Wildfluss (Gebirgsfluss)
Mündung in Sokna bei km 15,6 (re Nebenfluss)

Die Stavilla ist, wie die benachbarte Hauka, ein extrem schwerer Wildfluss. Zahlreiche Stufen müssen besichtigt und evtl. umtragen werden, vier Abfälle sind stets nicht zu befahren. Neben ausgefeilter Technik und sehr gutem Kräftezustand ist für die Befahrung der Stavilla auch eine ausreichende Zeitreserve erforderlich (mindestens 6 Stunden).

Befahrbarkeit: Frühsommer und nach Regenfällen. Bei einer Befahrung Ende August 81 wurden an der Einsetzstelle etwa 6 m3/sec und bei der Mündung 10 m3/sec angetroffen; dies scheint ein sehr guter Wasserstand zu sein.

Schwierigkeiten: WW IV und V (VI, **X**)

10,3 ⬇ bei der 1. ⌶ oberhalb Moen, ⚠. WW IV-V. Bis km 8 keine **X** Stelle, falls bei der Flussteilung der li Arm befahren werden kann (62.8652,10.2271)

6,3 ▬, ⌶, darunter Abfall, WW VI, ⚠, es folgt eine Schlucht mit einer Folge schwerer Stufen, WW V (62.8924,10.2232)

4,0 ⚠ Stufe, WW VI, besser re ⏏

2,4 ▬ mit darauffolgendem Wasserfall, **X**, re ⏏ mühsam,. Danach etwas geringere Schwierigkeiten

0,0 ⇩ der Stavilla in die Sokna (s. Seite 314) bei km 15,6, ab hier Gewässername Sokna, zunächst WW II (62.9378,10.1954)

Hauka

Wildfluss
Mündung in Sokna bei km 7,2 (re Nebenfluss)

Die Hauka durchfließt als extrem schwerer Wildfluss auf der gesamten Strecke eine völlig einsame, unzugängliche Schlucht. Ihre Befahrung erfordert nicht nur ein Höchstmaß an technischem Können, sondern auch an Ausdauer und Stehvermögen. Zwei äußerst mühsame Umtragungen lassen es fraglich erscheinen, ob eine Befahrung wirklich lohnend ist. Man sollte für eine Befahrung mindestens 5 Stunden einplanen. Ein Verlassen der Schlucht ist bei km 30 li auf einem Weg, sonst nur äußerst mühsam, möglich. Mitnahme von Seilen ist unerlässlich. Ursprung aus einem See am Fuß des Massivs von Risknappan. Im Oberlauf sollen bei sehr gutem Wasserstand noch Teilstrecken ≈ sein, Einzelheiten sind nicht bekannt.

Befahrbarkeit: Frühsommer und nach Regenfällen, bei HW wird der Fluss schnell **X**. Eine Durchflussmenge von etwa 4 m3/s an der Einsetzstelle bedeutet einen guten Wasserstand.
Pkw:

Schwierigkeiten: km 12,2–7,2 WW II-III (IV)
km 7,2–⇩ = WW IV (V, 2 Stellen **X**)

12,2 ⬇ bei einer ⌶ bei **Ökdalsmo**, ⚠, zunächst im Bereich von 2 kurzen Schluchten bis WW IV (62.9136,10.3299)

7,2 ▬, **X**, li ⏏. li Weg zur Straße. ⚠, ab hier meist WW IV (62.9473, 10.3112)

5,7 ⚠, 1. Wasserfall, X, li ⌂ mit Abseilen, Dauer 45 Minuten
4,3 ⚠, Steilzone mit mehreren Wasserfällen, X, li ⌂. Die Boote müssen aus einer Schlucht aufgeseilt werden, auf einem Weg 200 m ⌂ und danach bis zum Fuß des Falls abseilen. Dauer des gesamten ⌂ etwa 1 1/4 Stunden. Danach Abnahme der Schwierigkeiten, WW III (IV)
0,0 ⇩ der Hauka in die Sokna (s. Seite 314) bei km 7,2 (62.9897,10.2507)

Stjørsdalselva

Wildfluss
Mündung in Strindfjorden (Teil des Trondheimfjord)

Der Stjørsdalselva entsteht durch den Zusammenfluss von Kraftwerksabflüssen und Nebenflüssen oberhalb Meraker. Er ist ein wasserreicher Fluss in einem schönen Tal, das teilweise nur für Straße (E14), Fluss und Eisenbahn reicht. Rechts und links fallen Wasserfälle und Kaskaden in das Tal. Die Schwierigkeiten gehen kaum über WW II.

Befahrbarkeit: wahrscheinlich ganzjährig. Es dürften jedoch die üblichen Schwierigkeiten zur Angelsaison auftreten.

55,8 Zusammenfluss mehrerer Nebenflüsse (63.4086,11.7432)
55,2 Str-Ⅱ, **N Meraker**, ▬ und Wasserfall, X, danach auf 8 km Zahmwasser in einem weiten Tal (63.4138,11.7404)
50,4 Str-Ⅱ (63.4363,11.6786)
46,8 re Kiosk und Campingplatz Gudå, 🅿, gute ⬇
46,4 EB-Ⅱ (63.4437,11.6253)
45,7 Str-Ⅱ, **N Gudå**, das Tal wird enger, auf Fluss, Straße und Eisenbahn begrenzt. Bis km 24 WW II. Rechts und links einige Wasserfälle und Kaskaden (63.4443,11.6147)
38,5 Wege-Ⅱ (63.4670,11.4862)
35,3 Wege-Ⅱ (63.4572,11.4354)
30,6 Str-Ⅱ, **N Flornes** (63.4612,11.3517)
29,7 re ⛺ (63.4575,11.3375)
27,4 Wege-Ⅱ (63.4585,11.2952)
24,3 li ⇩ der Sorna (63.4436,11.2558)
24,1 Str-Ⅱ, li nach der Brücke mögliche ⬆. Das Tal wird weiter, WW I (63.4430,11.2514)
22,1 Wege-Ⅱ (63.4401,11.2209)
18,3 re ⇩ der Forra (63.4592,11.1807)
15,3 li ⛺ Hembre Camping Torpet. Gute ⬆. Der Fluss wird breiter und langsamer (63.4609,11.1236)
14,7 Str-Ⅱ, **N Hegra** (63.4612,11.1136)
8,5 re ⛺ Ertsgaard Camping (63.4505,11.0152)

5,0 Str-Ⅱ, **N Prestmoen**, ab hier Gezeiteneinfluss (63.4483,10.9927)
1,2 Str-Ⅱ, **Stjørdal**, 🚆, Flugplatz Trondheim (63.4465,10.9120)
1,0 EB-Ⅱ (63.4473,10.9071)
0,7 Str-Ⅱ E 6 (63.4486,10.9027)
0,0 ⇩ der Stjørsdalselva in den Strindfjorden. Nach re fahren zum Hafen, dort ⬆. Achtung, Landebahn vom Flughafen (63.4497,10.8886)

Vigda

Wildfluss
Mündung in die Forra

Anfahrt über die Forra in einem großen Bogen nach Osten zum Straßenende an einer Hütte. Dort Einsatz.
Fahrtstrecke ca. 8 km bis zur ersten Brücke. Nicht bei zu wenig Wasser einsteigen. Scharfkantige Felsen, Schlucht weit weg von der Straße. Umtragen immer möglich. Falls trocken, lohnt ein Blick in die deutlich schwerere Forra (mündet von rechts nach dem Aussatz), die auch weniger Wasser braucht.

Schwierigkeiten:	WW III-IV,V. Nur nach starken Regenfällen befahrbar.
Quellen:	Neubeschreibung durch Ulrich Kittelberger und Sebastian Gründler nach Befahrungen 2011-2015

7,5 empfohlene ⬇ (63.5317,11.5151)
0,6 empfohlene ⬆ an einer Str-Ⅱ (63.4966,11.4378)
0,0 ⇩ der Vigda in die von re kommende Forra (63.4984,11.4284)

Norddalselva

Wildfluss (Gebirgsfluss)
Mündung in Äfjorden

Der Norddalselva ist ein sehr reizvoller Wildfluss.

Befahrbarkeit:	Wahrscheinlich ganzjährig.
Schwierigkeiten:	km 22.1 - 16.5 WW III-IV
	km 16.5 - 11.6 WW I-II-III (nur besichtigt)
	km 11.6 - 6.3 WW II-V

27,0 Ausfluss aus dem Momyrvatnet (64.0967,10.5442)
22,2 ⬇ bei der Ⅱ einer mautpflichtigen Straße unterhalb **N Momyr**. ⚠, sehr schönes Wildwasser, bis WW IV (64.0811,10.4952)
16,5 Dorf **N Börmarka**, der Fluss nähert sich den Bauernhöfen, mögliche ⬆⬇, die Fahrt kann hier unterbrochen werden. Die Folgestrecke wurde nur von der Straße aus besichtigt; sie scheint leicht zu sein, maximal WW III (64.0473,10.4496)
11,6 re ⇩ eines Flusses: Falls die Fahrt hier begonnen wird, ⬇ bei der Ⅱ über diesen Nebenfluss. ⚠, zunächst WW II, im Schluchtbereich WW

V, nach der Schlucht noch WW IV (64.0211,10.3776)
6,3 **N Berdal**, ⬆-Möglichkeit zum Beenddden der Fahrt. Keine Unterlagen über die Reststrecke (63.9936,10.2991)
0,0 ⇩ der Norddalselva in Äfjorden (63.9588,10.2212)

Øyensåa

Wildfluss
Mündung in den See Lygnen

Der Øyensåa ist ein zwar nur kurzer, doch extrem schwerer Wildbach. Er ist landschaftlich hervorragend schön, insbesondere auch der See Lygnen.
Fahrtstrecke: ⬇ auf dem See Øyjungen an einer Stelle, an der die Straße am See verläuft. Zunächst leicht, WW I, schnelle Zunahme der Schwierigkeiten, WW III-IV. Es folgt ein Wasserfall und ein weiterer Fall unter einer Str-II, beide **X**. Außerdem einige Passagen, die zu akrobatischer Fahrweise zwingen, WW V. Beendigung der Fahrt am See Lygnan.
Befahrbarkeit: Wahrscheinlich ganzjährig. Bei einer Befahrung am 14.08.1981 wurde NW mit etwa 3 m³/s angetroffen.
Schwierigkeiten: III-IV-V mit 2 **X** Stellen

12,6 Ausfluss aus dem See Øyjungen, ⬇ an geeigneter Stelle des Sees. ⚠, zunächst leicht, WW I, schnelle Zunahme der Schwierigkeiten, WW III-IV. Es folgt ein Wasserfall und ein weiterer Fall unter einer Str-II, beide **X**. Außerdem einige Passagen, die zu akrobatischer Fahrweise zwingen, WW V (64.2463,11.0910)
8,0 Str-II 715 (64.2515,11.1760)
0,5 Str-II 766, ⬆-Möglichkeit, re **N Sjøåsen** (64.3095,11.2189)
0,0 ⇩ der Øyensåa in den See Lygnen (64.3132,11.2242)

Namsen

Wildfluss - Wanderfluss
Mündung in Namsfjorden bei Namsos

Die Unterlagen über den Namsen sind recht dürftig. Er ist ein großer, im Frühjahr und Frühsommer sehr wasserreicher Fluss in einem dicht besiedelten Tal. Nach oberflächlicher Besichtigung ist der Namsen zumeist Zahmwasser oder leichtes Wildwasser, unterbrochen von schweren, bzw. **X**, häufig sehenswerten Fossen.
Ein Befahrungsbericht liegt nur für kurzr Teilstrecken vor. Eine Erkundung weiterer Teilstrecken des Namsen könnte lohnend sein.

155,4 re ⇩ der Storelva (s. Seite 320) in den Namsen (65.0870,13.4130)
149,6 EB-II (65.0589,13.3297)
149,0 re ⇩ eines Flusses (65.0556,13.3197)

146,3 re ⬆ am ⛺ Mellingsmoen (65.0303,13.2867)
146,3 –107,5 hier liegt kein Befahrungsbericht vor (65.0390,13.2877)–(64.7853,12.8929)
107,5 ⬇ an der ⇩ der Flåttadalselva in den Namsen, es folgt zunächst auf 3 km WW I-II (64.7853,12.8918)
107,2 ⇩ der Flåttådalselva (s. Seite 321) in den Namsen (64.7836,12.8873)
104,4 EB-II, hier eine Stelle WW III, ⚠, etwa 500 m danach beginnt der Trongfossen, ↱ (Merkmal: am Ufer steile Felswand). Der Fluss stürzt in einem sehenswerten, 10 m hohen Wasserfall in eine Klamm (Trones-Schlucht), 50 m danach 5 m hoher Fall, beides **X**. Rechts etwa 100 m ⏏ und unterhalb des 5-m-Falles am besten mit Abseilen der Boote wieder ⬇. Es folgt auf 500 m eine schöne Klamm, WW III+. 500 m nach Ende der Klamm weitere schwere Stufe, nach Besichtigung evtl. ≈ oder re ⏏. Anschließend WW II (64.7631,12.8609)
100,0 Str-II, hier gute ⬆. Die Schlucht endet kurz danach (64.7344, 12.8116)
98,1 ⇩ der Lindseta (s. Seite 321) in den Namsen (64.7209,12.7883)
55,4 ⇩ der Sanddøla (s. Seite 322) in den Namsen (64.4616,12.2869)
0,0 ⇩ des Namsen in den Namsfjorden (64.4572,11.5053)

Storelva

Wildfluss
Mündung in Namsen bei km 155,4 (re Nebenfluss)

Anstrengendes Unternehmen in unglaublich schöner Landschaft mit lohnendem Wildwasser.
Zustieg: Vom Tomasvatnet bei Tomaslia über den Jengelvegen ins Storelvdalen tragen (Pass ca. 400 Höhenmeter).
Aussatz: Am Campingplatz Mellingsmo direkt an der E6 am Fluss Namsen.
Anfangs Fjell-Wildwasser mit einzelnen etwas unsauberen Minifossen. Bei einer 90°-Kurve Doppelwasserfall (ca. 40 m Höhe) rechts zu umtragen. Kurz danach Abseilen in die Schlucht. Ab hier 5 km Traumwildwasser in eingeschnittener, klammartiger Schlucht. Nach Schluchtausgang offenes Wildwasser mit einer tollen Kombination von sieben Stufen und Rutschen. Nach Mündung in den Namsen noch ein Fossen, danach eher Flachwasser.

Schwierigkeiten:	WW III-V, **X**. Wasserstand: Am Namsen darf man nicht zu wenig Wasser haben, da die Fahrt auf dem Namsen noch 5-6 km lang ist. Geschätztes Minimum: 30 m³/s.
Quellen:	Neubeschreibung durch Ulrich Kittelberger und Sebastian Gründler nach Befahrung 2013

9,9 re empfohlene ⬇ (65.1511,13.4931)

0,0 ⇩ der Storelva in den Namsen (s. Seite 319) bei km 155,4 (65.0870, 13.4130)

Flåttådalselva

Wildfluss (Gebirgsfluss)
Mündung in Namsen bei km 107,2 (re Nebenfluss)

Der Flåttådalselva ist ein zwar nur kurzer, doch sportlich recht interessanter Wildbach in sehr schöner landschaftlicher Umrahmung.

Befahrbarkeit: wahrscheinlich ganzjährig.
Wasserführung: günstig etwa 10 m^3/s. Minimum 4 m^3/s, dabei dürfte allerdings eine Befahrung erst ab km 10 möglich sein.

Schwierigkeiten: km 12.4 - 10.0 WW I
km 10.0 - 4.2 WW III-IV
km 4.2 - 0.0 WW I-II

Infrastruktur: Zeltmöglichkeit, auf dem Weg, der zur Einsetzstelle führt, findet sich ein li abgehender, auf der Karte nicht verzeichneter Weg, der den Zugang zum Fluss ermöglicht.

12,4 mögliche ⬇, **N Nesan**; zunächst leicht, WW I (64.8630,12.8847)

10,0 Die Straße geht erneut am Fluss entlang, gute ⬇, ⛺. Beginn der sportlich interessanten WW-Strecke, zahlreiche schöne Rutschen und kleine Stufen (64.8465,12.8885)

4,2 Die Schwierigkeiten lassen allmählich nach bis WW I (64.8113, 12.9155)

0,0 ⇩ der Flåttådalselva in den Namsen (s. Seite 319) bei km 107,2 (64.7836,12.8873);
zum ⬆ auf dem Namsen bis zum 1. Haus auf der li Flussseite hochfahren, hier ⬆. Reizvoll ist auch eine Weiterfahrt auf dem Namsen (64.7833,12.8871)

Lindseta

Wildfluss (Gebirgsfluss)
Mündung in Namsen bei km 98,1 (re Nebenfluss)

Die Lindseta ist ein sehr interessanter, im Unterlauf sehr schwerer Wildbach in wild-einsamer Gegend.

Befahrbarkeit: Oberlauf Frühsommer und nach Regenfällen. Schluchtstrecke wahrscheinlich ganzjährig.
Wasserführung: geschätzter Durchlauf an der ⌶ ins Gåsvassdalen, km 5.2,
für Oberlauf: 5 m^3/s = NW; 10 m^3/s = MW;

	für Schlucht: 2 m³/s – NW; 4-5 m³/sec – MW, HW ab etwa 8 m³/s Bei HW bekommen viele Stufen einen gefährlichen Rücklauf, eine 500 m lange Klamm bald nach Beginn der Schlucht wird dann wahrscheinlich unfahrbar. ⏏ sehr mühsam.

11,0	Str-II, Siedlung **Vestre Strompdalen**, oberste mögliche ⬇ bei sehr gutem Wasserstand in die Strompdalselva, zunächst WW II-III (64.7743,12.6936)
9,8	Kleine II, weitere mögliche ⬇ bei minder guter Wasserführung (64.7676,12.6880)
9,7	⇩ in die Lindseta, die von re kommt und reichlich Wasser zuführt. Ab hier WW III (IV) (64.7666,12.6880)
5,2	Str-II ins Gåsvassdalen, ⬇ bei NW (s. Wasserführung). ⚠, es beginnt eine wilde Wald- und Felsschlucht, die sich streckenweise zur Klamm verengt, Schwierigkeiten bis zur ⇩ meist WW V, je nach Wasserstand mindestens 2 Stellen **X**, Stufen und Rutschen bis zu 5 m Höhe (64.7395,12.7139)
4,7	⚠, Beginn einer Klamm mit 4 m hoher Eingangsstufe, bei HW **X** (64.7380,12.7245)
3,9	Ende der Klamm, auf 500 m leicht, re ⇩ Gåsvasselva mit erheblicher Wasserzufuhr (64.7342,12.7355)
0,5	EB-II (64.7213,12.7784)
0,1	li Bauernhof Lindsetmoen (64.7212,12.7860)
0,0	⇩ der Lindseta in den Namsen (s. Seite 319) bei km 98,1 (64.7209, 12.7883)

Sanddøla

Wildfluss
Mündung in Namsen bei km 55,4

Perfekte Wildwasserperle zu Beginn der Fahrt – später leichtes Wildwasserwandern auf dem Hauptteil in einer sehr tiefen und landschaftlich großartigen Schlucht.

Befahrbarkeit:	Beste Zeit: April-Mai/Juni, ggf. nach langen Regenfällen auch später. Wasserstand: 20-80 m³/s.
Schwierigkeiten:	km 64,3 - 61,3 WW IV-V (1xV) km 61,3 - 48,9 WW I (III)
Karten:	Cappelen Karte Blatt 3 und Blatt 4: Mittel-Norwegen Mitte 1:335.000, Nordeca, Norge-serien 10104
Quellen:	Neubeschreibung durch Ulrich Kittelberger und Sebastian

Gründler nach Befahrung 2017

64,3 ⬇ am Ausfluss des Sees Otersjøen, Ⲡ Fußg-Steg (am besten zum Ausfluss paddeln) (64.4927,13.2695)

64,3 –61,3 ⚠ WW IV-V (1xV). Im oberen Teil ab dem Seeausfluss ist die Sanddøla über eine Strecke von ca. 3 km ein fantastisches Wildwasser mit wuchtigen Rutschen, Walzen und rutschenartigen Abfällen. Leider geht dieser perfekte Run viel zu schnell vorbei (64.4928, 13.2692)–(64.4962,13.2160)

61,3 –48,9 WW I (III). Die folgenden 15 km befährt man in einer außerordentlich schönen und sehr tiefen Schlucht, aber ohne nennenswerte Schwierigkeiten. Meist bewegt man sich im WW des 1. Schwierigkeitsgrades mit einigen wenigen Stellen bis WW III (64.4963,13.2158) –(64.4721,12.9802)

49,2 Der Fossen kurz vor dem Aussatz bildet einen tollen Abschluss für diese lange Fahrt (64.4725,12.9861)

48,9 li ⬆ 300 m nach dem großen Fossen direkt an der Straße (64.4718, 12.9801)

48,9 –11,6 Die restliche Strecke bis zur E6 bei Formofoss ist allgemein leichtes WW, welches immer von der Straße aus erreichbar ist. Ein Befahrungsbericht liegt nicht vor (64.4720,12.9796)–(64.3990, 12.3425)

34,8 Str-Ⲡ 74 (64.4577,12.7011)

22,7 Wege-Ⲡ (64.4302,12.4819)

13,8 li ⇩ des Luru (s. Seite 323) in die Sanddøla (64.3909,12.3624)

13,3 Str-Ⲡ 74 (64.3919,12.3516)

11,8 EB-Ⲡ (64.3979,12.3460)

11,6 Wege-Ⲡ, ⚠ es folgt der Formofossen (64.3991,12.3424)

4,7 Hänge-Ⲡ (64.4493,12.3351)

4,3 EB-Ⲡ (64.4516,12.3287)

0,4 Str-Ⲡ E6 (64.4602,12.2933)

0,2 Str-Ⲡ (64.4603,12.2902)

0,0 ⇩ der Sanddøla in den Namsen (s. Seite 319) bei km 55,4 (64.4616, 12.2869)

Luru

Wildfluss
Mündung in Sanddøla bei km 13,8 (li Nebenfluss)

Korsisches Wildwasser auf Norwegisch.
Der untere Teil des Luru ab einer Brücke (Dirtroad mit Sackgasse) ist wildwassertechnisch sehr interessant und landschaftlich wunderschön. Das Besondere:

Man kann die Boote theoretisch ohne Autoshuttle auf orografisch links verlaufenden alten Weg, welcher für den Bau der Bahn erstellt wurde, entlang schleifen. Dieser Weg ist sehr schön und kurzweilig.
Im obersten Teil (Hike-In) ist der Luru über eine Strecke von ca. 10 km ein fantastisch schöner Wildbach im 2. Schwierigkeitsgrad mit einigen wenigen Stellen bis WW III-IV. Die Boote müssen dazu von einem Wanderparkplatz aus getragen werden. Hier braucht es mind. 20 m³/s Wasser, um Spaß zu haben.
Im mittleren Teil bietet der Luru einen kurzen Schluchtdurchbruch (800 m) mit WW V-VI, im Anschluss über eine Länge von ca. 18 km WW I-II mit Zahmwasserstücken. Auf eine Befahrung der oberen Strecken wurde verzichtet.

Befahrbarkeit:	Beste Zeit: April-Mai/Juni, ggf. nach langen Regenfällen auch später. Wasserstand: mind. 20-50 m³/s, auch bei deutlich mehr fahrbar.
Schwierigkeiten:	km 8.9 - 2,3 WW III, IV (V)
Karten:	Cappelen Karte Blatt 3 und Blatt 4: Mittel-Norwegen Mitte 1:335.000, Nordeca, Norge-serien 10103
Quellen:	Neubeschreibung durch Ulrich Kittelberger und Sebastian Gründler nach Befahrung/Besichtigung 2013-2017

8,9	⬇ an der Ⅱ einer unbefestigten Straße (Sackgasse). ⚠, die folgende Strecke ist als WW WW III, IV (V) bewertet (64.3773,12.5135)
2,3	⬆ nach dem letzten Abfall ca. 2,3 km vor der Mündung in die Sanddøla. An einer großen Kiesbank kann man die Boote in 5 min zur unbefestigten Straße schleifen, die ebenfalls endet bzw. in den alten Weg mündet, der zum Bau der Bahn erstellt wurde. Alternative: Weiterfahrt bis zur Brücke der Straße 74 über die Sanddøla(Flachwasser) (64.3856,12.3992)
0,0	⇩ des Luru in die Sanddøla (s. Seite 322) bei km 13,8 (64.3909, 12.3624)

Vefsna

Weitere Namen: Susna

Wildfluss
Mündung in den Vefsnfjord

Die Vefsna, die im Oberlauf bis Hattfjelldal auch als Susna bezeichnet wird, ist ein großer Wildfluss in der Provinz Nordland. sie dürfte zu den schönsten und großartigsten Schluchten von ganz Europa gehören. Alleine aufgrund ihrer Streckenlänge und dem Spielpotential kann man an diesem Fluss mehrere Tage verbringen.

Schwierigkeiten:	km 125 - 114,6; WW IV-V, VI, X km 114,6 - 90,6; WW IV-V, VI

	km 90,6 - 83,9; WW IV und V mit mind. 1 x **X** km 83,9 - 74,4; für diesen Abschnitt liegt kein Befahrungsbericht vor km 74,4 - 54,2; auf langen Strecken III-II-I, nur einzelne Stellen bis WW 4/5 km 54,2 - 41,8; WW IV+, III-II-I km 41,8 - 0,0; für diesen Abschnitt liegt kein Befahrungsbericht vor.
Quellen:	Neubeschreibung durch Ulrich Kittelberger und Sebastian Gründler nach Befahrungen 2010-2016

125,0 ⬇-Möglichkeit in den Oberlauf der Vefsna kurz vor dem letzten Gehöft (Straßenende) (65.3190,14.3623)

125,0 –114,6 ⚠, WW IV-V, VI, **X**, extremes Landschaftserlebnis mit einer kurzen Klamm nach einem hohen Röhrenfall (**X**) mit einer folgenden Zwangspassage. Etliche **X** Fossen im Anschluss. Insgesamt ein mühsamer Fluss, Wildwasser nur zum Teil lohnend. Nur bei Niedrigwasser kennenlernen! (65.3190,14.3625)–(65.3677,14.2293)

114,6 ⬆⬇ an der Feldweg-Ⅱ bei Kroken, zu erreichen von der Straße 290 (65.3678,14.2291)

114,6 –90,6 ⚠, WW IV-V, VI, tolle Rutschen und Stufen im Grundgestein, auf dieser Etappe befindet sich der so oft fotografierte "Dusjfossen", eine Stelle danach wird wohl normalerweise rechts ⏏. Offenes Terrain, Fahrtabbruch immer problemlos möglich (65.3678,14.2288)–(65.4708,14.0128)

110,2 Wege-Ⅱ (65.3627,14.1422)

107,8 Wege-Ⅱ (65.3619,14.0929)

97,0 Str-Ⅱ 298, re 🚌-Haltestelle Ivarrud (65.4216,13.9683)

90,9 re **N Solheim** (65.4676,14.0138)

90,6 ⬇ für die Befahrung einer Schluchtstrecke in die hier auch Susna genannte Vefsna, re **N Mikkeljord** an der Straße 804 (65.4710, 14.0128)

90,6 –83,9 WW IV und V mit mind. 1 x **X**, ⚠, landschaftlich sehr schönes, aber auch ungemein gefährliches Wildwasser mit vielen Unterspülungen/Siphonen. Teilweise Zwangspassagen bzw. nur mit großem Aufwand zu umhebende Stellen. Klammartige Schlucht, aber li Straße in der Nähe. Einsatz an verschiedenen Stellen direkt vor der Schlucht möglich (65.4710,14.0124)–(65.5216,14.0101)

83,9 ⬆-Möglichkeit nach Befahrung der Schluchtstrecke an der Mündung der Unkerelva (65.5215,14.0102);
re ⇩ der Unkerelva (s. Seite 327) in Vefsna (65.5217,14.0104)

83,9 –74,4 Für diesen Abschnitt liegt kein Befahrungsbericht vor (65.5219, 14.0099)–(65.5922,13.9587)

78,5 Wege-Ⅱ, re zur Straße 804 (65.5663,14.0069)

74,4 ⬇ an einem Feldweg 1 km unterhalb des Flugplatzes in **N Hattfjelldal** (65.5925,13.9584)

74,4 –54,2 Auf langen Strecken III-II-I, nur einzelne Stellen bis WW 4/5, eine Stelle **X**. Wuchtwasser in einer tiefen Schlucht mit traumhaften Surfwellen und spektakulären Einzelstellen der Extraklasse. Kurz nach Beginn ein unscheinbarer Katarakt mit unangenehmen Kolk auf der rechten Seite, besser vor Befahrung besichtigen. ⚠, niedrige Stufe etwa in der Mitte der Strecke birgt einen lebensgefährlichen Rücklauf und sollte besser umhoben werden, umtragen links einfach. Sehr viel Flachwasser gegen Ende, aber landschaftlich ein Highlight. Umtragen immer möglich (65.5921,13.9583)–(65.5186,13.6299)

58,7 ⇩ der Storfiplingelva (s. Seite 328) in die Vefsna (65.5236,13.7135)

57,5 ⇩ der Lille Fiplingdalselva (s. Seite 328) in die Vefsna (65.5201, 13.6919)

54,2 ⬆⬇ an der Ⅱ in die Fiplingstäler, re zur Straße 73, **N Kløvimo** (65.5185,13.6296)

54,2 –41,8 ⚠ WW IV+, III-II-I (V), Wuchtwasser der Extraklasse, ein schwerer Katarakt (WW V) gleich am Anfang, dann beruhigt sich die Vefsna relativ schnell bis zum Ausstieg. Sehr viel Flachwasser am Ende, aber landschaftlich immer lohnend mit einigen Spielwellen. Kurz vor Ende noch eine wuchtige Stufe (65.5184,13.6294)–(65.5355, 13.3938)

42,6 Str-Ⅱ E6 bei Trofors (65.5323,13.4048)

42,4 Str-Ⅱ Trofors (65.5324,13.4003)

41,9 ⇩ der Svenningdalselva (s. Seite 329) in die Vefsna (65.5349, 13.3926)

41,8 re ⬆⬇, Str-Ⅱ 73, re **N Trofors** (65.5356,13.3940)

41,8 –0,0 Für diesen Abschnitt liegt kein Befahrungsbericht vor (65.5357, 13.3942)–(65.8476,13.1821)

37,6 ⚠ Stufe, keine Angaben (65.5714,13.3977)

35,6 Straßen-Ⅱ, re **N Grane** (65.5852,13.3873)

28,4 ⚠ Stufe, keine Angaben (65.6217,13.2928)

21,3 Wege-Ⅱ, danach Schwallstrecke, keine Angaben (65.6776,13.2504)

19,5 ⇩ der Eiteråga (s. Seite 331) in die Vefsna (65.6925,13.2454)

15,9 ⚠ Stufe, keine Angaben (65.7192,13.2137)

12,6 ⚠ Stufe, keine Abgaben (65.7443,13.2301)

11,7 EB-Ⅱ (65.7503,13.2373)

2,6 Fußg-Ⅱ Mosjøen (65.8285,13.2077)

2,0 Str-II, re **N Mosjøen** ♖, ⚡ (65.8320,13.1971)
0,0 ⇩ in den Vefsnfjord (65.8477,13.1821)

Unkerelva

Weitere Namen: Skarmodalselva [nor], Vapstälven [swe]

Wildflüsse
Mündung in Vefsna bei km 83,9 (li Nebenfluss)

Die Skarmodalselva, der anschließende See Unkervatnet und die Unkerelva stellen ein zusammenhängendes Flusssystem dar und werden daher durchlaufend beschrieben. Sie sind sehr schwere Wildflüsse.

Befahrbarkeit: Wahrscheinlich ganzjährig, jedoch keinesfalls bei höherem Wasserstand.
Wasserführung: beide Flüsse haben einen sehr starken Durchlauf. Bei einer Befahrung Mitte August 1977 wurden auf dem Skarmodalselva etwa 30 m³/s und auf dem Unkerelva etwa 40 m³/sec angetroffen.

Schwierigkeiten: oberhalb km 29.1 nichts bekannt,
km 29.1– 17.0 WW II, III, IV und IV+,
km 17.0–8.3 See,
km 8.3–4.0 WW I (V, **X**),
km 4.0–0.0 WW IV und V (**X**).

76,8 ⇩ in den See Virisen (65.4012,15.3669)
61,8 Ausfluss aus dem See Virisen (65.4043,14.9892)
60,9 Str-II über den Vapstälven nach **S Bojtiken**, Straßenanschluss zum See. Der Vapstälven soll hier ein interessanter Wildfluss sein, Einzelheiten sind nicht bekannt (65.4031,14.9703)
58,7 ⇩ in den See Övre Vapstsjön (65.4177,14.9300)
56,0 Ausfluss aus dem See Övre Vapstsjön (65.4234,14.8697)
29,6 re **S Skarmodalen** (65.4443,14.5152)
29,1 Grenze Schweden-Norwegen, ⬇, wenn die Straße neben dem Fluss verläuft. ⚠, im allgemeinen WW II, dazwischen mehrere Passagen zwischen WW III und WW V+, mit einer Zwangspassage WW V in enger Klamm. Der Fluss erinnert an den obersten Tarn. Ab hier heißt der Fluss Skarmodalselva (65.4446,14.5009)
17,0 ⇩ in den See Unkervatnet, ⬆ bei einem Steinbruch möglich. Falls zur Unkerelva weitergefahren wird, muss der See in seiner ganzen Länge durchfahren werden (65.4875,14.3106)
8,6 Ende des Sees, Ausfluss der Unkerelva, ⬇ an geeigneter Stelle. ⚠ zunächst auf 5 km WW I, mit dazwischen liegenden Abfällen, WW V. Eine Passage ist **X** (65.5140,14.1384)

4,0 ⚠, erhebliche Zunahme der Schwierigkeiten, fast durchgehend WW IV und V, mit 2 Passagen X
0,2 Str-Ⅱ 804, Beendigung der Fahrt (65.5213,14.0138)
0,0 ⇩ der Unkerelva in Vefsna (s. Seite 324) bei km 83,9 (65.5217, 14.0104)

Storfiplingelva

Wildfluss
Mündung in Vefsna bei km 58,7 (li Nebenfluss)

Die Storfiplingelva ist ein schwerer Wildfluss, eingeengt zwischen hohen Bergen.

Befahrbarkeit: Die untere Strecke ab der Brücke bei Jerpåsen bis zur Brücke an der Mündung in die Vefsna sollte nur bei Niedrigwasser (nicht mehr als 20 m³/s) befahren werden! Bei mehr Wasser ist eine Rücklaufstufe nicht mehr zu umtragen und auch nicht abzusichern! Achtung zu viel Wasser dürfte hier keine Seltenheit sein! Wenn man an die alte Holzbrücke kurz vor der Mündung in die Vefsna fährt und man sich den letzten Abfall vor der Brücke nicht zutraut, ist von einer Befahrung abzuraten!

Schwierigkeiten: km 15,1 - 6,5; auf 500 m WW IV, Rest der Strecke WW III
km 6,5 - 0,0; WW IV und V mit 2 Stellen X

Quellen: Neubeschreibung durch Ulrich Kittelberger nach Befahrungen 2013-2016

15,1 Str-Ⅱ, li **N Leira**, ⬇ unterhalb des Storforsen (65.4235,13.6716)
15,1 –6,5 ⚠ auf 500 m WW IV, Rest der Strecke WW III (65.4236, 13.6716)–(65.4896,13.7145)
6,5 ⬇ an der Ⅱ bei **N Jerpåsen** (65.4897,13.7146)
6,5 –0,0 ⚠, WW IV und V mit 2 Stellen X (65.4898,13.7146)–(65.5236, 13.7135)
0,0 ⇩ der Storfiplingelva in die Vefsna (s. Seite 324) bei km 58,7 (65.5236,13.7135)

Lille Fiplingdalselva

Wildfluss
Mündung in Vefsna bei km 57,5 (li Nebenfluss)

Eine Befahrung der Lille Fiplingdalselva ist eine alpine und anstrengende Unternehmung. Die beiden hohen Wasserfälle in der Mitte müssen großräumig rechts umtragen werden, bis dahin je nach Form schon 2-3 Stellen X. Im unteren Teil einige knackige und teils unsaubere Katarakte. Die Stufenkombination vor dem Ausstieg ist nur etwas für Hartgesottene, ⏏ links einfach.

Befahrbarkeit: Günstiger Wasserstand ca. 8-10 m³/s am Ausstieg. Bei weniger Wasser sehr hakelig!

Schwierigkeiten: WW IV-V, VI, **X**.

Quellen: Neubeschreibung durch Ulrich Kittelberger und Sebastian Gründler nach Befahrungen 2013-2016

6,6 li ⬇ 100 m oberhalb der folgenden Straßenbrücke, ⚠ Stelle unter der Brücke vor der Fahrt genau anschauen (65.4704,13.6491)

6,4 Str-Ⅱ, li **N Kløvfors** (65.4710,13.6512)

0,6 Str-Ⅱ, li **N Hallingen** (65.5157,13.6938)

0,0 ⇩ der Lille Fiplingdalselva in die Vefsna (s. Seite 324) bei km 57,5 (65.5201,13.6919);
zum ⬆ auf der Vefsna weiterfahren bis zur nächsten Brücke

Svenningdalselva

Wildfluss
Mündung in Vefsna bei km 41,9 (li Nebenfluss)

Die Svenningdalselva verläuft durch ein reizvolles Tal. Sie ist auf langen Strecken als Wildfluss nur mäßig schwer. Dazwischen liegen allerdings kurze Abschnitte, die sehr schwer bzw. **X** sind. Keine künstlichen Verbauungen.

Umwelt: Glasklares Wasser.

Schwierigkeiten: km 22,4 – 21,0 WW I-II (IV, **X**)
km 21,0 – 2,8 WW I-II (III, IV, **X**)
km 2,8 – 0,0 WW II-V (**X**)

Infrastruktur: 🚐 bei km 12,4 und 4,4.

22,4 Ursprung als Ausfluss aus dem See Store Svenningvatn, gute ⬇ am See; zunächst leicht, WW I-II (65.3643,13.3765)

22,4 –21,0 ⚠ WW I-II (IV, **X**) (65.3645,13.3760)–(65.3740,13.3607)

21,5 ⚠ 2 Stufen, jeweils 4 m hoch, evtl. nach Besichtigung ≈, WW IV, ⏏ gut möglich (65.3705,13.3668)

21,0 ⚠ Wasserfall, **X**; ⏏ 200 m, wieder-⬇ bei der folgenden Ⅱ; danach WW II (65.3738,13.3612)

21,0 –2,8 ⚠ WW I-II (III, **X**) (65.3740,13.3605)–(65.5145,13.3974)

20,7 Str-Ⅱ 76 (65.3762,13.3621)

20,2 ⚠ Wasserfall, **X**, re ⏏ (65.3802,13.3654)

19,1 li ⇩ der Holmvasselva (s. Seite 330) in die Svenningdalselva (65.3893,13.3632)

13,0 Str-Ⅱ, re **N Strendene** (65.4396,13.3999)

12,4 Schwallstrecke, WW III, re 🚐 Svenningdal, empfehlenswert. Hier weitere gute ⬇. Ab hier WW I mit Stellen WW II und III (65.4434,

13.4001)

4,4 ⚠ Wasserfall, **X**, schon bei der Anfahrt erkennbar an weißem Haus mit Hütten (🏕 Elvetun), re ⏏ möglich. Es folgt zunächst eine Klamm, auf 300 m WW IV (65.5072,13.3933)

3,7 ⇩ der Stavasselva (s. Seite 331) in die Svenningdalselva (65.5115, 13.3836)

2,8 ⚠ Wasserfall, nach Besichtigung evtl. ≈, WW V oder **X**, besser re ⏏ (65.5147,13.3973)

2,8 –0,0 ⚠ WW II - V (**X**) (65.5146,13.3974)–(65.5349,13.3924)

1,4 ⚠ Stufe, WW IV, danach WW II (65.5241,13.3936)

0,0 ⇩ der Svenningdalselva in die Vefsna (s. Seite 324) bei km 41,9 (65.5349,13.3926)

Holmvasselva

Weitere Namen: Gåsvasselva

Wildfluss

Mündung in Svenningdalselva bei km 19,1 (li Nebenfluss)

Die Holmvasselva fließt durch ein traumhaft schönes Hochtal. In ihrem unfahrbaren Oberlauf springt sie in vielen Stufen und Wasserfällen zu Tal. Eine gut 8 km lange Strecke des Mittellaufs bietet WW IV-V, VI. Der Unterlauf ist verhältnismäßig leichter zu befahren.

Quellen: Ergänzungen durch Ulrich Kittelberger und Sebastian Gründler

17,4 Ausluss der Holmvasselva aus einem kleinen See (65.3423,13.1611)

12,7 Str-Ⅱ 76, ⇩ Jordbruelva, reguläre ⬇, ⚠ mit tollem WW IV-V, bei Hochwasser auch darüber (65.3146,13.2217)

12,0 li ⇩ eines Baches mit Wasserzufuhr (65.3134,13.2349)

9,8 Holz-Ⅱ, die Straße entfernt sich vom Fluss, ⚠ Beginn einer Schlucht, WW III-IV (65.3219,13.2731)

7,2 ⚠ Stufe, 2 m hoch, evtl. ≈ oder re ⏏

6,2 ⚠ mehrere Schrägrutschen leiten in eine wasserfallartige Rutsche über, WW VI, ⏏ re einfach möglich

5,8 Beginn von seeartigen Erweiterungen (65.3455,13.3223)

4,0 Ende der Seen, mögliche ⬇, ⚠, es folgt auf 300 m ein Katarakt, WW IV (65.3585,13.3369)

3,6 Str-Ⅱ 76 (65.3625,13.3368)

3,5 ⬇ für den leichteren Unterlauf, bis zur ⇩ WW II-III

0,0 ⇩ der Holmvasselva in die Svenningdalselva (s. Seite 329) bei km 19,1 (65.3893,13.3632)

Stavasselva

Wildfluss
Mündung in Svenningdalselva bei km 3,7 (li Nebenfluss)

Traumwildwasser in tiefer Schlucht. Höhepunkt ist die Doppelstufe "Svartforsen" kurz nach Beginn der Fahrt.
Die obere Stavasselva muss erwandert werden und bietet noch einzelne schöne Stellen bis WW V. Einsatz nach Lust und Laune

Befahrbarkeit:	Günstiger Wasserstand ca. 8-20 m³/s am Einstieg.
Schwierigkeiten:	WW IV, V- für die beschriebene Strecke.
Quellen:	Neubeschreibung durch Ulrich Kittelberger und Sebastian Gründler nach Befahrungen 2013-2016

5,9 ⬇ an einem Wander-🅿 am Straßenende. Diese Straße zweigt vom Vestersivegen bei (65.502945,13.388766) ab (65.4864,13.2967)
5,8 Fußg-II (65.4865,13.2985)
5,0 ⚠, Doppelstufe Svartforsen (65.4896,13.3138)
0,8 ⬆ an der Str-II Vestersivegen, ⚠, der folgende Fossen ist WW VI-X (65.5091,13.3700)
0,3 EB-II (65.5108,13.3776)
0,0 ⇩ der Stavasselva in die Svenningdalselva (s. Seite 329) bei km 3,7 (65.5115,13.3836)

Eiteråga

Wildfluss
Mündung in Vefsna bei km 19,5 (li Nebenfluss)

Oberlauf der Eiteråga:
Einstieg am Ende jener Straße, die am weitesten ins Tal hinein geht, dann nach einer Doppel-90-Grad-Kurve des Flusses rechts über eine Brücke und noch einmal 1,5 km am Fluss entlang, bis die Straße endet. Wenn man ab diesem Punkt noch weiterwandert, kommt man an einige sehenswerte Wasserfälle, die rein theoretisch zum Teil fahrbar sind.
Aussatz je nach Lust und Laune, da die Straße fast immer in der Nähe des Flusses ist. Der interessanteste Teil in einer traumhaften Waldschlucht endet an einer Brücke und ist ca. 4 km lang. Kein Wasserstands-Limit.

Unterlauf der Eiteråga:
Traumwildwasser, welches leider viel zu kurz ist!
Einstieg entweder wenn die Straße an den Fluss kommt (wird nicht empfohlen!) oder (besser) in einer markanten Kurve mit Bacheinschnitt und kleinem Parkplatz an der Straße ca. 2000 m bevor die Straße wieder an den Fluss geht. Das

Hinuntergehen bis zum Fluss dauert nur ca. 15-20 min. Von dort bis Aussatz Straßenbrücke, ca. 4-5 km. Falls oberer Einstieg gewählt wird, je nach Wasserstand extrem mühsame Umtragung links, danach zwei markante Stellen welche aber problemlos umtragen werden können. Keine weiteren limitierenden Passagen. Kein Wasserstands-Limit.

Schwierigkeiten: Oberlauf der Eiteråga WW III-II-I, Unterlauf der Eiteråga WW III-IV, V, X.

Quellen: Neubeschreibung durch Ulrich Kittelberger und Sebastian Gründler nach Befahrungen 2011-2016

24,1 empfohlene ⬇ in den Oberlauf, WW III-II-I (65.5442,13.1604)
22,7 Str-II, hierbei handelt es sich um die Brücke, die in der Beschreibung der Anreise erwähnt wird (65.5501,13.1750)
18,9 Str-II, empfohlene ⬆ für den Oberlauf (65.5781,13.1596)
18,9 –3,8 Für diesen Abschnitt liegt kein Befahrungsbericht vor (65.5782, 13.1595)–(65.6899,13.1732)
11,3 Str-II (65.6390,13.1492)
3,8 empfohlene ⬇ für den Unterlauf der Eiteråga, ⚠ WW III-IV, V, X (65.6899,13.1733)
0,5 Str-II, empfohlene ⬆ für den Unterlauf (65.6918,13.2353)
0,0 ⇩ der Eiteråga in die Vefsna (s. Seite 324) bei km 19,5 (65.6925, 13.2454)

Krutåa

Weitere Namen: Krutåga

Wildfluss

Mündung in den See Røssvatnet

Traumhafte Katarakte, Stufen und Rutschen in herrlicher Schlucht, Wassermenge ca. 10-20 m³/s. Nur für Extrempaddler, ansonsten einige mühsame Umtragungen. Der untere Durchbruch soll anfangs noch sehr schön sein, sich aber in einer Schlucht ins Unfahrbare steigern, also ⩯ erforderlich. Unbedingt vorher besichtigen.

Schwierigkeiten: WW III-V+, X

Quellen: Neubeschreibung durch Ulrich Kittelberger und Sebastian Gründler nach Befahrungen 2010-2015

9,9 ⬇ am Ausfluss aus dem See Krutvatnet (65.6920,14.3403)
5,8 ⚠ 50 m lange Rutsche, von der Straße sichtbar, die re ⩯ wird (65.6822,14.2747)
5,3 ⚠ großer 2-stufiger Fall (65.6782,14.2681)
1,6 ⚠ Schlucht, ⩯ erforderlich (65.6781,14.2046)
0,5 Str-II, re davor ⬆-Möglichkeit (65.6810,14.1810)

0,0 ⇩ der Krutåa in den See Røssvatnet (65.6805,14.1716); weitere ⬆-Möglichkeit am Seeufer (65.6810,14.1713)

Ranelva

Weitere Namen: Gubbeltåga, Randalselva

Wildfluss
Mündung in Ranafjorden

Die Ranelva ist in ihrem, anschließend ausschließlich beschriebenen Oberlauf ein interessanter Wildbach in einer beeindruckenden Landschaft. Über den Unterlauf ab km 65,8 sind keine gesicherten Unterlagen bekannt.

Befahrbarkeit:	Meist bis Ende Juli und nach Regenfällen. Das Wasser steigt schnell an.
Umwelt:	Sehr sauber, die Ufer sind fast überall begehbar.
Pegel:	Hilfspegel: wenn das Wasser für eine Befahrung ab km 86,4 etwas knapp ist, bedeutet dies einen guten Wasserstand für die Folgestrecke. Bei höheren Wasserständen wird die Strecke ab km 76,9 sehr gefährlich und wahrscheinlich **X**.
Schwierigkeiten:	Stark schwankend zwischen WW II-VI-**X**.
Infrastruktur:	Sehr schöner ⛺ bei km 65,8, am Fluss gelegen.

86,4 Wege-Ⅱ, Polarkreis, mögliche ⬇ in die Gubbeltåga bei ausreichendem Wasserstand. WW II (66.5548,15.3130)

80,8 Wege-Ⅱ, 🅿 an der E 6, gute ⬇ falls der Wasserstand ab km 85,6 nicht ausreicht. Ab hier zunächst WW II-III (66.5136,15.2976)

79,8 ⚠, Stufe, 2 m hoch, WW IV; kurz danach weitere Stufe, etwas leichter, gut zu besichtigen. Danach wieder WW II-III (66.5073,15.2841)

78,8 Str-Ⅱ E 6 (66.5034,15.2650)

76,9 Fußgänger-Ⅱ, ⚠, unbedingt ↱ und die folgende Felsklamm besichtigen, möglichst schon bei der Anfahrt. Der Klammausgang kann von der Straße aus eingesehen werden. Auf 200 m WW V mit gefährlichen Rückläufen, bei HW wahrscheinlich **X**. In der Mitte der Klamm befindet sich eine Unterspülung, **X**, re ⏏ einfach. Ab Ende der Klamm wieder WW II-III (66.4910,15.2402)

75,3 ⚠, Katarakt, auf 300 m WW IV, eine Stufe **X**, ⏏ möglich. Danach auf 400 m etwas leichter, dann nochmals auf 300 m WW IV. Achtung auf rückläufige Walzen in den Katarakten! (66.4782,15.2364)

74,3 Str-Ⅱ nach Nedl. ⚠, hier ⬆, wenn der folgende extreme Schluchtabschnitt nicht befahren werden soll. ⬇ für Extremfahrer. Die folgenden 4 km wurden nur besichtigt. Die Schwierigkeiten in der Schlucht betragen WW IV-VI mit Abschnitten **X** und Wasserfällen. Besichtigung der gesamten Schlucht vor evtl. Befahrung unerlässlich (66.4696, 15.2339)

73,9 ⇩ der Gubbeltåga in die von li kommende Randalselva (66.4657, 15.2312)

69,6 Ende der schweren Schlucht, mögliche ⬇ für die Weiterfahrt. Die Boote müssen etwa 200 m durch den Wald getragen werden. Ab hier auf 1,5 km WW III

68,5 Str-II nach Andfjell (66.4483,15.1363)

68,3 li ⇩ der Virvasselva, ab hier Flussname Ranaelva (66.4475,15.1315)

68,0 ⚠ Wasserfall, **X**, li ⌓ möglich. Danach WW II (66.4489,15.1260)

67,6 ⚠ Wasserfall, WW VI. re zweigt vor dem Fall ein Flussarm ab, über den der Fall gefahrlos umfahren werden kann, besichtigen (66.4503, 15.1182)

66,9 ⚠, Wasserfall, nach Besichtigung evtl. ≈, WW V, re ⌓ möglich (66.4544,15.1085)

66,7 ⚠, unbedingt li in kleinen Seitenarm einfahren und vorsichtig zum nächsten Wasserfall, ebenfalls **X**, vortasten. Diesen li ⌓. Im Hauptarm des Flusses extrem starke Strömung zum Fall, ⬆ davor sehr gefährlich (66.4562,15.1050)

65,8 Str-II E6; davor li ⛺ Krokstrand, sehr empfehlenswert. Die folgende Strecke bis zur ⇩ wurde nur oberflächlich von der Straße aus besichtigt. Sie bietet im Allgemeinen leichtes WW, gelegentlich unterbrochen von Stromschnellen, Wasserfällen und Wehren (66.4622,15.0956)

56,6 ⇩ der Bjøllåga (s. Seite 334) in die Ranelva (66.5100,14.9691)

53,1 ⇩ der Stormdalselva (s. Seite 335) in die Ranelva (66.5034,14.8987)

30,9 ⇩ der Gronfjellåga (s. Seite 336) in die Ranelva (66.3734,14.5922)

0,0 ⇩ der Ranaelva in den Rana-Fjord, **N Mo i Rana** (66.3347,14.1617)

Bjøllåga

Wildfluss
Mündung in Ranelva bei km 56,6 (re Nebenfluss)

Unternehmen im Expeditionsstil.
Die Bjøllåga gehört zu den ganz großen Schluchten Norwegens. Sie bietet über weite Strecken schönes und zum Teil auch sehr schweres Wildwasser mit mindestens zwei anstrengenden Umtragungen. Die Schwierigkeit besteht im Erreichen der Einsatzstelle und der Tatsache, dass diese Unternehmung ohne Übernachtung ein Zeitproblem darstellt.
Zustieg: Wanderweg von der Zugstation Bolna (Bolnastua) aus bis zum Nebenbach Raudfjellelva. Bis hierhin muss man die Boote ca. 5-7 h tragen. Der Nebenbach ist leider sehr unsauber und man trägt vielleicht schneller neben

dem Bach bis zur Bjøllaga.
Aussatz: ca. 3 km nach der Mündung in die Ranelva frei wählbar vor Storvollen.
Die Schwierigkeiten in der Schlucht steigern sich proportional mit Nahen der Mündung in die Ranelva. Mindestens eine Stelle ist definitiv unfahrbar, bei viel Wasser sind es drei Stellen. Nur für konditionell geübte Fahrer, es können zwar theoretisch alle Stellen mit mehr oder weniger Aufwand umtragen werden, wenn man im Durchbruch aber nicht die Nacht verbringen will sollte man zügig vorankommen. In der Ranelva selbst hat man noch eine Handvoll sportliche Passagen mit WW IV zu meistern, bevor man die Schlucht hinter sich lässt.
Eine Besichtigung der Mündung vor der Fahrt vom gegenüberliegenden Ufer ist äußerst empfehlenswert. Meint man, einen "runden" Wasserstand zu sehen, ist es eher zu viel!
Der Oberlauf vor dem beschriebenen Einsatz wurde ebenfalls schon befahren. Dann ist das Projekt aber definitiv in eine Mehrtagesaktion aufzuteilen.

Schwierigkeiten:	WW III-IV-V, X. Wasserstand: ca. 20-40 m³/s.
Quellen:	Neubeschreibung durch Ulrich Kittelberger und Sebastian Gründler nach Befahrung 2014

11,0	empfohlene ⬇ (siehe Beschreibung) (66.5863,15.0524)
10,8	li ⇩ der Raudfjellelva (66.5845,15.0497)
0,0	⇩ der Bjøllåga in die Ranelva (s. Seite 333) bei km 56,6 (66.5100, 14.9691)

Stormdalselva

Wildfluss
Mündung in Ranelva bei km 53,1 (re Nebenfluss)

Befahren wurde die Stormdalselva von der Mündung der Tespa bis zu einer Wanderbrücke über die Ranelva. Relativ einfache Wanderung von Bjøllånes aus.
Traumwuchtwasser mit fetten Katarakten und zwei Stufen am Ende. Sieht von oben einfacher aus als es ist! Wer oberhalb des Bredekfossen paddeln will steigt am besten auf dem Wanderweg orografisch rechts ins Stormdalen hoch, den Fossen dann rechts umtragen. Wildwasser dort angeblich größtenteils sehr einfach.

Schwierigkeiten:	WW III - V- im befahrenen Bereich.
Quellen:	Neubeschreibung durch Ulrich Kittelberger und Sebastian Gründler nach Befahrung 2014

3,4	⚠ Bredekfossen (66.5199,14.8787)
2,4	⬇-Möglichkeit zur Befahrung der Stormdalselva an der Tespa-⇩ (66.5203,14.8969); ⇩ der Tespa (s. Seite 336) in die Stormdalselva (66.5202,14.8968)

0,0 ⇩ der Stormdalselva in die Ranelva (s. Seite 333) bei km 53,1 (66.5034,14.8987);
⬆ an der Wander-Ⅱ über die Ranelva (66.5010,14.8974)

Tespa

Wildfluss
Mündung in Stormdalselva bei km 2,4 (li Nebenfluss)

Hike-In - sehr anstrengend
Die Tespa wurde nur im Oberlauf auf einer Strecke von 4 km befahren. Die Befahrung der unteren Klamm musste abgebrochen werden. Eher ein Projekt, vor Befahrung am besten komplett scouten. Extreme Wasserfallkombination oben im Fjell, ca. 8-9 km Wanderung bis dahin.

Schwierigkeiten: WW V-VI-**X**
Quellen: Neubeschreibung durch Ulrich Kittelberger und Sebastian Gründler nach Befahrung 2014.

5,4 gewählte ⬇ (66.5584,14.9454)
0,0 re ⇩ der Tespa in die Stormdalselva (s. Seite 335) bei km 2,4 (66.5202,14.8968)

Gronfjellåga

Wildfluss
Mündung in Ranelva bei km 30,9 (li Nebenfluss)

Befahrene Strecke von der Brücke bei Snasen bis zur Brücke oberhalb Dunderforsen. Steile Rutschenkombination gleich zu Beginn, dann sehr schöne Katarakte und Rutschen, kurz vor dem Ausstieg noch zwei erwähnenswerte Rutschen.

Befahrbarkeit: Wassermenge: mind. ca. 10-25 m³/s
Schwierigkeiten: WW III-IV+
Quellen: Neubeschreibung durch Ulrich Kittelberger und Sebastian Gründler nach Befahrungen 2010-2015

6,8 ⬇ an einer Str-Ⅱ, li **N Granlia**, re nach **N Snasen** (66.3436,14.6904)
3,4 Str-Ⅱ (66.3586,14.6452)
2,1 Str-Ⅱ (66.3613,14.6237)
0,7 ⬆ an der Str-Ⅱ oberhalb Dunderforsen (66.3692,14.6032)
0,1 EB-Ⅱ (66.3726,14.5929)
0,0 ⇩ der Gronfjellåga in die Ranelva (s. Seite 333) bei km 30,9 (66.3734, 14.5922)

Junkerdalselva

Weitere Namen: Skaitielva

Wildfluss
Mündung in die Saltelva

Skaitielva und Junkerdalselva werden durchgängig beschrieben.
Die Skaitielva hat ihren Ursprung im riesigen Ballvatnet und fließt durch eine tiefe, dunkle Schlucht. Sie vereinigt sich mit der Graddiselva zur Junkerdalselva.

Befahrbarkeit:	Beste Zeit ist Mai/Juni, ggf. bis Ende Juli. Wasserstand: 15-30 m³/s.
Schwierigkeiten:	km 21,5 - 15,9 WW III, IV (5) km 6.3 -0.0 WW WW III-IV+, V
Quellen:	Neubeschreibung durch Ulrich Kittelberger nach Befahrungen 2015

21,5 ⬇ an der Straßenbrücke einen Kilometer unterhalb Skaiti, ein Einsatz deutlich weiter oben (Hike-In) ist nach unseren Recherchen möglich (66.7923,15.6936)

21,5 –17,9 ⚠, pfeilschneller Ritt in einer schönen Schlucht, wenig Wucht, mäßiges Gefälle. Eine alte verfallene Straße verläuft direkt neben dem Bach am Schluchtgrund. Das macht ein Umheben theoretisch einfach, allerdings gibt es keine Stellen, die man umtragen müsste. Die Skaitielva fließt mit sehr hoher Geschwindigkeit und permanent im 3. und 4. Grad bis zum Zusammenfluss mit der Graddiselva (66.7923, 15.6945)

17,9 Zusammenfluss von li Graddiselva und re Skaitielva, ab hier Flussname Junkerdalselva. Die Graddiselva ist nicht empfehlenswert. Nach einer schönen Schluchtstrecke am Anfang müsste man die Schlucht kletternd verlassen, folgen doch mindestens 4 völlig unfahrbare Fossen, deren Umtragemöglichkeiten nicht mehr gegeben sind! (66.7672, 15.6672)

17,9 –15,9 ⚠, ab hier ändert sich der Charakter. Es folgen drei definierte Stellen (WW V) und eine sehr wuchtige Klamm (ebenfalls WW V), deren Eingang aber notfalls gut am rechten Ufer umhoben werden kann (Felsenstart aus 3 m Höhe). Nach der Klamm öffnet sich der Fluss schlagartig und bis zur Brücke hat man noch wuchtige Schwälle, die man mit langem Hals allesamt befahren kann (66.7673,15.6671)–(66.7769,15.6322)

15,9 ⬆ an der Wege-II am Junkerdal Turistcenter (66.7769,15.6320)

15,9 –6,3 Für den folgenden Flusslauf liegt kein Befahrungsbericht vor (66.7770,15.6318)–(66.8236,15.5063)

6,3 ⬇ an einer Str-Ⅱ (66.8236,15.5054)
6,3 –0,0 ⚠, dieser Streckenabschnitt ist bei ca. 50 m³/s sehr schnell und wuchtig mit beängstigend vielen spitzen Steinen direkt in der Strömung. Einige steile, keine Fehler verzeihenden Katarakte, Umtragen immer möglich. WW III-IV+, V (66.8237,15.5059)–(66.8147,15.3862)
0,8 Str-Ⅱ E6, ⬆-Möglichkeit (66.8160,15.3972)
0,0 ⇩ der Junkerdalselva in die Saltelva (66.8146,15.3859); hier weitere ⬆-Möglichkeit an einer Str-Ⅱ (66.8142,15.3867)

Salangselva

Wildfluss (Gebirgsfluss)
Mündung in Salangenfjord

Der Salangselva ist ein sehr reizvoller Wildfluss weit nördlich des Polarkreises.

Befahrbarkeit: Dank seines Einzugsgebietes aus über 1 400 m hoch gelegenen Schnee- und Eisfeldern bis in den Spätsommer ausreichende Wasserführung. Ende Juli 89 wurden etwa 25 m³/s angetroffen.

Schwierigkeiten: spritziges WW, unterbrochen von kleinen Stufen und kurzen Schwällen mit erheblicher Wasserwucht.
km 47.8–45.0 WW II,
km 45.0–43.8 WW IV,
km 43.8–42.2 WW III-I,
km 42.2–36.0 WW III (III+),
km 36.0–32.3 WW I-II,
km 32.3–28.1 WW III.

47,8 Ursprung durch Zusammenfluss der Quellbäche Budalselv und Stordalselv (eine Befahrung des Stordalselv scheint möglich, jedoch keine Straßenzufahrt). Ⅱ, mögliche ⬇. Regulierter Flussabschnitt, wenig lohnend. WW II (68.6415,18.2247)
45,0 Ⅱ bei Straßen-km 8,5, ⚠ sofort danach Flussteilung. Im li Arm folgt nach 200 m ein Schrägabfall, WW VI-**X**. Im re Arm mehrere Stufen, WW IV (68.6575,18.1924)
44,3 ⚠, wuchtiger Schwall (68.6598,18.1790)
43,8 Holz-Ⅱ, empfohlene ⬇, falls die vorausgehenden Schwierigkeiten vermieden werden. WW III, abnehmend WW I, flotte Strömung
42,2 Holz-Ⅱ bei Gehöft, ⚠, auf 3 km WW III mit mehreren Stellen bis WW IV (68.6728,18.1468)
41,8 Straße verlässt den Fluss, scharfe S-Kurve, WW III+ (68.6752, 18.1424)
40,5 Flussteilung, beide Arme ≋ (68.6816,18.1226)

38,0	Str-II in Stahlkonstruktion (68.7006,18.1059)
36,0	Str-II E6, WW I-II (68.7162,18.1007)
32,3	es folgt sehr interessantes Wildwasser bis WW III+ (68.7458,18.1173)
28,1	Str-II nach Vestre Forseth, ⬆ nach der II re nach kräftigem Schwall. ⚠, es folgt eine sehr schwere Schlucht, über deren Befahrbarkeit nichts bekannt ist (68.7746,18.1659)
0,0	⇩ der Salangselva in den Salangenfjord (68.8649,17.8615)

Målselva

Wanderfluss (Gebirgsfluss)
Mündung in Malangenfjord

Die Målselva ist ein Fluss des hohen Nordens von Norwegen. Er verläuft mit ruhiger Strömung ohne besondere Schwierigkeiten durch eine sehr reizvolle Landschaft.

Befahrbarkeit:	Ganzjährig.
Schwierigkeiten:	WW I - Zahmwasser - See (III+) Umtragen: Målselvfoß bei km 44.6.

105,9	Rostadalen, ⇩ des Rostaelv in den See Lille Rostavatn, ⬇. Die Wasser dieses Zuflusses stammen aus etwa 700 m Höhe. (68.9776, 19.6421)
98,6	Ausfluss aus dem See, die Målselva ist hier ein Bach mit mäßiger Strömung (69.0218,19.5157)
96,7	⚠, nach leichter Stromschnelle steht ein 4 m hoher Felsturm im Bach, li Durchfahrt führt unter den unterspülten Felsen, re Durchfahrt verblockt, unbedingt ansehen, WW III+ (69.0250,19.4725)
95,0	Str-II, Tamokbru, mögliche ⬇, falls auf eine Befahrung des Sees verzichtet wird. Danach li in einer Bucht ⇩ des Divielva (69.0182, 19.4550)
94,3	li ⇩ der Divielva (s. Seite 340) in die Målselva (69.0137,19.4432)
93,1	Str-II (69.0138,19.4153)
85,9	Str-II (69.0071,19.2775)
65,2	Str-II 87, **N Rundhaug**, der Fluss macht mehrere große Schleifen, ruhige Strömung (69.0192,18.8972)
44,6	⚠, Målselvfossen, **X**, ⌓ etwa 800 m weit (69.0355,18.6592)
42,0	li ⇩ der Barduelva (s. Seite 341) in die Målselva (69.0453,18.6196)
27,4	Str-II Målselv (69.1391,18.6022)
27,2	Str-II E6, re **N Målselv** (69.1399,18.5963)
16,5	der Målselv verbreitert sich zu einem Ausläufer des Malangenfjords. Bei ungünstigen Windverhältnissen sollte die Fahrt hier an geeigneter Stelle beendet werden (69.2117,18.4793)

0,0 ⇩ der Målselva in den Malangenfjord bei **N Malsnes** (69.3561, 18.5231)

Divielva

Wildfluss
Mündung in Målselva bei km 94,3 (li Nebenfluss)

Die Divielva ist ein Quellfluss der Målselva. Divielva und ihr Nebenfluss Anjavasselva sind Bestandteil des Øvre-Dividal-Nationalpark und werden hier gemeinsam beschrieben.
Einstieg: bei der Mündung des Nebenbaches Vumajohka, der von rechts in die Anjavasselva mündet.
Ausstieg: am Straßenende mit Wanderparkplatz im Dividalen
Strecke: ca. 10 km
Die Anjavasselva beginnt mit offenem WW 3 in glasklarem Wasser. Nach ein paar wuchtigen Stellen fordert eine Rutsche mit ungesunden Rücklauf rechts starke Nerven. In der folgenden Schlucht wartet ein Wasserfall wie aus dem Bilderbuch, den man vom Wanderweg aus gesehen haben muss. Der Wasserfall selber ist kein Problem, aber die Einfahrt ist extrem anspruchsvoll (WW VI). Um den großen Fossen (ca. 15 m Fallhöhe) im Durchbruch zur Divielva zu umtragen, empfiehlt sich volle Konzentration beim Anfahren des letzten Kehrwassers ca. 5 Meter vor der Abbruchkante. Beim richtigen Wasserstand ist der Fossen unter Umständen befahrbar. Normalverbraucher kommen in 15 Minuten nur 100 Meter nach dem Fossen über eine steile Rinne wieder an den Bach. Tolles Wildwasser III-IV in traumhafter Kulisse folgt bis zur Mündung in die Divielva. Hier müssen bald zwei Stellen unproblematisch umhoben werden. Der Charakter des Baches ist toll und kurz nach einer schweren Stelle in einer Niederklamm ist der Ausstieg erreicht. Die Folgestrecke sollte nicht befahren werden. Sie wartet mit unzähligen unfahrbaren Stellen und Siphonen auf und ist nicht zu empfehlen.

Befahrbarkeit:	Ein Wasserstand von ca. 10 m³/s am Einstieg wären wohl ideal, ideale Wassermenge am Aussatz ca. 20 m³/s. Beste Zeit ist Mai und Juni/ggf. bis Mitte Juli.
Schwierigkeiten:	WW IV und V (1 x VI, 1 x VI/**X**, 2 x **X**), Wildwasser im Expeditionsstil – Hike-In.
Infrastruktur:	Erreichbarkeit mit einer ca. 10 km Wanderung auf anfangs mühsam zu gehendem Wanderweg, über die Anjavasshytta hinauf ins Tal der Anjavasselva.
Quellen:	Neubeschreibung durch Ulrich Kittelberger und Sebastian Gründler nach Befahrungen 2015

42,2 li ⇩ der Anjavasselva in die Divielva (68.6913,19.7668)

Nebenstrecke Anjavasselva

Die Anjavalessa mündet in die Divielva.

5,2 re ⇩ der Vumajohka, ⬇ (68.6723,19.6694)

0,0 ⇩ der Anjavasselva in die Divielva (s. Seite 340) (68.6913, 19.7668)

38,0 re ⬆, re Wander-🅿, ⚠, hier ist die Befahrung zu beenden, nachfolgender Flusslauf **X** (68.7246,19.7523)

21,1 Str-II 173 Divdalsveien, die hier vom re Ufer zum li Ufer wechselt (68.8437,19.5783)

0,0 ⇩ der Divielva in die Målselva (s. Seite 339) bei km 94,3 (69.0137, 19.4432)

Barduelva

Wanderfluss (Wildfluss)
Mündung in Målselva bei km 42,0 (li Nebenfluss)

Die Barduelva fließt, in allgemeiner Richtung Süd–Nord, zunächst auf 40 km mit starkem Gefälle in einem landschaftlich hervorragend schönen Tal der Skanden. Dieser Abschnitt ist allerdings durch mehrere Kraftwerke weitgehend verbaut, über die Möglichkeit einer Befahrung ist nichts bekannt. Ab Setermoen verlässt die Barduelva das Hochgebirge und verläuft in einem breiten, landschaftlich immer noch sehr reizvollen Tal zwischen Bergen bis 1400 m Höhe als Zahmwasser zum Malangenfjord.

Ursprung aus dem 40 km langen Altevatnet, landschaftlich sehr schön, jedoch je nach Jahreszeit und Kraftwerksbetrieb Schwankungen des Wasserstandes bis zu 16 m. Großes ϟ am Ausfluss. Es folgen noch weitere ϟ, über die Möglichkeit einer Befahrung bis km 40 ist nichts bekannt, wahrscheinlich schweres WW.

Befahrbarkeit: Ganzjährig, mit plötzlichen Wasserstandsänderungen durch den Kraftwerksbetrieb muss gerechnet werden.

Schwierigkeiten: km 40–0 Zahmwasser (**X**)

39,9 2 Str-II südöstlich Setermoen (nach Inset), gute ⬇, ruhige Strömung, Zahmwasser (68.8291,18.4303)

32,3 II bei Setermoen, danach li 🚐 Bardu Camping bei einem Sportplatz (68.8725,18.3707)

23,1 Str-II (68.9300,18.4783)

13,0 Str-II 87 (69.0073,18.5206)

7,8 li **N Heggelia** (69.0433,18.5182)

5,5 Wege-II (69.0460,18.5592)

4,5 ▬, Wasserableitung zum ↯, **X**, ⌂ (69.0433,18.5832)
4,1 Str-II, danach Bardufossen, **X** (69.0423,18.5932)
0,0 ⇩ der Barduelva in die Målselva (s. Seite 339) bei km 42,0 (69.0453, 18.6196)

Rostaelva

Wildfluss
Mündung in den Lille Rostavatn

Die Rostaelva ist ein extremer Wildfluss mit wuchtigen Rutschen und Katarakten, sowie hohen Wasserfällen und vor allem teilweise hohe wuchtigen Fossen. Die Strecke oberhalb des Straßenende Innsetveien ist nur zu Fuss zu erreichen. Hier ist die beste Zeit zur Befahrung Juni/Anfang Juli. Wasserstand: unterhalb des Steilstücks bis zu 30 m³/s, oberhalb darf es wohl gern deutlich weniger sein. Ab der ⬇ Straßenende Innsetveien sollte der Wasserstand 20-40 m³/s betragen, bei mehr werden viele Stellen zu wuchtig. Den 14 m hohen Tomasfossen sollte man bei viel Wasser befahren. Beste Zeit hier Juni bis August.

Schwierigkeiten: km 18.0 - 16.1 WW V-VI/**X**
km 16.1 - 12.3 WW IV+ (5) mit 1 x **X** (gefährlicher Siphon!)
km 12.3 - 5.3 WW IV-VI (mindestens 1 x **X**)

Quellen: Neubeschreibung durch Ulrich Kittelberger und Sebastian Gründler nach Befahrung 2015

18,0 Wege-II bei der Rostahytta (re) (68.9391,20.0246)
18,0 –16,1 ⚠, WW V-VI/**X**. Dieser Abschnitt wurde nur besichtigt: Von der Rostahytta aus bietet die Rostaelva noch Potential ungeahnten Ausmaßes, was extreme Grundgesteinsrutschen und schwerstes Wildwasser angeht (68.9391,20.0245)–(68.9423,19.9803)
16,1 ⬇ Oberlauf (nur zu Fuß zu erreichen) (68.9423,19.9801)
16,1 –12,3 Wildwasser IV+ (5) mit 1 x **X** (gefährlicher Siphon!). Der Oberlauf der Rostaelva bietet für Freunde wuchtiger Rutschen und komplexer Katarakte ein Paradies. Teilweise säumt Grundgestein die Ufer, ein Umheben einzelner Stellen ist immer eine leichte Übung. Am Ende sorgt ein schöner Minifossen noch für ein ideales Fotomotiv (68.9423,19.9799)–(68.9539,19.8992)
12,3 ⬆⬇ am Straßenende des Innsetveiens im Rostadalen (68.9537, 19.8996)
12,3 –5,3 ⚠, WW IV-VI (mindestens 1 x **X**). Diese Extremstrecke (welche man während der Anfahrt hier kaum vermuten würde) kann allen Freunden von hohen Wasserfällen und vor allem mächtig wuchtigen

Fossen nur wärmstens empfohlen werden! Wer sein Gefälle lieber gleichmäßiger abbauen will, sollte sich eher an der oberen Rostaelva versuchen. Es wurden vier Stellen umhoben. Gegen Ende wartet im linken Flussarm noch der 14 Meter hohe Tomasfossen als Höhepunkt und Abschluss dieser Fahrt (68.9537,19.8989)–(68.9644,19.7442)

5,3 ⬆ am Haus "Berg" direkt gegenüber den sichtbaren Fossen des rechten Zuflusses Tverrelva (68.9642,19.7440)

5,1 re ⇩ der Tverrelva (68.9658,19.7425)

1,0 Str-II 7824, li zweigt der Innsetveien ab, der zur ⬆⬇ am Ende des Oberlaufes führt (68.9705,19.6534)

0,0 ⇩ der Rostaelva in den See Lille Rostavatn (68.9776,19.6414)

Nordkjoselva

Wildfluss
Mündung in den Balsfjorden

Von der Nordkjoselva liegt nur ein Befahrungsbericht für eine interessante Teilstrecke vor.
Einstieg: An der Straße 87 ca. 4 km vor der E6 im ganz ruhigen Wasser. Nach ca. 500 Metern beginnen die ersten Rutschen (von der Straße gut sichtbar).
Nach 500 Meter Einpaddeln kommt mit einem Schlag Rutsche auf Rutsche, eine Stelle schöner als die andere und Traumwildwasser erster Klasse. Ein völlig unfahrbarer Fossen muss in nur 5 Minuten links umtragen werden, direkt im Anschluss geht es wieder hinunter zum Fluss. Die folgenden zwei Kilometer sind ein einziger Rausch, der leider viel zu schnell endet. Der Bach ist viel lohnender, als man es von der Straße aus vermuten würde.
Ausstieg: An der Straße 87 ca. 1 km vor der E6, an dieser Stelle ist der Fluss nah an der Straße und es gibt eine schöne Haltebucht. Ein späteres Aussteigen an der E6 ist ebenso möglich.

Befahrbarkeit:	Beste Zeit: Mai-Juni/ggf. Juli und nach Regenfällen. Wasserstand: ca. 7-20 m³/s.
Schwierigkeiten:	Im beschriebenen Teil Wildwasser IV-V (1 Stelle **X**)
Quellen:	Neubeschreibung durch Ulrich Kittelberger und Sebastian Gründler nach Befahrung 2015

16,0 empfohlene ⬇ (69.1721,19.7968)

13,2 mögliche ⬆ (69.1884,19.7584)

0,0 ⇩ des Nordkjoselva in den Balsfjorden (69.2163,19.5385)

Reisaelva

Wanderfluss (Gebirgsfluss)
Mündung in Reisa-Fjord

Die Reisaelva ist in ihrem Oberlauf ein sehr schwerer Wildfluss mit hohem Gefälle und mehreren Wasserfällen. Ein Befahrungsbericht ist nicht bekannt. Ab Nedre Fossen, km 80.9, wird sie zu einem leichten, hindernisfreien Wanderfluss mit Zahmwasser in einem landschaftlich besonders reizvollen Tal, begrenzt von Bergen, die bis zu 1200 m aus dem Tal ansteigen. Im Reisatal geht zwischen dem 20. Mai und 23. Juli die Sonne nicht unter.

Befahrbarkeit: Frühsommer bis Ende Juli, im August meist zu wenig Wasser.

Infrastruktur: ⛺ bei Storslett, schöne Plätze am Fluss.

84,1 Hoher Wasserfall Imofossen, zu erreichen auf Wanderweg (69.2978, 22.0035)

80,9 Wasserfall Nedre Fossen, li Touristenhütte Nedrefoss hytta, mögliche ⬇. Ab hier geringes Gefälle (69.3210,21.9696)

72,5 re in 800 m Entfernung der gut 200 m hohe Wasserfall Mollisfossen (69.3599,21.8126)

55,7 li **N Sarelv**, Straßenendpunkt, als ⬇ ungünstig, da Fluss abseits der Straße (69.4554,21.5347)

51,8 **Bilto**, Endpunkt der Buslinie, Straße zum Fluss, übliche ⬇. Auf 7 km fast ohne Strömung (69.4828,21.4808)

45,5 Str-Ⅱ (69.5194,21.3890)

44,4 Auf knapp 30 km leichtes Wildwasser, WW I-II, mit Kiesbanküberläufen (69.5281,21.3825)

39,4 li **N Sappen**, Sporthütten, 🛒 (69.5590,21.3047)

23,5 Ⅱ der Straße 865 (69.6767,21.2628)

21,0 re ⇩ Doaresjåkka, bei HW WW II+ (69.6920,21.2279)

8,4 Nachlassen der Strömung, Zahmwasser

2,6 Fußg-Ⅱ (69.7642,21.0190)

2,2 Str-Ⅱ E6, li ⛺, re **N Storslett**, 🛒 (69.7676,21.0188)

0,0 ⇩ in den Reisafjord. Nach **N Sörkjosen** an der E 6 gut 3 km Kurs West (69.7861,21.0081)

Kvænangselva

Weitere Namen: Badajohka

Wildfluss

Mündung in den Sorfjorden

Die Kvænangselva ist ein Wildwasserprojekt im Expeditionsstil. Atemberaubende Kulisse und tolles Wildwasser stehen einem äußerst anstrengendem Hike-In und auch einigen Umtragungen gegenüber. Zeitaufwand: 1 - 2 Tage.

Befahrbarkeit: Beste Zeit: Juni/Anfang Juli. Wasserstand: An der Brücke Ausstieg 15 m^3/s wären Idealwasser. Ab 20 m^3/s wird das

	Limit erreicht.
Schwierigkeiten:	WW IV-VI (einige Stellen **X**)
Karten:	Nordeca, Norge-serien 10158 (Einstieg) und 10157 (Ausstieg)
Quellen:	Neubeschreibung durch Ulrich Kittelberger und Sebastian Gründler nach Befahrung 2015

24,0 ⬇ Einstieg: die ca. 14 km lange Wanderung beginnt am Ostende des Stausees Lassajavri (69.6608, 22.2183), direkt dem kleinen Bach bis zum Pass in südöstlicher Richtung folgen, runter ins Tal der Njarbesjohka; direkt links von der markanten Insel auf den Karten hoch, den Gipfelsee durchpaddeln und dann immer ostnordosthaltend, bis der Einstieg hoch oben im Fjell Rassegalvarri erreicht ist.
Tipp: die Boote am Vorabend die erste Hälfte schleppen, zurück zum Auto und frühmorgens wieder los, um eine Übernachtung zu vermeiden (69.6520,22.5412)

24,0 –5,4 ⚠. Nach dem Start geht es von offenem Kiesbett nahtlos ins Grundgestein der ersten Niederklamm über, die meisten Stellen gehen noch mit langem Hals. Die Rückläufe in den Stufen und Rutschen sind schon hier oben von der harten Sorte. Bald folgen zwei unfahrbare Stellen, welche aber einfach und schnell zum Umheben sind. Immer wieder sieht man Wasserfallkanten, die riesige Geländestufen in der endlos wirkenden Granitlandschaft markieren. Einige der folgenden Fossen sind fahrbar, einige völlig indiskutabel. Nach einigen Stunden und unzähligen Stellen kommt man an den ersten längeren Steilabbruch (auch theoretisch fahrbar), dessen halbstündige Umtragung man ohne Schwierigkeiten auf der linken Seite meistern kann. Kurze Zeit später zwingt ein weiterer Steilabbruch erneut zu einer sehr anstrengenden Trageeinheit auf scharfkantigen Riesenfelsen. Riesige Granitplatten liegen völlig unaufgeräumt am rechten Ufer herum und man muss sich mühsam den Weg durch dieses Labyrinth suchen. Dann folgt wieder viel Wildwasser, unterbrochen von einem grandiosen Fossen, der zum Glück in wenigen Minuten zu Land bezwungen werden kann. Kurz danach weitet sich das Tal, doch nach einer etwas längeren leichteren Etappe folgt ein beeindruckender Doppelabfall, dem in einer engen Schlucht eine wuchtige Stelle nach der anderen folgt – hier absolutes Traumwildwasser (69.6526, 22.5417)–(69.7218,22.2204)

4,6 ⬇-Möglichkeit (genaue Lage muss ausgkundet werden). Ab hier ist linksufrig auch eine unbefestigte Straße, die von der Ausstiegsbrücke aus beginnt. Evtl. wäre es eine Option, die Boote hier die letzten Kilometer hochzutragen oder mit einem kleinen Auto zu fahren, denn diese Strecke ist herausragend schön, absolut lohnend, und unfahrbare Stellen gibt es keine mehr (69.7218,22.2199)

1,0 Str-II, re 🚐 bei **N Børkenes**, ⬆ (69.7334,22.1410)

0,0 Mündung in das Ende des Badderfjorden, der hier Sorfjorden heißt (69.7367,22.1209)

Altaelva

Weitere Namen: Kautokeino, Guovdageaineatru

Wildfluss
Mündung in Altafjord

Der Altaelva hat in seinem Oberlauf noch seinen lappländischen Namen "Kautokeino" beibehalten, es handelt sich also um denselben Fluss. Der Oberlauf, der Kautokeino, führt durch mehrere sehr schöne und einsame Seen; die dazwischen liegenden Fließstrecken sind leichtes Wildwasser. Nach einem unfahrbaren Zwischenstück fließt die Altaelva als mäßig schweres Wildwasser durch sehr schöne Schluchten.

Befahrbarkeit: Wahrscheinlich ganzjährig.
Infrastruktur: Im Bereich des Kautokeino schöne Zeltplätze am Fluss; in den Schluchten der Altaelva schlecht.
Kilometrierung: Anhand Kartenmaterial, jedoch ungenau aufgrund der spärlichen Beschreibung und des schlechten Luftbildes.

160,9 Str-II 7978, evtl. ⬇-Möglichkeit, möglicherweise kann der Kautokeino ab hier befahren werden, jedoch keine Unterlagen (68.9289,22.8999)

148,7 Str-II 93, **N Kautokeino**, gute ⬇. Auf 30 km glatte Fahrt über zahlreiche aufeinanderfolgende Seen (69.0065,23.0418)

120,5 Auf einer Länge von 6 km mehrere kurze Stromschnellen, WW I-II. Danach weiterhin Fahrt über mehrere Seen

115,2 Str-II 92 (69.1939,23.5765)

111,3 Ende der Seen, Strömungsgeschwindigkeit nimmt allmählich zu

107,7 Schluchtartige Verengung mit Felswänden auf beiden Ufern

106,5 ⚠, 2 aufeinanderfolgende scharfe re-Kurven, re fahren, starkes Prallwasser in den Außenkurven, WW III. Danach starker Sog auf den folgenden Wasserfall, unbedingt rechtzeitig ↱. Es hat hier schon einen Todesfall gegeben

102,8 ⚠ Storfossen, 11 m hoher Abfall, **X**, re ⛰

91,9 Habatgvuikka, leichte Stromschnellen, danach wieder Seen

86,4 Erneut leichte Stromschnellen

83,3 Str-II, li **N Masi**, ⚠, die Fahrt muss hier beendet werden, Straßenzufahrt. Über die Folgestrecke keine genauen Unterlagen. Nach der

Karte folgen erneut Seen mit dazwischen liegendem starkem Gefälle. Ein evtl. notwendiger Fahrtabbruch dürfte in der völlig einsamen und kaum zugänglichen Gegend sehr mühsam sein (69.4488,23.6822)

44,2 ⚠, die folgende Schlucht ist total **X**, ein ≏ ist unmöglich

41,2 Mögliche ⬇ für die Befahrung des Altaelv. Zufahrt über eine Straße, die zum ϟ führt. Karte 1:50 000 erforderlich. Man muss die Boote etwa 30 Min. lang zum Fluss tragen. Es folgt eine weitere, sehr schöne, wild-einsame Schlucht, mit 200 m hohen Felswänden, kaum Vegetation. Schwierigkeiten zwischen WW I und WW III schwankend. Der Altaelv ist hier ein Fluss, in dem es sehr viele Lachse gibt, entsprechend auch viele Angler. Über Schwierigkeiten mit ihnen ist jedoch nichts bekannt, zumal die Angler selbst mit Motorbooten den Fluss aufwärtsfahren und an den Stromschnellen mühsam ≏

21,1 II einer Straße, die nach **Boulamanarri** am li Ufer führt, die Fahrt kann hier evtl. beendet werden. Die Reststrecke bis zur ⇩ ist leicht, ruhiges Wasser mit dazwischen liegenden Schnellen WW I-II (69.8623,23.3221)

15,3 li ⇩ der Eibyelva in die Altaelva (69.8993,23.2732)

10,0 Str-II (69.9313,23.2603)

2,3 Str-II Kronstad – Elvebakken, weitere Möglichkeit zur Beendigung der Fahrt (69.9685,23.3749)

0,0 ⇩ in Altafjord bei Alta. Bei Fahrt über den Fjord nach Westen erreicht man das Zentrum von **Alta** und, nach insgesamt etwa 12 km, einen sehr schönen, am Fjord gelegenen ⛺ bei Bossekop (69.9830, 23.3949)

Repparfjordelva

Wildfluss
Mündung in die Barentssee

Genusstour neben der Straße.
Einstieg ca. 12 Kilometer oberhalb Skaidi am Ende einer längeren flachen Strecke, man sieht von der sich kurz darauf entfernenden Straße ein paar nette Stellen und den Eingang in eine kleine Schlucht.
Ausstieg: ca. 8 km weiter flussab, Straße ist direkt am Fluss. Einsatz und Aussatz sind theoretisch an der E6 beliebig wählba
Insgesamt eine nette Schlucht, aber nicht mehr als man von den Einblicken von der E6 aus eben vermuten würde. Im oberen Bereich gäbe es wohl noch mindestens einen Fossen, den man mal besichtigen könnte.
Befahrungsregeln: Wasserstand am gewählten Ausstieg beurteilen, nach oben gibt es kein Limit.

Befahrbarkeit:	Beste Zeit ist Mai bis Anfang Juli.
Schwierigkeiten:	Anfangs 300 m WW III+, dann I-II
Quellen:	Neubeschreibung durch Ulrich Kittelberger und Sebastian Gründler nach Befahrung 2015

21,2	⬇ ca. 12 Kilometer oberhalb Skaidi am Ende einer längeren flachen Strecke, man sieht von der sich kurz darauf entfernenden Straße ein paar nette Stellen und den Eingang in eine kleine Schlucht. Im Prinzip sind sowohl die ⬇, als auch die ⬆ frei wählbar, da bis Skaidi die Straße E6 immer in der Nähe ist (70.3487,24.3495)
9,3	re **N Skaidi**, ⛺ (70.4270,24.4952)
1,7	Str-II, li **N Oldernes** (70.4450,24.3331)
1,6	Str-II 94 (70.4453,24.3319)
0,0	⇩ in die Barentssee (70.4549,24.3074)

Stabburselva

Weitere Namen: Rávttošjohka, Rautusjoki [fin]

Wildfluss

Mündet in den Porsangerfjord

Eine mind. 2, eher 3-Tagesaktion vom Feinsten mit anstrengendem Hike-In.

Die Stabburselva gehört mit Sicherheit zu den schönsten Flüssen mit Übernachtung, die man mit dem Kajak "erpaddeln" kann.

Nach der etwa 7-10 Stunden dauernden Wanderung zum Einstieg folgt die Durchquerung des ersten Quellsees. Hier einige gute Übernachtungsstellen am See. Wenn man auf dem kurzen Stück Fluss zum nächsten See gerade so noch mit dem Boot durchkommt, ohne zu treideln, hat man ausreichend Wasser. Läuft es hier bereits satt wird es in der Wildwasserstrecke spannend! Nach dem zweiten See geht es noch etliche Kilometer flach dahin, bis die ersten Grundgesteinspassagen auftauchen. Hier empfiehlt es sich spätestens, das erste Nachtlager aufzuschlagen.

Diverse Zuflüsse erhöhen nun kontinuierlich den Wasserstand und der Flusscharakter ändert sich vollends. Die Schluchtwände rücken zusammen, traumhafte Stufen bis zu acht Metern Höhe, Rutschen und Katarakte reihen sich ohne Pause aneinander. Dazu kommen Gesteinsformationen, die ihresgleichen suchen. Zwischen den Stellen ist trotzdem immer noch genug Zeit zum Verschnaufen. Einmal umheben wir einen ca. 25 Meter hohen Fossen. Im unteren Teil folgt meist leichtes Wildwasser bis hin zu Zahmwasser in einer grandiosen Schlucht. Die Ufer sind mit Birkenwäldern gesäumt und bilden einen schönen Kontrast zu den tiefschwarzen Felswänden am Schluchtgrund. Kurz vor dem Ausstieg mäandert die Stabburselva noch einmal kräftig durch die Gegend und man ist um eine genaue Karte oder GPS froh, ohne die man sich in diversen

Sackgassen verirren würde.

Befahrbarkeit: Beste Zeit ist Ende Mai/Juni - Mitte Juli. Wasserstand: Mai, Juni-Mitte Juli und nach langen Regenfällen.

Schwierigkeiten: WW I-V (VI, X)

Karten: Nordeca, Norge-serien 10175 (Süd) und 10181 (Nord)

Quellen: Neubeschreibung durch Ulrich Kittelberger und Sebastian Gründler nach Befahrung 2015

75,2 ⬇ in der Nähe der Bojobæskihytta von Alta aus rechts das Tal der Tverelva hinauf bis zum natürlichen Damm zwischen Stuorajavri und Gaskajavri, von welchem aus ein Wanderweg auf das Helle-Rakt-Fjellet oaivi führt; von hier ca. 24 km Boote ziehen/tragen bis zum südlichen Ende des Quellsees Stabbursdalsvannet (Ravttosjavri) auf 369 Metern Höhe (69.8172,24.2212)

73,1 Ausfluss aus dem Stabbursdalsvannet (Ravttosjavri) (69.8353, 24.2330)

72,1 ⇩ in den See Nordre Stabbursdalsvannet (69.8429,24.2362)

67,9 Ausfluss aus dem See Nordre Stabbursdalsvannet. Hier beginnt der Stabbursdalen-Nationalpark, www.stabbursnes.no/das-vielfalitge-porsanger/ (69.8798,24.2313)

11,6 re ⬆ 500 Meter nach der Mündung des rechten Zuflusses Dilljohka zwischen zwei Häusern, von dort in 10 min durch den Wald zu einem Wanderparkplatz am Straßenende der Dirtroad "Jamesroggi", Ausstieg vorher besichtigen oder markieren lassen. Alternativ wären es noch ca. 8 km Flachwasser bis zur Brücke der E6 (70.1482,24.7750)

7,2 Ende des Stabbursdalen-Nationalparkes (70.1721,24.7951)

3,3 Wege-II, li **N Snekkemes** (70.1740,24.8697)

1,7 re **N Austmo** (70.1764,24.9030)

1,0 Str-II E6, weitere ⬆ (70.1820,24.9083)

0,0 ⇩ der Stabburselva in den Porsangerfjord (70.1844,24.9279)

Børselva

Wildfluss

Mündung in den Porsangerfjord

Der Silfar-Canyon der Børselva ist eines der landschaftlichen Highlights in der Finnmark, durch welches zwischen senkrechten Wänden glasklares, faires und rundes Wildwasser fließt. Der Eingang zum Canyon ist der wuchtige Auftakt für eine Fahrt, die selbst für erfahrene Paddler zum spannenden Erlebnis werden dürfte.

Befahrbarkeit: Beste Zeit: Mai bis Juli. Wasserstand: 20-40 m³/s im Canyon, kein Limit für ober- und unterhalb, hier umso

	mehr, umso besser wegen oft sehr breiter Kiesbankschwälle.
Schwierigkeiten:	km 21.8 -13.1 WW III+ im Canyon, danach leichtes WW
Infrastruktur:	Die Straße ist, außer am Ausstieg, nicht sinnvoll zu erreichen.
Quellen:	Neubeschreibung durch Ulrich Kittelberger und Sebastian Gründler nach Befahrung 2015

21,8	⬇ an der Straße Nr. 98 (ca. 50 km nord-nordöstlich von Lakselv) von flussaufwärts fahrend kurz nach der Brücke über den Vieksajohka rechts in einen Feldweg abbiegen (70.369725,25.871666) und nach ca. 400 m beim Beginn eines Wanderweges parken; auf dem Wanderweg die Boote beliebig weit hochtragen. Auf unserer Befahrung haben wir nach ca. 6 km bei einer markanten Doppel-90°-Kurve die Boote rechts zum Fluss hinab getragen (70.3251,25.8411)
21,8	–10,5 WW III+ im Canyon, danach leichtes WW (70.3253,25.8406)–(70.3584,25.6690)
15,1	re ⇩ des Baches Cudejohka (70.3639,25.7583)
15,0	re weitere ⬇-Möglichkeit an der Straße 98, 🅿 (70.3646,25.7580)
10,5	re ⬆ am Ende der Schlucht, Weg zur Straße 98 (70.3581,25.6681)
10,2	re weitere ⬆-Möglichlket an der Straße 98 (70.3452,25.6441)
2,6	Str-II 98, li **N Børselv** (70.3170,25.5670)
0,0	⇩ der Børselva in den Porsangerfjord (70.3107,25.5101)

Giilasjohka

Wildfluss

Mündung in den Tanafjorden (Vestertana)

Die Giilasjohka bricht in Niederklammen, unzähligen kleinen Stufen und Wasserfällen bis zum Tanafjorden (Vestertana) durch. Landschaftlich ist dieser Bach bei Sonne ein Highlight, wildwassertechnisch sollte man schon Fan von engem und stufigem Wildwasser sein.

Untergliedert ist der Bach in vier Teile. Oben findet man viele Stufen und Klammen, dann folgt im 2. Teil ein relativ großer See (ca. 30 min. fürs Durchpaddeln, Ausfluss rechts auf der gegenüber liegenden Seite), im Anschluss kommt im dritten Teil die mit 6 Metern höchste Stufe, die wiederum die Endschlucht einleitet. Ab der Mündung muss ca. 1,5 h lang der Fjord durchpaddelt werden – bei Gegenwind ein ganz besonderer Spaß.

Befahrbarkeit:	Beste Zeit ist Mai-Juni/Juli und nach ergiebigen Regenfällen. Wasserstand: Auf keinen Fall einsteigen, wenn man schon beim Losfahren auf der Kiesbank hängen bleibt. Wetter für die Fahrt auf dem Fjord beachten.

Schwierigkeiten: WW IV und V, Großgewässer
Quellen: Neubeschreibung durch Ulrich Kittelberger nach Befahrungen 2015

7,0 ⬇, Straßenbrücke an der Straße 98 (70.4331,27.7375)
3,8 ⇩ in einen See. Zur Weiterfahrt am re Ufer orientieren (70.4548, 27.7670)
2,6 Ausfahrt aus dem See (70.4618,27.7903)
0,0 ⇩ der Giilasjohka in den Tanafjorden (Vestertana). ⚠, die Fahrt muss auf dem Fjord fortgesetzt werden, da es an der Mündung keine Straße gibt. Dazu am re Ufer bleiben und in die nächste Bucht fahren. Hier die Bucht je nach Wetterlage an geeigneter Stelle queren und am Beginn der Straße aussetzen (70.4800,27.8263)
-4,3 ⬆ am Ende der Straße in **N Gargogeahci** (70.4588,27.8703)

Karasjokka

Weitere Namen: Kárášjohka

Wildwanderfluss
Mündung in Tenojoki bei km 211,4 (li Nebenfluss)

Der Karasjokka durchfließt in seinem nicht auf einer Straße erreichbaren Oberlauf ein völlig unzugängliches Seen- und Waldgebiet. Auf dem von der Straße aus erreichbaren Teil ist er anfangs ein leichter Wildfluss, anschließend ein ruhiger Wanderfluss, der mit nur geringer Strömung in einem breiten Kiesbett mäandert.
Fahrtstrecke: Ein Befahrungsbericht liegt nur für den Abschnitt zwischen Assebakte und Str-Ⅱ Karasjok vor. Die Weiterfahrt für die 16 km lange Reststrecke bis zur Mündung dürfte unproblematisch sein.
Befahrbarkeit: Ab Assebakte ganzjährig.
Umwelt: Wasser sehr sauber.

33,9 ⇩ des Jiesjåkka (s. Seite 351) in den Karasjokka (69.4331,25.1706)
32,4 li **N Assebakte**, empfohlene ⬇ (69.4405,25.1943)
16,2 Str-Ⅱ 92, **N Karasjok** (69.4686,25.5082)
0,0 ⇩ des Karasjokka in den Inarijoki (s. Seite 173) bei km 211,4 (69.4357,25.8064)

Jiesjåkka

Weitere Namen: Iešjohkaš

Wildfluss
Mündung in Karasjokka bei km 33,9 (li Nebenfluss)

Der Jiesjåkka, mit Ursprung aus dem Jiesjavrre (Storvatnet), fließt in seinem Oberlauf auf etwa 40 km durch straßenlose Wildnis. Ab Suosjavrre verläuft die

Straße Nr. 92, abgesehen von einer 15 km langen Strecke oberhalb von Holmesstrand, fast stets neben dem Fluss. In diesem Bereich ist der Jiesjåkka ein recht ansprechender Wildfluss, meist WW II - III mit starker Verblockung und beachtlichem Gefälle; dazwischen liegen nur kurze Sel-Strecken.

Befahrbarkeit: ganzjährig.
Umwelt: Wasser sehr sauber.

48,4 ⬇ bei **N Suossjavri** (69.3791,24.2476)
47,0 ⇩ in den See Šuoŝŝjávri, Weiterfahrt am re Ufer (69.3839,24.2717)
46,6 Ausfahrt aus dem See Šuoŝŝjávri (69.3821,24.2791)
41,3 Str-⫴ 92 (69.3731,24.3861)
39,2 li **N Coavddatmohkki** (69.3676,24.4342)
23,9 li **N Jergul** (69.4002,24.6547)
3,7 li **N Gussanjårga** (69.4254,25.0835)
0,0 ⇩ des Jiesjåkka in den Karasjokka (s. Seite 351) bei km 33,9 (69.4331,25.1706)

Drevja

Wildfluss
Mündung in Görälven bei km 44,6 (re Nebenfluss)

Die Drevja entspringt in etwa 900 m Höhe im Drevfjället in Schweden. Der nachfolgend beschriebene Unterlauf der Drevja befindet sich jedoch in Norwegen. Sie ist ein landschaftlich sehr reizvoller, mäßig schwerer Wildfluss, WW II-III.

17,7 ⬇, **N Barflo**, die Straße kommt an den Fluss. Oberhalb liegen keine Informationen vor. Stark verblockt bei geringem Gefälle (61.4652, 12.3916)
12,4 Str-⫴ **Stigen**, es folgt ein ruhiger Abschnitt (61.4319,12.4293)
10,0 ⚠, es beginnt stärkeres Gefälle mit verblockten winkligen Stufen, 1-2 m hoch (61.4191,12.4599)
8,5 Wege-⫴ (61.4135,12.4840)
4,6 ⚠, Katarakt mit querlaufender Felsrippe, evtl. re über Felsplatte rutschen, ↱ und ansehen (61.4132,12.5546)
2,0 ab hier geringeres Gefälle, einige Stufen (61.4076,12.6004)
0,7 Str-⫴ Ljørdalen – Gördalen, ⬆ (61.4083,12.6232)
0,0 ⇩ der Drevja in den Görälven (s. Seite 473) bei km 44,6 (Ljøra), Ende der Schwälle (61.4065,12.6321)

Trysilelva

Weitere Namen: Femundsee

Wildfluss – Wanderfluss

Fortsetzung in Schweden mit dem Namen Klarälven.

Der Trysilelva, der auf schwedischem Gebiet Klarälven heißt, ist in seinem Oberlauf, in Norwegen, ein sehr schöner, mittelschwerer Wildfluss. In Schweden wird er auf langen Strecken zu einem leichten Wanderfluss. Eine durchgehende Befahrung ist allerdings wegen starker Verbauungen wenig lohnend.

Befahrbarkeit: Im Prinzip ganzjährig. In trockenen Sommern ist es oberhalb Trysil gelegentlich flach. Die Strecke Femundsee–Elvbrua sollte nicht bei HW befahren werden, da sich dann in den Stromschnellen, die schon im Sommer sehr wuchtig sind, haltende Walzen und Wirbel bilden können. Von einer Befahrung während der Schneeschmelze ist daher dringend abzuraten. Bei HW nehmen die Schwierigkeiten der WW-Strecke um gut ein Grad zu, erhebliche Wasserwucht. Wasserführung: HW von Mitte Mai bis Ende Juni.

Schwierigkeiten: km 468.5–408.5 See
km 408.5–382.3 WW II-III (IV)
km 382.3–329.2 WW I-II (III)
km 329.2–306.2 Zahmwasser
km 306.2–255 nicht ratsam

464,1 Nord-West-Ende des Femundsees, **N Synnervika**, mögliche ⬇, zu erreichen über die Straße von Røros über Langen (in alten topographischen Karten wird der Ort als Sörvika bezeichnet). Im Sommer tägliche Schiffsverbindung mit der Faemund II bis nach Elgå. Zunächst am linken Ufer auf der Halbinsel Neset viele Ferienhäuser (62.4156, 11.8775);
➔ der Femundsee - Feragen - Route (s. Seite 360) von der Trysilelva (62.4156,11.8776)

455,9 ⇩ der Röa (s. Seite 355) in die Trysilelva am O-Ufer des Femundsees. Schutzhütte mit Übernachtungsmöglichkeit neben der Schiffsanlegestelle (62.3603,11.9835)

434,2 Am Ostufer **Elgå**, Straßen- und Schiffsverbindung, ⛟, 🛒, ✕ (62.1671,11.9398)

409,6 Am Ostufer **N Sorken** (61.9688,11.9397)

404,0 ⚠ See-Ausfluss, das 2 km lange Verbindungsstück zwischen dem Femund-See und dem Isteren-See heißt "Glöta". Der einleitende Damfossen ist WW IV, auch die Reststrecke bietet noch schweres WW, li auf der Straße ⏏ oder umfahren 2,5 km weit möglich. Hotel am Südende des Femund-Sees, ⛟ (61.9352,11.8675)

401,8 ⇩ in den Isterensee, li **Glötberget**, mögliche ⬇ nach der Glöta, von der Straße aus kurzer Weg zum Hof, ⛺-Möglichkeit. Auf dem Isterensee können sich schon bei leichtem Nordwind sehr unangenehme Wellen bilden. Im Norden des Sees ⇩ Sömåa (s. Seite 358) (61.9354,11.8282)

400,3 ⇩ der Sömåa (s. Seite 358) in die Trysilelva (61.9318,11.7996)

397,7 Str-Ⅱ N 26, Ausfluss aus dem Isterensee, Isterfossen, WW II, danach Galthåen. Der Trysilelva heißt bis Elvbrua auch Femundselva.Die Naturstraße führt meist einige hundert Meter über dem Fluss, daher nur an wenigen Stellen ⇅. Es folgt der See Galtsjøen (61.9100,11.7789)

393,2 Ausfluss aus dem Galtsjøen, li Floßgasse, ⚠, es folgen 6 größere Stromschnellen bis WW III, Vorsicht bei HW, dann starke Walzenbildung, evtl. **X** (61.8800,11.7286)

390,5 re ⇩ der Sölna in die Trysilelva. (Die Befahrung des Trysilelva kann auch auf dem Sölensjöen begonnen werden. Es ist dies ein völlig einsamer, 17 km langer See in landschaftlich hervorragend schöner Umrahmung am Fuß schneebedeckter Berge. Mögliche ⬇ Fiskevollen, zu erreichen über Övre Rendal. Die Sölna, der Ausfluss des Sees, fließt zunächst durch einige kleine Seen, dazwischen und bis zur ⇩ sehr schöne Stromschnellen.). Es folgt der Höllfossen, Prallhänge und Walzen in der Außenkurve, WW II, bei HW ansehen. Danach leichter, WW I-II, flache Stellen (61.8571,11.7273)

386,7 li ⇩ eines Baches, am Bach bei Sölen sehr schöner ⛺, weitere gute ⬇ (61.8286,11.7195)

384,2 Kverhusfossen, WW I, li **N Femundsundet**, 🛒, 2 Personenseil-⛴ (61.8099,11.7063)

382,0 re ⚠ Schnelle, WW III, re **N Vesterheim** (61.7971,11.6784)

380,7 ⚠ re-Knick, Myggfossen, unbedingt ansehen! In den re beiden Dritteln starker Rücklauf im Unterwasser, li Felsen mit Verklemmungsgefahr, schlechte Rettungsmöglichkeit, WW IV (61.7877, 11.6636)

380,3 ⚠ Schnelle, WW III, wuchtig. Es folgen weitere wuchtige Schnellen

377,9 ⚠, re-Kurve, beim Anblick der Str-Ⅱ Elvbrua sofort landen. Es folgt der Elvbrufossen, WW IV, möglichst schon bei der Anfahrt besichtigen. Mögliche ⬇ bei der Ⅱ, falls nur der leichtere Teil des Trysilelva befahren wird. Es folgen sehr schöne, lange Stromschnellen, WW I-II. Es gibt in diesem Bereich bis Snerta sehr schöne freie ⛺, die auch mit Pkw zu erreichen sind (61.7726,11.6305)

367,7 Str-Ⅱ, li **N Snerta**, 🛒, re ⛺. Ab hier WW I. (61.6999,11.7231)

361,9 Wege-Ⅱ, li **N Nymeon** und Elvdalkapelle. Noch einige leichte Schwälle, dann Zahmwasser, mehrere Inseln (61.6664,11.7842)

354,1 ⇩ in den sehr schönen Senssjøen, stellenweise flach (61.6197, 11.8774)

353,3 li Öya, größere Insel (61.6168,11.8916)
351,8 See-Ende, ⚠, Ausfluss mit sehr schönen Stromschnellen WW II, Skyarfossen, WW II+, bald leichter (61.6093,11.9111)
347,1 Ausfluss aus einem kleinen See, ⚠, ab hier auf 25 km fast ununterbrochene Schwallstrecken, zumeist WW II, bei NW leicht verblockt (61.5716,11.9487)
341,1 re Hütte nach kleinem Sel; hier viele Biber
335,4 li ⇩ der Engeråa in die Trysilelva, Ausfluss des sehr schönen Engeren-Sees (61.5133,12.0950)
329,0 li **Husfloa**, der Fluss teilt sich
328,9 li **Granberg**, Holzlagerplatz, gute ⇅
327,1 ⚠ tiefhängende Stromleitung, Vorsicht bei HW auf Angelhaken (61.4458,12.1417)
326,5 Holzlagerplatz, gute ⇅
324,8 Str-II, **N Jordet**, 🛒 (61.4266,12.1403)
321,3 re ⇩ der Elta (s. Seite 359) in die Trysilelva (61.4024,12.1723)
315,9 li ⇩ der Storflena (61.3656,12.2299)
315,1 li **N Buflogrenda**, tiefhängende Stromleitung (61.3619,12.2417)
314,0 re **N Mora**. Es folgen lange Strecken ohne Strömung
309,2 2 Str-II, li **N Trysil**, 🛒 (61.3161,12.2577)
307,6 li ⛺ Trysil Klara Camping (61.3042,12.2720)
303,5 Str-II 25/26 (61.2721,12.3003)
301,8 Str-II, **N Nybergsund**; von einer Befahrung der Folgestrecke bis km 224 ist abzuraten. Es folgen 3 ↯ mit davorliegenden längeren Staustrecken, mühsames ⏏ (61.2604,12.3191)
290,4 Sel-Ende, schöne Schnellen
289,6 Str-II (61.1781,12.4485)
287,8 ▬ und ↯ Sagnfossen, li umkarren, ⬇ für die Weiterfahrt. Danach auf 15 km schnell fließendes Zahmwasser mit 2 Stellen WW II-III in sehr schönem Waldtal (61.1621,12.4472)
283,0 Str-II, re **N Plassen** (61.1331,12.5047)
277,3 li ⇩ der Grøna (Trysilelva) (s. Seite 359) in die Trysilelva (61.0959, 12.5611)
273,0 ↯ Lutnas, li 200 m ⏏ (61.0659,12.5820)
270,4 ⇩, die Trysilelva heißt nun auf schwedisch Klarälven, Norwegisch-Schwedische Grenze, Beginn des großen Stausees Höljessjön, re ✕, 🛒 (61.0473,12.5987)

Röa

Weitere Namen: Rogen See

Gebirgsseen - Wildfluss
Mündung in Trysilelva bei km 455,9 (li Nebenfluss)

Der Rogen-See und seine zahlreichen Nebenseen sowie die Röa stellen ein landschaftlich hervorragend schönes, völlig einsames Seengebiet mit umrahmenden Bergen bis 1 400 m Höhe dar. Allerdings ist die Befahrung mit erheblichen Mühen und - je nach Wasserstand - mit längeren Portagen verbunden. Proviant ist für die gesamte Dauer der Fahrt mitzuführen.
Anschließend wird als Hauptroute eine Strecke vom See Östervigarna in Schweden bis zum Femund-See in Norwegen beschrieben. Man sollte für diese Fahrt mindestens 5 Tage vorsehen.

Befahrbarkeit: Wahrscheinlich ganzjährig, bei NW und HW ist jedoch damit zu rechnen, dass ein Teil der Stromschnellen zwischen den Seen unfahrbar wird, so dass sich dann die Zahl der mühsamen Umtragestellen erhöht.

Schwierigkeiten: Zwischen den Seen Stromschnellen, die bei NW trocken sein können, bei HW evtl. unfahrbar werden, WW I-II-III-IV-V-VI-**X**. Behinderungen auch durch Baumhindernisse, seichte Stellen und Felsen. Eine Befahrung mit Wanderbooten ist möglich, da sich die Schwierigkeiten immer nur auf die relativ kurzen Schnellen zwischen den Seen beschränken. Das evtl. erforderliche Umtragen ist allerdings sehr mühsam.
Die nachfolgend im Text gemachten Schwierigkeitsangaben beziehen sich auf HW, wie es im August 1993 nach längeren Regenfällen angetroffen wurde. Bei niedrigem Wasserstand dürften die Schwierigkeiten um etwa 1 Grad niedriger liegen.

40,1 Beginn der Fahrt am See Östervigarna. Pkw-Zufahrt am Vingbäcken, hier großer 🅿 mit Infotafeln über die nicht ungefährlichen Moschusochsen in diesem Gebiet. Vom 🅿 müssen die Boote etwa 800 m weit zum See getragen werden (62.3429,12.5694)

36,3 S-Ende des Sees, ⬆ zum ⏏ etwa 800 m weit auf Pfad zum Stor-Tandsjön (62.3253,12.5483)

35,6 ⬇ in den See Stor-Tandsjön. Fahrt nach W (62.3203,12.5395)

31,8 W-Ende des Sees; halboffener Unterstand. Die Weiterfahrt geht zum Rogsån, evtl. ≈ oder 100 m weit ⏏. Es folgen auf der Strecke nach Rogsbodarna 3 Stellen evtl. ≈ oder kurz ⏏ (62.3188,12.4781)

31,1 Wege-II (62.3202,12.4700)

29,4 ⇩ in Rogen, es handelt sich dabei um einen größeren See. Touristenhütte Rogenstugan, nicht direkt am See gelegen. Für die Weiterfahrt auf der Hauptroute wird der See nach W überquert. Vorsicht bei Wind! (62.3147,12.4508)

19,0 Grenze Schweden nach Norwegen, hier liegt in der NW-Ecke des Sees eine kleine Touristenhütte (62.3324,12.2539)

18,5 Seeausfluss, Beginn der Röa. Die Röa ist eine Abfolge von Seen mit dazwischenliegenden Schnellen bzw. Gefällestufen. Zwischen Rogen und Femundsee beträgt der Höhenunterschied 95 m, der in diesen Schnellen und Stufen überwunden wird, Schnelle, WW II-III, evtl. re ⌓. Fahrt durch den Femundsmarka-Nationalpark (62.3306,12.2450)

17,1 Hänge-Ⅱ, leichte Schwälle (62.3301,12.2205)

14,9 ⚠, Schnelle, evtl. re ⌓ (62.3235,12.1869)

13,9 ⚠ Schnelle WW II-III, evtl. re ⌓, davor re Hütte (62.3171,12.1733)

13,2 ⚠ Schnelle, WW IV+, evtl. ⌓ (62.3134,12.1674)

11,5 ⚠, Schnelle an einer alten Triftholzrinne, WW V, li ⌓. Etwas später weitere Schnelle, WW III, evtl. li ⌓. Bis zum See folgen noch einige weitere kleine Schnellen, WW I-II (62.3107,12.1402)

10,1 See Övre Roasten, am Seebeginn sehr schöne Schutzhütte mit Übernachtungsmöglichkeit (62.3138,12.1234)

8,5 Es folgt der See Nedre Roasten (62.3236,12.0993)

5,9 Westende des Nedre Roasten, ⚠, es folgen Zahmwasser und leichtes Wildwasser, WW I-III (62.3408,12.0693)

4,1 re Rövollenstugan, Touristenhütte, vom Wasser aus nicht zu sehen. ⚠. Auf der Reststrecke bis zum Femundsee folgen die schwersten Stromschnellen, die von Wanderfahrern ohne WW-Erfahrung sehr mühsam ⌓ werden müssen. Es ist evtl. einfacher, die Boote die gesamte Strecke zu tragen (62.3484,12.0497)

3,4 ⚠, hohe Stufe, evtl. treideln, geht unmittelbar in einen 20 m hohen Wasserfall über, **X**, li ⌓. Es folgt eine weitere hohe Stufe, WW V, li ⌓. Danach abwechselnd Schnellen, bis WW III, und Zahmwasser (62.3490,12.0364)

2,0 ⚠, weitere schwere Schnelle, WW V, li ⌓ (62.3532,12.0123)

0,9 Schnelle, bis WW III, evtl. li ⌓. Bei der 2. Schnelle evtl. treideln. Kurz danach Ⅱ (62.3544,11.9928)

0,0 ⇩ der Röa in die Trysilelva (s. Seite 352) bei km 455,9 am O-Ufer des Femundsees. Schutzhütte mit Übernachtungsmöglichkeit neben der Schiffsanlegestelle (62.3603,11.9835);
Nach der ⇩ li Anlegestelle der Personenschifffahrt, Mitnahme von Booten möglich. Neben Steg Schutzhütte, Übernachtungsmöglichkeit. Es ist möglich die Fahrt auf dem Femundsee bis Synnervika fortzusetzen und dort zu beenden. Für das Nachholen des Pkw von der

Einsetzstelle gibt es zwei Möglichkeiten. Auf der Straße über Röros, Funäsdalen und Tännäs, etwa 160 km. Man kann den Rückweg aber auch als Fußwanderung machen, für Freunde von größeren Wanderungen sehr zu empfehlen, etwa 40 km. Der erste Teil der Strecke führt durch sumpfiges Gelände, Gummistiefel hier sehr zu empfehlen, ab schwedischer Grenze geht der Weg durch felsiges Gebirge, hier feste Bergstiefel ratsam. Wenn man für die Wanderung 3 Tage ansetzt, kann man am Ende jeder Etappe in einer Touristenhütte übernachten. 1. Hütte halbwegs zwischen Synnervika und Skebrosjöane; 2. Hütte Skebrosjöane; 3. Hütte in Schweden, Skedbrostugan, bewirtschaftet (62.3603,11.9835)

Sömåa

Wildfluss – Gebirgsfluss
Mündung in Trysilelva bei km 400,3 (re Nebenfluss)

Die Sømåa ist ein kleiner, verhältnismäßig leichter Wildfluss. Seine Befahrung kann auch als Vorfahrt zu einer Befahrung des Trysilelva empfohlen werden.

Befahrbarkeit:	Frühsommer und nach Regenfällen
Schwierigkeiten:	Zumeist WW II mit Stellen bis WW III. Vorsicht vor Brückenresten kurz nach der Str-II 26.
Infrastruktur:	Zeltmöglichkeiten bei der empfohlenen ⬇; einfacher ⛺ bei Rönningen; sehr schöner ⛺ am Trysil bei Sölen.

21,2 ⬇ bei **Landsjøvollen** am Ostufer des Sees Landsjøen (62.1569, 11.6141)
18,4 Ausflus aus dem See Landsjøen (62.1354,11.6400)
14,1 Str-II 26, weitere ⬇-Möglichkeit, ⚠, Vorsicht vor Brückenresten kurz nach der Str-II (62.1050,11.6653)
14,0 re Sømådalen-⛺ (62.1040,11.6655)
10,1 Str-II (62.0785,11.6668)
8,0 ⚠ Schnelle bei Moen mit steilem Abfall, re evtl. 20 m ⏏ (62.0723, 11.6851)
6,8 ⚠, 900 m lange Schluchtstrecke mit Teilstücken bis WW III (62.0652, 11.6860)
5,4 Str-II (62.0542,11.6876)
4,7 ⛺ bei **N Rønningen** (62.0503,11.6981)
4,2 ⚠, nach leichter Schnelle folgt ein sehr schwerer Abschnitt, evtl. re 200 m ⏏ (62.0473,11.7045)
0,0 ⇩ in den Isterensee, hier Weiterfahrt bis zur Trysilelva in südlicher Richtung (62.0201,11.7400)
-10,6 ⇩ der Sömåa in die Trysilelva (s. Seite 352) bei km 400,3 (61.9318,

11.7996)

Elta

Wildfluss
Mündung in Trysilelva bei km 321,3 (re Nebenfluss)

Die Elta ist zunächst recht ruhig, später Steigerung der Schwierigkeiten bis WW III, ein Wasserfall ist nach Besichtigung evtl. ⩰.

Befahrbarkeit: Nur bei gutem Wasserstand, am besten im Frühjahr bis Anfang Mai.

24,4 ⬇ am Ausfluss aus dem See Eltsjøen (61.4737,11.9805)
24,1 Str-Ⅱ (61.4720,11.9785)
24,0 ⇩ in die von li kommende Elta (61.4712,11.9780)
22,6 Wege-Ⅱ (61.4625,11.9723)
18,7 Wege-Ⅱ (61.4354,11.9655)
6,8 Wege-Ⅱ (61.4048,12.0765)
3,2 Str-Ⅱ (61.4150,12.1292)
2,6 Str-Ⅱ (61.4157,12.1387)
2,5 Str-Ⅱ 26, **N Jordet**, empfohlene ⬆ (61.4157,12.1404)
0,0 ⇩ der Elta in die Trysilelva (s. Seite 352) bei km 321,3 (61.4024, 12.1723)

Grøna (Trysilelva)

Wildfluss
Mündung in Trysilelva bei km 277,3 (li Nebenfluss)

Die Grøna verläuft als relativ leichter Wildbach in einem landschaftlich abgeschiedenen, reizvollen Tal.

Fahrtstrecke: ⬇ bei der Ⅱ der Straße Nr. 25 bei Östby. ⇩ in den Trysilelva nach 25 km.

Befahrbarkeit: Die Grøna hat ein recht kleines Einzugsgebiet, Befahrbarkeit daher nur bis Ende Mai oder nach kräftigen Regenfällen.

Umwelt: Wasser sehr sauber.

Pegel: Hilfspegel: Kann man die ersten beiden Kurven nach der Einsetzstelle ohne Grundberührung fahren, ist der Wasserstand für die ganze Strecke ausreichend. Nach 7 km mündet die westliche Gröna, die den Wasserstand erheblich verbessert.

Schwierigkeiten: WW I-II mit Stellen bis WW III.

Kilometrierung: Anhand Kartenmaterial. Aufgrund der wenigen Angaben und des nicht aussagefähigen Kartenmaterials ist die Beschreibung mit Vorsicht zu genießen.

25,0 Str-II 25, mögliche ⬇ östlich von **N Østby** (61.2504,12.5511)
17,3 re ⇩ der westlichen Grøna (61.2041,12.5893)
10,7 Wege-II und evtl. ein ■ (im Luftbild schlecht erkennbar) (61.1588, 12.6465)
9,4 li ⇩ eines Flusses (61.1503,12.6481)
0,0 ⇩ der Grøna (Trysilelva) in die Trysilelva (s. Seite 352) bei km 277,3 (61.0959,12.5611)

Femundsee - Feragen - Route

Triftkanal
Mündung in die Feragselva

Der Femundsee hat neben seinem natürlichen Abfluss am Südende (Glöta/Trysilelven) einen weiteren (künstlichen) Abfluss in der Bucht Nordvika am Nordende. Während der Betriebszeit der Kupferhütte in Røros wurden im 18. Jahrhundert Triftrinnen aus Holz als Verbindung über eine Seenkette zum Feragen nördlich des Femundsees errichtet um somit eine Transportverbindung vom Femundsee über den Feragen und dessen Abfluss (Feragselva/Håelva) bis nach Røros zu schaffen. Diese Triftrinnen wurden bis 1973 für die Holzwirtschaft genutzt, verfielen anschließend und wurden dann 1994 bis 1996 wieder instandgesetzt. Sie gehören mit zum UNESCO Weltkulturerbe der Bergbaustadt Røros und Umgebung. Sie können bei entsprechender Vorsicht mit Kanus befahren werden und ermöglichen somit auch Tourenkombinationen vom Femundsee in die benachbarten nördlichen Gewässer.

23,4 ➔ der Femundsee - Feragen - Route von der Trysilelva (s. Seite 352) (62.4156,11.8776)
18,7 Ende der Halbinsel Neset, nach links öffnet sich die Bucht Nordvika, mehrere Inseln (62.4040,11.9483)
16,5 rechts (Ostufer) ehemaliger Hof Nordvika, diente früher als Versorgungsstation für die Holzarbeiter des Hüttenwerkes Røros (62.4228, 11.9389)
15,0 Ende der Bucht Nordvika. Erste der insgesamt vier Triftrinnen. Diese Rinne ist relativ kurz (ca. 30 m) und breit mit geringem Gefälle. Befahrbar für Kajaks und Kanadier. Einmündung in einen kleinen See, am linken Ufer die offene Schutzhütte Lortholbua (62.4339,11.9210)
14,8 Zweite der Triftrinnen, ca. 160 m lang, flotte Fahrt, für Kajaks befahrbar, für Kanadier eventuell etwas schmal, gegebenenfalls treideln möglich oder über die rechts liegende Bootsschleppe umtragen. Über die Triftrinne führt der Wanderweg von Langen nach Nordvika mit einer Brücke. Es folgt der See Litllangtjønna (62.4345,11.9180)

13,9 Dritte der Triftrinnen, relativ kurz (45 m) aber am Ende mit einer Stufe ca. 0,4 m hoch. Daher besser über die hölzerne Bootsschleppe links umtragen in den folgenden See Langtjønna. Rechts der Triftrinne die offene Schutzhütte Litjrennbua (62.4418,11.9146)

10,4 Ende des Sees Langtjønna, vierte der Triftrinnen. Diese Rinne ist ca. 250 m lang und sehr schmal, nur für Kajaks befahrbar. Kanadier besser über die rechts gelegene Bootsschleppe umtragen und anschließend über einen kleinen Bachlauf (350 m lang) bis in den Feragen fahren (keine Hindernisse aber evtl. an der Mündung flach). An der Triftrinne die offene Schutzhütte Langtjønnbua. Hier kreuzt ein Wanderweg mit Brücke. Es folgt der See Feragen, bei direkter Fahrt Richtung Norden nach 10 km Ort Feragen (62.4714,11.8973)

0,0 **N Feragen** mit Straßenzufahrt. Gute ⬆ am Sandstrand oder bei den Bootsschuppen. Alternativ kann von der Einmündung in den Feragen nach Nordwesten bei der Landzunge Håneset in die Bucht Feragshåen eingefahren werden. Dort Fahrwegbrücke und Beginn des Feragselva (im weiteren Verlauf Håelva). Dieser Fluss wurde nicht erkundet. Nach einer Beschreibung von 1984 Wechsel von Fließstrecken und Seen. In den Flussabschnitten bei Niedrigwasser evtl. steinig aber Schwierigkeiten generell gering. Weiterfahrt bis zur Glåma ungefähr 35 km (62.5618,11.8553)

Norwegens Fjorde

Kein anderes Land Europas kann die Einmaligkeit der Fjorde aufweisen, die bis 180 km weit in Westnorwegens Küste einschneiden. Ihr Hauptreiz besteht im Gegensatz der Landschaftsbilder: enge und weite Wasserflächen, grüne bebaute Ufer wechseln mit fast senkrechten Felswänden. Die Endarme der Fjorde lassen öfter weißleuchtende Firnfelder sichtbar werden, deren Schmelzwasser in zahlreichen Wasserfällen zu Tal stürzen.

Die Mehrzahl der Fjorde und ihrer zahlreichen Seitenfjorde vermittelt optisch den Eindruck großer Binnenseen. Trotzdem ist bei ihrer Befahrung größte Vorsicht geboten: Alle Fjorde sind den Gezeiten unterworfen. Die Wasserstandsdifferenz kann noch 100 km landeinwärts etwa 1,50 m betragen. Man sollte daher bei allen Fahrten auf den Fjorden die Fahrtenplanung auf den Ebbe- und Flutstrom abstellen.

Zu beachten ist ferner stets die Wetterlage. Plötzlich auftretende Winde können auf breiten Fjorden zu starker Wellenbildung führen. Man sollte stets versuchen, auf der dem Wind zugewandten Seite der Fjorde in Ufernähe zu fahren. In engen Nebenfjorden können gefährliche Fallwinde entstehen.

Erhebliche Schwierigkeiten können sich bei der Suche nach einem geeigneten Zeltplatz ergeben. Die langen Strecken mit steil ansteigenden Felsufern sind dafür völlig ungeeignet. Die wenigen hochwasserfreien bewachsenen Abschnitte sind meist landwirtschaftlich stark genutzt. Am besten ist es sicherlich, auf öffentliche Zeltplätze zu gehen. Falls dies nicht möglich ist, sollte man auf alle Fälle beim Eigentümer um die Erlaubnis zum Zelten nachsuchen.

Will man den ganzen Urlaub für Fjordfahrten verwenden, sollte man den größten, den Sognefjord, der mit seinen Nebenfjorden rund 1 125 km Uferlänge hat, befahren.

Besonders hervorzuheben sind von den Nebenfjorden: Färland-Aurland mit Närofjord. Dem viel besungenen Hardangerfjord mit Eid- und Sörsfjord kann gleichgestellt werden der Nordfjord. Von seinem östlichen Ende bei Olden lohnt ein Abstecher zum Oldenvann mit dem Brixdalgletscher und ab Loen zum Kjendalgletscher. Beide Vann (Süßwasserseen) sind Sammelbecken der Gletscherwasser des Jostedalbreen, Europas größtem Binnenlandeismassiv mit 42 Gletschern.

Weiter nördlich gelten die südlich vom Aalesund gelegenen Storfjord abzweigenden Jörund-, Sunelv-, Geiranger-, Nordals- und Tafjord als lohnenswerte Ziele für Freunde der Fjordlandschaft.

Bei einer Gesamtlänge der Ufer der norwegischen Fjorde von etwa 20 000 km ist es unmöglich, genaue Fahrtenbeschreibungen zu geben. Für alle Fahrten auf den Fjorden ist eine solide Ausrüstung unerlässlich: Boote, die durch Auftriebskörper unsinkbar gemacht sind, Spritzdecke und Steuereinrichtung, Kompass und genaue Karten. Die Regional-Karten sind dafür ungeeignet.

Zur persönlichen Ausrüstung gehören ferner Schwimmweste und Wärmeschutzkleidung. Man sollte nicht versäumen, Angelgerät mitzunehmen. Für den Fall einer Kenterung sollte man die Kenterrolle beherrschen und imstande sein, aus dem Wasser in das Boot zurückzukommen. Eine Lenzpumpe kann gute Dienste leisten.

Norwegische Seen

Als Folge der Eiszeit, die den gesamten Ländern rund um die Ostsee zahllose große und tausende kleiner Seen beschert hat, finden sich auch in Norwegen zahlreiche Seen unterschiedlicher Größe.

Soweit es sich dabei um Seen handelt, die von größeren Flüssen durchströmt sind, werden sie im Laufe der Beschreibung dieser Flüsse kurz angeführt.

Daneben gibt es, vor allem im Süden und Osten des Landes, sehr viele Seen unterschiedlicher Größe. Sie sind zumeist recht abgelegen, einsam und sehr reizvoll. Sie haben allerdings alle einen gemeinsamen Nachteil: wenn man längere Strecken fahren will, ergeben sich fast immer mehrere, z. T. sehr mühsame Umtragestellen. Je einsamer, desto mühsamer; desto mehr muss man auch auf die Verwendung eines Bootswagens verzichten und muss echt „tragen“, und zwar vielfach durch wenig wegsames Gelände, durch Heide, Sumpf und Berge. So beinhaltet z. B. die 120 km lange (durch Abstecher erheblich zu erweiternde) „große Runde“ durch die Femundsmarka neben vielen kurzen und längeren Umtragestellen auch einen 14 km langen „Trage“-Trip über den Längfjäll.

Wer See-Fahrten in Skandinavien machen will, sollte sich überlegen, ob er dies nicht besser und einfacher in Schweden oder Finnland tun sollte. Auf eine ausführliche Beschreibung dieser norwegischen Seen wird daher verzichtet.

Kanusport in Schweden

Die geographische Struktur von Schweden lässt eine deutliche Gliederung in drei verschiedene Regionen erkennen.

1. Norrland (Nordschweden)

2. Svealand (Mittelschweden) mit der mittelschwedischen Seesenke und dem nach Norden anschließenden mittelschwedischen Bergland.

3. Götaland (Südschweden) mit dem südschwedischen Bergland und ihrem nach Westen bzw. Osten anschließenden Küstenvorland sowie die ganz im Süden liegende Halbinsel Schonen.

Es sei ausdrücklich vermerkt, dass sich diese nach geographischen Prinzipien erfolgte Einteilung nicht mit politischen Grenzen deckt.

Dank der innerhalb der drei Regionen recht einheitlichen Grundstruktur sind auch ihre Gewässer im Prinzip recht ähnlich. Anschließend werden diese Grundstruktur und ihre Auswirkungen auf die Gewässer der jeweiligen Region kurz geschildert.

1. Norrland

Das Norrland erstreckt sich in Nord–Süd-Richtung über etwa 1 000 km. Es beginnt nördlich des Dalälven und erstreckt sich nördlich bis zur finnischen Grenze. Die Gliederung dieser riesigen Landmasse erfolgt ausschließlich von West nach Ost. Sie bildet eine Stufentreppe von den Skanden, dem großen skandinavischen Zentralgebirge zu der Vorbergszone mit den großartigen Norrlands-Gebirgsseen. Die nächste, größte Stufe wird gebildet von einer sanft gewellten Fläche von etwa 500 m Höhe mit einzelnen Inselbergen. Hier finden sich riesige Nadelwälder, unterbrochen von ausgedehnten Mooren, nur ganz geringe Besiedlung. In einer letzten Stufe bricht dieses Gebiet zum Hügelvorland der Ostseeküste ab.

In diese Landmasse haben die Norrlandflüsse tiefe Kerben gefräst. Sie verlaufen fast wie mit dem Lineal gezogen parallel zueinander von den Skanden in allgemeiner Richtung Nord-West nach Süd-Ost zur Ostsee. Nirgendwo in Europa gibt es eine ähnlich gleichartige Gewässerstruktur.

Die Norrlandseen, die Gebirgsseen in der Vorbergszone der Skanden, lohnen eine gesonderte Besprechung. Sie sind landschaftlich zumeist hervorragend schön, zwischen Bergen, die umso höher werden, je weiter man auf den Seen nach Nord-West vordringt. Zum Teil führen diese Bergseen sogar bis in die Gletscherwelt der Skanden hinein. Die Gebirgsseen, die den Oberlauf der großen Norrlandflüsse darstellen, sind in sich ebenfalls in Stufen angelegt, d. h. nach einer mehr oder minder langen See-Strecke erfolgt ein Abfall, und dann geht es weiter über den nächsten See. Die Erklärung für den Stufenbau der skandinavischen Gewässer liegt in der Tatsache begründet, dass sie, erdgeschichtlich gesehen, erst vor ganz kurzer Zeit, nämlich nach der letzten Eiszeit entstanden sind. Die Gewässer haben daher noch keine Zeit gefunden, ihr Bett zu einem so gleichmäßigen Gefälle auszufräsen, wie wir es sonst in Europa gewohnt sind.

Die Befahrung dieser Gebirgsseen ist zwar sehr lohnend, aber dabei meist sehr mühsam und z. T. sogar gefährlich. Eine Zufahrt zu den Seen ist fast stets nur an ihrem Süd-Ost-Ende möglich, man kann also nicht bis zu ihrem schönsten Nord-West-Teil mit dem Pkw hineinfahren, sondern muss sich alles paddelnd, meist gegen Wind von vorne, selbst erarbeiten. An den Abfällen zwischen den einzelnen Seen sind längere Portagen vorprogrammiert. Wenn man dann am Ende der Seenkette angelangt ist, muss man die gesamte Strecke wieder zurückfahren. Mit der vielgerühmten „Norrländischen Einsamkeit“ ist es allerdings auch nicht mehr ganz so weit her. Die Angelleidenschaft der Schweden führt zunehmend dazu, dass sich die Angler an den Seen wie auch an den Selstrecken der großen Flüsse kleine Hütten bauen, von denen aus sie mit Motorbooten zu ihren Angelrevieren fahren. Lediglich auf den reinen Wildwasserstrecken der großen Flüsse sind keine Anglerhütten und damit auch keine Motorboote anzutreffen. Trotz dieser nur bedingten Einsamkeit sollte man sich darauf einrichten, Proviant für die ganze Dauer des Unternehmens plus einiger Reservetage mitzuführen. Auf eine Ergänzung des Proviants durch Angelkünste sollte man sich nicht verlassen.

Gefährlich können diese Gebirgsseen dadurch werden, dass auf ihnen stets mit ganz plötzlich auftretenden schweren Fallböen zu rechnen ist, die schnell lebensgefährlich werden, wenn das Anlanden am nächsten Ufer wegen steiler Felswände unmöglich ist. Es hat hier schon mehrfach tödliche Unfälle von Kanufahrern gegeben. Die Mitnahme einer Schwimmweste ist ebenso unerlässlich wie, für den Fall einer Kenterung, die Kameradschaftshilfe durch andere Kanuten; Alleinfahrt kann Selbstmord sein!

Natürlich gibt es von der geschilderten Normausführung der Norrlandseen auch Abweichungen, nach oben und unten, d. h. einzelne Seen sind leichter zu befahren, sind nicht ganz so einsam, haben Straßenzufahrt bis weit nach NW, haben Motorbootverkehr und Touristenhütten. Aber auch das andere Extrem ist auf diesen Seen möglich, nämlich Portagen in absoluter Einsamkeit, die so mühsam sind, dass sie an die Grenzen der Leistungsfähigkeit auch gut trainierter Kanuten gehen.

Man sollte einen Urlaub auf diesen Seen sehr sorgfältig planen, die Beschreibungen sorgfältig lesen, die Karten genau studieren. Nur so ist zu erreichen, dass ein Urlaub auf diesen einzigartigen Seen nicht zu einer großen Enttäuschung wird, sondern die Eindrücke eines einmaligen Erlebens hinterlässt.

Die großen Norrlandsflüsse entstehen als Abfluss der ihnen vorgelagerten Norrlandsseen. Da diese Seen ihren Ursprung im Bereich des Hochgebirges der Skanden haben, führen die Flüsse ganzjährig reichlich Wasser. Der bei den Seen geschilderte stufenförmige Verlauf setzt sich auch bei den Flüssen fort, d. h. auch bei ihnen folgen, auf Strecken mit geringer oder fehlender Strömung (Sele) wieder Abfälle oder Stromschnellen, danach geht es wieder ruhig weiter. Dieser stete Wechsel von Stau, leichter Strömung, Stromschnellen und schweren Abfällen ist charakteristisch für die Norrlandsflüsse. Er macht die Einordnung in gängige Begriffe wie „Wildwasser“ oder „Zahmwasser“ so schwierig. Man muss sich bei der Befahrung dieser Flüsse darüber im Klaren sein, dass es stets eine Mischung ist, wobei das vorherrschende Element sicher das Paddeln über lange Strecken des Staus oder nur geringer Strömung ist, in mehr oder minder großen Abständen unterbrochen von Stromschnellen und Umtragestellen. Von W. Lerke wurde für diese Flüsse der Ausdruck „Wildwanderfluss“ geprägt. Es handelt sich dabei um lange Wanderflüsse mit Wildwasser, die überwiegend, zumindest von Routiniers, auch mit schwer beladenen Wanderbooten befahren werden können.

Die Nebenflüsse der großen Norrlandsflüsse haben ihren Ursprung nicht in den Skanden, sondern in dem großen Waldgebiet zwischen den Gebirgsseen und der Ostsee; sie haben nur im Frühjahr und Frühsommer eine ausreichende Wasserführung, im Sommer ist ihre Befahrung vielfach nicht möglich (s. auch Abschnitt „Klima“).

Die riesigen Wälder der Region sind die wesentliche Erwerbsquelle ihrer spärlichen Einwohner. Die Flüsse sind von alters her das bequemste Transportmittel für das im Landesinneren geschlagene Holz zu den Holzverarbeitungsstätten an der Küste. Es wird zumeist von „Flößerei“ gesprochen. Tatsächlich ist es jedoch ein Triften, d. h. die Baumstämme werden einfach in den Fluss geworfen, die Mehrzahl von ihnen kommt dann schon irgendwie an den Sammelstellen an. Während der Zeit der Triftung (meist bis Ende Juni) ist eine Befahrung der Flüsse lebensgefährlich und daher nicht möglich; aber auch später muss man damit rechnen, dass noch einzelne Baumstämme den Fluss heruntertreiben oder irgendwo hängen und Durchfahrten versperren. Allerdings wird die Trifterei zunehmend aufgegeben und durch den Transport des Holzes mit Lkw abgelöst. Es kann keine verbindliche Aussage darüber gemacht werden, auf welchen Flüssen bzw. Flussabschnitten auch heute noch getriftet wird.

Im Ganzen gesehen wären die Norrlandsflüsse ideale Flüsse für alle diejenigen, die die Einsamkeit ursprünglicher Natur lieben und bereit sind, dafür mannigfaltige Mühen und Entbehrungen in Kauf zu nehmen.

Sie „wären" es, wenn der Energiehunger Schwedens nicht so groß wäre, dass diese Flüsse schon weitgehend durch Kraftwerke verbaut sind und dass ein Ende dieser Entwicklung noch nicht abzusehen ist. Soweit bekannt, sind diese Kraftwerke in den Flussbeschreibungen vermerkt; es sei jedoch ausdrücklich darauf hingewiesen, dass mit großer Wahrscheinlichkeit in der letzten Zeit noch weitere Werke erbaut wurden, die in den der Redaktion vorliegenden Unterlagen noch nicht erfasst sind.

2. Svealand (Mittelschweden)

Die mittelschwedische Seenplatte zwischen Göteborg im Südwesten und Stockholm im Nordosten stellt das eigentliche Kernland Schwedens dar. Es unterscheidet sich fast in jeder Beziehung von dem im Nordosten anschließenden Norrland: es ist dicht besiedelt mit zahlreichen großen Städten, z. T. mit Großindustrie, es ist landwirtschaftlich intensiv genutzt, das Straßen- und Eisenbahnnetz entspricht mitteleuropäischen Normen, an den Flüssen und Straßen finden sich zahllose Wochenendhäuser der städtischen Bevölkerung. Es ist hier also nichts mehr zu finden von der natürlichen Einsamkeit Norrlands.

Andererseits ist die Landschaft gekennzeichnet durch zahllose Seen. Neben den großen Seen Vänern (mit der 10-fachen Größe des Bodensees schon fast ein Binnenmeer), dem 130 km langen Vättern und dem fast ebenso großen Mälaren, dem Haussee Stockholms, finden sich zahlreiche mittelgroße und zahllose kleine Seen. Sie stehen fast alle irgendwie miteinander in Verbindung, teils durch natürlichen Flusslauf, teils durch Schleusen bzw. Kanäle. Durch den Göta-Kanal gelangt man zur Ostsee, durch den Trollhätte-Kanal zum Skagerrak, durch den Dalslandkanal zum Dalsland-Seengebiet. All dies führt dazu, dass dieses Seengebiet ein Wassersportrevier ersten Ranges darstellt, und zwar nicht nur für Kanus, sondern auch für Segel- und Motorboote.

Wenn man sich als deutscher Kanute dieses Gebiet als Ferienziel erwählt, sollte man sich über die Vor- und Nachteile im Klaren sein.

Vorteile: gute Erreichbarkeit von Deutschland; leichtes Seewandern mit mehreren großen Rundtouren über Hunderte von Kilometern, mit nur ganz wenigen Umtragungen; gute Straßenverbindungen; keine Schwierigkeiten beim Einkauf.

Nachteile: sind vor allem in der Tatsache der wassersportlichen Übernutzung dieser Gewässer begründet, d. h. freies Zelten ist praktisch unmöglich, die offiziellen Campingplätze sowie die ausgeschilderten Rast- und Übernachtungsplätze sind zur Haupturlaubszeit stark überfüllt und zudem meist erheblich verschmutzt.

Wer nicht bereit ist, diese Nachteile in Kauf zu nehmen, sollte sich überlegen, die schwedischen Seen zu meiden und, trotz der erheblich weiteren Anreise, die finnischen Seen als Urlaubsziel anzupeilen.

Als weitere Alternative ist zu überlegen, diese Seen außerhalb der Hauptsaison zu besuchen, also im Frühjahr und Frühsommer oder auch im Herbst.

Die schwedischen Seen sind auch für Kanu-Anfänger ohne eigenes Boot interessant; man kann an mehreren Stellen Boote einschließlich der gesamten erforderlichen Ausrüstung zu leihen nehmen.

Das im Nordwesten auf die Seenplatte folgende mittelschwedische Bergland stellt so etwas wie einen Übergang zum im Norden anschließenden Norrland dar, verkehrsmäßig gut erschlossen, verhältnismäßig dicht besiedelt, durchströmt von den großen aus den Skanden kommenden Flüssen Klarälven, Väster- und Österdalälven. Daneben gibt es eine Reihe kleinerer Flüsse, die ihren Ursprung in der Region selbst haben. Sie sind leicht zu befahren, wobei längere und kürzere Seen abwechseln mit Fließstrecken, größere Abfälle gibt es kaum bzw. sind durch Kraftwerke verbaut.

3. Götaland (Südschweden)

Im Vergleich zu den beiden anderen großen Gebieten Schwedens hat Südschweden aus kanusportlicher Sicht nur eine geringere Bedeutung. Aus dem Zentrum des stark bewaldeten südschwedischen Hochlandes mit Höhen bei 300 m fließt eine Reihe von Flüssen strahlenförmig, wie die Speichen von der Achse eines Rades, auseinander, teils nach Südwest zum Kattegat, teils nach Süd und Südost zur Ostsee, und teils nach Nordost zur Seensenke. Auch diese Flüsse zeigen den typisch skandinavischen Charakter mit dem Wechsel zwischen See, Stau- und Fließstrecken.

Klima

Das Klima Schwedens unterscheidet sich erheblich von dem des benachbarten Norwegens. Dies hat zwei Gründe, nämlich den Golfstrom und die Skanden.

Die Warmwasserheizung des Golfstroms funktioniert nur im Bereich der Atlantikküste. So beträgt z. B. die mittlere Januartemperatur auf der Breite des Polarkreises in Norwegen etwa -2°, in Schwedisch-Lappland jedoch - 15°.

Daher ist auch der Bottnische Meerbusen 3 Monate lang zugefroren, während die Atlantikküste bis Hammerfest ganzjährig eisfrei bleibt. Im Innern des Landes hat dies zur Folge, dass der Schnee in Nordschweden bis zu 8 Monate lang liegenbleibt.

Die Skanden, das große skandinavische Zentralgebirge mit Höhen bis zu 2 400 m, wirken als Regenbremse auf die vorwiegend von Westen aus dem Atlantik heranziehenden Regenwolken. Sie entleeren ihren feuchten Inhalt über Norwegen und die Skanden; für Schweden bleibt dann nur noch wenig übrig. In Zahlen ausgedrückt: die durchschnittliche jährliche Niederschlagsmenge ist in Norwegen etwa viermal so groß wie in Schweden. Im Ganzen gesehen hat Schweden also ein fast schon kontinentales Klima mit kalten Wintern. Die heißen Sommer werden naturgemäß gebremst durch die nördliche Breitenlage, die in Schwedisch-Lappland weit über den Polarkreis nach Norden reicht.

Die Auswirkungen dieser klimatischen Verhältnisse auf die Wasserführung der Flüsse sind einleuchtend: die großen Norrlandsflüsse mit Ursprung in den Skanden haben ganzjährig eine reichliche Wasserführung; dank der gegenüber Mitteleuropa späten Schneeschmelze erreichen sie ihren Höchststand erst im Juni. Die im Oberlauf vorgeschalteten Gebirgsseen, die zudem vielfach als Stauseen der Energiegewinnung dienen, wirken allerdings als Puffer für die Wasserführung, so dass ausgesprochene Hochwasser meist fehlen. Bei allen anderen Flüssen mit Ursprung im Landesinnern wird der Wasserstand im Sommer vielfach recht niedrig und damit eine Befahrung schwierig bis unmöglich.

Das allgemeine Nutzungsrecht (Jedermannsrecht)

Das schwedische Jedermannsrecht regelt den Umgang des Menschen mit der freien Natur. Für Kanuten sind folgende Bestimmungen von Interesse:

Erlaubt ist:

Das Befahren sämtlicher Wasserwege.

Sich im Gelände frei zu bewegen.

In angemessener Entfernung von Privatgrundstücken eine Nacht lang zu zelten (gilt nicht für Gruppen).

Freiwachsende Beeren, Pilze und Blumen sowie herumliegende Holzabfälle für Feuer zu sammeln.

Bedingt erlaubt ist:

Das Zelten in Gruppen (von etwa mehr als 7) sowie das Zelten in der Nähe einer menschlichen Behausung - nur mit Erlaubnis des Grundstückseigentümers.

Feuer machen - soweit öffentliche Feuerstellen vorhanden sind, sind diese zu benutzen. Es ist unbedingt darauf zu achten, dass kein Waldbrand entstehen kann. Zu Zeiten erhöhter Waldbrandgefahr kann das Feuermachen örtlich ganz verboten werden. Die Benutzung von Kochern ist jedoch immer erlaubt.

Das Angeln - nur nach Erwerb einer Angelkarte; dies gilt auch für völlig einsame Gegenden Lapplands. Es werden Kontrollen durchgeführt. Angelkarten gibt es in allen größeren Orten der Region.

Benutzung von Privatstraßen und -wegen, soweit nicht durch Verkehrszeichen eine andere Regelung vorgeschrieben ist.

Geboten ist:

Soweit vorhanden, sind öffentliche Toiletten zu benutzen, anderenfalls sind die Exkremente zu vergraben, dazu ist ein Spaten mitzuführen. Abfälle dürfen nicht vergraben, sondern müssen zu einem Müllbehälter mitgenommen werden.

Rücksichtnahme auf andere - dies betrifft vor allem das Vermeiden von Lärm durch laute Musik und während der Nachtzeit.

Rücksichtnahme auf die Tierwelt - insbesondere das Vermeiden jeglicher Störung von Vögelnd während der Brutzeit. Dies betrifft vor allem die reinen „Waldflüsse" mit Ursprung im Waldgebiet. Da sie im Sommer meist zu wenig Wasser führen, ist ihre Befahrung nur im Frühjahr bis Juni, also zur Zeit der größten Störanfälligkeit der Vogelwelt, möglich.

Rücksichtnahme auf landwirtschaftlich genutzte Flächen beim Umtragen von Booten.

Verboten ist:

Das Betreten von eingezäunten Grundstücken und Häusern.

Das Befahren des Geländes abseits von Wegen mit Kraftfahrzeugen.

Das Fällen von Bäumen und Büschen.

Das Pflücken geschützter Blumen.

Naturschutz

Auf das allgemeine Verhalten in der freien Natur wurde schon im vorausgehenden Abschnitt „Jedermannsrecht" hingewiesen. Darüber hinaus ist zu beachten, dass in den frequentiertesten Kanurevieren, insbesondere in Süd- und Mittelschweden, immer mehr Naturpflegegebiete (naturvårdsområde) errichtet werden. Es ist nicht möglich, bei den Gewässerbeschreibungen mit diesen Entwicklungen zuverlässig Schritt zu halten. Es wird daher empfohlen, sich vor Fahrtantritt beim zuständigen Touristenbüro zu erkundigen. In diesen Gebieten ist das freie Zelten verboten, es gibt jedoch zumeist ausreichend offizielle Lagerplätze mit einfachen sanitären Einrichtungen und Müllcontainern.

Zeltmöglichkeit

Das Jedermannsrecht sagt darüber: „Erlaubt ist, in angemessener Entfernung von Privatgrundstücken eine Nacht lang zu zelten (gilt nicht für Gruppen)". Dieses Recht wurde über Jahrzehnte recht liberal gehandhabt. In letzter Zeit haben sich jedoch zunehmend Erschwernisse beim freien Zelten ergeben. man kann also jetzt durchaus damit rechnen, auch in vermeintlicher Einsamkeit von Forstarbeitern oder Bauern aufgefordert zu werden, den Platz zu räumen. Begründung „Privatbesitz". Da in Schweden fast alles Land in Privatbesitz ist, haben sie das Recht auf ihrer Seite. Grund für diesen Wandel liegt in der Tatsache begründet, dass das vermeintliche „Recht" durch die starke Zunahme von Touristen und vor allem auch deutscher Paddler überstrapaziert wird, dass aber andererseits die „Gebote und Verbote" des Jedermannsrechts nicht innegehalten werden. Als Ausweg bietet sich an, möglichst auf öffentliche Campingplätze zu gehen. Sie sind vor allem in Süd- und Mittelschweden sehr reichlich vorhanden; außerdem gibt es auf einer Reihe von kanusportlich viel genutzten Seen und Flüssen ausgeschilderte Rast- und Übernachtungsplätze, meist mit Feuerstellen und Toiletten. Es ist wohl selbstverständlich, dass davon Gebrauch gemacht wird und der Versuch, in diesem Bereich frei zu zelten, unterbleibt.

In der wilden Einsamkeit Norrlands dürften die Beanstandungen beim freien Zelten seltener sein, andererseits liegen hier die Schwierigkeiten, einen brauchbaren Zeltplatz zu finden, oft in der vielfach recht ungünstigen Beschaffenheit der Ufer begründet. Man sollte rechtzeitig anfangen, einen Platz zu suchen!

In Schweden besteht die Vorschrift, dass sämtliche Abwasser aus Wohnwagen und Wohnmobilen auf allen Campingplätzen in geschlossenen Behälter gesammelt werden müssen. Einfache Eimer genügen nicht.

Mit dem Pkw nach Schweden

Durch die neuen Brücken ist die Fahrt nach Schweden schneller und einfacher geworden. Am schnellsten geht es wahrscheinlich, wenn man auf der Vogelfluglinie die Fähre Puttgarden - Røgby benutzt und von Kopenhagen über die neue, große Brücke nach Malmö fährt.

Wenn man die Brücke Nyborg - Korsör benutzt, kann man, allerdings auf erheblichem Umweg, Schweden ganz ohne Fähre erreichen. Darüber hinaus gibt es zahlreiche Fähren zwischen Deutschland bzw. Dänemark und Schweden. Man sollte sich dazu von einem guten Reisebüro beraten lassen.

In Süd- und Mittelschweden ist das Straßennetz sehr gut ausgebaut, hier gibt es meist auch Bahnverbindungen. In Nordschweden wird man meist auf der

Straße an- und abreisen, sei es mit eigenem Pkw oder mit Autobus. Die Überlandbusse befördern problemlos das Bootsgepäck, auch für mehrere Personen (Ausnahme „snabbus"). Busfahrpläne für das ganze Län (Regierungsbezirk) bekommt man in den Touristenbüros.

Landkarten

Für alle Gewässerbeschreibungen wird auf Straßenkarten im Maßstab 1: 300 000 verwiesen. Außerdem wird bei jedem Fluss Angaben über die geographische Länge und Breite gemacht. Man kann den Fluss daher auch finden, wenn eine andere Karte benutzt wird.

Zumeist sind diese „Länderkarten" ausreichend. Bei allen Fahrten, bei denen es Navigationsschwierigkeiten geben kann, also auf See- und Schärengewässern, ist eine Karte in größerem Maßstab unerlässlich. Es kommen dafür in erster Linie in Frage die „Topographischen Karten 1:50 000". Da man davon meist mehrere Blätter benötigt, sind sie im Endergebnis recht teuer. Für die Schärengewässer gibt es außerdem Spezialkarten. Man sollte sich daher zunächst die „Länderkarten" als Übersichtskarten besorgen und anhand des Flussführers die Tourenwahl treffen. Dem Flussführer wird dann auch zu entnehmen sein, ob Karten in größerem Maßstab erforderlich sind.

Für die Kanugewässer, auf denen in größerem Umfang Leihboote für den Kanusport angeboten werden, gibt es meist sehr brauchbare Karten für die örtlichen Gewässer. Dies trifft vor allem für Göta- und Svealand zu. Sie sind erhältlich bei den Verleihstellen, den Campingplätzen sowie den Verkehrsbüros.

Verschiedenes

Die Preise für Lebensmittel und alkoholische Getränke liegen auch in Schweden erheblich höher als in Deutschland. Man sollte daher im Rahmen der zollrechtlichen Bestimmungen so viel wie möglich mitnehmen.

Die Mückenplage spielt in Götaland keine Rolle, in Svealand nur gelegentlich. Im Norrland kann sie unerträglich werden. Die im Abschnitt „Skandinavien" über die Mückenplage gemachten Ausführungen gelten auch für den Norden Schwedens. Sie sind dort nachzulesen.

Es ist auch für Schweden sehr zu empfehlen, sich beim ADAC das Merkblatt „Reiseinformationen" zu besorgen. Es sind darin, stets auf den neuesten Stand gebracht, alle wesentlichen Angaben enthalten über Personalpapiere, Zoll- und Devisenbestimmungen, Verkehrsregeln, Straßenhilfsdienste, Kontaktadressen usw.

Wichtige schwedische Ausdrücke

Sie finden sich sehr oft im Text der Gewässerbeschreibungen.

Wort	Aussprache	Bedeutung
älv (älven)	älw	großer Fluss
å	o	kleiner Fluss
sjö (sjön)	schöh (schönn)	See
ö (ön)	öh (öhn)	Insel
skär	schähr	Schäre
fors (forsen)	forsch	Stromschnelle, Wasserfall
sel	ßehl	Flussstrecke mit natürlichem Stau.

Obige Bezeichnungen werden an den jeweiligen Eigennamen angehängt, z. B. Klarälven = Klarfluss.

Anschriften

Botschaft

Botschaft des Königreichs Schweden
Rauchstraße 1
10787 Berlin
✆ +49 30 50 50 60
Telefax +49 30 50 50 67 89
Mail: ambassaden.berlin@gov.se
Web: www.schweden.org

Botschaft der Bundesrepublik Deutschland
FörbundsrepublikenTysklands ambassad
Skarpögatan 9
S-115 27 Stockholm
✆ +46 8 670 15 00
Telefax +46 8 670 15 72
Hinweis: E-Mail über das Kontaktformular auf der Webseite
Web: https://stockholm.diplo.de/se-de

Notruf

Polizei und Unfallhilfe/Notarzt: 112

Kanu-Sport

Svenska Kanotförbundet SKF
Fredsgatan 9
932 37 Ursviken, Schweden
☎ +46 155 20 90 80
Fax: +46 155 20 90 81
Mail: info@kanot.com
Web: www.kanot.com

Gewässer im schwedischen Norrland

Torne älv

Weitere Namen: Torneälven [swe], Tornionjoki [fin], Torneträsk [swe]

Wildwanderfluss - Seen (Gebirgs- und Waldfluss)
Mündung in schwedische Ostseeküste

Der Torne älv (S) bzw. Tornionjoki (FIN) ist einer der großen Norrlandsflüsse. In seinem Oberlauf, im Bereich des hervorragend schönen Torneträsk, wird die ihn begleitende Landschaft geprägt von dem Hochgebirge der Skanden. Hier führen auch Straße und Eisenbahn neben dem See. Nach Austritt aus dem See fließt der Torne älv bis Junosuando durch die lappländische Einsamkeit hügeliger Wälder, in diesem Bereich nur einzelne Ortschaften mit Straßenanschluss. Ab Junosuando verläuft stets eine Straße neben dem Fluss, später sogar auf beiden Seiten. Ab Mündung des Muoniälven (finnisch: Muonionjoki) ist der Torneälven Grenzfluss zwischen Finnland und Schweden.

Als echter Wildwanderfluss Skandinaviens fließt der Torneälven über den größten Teil seines 500 km langen Laufes durch Seen und gestaute Selstrecken, dazwischen liegen dann immer wieder Abfälle, die auf meist nur ganz kurzer Strecke mehr oder minder schweres Wildwasser bieten. Für Wildwasserfreunde besonders interessant ist die Strecke von km 348–224. Auf der gesamten Strecke kein künstliches Hindernis.

Interessant ist die Möglichkeit, über den Bifurkationsfluss Tärendöälven aus dem Stromgebiet des Torne älv in das des Kalixälven zu fahren.

Befahrbarkeit:	Befahrung je nach Wetterlage ab Juni möglich. Auf den Seen ist noch bis Ende Juni mit Eisgang zu rechnen. Die Wasserführung ist stets reichlich. Beim Ausfluss aus dem Torneträsk Höchststand mit etwa 200 m³/s im Juli, im Unterlauf mit etwa 1000 m³/s im Juni, im Juli sind es hier nur noch 500 m³/s.

488,6	NW-Ende des Sees Torneträsk; es handelt sich dabei um einen landschaftlich hervorragend schönen Norrlandsee, Seehöhe 341 m, Länge 77 km, größte Breite 12 km, eingerahmt von Hochgebirgen mit Gipfelhöhen bei 1 800 m (68.4963,18.6304)
480,4	re ⇩ des Nuorajokk (s. Seite 380) in den Torne älv (68.4326,18.6726)
477,4	**S Björkliden** an der Straße E 10, 🚆, mögliche ⬇, falls der See befahren werden soll. ⚠ Größte Vorsicht bei Befahrung des völlig ungeschützten Sees, Gefahr durch plötzlich einsetzende Stürme. Es soll hier schon tödliche Unfälle von Kanuten gegeben haben. Von einer Fahrt in Seemitte ist daher dringend abzuraten, man wird sich vielmehr entscheiden müssen, an welchem Ufer man entlangfährt.

Am Südufer verlaufen Straße und EB neben dem See, hier finden sich auch Siedlungen; das Nordufer ist dagegen völlig einsam. Außerdem sollte bei der Wahl der Fahrtstrecke auch die jeweils vorherrschende Windrichtung berücksichtigt werden (68.4068,18.6974)

471,7 re ⇩ des Abiskojokk (s. Seite 381) in den Torne älv, Abisko-Touriststation; 🚂, 🚍. Ausgangspunkt für sehr schöne Wanderungen (68.3701,18.7932)

469,1 **S Abisko**, 🚂, 🛒, 🚍 (68.3541,18.8424)

423,7 **S Torneträsk**, 🚂, keine 🛒, ⬇, falls nur der Torneälven befahren werden soll. Straße und EB gehen vom Fluss weg. Mit der vielgerühmten lappländischen Einsamkeit ist es allerdings nicht so ganz weit her. Es finden sich immer wieder Ferienhütten der angelbegeisterten Schweden, die meist nur mit dem Motorboot zu erreichen sind. Wirklich einsam ist es nur im Bereich der nicht mit Motorbooten zu befahrenden WW-Strecken (68.2277,19.7243)

411,7 ⚠ Ausfluss des Torneälven aus dem See mit einer schweren Stromschnelle "Tarrakuoka", auf 150 m WW V, re ⏏ gut möglich, jedoch kann kein Bootswagen verwendet werden. Es folgt der Jekojaure-See (68.1943,19.9888)

400,6 ⚠ Schwallstrecke zum Alaja-See

389,0 See-Ende, li Bootshafen, ⚠ schwere Stromschnelle Vakokuoika, Beginn WW III+, re "Schleichweg" möglich, evtl. re ⏏, danach auf 2,2 km kräftige Schwälle, WW III (68.0201,20.2252)

386,7 ⇩ in See Vakojaure; evtl. kann die gesamte Strecke zwischen den beiden Seen auf einer Strecke von 2500 m mühsam ⏏ werden (68.0102,20.2682)

386,5 re ⇩ des Rautas älv (s. Seite 382) in den Torne älv (68.0107, 20.2731);
re großer Mündungstrichter. Für die Weiterfahrt nicht in diese weit nach S führende Bucht einfahren, sondern zunächst Kurs N und erst nach Umfahren der im Osten gelegenen Halbinsel Kurswechsel nach S, entlang dem W-Ufer des Sees. Es folgt eine 43 km lange Strecke niveaugleicher schmaler Seen mit unterschiedlichen Namen. Die begleitenden Berge werden niedriger (68.0113,20.2724)

381,4 Nach einer See-Enge heißt der See jetzt Nuorajärvi (67.9810, 20.3079)

376,4 See-Enge, der See heißt jetzt Oinakkajärvi (67.9477,20.3839)

375,8 re **S Kurravaara**, ⛺-Möglichkeiten, Straßenzufahrt, 🚌 nach Kiruna nur 1 x wöchentlich (67.9439,20.3714)

364,0 Str-II, Straßen- und 🚌-Verbindung nach Kiruna, li ⛺-Möglichkeit. Der folgende See heißt Jukkasjärvi (67.8550,20.5236)

361,6 li **S Jukkasjärvi**, ⬇, falls nur die folgende sehr schöne WW-Strecke befahren wird, altes Lappendorf, Kirche li, dahinter ⛺-Möglichkeit und Museum, ⌘ (67.8525,20.5780)

347,7 See-Ende, ⚠ zunächst leichter Schwall, dann Insel; der re Arm ist wuchtiger, im li Arm Steine, WW III, evtl. ≈ (67.7905,20.8459)

347,6 Es folgt auf 50 km eine sehr schöne WW-Strecke, zumeist bis WW II+, einige Stellen etwas schwerer, dazwischen Selstrecken. Wenn das 2. Sel in Sicht kommt, re halten, li stehen einige kräftige Walzen. Auf dieser Strecke werden von einem Unternehmen aus Kiruna Rafting-Touren durchgeführt (67.7906,20.8469)

333,2 ⚠, am Ende eines Sels schwere Stromschnelle Pauranki, WW III+, vom re Ufer aus besichtigen. Danach weitere Stromschnellen, auf 1 km WW II–III (67.7340,21.0874)

316,3 Str-II, darunter Schwallstrecke (67.6909,21.4271)

308,8 ⚠ Pysäkurkkio, schwerer Schwall mit hohen Wellen, beide Arme WW III- (67.6870,21.5660)

305,7 li ⇩ des Vittangiälven (s. Seite 384) in den Torne älv (67.6875, 21.6298)

305,6 Str-II E45, re **S Vittangi**, 🚌, 🛒. Weiterhin Wechsel zwischen Stromschnellen und Selstrecken (67.6863,21.6311)

295,1 Porokoski (67.6577,21.8596)

290,5 Str-II, li **S Kuoksu** (67.6400,21.9409)

284,6 Nurmakoski, leicht, WW I-II (67.6021,22.0347)

279,8 re **S Nurmasuanto**, Straßenverbindung auf Naturstraße (67.5723, 22.1083)

278,7 ⚠ re ein Haus, dann leichter li-Bogen, Ojustankoski, WWW II; am Ende des Schwalls sofort in kleiner Bucht ↰ und die danach folgende Schnelle Meranslinkå besichtigen! Sie ist re und Mitte sehr stark verblockt, am li Ufer schmale Durchfahrt, WW II–III. Merkmal: direkt vor der **X** Stelle befindet sich am re Ufer eine, allerdings schlecht erkennbare, Natursteinmauer. Dort nur re Kehrwasser zum Anlanden und umtragen vorhanden, allerdings kann von diesem Kehrwasser die linke Durchfahrt nicht mehr angesteuert werden. Bei gutem Wasserstand auch ganz re ≈ (67.5674,22.1307)

275,1 ⚠, Kurkkiokoski, sehr schöne Schnelle mit hohen Wellen, WW III (67.5511,22.1993)

257,5 re ➔ des Tärendoälven (s. Seite 396) vom Torne älv, Bifurkationsfluss zum Kalixälven. Etwa die Hälfte des Wassers des Torneälven fließt hier ab (67.4450,22.4461)

253,9 Str-II, re **S Junosuando**, 🚌, 🛒. Ab hier Straße 395 neben dem Fluss (67.4316,22.5194)

252,6 Nebenroute: li ← des Pipiöjoki. Er führt nach 4 km mit steinigen Schnellen zum Lainoälven und auf diesem nach 8 weiteren km zurück zum Torneälven. Man kann auf diesem 2 km längeren Umweg die folgenden beiden schweren Stromschnellen des Torneälven umfahren. Nach 3 km sehr niedrige Betonbrücke, ca. 0,50 m Durchfahrthöhe, Umtragung links gut möglich. Umtragung etwa 50 m (67.4287, 22.5499)

252,0 ⛺ Junosuando

249,4 ⚠ Torneforsen, WW IV+ (67.4021,22.5742)

247,0 ⚠ Pitkäkoski, WW III-IV. Ab hier leichter, schnelle Strömung, zumeist Zahmwasser (67.3889,22.6066)

244,6 li ⇩ des nicht beschriebenen Lainoälven in den Torne älv, wieder Zunahme der Wasserführung (67.3741,22.6482)

238,0 re **S Lovikka** (67.3314,22.5963)

224,4 Str-Ⅱ, re **S Anttis** (67.2562,22.7996)

200,8 Str-Ⅱ 99, Straße zum Muonio älv (s. Seite 385) (67.2562,23.2584)

193,5 re **S Pajala**, größerer Ort, 🛒, 🚌 (67.2141,23.3740)

192,3 Str-Ⅱ 403, 🚌 (67.2080,23.3981)

191,7 ⛺ Pajala Camping, 🍴 (67.2047,23.4099)

187,7 ⚠ Kengisforsen, **X**, re in kleine Seitenbucht einfahren und auf Straße umkarren (Bootswagen!) (67.1933,23.4912)

184,7 ⚠, Beginn des Lappeakoski, bis WW III (67.1806,23.5438)

184,1 li ⇩ des Muonio älv (s. Seite 385) in den Torne älv (67.1805,23.5585); ⚠, der Muonioälven bringt mehr Wasser als der Torneälven, dadurch erhebliche Zunahme der Wasserführung, die Schwälle werden wuchtiger, gelegentlich starke Verwirbelungen. Der Fluss bildet bis zur ⇩ die Grenze, li Finnland, re Schweden. Zunehmend stärkere Besiedlung, zahlreiche kleine und mehrere größere Orte auf beiden Seiten. Das "Arctic River Race", das auf dem Muonioälven beginnt, wird auf der Reststrecke des Torneälven weitergeführt. Auf 500 m nach der ⇩ Reststrecke des Lappeakoski, WW III (67.1801,23.5585)

167,8 Einige Stellen WW II

166,1 li **FIN Väylänpää** (67.0368,23.7222)

151,7 li ⇩ des Naamijoki (s. Seite 169) in den Torne älv (66.9308,23.8693)

143,7 Starke Strömung

139,7 Die Strömung lässt nach, fast stehendes Gewässer

135,5 Str-Ⅱ 402 (S) und 937 (FIN), re **S Pello**. Nach der Ⅱ gute ⬆ (66.8014,23.9852)

134,6 Insel, li Arm führt zu einem Campingplatz (66.7936,23.9739)

132,0 li ⛺ Camping Pello (66.7851,23.9475)

129,7 re ⇩ eines Baches (66.7960,23.9034)

127,0 ⚠ Puruckoski, auf 400 m WW III, es folgen einige Stellen WW II (66.7716,23.9135)

112,6 re **S Svanstein**, 🛒, Hütten (66.6545,23.8614)

102,8 Der nördliche Polarkreis wird überschritten (66.5700,23.8646)

91,8 ⚠ Kattilakoski, auf 600 m WW III, danach li ⛺, Hütten, 🛒. Es folgen drei Stellen WW I, danach erhebliche Verbreiterung des Flusses auf bis zu 700 m, geringe Strömung (66.5000,23.7374)

75,6 Str-II 98, danach li ⛺, li **FIN Avasaksa**, re **S Övertorneå**. Der Fluss bleibt breit, kaum Strömung (66.3791,23.6867)

69,0 li **FIN Ylitorneo** (66.3217,23.6622)

64,3 –50,9 viele Inseln, teilweise flach (66.2810,23.6671)–(66.1852, 23.7847)

49,0 ⚠ Vuentokoski, auf 800 m WW III, danach li ⛺; anschließend erneut auf 800 m WW III (66.1751,23.8188)

42,4 ⚠, Matkakoski, WW V, re Durchfahrt WW III. Unbedingt vorher re ↱ und besichtigen (66.1498,23.9295)

36,5 Zwei Stellen WW II, danach auf 16 km stehendes Wasser

29,9 re **S Karungi**, Kirche, 🚂 (66.0453,23.9725)

19,9 ⚠ Kukkolankoski, WW IV, bei mittlerem Wasserstand Durchfahrt auf der re Seite am günstigsten, Anglersteg, die Befahrung des "Kukkolan" stellt einen würdigen Abschluss der Fahrt auf dem Torneälven dar (65.9661,24.0402)

19,7 re ⛺, Hütten, 🛒 (65.9636,24.0390)

13,5 Insel, re und li ⛺, Hütten (65.9237,24.1208)

4,5 Str-II, dahinter re kleiner Hafen, gute Gelegenheit zur Beendigung der Fahrt, **FIN Tornio** (65.8468,24.1573)

4,3 Str-II E4 und weitere II (65.8446,24.1576)

2,3 EB-II, re **S Haparanda** (65.8280,24.1506)

0,0 ⇩ in Schwedische Ostseeküste (65.8083,24.1458)

Nuorajokk

Weitere Namen: Njuoraeatnu

Seen, Wildfluss
Mündung in Torne älv bei km 480,4 (re Nebenfluss)

Großartige Tour durch 6 mit Wildwasserstrecken verbundene Seen.
Einstieg: im See Vassejavri, Straße/Parkplatz direkt am See, genau 20 km oberhalb des Ausstieges.
Ausstieg: im See Torneträsk am Parkplatz, Nähe Tornehamns Kapell, dort verlässt die Straße das Seeufer.
Das Abenteuer Njuoraeatnu ist für den Wildwasserfahrer schon deshalb etwas

ganz Besonderes, weil sich dieser normalerweise nicht freiwillig riesigen Seeüberquerungen hingibt. Eines muss jedoch jedem Erstling auf dieser Tour klar sein. Ohne GPS oder einer sehr guten topografischen Karte wird man sich in diesem Seenverbund mehr als nur einmal verirren! Das erste Viertel der Tour ist geprägt durch kürzere Seenstücke sowie sehr schönem, teilweise sogar schwerem Wildwasser, dass aber notfalls immer einfach umhoben werden kann. Der mittlere Teil besteht aus zwei riesigen Seen, auf denen man etliche Zeit unterwegs ist. Das absolute Highlight in Form einer grandiosen Endschlucht mit wuchtigem Wildwasser empfängt den Kanuten dann auf dem letzten Viertel der Tour, nachdem ein Nebenfluss von links die Wassermenge vervielfacht hat. Bei viel Wasser ist dieser letzte Durchbruch unserer Meinung nach jeden gepaddelten See-Meter zuvor wert. Am Ende dieses Traumwildwassers warten noch einmal ca. 3 Kilometer See.

Befahrbarkeit:	Der Wasserstand ist schwer abzuschätzen. Nur bei extremem Hochwasser werden die letzte 7 km in der Endschlucht sehr wuchtig und durch die hohe Fließgeschwindigkeit wird ein Anhalten immer schwieriger. Die beste Zeit ist Mai bis August.
Schwierigkeiten:	Lake-to-lake – Seenwanderung, WW III – IV (1x 5-6, leicht zu umheben), ca. 20-25 % Wildwasser bzw. fließendes Wasser.
Karten:	Nordeca, Norge-serien 10139
Quellen:	Neubeschreibung durch Ulrich Kittelberger und Sebastian Gründler nach Befahrungen 2013-2017

31,2	⬇ in den See Vassijaure, Straße E10, 🅿 direkt am See, genau 20 km oberhalb des Ausstieges (68.4338,18.2389)
29,2	Ausfahrt aus dem See Vassijaure (68.4498,18.2443)
23,7	⇩ in den See Inngaja (68.4577,18.3265)
21,1	Ausfluss aus dem Inngaja zum tieferliegenden See Vuolip Njuorajo (68.4750,18.3310)
15,5	Ausfluss aus dem See Vuolip Njuorajo (68.5047,18.4301)
12,6	li ⇩ eines Flusses (68.5114,18.4806)
2,9	⇩ in den See Torneträsk (68.4547,18.6365)
0,1	⬆ am 🅿 der E10, Nähe Tornehamns Kapell (68.4324,18.6703)
0,0	⇩ des Nuorajokk in den Torne älv (s. Seite 376) bei km 480,4 (68.4326,18.6726)

Abiskojokk

Weitere Namen: Abiskojåkka

Wildfluss

Mündung in Torne älv bei km 471,7 (re Nebenfluss)

Außerordentlich schönes Wildwasser mit anstrengender Wanderung von Abisko aus (direkt an der Fluss-/Straßenkreuzung beginnend), Hike-In.
Einsatz: Unterhalb des Seeausflusses Abeskojavri.
Aussatz: Bis vor Straßenbrücke Abisko (unter der Brücke X).
Definiertes und bei viel Wasser grenzwertiges Wildwasser in offenem Gelände mit einem längeren Flachstück. Der Oberlauf ist, abgesehen von zwei kurzen Durchbrüchen, Zahmwasser, daher nicht lohnend.

Befahrbarkeit:	Limit Wasserstand ca. 20-25 m³/s am Aussatz.
Schwierigkeiten:	WW IV-V-VI (X)
Karten:	Nordeca, Norge-serien 10139
Quellen:	Neubeschreibung durch Ulrich Kittelberger und Sebastian Gründler nach Befahrungen 2011-2016

11,0	Ausfluss aus dem See Abiskuja (68.3052,18.6518)
8,2	⬇ (68.3132,18.7116)
5,5	re ⇩ eines Flusses (68.3285,18.7544)
5,0	li ⇩ eines Flusses (68.3327,18.7531)
1,7	re unbedingt ⬆ vor den folgenden Brücken am Wander-🅿 (68.3585, 18.7751)
1,6	Str-II, EB-II, Str-II E10, ⚠ unter den Brücken X (68.3592,18.7751)
0,0	⇩ des Abiskojokk in den Torne älv (s. Seite 376) bei km 471,7, Abisko-Touriststation; 🚆, ⛺. Ausgangspunkt für sehr schöne Wanderungen (68.3701,18.7932)

Rautas älv

Weitere Namen: Alesätno, Rautasjoki, Rautasätno

Wildfluss - Seen (Fjällfluss - Waldfluss)
Mündung in Torne älv bei km 386,5 (re Nebenfluss)

Zur Namensgebung: Der Rautas älv heißt auch Rautasjoki und Rautasätno bzw. in seinem Oberlauf Alesätno. Rautasjaure ist ein vom Rautasälven durchflossener großer See. Ursprung in etwa 1 300 m Höhe. Auf Teilstrecken wird der Fluss von dem Kungsleden, einem Wanderweg, begleitet
Der Rautas älv ist einer der wenigen Flüsse Schwedens, bei denen nicht nur über kurze Abfälle, sondern tatsächlich über längere Strecken interessantes Wildwasser angetroffen wird. In seinem Oberlauf durchfließt er als Alesätno in herrlicher Fjällandschaft eine Folge von Gebirgsseen. Nach einem gestuften, unfahrbaren Abfall über 100 m fließt er als Wildfluss dem fjordartigen See Rautasjaure zu. Bis zur Mündung folgen dann sehr abwechslungsreiche Wildwasserabschnitte, die nur von kurzen Selstrecken unterbrochen werden. Zugang: Im Oberlauf nur mit Hubschrauber oder langen Portagen; die Brücke bei

km 32 ist mit Pkw zu erreichen.

Befahrbarkeit:	Oberlauf nur bei HW, ab km 63 wahrscheinlich ganzjährig.
Schwierigkeiten:	Sind stark wasserstandsabhängig; die im Text gemachten Angaben können nur einen ungefähren Anhalt geben. Bei höheren Wasserständen können die Schwierigkeiten ganz erheblich zunehmen. Als Maßstab für die Schwierigkeiten sollte man sich die 200 m oberhalb der ⌶ bei km 32 im re Arm ansehen. Die Schwierigkeiten liegen hier im Durchschnitt 1/2 bis 1 Grad höher als auf der Folgestrecke. Oberhalb km 110, nichts bekannt. km 110 – 87,6 Seenkette, dazwischen Abschnitte bis WW V (**X**), km 87,6 – 84,6 **X**, km 84,6 – 75,6 WW V-III-I, km 75,6 – 57,9 See, km 57,9 – 0,0 WW I-III (WW IV–VI–**X**)
Quellen:	Ergänzungen durch Ulrich Kittelberger und Sebastian Gründler nach Befahrungen 2013-2017

113,0 ⌶ des Kungsleden, Alesjaurestugorna (bewirtschaftete Fjällhütte), ♪, Hubschrauberlandeplatz (von Abisko), ⬇. Zunächst WW I (68.1355, 18.4147)

112,0 ⇩ in den See Alisjarvi, re Lappensiedlung **S Alesjaure Sameviste** (68.1416,18.4314)

108,0 ⚠ Schwall zum See Radujärvi, WW IV (68.1828,18.4768)

105,0 Schwall zum See Miesakjärvi (68.1942,18.5397)

102,0 ⚠ Schwallstrecke zum See Ahloarjärvi, WW III, Wanderweg (Kungsleden) nach Abisko, 22 km (68.2028,18.5834)

98,5 ⚠ Folgestrecke bis zum See Bieggaluoppal zunächst WW V, dann Klamm, **X**, re durch Sumpf 300 m ⩍; danach WW II; Schutzhütte, und Selstrecke - WW II (68.1887,18.6604)

97,6 ⇩ in den See Bieggaluoppal (68.1836,18.6669)

96,1 Ausfluss aus dem See Bieggaluoppal (68.1744,18.6892)

91,0 ⚠, markante S-Kurve mit Inseln, ↰, die folgenden 3 km sind **X**, li auf etwa 4 km weglos ⩍ (68.1669,18.7919)

88,0 Hänge-⌶, ⬇ zur Weiterfahrt, ⚠, zunächst WW V, danach abnehmend WW III-I (68.1656,18.8431)

80,0 Mündungsdelta, ⇩ in den See Rautasjaure, li Rautasjaurekåtan (Schutzhütte), Wanderpfad nach Kaisepakte, 18 km, mögliche ⬇ mit entsprechend langer Portage. ⛺ an den Ufern des Sees evtl. schwierig. Für die Weiterfahrt muss der See seiner ganzen Länge nach durchfahren werden (68.1636,19.0210)

62,0 Ausfluss aus dem See Rautasjaure, Fischersiedlung, mögliche ⬇, zu erreichen entweder mit Hubschrauber ab Kurravaara oder Jukkasjärvi oder mit einer 20 km langen Portage auf Wanderweg von Rensjön. Es folgen Selstrecken und WW I (68.0769,19.3622)

53,0 ⚠ Basakguoika, **X**, li auf Fischerpfad 300 m weit ⏏ (68.0390, 19.5249)

50,0 ⚠, S-Kurve, schöner Schwall mit hohen Wellen, WW IV (68.0156, 19.6280)

36,5 Flussteilung, li ← ≈ nur bei HW (WW II) re → große Wasserwucht, Slalomstrecke, (WW IV) (67.9847,19.8482)

32,0 EB-II, Str-II E10, übliche ⬇ im re Arm oberhalb der Brücke, es ist auch möglich, 1 km auf einem kleinen Pfad stromauf zu tragen und hier einzusetzen. ⚠ bei der Passage vor der Brücke am Einsatz, die Walze oberhalb sollte nicht unterschätzt werden, da sie fast über die gesamte Flussbreite läuft und recht kräftig ist. Li **S Rautas**, Lappensiedlung (67.9901,19.9242)

26,0 ⇩, Zusammenfluss der beiden Arme, schöne Schnellen, später ruhiger, WW I und Selstrecken (68.0019,19.9457)

17,0 **S Käyravuopio**, Weg zur Straße E10 (67.9684,20.0566)

13,0 ⚠ Beginn der interessanten WW-Strecke, zunächst WW III-IV (67.9413,20.1417)

12,0 ⚠ Rotsikoski, WW IV, bei HW WW VI; danach schluchtartig, auf 2 km WW III-IV, re ⏏ der gesamten Strecke auf Pfad möglich. Danach Nachlassen der Schwierigkeiten, WW II (67.9347,20.1890)

8,0 Straßenzufahrt von Kurravaara bis ganz in die Nähe des Flusses, gute ⬆ zur Beendigung der Fahrt. Dazu nach Belieben eine der vielen Stichstraßen vor Kurravaara links abbiegen und am Fluss ein Zeichen für die Paddler sichtbar deponieren. Auf keinen Fall bis in den See paddeln, da hier erst nach ca. 18 km eine ⬆-Möglichkeit besteht. ⬇, falls nur der leichte letzte Abschnitt des Flusses befahren wird, z. B. in Zusammenhang mit einer Befahrung des Torneälven. Auf der Reststrecke nur noch geringe Schwierigkeiten (67.9471,20.2915)

0,0 zum ⬆ Weiterfahrt auf dem Torne älv bis Kurravaara, hier Beendigung der Fahrt möglich (68.0106,20.2732);
⇩ des Rautas älv in den Torne älv (s. Seite 376) bei km 386,5 (68.0107,20.2731)

Vittangiälven

Wildfluss – Wanderfluss

Mündung in Torne älv bei km 305,7 (li Nebenfluss)

Der Vittangiälven ist ein ungewöhnlich einsamer Fluss. Ein Fahrtenbericht liegt nicht vor. Zufahrt: Ab Kiruna auf Asphaltstraße über Jukkasjärvi zur Raketenstation Esrange. Fahrtstrecke: Esrange – ⇩ in Torneälven bei Vittangi, etwa 40 km.

Befahrbarkeit:	Wahrscheinlich ganzjährig.
Schwierigkeiten:	Anfangs fast stromlos, im letzten Drittel häufiger mäßig schwere Schnellen, bis WW III.

38,6	empfohlene ⬇ bei **S Esrange** (genaue Lage der Einsetzstelle muss erkundet werden) (67.8941,21.1185)
0,0	⇩ des Vittangiälven in den Torne älv (s. Seite 376) bei km 305,7 (67.6875,21.6298)

Muonio älv

Weitere Namen: Muonionjoki [fin]

Wildwanderfluss

Mündung in Torne älv bei km 184,1 (li Nebenfluss)

Der Könkämäälven(S) bzw. Könkämäeno(FIN), der Muonioälven (S) bzw. Muonionjoki (FIN) und der anschließende, gesondert beschriebene, Torneälven bilden die Grenze zwischen Schweden und Finnland. Die drei Flüsse sind auf einer Strecke von 530 km ohne ein einziges künstliches Hindernis durchgehend befahrbar, siehe www.arcticcanoeroute.com .

Seit 1983 wird alljährlich Ende Juli / Anfang August von Kilpisjärvi bis Torneå das "Arctic River Race" durchgeführt, siehe http://sourze.se/2009/03/27/arctic-canoe-race---en-paddeltur-pa-gransen-1__67960 . Die gesamte 530 km lange Strecke wird in 6 Etappen gefahren, also etwa 90 km pro Tag. Wenn man bedenkt, dass viele Koskis schweres Wildwasser darstellen, mit Besichtigungen und evtl. Umtragen und dass dazwischen vielfach lange fast strömungslose Abschnitte liegen, muss man sich darüber im Klaren sein, dass dieses Rennen für die Teilnehmer sehr schwere Belastungen darstellt. Das Rennen wird mit Rennbooten in den Klassen K1, K2, C2 und Wanderbooten durchgeführt.

Befahrbarkeit:	Die beste Zeit dürfte zwischen Mitte Juni bis Ende Juli liegen. Ab August kann das Wasser stellenweise knapp werden. Wasserführung: Die Zeit eines hohen Wasserstandes ist dank der späten Schneeschmelze im hohen Norden in der Zeit von Mitte Mai bis Mitte Juni zu erwarten; danach nimmt der Wasserstand kontinuierlich ab.
Schwierigkeiten:	Die Flüsse haben einen stufenförmigen Ablauf, d. h. auf mehr oder minder lange Abschnitte mit geringer Strömung oder strömungslosen Seen folgen Abfälle, "Koskis", mit

	sehr unterschiedlicher Schwierigkeit, zwischen WW I und WW V. Wenn man mit voll beladenen Booten fährt, wird man mehrfach umtragen müssen; aber auch beim Rennen oder bei Etappenfahrten mit leeren Booten wird sich je nach Wasserstand und Können gelegentliches Umtragen kaum vermeiden lassen. Die nachfolgend angegebenen Schwierigkeiten beziehen sich auf einen guten Wasserstand, z. B. Juni. Bei geringerem Wasserstand (z. B. August) sind die Angaben um etwa eine Stufe zu reduzieren

233,3 ⇩ Zusammenfluss von re Könkämäälven (s. Seite 387) und li Lätäseno (s. Seite 169) zum Muonio älv (68.4844,22.2954); li **FIN Markkina**, ⛺, Hütten (68.4852,22.2971)
231,5 Auf 4 km Schnellen, WW II, danach wenig Strömung (68.4813, 22.3241)
218,6 Str-II E45, re **S Karesuando**, 🛒, li **FIN Kaaresuvanto**, hier 2 ⛺ und Hütten (68.4428,22.4773)
216,0 re ⇩ des Kaarejoki, hier bei NW wenig Strömung (68.4328,22.5303)
198,0 ⚠ Kuttaisenkurkkio, auf 1,5 km WW III; es folgen weitere Koskis zwischen WW I und III (68.3857,22.8358)
188,0 li **FIN Vähäniva** (68.3331,22.9661)
180,0 li **FIN Palojoensuu** (68.2861,23.0667)
169,0 ⚠ Hirvaskoski, WW III (68.2129,23.1454)
161,0 re **S Saivomuotka** (68.1354,23.1541)
159,0 ⚠ Kelokurkkio, auf 300 m WW III, bei HW WW IV-V (68.1438, 23.2076)
148,4 li **FIN Kätkäsuvanto** (68.1154,23.3310)
144,0 ⚠ Nojanpolankoski, auf 700 m WW III, unübersichtlich (68.0609, 23.3718)
135,1 ⚠ Insel, re Arm fahren (68.0180,23.4839)
131,4 ⇩ Zusammenfluss der beiden Arme am Ende der Insel (67.9971, 23.5382)
123,6 li **FIN Muonio** (67.9504,23.6567)
121,9 Str-II 404 (S) und 954 (F) bei Muonio (67.9399,23.6632); ⚠ Myilykorva, auf 700 m WW III (67.9397,23.6630)
120,9 li ⛺ Harriniva mit Hütten (67.9334,23.6547)
119,0 ⚠, es folgt eine etwa 2 km lange WW-Strecke, je nach Wasserstand Pahtonen WW III, Saarikoski auf 150 m WW IV, Äijänkoski 600 m WW IV, danach 1 km WW III. Nach dieser WW-Strecke auf über 50 km keine Schwierigkeiten, der Fluss ist etwa 200 m breit, gute Strömung (67.9142,23.6382)

97,0 re **S Granvir**, schöner ⛺ mit Hütten und Feuerstelle
62,0 Auf 6 km einige Koskis, WW II. Weiterhin geringe Schwierigkeiten (67.5021,23.4111)
41,7 li ⇩ des Äkäsjoki (s. Seite 171) in den Muonio älv (67.4467,23.7035)
34,2 Große Insel Kolarinsaara, li 🡐 führt nach etwa 3 km zu einem ⛺, re 🡒 ohne Schwierigkeiten (67.3937,23.7339)
25,9 li ⛺ mit Hütten, 🛒 in der ⇩ des Illäsjoki (67.3499,23.8263)
25,8 Str-II, re zur Insel, li **FIN Kolari** (67.3341,23.7875); ⇩ Zusammenfluss der beiden Arme (67.3346,23.7775)
23,3 re ⇩ des Kaunisjoki in den Muonio älv (67.3163,23.7465)
22,8 Str-II 403 (S) und 943 (FIN) unterhalb Kolari, li oder re guter Landeplatz (67.3115,23.7471)
2,0 Äaverkoski, WW II (67.1920,23.5887)
0,0 ⇩ des Muonio älv in den Torne älv (s. Seite 376) bei km 184,1 (67.1805,23.5585)

Könkämäälven

Weitere Namen: Könkämäeno [fin]

Wildwanderfluss
Mündung in Muonio älv bei km 233,3

Der Könkämäälven(S) bzw. (FIN), der Muonioälven (S) bzw. Muonionjoki (FIN) und der anschließende Torneälven bilden die Grenze zwischen Schweden und Finnland. Die drei Flüsse sind auf einer Strecke von 530 km ohne ein einziges künstliches Hindernis durchgehend befahrbar, siehe www.arcticcanoeroute.com Seit 1983 wird alljährlich Ende Juli / Anfang August von Kilpisjärvi bis Torneå das "Arctic River Race" durchgeführt, siehe http://sourze.se/2009/03/27/arctic-canoe-race---en-paddeltur-pa-gransen-1__67960 . Die gesamte 530 km lange Strecke wird in 6 Etappen gefahren, also etwa 90 km pro Tag. Wenn man bedenkt, dass viele Koskis schweres Wildwasser darstellen, mit Besichtigungen und evtl. Umtragen und dass dazwischen vielfach lange fast strömungslose Abschnitte liegen, muss man sich darüber im Klaren sein, dass dieses Rennen für die Teilnehmer sehr schwere Belastungen darstellt. Das Rennen wird mit Rennbooten in den Klassen K 1, K 2, C 2 und Wanderbooten durchgeführt

Befahrbarkeit: Die beste Zeit dürfte zwischen Mitte Juni bis Ende Juli liegen. Ab August kann das Wasser stellenweise knapp werden. Wasserführung: Die Zeit eines hohen Wasserstandes ist dank der späten Schneeschmelze im hohen Norden in der Zeit von Mitte Mai bis Mitte Juni zu erwarten; danach nimmt der Wasserstand kontinuierlich ab.

Schwierigkeiten: Die Flüsse haben einen stufenförmigen Ablauf, d. h. auf mehr oder minder lange Abschnitte mit geringer Strömung oder strömungslosen Seen folgen Abfälle, "Koskis", mit sehr unterschiedlicher Schwierigkeit, zwischen WW I und WW V. Wenn man mit voll beladenen Booten fährt, wird man mehrfach umtragen müssen; aber auch beim Rennen oder bei Etappenfahrten mit leeren Booten wird sich je nach Wasserstand und Können gelegentliches Umtragen kaum vermeiden lassen. Die nachfolgend angegebenen Schwierigkeiten beziehen sich auf einen guten Wasserstand, z. B. Juni. Bei geringerem Wasserstand (z. B. August) sind die Angaben um etwa eine Stufe zu reduzieren.

114,6 **FIN Kilpisjärvi**, gute ⬇ in den gleichnamigen See, ⛺, Hütten, Tankstelle. Der See ist hier 3 km breit. Je nach Wetter sollte man sich nicht zu weit vom Ufer entfernen (69.0493,20.7902)

107,4 Halbinsel Salmivaara, ⇩ in den südlichen Teil des Sees (68.9910, 20.8524)

100,5 ⚠ Ausfluss aus dem See, Beginn des Könkämäälven. Auf 400 m WW V, dann 400 m WW III, bei niedrigem Wasserstand sehr steinig (68.9407,20.8583)

100,3 –99,1 li auf gutem Fußweg etwa 700 m ⌓ (68.9387,20.8563)–(68.9310,20.8503)

92,5 Der Fluss verengt sich, leichte Strömung

90,2 Flussverzweigung, je nach Wasserstand li halten, überwiegend stehendes Gewässer

87,2 Straße E 8/21 am li Ufer

84,2 ⚠ Peerakoski; 150 m WW III, 300 m WW V, li ⌓, dann wieder auf 200 m WW III

83,4 es folgen leichte Stellen WW I-II mit seeartigen Erweiterungen

76,3 ⚠ Karjalakoski, auf 1,5 km WW III

66,9 ⚠ Lammaskoski, auf 3,5 km WW V-II

61,4 Saukkokoski, WW II, danach viele seeartige Erweiterungen, kaum Strömung, bei NW teilweise sehr flach

48,5 ⇩ in den See Naimakkjarvi (68.6756,21.5599)

45,6 Ausfluss aus dem See Naimakkjarvi (68.6637,21.6196)

39,2 ⚠ Pättikkäkurkio, WW V, schwerste Stelle des Könkämäälven, li 400 m ⌓ (68.6228,21.7105)

34,7 ⚠ Rautukurkkio, auf 400 m WW IV (68.5898,21.7255)

18,8 ⇩ in den See Kelottijärvi (68.5258,21.9903)

15,1 ⚠ Kelottiluspa, Seeausfluss, auf 700 m WW III. Danach bleibt der Fluss eng, gute Strömung, einige Stellen WW II und III (68.4947,

22.0198)
0,0 ⇩ Zusammenfluss von re Könkämäälven und li Lätäseno (s. Seite 169) zum Muonio älv (s. Seite 385) bei km 233,3 (68.4844, 22.2954)

Kalixälven

Gebirgsfluss – Wildwanderfluss
Mündung in schwedische Ostseeküste

Der Kalixälven ist neben dem Torneälven der wohl größte und auch interessanteste Wildwanderfluss Norrlands. In seinem Oberlauf, im Bereich der Ausläufer der Skanden, ist er landschaftlich hervorragend schön, später fließt er durch die Weite der Wälder schwedisch-Lapplands. Seit 1980 wird auf dem Fluss nicht mehr geflößt und getriftet.
Bei der Bezeichnung "Wildwanderfluss" liegt der Schwerpunkt auf "Wild". Der Kalixälven fließt zwar, wie fast alle Flüsse Skandinaviens, durch längere Seen und Sel-Strecken, dazwischen liegen jedoch sehr lange ausgesprochene Wildwasserstrecken aller Schwierigkeitsgrade.

Befahrbarkeit: Ganzjährig. Wasserführung: Nur im Oberlauf mäßig, ab Mündung des Kaitumälven starke Wasserführung, die durch mehrere große Nebenflüsse noch zunimmt, so dass im Unterlauf zur Zeit der stärksten Wasserführung (Mitte Juni bis Mitte Juli) bis zu 800 m³/s erreicht werden.

Schwierigkeiten: Der Kalixälven ist ein ausgesprochener Wasserfluss, d.h., die Mehrzahl der Forsar bieten sehr schönes Wildwasser mit schneller Strömung, hohen Wellen und starker Wasserwucht, Verblockung spielt kaum eine Rolle. Die Schwierigkeiten sind stark abhängig von der Wasserführung. Die im Text gemachten Angaben beziehen sich im Oberlauf auf sommerliches Mittelwasser, bei einer früheren Befahrung sind sie daher höher anzusetzen. Die Angaben für Mittel- und Unterlauf (ab km 106) beruhen auf einer Befahrung bei leichtem Hochwasser mit einem geschätzten Durchfluss von etwa 500-800 m³/s. Bei einer Befahrung ab Ende Juli sind die dann anzutreffenden Schwierigkeiten um etwa 1/2 bis 1 Grad niedriger. Ein Pegel, der zuverlässige und vergleichbare Angaben zulässt, ist nicht bekannt. Eine Orientierung bietet der Uferbewuchs als natürlicher Pegel: Bei hohem Wasserstand reicht der Uferbewuchs ins Wasser rein. In trockenen Sommern kann allerdings die Verblockung doch eine gewisse Rolle spielen

Bei einigen Gefällstrecken werden die Wassermassen mit ihrer ungeheuren Wucht allerdings schnell lebensgefährlich, längere Portagen sind dann unvermeidlich. Man sollte bei allen Gefahr-Stellen rechtzeitig anlegen oder zumindest in Ufernähe fahren, um nicht bei dem breiten Fluss mit seiner schnellen Strömung unentrinnbar in die Abfälle gezogen zu werden

Auf längeren Abschnitten verläuft eine Straße in der Nähe des Flusses, außerdem gibt es an mehreren Stellen Ortschaften am Fluss mit Straßenanbindung. Bei vernünftiger Planung besteht daher die Möglichkeit, zumindest größere Teilstrecken des Flusses in Tagesetappen und damit mit leerem Boot zu befahren. Wer das einmalige Wildniserlebnis des Kalix in vollem Umfang auskosten will und die damit verbundenen Mühen nicht scheut, sollte den Fluss allerdings durchgehend als Gepäckfahrt genießen.

km 388,1 – 341,1 Zahmwasser, See
km 341,1 – 279,3 WW I-II-III
km 279,3 – 252,4 WW III und IV
km 252,4 – 149,4 WW III-IV-V-VI-**X**
km 149,4 – 0 WW III-II-I-Zahmwasser (IV, **X**)

388,1 **S Nikkaluokta**, Straßenzufahrt, mögliche ⬇ am W-Ende des Sees Paittasjärvi in 465 m Seehöhe. Die Zuflüsse des Sees stammen teilweise aus dem Gletscherbereich der Skanden in 2000 m Höhe. Fahrt nach Osten (67.8520,19.0245)

386,8 ⇩ des Vistasälven (s. Seite 394) in den Kalixälven (67.8588,19.0465)

361,9 li **S Laukuluspa**, Ausfluss aus dem See Paittasjärvi. Kleine Stromschnelle zum Holmajärvi, WW I (67.8287,19.6245)

353,4 Ausfluss aus dem See Holmajärvi, Schnelle zum Kaalasjärvi, WW I (67.8107,19.7967)

351,5 ⇩ in den See Kaalasjärvi (67.7984,19.8249)

341,1 Str-Ⅱ, re **S Kaalasluspa**, Ende der See-Strecke, Ausfluss des Kalix aus dem See, die Straße geht vom Fluss weg. Auf der Folgestrecke leichte Stromschnellen, WW I-II; es fahren hier sogar Motorboote (67.7451,20.0198)

332,7 EB- und Str-Ⅱ, davor und danach Kalixfors, WW II+. Es folgen längere Selstrecken, dazwischen WW I-II (67.7292,20.1904)

304,8 Die Hügel treten nahe an den Fluss heran, wieder gute Strömung, WW I

300,9 Das Flusstal weitet sich wieder, WW I-II

299,9 Nach einer li-Kurve mit kurzem Selstück, ⚠, Beginn des Naustokoski, zur evtl. Besichtigung ↰. Auf 1,5 km WW II-III. li Straßenzufahrt von Svappavaara. Es folgen bis km 280,2 lange Selstrecken, dazwischen einzelne kurze Schwälle, WW I-II (67.6036,20.7866)

281,7 re ⇩ des Kaitumälven (s. Seite 395) in den Kalixälven (67.4962, 21.0675);
⚠, erhebliche Zunahme der Wasserführung, die Schwälle werden schwerer, wuchtiger, der Fluss breiter, es ist unbedingt anzuraten, vor allen größeren Stromschnellen rechtzeitig zur Besichtigung anzulanden! Bei der schnellen Strömung und der Breite des Flusses kann es sonst oft unmöglich sein, das Ufer vor Beginn der Schwierigkeiten zu erreichen (67.4962,21.0685)

279,3 alte und neue Str-Ⅱ E10, **S Lappeasuvando**. (67.4891,21.1192)

278,5 ⚠, Kurkkiokoski, auf 400 m WW III; danach zahlreiche Stromschnellen WW II und III (67.4862,21.1358)

266,2 ⚠ Piilijoki, auf 500 m WW III, Vorsicht bei dem starken Rücklauf am Ende der Schnelle. Anschließend auf 12 km langsam strömendes Sel (67.4771,21.3993)

256,9 ⚠ Vaikkokoski, WW III (67.4748,21.5904)

252,4 li **S Parakka**, Straßenzufahrt; weiterhin Sel (67.4934,21.6683)

246,1 Ende des Sel, Vorsicht! (67.4692,21.7981)

245,2 ⚠, im Bereich einer re-Kurve Beginn des Parakkakurkkio, WW V und VI. Vor der re-Kurve ↱ und besichtigen. Man kann die gesamte Gefällstrecke etwa 2 000 m weit re ⏏ (ohne Bootswagen). Für gute WW-Fahrer besteht die Möglichkeit, nur etwa 600 m ⏏ und am Ende des Hauptgefälles wiedereinzusetzen. Die Reststrecke des Parakkakurkkio ist immer noch schweres WW, bis WW IV. Am Ende der Stromschnelle Insel, der re Arm ist etwas leichter, WW III (67.4627, 21.7920)

242,4 ⚠, es folgen der 3 km lange Vinkakoski, WW III und der 2 km lange Pahtakoski, WW III (67.4488,21.7944)

234,6 Str-Ⅱ (67.4038,21.9127)

233,2 ⚠ Nurmakoski, 1,5 km lang, WW III (67.3937,21.9088)

231,6 ⚠ Mustikoski, 700 m, WW IV (67.3851,21.8937)

223,3 ⚠, Pahakurkkio, zunächst leichter Beginn, dann schnelle Steigerung auf WW V-VI, mehrere wasserfallartige Abfälle, die Schwierigkeiten liegen vor allem in der enormen Wasserwucht. Am besten bereits 1 km vorher li bei Wochenendhäusern ⬆ und auf der parallel zum Fluss verlaufenden Straße mit Bootswagen ⏏. Auch ist eine Teilbefahrung der leichteren Abschnitte möglich. Es folgen noch mehrere

Stromschnellen zwischen WW II und WW III+ (67.3377,22.0345)
207,4 Str-II, **S Männikko** (67.2542,22.2890)
202,6 ⚠, es folgen Ylikoski und Alanenkoski, beide WW III. Danach lassen die Schwierigkeiten nach, WW II (67.2375,22.3832)
189,1 Str-II, **S Tärendö**, ✕, 🛒 (67.1677,22.6118)
187,7 Str-II 394 unterhalb Tärendö (67.1594,22.6319)
187,1 li ⇩ des Tärendoälven (s. Seite 396) in den Kalixälven mit Zufuhr von reichlich Wasser aus dem Torneälven (67.1562,22.6454)
176,1 ⚠ Saarikurkkio; zunächst auf 500 m WW III, am re Ufer nur WW II+. Danach beruhigt sich der Fluss vorübergehend. Vor der folgenden Engstelle unbedingt ↱ und die folgenden 500 m besichtigen, WW V+, re ⌓ gut möglich (67.0842,22.6035)
170,7 ⚠ Mestoskoski, 2 km WW III, Straße neben dem Fluss. Danach auf 8 km ruhiges Wasser (67.0586,22.5235)
160,7 ⚠, kurzer, leichter Schwall, bereits vor diesem Schwall ↱ und mit Bootswagen umkarren. Es folgt die gigantische Stromschnelle Mestoslinka, auf 2,5 km WW IV-V-VI. Fahrer von Wanderbooten sollten unbedingt die gesamte Strecke ⌓. Geübte Fahrer in WW-Booten können sich am li Ufer entlang schleichen, hier nur WW III+, und nur den Schlussabfall auf 500 m ⌓, anlanden schwierig! Der Schlussabfall, erkennbar an einer Mauer am re Ufer, ist WW VI, Walzen bis 4 m Höhe. Eine Kenterung im Bereich der Mestoslinka ist bei dem hier bis 200 m breiten Fluss mit höchster Lebensgefahr verbunden! (66.9899, 22.6581)
158,8 Sehr schöner ⛺ re an der ⬇-Stelle, danach auf 5 km WW II (III) (66.9721,22.6594)
153,2 re **S Narken** (66.9411,22.7351)
151,6 ⚠, auf 550 m bis WW III+ (66.9292,22.7547)
149,4 Str-II; zunächst noch einige leichte Stromschnellen, dann lange Selstrecken mit mäßiger Strömung (66.9138,22.7847)
118,3 ⚠ Wasserfall, Jockfallet, **X**, Lebensgefahr. Am besten vor Beginn des Schwalles vor der Links-Kurve ↰ und über die II nach re oder li ⌓, ⌘. Sehenswert sind auch die Lachstreppen, die 3-mal am Tag zur Lachsmusterung geöffnet werden. Li 🚐. Es folgt auf 5 km WW I-II+, danach weitgehend Zahmwasser und einige leichte Schwälle, später längere Selstrecken. Der Polarkreis wird überschritten (66.6512, 22.7110);
Str-II über den Wasserfall, li **S Jockfall** (66.6510,22.7123)
98,9 ⊥ Röduppleden (66.4856,22.7778)
89,7 ⚠ Holmforsen im Bereich einer Insel, li Arm ist leichter, WW II-III (66.4076,22.8012)

84,3 Leichter Schwall, danach Str-Ⅱ N 98, li **S Nybyn**. Weiterfahrt entlang dem re Ufer (66.3636,22.8402)
78,1 Str-Ⅱ, **S Överkalix**, danach li ⛺ Bränna Camping (66.3314,22.8418)
77,5 re ⇩ des Ängesån (s. Seite 397) in den Kalixälven (66.3312,22.8277)
77,4 Es folgt ein ruhiger Flussabschnitt mit schwacher Strömung (66.3300, 22.8291)
69,1 Str-Ⅱ, li **S Svartbyn** (66.2572,22.8267)
63,5 Beginn des Sees Räktjärvi. Fahrt entlang dem W-Ufer, nicht in die weit nach SSO führende Bucht einfahren (66.2084,22.8315)
58,7 Seeausfluss, ⚠, Räktfors, auf 3 km WW II-III. Dieser Teil des Flusses heißt "Trängån" (66.1696,22.8160)
53,9 ⇩ in den See Morjärvi, viele Inseln, gegenüberliegendes Ufer ansteuern (66.1323,22.7768)
47,1 Schwallstrecke zum See Kamlungaträsket, WW I-II : EB-Ⅱ und Str-Ⅱ, danach re **S Morjärv**. Die Weiterfahrt auf dem See führt durch ein auf der Karte eingezeichnetes militärisches Sperrgebiet, das auch schon an das O-Ufer des Räktjärvi heranreicht, jedoch keine Verbots- oder Hinweisschilder, keine Behinderungen (66.0759,22.7335)
36,8 See-Ende, ⚠, es beginnt eine landschaftlich sehr reizvolle schwere WW-Strecke, evtl. auf Straße li bis Marieberg umfahren. Zunächst auf 500 m WW IV, Kamlungafors, am besten von der darüber führenden Str-Ⅱ aus ansehen. ⬆ etwa 250 m vor der Ⅱ re bei einer Schutzhütte; der Kamlungaforsen kann hier re auf etwa 150 m gut ⌂ werden. Nach kurzer Beruhigung folgt auf 3 km bis WW III+, hohe Wellen, Achtung besonders auf starke Wirbel und Presswasser. Den ersten Schwall unbedingt li fahren, der starke Strudel auf der re Seite kann nach Auskunft einheimischer Kanuten ganze Boote unter Wasser ziehen! (66.0035,22.8506)
33,0 ⚠ Wechsel zwischen ruhigen Strecken und Schnellen bis WW II+ (65.9753,22.8590)
27,1 Str-Ⅱ, **S Bondersbyn** (65.9305,22.8937)
23,9 ⚠, in einer re-Kurve Beginn des Langfors auf 1,5 km bis WW III-. EB-Ⅱ. Bis zur ⇩ noch einige Schwälle bis WW II, jedoch zumeist fließendes Zahmwasser (65.9098,22.9240)
20,0 Str-Ⅱ, li **S Akroken** (65.8848,22.9607)
15,4 letzter Schwall, WW II, danach Aufteilung in mehrere Arme (65.8785, 23.0494)
10,5 Str-Ⅱ E4, **S Kalix** (65.8525,23.1293)
0,0 ⇩ in den Schärenbereich des Bottnischen Meerbusens, li **S Karlsborg**; zahlreiche Möglichkeiten von Schärenfahrten (65.7867,

23.2811)

Vistasälven

Wildfluss – Wanderfluss
Mündung in Kalixälven bei km 386,8

Die gesicherten Unterlagen für eine Befahrung des Flusses sind spärlich. Er ist ein im Oberlauf landschaftlich hervorragend schöner Fluss im Bereich des Ostabfalls der Skanden. Im Unterlauf wird das Tal breiter, die Ufer recht sumpfig, kaum Zeltmöglichkeit. Eine Zufahrt mit Pkw ist nicht möglich. Es gibt 2 Möglichkeiten:

1. Aufwärts paddeln. Dies ist von der Mündung her bis km 39 gut möglich; weiter aufwärts ergeben sich mühsame Treidel- bzw. Umtragestrecken.
2. Mit Hubschrauber von Nikkaluokta. Die Einsetzstelle kann dann frei gewählt werden.

Im Bereich des oberen Vistasjäkka gibt es zahlreiche sehr schöne Wanderungen. Eine Befahrung des Flusses ist daher besonders interessant für Wanderer von einem Basislager aus (etwa bei Lisas Stugas) und anschließend den Fluss zu befahren.

Befahrbarkeit: Am besten Mitte Juni bis Mitte September.

km	
41,0	⇩ des Unna Vistasas, ab hier konnte eine Route festgelegt werden. Der Ursprung des Flusses befindet sich im Bereich der Gletscher in knapp 2000 m Höhe. Der Fluss heißt hier zunächst Marmjakka. Wahrscheinlich oberste mögliche ⬇ 1km oberhalb am Ende einer Gefällestrecke, jedoch kein Befahrungsbericht (68.0599,18.5281)
35,6	Ⅱ, Stuor Räitajäkka, Hütte, ⛺, im Sommer bewirtschaftet. Bis km 29 stärkeres Gefälle, kleine Katarakte und Abfälle (68.0309,18.5949)
30,4	Fußg-Ⅱ (68.0101,18.6830)
18,5	li ⇩ eines Baches, letzte gute ⛺-Möglichkeit. Ab hier Aufteilung in mehrere Arme, sumpfige Ufer kleine Seen (67.9614,18.8768)
12,6	Markante S-Kurve. Bis hier können sich Wanderer von Nikkaluokta aus mit Motorbooten hochfahren lassen (67.9369,18.9423)
2,2	große Flussgabelung, li ← führt zu einem 🅿 nahe der Str-Ⅱ. Diesem folgt die Beschreibung. Über den re Arm kann man den Bootsanleger von Nikkaluokta erreichen. Zum See Paittasjärvi führen beide Arme (67.8701,19.0075)
0,8	Str-Ⅱ, li ein 🅿 (67.8607,19.0290)
0,0	⇩ des Vistasälven in den Kalixälven (s. Seite 389) bei km 386,8 (67.8588,19.0465)

Kaitumälven

Wildfluss (Wildwanderfluss - Gebirgsfluss)
Mündung in Kalixälven bei km 281,7 (re Nebenfluss)

Der Kaitumälven ist ein großartiger Wildwanderfluss mit sehr starker Wasserführung in der Einsamkeit Schwedisch-Lapplands.
Zufahrt mit dem Pkw nur zum km 53,7, 44,4 und 20,6; mit der Eisenbahn zur Haltestelle Kaitum, Fluss-km 52,8, manche Züge halten hier auf Wunsch. Der oberste mögliche Einsetzpunkt liegt in absoluter Wildnis. Einfliegen mit Wasserflugzeug ab Kiruna möglich, jedoch teuer.
Die Einsetzstelle am Padje kaitumjaure kann auch sehr mühsam auf eigenem Kiel mit längeren Portagen erreicht werden. Es beginnt mit einer Portage von Vietas an der Stora Lulevatten zum Satihaure, dann Suorkejakka aufwärts treideln und fahren, an-schließend weitere Portage über Kungsleden-Wanderweg zum Padje Kaitumjaure, 8 km, 200 m Höhenunterschied, Bootswagen zwecklos.
Es ist sehr empfehlenswert, den Ausgangspunkt dieser Portage-Strecke auf eigenem Kiel auf dem Suorkejakke ab Autajaure zu erreichen.

Befahrbarkeit:	Ganzjährig. Höchste Wasserführung Mitte Juni bis Mitte Juli.
Pegel:	Als Hilfspegel dient die Betonunterkante des Brückensockels an der Einsetzstelle, km 103,5. MW = 10 cm unter dem Wasserspiegel. Die im Text gemachten Schwierigkeitsangaben beruhen auf diesem Wasserstand.
Schwierigkeiten:	Typischer Lapplandfluss. Längere Selstrecken wechseln ab mit mehr oder minder schweren Stromschnellen, keine künstlichen Hindernisse.

145,8 ⬇ am W-Ende des Sees Padje Kaitumjaure, landschaftlich hervorragend schön, zwischen steil aus dem See ansteigenden Felswänden (67.7460,18.3178)
136,8 ⇩ in den See Kaska Kaitumjaure (67.7226,18.5215)
125,7 Ausfluss aus dem Kaska Kaitumjaure, Stromschnellen WW I (67.6526,18.7001)
122,7 ⇩ in See Vuolep Kaitumjaure (67.6448,18.7571)
111,2 Ende des Sees, li Touristencamp Tjuonajakk, keine Straßenverbindung, beschränkte Einkaufsmöglichkeit, ☎. Zunächst weiterhin seeartig mit einzelnen Schnellen WW II (67.6122,19.0135)
93,9 ⚠, Lietik, auf 300 m Stromschnelle WW IV, rechts gut treidelbar, danach einfacher, WW II-III (67.6249,19.4041)
90,6 ⚠, Katarakt, ✕, 400 m auf Pfad li umtragen, danach WW II (67.6334, 19.4687)

85,9 ⚠ Stromschnelle, WW IV-V, re umtragen oder Treideln, danach Flussteilung, beide Arme fahrbar, WW III-IV. Es folgen einfache Stromschnellen WW I-II (67.6169,19.5585)

84,7 li ⇩ Tertojokka (67.6100,19.5796)

81,0 ⇩ in See Stuor Riehkku (67.5965,19.6365)

79,0 Ende des Sees, WW I (67.5845,19.6692)

75,8 ⚠ auf 500 m bis WW III, gut einsehbar, danach einzelne Schnellen bis WW I (67.5702,19.7188)

67,3 ⚠ Kaahmaskoski WW II-III, danach bei meist guter Strömung nur noch einzelne Schnellen WW I (67.5676,19.8844)

53,4 Straßenzufahrt (67.5398,20.0875)

52,8 EB-II, **S Kaitum**, 🚆 Bedarfshaltestelle der Erzbahn, mögliche ⬇. Straßenanschluss. Bis Killingi seenartig (67.5409,20.1008)

44,4 Str-II, **S Killingi**. Am See-Ende einfache Schnelle WW I (67.5202, 20.2699)

42,7 ⚠ Katarakt, absolut **X**, li 200 m mühsam umtragen, Folgestrecke auf 2,5 km durchgehend WW IV mit Stellen V. Zum Treideln und Umtragen dieser Stromschnellen sollte etwa ein halber Tag eingeplant werden (67.5180,20.3014)

40,4 Ab hier einfacher, WW II (67.5251,20.3505)

36,7 ⚠, re 2 Walzen, WW IV, li einfacher (67.5203,20.4244)

27,2 re **S Laxselet**, einige Hütten am Ufer, Straßenzufahrt, weiterhin WW I. Ab hier verläuft die Straße stets in der Nähe des Flusses, ohne zu stören (67.4713,20.5747)

25,7 ⚠, auf 3 km WW II+; das Ende der Stromschnelle ist von der Straße aus gut zu erkennen. Bis Neitisuando schwach strömendes Sel mit einem kurzen Schwall, WW I (67.4714,20.6039)

20,6 re Bauernhaus Björkudden, Straßenzufahrt (67.4592,20.7066)

13,1 re Siedlung **S Neitisuando**, Beginn einer herrlichen, leichten WW-Strecke in unberührter Landschaft. Bis zur ⇩ durchgehend WW II-III (67.4420,20.8453)

0,0 ⇩ des Kaitumälven in den Kalixälven (s. Seite 389) bei km 281,7 (67.4962,21.0675);
bis zur Str-II Lappeasuvanto 2,6 km Stauwasser, hier gute Gelegenheit zur Beendigung der Fahrt

---

Tärendoälven

Wildfluss, Bifurkationsfluss
Mündung in Kalixälven bei km 187,1 (li Nebenfluss)

Zur Befahrung des Tärendöälven liegt kein Fahrtenbericht vor. Gute Strömung, einige leichte Stromschnellen WW I (II), sonst keine besonderen Schwierigkeiten. Abzweig vom Torne älv. ⇩ nach 53 km in den Kalixälven. Bei der Weiterfahrt auf dem Kalix ist allerdings zu bedenken, dass nach der ⇩ des Tärendöälven mehrere sehr schwere Stromschnellen kommen.

53,2 ➔ des Tärendoälven vom Torne älv (s. Seite 376), Bifurkationsfluss zum Kalixälven. Etwa die Hälfte des Wassers des Torneälven fließt hier ab (67.4450,22.4461)

49,5 Str-II 395 (67.4243,22.4010)

2,3 Str-II (67.1763,22.6436)

1,2 Str-II 394 (67.1661,22.6444)

0,0 ⇩ des Tärendoälven in den Kalixälven (s. Seite 389) bei km 187,1 mit Zufuhr von reichlich Wasser aus dem Torneälven (67.1562,22.6454)

Ängesån

Wildwanderfluss
Mündung in Kalixälven bei km 77,5 (re Nebenfluss)

Ursprung durch Zusammenfluss der Quellflüsse Valtiojoki und Vettasjoki; hier keine Straßenzufahrt. Der Ängesån ist ein für lappländische Verhältnisse eher untypischer Fluss. Er hat nämlich ein recht gleichmäßiges Gefälle. Selstrecken fehlen ebenso wie schwere Wildwasserstrecken: Er ist somit ein verhältnismäßig leicht zu befahrender Wildwanderfluss. Er verläuft durch recht einsame Wälder.

Befahrbarkeit:	Bis km 66,6 bis Anfang Juli, ab hier wahrscheinlich ganzjährig.
Umwelt:	Das Wasser ist moorbraun, sauber.
Schwierigkeiten:	km 96,9 – 66,6 WW I-II (III-) km 66,6 – 14,3 Zahmwasser und WW I-II km 14,3 – 0 Zahmwasser

97,0 Str-II N 394, **S Ullatti**, mögliche ⬇. Das Wasser sollte hier für eine Befahrung gut ausreichen. Es folgt auf 26 km etwa zu gleichen Teilen fließendes Zahmwasser und leichtes Wildwasser, WW I-II, bei NW leicht verblockt, recht einsam (67.0115,21.8313)

80,3 ⚠, nach einem Haus am re Ufer kurze Flussverengung, WW III-; danach weiterhin WW I und II (66.9005,22.0004)

66,6 re ⇩ des Linaälven in einem 15 m hohen, sehenswerten Wasserfall; er führt etwa doppelt so viel Wasser wie der Ängesån, ab hier Befahrung wohl ganzjährig möglich. Mögliche ⬇, es führt eine Naturstraße vom Ort Ängesån hierher. Es folgt fließendes Zahmwasser (66.8124, 22.1670)

57,2 Str-II, **S Ängesån**, weitere mögliche ⬇. Weiterhin fließendes Zahmwasser (66.7510,22.2022)

48,0 Beginn einer etwa 5 km langen Schwallstrecke, WW I-II. Danach wechseln ruhige Fließstrecken mit Schwällen bis WW II

33,7 Der Polarkreis wird überschritten, danach werden die Schwallstrecken seltener (66.5701,22.4616)

19,2 re kleines Dorf **S Långforsselet**, auf 3 km WW I-II (66.4750,22.6306)

14,3 Str-II, re **S Tväredet** (66.4357,22.6653)

13,4 re ⇩ Lansån, bis zur ⇩ schwach strömendes Sel (66.4273,22.6716)

0,7 Str-II N 394, **S Överkalix** (66.3358,22.8189)

0,0 ⇩ des Ängesån in den Kalixälven (s. Seite 389) bei km 77,5 (66.3312, 22.8277)

Råneälven

Wildfluss - Wildwanderfluss (Waldfluss)
Mündung in schwedische Ostseeküste

Der Råneälven ist der größte, ganz unverbaute Waldfluss Schwedens. Landschaftlich ist er etwas eintönig, mit endlosen Nadelwäldern und Mooren, im Lapplandteil völlig menschenleer, etwas dichtere Besiedlung erst im Unterlauf.
Wassertechnisch ist der Råneälven in seinem Oberlauf ein Wildwanderfluss, d.h. längere Zahmwasserstrecken werden gefolgt von Stromschnellen unterschiedlicher Schwierigkeit. In seinem Mittellauf fast durchgehend echtes Wildwasser mit Schwierigkeiten zwischen WW II bis sehr schwierig in menschenleerer Wildnis. Bei Zwischenfällen dürfte es sehr schwer sein, einen Straßenanschluss zu erreichen. Der Unterlauf ist vorwiegend Zahmwasser mit kurzen Stromschnellen.
Es sei ausdrücklich darauf hingewiesen, dass für die nachfolgende Beschreibung nur ein länger zurückliegender Befahrungsbericht über eine Teilstrecke vorliegt, im Übrigen sorgfältige Auswertung verschiedener Unterlagen

Befahrbarkeit: Als Waldfluss (d. h. als nicht aus dem Gebirge kommender Fluss) ist mit guter Wasserführung nur im Frühjahr bis spätestens Juni zu rechnen, evtl. auch wieder im Oktober

Infrastruktur: Wahrscheinlich nur in Nattavaara und in Dörfern am Unterlauf. Kein ⛺ am Fluss.

199,6 mögliche ⬇ am Ostufer des Sees Raneträsk, zu erreichen auf einem Fahrweg, der bei dem 🚆 Ripats von der Straße Gällivare–Nattavaara abzweigt (66.9270,20.5758)

196,9 Ausfluss des Råneälven aus dem See Raneträsk. Auf den nachfolgenden knapp 50 km Zahmwasser mit dazwischen liegenden meist nur mäßig schweren Schnellen. Sie werden nicht einzeln aufgeführt (66.9032,20.5907)

185,3 li ⇩ des Rutnajoki (66.8358,20.6976)
185,1 Str-Ⅱ (66.8350,20.7006)
167,7 EB-Ⅱ, **S Nattavaara**, 🛒, in 200 m Entfernung 🚂 (66.7576,20.9488)
164,6 Str-Ⅱ, re nach Nattavaara (66.7526,20.9978)
163,4 li ⇩ Venetjoki (66.7459,21.0156)
147,4 🚂 **S Koskivaara** und Fahrweg von Nattavaara, gute ⬇, falls nur die folgende WW-Strecke befahren wird (66.6500,20.9933)
135,6 Str-Ⅱ Vuollerim – Nattavaara, re Abzweigung in einer kleinen Straße nach Mårdsel (66.5716,21.0900)
132,0 Polarkreis wird überschritten (66.5701,21.0958)
127,9 Ⅱ der Straße nach Mårdsel (66.5209,21.1281)
127,8 ⚠, Katarakt Muorkaforsen, zumindest der Anfangsteil **X**, ⏏ sehr mühsam (66.5212,21.1264)
126,1 re ⇩ Kaipajäkk. Auf 5 km Zahmwasser mit kleinen Schnellen (66.5075,21.1112)
121,0 Nach vorübergehendem Zahmwasser mit kleinen Schnellen beginnt der 2. Teil der WW-Strecke in absoluter Wildnis, Gefälle 4,3 ‰, überwiegend WW I und II
107,4 auf 2,3 km der Hällforsen, an dessen Ende der 1,2 m hohe Karsbergsfall, ansehen! (66.3903,21.2749)
105,1 Weiterhin Wechsel zwischen Stromschnellen und Selstrecken (66.3747,21.3032)
95,1 Str-Ⅱ, **S Märdsel** mit Märdselsforsen (66.3072,21.3659)
93,1 Langforsen Nr. 1, auf 800 m 5,6 m Gefälle (66.2914,21.3444)
91,9 ⚠ Grenhelmforsen mit einem Gefälle von 41,6 m auf 3,4 km, anscheinend mit sehr schwerer Teilstrecke (66.2830,21.3475)
88,5 Weiterhin Wechsel zwischen Selstrecken und Schnellen (66.2534, 21.3499)
79,1 ⚠ Lilla Hällforsen mit Stufe am Ende (66.2030,21.4701)
77,3 Str-Ⅱ, ⚠ Stora Hällforsen, 22 m Gefälle auf 2 km mit anschließendem 3,1 m hohen Brännbergsfallet. Er kann von der Str-Ⅱ aus besichtigt werden (66.1946,21.4975)
74,8 ⚠ Langforsen Nr. 2 auf 1000 m 12,8 ‰ Gefälle (66.1989,21.5346)
71,9 li ⇩ Norr Lilliån (66.2177,21.5663)
64,9 **S Aspliden**, einige Häuser, Ende der WW-Strecke, li gute ⬆ (66.1947,21.6327);
Die Reststrecke besteht aus einer Zahmwasser- und Seenkette, dazwischen einige meist leichte Schnellen. Nachfolgend werden nur die 3 schweren Stellen angeführt (66.1947,21.6332)
53,7 ⚠ Korpforsen mit Str-Ⅱ, evtl. **X** (66.1187,21.7509)
50,7 re **Överstby**, 🍴 (66.1113,21.7929)

50,5 li ⇩ des Rörån (s. Seite 400) in den Råneälven (66.1124,21.7997)
47,8 Str-II, re **Gunnarsbyn**, 🛒 (66.0881,21.8139)
44,0 Degeråforsen mit 2 Str-II, **S Lassbyn**, danach ⇩ in Degerselet, dem größten vom Råneälven durchflossenen See (66.0650,21.8154)
34,0 Ausfluss aus dem See Degerselet, Niemiselforsen (66.0239,21.9570)
33,4 EB-II (66.0217,21.9683)
32,5 Str-II 356, li **S Niemisel**, ⚠ Schwälle WW II-III; danach ruhige Strecken mit leichten Schwällen (66.0158,21.9753)
18,9 Str-II, li **S Orrbyn**, darunter Schwall, WW II- (65.9394,22.1335)
13,5 li und re **S Prästholm**, ⚠, Engstelle, Schwall, WW II+; am re Ufer Badeplatz mit Hütte (65.9062,22.1896)
5,7 ⚠, vor Råneå teilt sich der Fluss, li ist die Kirche zu sehen. Der li Arm fließt mit kräftigen Schwällen (bis WW III) durch den Ort; der re Arm ist leichter (65.8564,22.2602)
4,7 2 Str-II, li **S Råneå** (65.8515,22.2775)
3,2 Str-II E4, ruhige Strömung (65.8469,22.3049)
0,0 ⇩ in den Råne Fjard (Ostsee) (65.8273,22.3646)

Rörån

Weitere Namen: Livasälven

Wildwanderfluss
Mündung in Råneälven bei km 50,5 (li Nebenfluss)

Der Livasälven, der im Unterlauf Rörån heißt, durchfließt mehrere Seen. Die dazwischen liegenden Fließstrecken sind zumeist Wildwasser mit Schwierigkeiten zwischen mäßig und sehr schwer. Ein Befahrungsbericht ist nicht bekannt; die nachfolgende Beschreibung erfolgt auf Grund genauer Karten. Es können daher auch keine genauen Schwierigkeitsangaben gemacht werden. Bei den einzelnen Stromschnellen werden jeweils Gefälle und Länge angegeben; daraus lassen sich die zu erwartenden Schwierigkeiten abschätzen.

Befahrbarkeit: Frühjahr bis Mitte Juni. Später dürfte das Wasser unzureichend werden.

49,7 Zusammenfluss der Quellbäche Nilsbäcken und Peivejåkk (Erkundung könnte interessant sein) (66.4204,21.7603)
49,6 Str-II N 385, mögliche ⬇ in Livasälven. Zunächst auf 2,5 km Zahmwasser, danach leichte Schnellen (66.4194,21.7601)
46,8 Str-II (66.3996,21.7827)
45,8 ⚠ Vuottensbäckforsen, 17,3m/1700m, mit 2 Abstürzen nach 1 km und am Ende. Nach einer Bach-⇩ folgen auf 11 km viele eher mäßig schwere Schnellen (66.3923,21.7783)
36,7 ⚠ Flakabergmyrforsen, 10,5/1 500 (66.3332,21.8192)

28,6 ⚠ Skajteforsen, 35m/2100m, zu Beginn kleine II, 150 m nach Beginn der Schnelle Abfall! Die ersten 800 m der Schnelle sollten besichtigt werden. Danach ziemlich leicht (66.2898,21.8330)
25,4 re ⇩ Spikälven (66.2861,21.7781)
21,7 ⚠ Norriaforsen, zunächst leicht, dann 16,3m/500m, danach li Straße Vuottas – Livasudden neben dem Fluss (66.2596,21.8117)
19,9 ⚠ Grundträskforsen, 1300 m, Gefälle steigend auf 14m/700m (66.2458,21.8045)
19,2 Str-II, **S Norrian**, auf den folgenden 12 km fast stehendes Wasser (66.2441,21.7919)
15,1 ⇩ in den See Lappträsket (66.2267,21.7667)
7,7 Str-II (66.1701,21.8085)
7,4 Ausfluss aus dem See Lappträsket. Es folgen noch einige Schnellen (66.1680,21.8124)
6,2 ⚠ Storforsen, 5,1m/300m, vermutlich sehr schwierig (66.1584, 21.8112)
4,5 ⚠ Dräktforsen, 6,1m/500m (66.1470,21.8302)
1,5 ⚠ Röraforsen, 5m/450m (66.1234,21.8147)
0,5 ⇩ in den See Rörträsket (66.1171,21.8021)
0,0 ⇩ des Röràn in den Råneälven (s. Seite 398) bei km 50,5 (66.1124, 21.7997)

Luleälven

Fluss mit ↯ verbaut
Mündung in schwedische Ostseeküste

Die Flüsse Lilla Luleälven und Stora Luleälven sind die Quellflüsse des Luleälven. Der 136 km lange Fluss, der bei Lulea in den bottnischen Meerbusen mündet, ist mit mehreren Wasser-↯ weitgehend verbaut. Ein Befahrungsbericht ist nicht vorhanden. Eine Befahrung scheint nicht lohnend zu sein.

135,5 ⇩ Zusammenfluss von li Lilla Luleälven (s. Seite 401) und re Stora Luleälven (s. Seite 406) zum Luleälven (66.4477,20.6377)
0,0 ⇩ in den Bottnischen Meerbusen (Ostsee) (65.5700,22.1378)

Lilla Luleälven

Seenkette (Gebirgsseen)
Mündung in Luleälven bei km 135,5

Diese Seenkette liegt nur wenig südlich von den Seen des Stora Lulevatten; bei ihr ist alles etwas weniger als bei ihrem nördlichen Bruder; sie ist deutlich kürzer (nur 160 km lang). Sie führt nicht mitten hinein in den Sarek-Nationalpark, sondern nur bis zu dessen O-Seite, die begleitenden Berge sind niedriger, die einzelnen Seen sind kleiner, und über die Möglichkeiten einer Befahrung mit Kanus ist kaum etwas bekannt. Sicher ist nur, dass sich zwischen den einzelnen Seen jeweils deutliche Höhendifferenzen ergeben, die irgendwie überwunden werden müssen. Einen Vorteil hat allerdings diese Seenkette gegenüber dem Stora Lulevatten: am Nordufer verläuft fast durchgehend eine Straße, die möglichen Umtragestellen können also wahrscheinlich schon bei der Anfahrt erkundet werden, evtl. kann man die Straße auch zum Umfahren größerer Portagen benutzen.

Befahrbarkeit: Ganzjährig

163,9 ⇩ des Kamajokk (s. Seite 403) in den Lilla Luleälven (66.9506, 17.7162);
S Kvikkjokk, ↓, Motorbootverkehr, Ausgangspunkt für sehr schöne Wanderungen (66.9502,17.7171)

163,8 li ⇩ des Tarraätno (s. Seite 404) in den Lilla Luleälven (66.9487, 17.7168)

161,3 ⇩ in Saggat-See (302 m Höhe) (66.9290,17.7373)

146,9 li **S Årrenjarka**, Touristenhütte, 🚐 (66.8805,18.0232)

138,5 Ausfahrt aus dem Saggat-See (66.8733,18.2120)

136,4 Str-II, ⚠ darunter Schwallstrecke, Höhenunterschied 5 m, Befahrbarkeit muss erkundet werden, **S Njavve**, See-Enge zum Tjamotisjaure (297 m Höhe) (66.8762,18.2585)

122,3 li **S Tjämotis**, weitere See-Enge zum Skalka-See (66.9079,18.5555)

96,7 Björkholmen, See-Enge zum Parkijaure (Höhe 295 m) (66.7990, 19.0581)

86,9 ▬ Staudamm und ϟ Parki, **X**, hier muss ein Höhenunterschied von 9 m zum Randijaure-See (Höhe 282 m) überwunden werden, ⌓ muss erkundet werden (66.7438,19.2028)

73,3 See-Ausfluss, ▬ Staudamm und ϟ, auf 3 km 10 m Höhenunterschied, ⌓ muss erkundet werden, (66.6577,19.4002)

70,4 ⇩ in den See Purkijaure (Höhe 272 m). Die Route folgt dem Südufer (66.6384,19.4377)

66,5 re ⇩ des Pärlälven (s. Seite 405) in den Lilla Luleälven (66.6101, 19.4860)

61,0 ⚠ Purkiforsen, 14 m Höhenunterschied, ⌓, Weiterfahrt auf dem Vajkijaure (Höhe 258 m), Kurs O (66.6313,19.5784)

60,3 Str-II (66.6301,19.5937)

51,4 Teilung des Sees, die Route folgt dem Kurs Richtung Osten. Bei Fahrt nach N erreicht man nach 3 km am gegenüberliegenden Ufer den 🚐 Vajkijaure. Bei Weiterfahrt entlang dem N-Ufer nach NW kann man 10 km weit in eine Seitenbucht bis zum See-Ende bei Gräsviken einfahren (66.6555,19.7564)

47,2 ▬ Staudamm, Str-II E 45, ↯, li **Jokkmokk** und damit zum Ausfluss des Lilla Luleälven aus dem Seensystem. Über eine Weiterfahrt auf diesem Fluss ist nichts bekannt (66.6315,19.8200)

47,1 Str-II E45, re nach Jokkmokk (66.6308,19.8201)

46,8 EB-II Jokkmokk (66.6277,19.8202)

45,8 lt. Luftbild Beginn des Staus der folgenden Staustufe, oberhalb totale Wasserableitung (66.6189,19.8220)

44,3 ▬ Staustufe, **X**, keine Angaben zum ⛺, weit, re **S Jokkmokk** (66.6139,19.8493)

41,0 re ⛟ Arctic Camp Jokkmokk (66.5958,19.8969)

35,9 Str-II, **S Mattisudden** (66.5695,19.9908)

16,9 ▬ Staustufe, ↯, **X**, lt. Luftbild unterhalb totale Wasserableitung (66.5014,20.3778)

9,3 ▬ Staustufe, **X**, lt. Luftbild unterhalb totale Wasserableitung (66.4642,20.4924)

2,0 ▬ Staustufe, darüber Str-II, **X**, Weiterfahrt nicht möglich, totale Wasserableitung (66.4412,20.6119)

0,0 ⇩ Zusammenfluss von li Lilla Luleälven und re Stora Luleälven (s. Seite 406) zum Luleälven (s. Seite 401) bei km 135,5 (66.4477, 20.6377)

Kamajokk

Weitere Namen: Gamájåhkå, Njoatsosjåhkå

Wildfluss

Mündung in Lilla Luleälven bei km 163,9

Wildwasser im Expeditionsstil, Hike-In. Ausgangs- und Endpunkt ist die Ortschaft Kvikkjokk. Von dort starten Wanderer auch zu den Mehrtages-Durchquerungen in den Sarek-Nationalpark. Den Einsatzpunkt erreicht man schwerlich zu Fuß. Für die über 35 km Wildwasser müsste man wahrscheinlich 2-3 Tage Boote schleppen einplanen. Zudem ist nur anfangs ein kleiner Pfad vorhanden, der dann im Sumpfgebiet endet.

Einstieg: Kiesbett direkt an der Grenze zum Sarek-Nationalpark, oberhalb des Durchbruchs.

Ausstieg: Wanderparkplatz in Kvikkjokk (Straßenende) oder nach der Mündung in den See bei der Anlegestelle des Bootshuttles für die Sarek-Wanderer (Achtung Durchbruchsstrecke in den See zuvor erkunden, sind wir nicht gefahren!). Ausstieg vor Fahrt besichtigen.

Hubschrauber: Zwei Hubschrauberunternehmen in Kvikkjokk: Fiskflyg AB, info@fiskflyg.se und Arctic Air, info@arcticair.se. Die Kosten liegen bei Trans-

port von Material und Paddler (zwei Flüge) bei ca. 3000 schwedischen Kronen pro Person (ca. 380 €).
Als Gesamtpaket Landschaft, Wildwasser und Länge kann dieser Fluss mit den weltweit ganz großen Flüssen mithalten. Die gesamte Strecke untergliedert sich in einen oberen Teil mit einigen eher einfachen und kurzen Umtragungen, Niederklammen mit teilweise bis zu WW VI, Kiesbankstücken und auch längeren Strecken WW II-III. Das absolute Highlight sind zwei Wasserfälle, die über eine Fallhöhe von jeweils ca. 7-8 Metern echte Hingucker sind. Im Mittelteil mäandert der Fluss über ca. 2 h durch herrliche und einsame Landschaft, hier absolutes Zahmwasser. Im Unterlauf hat der Fluss mindestens die dreifache Wassermenge im Vergleich zum ersten Teil und bietet Spitzenwildwasser, welches sich von WW III auf IV steigert und auf den letzten 1,5 km sogar deutlich (je nach Wasserstand) bis zur Mündung (WW V-VI) in den See zulegt.

Befahrbarkeit:	Wasserstand ca. 40-60 m^3/s am Ausstieg, bei weniger Wasser dürfte die obere Etappe steinig werden. Beste Zeit ist Mai bis Juli.
Schwierigkeiten:	WW IV mit Stellen V und VI, (**X**)
Karten:	Fjällkartan BD10 Sareks nationalpark (Lantmäteriet), 1:100 000
Quellen:	Neubeschreibung durch Ulrich Kittelberger und Sebastian Gründler nach Befahrung 2015

29,4	⬇, Näheres siehe allgemeine Beschreibung (67.1163,17.4777)
21,3	⇩ eines Flusses (67.0738,17.5945)
13,7	re ⇩ eines Flusses (67.0290,17.6537)
11,2	li ⇩ eines Flusses (67.0213,17.6770)
0,0	⇩ des Kamajokk in den Lilla Luleälven (s. Seite 401) bei km 163,9 (66.9506,17.7162)

Tarraätno

Wildfluss
Mündung in Lilla Luleälven bei km 163,8 (li Nebenfluss)

Traumwildwasser in fantastischer Umgebung, Hike-In. Ausgangs- und Endpunkt ist die Ortschaft Kvikkjokk. Von dort starten Wanderer auch zu den Mehrtages-Durchquerungen in den Sarek-Nationalpark.
Einstieg: ca. 1 km oberhalb der Wanderbrücke bei Njunjes, zu erreichen zu Fuß über einen ca. 13 km langen Wanderweg auf der linken Flussseite. Um zu diesem zu gelangen, muss man sich zuerst mit einem Motorboot ca. 3 km flussaufwärts fahren lassen. Ab dem 29.06. fährt ein Bootsshuttle um 09:30 Uhr in Kvikkjokk ab (20 €/Person).
Ausstieg: Kvikkjokk, Parkplatz am Bootssteg am See.

Hubschrauber: Zwei Hubschrauberunternehmen in Kvikkjokk: Fiskflyg AB, info@fiskflyg.se und Arctic Air, info@arcticair.se. Die Kosten liegen nur für den Materialtransport bei ca. 1800 schwedischen Kronen pro Person (ca. 230 €).

Befahrbarkeit: Den Wasserstand kann man erst vom Wanderweg aus abschätzen, es dürfte allerdings weder ein oberes noch unteres Limit geben. Beste Zeit ist Mai bis August.

Schwierigkeiten: WW III und IV (1 x WW V).

Karten: Fjällkartan BD10 Sareks nationalpark (Lantmäteriet), 1:100 000

Quellen: Neubeschreibung durch Ulrich Kittelberger und Sebastian Gründler nach Befahrung 2015

18,6 ⬇ (66.9576,17.3888)

18,6 –0,0 Der Tarraätno ist auf der hier beschriebenen Strecke ein "Superfluss" ohne Wenn und Aber. Wuchtig, sauber und mit einigen fetten Rutschen und Surfwellen. Die gesamte Strecke hat keine einzige unfahrbare Passage, und abgesehen von zwei Stellen (einfach zu umtragen) bewegt sich alles im 3. und 4. Schwierigkeitsgrad. Das Highlight ist sicherlich ein sehr wuchtiger Katarakt, der brachial in eine Niederklamm hineinpresst. Im Anschluss folgt wieder Traumwildwasser in unglaublich schöner Landschaft. Auf den letzten 3-4 Kilometern fließt der Fluss ruhig dahin und bietet nur noch Zahmwasser (66.9574,17.3886)–(66.9488,17.7166)

17,5 Wander-Ⅱ (siehe Einleitung unter Einstieg) (66.9598,17.4098)

0,0 ⇩ des Tarraätno in den Lilla Luleälven (s. Seite 401) bei km 163,8 (66.9487,17.7168)

Pärlälven

Wildwanderfluss
Mündung in Lilla Luleälven bei km 66,5 (re Nebenfluss)

Der Pärlälven entwässert ein weiteres großes Seengebiet (Peuraure und Karatjaure). Wahrscheinlich könnte die Befahrung bei Karats am Karatjaure begonnen werden; hier Straßenzufahrt. Ein Befahrungsbericht liegt allerdings erst ab Piertinjaure vor.

Fahrtstrecke: ⬇ an geeigneter Stelle in Piertinjaure (die Straße verläuft am Seeufer). Nach Ausfluss am Ost-Ende des Sees folgt eine landschaftlich sehr schöne Strecke, bei flachem, stark verzweigtem Fluss, dazwischen Sel-Strecken. Nach einer langgezogenen leichten Stromschnelle bei Sicht einer Hänge-Ⅱ ↱ und den folgenden Abfall besichtigen. Bei Flussverengung auf etwa 8 m 2 Stufen mit größeren Walzen. Danach wieder eine längere ruhige Strecke. Mehrere kleine Stromschnellen steigern sich zu Naturstufen mit großen Felsblöcken. Am Ende dieser Gefällstrecke kommt ein 2stufiger Abfall bei einer Hänge-Ⅱ, unbedingt besichtigen, hier auch ein ⊥. Danach wieder leicht. Beendigung der Fahrt nach insgesamt etwa 30 km bei einer Ⅱ der Straße Jokkmokk–Karats. Eine Weiterfahrt zum Purkijaure und damit zum Lilla Luleälven dürfte ohne besondere Schwierigkeiten möglich sein, ein Befahrungsbericht ist allerdings nicht bekannt.

Befahrbarkeit:	Wahrscheinlich ganzjährig
Schwierigkeiten:	Auf weiten Strecken ruhiges bzw. stehendes Zahmwasser, dazwischen mehrere schwere Wildwasserabschnitte.

38,6	⇩ in den See Piertinjaure (66.5987,19.0372)
36,5	li **S Piertinjaure** (66.5983,19.0842)
35,1	Ausfahrt aus dem See Piertinjaure (66.5926,19.1126)
4,7	Str-Ⅱ Jokkmokk–Karats (66.5925,19.4105)
0,0	⇩ des Pärlälven in den Lilla Luleälven (s. Seite 401) bei km 66,5 (66.6101,19.4860)

Stora Luleälven

Kette von Stauseen (Gebirgsseen)
Mündung in Luleälven bei km 135,5

Der Stora Lulevatten und die nach Nord-West anschließenden Seen stellen landschaftlich eine der großartigsten Seenketten Nordschwedens dar. Sie liegen im Verlauf des Stora Luleälven. Während im SO der Seen die Landschaft Mittelgebirgscharakter zeigt, dringt man, je weiter man nach NW kommt, immer tiefer in die hervorragend schöne Fjäll-Landschaft des Sarek-Nationalparks ein. Die Berge, mit Gipfelhöhen bei 2000 m, sind weitgehend vergletschert und tragen durchaus alpine Merkmale.

Die zum Teil erheblichen Höhenunterschiede zwischen den einzelnen Seen werden durch Kraftwerke genutzt, das Umtragen wird durch kleine Wagen erleichtert, die für den Transport des Gepäckes von Touristen bestimmt sind. Auch die Motorboote auf den Seen sind vorwiegend für den Touristenverkehr, sie transportieren jedoch anscheinend auch abgebaute Faltboote. Die Seen sind berüchtigt durch ganz plötzlich einsetzende Stürme. Es hat schon Todesopfer von Kanuten gegeben.

Durch den Betrieb der Elektrizitätswerke gibt es erhebliche Niveauschwankungen der Seen (bis zu 20 m), im Frühsommer dürften sie aber wohl stets gefüllt sein.

Die Fahrt kann daher an vielen Stellen begonnen werden. Die nachstehende Beschreibung beginnt am NW-Ende des Akkajaure. Es ist möglich, die Fahrt in umgekehrter Richtung durchzuführen, sie also in Porjus zu beginnen.

Infrastruktur: Unterkunft: Einzelne sehr schöne Touristenhütten, zahlrei-

che sehr schöne ⛺-Plätze. Bei NW der Seen sind die Ufer allerdings keine Einladung zum Zelten, mit Felsen, Gestein und Geröll.
Proviant: Es gibt zwar an einigen Stellen die Möglichkeit zum Einkaufen, jedoch erheblich teurer als in den größeren Orten der Anfahrt. Man sollte also möglichst viel mitnehmen.

238,6 NW-Ende des Akkajaure (Höhe 439 m) nahe der norwegischen Grenze, eine Weiterfahrt ist nicht möglich; man muss wieder zurück, evtl. unter Benutzung von Motorbooten (67.8160,17.0857)

217,8 re **S Ritsem**, ⛺, 🛒. Ende der Asphaltstraße. Es besteht von hier aus die Möglichkeit, mit Pkw auf einem mehr oder minder guten Fahrweg zu dem 160 m höher gelegenen Sitasjaure zu gelangen (s. Suorkejakka (s. Seite 409)) (67.7192,17.4716)

213,8 li ⇩ des Vuojatädno (s. Seite 408) in den Stora Luleälven (67.7143, 17.4655)

178,5 ▬ Staudamm und ϟ Suorva, X, ⏏ zum Kårtejaure-See (Höhe 415 m) (67.5263,18.2044)

170,9 Stora Sjöfallet, großer Wasserfall, durch den Betrieb eines ϟ allerdings zeitweise etwas kümmerlich, 3 km ⏏, ⬇ in Satihaure (Höhe 374 m) (67.4801,18.3288)

170,4 li **S Vietas**, 🛒 (67.4815,18.3450);
li ⇩ des Suorkejakka (s. Seite 409) in den Stora Luleälven (67.4769, 18.3486)

151,0 See-Enge Saltoluokta, freie Durchfahrt (67.3986,18.6804)

134,1 ⚠ Jaurekaska, X, 1 km ⏏, ⬇ in Stora-Lulevatten (Höhe 368 m) (67.3096,18.9581)

75,7 li **S Porjus**, ⬆⬇ an geeigneter Stelle in den Stora-Lulevatten, 🚂 (66.9619,19.8226)

74,9 ▬ Staudamm und ϟ Porjus, X, vollständige Wasserableitung. Über die weitere Flussstrecke ist kein Fahrtenbericht bekannt (66.9593, 19.8030)

72,7 li Rückkehr des abgeleiteten Wassers (66.9448,19.7832)

69,1 EB-Ⅱ (66.9163,19.8145)

65,7 ▬ Staudamm und ϟ Harspangsfallet. Anschließend Schlucht bei Harspranget. Laut Luftbild Wasserentzug (66.8858,19.8185)

62,6 li Rückkehr des abgeleiteten Wassers (66.8583,19.8164)

55,9 ▬ Staudamm und ϟ, X, ⏏, darüber Straße E 45 (66.8092,19.8956)

31,4 ▬ Staudamm und ϟ, X, ⏏ (66.6866,20.3361)

0,0 ⇩ Zusammenfluss von li Lilla Luleälven (s. Seite 401) und re Stora

Luleälven zum Luleälven (s. Seite 401) bei km 135,5 (66.4477, 20.6377)

Vuojatädno

Weitere Namen: Sårjåsjåhkå

Seen-Wildfluss

Mündung in Stora Luleälven bei km 213,8 (re Nebenfluss)

Erreichen des Startpunktes entweder zu Fuß von Sulitjelma (Norwegen) aus oder mit dem Helikopter (Fiskflyg) von Ritsem.

Dauer der Fahrt ca. 3-5 Tage. Expeditionsausrüstung erforderlich. Der Start erfolgt am Ausfluss des Quellsee Sårjåsjaure. Wenn man diesen Startpunkt zu Fuß von Sulitjelma (Norwegen) aus erreichen möchte, muss man mind. einen Tag Boote tragen einberechnen. Insgesamt sind dabei eine Strecke von 16 km und ein Höhenunterschied von 900 Höhenmetern zu überwinden. Problematisch ist dabei die Tatsache, dass im Juni/Juli oft noch große Flächen dieses Gebietes voller Schnee sein dürften.

Die Fahrt beendet man am besten an der Mündung in den See Akkajaure, dann mit der Fähre die 12 km über den See, oder Durchpaddeln des Sees bis zur Ortschaft Ritsem am Akkajaure.

Schwierigkeiten: Wildwasser im Expeditionsstil, 100 km Gesamtstrecke, bestehend aus einer Kette von Seen mit einer Gesamtstrecke von ca. 65 Kilometern und ca. 35 km Wildwasser IV-VI (**X**). Vorsicht: nur mit GPS und/oder genauen Karten arbeiten, es gibt keinen Mobilempfang, nur bei halbwegs stabiler Wetterlage zu empfehlen.
Zwei Karten sind für diese Tour nötig: Nordeca, Norgeserien 10128 und 10131.

Quellen: Neubeschreibung durch Ulrich Kittelberger und Sebastian Gründler nach einer Befahrung im Juli 2017.

96,0 Ausfluss aus dem See Sårjåsjo, ⬇, Touristenhütte Sårjåsjaure Fjällstuga, 8 Betten (67.2325,16.4771)

96,0 –76,1 ⚠: Wuchtiges und teilweise klammartiges Wildwasser in einem Hochfjell mit unzähligen Stellen im 4.-6. Grad. Je nach Wasserstand mind. vier Stellen **X**. Weitere 4 Stellen ebenfalls sehr schwer. Landschaftlich ein Mega-Highlight. Hier oben heißt der Fluss noch Sårjåsjåkhå. Alle Stellen lassen sich notfalls am Ufer einfach umtragen (67.2326,16.4773)–(67.3181,16.6769)

76,1 ⇩ in den See Virihaure, 580 m Seehöhe (67.3181,16.6769)

63,3 Ausfluss aus dem See Virihaure, die Strecke zum nächsten See bietet ein kurzes, aber grandioses Wildwasserstück. ⚠, der große Fossen nach dem Ausfluss des Virihaure ist bei viel Wasser lebensgefährlich! (67.4173,16.5272)

60,0 ⇩ in Vastenjaure, 548 m Seehöhe. Fahrt zunächst nach NW, nach Umrunden der großen Halbinsel Fahrt entlang dem S-Ufer nach O (67.4354,16.5077)

39,8 Ausfluss aus dem See Vastenjaure (67.5138,16.8357)

39,7 –11,0 Ab Ausfluss des Vastenjaure heiß der Fluss Vuojatädno. ⚠, extrem wuchtiger Fluss mit bis zu 1000 m³/s, meist WW IV mit einigen Stellen, die bei viel Wasser bis WW V/VI ansteigen, keine unfahrbaren Stellen. Teilweise hat der Fluss mehrere Arme und ist unübersichtlich. Vorsicht, Schwimmen ist keine Option, da ein Erreichen des Ufers durch die immer in die Mitte ziehende Strömung an vielen Stellen schwierig sein dürfte. Der lange Schwall unterhalb der letzten Hängebrücke darf aufgrund seiner Geschwindigkeit nicht unterschätzt werden. Kurz vor der Mündung steht in der linken Flusshälfte bei hohen Wasserständen eine sehr gefährliche Walze (67.5139,16.8358)–(67.6254,17.3753)

25,3 ⇩ in den kleinen Kutjaure-See; er wird nach 0sten überquert (67.5674, 17.1116)

22,6 Ausfluss aus dem Kutjaure-See (67.5764,17.1723)

11,0 ⇩ in den See Akkajaure des Stora Luleälven, Tipp: die letzte Fähre nach Ritsem fährt um 14:45 Uhr ab. Verpasst man diese, muss man noch ca. 12 km über den See paddeln (67.6255,17.3755)

0,0 ⇩ des Vuojatädno in den Stora Luleälven (s. Seite 406) bei km 213,8 (67.7143,17.4655);
S Ritsem, ⛺, 🛒, Ende der Asphaltstraße (67.7143,17.4655)

Suorkejakka

Weitere Namen: Sitasjaure

Wildwanderfluss
Mündung in Stora Luleälven bei km 170,4

Der Suorkejakka bildet den Abfluss des rund 35 km langen Sees Sitasjaure nördlich der Stora Lulevatten Seenkette. Er verläuft in einem Trogtal mit steil aufragenden Wänden in völliger Einsamkeit in landschaftlich hervorragend schöner Umgebung. Die Anforderungen für eine Befahrung entsprechen denen, die z. B. beim Kaitumälv angeführt sind.
Die Befahrung des Suorkejakka bietet sich an als Vorfahrt zum Kaitumälv. Das Umtragen der Katarakte ist sehr mühsam. Vom Autajaure bis km 34 sollte man daher 2 Tage einplanen.

104,3 NW-Ende des Sees Sitasjaure. (68.1064,17.2114)

102,3 Grenze zwischen Norwegen und Schweden (68.0942,17.2452)

69,4 ⬇ bei Sitasjaurestugorna für die Befahrung des Sees Sitasjaure. Bei Fahrt nach NW kann man auf diesem sehr schönen See nahezu 35 km weit bis zu seinem Ende an der Grenze nach Norwegen in den Bereich hoher, z. T. vergletscherter Berge vordringen. Sehr schöne, gut zum Zelten geeignete Ufer (67.8587,17.6253)

69,3 ▬ Staudamm und ϟ Ritsem, **X**, Ausfluss des Suorkejakka aus dem See. Es handelt sich dabei um eine Restwasserstrecke des Kraftwerkes. Diese liegt zuerst als eine Reihe seichter, schlammiger Seen vor, und setzt sich dann als eine Folge von schmalen Gerinnen fort. Eine Befahrung ist nur mit flachen, schmalen Booten möglich und generell nicht empfehlenswert, weil sie einige Portagen von steinigen Furten/Katarakten erfordert. Besser im Autajaure starten (67.8588, 17.6296)

63,3 ⚠ Wasserfall, **X**, 80 m ⏏ (67.8149,17.6525)

63,1 ⇩ in den See Autajaure, ⬇ für die Befahrung des Suorkejakka an geeigneter Stelle des Sees (67.8149,17.6493)

57,2 ⚠ Ende des Sees, steinige Schnelle, WW I-II, evtl. treideln erforderlich (67.7677,17.6993)

56,6 Weiterhin seeartig (67.7653,17.7098)

55,1 See-Ende, ⚠ zunächst WW I-II, nach 500 m unvermittelt Wasserfall, absolut **X**; gleich danach Katarakt, ebenfalls **X**. 500 m li ⏏ (67.7576,17.7407)

53,0 ⇩ in den See Suorkejaure (67.7536,17.7738)

50,2 Ende des Sees Suorkejaure, WW I-II (67.7474,17.8361)

47,9 ⚠ Katarakt, **X**, 100 m re ⏏, danach einfache Fahrt, WW I-II, landschaftlich einzigartig (67.7396,17.8839)

39,2 ⇩ in Teusajaure (67.7176,18.0652)

34,5 Teusajaure fjällstation (Touristen-Station). Möglichkeit zum ⏏ über den Kungsleden-Wanderweg (8 km, 200 m Höhenunterschied, Bootswagen zwecklos) zur ⬇ in den Kaitumälv (67.6939,18.1573)

25,3 Ausfluss der Suorkejakka aus dem See Teusajaure. Über den weiteren Verlauf des Suorkejakka sind keine Einzelheiten bekannt. Da bis Vietas ein Höhenunterschied von etwa 140 m zu überwinden ist, dürfte es allerdings einige Überraschungen geben (67.6395,18.3131)

6,2 ▬ Staudamm, **X** (67.5050,18.4457)

0,0 ⇩ des Suorkejakka in den Stora Luleälven (s. Seite 406) bei km 170,4 (67.4769,18.3486)

Sitoälven

Weitere Namen: Sijddoädno

Wildfluss
Mündung in den See Tjaktjajaure

Ausgangs- und Endpunkt ist die Brücke am Ende der Straße. Von dort starten Wanderer nach Aktse und dann weiter ins bekannte Rapadalen im Sarek-Nationalpark.
Einstieg: Es gibt anscheinend keinen Wanderweg, der auf den Karten verzeichnete Winterweg verliert sich sofort im Morast. Boote über die Brücke auf die orografisch rechte Seite tragen, kurz nach der Brücke zweigt ein Feldweg rechts steil bergauf ab, diesem folgen bis er in einer Sackgasse endet. Den steilen Absatz erklimmen, dann auf Tierpfaden immer parallel zum Fluss Richtung Sitojaure nach oben, bis man keine Lust mehr hat. Ggf. wäre zu erkunden, ob man am linken Ufer besser in das Tal hineinkommt.
Ausstieg: Brücke am Wanderparkplatz.
Der Sitoälven bzw. Sijddoädno ist ein wuchtiger Bach mit unzähligen kleinen Walzen und schönen großen Kehrwassern. Die ersten 5 Kilometer sind Wildwasser im zweiten Grad in offenem Gelände. Die zweite Hälfte kommt deutlich sportlicher und in einer kleinen Waldschlucht daher und lädt zum ausgiebigen Üben und Wellensurfen ein. Über den 3. Grad geht es nie hinaus.
Tipp: die Boote nur ca. 2 h nach oben tragen/schleifen, denn die letzten 5 km sind die lohnende WW-Strecke.

Befahrbarkeit:	Wasserstand: mindestens ca. 15 m³/s, nach oben kein Limit. Die beste Zeit ist Mai bis Juli.
Schwierigkeiten:	WW II-III in der befahrenen Strecke
Karten:	Fjällkartan BD10 Sareks nationalpark (Lantmäteriet), 1:100 000
Quellen:	Neubeschreibung durch Ulrich Kittelberger und Sebastian Gründler nach Befahrung 2015

9,2 ⬇ (siehe allgemeine Beschreibung) (67.1389,18.5441)
1,7 ⬆ an der Ⅱ am Wander-🅿 (67.0785,18.5801)
0,0 ⇩ in den nicht beschriebenen See Tjaktjajaure, der über den Bläckälven in den Lilla Luleälven entwässert (67.0702,18.5582)

Piteälven

Kette von Gebirgsseen, Wildfluss – Wanderfluss
Mündung in schwedische Ostseeküste

Die Seenkette des oberen Piteälven ist landschaftlich von einmaliger Großartigkeit; sie führt mitten hinein in die Gebirgswelt der Skanden, die hier weit auf schwedisches Gebiet übergreifen, mit Bergen, die fast unvermittelt bis zu 1000 m hoch aus den Seen aufragen.
In vorausgehenden Auflagen war die Befahrung dieser Seenkette flussaufwärts

beschrieben worden. Durch den Neubau einer Straße kann die früher als Endpunkt der Fahrt angegebene Stelle jetzt mit Pkw erreicht werden. Daher ist es jetzt einfacher, die Befahrung in Fließrichtung des Flusses durchzuführen. Dadurch werden manche Stromschnellen, die früher sehr mühsam umtragen werden mussten, ganz oder zumindest teilweise befahrbar.
Aber auch jetzt noch bleibt die Befahrung des Piteälven-Oberlaufs eine sehr mühsame Angelegenheit, mit mehreren sehr kräftezehrenden Portagen. Man sollte für die Befahrung, je nach Endpunkt, etwa 10 Tage einplanen. Proviant ist für die gesamte Zeit mitzuführen. Der Erfolg möglicher Angelkünste scheint mehr als dürftig zu sein. Dagegen kann man im August den Speiseplan durch die hier massenhaft wachsenden Blaubeeren bereichern. Ein Bootswagen erübrigt sich, da er in dem unwegsamen Gelände doch nicht zu gebrauchen ist. Wichtig ist genaues Kartenmaterial.

Befahrbarkeit: Ganzjährig, am besten wahrscheinlich Juli–August.

Infrastruktur: Zeltmöglichkeit: zahlreiche sehr schöne Plätze. An einigen Stellen gibt es Touristenhütten für Wanderer.

359,9 Beginn der Fahrt am See Lomivatnet, Zufahrt auf einspuriger Naturstraße von **N Sulitjelma** (67°07'59"N, 16°04'36"E). Seehöhe 709 m. Gute ⬇ neben einem kleinen Gletscher. Die Fahrt geht flussaufwärts, auf dem See Richtung Ost (67.1035,16.2045)

356,1 Hier muss zum 3 m höher gelegenen See ⏏ werden. Entweder ⏏ zwischen den beiden Armen des Ausflusses über Steinplatte, etwa 30 m, oder ⏏ über Landzunge 100 m östlich des Ausflusses des Sees Eidevatnet. Mit einem langen Seil kann man in einem der beiden Arme aufwärts treideln (67.0844,16.2753)

350,2 Ende des Sees, Beginn der Portage zum See Pieskehaure, etwa 3 km. Kein Weg oder Markierung, sondern nur stellenweise Trampelpfad durch steiles, aber gangbares Gelände. Es geht zunächst aufwärts zur Wasserscheide in 730 m Höhe, hier Grenze Norwegen-Schweden, dann abwärts zum See (67.0553,16.3806)

347,9 ⬇ in See Pieskehaure, Seehöhe 577 m, sehr kaltes Wasser, Fahrt Richtung Ost. Vorsicht: bei Wind kommen in ganz kurzer Zeit sehr hohe Wellen auf! (67.0345,16.3927)

322,3 ⚠ Ende des Sees, ab hier geht die Fahrt in Fließrichtung des Flusses. Der Piteälven überwindet auf 1 km bis zum See Vuojatsavon 27 m Höhenunterschied mit vier Stromschnellen bzw. Wasserfällen, unterbrochen von kurzen Selstrecken. Die erste Stromschnelle evtl. ganz li ≋, WW IV, die folgenden sind WW V–VI–**X**, li auf gutem Trampelpfad etwa 1 km weit ⏏. Man kann evtl. die beiden ersten Stromschnellen umgehen, wenn man am Ende des Sees Pieskehaure re bei einem kleinen Staudamm in einen kleinen Seitenarm einfährt (66.9057,16.8419)

322,2 –315,0 Der Abschnitt stellt das schwierigste Stück des Piteälven dar. Man sollte alles genau besichtigen und für diese Strecke etwa 2 Tage einplanen (66.9057,16.8424)–(66.8609,16.9217)

320,9 ⬇ in den kleinen See Vuojatsavon, Seehöhe 548 m (66.8986,16.8640)

318,5 See-Enge mit guter Strömung, WW I-II; Weiterfahrt Richtung Süd-Ost (66.8894,16.9101)

317,8 ⚠ See-Ende, auf 300 m Stromschnelle, WW II-III, leichter Beginn, schwere Wellen im Auslauf. Vor Befahrung besichtigen! (66.8846, 16.9151)

317,4 ⚠, kleine Naturstufe, WW I. Hier tritt der Berg Radtjapakte nahe an das Ufer heran. Vorsicht! Nach 150 m schwere Stromschnelle, WW V+, li 100 m weit ⌓. Nach 300 m Sel folgt eine weitere Stromschnelle, WW II–III. Sofort danach kaskadenförmige Wasserfälle, 30 m Höhenunterschied, **X**, re oder li in schwierigem Gelände etwa 500 m weit. Wieder ⬇ nach kleiner Ⅱ li direkt hinter dem letzten Wasserfall. Gut strömendes Wasser bis zum See Alep Miekak

314,9 ⇩ in den See Mikkojaure. Hier großes Angler-Camp mit etwa 20 Blockhütten mit Hubschrauberverbindung zur Außenwelt. Weiterfahrt Richtung Ost (66.8608,16.9218)

313,5 Seeenge, kaum Strömung, Durchfahrt zum See Paije Sartajaure (66.8510,16.9398)

310,9 See-Ende, ⚠ Katarakt WW V-VI; am besten in kleinen Seitenarm am re Ufer einfahren und nach Erkundung steil bergab 80 m weit ⌓. Anschließend Naturstufe vor kleinem See, WW I-II (66.8529,16.9973)

310,1 ⚠, nach dem kleinen See li T-förmige Landzunge, kurzer, kräftiger Schwall, WW I-II (66.8546,17.0142)

309,9 ⇩ in den See Vuolle Sartajaure, Seehöhe 483 m (66.8549,17.0186)

307,7 See-Enge mit kleiner Stromschnelle, WW I. Weiterfahrt Richtung Süd (66.8478,17.0648)

305,2 ⚠ Natur-■, lange vorher hörbar, evtl. re ≋, WW IV. Starke Wasserwucht (66.8358,17.1018)

305,0 ⚠, 200 m langer Katarakt, WW V. Man kann auch hier wieder in einen re Seitenarm einfahren und an einer Stelle, **X**, in sehr schwierigem Gelände re etwa 50 m weit ⌓ (66.8343,17.1014)

304,8 im Seitenarm weiter WW I-II bis zur ⇩ in den Hauptarm (66.8328, 17.1012)

304,5 ⇩ in den See Kuoddojaure, Seehöhe 477 m, Weiterfahrt Richtung SO (66.8311,17.1051)

298,3 Stromschnelle, WW I-II (66.7916,17.1754)

297,5 ⇩ In den See Villok, Seehöhe 475 m (66.7865,17.1883)
295,5 See-Ende, △, Katarakt, WW V–VI, re 200 m weit ⌓, beschwerlich, danach Beginn des Sees Padjesavon (66.7709,17.2095)
293,5 See-Ende, Beginn des Sees Raukasavon, Fahrt Richtung Ost (66.7557,17.2361)
291,5 △ Katarakt am See-Ausfluss, WW V. Unmittelbar davor ↱ und auf 50 m leicht ⌓. Danach auf 100 m WW II (66.7554,17.2731)
291,3 ⇩ in See Kotaselet, Seehöhe 467 m (66.7561,17.2767)
290,5 See-Ende, △ Seeausfluss mit leichtem Beginn, WW II, am Ende schwerer Schwall, WW III, besichtigen (66.7530,17.2934)
290,0 ⇩ in dens See Svalesjaure, Seehöhe 460 m. Weiterfahrt in Richtung Süd (66.7510,17.3049)
287,5 See-Ende, △ auf 1,5 km WW I-II-III, dazwischen Selstrecken (66.7356,17.3400)
284,2 In der Mitte einer 500 m langen WW-Strecke mit WW II-III befindet sich ein Katarakt mit starker Wasserwucht, WW V. 100 m vor dem Katarakt ↰, 150 m weit ⌓ und unmittelbar nach dem Katarakt wieder ⬇. Weiterhin WW II+ bis zum Tjeggelvas
283,2 ⇩ in See Tjeggelvas, Seehöhe 450 m. Weiterfahrt Richtung Süd-Ost (66.7045,17.3513)
282,1 li in einer Bucht **S Västerfjäll**, Ende der fantastischen Gebirgsstrecke des Piteälven-Oberlaufs (66.6985,17.3714)
274,3 See-Enge, keine Strömung (66.6473,17.4865)
270,3 re **S Örvik**, 2 Häuser, Straßenanschluss (66.6131,17.5222)
260,9 re in einer Bucht **S Stenudden**, 3 Häuser, Straßenanschluss, jedoch keine Busverbindung, kaum Autos zum Trampen. Die Folgestrecke des Piteälven ist landschaftlich weniger reizvoll, man kann daher die Fahrt hier abbrechen, allerdings müsste vorher genau geplant werden, wie man an die ⬇-Stelle zurückkommt. Das Seen-System setzt sich jedoch noch weiter fort (66.5491,17.6571)
255,2 See-Enge, leichte Strömung (66.5455,17.7494)
251,1 ⇩ in den See Skierfajaure (66.5163,17.8011)
242,1 Häika am Süd-Ostende des Sees, ⌓ etwa 800 m zum See Vuolle Maskajaure (66.4693,17.9286)
237,6 Kleine Stromschnelle zum See Saddajaure, Fahrt Richtung S-O (66.4603,18.0187)
224,2 re **S Bergnäs**, mögliche ⬆ zur Beendigung der Fahrt, 🚌-Verbindung. Die Weiterfahrt geht entlang dem S-Ufer des Sees Richtung Ost (66.3887,18.2559)
220,5 Wege-II (66.4067,18.3293)
209,8 re **Bergviken** in einer Bucht am Vuolvojaure-See, Straßenzufahrt,

weitere mögliche ⬆ zur Beendigung der Fahrt. Vom Endpunkt Bergviken der Beschreibung des Oberlaufs fließt der Piteälven bis zu seiner Mündung bei Piteå in den Svensbyfjärden und dann in die Ostsee. Der Fluss dürfte hier auf weiten Strecken fahrbar sein. Bekannt geworden ist jedoch nur die Befahrung einer 20 km langen Teilstrecke unterhalb des Trollforsen (66.3978,18.5357)

141,5 EB- und Str-Ⅱ (65.9867,19.3578)

139,9 Trollforsen, **X**, ⌘, Besichtigung zu Fuß lohnend (65.9782,19.3846)

134,9 ⬇ 1 km oberhalb der Ⅱ der Straße E45 (Arvidsjaure–Jokkmokk), 20 km bis Granholmen, Schwierigkeiten: auf 3 km WW III–II, danach WW I, zuletzt Sel-Strecken. Es werden hier kommerzielle Schlauchbootfahrten durchgeführt (65.9591,19.4804)

132,8 alte und neue Str-Ⅱ E45 (65.9528,19.5239)

114,8 li **⬆ S Granholm** (65.9201,19.8778)

73,5 re ⇩ des Vistån (s. Seite 415) in den Piteälven (65.7998,20.6219)

0,0 ⇩ bei Piteå in den Svensbyfjärden und dann in die Ostsee (65.3586, 21.3206)

Vistån

Wildfluss
Mündung in Piteälven bei km 73,5 (re Nebenfluss)

Der Vistån ist ein Wildfluss mit einem bunten Wechsel zwischen Selstrecken, leichten Schnellen und schwerem Wildwasser.

Befahrbarkeit: Frühsommer.

Pegel: Hilfspegel, die braune HW-Marke an der Ⅱ km 56,9 darf höchstens 40 cm breit sein, sonst Wasserstand nicht ausreichend.

56,3 Str-Ⅱ N 94 Alvsbyn–Arvidsjaure, empfohlene ⬇. Zunächst Sel-Strecke mit kleinen Schwällen, WW I (65.6875,20.0483)

47,1 Ⅱ bei Övre Grundsel, weitere mögliche ⬇ (65.6615,20.2157)

44,8 ⚠, kurz nacheinander 3 Stufen. 1. Stufe auf 200 m WW III–IV im re Arm oder li ⌓ (65.6515,20.2513)

44,2 ⚠, 2. Stufe, S-Kurve, WW III (65.6513,20.2621)

43,3 ⚠, 3. Stufe, Insel, Steg über den re Arm, hier 2 m hohe Stufe, WW IV, li Arm etwas leichter, Baumhindernisse möglich, unbedingt vor Befahrung erkunden, evtl. vor Steg über Insel ⌓. Danach leichte Schwälle, WW I–II (65.6531,20.2743)

39,5 Straße 94 kommt li an den Fluss, Hütte mit 🅿, weiter schöne Schwälle (65.6794,20.2948)

36,1 Straße verlässt den Fluss (65.6772,20.3594)

33,5 Fußgänger-II, ⚠, darunter 2 m Stufe, stark verblockt, besichtigen, WW IV (65.6696,20.3897)
30,4 Beginn einer langen Schwallstrecke, zunächst leicht (65.6774, 20.4442)
29,8 ⚠, Zunahme der Schwierigkeiten bis WW V. Schwierigste Stelle: S-Kurve mit kleiner Klamm, Baumhindernisse möglich, unbedingt erkunden. Danach WW IV, abnehmend bis WW I
28,4 Ende der Schwierigkeiten, der Fluss mäandert mit mäßiger Strömung durch Hochwald (65.6865,20.4731)
25,5 Str-II bei **S Fors** (65.6888,20.5056)
21,5 ⇩ in See Sör-Visttrasket (65.6876,20.5559)
18,7 Ausfahrt aus See, Str-II 94, gute ⇅. Einfahrt in See Nörd-Visttrasket (65.6920,20.6110)
14,7 See-Ende, Ende der durch Befahrung gesicherten Beschreibung (65.7230,20.5770)
9,5 ⇩ in den See Grundträsket (65.7476,20.6107)
8,7 Ausfahrt aus dem See Grundträsket (65.7521,20.6233)
7,8 Str-II (65.7578,20.6119)
7,2 ⇩ in den See Manjärv (65.7622,20.6077)
4,4 Ausfahrt aus dem See Manjärv (65.7813,20.5678)
3,7 Str-II, **S Manjärv**, unter der Brücke Schwallstrecke. Es folgen mehrere Schwallstrecken. Keine Angaben (65.7847,20.5737)
0,0 ⇩ des Vistån in den Piteälven (s. Seite 411) bei km 73,5 (65.7998, 20.6219)

Åbyälven

Wildfluss – Waldfluss
Mündung in schwedische Ostseeküste

Die nachstehenden Angaben beruhen auf einer eingehenden Erkundung von der begleitenden Straße aus.

Der Åbyälven ist in seinem Oberlauf meist ein ruhiger Wald- und Wiesenfluss mit Seen. Ab Klubbfors zahlreiche Forsen mit sehr unterschiedlichen Schwierigkeiten zwischen WW I und **X**. Alle Forsen sind an der Straßenseite mit kleinen Schildern angezeigt, so dass man vor einer Befahrung alles besichtigen kann.

Eine Befahrung wird erleichtert durch die Tatsache, dass der Fluss zwar durch weitgehend einsame Gegend verläuft, dass aber in Abständen von etwa 20 km immer wieder Brücken kommen, so dass eine etappenweise Befahrung mit leerem Boot möglich ist.

Befahrbarkeit: Am besten Juni bis Mitte Juli. Später dürfte das Wasser

	knapp sein.
142,2	Mögliche ⬇ an Str-II 94, **S Vuotner**. Fahrt über den See Vuotnersjön in Richtung SO (65.6517,19.7072)
139,7	Ausfahrt aus dem See Vuotnersjön (65.6322,19.7348)
138,2	Str-II nach der Ausfahrt aus einem kleinen See (65.6208,19.7516)
133,3	Str-II, danach See Serrejaur. Dieser See wird gequert (65.5898, 19.7881)
132,1	Ausfahrt aus dem See Serrejaur (65.5863,19.7649)
130,7	Einfahrt in den Östra Kikkejaure (65.5765,19.7768)
121,5	Ausfluss aus dem Östra Kikkejaure, Str-II, weitere mögliche ⬇. Es folgen mehrere Seen (65.5586,19.9688)
119,9	Str-II (65.5559,19.9972)
115,3	Str-II (65.5367,20.0777)
104,9	Str-II (65.4869,20.2058)
99,8	Str-II, Schwallstrecke (65.4634,20.2747)
90,0	EB- und Str-II (65.4163,20.3738)
89,2	Str-II (65.4162,20.3844)
67,7	Str-II 373 (65.3286,20.6156)
48,7	Schwall Klubbfors, WW I–II (65.2213,20.8007)
48,2	re ⇩ des Klubbälven (65.2184,20.8030)
47,9	Str-II, **S Klubbfors** (65.2167,20.8084)
45,3	–44,8 ⚠ Schwallstrecke, keine Angaben (65.2029,20.8404)–(65.2000,20.8494)
44,2	⇩ in einen Stausee (65.1962,20.8565)
43,1	▬ Staumauer und ϟ Hednäs, re 200 m ⛺, Hütte. Ab hier die erwähnten Hinweisschilder an der Straße (65.1898,20.8650)
39,5	–39,2 ⚠ Schwall Jakobsfors, keine Angaben (65.1689,20.8920)–(65.1662,20.8931)
36,0	Str-II, re **S Islandsbäck** (65.1476,20.9177)
33,4	⚠, Schwall Blatfors, keine Angaben (65.1411,20.9634)
29,4	Str-II, re **S Ålund (Byske)** (65.1345,21.0154)
18,3	li ⇩ des Tväråan (65.1064,21.1778)
18,2	Str-II, li in 2 km **S Gagsmark** (65.1059,21.1780)
12,7	–12,3 ⚠ Schwallstrecke, keine Angaben (65.0753,21.2437)–(65.0723,21.2481)
12,4	Str-II bei **S Källbomark**, Hütte (65.0737,21.2475)
4,7	Str-II, **S Abyn** (65.0347,21.3351)
4,4	Str-II E4 (65.0325,21.3389)
4,1	Str-II, ⚠ darunter Schwallstrecke, keine Angaben (65.0315,21.3436)
0,0	⇩ in die Ostsee (65.0103,21.4106)

Byskeälven

Wildfluss
Mündung in schwedische Ostseeküste

Der Byskeälven ist ein sowohl landschaftlich wie auch wassertechnisch sehr abwechslungsreicher Fluss. Die Landschaft ist im Oberlauf geprägt von einer Nadelwaldwildnis mit schwer begehbaren, oft steil ansteigenden Ufern. Im Unterlauf wird der Fluss breiter und seichter, weiterhin Nadelwald, doch zunehmend Landwirtschaft, streckenweise lange Selstrecken, z.T. mit Mäandern. Der letzte Abschnitt ist erneut sehr schwer. Die Schwierigkeiten wechseln stark; ausgesprochene Wildwasserstrecken wechseln mit Abschnitten, die auch von Wanderfahrern mit WW-Kenntnissen befahren werden können.

Befahrbarkeit:	Am besten bei leichtem HW (Mai-Juli). Mittlere Wasserführung (m^3/s): Mai = 70; Juni = 59; Juli = 41; August = 29; September = 24
Pegel:	EB-Ⅱ km 81,6; günstig 75 cm.
Schwierigkeiten:	km 137,3–96,9 WW I-II+ (IV) km 96,9–85,7 WW III und IV (**X**) km 85,7–38,8 WW I-II km 38,8–⇩ sehr schwierig (genaue Angaben fehlen)
Infrastruktur:	⛺ in Arvidsjaure (nicht am Fluss); Renvallens Camping am Svärdälv; Fällforscamping am Byskeälven km 38,8, mit Bootsverleih und an der Mündung. Schöne Plätze am Fluss.

173,7 ⇩ des Järferälven (s. Seite 420) in den Byskeälven (65.7578,18.8846)
156,2 Ausfluss aus dem See Kikkejaure, Schwall, Wege-Ⅱ (65.6490, 19.1178)
154,5 Str-Ⅱ E45, EB-Ⅱ, ⇩ in den See Arvidsjaure (65.6414,19.1423)
152,7 ⇩ des Allejaurenälven (s. Seite 420) in den Byskeälven im Bereich des Sees Arvidsjaure (Höhe 363 m) (65.6288,19.1572)
152,5 ⇩ des Svärdälven (s. Seite 421) in den Byskeälven im Bereich des Sees Arvidsjaure (65.6214,19.1564)
150,0 **S Arvidsjaur**, mögliche ⬇, ⛺ im Ort (nicht am Wasser) (65.6070, 19.1806)
142,9 SO-Ende des Sees, Str-Ⅱ 94, Ausfluss aus dem See (65.5628, 19.2988)
142,5 Arvidsjaureforsen zum See Kilver. Auf diesem See am li Ufer fahren (65.5603,19.3060)
137,8 Flößer-▬ Kilverdammen, offen, li Fahrweg zur Hauptstraße. Es folgen mehrere Stromschnellen, bis WW II+ (65.5427,19.3939)
133,8 li Rasthütte, weiterhin mehrere Forsen, WW II+, dazwischen kurze

Selstrecken

114,8 Str-II 373, **S Siksjön**, re ⛺-Möglichkeit. Die Straße Siksjön–Byske verläuft ab hier in oft großem Abstand neben dem Fluss (65.4106, 19.7013)

112,0 ⚠ Linjeforsen, WW II+ und Sågforsen, verblockt, bis WW IV, evtl. li bei kleiner II 150 m weit ⌓. Danach leichter und Selstrecken

96,8 ⚠ Ausfluss aus Gairaselet mit Storfossen, anscheinend WW IV. 2 Stufen, evtl. li 200 m ⌓. Es folgen weitere Forsen, bis WW II+ (65.3214,19.9694)

91,6 ⚠ auf 500 m Schnelle Ulriksfall, WW III+. Ersten Teil li fahren, nach dem 90°-re-Knick des Flusses unbedingt re halten, am Ende steinig Stufe, evtl. re ⌓. Danach im Zahmwasser nach li queren und evtl. auf Straße und Fahrweg die folgenden schweren Stellen (Näsbergfall, Kaxfall und Gäddselsfall) auf 5 km umkarren. Es müsste erkundet werden, ob evtl. Teilstrecken dieses Abschnittes ≈ sind (65.3380, 20.0522)

89,7 ⚠ Beginn der Extremstrecke mit Näsbergsfall, 4 m hoher Fall in 2 Stufen, äußerst schwierig (65.3329,20.0740)

87,0 ⚠ Kaxfall in einer Schlucht, auf 50 m 4 m Gefälle, wohl ebenfalls äußerst schwierig; anschließend auf 750 m sehr schweres WW mit Gäddelsfall (65.3211,20.1211)

85,7 Selstrecke, li Weg von der Straße her, Rasthütte, ⬇, falls die vorausgehende Extremstrecke ⌓ wird. Es folgen noch weitere, jedoch deutlich leichtere Stromschnellen (65.3135,20.1374)

81,6 EB-II, li ≡, li **S Myrheden**, 🛒 (65.2893,20.1981)

80,4 Str-II Myrheden, ⬇ für eine Fahrt, die über etwa 40 km über eine nur mäßig schwere Strecke führt, leichte Stromschnellen bei allgemein guter Strömung, längere Sel-Strecken und Mäander (65.2834, 20.2186)

66,1 li **S Aselet** am Beginn eines kleinen Sees (65.2191,20.4384)

56,6 Str-II, li **S Grönbo** (65.1873,20.5861)

38,9 ⚠ Str-II, li **S Fällfors**, 🚐 und ☰, ✕, ⚠, rechtzeitig ⬆. Der folgende Fällforsen beginnt mit einem Abfall, **X**, danach WW III, li ⌓, steiler Fußweg zum Unterwasser, danach auf 5,5 km Sel (65.1253,20.7892)

32,5 ⚠, es folgt eine Serie sehr schwerer Schnellen und Abfälle (Höllesträmsfall, Droppforsen und Holmforsen) (65.0912,20.8224)

28,4 Nach dem Holmforsen folgt auf etwa 6 km eine leichte Strecke (65.0821,20.8921)

21,1 ⚠, auf gut 10 km folgt der wohl schwerste Abschnitt des Flusses (Oloforsen und Kvarnforsen) (65.0506,20.9580)

20,0 Str-II über den Kvarnforsen, li **S Selet** (65.0413,20.9674)

10,1 Nach dem Aftonsmorforsen vorübergehend Zahmwasser und leichte Schnellen (65.0360,20.9826)

15,4 ⚠, erneute Zunahme der Schwierigkeiten, der nach 800 m folgende Treholmsforsen soll äußerst schwierig sein. Es folgt der Hakasmyrforsen, schwierig. Die folgenden Forsen sind etwas leichter (65.0118, 21.0016)

3,8 ⚠ Beginn der letzten schweren WW-Strecke (64.9565,21.1613)

2,8 ⚠, Beginn der Schnelle Gästgivarfall mit steilem Schlussstück (64.9552,21.1855)

2,2 Str-II E 4 (64.9535,21.1981)

2,0 Str-II, **S Byske**, li Ortszentrum (64.9520,21.2004)

1,7 ⚠ Yttersforsen, letzte schwere Stelle des Flusses (64.9502,21.2049)

0,0 ⇩ in den Bottnischen Meerbusen, li ⛺ Byske Havsbad (64.9427, 21.2338)

Järferälven

Wildwanderfluss – Seen
Mündung in Byskeälven bei km 173,7 (li Nebenfluss)

Die folgenden Angaben beruhen nicht auf einer Befahrung, sondern auf der sorgfältigen Auswertung vorhandener Unterlagen.

Der Järferälven fließt durch ein herbes Seenlabyrinth in innerlappländischer Wildnis mit Wäldern, Blockfeldern, Moor und Sumpf, zwischen den Seen nur kurze Fließstrecken und Einzelschnellen.

Befahrbarkeit: Frühjahr bis Mitte Juni. Später dürfte das Wasser knapp und die Mückenplage sehr lästig werden.

23,7 II der einfachen Straße Östansjö – Älvsbacka, gute ↓. (65.9123, 18.7480)

18,6 ⇩ in den See Östra Järfojaure, am Ostufer **S Östansjö** (65.8950, 18.7837)

16,8 Ausfluss aus dem See Östra Järfojaure. Es folgen Fließstrecken mit Hindernissen (65.8817,18.7936)

5,3 ⇩ in See Seudner, Straßenzufahrt am O-Ufer. (65.7932,18.8485)

2,2 Nach Ausfluss aus dem See Seudner wechseln kleine Seen und kurze Fließstrecken (65.7711,18.8865)

0,0 ⇩ des Järferälven in den Byskeälven (s. Seite 418) bei km 173,7 (65.7578,18.8846)

Allejaurenälven

Kleinfluss - Wanderfluss – Seen
Mündung in Byskeälven bei km 152,7 (re Nebenfluss)

Der Allejaurenälven ist in seinem Oberlauf bis zur Mündung in den Langträsket ein Kleinfluss, die Reststrecke führt durch mehrere Seen mit nur kurzen dazwischen liegenden Fließstrecken. Ein Befahrungsbericht ist nicht bekannt.

Befahrbarkeit: Kleinflussstrecke nur bei HW (Frühjahr), Reststrecke bis spätestens Mitte Juni; später dürfte das Wasser knapp und die Mückenplage sehr stark werden

Schwierigkeiten: Im Luftbild wurden einige Schwallstrecken erkannt. Jedoch keine Angaben zu den Schwierigkeiten.

59,2 li **S Allejaure** am gleichnamigen See, Straßenzufahrt auf Straße 95, mögliche ⬇ für die Befahrung des Oberlaufs (65.8910,18.3612)

56,0 Ausfluss aus dem See Allejaure (Höhe 478 m), Beginn der Kleinflussstrecke durch Waldland mit wenigen kleinen Seen zwischen bewaldeten Anhöhen (65.8649,18.3824)

37,3 Ⅱ (65.7612,18.5098)

35,2 ⇩ in Langträsket, einen 16,4 km langen See (Höhe 410 m). Für die Weiterfahrt muss er seiner ganzen Länge nach durchfahren werden (65.7515,18.5424)

26,4 Str-Ⅱ, von der am Ostufer verlaufenden Straße 95 kommend, mögliche ⬆⬇, müsste erkundet werden (65.7118,18.7099)

20,0 li einfacher ⛺ (65.6723,18.8100)

19,1 Ausfluss aus dem See Langträsket. Es folgen weitere kleine Seen mit dazwischenliegenden kurzen Fließstrecken, wahrscheinlich Wildwasser (65.6658,18.8217)

16,6 Str-Ⅱ 95 (65.6640,18.8708)

1,4 Str-Ⅱ E45, EB-Ⅱ. Es wird der See Arvidsjaure erreicht (65.6363, 19.1334)

0,0 ⇩ des Allejaurenälven in den Byskeälven (s. Seite 418) bei km 152,7 im Bereich des Sees Arvidsjaure (Höhe 363 m) (65.6288,19.1572)

Svärdälven

Wanderfluss – Seen
Mündung in Byskeälven bei km 152,5 (re Nebenfluss)

Auch bei diesem Fluss liegt kein Befahrungsbericht vor; die nachfolgende Beschreibung beruht auf der Auswertung genauer Unterlagen.

Der Svärdälven durchfließt in seinem Oberlauf mehrere kleine Seen mit dazwischenliegenden kurzen Fließstrecken, im Unterlauf, ab km 27, längere Fließstrecke in sehr hügeliger Waldlandschaft, einige wenige Moore.

Befahrbarkeit: Frühjahr bis Mitte Juni, später dürfte das Wasser knapp werden. Die Wasserführung sollte schon bei der Anfahrt bei km 27 überprüft werden.

Schwierigkeiten: Im Luftbild wurden einige Schwallstrecken entdeckt. Keine weiteren Angaben.

36,1 Str-II Julträsk–Hedberg, mögliche ⬇ in den See Mausjaure. (65.4710, 18.8913)
35,7 Ausfluss aus dem Mausjaure. Fließstrecke auf 6 km (65.4723, 18.8853)
33,6 li ⇩ eines Baches (65.4872,18.8765)
29,8 Wege-II (65.5037,18.9082)
29,1 ⇩ in Järtajaure, Straßenanschluss am Ost-Ufer, Wasserflugzeuge. Weiterfahrt nach Norden (65.5067,18.9143)
27,9 Ausfahrt aus dem See Järtajaure. Es folgen mehrere kleine Seen, dazwischen kurze Fließstrecken (65.5175,18.9135)
27,0 Str-II (65.5231,18.9019)
25,4 ⇩ in Vattemjaure (65.5311,18.9072)
22,1 Wege-II, ⇩ in Grundtrasket (65.5596,18.8924)
19,3 Str-II Kläppen–Björklund (65.5815,18.8639)
17,0 EB- und Str-II (65.5975,18.8669)
16,6 Str-II E 45, hier Wasserführung überprüfen, 🚌-Haltestelle Kläppen, ⬇ für die Befahrung des Unterlaufs (65.6002,18.8688)
16,0 Flussteilung (65.6052,18.8705)
13,2 Zusammenfluss der beiden Arme (65.6121,18.9149)
10,1 Str-II 95 (65.6131,18.9747)
5,5 Str-II, **S Renvallen** (65.6134,19.0617)
3,9 Str-II, li ⛺ Renvallens Camping (65.6094,19.0934)
1,8 Str-II E 45, EB-II (65.6150,19.1286)
0,0 ⇩ des Svärdälven in den Byskeälven (s. Seite 418) bei km 152,5 im Bereich des Sees Arvidsjaure (65.6214,19.1564)

Seldutjähka

Wildwasser im Expeditionsstil
Mündung in den See Vuoggatjalmjavrre

Einstieg an der Wanderbrücke nach dem Seeausfluss Jurunjavrre, zu erreichen mit einer ca. 7 km lange Wanderung. Lange Strecken WW I mit Zahmwasser, unterbrochen durch Stellen WW IV, V (einmal **X** in einer Klamm), 3 km See am Ende der Tour. Großartiges Wanderpaddeln, gewürzt mit knackigen Wildwasserstellen. Man könnte diese Schlucht auch als Wanderpaddler bezwingen, muss dann halt je nach Können die WW-Stellen umheben. Dies ist grundsätzlich und meist ohne großen Aufwand möglich. Ausstieg an der Straße 95 nach der Mündung in den See Vuoggatjalmjavrre.

Befahrbarkeit: Der Wasserstand ist erst am Einstieg abschätzbar, dort

	sind mindestens 15-20 m³/s notwendig. Die beste Zeit für eine Befahrung ist Mai bis Juli.
Karten:	Nordeca, Norge-serien 10125
Quellen:	Neubeschreibung durch Ulrich Kittelberger nach Befahrung im Jahr 2015.

28,2 Ausfluss der Seldutjähka aus dem See Jurunjavrre (66.7837,16.0807)

26,9 empfohlene ⬇ an der Wander-Ⅱ. Vom Junkertal (Norwegen) auf der Straße 77 kommend nach Schweden, dort wechselt die Straßen-Nummer zu 95. Wenn rechts der See Guoletijavrre erscheint, kann man links auf dem Wanderparkplatz mit WC parken, der Ausgangspunkt für ein Abenteuer der ganz besonderen Art. Man trägt die Boote über einen kleinen Pass und Fjell zu dieser Wanderbrücke (66.7745, 16.0878)

26,9 –0,0 ⚠, gleich zu Beginn baut der Seldutjähka mit wunderschönen und sauberen Stellen Gefälle ab. Danach folgen lange flache Etappen im Kanuwanderstil in toller Landschaft. Immer wieder unterbrechen kleinere Stufen oder Schwälle im ersten oder zweiten WW-Grad diese Etappen und bringen damit eine schöne Abwechslung in den Fluss. Nach etwa der Hälfte der Strecke erreicht man einen kleinen Canyon. Nach kurzer Besichtigung bewegt man sich wie in einer Achterbahn durch die 8 sehr runden Einzelstellen. Nach kurzer Öffnung beginnt der zweite Teil des Canyons, der leider am Anfang zwei kurze **X** Stellen beinhaltet! Nach nur 100 Metern ⏏ setzt man wieder ein und kann einen schwierigen 3-Meter-Abfall bezwingen, der den Abschluss des Canyons bildet. Wieder befindet man sich auf einer ausgiebigen Wanderstrecke, unterbrochen von sehr schönen Einzelstellen. Drei Kilometer vor dem See kommt man an einen langen und wuchtigen Rutschenkatarakt, der den Abschluss des Wildwassers markiert (66.7745,16.0880)–(66.6048,16.3133)

9,8 li ⇩ eines Flusses (66.6747,16.2638)

0,0 ⇩ in den See Vuoggatjalmjavrre, zum ⬆ ca. 3 km weiterfahren bis zu einem Wanderparkplatz an der Straße 95. Auf diesen letzten drei Kilometern über den See bis zum Auto hat man noch mal Gelegenheit, die vergangenen 1-2 Tage Revue passieren zu lassen (66.6047, 16.3134)

Umeälven

Kette von Gebirgsseen
Mündung in schwedische Ostseeküste

Der Umeälven ist durch mehrere Kraftwerke nahezu total verbaut, eine Befah-

rung des Mittel- und Unterlaufs ist daher kaum mehr anzuraten. Die landschaftlich sehr reizvolle Kette der Gebirgsseen des oberen Umeälven besteht nach wie vor, allerdings sind an den Abflussstellen der Seen, an denen sich früher Abfälle und Stromschnellen befanden, jetzt Elektrizitätswerke entstanden. Umtragen musste man früher auch schon. An den Seen selbst hat sich wenig geändert, ihre Befahrung ist immer noch lohnend. Sie sind touristisch voll erschlossen, eine Straße führt stets am Ufer entlang.
Das Niveau der Seen ist erheblichen Schwankungen unterworfen, abhängig vom Kraftwerksbetrieb und vom Zufluss von den Bergen her. Ihr Füllungszustand hat Auswirkungen auf einige Fließstrecken zwischen den Seen, d.h. bei NW des unteren Sees können sich Stromschnellen ergeben, die bei Füllung verschwinden.

455,9 mögliche ⬇ am N-Ende des Sees Umbukta, Straße E12, 520 m Seehöhe, Fahrt nach S (66.1629,14.5836)
452,7 Schwedisch-norwegische Grenze (66.1353,14.5848)
447,6 Die große Insel kann je nach Windrichtung im N oder S umfahren werden (66.1172,14.6709)
432,7 See-Enge bei **S Strimasund**, wahrscheinlich kein Hindernis, Weiterfahrt zunächst nach SO, später nach S (66.0376,14.8950)
418,7 See-Ende, ▬ und ϟ Umfors, ⌓, ⚠, für die folgende Strecke liegt keine aktuelle Beschreibung vor. Das Luftbild zeigt, dass hier eine Wasserableitung erfolgt. Man erkennt mehrere Hindernisse, die ⌓ werden müssen. Vorherige Erkundigung ist zweckmäßig (65.9549, 15.0209)
402,5 ⚠, beim Dorf **S Klippen** ist eine Stelle **X**, ⌓ (65.8428,15.0137)
401,2 Str-II Tängvattsvägen (65.8337,15.0272)
385,1 ⇩ in Laisan-See, Fahrt nach O (65.7306,15.1906)
377,2 Ausfluss aus See, Laxnäs-Fors, 13 m Gefälle auf 3 km (65.7382, 15.3397)
374,6 Str-II, ⇩ in den See Gäutajaure, im W in 2 km Entfernung **S Tärnaby**, 🛒. Weiterfahrt nach SO (65.7170,15.3396)
358,6 See-Enge bei **S Yttervik**, ⚠, je nach Füllung des folgenden Ajaure-Sees glatte Durchfahrt oder Stromschnelle, ansehen! (65.6014, 15.5190)
346,3 ▬ und ϟ Ajaure-Forsen, Wasserableitung, ⌓, Einzelheiten nicht bekannt (65.5093,15.6250)
345,0 ϟ-Ausfluss, Rückkehr des abgeleiteten Wassers (65.4985,15.6284)
344,0 ⇩ in Gardiken-See. Weiterfahrt Richtung O (65.4909,15.6300)
343,9 ⇩ der Nebenroute Lill- und Stor-Björkvattnet in den Umeälven. Fahrt auf der Nebenroute nach W, später nach NW über den Lill Björkvatt-

net (65.4892,15.6296)

Nebenstrecke Lill- und Stor-Björkvattnet

Diese Nebenroute ist ein interessanter Abstecher vom Umeälven.

32,0 NW-Ende des Sees. **S Tärnamo**, Weiterfahrt nicht möglich (65.6583,15.1462)

19,2 See-Enge, Durchfahrt zum Stor Björkvattnet, je nach Füllungszustand des Gardiken freie Fahrt oder Stromschnelle, evtl. treideln oder ⏏ (65.5687,15.3171)

0,0 ⇩ der Nebenroute Lill- und Stor-Björkvattnet in den Umeälven (s. Seite 423). Fahrt auf der Nebenroute nach W, später nach NW über den Lill Björkvattnet (65.4892,15.6296)

333,2 ▬ und ↯ Gardikfors, Wasserableitung, ⏏ (65.4763,15.8566)

332,6 ↯-Ausfluss, Rückkehr des abgeleiteten Wassers. Es beginnt je nach Füllungszustand der Rückstau des großen Sees Storuman, Weiterfahrt nach SO (65.4765,15.8677)

330,1 Str-II, li zur E12 und nach **S Forsmark** (65.4769,15.9205)

327,4 ⇩ in den See Umnässjön (65.4747,15.9747)

316,3 2 Str-II, Ausfluss aus dem See Umnäsjön (65.4241,16.1717)

312,7 li am Nordufer **S Slussfors** (65.4216,16.2430)

311,9 ⇩ in den See Storuman (65.4233,16.2602)

258,8 hier geradeaus in 3 km **S Storuman**, ⛺, 🛒, 🚆. Die Fahrt sollte dort beendet werden. Die Reststrecke des Umeälven ist weitgehend durch ↯ verbaut und auch landschaftlich weniger reizvoll (65.1272,17.0490)

255,7 ▬ und ↯, Wasserableitung, Beginn der nicht lohnenden Strecke (65.1098,17.0131)

36,6 li ⇩ des Vindelälven (s. Seite 425) in den Umeälven (63.9182, 19.8571)

0,0 ⇩ in die Ostsee (63.7418,20.3196)

Vindelälven

Wildfluss - Wildwanderfluss – Seen
Mündung in Umeälven bei km 36,6 (li Nebenfluss)

Der Vindelälven ist einer der größten und interessantesten Flüsse Lapplands. Er fließt in seinem Oberlauf durch die Ausläufer der Skanden, hier landschaftlich sehr schön; anschließend durch das Waldgebiet. Als Wildwanderfluss sehr abwechslungsreich, lange Sel- und See-Strecken wechseln mit Stromschnellen, Stufen und Wasserfällen. Er ist unverbaut. Es besteht für Wildwasserspezialisten auch die Möglichkeit, nur die als WW interessanten Abschnitte mit leerem

Boot zu befahren.

Befahrbarkeit: Mitte Juli bis Ende August; davor HW mit starker Steigerung der Schwierigkeiten, danach Wasser im Bereich mancher Stellen knapp.

Schwierigkeiten:
km 445,0 – 378,7 nichts bekannt, kein Straßenzugang
km 378,7 – 369,5 keine genauen Unterlagen, anscheinend sehr schwer
km 369,5 – 335,6 stark wechselnde Schwierigkeiten, WW I-VI-**X**, dazwischen längere Selstrecken
km 335,6 – 282,9 Zahmwasser (See) und WW I
km 282,9 – 243,2 Wildwanderfluss, bis maximal WW II, auch für Faltboote gut geeignet
km 243,2 – 197,8 vorwiegend schweres Wildwasser, WW III-IV, dazwischen WW I-II und Selstrecken, nur für WW-Boote
km 197,8 – 98,7 meist Zahmwasser, dazwischen Abschnitte WW III-IV-**X**
km 98,7 – 62,5 vorwiegend Zahmwasser und WW I-II, kurzer Abschnitt WW IV
km 62,5 – 0,0 WW I-II-III (**X**), Zahmwasser

445,4 Ursprung aus mehreren Quellseen nahe der norwegischen Grenze in 1300 m Höhe. Die folgenden rund 60 km haben ein Durchschnittsgefälle von 12 ‰, sie könnten vielleicht auf längeren Teilstrecken befahren werden. Nur, es gibt keine Zufahrt. Man müsste die Boote nahezu 60 km weit durch die lappländische Wildnis tragen (66.3702,15.7908)

383,0 –375,9 Vindelfjällens Naturreservat (66.0650,16.1572)–(66.0123, 16.1947)

378,7 Fußgänger-Ⅱ, mögliche Zufahrt li auf nicht öffentlicher Straße ab Ammarnäs. Befahrungserlaubnis bei Turistbyra Ammarnäs, mögliche ⬇ (66.0370,16.1881)

371,7 ⚠ Wasserfall Selfallet, **X** (65.9788,16.2061)

371,2 ⚠ Vindelaforsen, vermutlich sehr schwierig (65.9752,16.2103)

371,1 Str-Ⅱ, re Straße nach Ammarnäs (65.9746,16.2115)

369,5 re Kapelle und Dorf **S Ammarnäs**, (nicht am Wasser), gute ⬇ bei Flugzeug-Anlege-Ⅱ (in Karte nicht gefunden) (65.9617,16.2250)

369,3 re ⇩ des Tjullan (65.9600,16.2298)

368,8 re ⇩ in den See Gautsträsket (65.9600,16.2393)

364,0 Ausfluss aus dem See mit Sjöforsen, auf 200 m WW I-II. Danach Hänge-Ⅱ, re (im Luftbild nicht gefunden) (65.9310,16.3021)

362,6 Långforsen, auf 1 km WW II (65.9192,16.3076)

361,1 ⚠, nach scharfer li-Kurve rechtzeitig ↱; es beginnt der Järnforsen, mit S-Kurve in 10 m breiter Felsschlucht, wohl immer **X**, schon bei Anfahrt besichtigen; re ab Windschutz auf Straße 500 m ⌓ (65.9073, 16.3141)

360,7 Es folgen auf 11 km Selstrecken, dazwischen leichte Stromschnellen (65.9040,16.3201)

357,2 re Dorf **S Djupfors**, danach 2 Schnellen. Es folgen weitere Forsen: Grundforsen, Kraddseleforsen und Ölverforsen, dazwischen 5 km Sel (65.8883,16.3823)

349,5 Str-Ⅱ, Dorf **S Kraddsele**, danach weitere 3 Schnellen (65.8526, 16.5118)

348,5 Krokforsen Nr. 1, auf 200 m WW II, ⚠. Am Ende der Schnelle nach markantem re-Knick sofort in kleiner Bucht ↱ (65.8517,16.5277)

348,0 ⚠ Börtingselfall und Blekselforsen, etwa WW IV, eine Stelle meist **X**, beide Forsen zusammen re auf Pfad 750 m ⌓ (65.8516,16.5373)

346,2 re ⚠ Haus am Bleksel, li enger Sund zur Straße. Wenn man die folgende Extremstrecke bis Övre Sandsele meiden will, ist es sinnvoll, hier ⬆ und die Folgestrecke zu umkarren (65.8444,16.5685)

344,6 ⚠, nach 2 Schnellen bei der Leitmauer ↰. Es folgt der Dunderforsen, die "Donnerschnelle". WW VI-**X**. Re 200 m weit über Felsplatten ⌓, mühsam. Es ist wahrscheinlich einfacher, zunächst nur 50 m weit ⌓, dann ein Stück zu treideln oder zu fahren und den Rest wieder ⌓. Es folgen auf 1 km die Dunderfors-Verzweigungen, in allen Armen schwere Schnellen, auf jeden Fall über die Inseln besichtigen. re ⌓ möglich, mühsam (65.8374,16.5964)

344,3 Im re Flussarm am Ende der sehr langen Insel eine kurze erheblich verblockte Schnelle; 100 m danach bei ⍑ ↰ (65.8342,16.5997)

343,1 ⚠ Storfallet, 4 m hoher Wasserfall, **X**, li auf Pfad ⌓. Nach 100 m der Sandseleforsen Nr. 1, auf 350 m sehr schwierig mit Stufen, evtl. nach Besichtigung ≋ oder li ⌓ (65.8281,16.6183)

341,8 li Dorf **S Övre Sandsele**, Straße 363, Ende der sehr schweren WW-Strecke. Hier wieder ⬇, falls die vorausgehende Strecke ⌓ wurde (65.8215,16.6374)

336,5 ⚠ Flussteilung, re Arm fahren, auf gut 400 m der Gillesnuoleforsen, WW II-III (65.8135,16.7416)

335,6 ⇩ in den 37 km langen See Storvindeln, li querab Gillesnuole mit Lappenkapelle, Straße 363. Am See nur wenig ⛺-Möglichkeit (65.8123,16.7586)

317,7 li **Vindelberga** (Häuser), an der Bucht NW davon Lagerplatz bei Bach-⇩ (65.7462,17.0891)

303,6 li querab tiefe Bucht zur Ⅱ Straße 363, Bach-⇩, hier guter Lagerplatz

(65.6782,17.2973)

295,4 li gegenüber Karlsten eine dreieckige Landnase mit Sandstrand und Lagerplatz (65.6435,17.4518)

294,8 Ausfluss aus dem See Storvindeln, auf 350 m Stromschnelle WW I zum See Nedre Gautsträsket (65.6374,17.4481)

293,3 ⇩ des Laisälven (s. Seite 431) in den Vindelälven mit sehr starker Wasserzufuhr (65.6253,17.4569)

287,4 li Lagerplatz mit Sandstrand

286,8 See-Ausfluss, doch weiterhin fast strömungsloses Sel (65.5733, 17.4879)

283,2 Bei der Flussteilung vor der Kirche den kleineren li Arm fahren; er führt nach Sorsele (65.5447,17.5144)

282,9 Str-II, Ortszentrum von **S Sorsele**, 🛒, 🚂. Nach 1 km 🏕 (65.5432, 17.5100)

280,0 ⚠, auf 1,5 km 3 Schnellen des Stenundsforsen, WW II/II+ (65.5322, 17.4790)

278,7 danach lange Sel-Strecken und WW I (65.5384,17.4555)

255,9 scharfer re-Knick über Natur-■ Tjergeforsen, WW II. Danach 2 weitere Forsen, WW I (65.3869,17.5629)

249,1 Blattnick-Sel mit li 🏕 und Dorf **S Blattnicksele**, 🛒, 🚂 (65.3413, 17.5771)

246,0 ⚠, es folgen 2 weitere Forsen, bis WW II+, sehr hohe Wellen (65.3216,17.6232)

244,0 EB-II (65.3105,17.6524)

243,9 Str-II (65.3092,17.6546)

243,2 re ➔ 1 km zum Dorf **S Sandsele**, dort 🛒, 🚂, gute ⬆. Fluss praktisch ohne Strömung. Danach Lillselsforsen, WW II (65.3054,17.6661)

236,1 li geht der Malåforsen ab, ⚠ bis WW IV. Danach li Straße 363, bequeme ⇅ (65.2847,17.7944)

234,9 ⚠ Långforsen, auf 800 m WW III, evtl. li treideln oder re ≈ (65.2885, 17.8182)

232,2 ⚠, nach 900 m Sel folgt der Krokforsen Nr. 2, nach 100 m re Lagerplatz. Auf 700 m je nach Wasserstand WW IV. Falls nicht ≈, gibt es nach Erkundung mehrere Möglichkeiten zur Überwindung, z.B. li treideln hinter der li Steinmauer oder die re Leitmauer überheben (65.2788,17.8574)

229,2 Thorviksforsen, auf 500 m WW I-II (65.2733,17.9118)

228,5 danach auf 6 km Sel, li Straße 363 (65.2757,17.9253)

224,8 Str-II (65.2562,17.9851)

224,0 re Dorf **S Råstrand**. Die Weiterfahrt geht über den li Arm. ⚠, es folgt auf etwa 16 km der wohl schönste WW-Abschnitt des Vindelälven mit schweren Schnellen und verblockten Abfällen. Wer diese Schwierigkeiten vermeiden will, kann sich nach dem Ort Råstrand re halten und im alten Flussbett einige km weiter paddeln, dann auf Weg bis kurz vor Vindelgransele umkarren (65.2514,17.9957)

222,8 ⚠, auf 3,5 km eine Folge von mäßig schweren Schnellen, mehrfach große Blöcke im Fluss, zumeist WW II mit Stellen bis WW III (65.2496,18.0196)

221,0 li ⇩ Gargan (65.2591,18.0496)

218,9 ⚠, Beukaforsen, nach Besichtigung li Arm ≈, WW III, unübersichtliche Verblockung (65.2518,18.0893)

217,4 li **S Holmsfors**, Abzweigung der Straße 370 nach Malå. Es wechseln weiterhin mäßig schwere Schnellen mit Selstrecken (65.2444, 18.1148)

212,4 ⚠ Djupselforsen, li von der Straße aus besichtigen, re ≈, große Wellen und Blöcke, WW III (65.2146,18.1834)

210,6 Es folgen noch weitere Schnellen in wilder Fels- und Moränenlandschaft, alle gut ≈, dazwischen Selstrecken (65.2046,18.2096)

204,1 li Haus Forsvall, etwas stromab Straße nahe am Fluss, Ende der WW-Strecke, lange Selstrecke (65.1546,18.2555)

197,8 Str-II, li Straße 363, li Dorf **S Vindelgransele**, 🛒 (65.1067,18.3013)

194,9 ⚠, nach leichten Vorschnellen Beginn des schweren Storfossen, auf 400 m 5,3 m Gefälle. Zunächst WW III bis zu einem ⚓, ↰, unbedingt vorher ansehen, da kurz danach ein 3 m hoher Abfall folgt, **X**. ⏏ li ab ⚓, evtl. Restschnelle nach Besichtigung ≈. Wer diese Schwierigkeiten vermeiden will, kann am Anfang des Fossen bei Ferienhaus li ⬆ und auf Straße 500 m weit umkarren (65.0828,18.3274)

193,0 Grundforsen Nr. 2, auf 850 m WW II, re Arm li fahren, am Ende große Wellen (65.0696,18.3511)

192,1 Es folgen weitere leichte Strecken und Sel-Abschnitte (65.0630, 18.3616)

180,0 Str-II, li **S Björksele**, 🛒. Danach erneut mehrere langgezogene Schnellen, bis WW II, dazwischen Selstrecken (64.9846,18.5120)

164,1 li **S Vormsele**, ⛽, 🛒 (64.9012,18.6914)

160,3 ⚠ Vormforsen, auf 550 m eine schöne Serie von Abstürzen und Felsplatten, **X**. li Windschutz und Kochhütte, hier ⬆ und auf Straße bis zum 2. 🅿 umkarren, gute Wege vom und zum Fluss, es folgen 2 weitere Stromschnellen, nur mäßig schwer (64.8728,18.7258)

155,0 alte Str-II (64.8355,18.7656)

153,1 Str-II 365, re in 2,5 km **S Ruskträsk**, 🛒 (64.8231,18.7940)

148,0 li **S Rusksele**, 🛒, ⛽ (64.8131,18.8938)

141,7 Beginn einer 4 km langen Insel, Hauptstrom li, kleine Schnelle, danach langes Sel (64.7788,18.9949)

126,6 △ auf 3,6 km folgt eine sehr schwere WW-Strecke. Wilder Absturz Sikseleforsen, zur Besichtigung ↰ bei Ferienhaus, evtl. Mitte ≈, WW IV; ⏏ in der Mitte über Felsplatten 50 m weit (64.6880,19.2038)

125,0 △ Mårdseleforsen, auf 2,1 km 17,4 m Gefälle, darin zahme Abschnitte enthalten. Im oberen Teil sehenswerte Abstürze, zwischen mehr als 20 Inseln, verbunden durch mehrere II, offizielles Freizeitgebiet, ⛺ verboten. Eine Befahrung der gesamten Strecke ist möglich, WW IV, genaue Erkundung unerlässlich, evtl. Teilabschnitte ≈. Wenn auf eine Befahrung verzichtet wird, ↰, auf Fahrweg ⏏ und dann den ersten Waldfahrweg beim Schild "Mårdsele" zum Unterwasser der schweren Schnellen (64.6820,19.2319)

122,2 danach auf 19 km Selstrecke (64.6635,19.2569)

111,6 Str-II (64.5765,19.2908)

106,3 li ⇩ Åman, Kirchdorf **S Åmsele**, 🛒, ⛟. Hier bei Vindelådalens Kanocenter erhältlich sehr gute Flussbeschreibungen, die darin enthaltenen Schwierigkeitsangaben sind, wie bei allen schwedischen Beschreibungen, nicht zu verwenden (64.5320,19.3355)

104,5 Straße N 363 verlässt den Fluss. Es folgen 2 leichte Schnellen, WW I, dazwischen Sel (64.5162,19.3362)

101,1 EB-II (64.4946,19.3014)

98,7 ⛴, re **S Bjursele**, gute ✝ (64.5003,19.2624)

95,0 re **S Arvlund**, einige Häuser, Fahrweg zum Fluss (64.4993,19.1947)

93,0 △ Beginn eines weiteren sehr schweren WW-Abschnittes, Beginn mit stärkerer Strömung, die sich nach 500 m zum Övre Trollforsen steigert, re mit leerem Boot nach eingehender Besichtigung evtl. ≈, WW IV, ⏏: re vor Schnelle bei Windschutz ✝, hier ⛺ möglich, auf Fahrweg etwa 1 km, dann li ab auf Waldfahrweg 400 m wieder zum Fluss. In den beiden Trollforsen werden von den Kanuschulen Trainingsstrecken unterhalten (64.4826,19.2114)

91,3 △, nach 700 m Sel folgt der Nedre Trollforsen, auf 1 km sehr schönes Wildwasser, nach Besichtigung gut ≈, WW III, man muss mehrfach die Flussseite wechseln (64.4685,19.2092)

89,8 Auf den folgenden 30 km mehrere leichte Schnellen, WW I und II, dazwischen längere Selstrecken (64.4562,19.2135)

88,4 Str-II, li **S Ekorrsele** (64.4441,19.2188)

75,6 li **S Strycksele**, 🛒 (64.3706,19.4036)

62,5 li **S Hällnäs**, 🛒, 🚂 (64.3069,19.6097)

49,6 △, nach leichtem Beginn folgen die Abbrüche Renforsen und Degerforsen, total **X**. Vorsichtig bis zur Hänge-II fahren, hier ↱, es ist wahrscheinlich am einfachsten, die Folgestrecke wie folgt zu umkarren: Re auf Wanderweg über kleine Brücken, dann auf Straße, vorbei am Degerfors, durch Sägewerk und nach dem 1. Haus li zum Unterwasser, insgesamt 2 km. Der Wanderweg am li Ufer ist schlecht (64.2164,19.7052)

47,7 Str-Ⅱ, li **S Vindeln**, ⛺, 🛒, 🚂 (64.1999,19.6997)

44,7 Nach re-Kurve Hemseleforsen, WW II, sehr hohe Wellen (64.1757, 19.6863)

42,3 ⚠, am Ende einer längeren Schnelle nach gerader Strecke folgt eine Stufe, nach Besichtigung li ≈, WW III (64.1696,19.6699)

41,5 nach einer hohen EB-Ⅱ folgt eine weitere Schnelle, WW II (64.1649, 19.6810)

40,1 bis zur ⇩ folgen weitere 7 Schnellen, zumeist WW I, mit Stellen WW II, alle gut ≈, bei HW mit hohen Wellen, bei NW recht steinig mit Stufen. Dazwischen längere Selstrecken (64.1697,19.7039)

24,5 li **Rödånäs** (64.1096,19.9619)

21,9 Str-Ⅱ, li **S Rödåsel** (64.0903,19.9361)

17,5 Str-Ⅱ, li **S Selet** (64.0540,19.9269)

16,5 Wege-Ⅱ (64.0461,19.9156)

10,4 Vännforsen, leichter Beginn, Steigerung bis WW II. Letzte Stromschnelle des Vindelälven. Bis zur ⇩ Sel (63.9960,19.9047)

0,4 Str-Ⅱ E12, EB-Ⅱ, re **S Vännäsby**, 🚂. Die Fahrt wird am besten hier beendet, empfohlene ⬆. Zur Beendigung der Fahrt kann man evtl. auch gegen sehr schwache Strömung auf dem Umeälven 8 km flussaufwärts bis zu einem 🚐 fahren, danach Str-Ⅱ 92, hier Vännäs und Vännäsby, 🛒 (63.9214,19.8543)

0,0 ⇩ des Vindelälven in den Umeälven (s. Seite 423) bei km 36,6 (63.9182,19.8571)

Laisälven

Wildwanderfluss
Mündung in Vindelälven bei km 293,3 (li Nebenfluss)

Der Laisälven ist durch einen Beschluss des schwedischen Reichstages vor Verbauung und Kanalisierung geschützt. Er ist daher einer der wenigen großen Flüsse Schwedens, die in ihrem ganzen Lauf unverbaute Natürlichkeit bieten. Der Laisälven ist in seinem Oberlauf ein landschaftlich hervorragend schöner Fluss in den Ausläufern der Skanden. Er fließt hier in völliger Einsamkeit zwischen Bergen mit Höhen bei 1400 m.

Befahrbarkeit: Wahrscheinlich ganzjährig, am besten bei MW (Mitte Juli - Mitte August).

Schwierigkeiten: Als Wildwanderfluss wechseln Seen, Zahmwasserstrecken, lange Stromschnellen, schwere verblockte Abfälle und unfahrbare Wasserfälle in bunter Reihenfolge. Genaue Erkundung der schweren Stellen ist unerlässlich. Ein Unfall oder Bootsverlust kann in der lappländischen Wildnis ungeahnte Folgen haben.

188,5 ↓-Möglichkeit in den See Svangstjörna in 860 m Höhe auf norwegischer Seite. Erreichbar vom Polarkreis-Besucherzentrum an der E6. Zug hält auf Wunsch. Boote etwa 6 km in südöstliche Richtung zum See tragen. Höhenunterschied ca. 200 m (66.5340,15.4202)

186,7 See-Ende, kurz treideln in den höher gelegenen See Luleb Svanjkajaure, sehr flach, schwedisch-norwegische Grenze (66.5235,15.4502)

186,1 Seeausfluss, von hier auf 5 km je nach Wasserstand Boote tragen oder über Schneefelder ziehen bzw. treideln. Mehrere kleine Seen

184,1 Beginn eines etwa 1,5 km langen, schmalen Sees. Mehrere kleine Zuflüsse

183,5 Seeabfluss, ⚠ verblockte Schnelle, WW III, evtl. rechts treideln

183,3 li ⇩ Verdejakka, starke Wasserzufuhr (66.5044,15.5028)

182,7 ⚠, lange sehr flache, stark verblockte Schnellen, je nach Wasserstand evtl. treideln

181,6 ⚠, hohe Stufe, li kurz überheben

181,0 ⚠, nach Rechtskurve Schnelle, rechts ≈. Unmittelbar danach hohe Stufe, li überheben

179,9 ⚠, kleine Schlucht mit mehreren Katarakten, **X**, li 500 m ⌓, danach Beruhigung des Flusses, gute Strömung in breitem Gebirgstal

172,6 li Siergasoulokatan, verfallene Kothe und verschlossene Hütte

167,0 ⚠, Schnelle mit hohem Schlussabfall, re 300 m ⌓. Danach weitere Schnellen bis WW III, ≈, li Wanderweg am Fluss

164,2 ⚠, langer Katarakt, **X**, li 600 m ⌓ bis hinter die unmittelbar folgende flache Schnelle. Es folgen weitere flache, verblockte Schnellen, evtl. treideln (66.4362,15.8187)

163,0 ⚠, Zunahme der Schwierigkeiten, lange, z.T. stark verblockte Stromschnellen mit hohen Stufen und Walzen, bis WW V, evtl. Teilbereiche ≈, sonst treideln oder die gesamte Strecke bis hinter den folgenden Wasserfall ⌓ (66.4301,15.8401)

160,6 ⚠, Hänge-Ⅱ, sofort ↰, direkt danach 5 - 6 m hoher Wasserfall, **X**, li 100 m ⌓, danach li ⇩ des Aksojakka. Weitere Schnellen, WW III

160,0 li Laisstugan, schöne Touristenhütte, Nottelefon. Weiterhin verblockte Schnellen

158,8 ⚠, unmittelbar nach einer leichten re-Kurve fällt der Fluss mit einem 10 m-Wasserfall in eine völlig **X** Schlucht. Unbedingt rechtzeitig ↰, da dem Wasserfall ununterbrochene, relativ leichte Schnellen vorgelagert sind! Bei Übernachtung in der Laisstugan ist es wahrscheinlich am einfachsten, die gesamte Strecke bis zur ⇩ des Aldajakka zu umgehen. In der Schlucht weitere Wasserfälle und Katarakte zwischen 50 m hohen Felswänden. Sehr eindrucksvoll (66.4126,15.9147)

156,4 ⚠, am Ende der Schlucht 2 weitere hohe Stufen, am besten gleich mit ⌓ (66.4014,15.9582)

155,6 ⬇ zur Weiterfahrt, re ⇩ des Aldajakka. Es folgen zunächst sehr schöne, lange Stromschnellen, nur wenig verblockt. Schwierigkeiten abnehmend. Gute Strömung mit leichten Schwällen (66.3978,15.9715)

148,5 ⚠, erneute Zunahme der Schwierigkeiten. Zunächst einfache Schnellen, WW II. In li-Kurve lange, im unteren Teil verblockte Stromschnelle WW III, nach Besichtigung ≋ (66.3690,16.0938)

148,2 ⚠, in der folgenden re-Kurve wuchtige Schnelle mit Walzen und hohen Wellen, nach Besichtigung ≋. Evtl. rechts treideln oder ⌓ (66.3691,16.1009)

147,6 ⚠, lange verblockte Stromschnelle, geht in unmittelbar folgenden Abfall über! Rechts fahren!

147,0 ⚠, 2 m hohe senkrechte Stufe, **X**. Rechtzeitig ↱ und ca. 200 m ⌓. Zweites Teilstück mit hohen Wellen nach Besichtigung ≋. Danach leicht verblockte Schwallstrecke

145,8 ⚠, in leichter Linkskurve hohe Stufe mit kräftiger Walze, rechtzeitig ↱ und 100 m ⌓ bzw. überheben (66.3565,16.1375)

144,8 ⚠ Stufe mit kräftiger Walze und hohen Wellen. Es ist möglich, die erste Stufe li durch einen einfachen Schwall zu umfahren. Der Rest der Schnelle mit hohen Wellen und Walzen ist nach Besichtigung gut fahrbar. Danach schnell abnehmende Schwierigkeiten mit schönen Schwällen (66.3556,16.1558)

141,9 Beginn des Blassasels; bis hier wurde der Fluss schon flussaufwärts "befahren". Lange Treidel- und Watstrecken in schnell fließendem Wasser sowie ⌓ aller Stromschnellen in unwegsamem Gelände gestalten das Unternehmen mühsam, Proviant muss für etwa 10 Tage mitgenommen werden, Fischen soll hier verboten sein

138,2 Sel-Ausfluss leichte Stromschnelle, Boråsstugan, Blassastugan re. ⚠, bei Flussteilung re Arm fahren und dessen erste Schnelle besichtigen, WW III (66.3453,16.2679)

132,8 ⚠, oberer Fjällforsen, steiler Abfall mit Stufe, WW III, evtl. ≋ oder re ⌓. Danach unterer Fjällforsen, WW IV-V, kaum ≋, re ⌓

131,1 li Hütte Fjällforsstugan, verschlossen, ⛺. Es folgt auf 8 km Selstrecke (Stau vor nächstem Abfall)

125,7 Leichte Schnelle, sofort danach li in Bucht kleine Hütte, Ofen, ⛺-

Möglichkeit

122,1 re ⇩ Barasjåkå. Leichte Schnelle, Achtung#, danach verblockter Abfall, WW IV, vor Hänge-II ↰ und 200 m ⏏, (66.2908,16.5190)

119,3 li Hof Bäverholmen, kaum Proviant, Hütten

117,0 ⇩ in See Iraft, Beginn der Schwierigkeiten bei der Fahrt flussaufwärts. Ohne Schwierigkeiten Weiterfahrt zum Mittisjön (66.2909,16.5973)

114,8 li **Adolfsström** abseits in einer Bucht, alter Bergmannsort, frühere Silberhütte, Endpunkt der Straße, mögliche ⬇ für die Fahrt aufwärts oder abwärts (66.2774,16.6297)

109,8 Ende des Sees Mittisjön, ⚠, schwerer Abfall, kaum ≋, li mit Bootswagen auf guter Straße von der Bucht am Ortsbeginn etwa 1 km weit ⏏, im Ort **S Gautosjö** nur beschränkte 🛒. Es folgt der See Gautosjön (66.2567,16.7261)

103,5 See-Ausfluss, ⚠, ↰, die Folgestrecke ist **X**, Schlucht und Wasserfall. 1,3 km weit auf gutem Weg bis zum Siksel umkarren, dort ⛺ (66.2379,16.8498)

99,4 ⇩ mit leichter Stromschnelle in den großen See Laisan (66.2255, 16.9081)

80,3 li **S Laisvall**, moderner Ort, große Bleigrube, die mit Bus besichtigt werden kann, 🛒 1 km entfernt (66.1327,17.1560)

76,2 li **S Laisvallsby**, Ort, 🛒, gute ⬇, re schöner ⛺ auf Landzunge. Die Straße verlässt den Fluss, auf 31 km völlige Einsamkeit (66.0964, 17.1665)

61,4 See-Ausfluss, ⚠, Stromschnelle mit Verblockung und hohen Wellen, WW II, evtl. bei roten Hütten re ⏏ (65.9665,17.1814)

59,8 Hänge-II und Hütte, ⚠, danach Stromschnelle WW II-III, re Arm gut ≋, (65.9527,17.1837)

58,7 re ⇩ Dellikälven, kurz davor verblockte Stromschnellen, evtl. ≋ oder re über Landspitze zum Dellikälven ⏏, auf 25 km folgen mehrere Stromschnellen, WW II (65.9425,17.1797)

48,3 **S Björkliden**, kleiner Ort, Zufahrt mit Pkw, mögliche ⬇, keine 🛒 (65.8855,17.3490)

36,2 **S Marielund**, Beginn des langgestreckten Gransel (65.8352,17.5681)

28,4 Str-II nördlich von Mjölkberg (65.7675,17.5939)

21,9 li **S Granselet**, kleiner Ort (65.7145,17.6444)

18,2 Ende des Gransel, Beginn einer sehr interessanten, auf 3,5 km sehr schweren WW-Strecke. Wer die gesamte Strecke vermeiden will, kann bei der Hütte Granselskojan zur Straße tragen und bis km 9,3 ⏏ bzw. umfahren. Zunächst noch verhältnismäßig leicht (65.6813, 17.6534)

17,8 ⚠, Ausflussschnelle Luspeforsen, 100 m lang, re Arm meist leichter,

WW III. Es folgen 3 lange Schnellen, WW II (65.6774,17.6561)

14,7 ⚠, wer die folgenden sehr schweren Stellen vermeiden will, kann vor einer Hütte ↱ und 600 m weit auf Pfad zur Straße tragen, wesentlich mühsamer als bei km 18,2. Kurz danach Hällforsen, hoher Abfall, WW IV. Evtl. re Leitmauer überheben und auf kanalartigen Armen zum Unterwasser (65.6505,17.6610)

13,1 ⚠, Trollforsen, zweiter hoher Abfall, WW IV, vorsichtig re an der Mauer entlangfahren, direkt vor dem Abfall re ⏏ (65.6371,17.6696)

12,3 ⚠, fast 400 m lange Schnelle mit Felsinsel und Blöcken, WW II+. Schnelle geht unvermittelt in Wasserfall über, ⏏ sehr schwierig. Am Beginn der Schnelle re bei Mauerdurchbruch treideln und letztes Stück bis hinter Wasserfall ⏏. Danach kurze Schnelle, WW II- (65.6303,17.6723)

10,2 ⚠ Flussteilung, re Arm fahren, hier mit Treideln und evtl. ⏏ re relativ gut zum leicht ≈ unteren Teil der Schnelle. Im li Arm 700 m lange Schnelle Kvarnforsen, WW V. Beim Zusammenfluss beider Arme ganz re an Felswand entlangfahren, starke Verwirbelungen; 1 Stufe WW II+, re flach, evtl. re treideln. Ende der Schwierigkeiten, lange Schnellen, WW I (65.6192,17.6376)

7,6 Kurzes Sel mit Bucht, re, hier Lagerplatz, Straße, ⬇ für Weiterfahrt, falls bei km 18,2 oder 14,7 unterbrochen wurde

1,6 Ⅱ der Straße 363 Sorsele–Ammarnäs (65.6302,17.4852)

0,0 ⇩ des Laisälven in den Vindelälven (s. Seite 425) bei km 293,3 mit sehr starker Wasserzufuhr (65.6253,17.4569)

Ruttjebäcken

Wildfluss
Mündung in den See Tängvattnet

Einstieg: irgendwo im oberen Teil auf WW 1 nach eigenem Ermessen.
Ausstieg: vor der Brücke am Wanderparkplatz vor einem unfahrbaren Fossen, kurz danach Mündung in den Tängvattnet bei der Ortschaft Rönas.

Nach dem Einsatz kann man sich auf Wildwasser III und IV schön langsam warm paddeln. Dann beginnt ein Teil mit wunderschönen Stufen und kleinen Rutschen. Wir umheben einen 3 Meter hohen Abfall und genießen die ultraengen Niederklammen und Wurmkanäle (1 x X), durch die sich der Bach windet. Jetzt weiß man auch, warum auf den Satellitenbildern manchmal kein Wasser mehr zu sehen ist. Die endlosen Rutschen-Kombis im unteren Teil sind echtes Hardcore-Wildwasser und ein einziger Geschwindigkeitsrausch. Bei zu wenig Wasser sind die Rutschen mit hoher Wahrscheinlichkeit nicht mehr besonders rund. Kurz vor dem Wanderparkplatz lassen wir den allerletzten sehr gefährlichen Fossen (**X**) aus.

Befahrbarkeit: Wasserstand: mind. 10 m³/s. Beste Zeit: Mai bis Juni und nach Regenfällen.

Schwierigkeiten: Oberer Abschnitt WW III-IV (2 x **X**, leicht zu umheben); Unterer Abschnitt WW V (**X**).
Oben offenes Wildwasser, unten die längsten Rutschen Schwedens.

Karten: Fjällkartan AC2: Hemavan - Ammarnäs 1:100.000

Quellen: Neubeschreibung durch Ulrich Kittelberger nach Befahrung 2015

3,8 li ⇩ eines Flusses (65.8726,14.7520);
⬇ (65.8724,14.7517)

1,1 ⬆ vor der Brücke am Wanderparkplatz vor einem unfahrbaren Fossen

0,7 Str-II, re **S Rönas** (65.8480,14.7696)

0,0 ⇩ in den See Tängvattnet (65.8434,14.7709)

Öreälven

Weitere Namen: Örån

Wildwanderfluss
Mündung in schwedische Ostseeküste

Ursprung in den Bergen Västerbottens in etwa 500 m Höhe.
Der Öreälven, der im Oberlauf nördlich des Sees Örträsksjön Örån heißt, überwindet in seinem langen Lauf einen Höhenunterschied von 500 m. Er bietet nur in seinem Oberlauf auf kurzer Strecke mäßig schweres Wildwasser. Anschließend wechseln die Schwierigkeiten zwischen leichtem Wildwasser, Zahmwasser und Selstrecken. Dazwischen liegen, neben zahlreichen kleinen Schnellen, auch mehrere große Forsen, z.T. als Wasserfälle, die umtragen werden müssen. Die Mitnahme eines Bootswagens ist unerlässlich. Der Öreälven fließt weitgehend zwischen Schotterufern und z.T. hohen, sandigen Uferböschungen in einer einsamen Gegend.

Befahrbarkeit: Oberhalb Örträsket bis Juli, ab dessen Ausfluss wahrscheinlich ganzjährig.

Umwelt: Sehr sauberes Moorwasser.

178,9 Str-II 365 bei **S Brattfors**, mögliche ⬇ (64.5119,18.3562)

177,1 ⚠ Brattforsen, 10 m hoher Abfall, **X**, re ⏏, darüber Str-II (64.5044, 18.3849)

174,0 ⚠ Ytterselsforsen, WW III, evtl. ≈, es folgt auf knapp 4 km eine verblockte WW-Strecke, WW II-III. Danach leichte Fahrt

159,5 ⚠, Storforsen, stark verblockte Durchfahrt, nach Besichtigung evtl. ≈, WW III+ (64.4065,18.6045);

Str-II N 353 bei **S Knaften**, mögliche ⬇, falls die vorausgehenden Schwierigkeiten vermieden werden (64.4065,18.6057)

133,2 ⚠, Skanselnoforsen, **X**, etwa 300 m weit ⌓ (64.2564,18.8699)

131,9 ■ Staumauer und ϟ Storforsen mit Wasserableitung, **X**, etwa 600 m ⌓ (64.2485,18.8760)

131,2 re ⇩ ϟ-Kanal, Rückkehr des abgeleiteten Wassers (64.2456,18.8673)

121,8 Str-II, re zur Straße 353, weitere mögliche ⬇ (64.1916,18.9085)

118,7 ⇩ in den See Örträsket (64.1724,18.9216)

114,0 re **S Västra Örträsk**, li **S Östra Örträsk** (64.1351,18.9646)

110,8 Str-II zwischen re **S Fårberget** und li **S Utifällan**, Ausfluss aus dem See Örträsket, weitere ⬇ (64.1139,19.0045)

109,8 ■, keine Angaben (64.1081,19.0180)

99,9 Ströın, ≋, zu erreichen über Piste zu Kiesgrube am Ufer (64.0431, 19.0652)

90,3 Stufe bei **S Näsland**, li gut ≋ (63.9858,19.1598)

82,7 Str-II 92, li **S Bjurholm**, größerer Ort, 🛒, ✕, gute ⇅. Es folgen längere Strecken Zahmwasser. Es sind hier mehrere Rastplätze eingerichtet (63.9308,19.1967)

64,8 Str-II 353, li **S Agnäs**, ⇅ (63.8485,19.2639)

64,6 ■ und ϟ, li ⌓, ab hier Zunahme der Schwierigkeiten, es folgt leichtes Wildwasser (63.8477,19.2683)

60,7 ⚠ Storforsen, **X**, rechtzeitig ↰ und 400 m weit ⌓, es folgen mehrere Schnellen, ≋ (63.8264,19.3165)

54,7 hohe Str-II (63.7954,19.3478)

54,5 2 hohe EB-II (63.7940,19.3483)

39,6 li **S Hummelholm** (63.7220,19.5177)

38,5 Str-II (63.7172,19.5299)

32,5 ⚠, Sågforsen, **X**, etwa 650 m weit bis hinter Åboforsen ⌓ (63.7020, 19.6032)

32,1 Str-II (63.7001,19.6045)

31,6 ⚠ Åboforsen, **X**, es folgen weitere Schnellen (63.6972,19.5997)

28,2 Schwallstrecke (63.6819,19.6218)

24,7 Str-II (63.6667,19.6307)

19,5 Schwallstrecke (63.6456,19.6492)

17,7 re **S Brattfors** (63.6392,19.6266)

12,9 ⚠ Langedsforsen, **X**, li etwa 2,5 km weit ⌓ (63.6139,19.6601)

11,9 Str-II über Langedsforsen, li **S Långed** (63.6055,19.6632)

10,0 ⚠ Hundledsforsen, nach Besichtigung ≋ (63.5906,19.6639)

9,6 Str-II E4, mögliche ⬆ (63.5871,19.6649)

8,9 EB-II, re **S Haknäs** (63.5816,19.6681)

8,1 ⚠ Haknäsforsen, **X**, etwa 200 m ⌓ (63.5758,19.6757)

7,9	Str-II, es folgen noch einige weitere Schwallstrecken (63.5753, 19.6778)
0,0	⇩ in den Bottnischen Meerbusen der Ostsee (63.5167,19.7333)

Lögdeälven

Wildfluss - Wanderfluss (Waldfluss)
Mündung in schwedische Ostseeküste

Ursprung mit mehreren Quellflüssen im Stöttingfjället.
Der Lögdeälven ist ein typischer Norrlandsfluss. Er bietet sowohl idyllische Waldpassagen, Selstrecken, als auch schönes Wildwasser mit Schwallstrecken, Stufen, Forsen und Wasserfällen. Die Befahrung ist sehr lohnend. Allerdings ist ein gesicherter Befahrungsbericht nur für 2 Teilstrecken bekannt.
Befahrbarkeit: Wahrscheinlich ganzjährig.

159,5	Str-II N 365 bei **S Lillögda**, gute ⬇. Der Lögdeälven fließt zunächst als harmloser Wiesenfluss durch eine Landschaft von Heidecharakter (64.3530,17.8989)
153,4	es beginnen langgezogene Schwallstrecken von zunehmender Schwierigkeit (64.3148,17.9514)
150,4	⚠, bei einer Str-II Flussverengung mit Stufenbildung, danach viele Schnellen und Stufen, bis WW III (64.3175,18.0103)
143,5	⚠, in re-Kurve Flussverengung mit Schrägwalze, **X**, li etwa 150 m weit ⏏
141,1	Str-II zwischen Nordanås und Volmsjö, gute ⬆ (64.2741,18.1358)
141,1	–85,7 zu diesem Flussabschnitt liegt kein Befahrungsbericht vor (64.2740,18.1361)–(63.9563,18.8246)
126,1	Str-II (64.1789,18.3069)
122,0	Str-II (64.1595,18.3595)
120,5	⇩ in den See Lögdasjön (64.1535,18.3814)
106,4	Ausfluss aus dem See Lögdasjön (64.0811,18.6093)
105,2	⇩ in den See Lögdassundselet (64.0773,18.6293)
99,2	Ausfluss aus dem See Lögdassundselet (64.0524,18.7267)
90,9	Str-II 92 (63.9910,18.7976)
85,7	Str-II bei **S Övre Nyland**, mögliche ⬇ für die 2. beschriebenen Etappe (63.9562,18.8246)
72,9	Str-II bei **S Nedere Nyland**, weitere mögliche ⬇. Der Lögdeälven fließt als idyllischer Kleinfluss mit guter Strömung zwischen Sand- und Kiesufern, Mischwald an den Ufern, sehr einsam (63.8785,18.9010)
62,2	⚠, Fjällforsen, von Naturstraße linksufrig einzusehen (63.8206, 18.9363)
61,5	⚠ Mittifallet, etwa 8 m hoher Wasserfall, **X** (63.8172,18.9462)

61,1 ⚠ Nederstforsen, hoher, mehrstufiger Abfall, kaum ≋, re ⌓ (63.8151,18.9480)
58,7 ⚠ Mjösjöforsen, **X**, re ⌓ (63.7993,18.9600)
58,1 Str-Ⅱ (63.7956,18.9660)
55,6 Svartforsen, gut ≋, danach re ↑↓, ⛺-Möglichkeit (63.7763,18.9772)
54,1 Str-Ⅱ bei **S Norrfors**, ⚠ darunter Ned. Älgforsen, mehrstufig mit Schrägwalzenbildung, evtl. nach Besichtigung ≋, ⌓ re vor der Ⅱ über die Straße, bei NW li treideln unter der Ⅱ möglich, gute ↑-Möglichkeit. Die Folgestrecke bis zur ⇩ wurde nicht befahren, bekannt sind lediglich folgende Einzelheiten, über die Befahrbarkeit der angeführten Forsen ist ebenfalls nichts bekannt (63.7668,18.9842)
53,8 2 EB-Ⅱ (63.7666,18.9880)
46,3 Str-Ⅱ, ⚠ Nordsjöforsen, keine Angaben, zugänglich von **S Nordsjö** (63.7331,19.0496)
43,2 ⚠ Nygårdsfossen, keine Angaben (63.7153,19.0716)
42,7 Str-Ⅱ (63.7105,19.0720)
30,5 ⚠ Storfallet, keine Angaben, zugänglich von der Brücke bei Klöse (63.6610,19.2055)
27,9 Str-Ⅱ bei **S Klöse**, ⛺-Möglichkeit, mögliche ↑ (63.6467,19.2383)
16,7 Str-Ⅱ (63.5888,19.3406)
6,9 Beginn des Ortes Lögdeå (63.5576,19.3996)
4,9 Str-Ⅱ, re und li **S Lögdeå** (63.5525,19.3947)
1,3 Str-Ⅱ E 4, mögliche ↑, EB-Ⅱ (63.5591,19.4260)
0,0 ⇩ in den Bottnischen Meerbusen der Ostsee (63.5517,19.4461)

Gideälven

Wildwanderfluss
Mündung in schwedische Ostseeküste

Ursprung aus dem Bogsjön nahe der Ⅱ Straße Nr. 92 (Åsele–Frederika), mögliche ↓ für die Befahrung des Oberlaufs. Der Fluss ist hier weitgehend naturbelassen, zahlreiche Forsen unterschiedlicher Schwierigkeit, z.T. **X** mit schwierigem ⌓. Ein gesicherter Befahrungsbericht ist nicht bekannt. Der Gideälven mit einer Gesamtlänge von etwa 175 km ist einer der großen Wildwanderflüsse Nordschwedens. Allerdings ist sein Unterlauf weitgehend verbaut, so dass hier eine Befahrung kaum in Frage kommt. Die Unterlagen über den Oberlauf sind dürftig. Nachfolgend wird lediglich eine 32 km lange Teilstrecke beschrieben, über die ein gesicherter Befahrungsbericht vorliegt. Auf der beschriebenen Teilstrecke bietet der Fluss romantische Waldpassagen, Selstrecken und einige Forsen, die gut zu befahren bzw. zu umtragen sind. Biber und Otter können beobachtet werden.

Befahrbarkeit:	Der (nicht beschriebene) Oberlauf wahrscheinlich nur bei HW, die Reststrecke ganzjährig.
Umwelt:	Sehr sauberes Moorwasser.

80,7 Str-II, **S Studsviken**, mögliche ⬇, ab hier liegt ein gesicherter Befahrungsbericht vor (63.7811,18.4970)
78,9 re ⇩ des Flärkån in den Gideälven (63.7710,18.4915)
73,4 Str-II, re nach **S Korsbyn**, weitere mögliche ⬇ (63.7464,18.5091)
62,6 ▬ und ϟ, **X**, li ⌓, danach Wasserableitung, Stromschnelle auf 250 m bis WW II (63.6791,18.5379)
60,6 kleine Stromschnelle, WW I-II (63.6630,18.5542)
60,0 –58,3 Gideforsen, bis WW II (63.6590,18.5506)–(63.6452,18.5639)
59,5 2 Str-II, re **S Hemling** (63.6546,18.5541)
56,7 ⚠ Langstandsforsen, 350 m lang, am Ende verblockter Abfall, WW III-IV, evtl. re ⌓ (leicht) (63.6326,18.5645)
56,1 Hemlingsforsen, auf 300 m WW II (63.6276,18.5701)
55,5 danach seeartige Erweiterungen, Nachlassen der Strömung (63.6226, 18.5731)
48,1 ▬ Staumauer und ϟ Björna (ehemals Björnafallet), re ⌓, Zugang zur Straße, mögliche ⬆, re **S Björna**. Die Reststrecke bis zur ⇩ ist wegen mehrerer ϟ für eine Befahrung nicht geeignet (63.5639, 18.5989)
47,5 ▬ (63.5593,18.5955)
47,3 ▬ und ϟ, Wasserableitung (63.5576,18.5973)
45,7 ▬ und ϟ, Wasserableitung (63.5483,18.6171)
18,1 ▬ Staumauer und ϟ, Wasserableitung (63.4632,19.0452)
10,0 ▬ Staumauer und ϟ, Wasserableitung (63.4068,19.0538)
8,9 ▬, Wasserableitung (63.3974,19.0522)
8,4 ▬ Staumauer und ϟ, Wasserableitung (63.3937,19.0562)
3,1 ▬ Staumauer und ϟ, Wasserableitung (63.3528,19.1043)
0,0 ⇩ in Bottnischen Meerbusen bei **S Husum** (63.3303,19.1336)

Ångermanälven

Wanderfluss
Mündung in schwedische Ostseeküste

Der Ångermanälven ist auf dem hier beschriebenen Teil ein ohne besondere Schwierigkeiten zu befahrender Wanderfluss, lediglich ein ▬ behindert die Fahrt. Für den ungefähr 400 km langen Lauf oberhalb km 71 existieren keine Angaben. Auf dieser Strecke bremsen 30 Wasserkraftwerke den freien Lauf.

70,9 re ⇩ des Faxälven (s. Seite 441) in den Ångermanälven (63.2106, 17.2140)

66,0	Str-II 90, re **Sollefteå**, schöne Stadt (63.1735,17.2569)
65,5	■ mit li ↯, **X**, ⩠ (63.1710,17.2646)
65,2	Str-II Kungsgatan, danach li ⛺ (63.1700,17.2702)
64,6	Insel Hågestaön mit Grillplatz (63.1705,17.2823)
64,2	Hänge-II zur Insel Hågestaön. Gute Strömung, bewaldete Ufer, das Fahrwasser ist betonnt, jedoch nur wenig Verkehr durch Ausflugs- und Sportboote (63.1706,17.2897)
34,7	li **S Styrnäs**, ⛺ (63.0860,17.7712)
32,9	EB-II, danach re Flugplatz (63.0701,17.7711)
27,5	Str-II 333, re **S Nyland**, 🚂, li **S Sandslån** (63.0231,17.7832)
10,5	Str-II, re **S Lunde**, li **S Klockestrand** (62.8834,17.8782)
8,5	re Halbinsel mit Leuchtturm, ⛺ (62.8657,17.8879)
0,0	Hänge-II E4, ⇩ in den Bottnischen Meerbusen (Storfjarden). Ungefähr in 20 km **S Härnösand**, ⛺. Die Hohe Küste sollte jedoch grundsätzlich nur von erfahrenen Seepaddlern mit seetauglichen Booten befahren werden (62.7983,17.9391)

Faxälven

Weitere Namen: Ströms Vattudal

Seenkette – Wanderfluss
Mündung in Ångermanälven bei km 70,9 (re Nebenfluss)

Die Seenkette Ströms Vattudal sowie die anschließenden Flüsse Faxälven und Ångermanälven gestatten eine Durchquerung Schwedens von der norwegischen Grenze bis zur Ostsee. Die drei Gewässer sind allerdings recht verschieden. Ströms Vattudal ist eine Seenkette. Wenn man die Befahrung in Gäddede beginnt, hat man bis Strömssund eine sehr beliebte Wanderstrecke von 118 km mit nur einer Umsetzstelle. Man sollte dafür mindestens eine Woche einplanen. Einkaufsmöglichkeit unterwegs schlecht, ausreichend Proviant mitnehmen. Lohnend ist die anschließende Nebenroute zum Längslinsjön. Die Weiterfahrt auf dem Faxälven ist möglich, durch mehrere Kraftwerke mit entsprechenden Umtragestellen aber doch recht mühsam. Der anschließende, gesondert beschriebene, Ångermanälven gestattet dann eine fast hindernisfreie Weiterfahrt zur Ostsee.

Befahrbarkeit: Ganzjährig.

285,6	Str-II bei **S Vågen**, nahe der norwegischen Grenze, mögliche ⬇ in Kvarnbergsvattnet. Der See dient als Stausee, dessen Wasserstand durch ein ↯ reguliert wird, daher bei NW hässliche Uferstreifen (64.6449,13.7358)
260,1	⛺ "Saga-Camping" am Nordende des Ortes Gäddede, Vermietung von Booten und Bootswagen (64.5058,14.1489)

260,0 ▬ Staudamm am See-Ende, Höhendifferenz etwa 10 m, ⏶ 1 km umkarren durch das Dorf (64.5027,14.1524)

259,5 Str-II 342, **S Gäddede**, 🛒, übliche ⬇ unterhalb der Straße am südlichen Ortsende, Wasser hier klar, eiskalt. Allgemeine Richtung der gesamten Seen-Strecke nach SO (64.4980,14.1470)

242,4 re ⇩ des Hällingsån. ⌘, sehr lohnend, hier die Fahrt zu unterbrechen zur Besichtigung des gigantischen Wasserfalles Hällingsåfallet, am westlichen Ufer Pfad zum Wasserfall (5 km) (64.3869,14.3615)

239,1 –237,4 Seeenge (64.3868,14.3648)–(64.3866,14.4528)

218,9 ▬ Staudamm Bågede, 300 m vor dem Staudamm ↰, ⏶ etwa 1 000 m auf Sandweg (64.3427,14.8075)

196,7 Enge Passage "Ögelströmmen"

189,5 li in ca. 1 km auf Landspitze **S Gärdnäsbyn**, Anleger (64.1815, 15.2097)

145,6 Str-II E45, li **S Strömsund**, 🛒, 🚌. Zum ⛺ hinter der Hänge-II re, entlang der Halbinsel. ⬆, die Fahrt wird zumeist hier beendet oder unterbrochen. Eine sehr lohnende Nebenroute ist folgende Seen-Kleinflussfahrt: Man fährt entlang dem W-Ufer des Russfjärden bis kurz vor seinem S-Ende (13 km). Hier einbiegen in einen kleinen Zufluss. Über einen kleinen See gelangt man zu dem nur wenig größeren Läsjön. Dessen Zufluss ist ein hübscher Kleinfluss, der je nach Wasserstand aufwärts gefahren werden kann evtl. bis zum Länglingsjön, maximal 16 km ab Russfjärden (63.8499,15.5470)

145,5 Beginn des Sees Russfjörden (63.8440,15.5497)

137,9 EB-II, Ausfluss des Faxälven aus dem See Russfjörden. Der Faxälven ist nun als Fluss die Fortsetzung der vorstehenden Seenstrecke. Er ist allerdings durch mehrere große Stauseen weitgehend verbaut. Bei NW ergeben sich hässliche Uferstreifen. Das Umtragen an den Staudämmen ist zumeist sehr mühsam. Die nachfolgende Beschreibung basiert auf Kartenangaben (63.7878,15.5978)

136,8 Str-II (63.7829,15.6157)

130,9 ▬ und ϟ, **X**, ⏶ (63.7477,15.6955)

129,7 Str-II (63.7438,15.7160)

112,5 Str-II (63.6560,15.9631)

101,4 ▬ Staudamm Stor-Finnforsen und ϟ, **X**, ⏶ 2 km (63.5976,16.1201)

90,6 ▬ Staudamm Ramsele und ϟ, **X**, li ⏶ 12 km bis zum Ort Ramsele (63.5828,16.3321)

79,2 Str-II, li **S Ramsele** (63.5323,16.4624)

77,9 Str-II (63.5223,16.4682)

62,5 Str-II, re **S Edsele** (63.4100,16.5540)

62,0 ▬ und ϟ Edsele, **X**, ⏶ li 2 km (63.4052,16.5558)

51,6 Str-Ⅱ (63.3275,16.6242)
51,4 Str-Ⅱ, li **S Ytterås** (63.2809,16.7086)
21,2 Str-Ⅱ 331, re **S Helgum** (63.1540,16.9548)
16,2 ■ und ϟ Forse, danach Wasserableitung, **X**, li ⏏ 1 km und ⬇ bei einer Hänge-Ⅱ oder von hier aus Autotransport nach Sollefteå und dort Weiterfahrt auf dem Angermanälven (63.1546,17.0207)
15,3 Hänge-Ⅱ, hier ⬇ nach ⏏ des Staudammes (63.1613,17.0209)
9,8 Str-Ⅱ, **S Långsele**, 🚂, ✕, davor re ⛺. Spätestens hier ⬆ und Autotransport nach Sollefteå und dort Weiterfahrt auf dem Angermanälven, da eine Weiterfahrt ab dem folgenden Kraftwerk nicht möglich ist (63.1807,17.0679)
8,7 EB-Ⅱ (63.1811,17.0849)
8,0 ■ und ϟ, Wasserableitung, keine Weiterfahrt möglich (63.1836, 17.0969)
0,0 ⇩ des Faxälven in den Ångermanälven (s. Seite 440) bei km 70,9 (63.2106,17.2140)

Kultsjöan

Wildfluss
Mündet in den See Jillesen, der zum Einzugsgebiet des Ångermanälven gehört.

Einstieg: Nach dem letzten Seeausfluss der insgesamt drei Seen bei Bangnas (Parkplatz nach Fossen) an der Straße 1067.
Ausstieg: Ca. 1,5 km nach dem Dimforsen an einem kleinen Parkplatz direkt am Fluss.
Strecke: Ca. 8 km.
Der Kultsjöan dürfte unter den Schweden ein echter "Kultfluss" sein. Bietet er doch fotogene Einzelstellen, Pool&Drop, ein echtes Wasserfall-Highlight und rundum faires Wildwasser. Die seenartigen Flachpassagen laden zum Genießen ein, das Wasser ist aufgrund der vorhergehenden Seen wärmer und hat eine moorige Farbe. Bei zu wenig Wasser sind die Flachpassagen aufgrund des extrem scharfkantigen Gesteins mühevoll! Bei zu viel Wasser dürften die Rückläufe in den einzelnen Stellen teilweise wuchtig werden. Der höchste Wasserfall ist ca. 8 Meter hoch und man kann ihn auf drei verschiedenen Routen befahren. Vorsicht: Ein Herauspaddeln aus dem Tosbecken des Wasserfalles kann schwierig werden! Seilsicherung aufbauen.

Befahrbarkeit: Wasserstand mind. 15 m^3/s, je mehr, desto besser! Bei zu wenig Wasser werden die Flachpassagen zu einer Materialschlacht! Beste Zeit ist Mai und Juni, ggf. Juli und nach langen Regenfällen.
Schwierigkeiten: WW III,IV (5) Drop&Pool mit Flachwasserpassagen.

Karton: Fjällkartan AC4: Fatmomakke - Saxnäs 1:100.000

Kilometrierung: Das Luftbild ist oft von Wolken verdeckt. So konnte die beschriebene Aussetzstelle nicht gefunden werden.

Quellen: Neubeschreibung durch Ulrich Kittelberger und Sebastian Gründler nach Befahrungen 2013-2017

12,5 ⬇ (siehe allgemeine Beschreibung) (64.9231,15.6458)
0,9 Str-II, li **S Stalon** (64.9364,15.8581)
0,0 ⇩ in den See Jillesen (64.9325,15.8749)

Gausta

Weitere Namen: Gaavesjohke

Wildfluss
Mündung in den See Leipikvattnet

Einstieg: ca. 10 km nach der Passhöhe in einer markanten 90°-Kurve der Straße 1067 (Norwegen) bzw. 824 (Schweden).
Ausstieg: direkt vor oder nach der Brücke vor der Mündung in den See Leipigvattnet.
Sehr langes und hartes Wildwasser der Superlative! Drop&Pool, Grundgestein, offenes WW. Die Gausta dürfte - ohne Wenn und Aber – nicht ein, sondern das Highlight aller schweren Flüsse in Schweden sein. Es reihen sich Grundgesteinsrutschen bzw. ganze Kombinationen an Rutschen und Stufen aneinander, immer wieder unterbrochen von wuchtigen Abfällen, die allesamt vorher besichtigt werden sollten.
Nach der Hälfte der Strecke sollte man einen 5-Meter-Fall, sowie nach ca. 3/4 der Strecke den bekannten Gaustafallet umheben, einen Doppel-Fossen von gut 15 Metern Höhe. Bei mittlerem Wasser ist eine Befahrung evtl. möglich, WW VI. Wichtig: Den Einsatz nach dem Fossen sollte man erst 300 m später wählen, da man damit gleich zwei weitere unfahrbare Stellen umgeht, deren Umtragung ansonsten sehr mühsam und schwierig ist.
Die Anzahl der schönen Stellen, gepaart mit dem fairen Charakter und dem glasklaren Wasser des Flusses, machen die Gausta zu einem der schönsten Flüsse ganz Skandinaviens. Bei schlechtem Wetter und/oder viel Wasser sollte man die Strecke aufteilen und sich zwei Tage Zeit nehmen.

Befahrbarkeit: Wasserstand: ideal sind am Einstieg 10 m³/s, das sind am Aussatz zwischen 20-25 m³/s. Beste Zeit ist Ende Mai bis Juli, nach Regenfällen auch im August.

Karten: Fjällkartan AC4: Fatmomakke - Saxnäs 1:100.000

Quellen: Neubeschreibung durch Ulrich Kittelberger und Sebastian Gründler nach Befahrungen 2013-2017

14,0 ⬇ (siehe allgemeine Beschreibung) (65.0243,14.3171)

0,8 ⬆ an der Str-II Leipikvattnet Strandvägen (64.9444,14.1998)

0,0 ⇩ in den See Leipikvattnet (64.9380,14.2026)

Indalsälven

Wanderfluss
Mündung in schwedische Ostseeküste

Der Indalsälven ist in seinem Oberlauf weitgehend durch Stauseen und Kraftwerke mit mühsamen Umtragestrecken verbaut. Eine Beschreibung liegt nicht vor. Einzelheiten dieser Strecke sind örtlichen Wassersportkarten zu entnehmen, die man sich z.B. im Canoe Center "Little Lake Hill" an der Straße 87 besorgen kann (ausgeschildert). Ausführlicher wird nur der Unterlauf des Flusses beschrieben. Er ist als "Kanuled" gut ausgeschildert, mit 8 Übernachtungsplätzen, kostenfreien Hütten, Toiletten und Feuerstellen, z.T. mit Pkw erreichbar. Der Fluss bietet hier keinerlei Schwierigkeiten. Er kann bei entsprechender Windrichtung evtl. auch aufwärts befahren werden.

287,6 Beginn des Indalsälven durch Zusammenfluss der beiden Quellflüsse Åreälven und Järpströmmen (keine Angaben), li **S Järpen**, Straße E45 (63.3339,13.4458)

276,6 Str-II, li **S Mörsil** (63.3063,13.6488)

274,4 ▬ und ϟ, **X**, ⏏ (63.2965,13.6866)

271,8 Str-II (63.2829,13.7299)

266,6 re ⇩ des Dammån (s. Seite 446) in den Indalsälven (63.2715, 13.8289)

263,8 ⚠ Stromschnelle, keine Angaben, erkunden (63.2767,13.8801)

262,5 Str-II (63.2724,13.9016)

257,0 Str-II 321 (63.2503,13.9990)

229,2 Str-II, Ende des Sees Stosjön (63.2218,14.4669)

229,2 –81,5 es folgen 12 ▬ Staustufen mit ϟ, mühsames ⏏ zwischen 400 und 2000 m (63.2218,14.4669)–(62.9508,16.6686)

218,6 Str-II, re **S Dvärsätt** (63.2988,14.4600)

216,5 Str-II E14 (63.3166,14.4529)

215,8 Str-II, li **S Krokom** (63.3231,14.4527)

214,5 ▬ und ϟ Hissmofors, **X**, ⏏ (63.3321,14.4671)

208,5 ▬ und ϟ, **X**, ⏏, danach Str-II (63.3240,14.5780)

201,6 ▬ und ϟ, **X**, ⏏ (63.3055,14.7038)

201,2 EB-II (63.3056,14.7126)

199,5 li ⇩ des Långan (s. Seite 448) in den Indalsälven (63.3133,14.7395)

194,3 Str-II, li **S Lit** (63.3112,14.8435)

193,1 Str-II E45 (63.3128,14.8688)

192,8 ⇩ des Hårkan (s. Seite 448) in den Indalsälven (63.3161,14.8744)

172,6 ■ und ϟ, X, ≏ (63.2395,15.2370)
167,7 ■ und ϟ, X, ≏ (63.2220,15.3226)
152,2 Str-II 87, li **S Stugun** (63.1645,15.5977)
150,9 ■ und ϟ, X, ≏ (63.1637,15.6222)
127,2 ■ und ϟ, X, ≏, danach Str-II (63.1461,16.0702)
122,4 ■ und ϟ, X, ≏ (63.1428,16.1605)
119,1 li ⇩ des Ammerån (s. Seite 450) in den Indalsälven (63.1527,16.2161)
109,6 Str-II 323, re **S Hammarstrand** (63.1141,16.3554)
109,5 ■ und ϟ, X, ≏ (63.1135,16.3566)
98,6 EB-II (63.0556,16.5072)
93,5 ■ und ϟ, X, ≏ (63.0281,16.5719)
89,8 Str-II (63.0133,16.6279)
85,4 ■ und ϟ, X, ≏ (62.9810,16.6609)
81,5 ■ und ϟ, X, ≏, Beginn des "Kanuled" unterhalb des Hölleforsen mit 29 m Fallhöhe, ⅄, empfohlene ⬇, li **S Utanede** (62.9508,16.6686)
76,4 li Übernachtungsplatz, mit Pkw erreichbar
63,3 ■ und ϟ Järkvissle, X, re ⬆ und über Damm ≏, li ⬇, hier Übernachtungsplatz, mit Pkw erreichbar (62.7975,16.6641)
61,9 ⛺
56,8 li Übernachtungsplatz, nicht mit Pkw erreichbar
49,4 Str-II, li **Liden**, li Übernachtungsplatz, sehr gut mit Pkw erreichbar (62.6995,16.7842)
41,7 li Übernachtungsplatz, mit Pkw erreichbar, **S Nilsböles**
28,0 li **S Indal** (62.5748,17.0880)
25,2 Str-II 86, danach li ⛺, man kann hier den Pkw abstellen (62.5557, 17.1232)
14,0 Übernachtungsplatz, mit Pkw erreichbar
10,3 re ⛺ Timra-Sörberge, ⬆, gute Stelle zur Beendigung der Fahrt (62.5174,17.3817)
9,9 ■ und ϟ Bergefors und Str-II 331, re ≏, sehr mühsam (62.5202, 17.3870)
5,9 li ⇩ des Ljustorpsån (s. Seite 451) in den Indalsälven (62.5523, 17.4195)
1,8 Str-II (62.5192,17.4264)
1,6 Str-II E4 (62.5180,17.4272)
0,0 ⇩ in den Bottnischen Meerbusen (Klingerfjärden) (62.5050,17.4381)

Dammån

Wildfluss – Gebirgsfluss
Mündung in Indalsälven bei km 266,6 (re Nebenfluss)

Ursprung verschiedener Quellbäche in etwa 1 400 m Höhe.
Die über den Dammån vorliegenden Unterlagen beruhen z.T. auf einer länger zurückliegenden Befahrung durch einen schwedischen Kanuten, z.T. auf dem Studium genauer Karten. Sie können daher keinen Anspruch auf Zuverlässigkeit erheben. Jedoch liegt nun ein Befahrungsbericht für den Abschnitt km 22,1 – 0,0 vor. Der Dammån ist landschaftlich hervorragend schön, auf Teilstrecken ein sehr schwerer Wildfluss. Für den ersten schweren WW-Abschnitt oberhalb km 28,5 gibt es aufgrund der schlechten Zugänglichkeit die Empfehlung, sich eine Befahrung gut zu überlegen.

Befahrbarkeit: Am besten Juli, aber wohl auch früher oder später möglich. Wasserführung: Reichlich.

Schwierigkeiten: Im Oberlauf wohl sehr schwer, von km 22,0 – 14,4 WW III-IV, im Unterlauf Zahmwasser.

64,3 mögliche ⬇ bei Hosjäbottnarna lappläger am Westufer des Sees Hosjön, Zufahrt auf einem anscheinend privaten Fahrweg zur Touristenhütte für Selbstversorger, ☎ +46 643 32018 (63.0913,13.5313)
61,7 Ausfluss aus dem Hosjön, Flussname zunächst “Storan“ (63.0921, 13.5834)
54,0 ⚠ Wasserfall Storfallet
52,1 Fußgänger-Ⅱ (63.0835,13.7423)
52,0 Fußgänger-Ⅱ, re **S Höglekardalen** (63.0828,13.7442)
49,7 Str-Ⅱ Bydalen–Höglekardalen (63.0865,13.7722)
48,4 ⇩ in Dalsjön (63.0949,13.7872)
47,7 li ⬇, **S Bydalen**, Fjällhotel mit Hütten, größter Ort am Fluss (63.1003, 13.7968)
47,5 Ausfluss aus dem See Dalsjön (63.0998,13.8009)
47,3 Fußgänger-Ⅱ (63.1018,13.8023)
43,4 Str-Ⅱ (63.1075,13.8668)
34,4 li ⇩ des Gräftån in den Dammån (63.0872,14.0222)
29,0 li Hütte Byhögåsarna fäbod, Ende der ersten WW-Strecke, bald danach zahlreiche Mäander, Zahmwasser
22,1 Str-Ⅱ Hallen–Bydalen, mögliche ⬇ bei entsprechender Rücksichtnahme auf die Anlieger (63.1624,13.9831)
22,0 –14,4 ⚠ Wildwasserstrecke, die bei höherem Wasserstand WW III–IV aufweist (63.1625,13.9830)–(63.2069,13.9405)
18,1 ▬, bei niedrigem Wasserstand ≈. Bei HW rechtzeitig li ↰ und ⏏. Auf jeden Fall ansehen (63.1840,13.9616)
17,5 Fußgänger-Ⅱ, davor li ↯-Ausfluss (63.1866,13.9583)
17,4 ⚠, nach einer re-Kurve bei höherem Wasserstand auf 300 m WW IV mit starken Walzen und hohen Schwällen. Kann li auf einem Fischer-

pfad ⩦ werden. Bei wenig Wasser verblockte WW III-Passage (63.1862,13.9562)

15,6 Str-II Ahn, danach re ⛺, mögliche ⇅, Straßenverbindung nach Hallen (63.1980,13.9513)

14,4 bis zur Mündung folgt sehr schönes mäandrierendes Zahmwasser, viele Biberspuren (63.2070,13.9404)

8,3 Fußgänger-II (63.2307,13.8928)

1,1 Str-II, re **S Ytterrocke** (63.2625,13.8342)

0,0 ⇩ des Dammån in den Indalsälven (s. Seite 445) bei km 266,6 (63.2715,13.8289)

Långan

Wildfluss

Mündung in Indalsälven bei km 199,5 (li Nebenfluss)

Von dem Långan ist lediglich die Befahrung einer Teilstrecke bekannt. Fahrtdauer für die beschriebene Strecke etwa 2 Stunden. Eine Weiterfahrt, als auch eine Befahrung oberhalb des Staudamms, dürften sicher möglich sein. Ein Befahrungsbericht ist jedoch nicht bekannt.

37,6 Str-II 340, Ausfluss des Långan aus dem See Landösjön (63.5497, 14.2796)

37,2 ▬ und ϟ, danach ⬇, Flotte Fahrt durch einsame Landschaft mit vielen kleinen Schnellen, WW I-II (63.5474,14.2857)

31,2 Steinwurf-▬, nach Besichtigung evtl. ≈ oder li ⩦, ⚠, es folgt auf 400 m der Långforsen, WW III+, besichtigen nur schwer möglich. Danach wieder schnelle, doch unbehinderte Fahrt (63.5194,14.3763)

21,3 Str-II 339, li **S Söndra Långan**, ⬆ Für die weitere Fahrtstrecke liegt kein Befahrungsbericht vor (63.4540,14.4899)

0,0 ⇩ des Långan in den Indalsälven (s. Seite 445) bei km 199,5 (63.3133,14.7395)

Hårkan

Wanderfluss

Mündung in Indalsälven bei km 192,8 (re Nebenfluss)

Der Hårkan ist der Ausfluss einer Seenkette, die sich vom norwegischen Middagsfjellet in südöstlicher Richtung ins schwedische Jämtland hinzieht. Der Hårkan ist ein harmloser Wanderfluss mit überwiegend flotter Strömung in einem sehr ansprechenden Waldtal. Der Fluss ist als Kanuled ausgebaut mit vielen erlaubten Übernachtungsstellen. Es gibt hier Biber.

Befahrbarkeit: Wahrscheinlich ganzjährig.

125,5 ⬇ in Norwegen, zu erreichen von der Straße 348 (64.1736,13.8346)

125,4 ⇩ in den See Ulen (64.1727,13.8365)
121,2 Ausfluss aus dem See Ulen (64.1415,13.8849)
120,0 ⇩ in den See Rengen (64.1343,13.8980)
110,0 Grenze Norwegen/Schweden (64.0783,14.0388)
106,0 Ausfluss aus dem See Rengen, ⚠, es folgt der Wasserfall Rengsfallet, **X**, li ⏏ 600 m, stabiler Bootswagen erforderlich (64.0642, 14.1129)
105,6 ⇩ in den See Valsjön (64.0608,14.1146)
99,2 Ausfluss aus Valsjön, ⚠ Stromschnelle, re ⏏ 500 m, nach Besichtigung ≋ (64.0201,14.2009)
98,9 Str-II 340 (64.0184,14.2072)
97,9 ⚠, Stromschnelle, **X**, li ⏏ 1000 m (64.0140,14.2243)
96,9 ⇩ in den See Hotagen (64.0085,14.2390)
80,8 Insel Haraön, Rastmöglichkeit an der Nordspitze
63,1 ⬆ zum ⏏ des Staudammes (63.7896,14.6703)
63,0 Ausfluss aus dem See Hotagen, ▬ und ϟ Hovdendamm, **X**, li 500 m ⏏ (63.7889,14.6679)
61,6 ⚠ Kvarnfallet, **X**, li 300 m ⏏, ⛺ mit Windschutz (Windskydd) (63.7776,14.6746)
61,2 ⬇-Möglichkeit nach dem ⏏ des Staudammes und des Wasserfalls (63.7744,14.6759)
61,0 ⇩ in Lövsjön (63.7727,14.6748)
54,7 Ausfluss aus Lövsjön, davor auf Halbinselinsel ⛺ (63.7188,14.6934)
53,3 Schwallstrecke Lövsjöströmmen, ≋, danach ⇩ in den See Ockern (63.7088,14.6781)
50,4 Ausfluss aus dem See Ockern (63.6857,14.6655)
48,8 Str-II 339/344, re **S Föllinge**, 🛒 (63.6734,14.6793)
46,0 ▬ und ϟ Näsaforsen, **X**, re ⏏ 300 m, Beginn des Sees Sandviksjön (63.6514,14.6765)
45,9 ⬆ zum ⏏ des Staudammes (63.6516,14.6740)
45,7 ⬇-Möglichkeit nach dem ⏏ des Staudammes (63.6495,14.6715)
39,9 **Sandviken** am Sandviksjön, mögliche ⬇ in den See, Inseln Storön, S-Spitze Windskydd (63.6159,14.7692)
37,4 Ausfluss des Hårkan aus dem See, ⚠, re Ausflussarm halbrechts, Edsforsen, WW II, bei HW WW III, re ⏏ 800 m, mögliche ⬇ re auf der Straße erreichbar, ⛺ mit Kanuledhütte und Toilette. Der Fluss ist zunächst breit mit geringer Strömung (63.5917,14.7235)
35,9 ⬇-Möglichkeit nach dem ⏏ (63.5796,14.7166)
30,6 re **S Ottersgården**, weitere mögliche ⬇
11,6 Beginn eines Stausees (63.3932,14.8362)
8,5 Str-II E45, re davor gute ⬆⬇, li **S Häggenås** (1,5 km) (63.3765,

14.8827)

7,6 ⬆ zum ⏶ des folgenden Staudammes (63.3693,14.8886)

7,4 ▬ und ϟ Högforsen, X, 200 m li vor Staumauer erlaubte ⬆ und 400 m bis zur erlaubten ⬇ ⏶ (63.3692,14.8835)

7,2 ⬇-Möglichkeit nach dem ⏶ des Staudammes (63.3687,14.8803)

1,3 Str-Ⅱ, weitere gute ⬆, li nach **S Lit**, re **S Sörefors** (63.3261,14.8736)

0,7 EB-Ⅱ (63.3215,14.8697)

0,6 Lits ⛺ und ☰, macht Bootstransporte, Hårkmon 130, S-836 92 Lit Schweden, litscamping.com/de/start/, ✆ +46 642 102 47 (63.3205, 14.8684)

0,0 ⇩ des Hårkan in den Indalsälven (s. Seite 445) bei km 192,8 (63.3161,14.8744)

Ammerån

Wildfluss
Mündung in Indalsälven bei km 119,1 (li Nebenfluss)

Der Ammerån ist besonders interessant durch die Tatsache, dass es auf ihm kein künstliches Hindernis gibt. Er gestattet daher eine durchgehende Befahrung und bietet einen bunten Wechsel von schweren bis sehr schweren Stromschnellen, mäßig bis leichtem Wildwasser, Wander- und Selstrecken. Wasserführung: HW Mai bis Juni, danach abnehmend.

Befahrbarkeit:	Im Prinzip ganzjährig, wegen der Schwierigkeiten in den Extremstellen ist jedoch eine Befahrung im Juli - August vorzuziehen.
Pegel:	Ⅱ Överammer. Günstig dürfte ein Pegel zwischen 270–290 sein.
Infrastruktur:	Kleiner ⛺ bei Ammer am Fluss. Weiterer ⛺ am Indalsälven unterhalb der Mündung des Ammerån bei Hammerdals.

65,1 Ursprung als Ausfluss aus einem See mit kräftiger Ausgangsstufe bei Gravasundet, mögliche ⬇ an geeigneter Stelle in den See. Ein Befahrungsbericht der folgenden 7 km ist nicht bekannt (63.4757,15.4279)

60,4 ⚠, schwerer, etwa 800 m langer Forsen mit mehreren hohen Stufen, die Möglichkeit einer Befahrung müsste erkundet werden

58,4 Empfohlene ⬇ beim ⛺ Kvarnflyn, zu erreichen ab Straße 344, dem Hinweisschild folgen. Ab hier gesicherter Befahrungsbericht. Zunächst leicht (63.4316,15.4881)

56,7 ⚠, Verblockung über die ganze Breite des Flusses, li Arm fahren, auf 700 m WW III

54,4 ⚠, schwerer Forsen, re Arm WW V, bei HW auch mehr, bei gutem

Wasserstand ganz li halten und den Höhenunterschied über einen längeren, verblockten Weg slalomartig überwinden, WW II-III. Die beiden Stromschnellen können von der begleitenden Straße aus gut beurteilt werden (63.4159,15.5567)

53,9 Str-II, es folgt auf etwa 11 km eine Selstrecke (63.4156,15.5654)

43,2 Ende der Selstrecke, ab hier Wanderfluss mit guter Strömung mit kleinen leichten Schnellen (63.3542,15.7073)

20,2 ⚠, Teilung des Flusses, li Arm fahren (63.2146,15.9438)

19,7 Str-II, **S Överammer**, gute ⬆, falls die folgende sehr schwere Strecke nicht befahren wird. Ab hier werden kommerzielle Raftingfahrten durchgeführt. ⚠, die folgenden 7 Stromschnellen sind zum Teil sehr schwer, sie dürften nach Besichtigung alle ≈ sein, Schwierigkeitsangaben sind nicht bekannt (63.2131,15.9538)

1,2 Str-II, **S Ammer** (63.1606,16.2172)

0,5 Str-II N 87 (63.1557,16.2220)

0,0 ⇩ des Ammerån in den Indalsälven (s. Seite 445) bei km 119,1 (63.1527,16.2161)

Ljustorpsån

Weitere Namen: Mjällån

Wanderfluss

Mündung in Indalsälven bei km 5,9 (li Nebenfluss)

Der Mjällån verläuft zunächst als harmloser Kleinfluss mit flotter Strömung und einigen leicht verblockten Abfällen durch eine gering besiedelte Gegend mit Geröll- und Sandufern. Ab der Mündung des Ljustorpsån wird der Fluss breiter, nur noch mäßige Strömung, ab hier weniger interessant.

Befahrbarkeit: Wahrscheinlich ganzjährig.

Umwelt: Sehr sauberes braunes Moorwasser.

Schwierigkeiten: Vor allem im Oberlauf Kleinflusshindernisse (umgestürzte Bäume).

61,6 Ursprung als Ausfluss des Bastusjön bei **S Häggåsen**, ⬇ an geeigneter Stelle in den See (62.8802,17.2766)

60,2 ⇩ in den See Hornsjön (62.8702,17.2868)

58,3 Ausfluss aus Hornsjön, Weiterfahrt auf einem Nebenbach des Mjällån (62.8589,17.3116)

57,9 Str-II (62.8573,17.3186)

54,3 Str-II (62.8453,17.3729)

54,1 ⇩ in den von li kommenden Mjällån (62.8449,17.3765)

53,9 li **S Villola** (62.8436,17.3765)

48,1 Str-II (62.8086,17.3789)

45,7 Str-II (62.7923,17.3855)
43,0 Str-II (62.7827,17.4155)
42,0 li **S Viksjö** (62.7756,17.4158)
40,2 Str-II (62.7640,17.4199)
36,1 re **S Västanå**, Weg zum Västanåfallet (62.7354,17.4219)
35,4 Str-II (62.7298,17.4230)
24,2 **S Stormon**, gute ⬇. Zufahrt beim Haus Hallersdal über Piste zu Kiesgrube, bei verfallener II über den Fluss (62.6586,17.3961)
14,9 Str-II zwischen Åsäng und Frötuna (62.6104,17.3909)
14,2 re ⇩ des Mjällån in den Ljustorpsån, ab hier Name Ljustorpsån, deutliche Zunahme der Wasserführung (62.6080,17.3878)
2,9 Str-II (62.5601,17.3823)
2,7 Str-II, **Lögdö Kirka**, mögliche ⬆ (62.5581,17.3820)
1,2 EB-II (62.5501,17.4001)
1,1 Str-II 331 (62.5496,17.4008)
0,9 Str-II, li **S Stavreviken** (62.5494,17.4059)
0,0 ⇩ des Ljustorpsån in den Indalsälven (s. Seite 445) bei km 5,9 (62.5523,17.4195);
Der Fluss mündet in das Delta des Indalsälven, das einzige Flussdelta Schwedens

Ljungan

Wildwanderfluss (Gebirgs- und Waldfluss)
Mündung in schwedische Ostseeküste

Ursprung aus dem Ljungsjön im Bereich der Skanden nahe der norwegischen Grenze in 934 m Höhe

Der Ljungan ist einer der großen Flüsse des südlichen Norrlands, der aus dem Bereich der Skanden nach Osten zur Ostsee zieht. Die über ihn vorliegenden Berichte sind außerordentlich dürftig. Seine Befahrung könnte jedoch interessant durch die Tatsache sein, dass er zwar durch mehrere Seen führt, dass dazwischen aber verhältnismäßig lange Fließstrecken liegen. Es wird nachfolgend darauf verzichtet, Schwierigkeitsangaben zu machen, es wird lediglich das Gefälle angegeben. Da die Straße meist in Flussnähe verläuft, dürften sich die schwierigen Stellen gut umfahren lassen. Die Mitnahme eines Bootswagens könnte sehr sinnvoll sein.

Befahrbarkeit: Am besten Juni bis Juli.

345,9 **S Ångesvallen**, mögliche ⬇, Zufahrt mit Pkw möglich. Nach einer Besichtigung wechseln Sel-Strecken mit stark verblocktem WW ab, nur für WW-Einer (62.8834,12.7427)
342,3 Str-II (62.8615,12.7647)

340,1 Str-II 2531, **S Ljungdalen**, ⛟ (62.8501,12.7861)
325,2 Str-II, danach ⇩ in den See Storsjön, landschaftlich sehr reizvoll, am Fuß meist noch schneebedeckter Berge, Fahrt nach O (62.8099, 12.9474)
318,9 li **S Storsjö** (62.7991,13.0535)
308,7 Str-II, See-Ausfluss, Regulier-▬, ⚠, Gefälle 60 m/6 km, einige Abfälle **X**, re umkarren auf Fahrweg möglich (62.7846,13.2462)
301,5 ⇩ in Övre Grucken, Fahrt NO (62.8083,13.3380)
298,0 See-Ausfluss, Gefälle 8 m/1 km, ⚠, 2 schwere Katarakte, Befahrbarkeit müsste erkundet werden (62.8283,13.3894)
297,3 ⇩ in Nedre Grucken (62.8302,13.3947)
293,7 Str-II, Torsborg, Feriensiedlung, ⚠, danach Gefälle 30 m/1 km, li auf Straße umkarren (62.8246,13.4633)
291,0 ⇩ in den See Fläsjön, Kurs SO (62.8142,13.5097)
278,5 ▬ Staumauer und ϟ am See-Ausfluss. Danach Wasserentzug, **X**, ⏏ (62.7593,13.7152)
272,6 li ⇩ des vom Kraftwerk entzogenen Wassers, Zufahrtsweg von der Straße. ⬇ ? (62.7483,13.7977)
265,4 Ausfluss aus dem See Stora Börtnen, Gefälle 3 m/1 km (62.7269, 13.9013)
264,4 ⇩ in den See Lill Börtnen (62.7185,13.9048)
262,6 Ausfluss aus dem See Lill Börtnen, Gefälle 9 m/6 km (62.7057, 13.9253)
254,6 ⇩ in Lännäsjön, Fahrt zunächst nach S (62.6565,14.0068)
245,3 Die große Halbinsel südlich umfahren, dann Kurs nach N, mögliche Nebenroute: Fahrt auf dem See nach S, 10 km bis Klövsjö (62.6016, 14.1241)
238,8 Ausfluss aus dem See bei **S Skålan** (62.6504,14.1694)
236,0 ▬ Staumauer und ϟ. Bis Åsarna Gefälle 84 m/18 km, evtl. die gesamte Strecke mit Pkw umfahren. Wenn man schon die Boote aufgeladen hat, lohnt sich für Freunde von See-Fahrten ein Abstecher zum nahegelegenen sehr großen Storsjön (17 km von Åsarna). Eine Rundfahrt auf diesem reichgegliederten See mit mehreren großen Inseln und Halbinseln führt über etwa 200 km. Bei Weiterfahrt auf dem Ljungan folgt zuerst eine längere Gefällestrecke mit mehreren Stromschnellen. Keine Angaben dazu (62.6726,14.1785)
230,7 li ⇩ eines Flusses (62.6979,14.2411)
230,6 ▬ Sohlschwelle, keine Angaben (62.6973,14.2431)
226,7 ▬ Sohlschwelle, keine Angaben (62.6696,14.2787)
225,0 ▬ Sohlschwelle, keine Angaben (62.6608,14.3004)
223,7 ▬ Sohlschwelle, keine Angaben (62.6519,14.3081)

220,0 Str-II, ⚠, darunter Stromschnelle bis zur folgenden EB-II, keine Angaben (62.6384,14.3463)

219,1 Str-II E45 (62.6359,14.3676)

218,8 EB-II (62.6355,14.3731)

218,7 ⇩ in den See Hålen, li **S Åsarna**, ⬇ (62.6357,14.3748)

217,0 Halbinsel re umrunden und dann Kurs nach S (62.6501,14.3871)

214,9 ■ Sohlschwelle, keine Angaben (62.6329,14.3949)

214,6 ⇩ in den See Alden (62.6302,14.3977)

212,9 Ausfluss aus dem See Alden (62.6166,14.4104)

210,6 ⇩ in den See Nästelsjön (62.6039,14.4443)

203,9 See-Ausfluss, Str-II, Gefälle 3 m/6 km (62.5484,14.4767)

199,0 ⇩ in den See Rätansjön (62.5077,14.4743)

194,5 See-Ausfluss, Gefälle 12 m/3 km (62.4842,14.5286)

194,4 re von der Ausfahrt am See **S Rätansbyn**, 🚐 (62.4841,14.5312)

191,3 Str-II 315, Beginn eines Stausees (62.5002,14.5643)

187,8 ■ Staumauer und ϟ. Weiterfahrt wahrscheinlich wegen Wasserableitung nicht möglich. Umsetzen zum Handsjön (62.4864,14.6252)

182,6 ⇩ in Handsjön (62.4845,14.7098)

174,8 See-Ausfluss, ■ und ϟ. Keine Angaben zur Weiterfahrt (62.4607, 14.8412)

170,5 Str-II (62.4499,14.8999)

170,1 li **S Överturingen** (62.4503,14.9081)

167,0 ■ und ϟ, **X**, ⛺, ⇩ in den See Mellansjön. Kurs nach SO (62.4309, 14.9504)

164,3 Str-II, Durchfahrt zum See Kyrksjön (62.4174,14.9920)

156,3 See-Ausfluss, ■, danach Stromschnelle, ⛺, keine Angaben zur Befahrbarkeit (62.3819,15.1089)

152,0 Stromschnelle, keine Angaben zur Befahrbarkeit (62.3901,15.1870)

151,4 Stromschnelle, keine Angaben zur Befahrbarkeit (62.3920,15.1984)

149,5 Str-II 315, li **S Köllsillre** (62.3954,15.2267)

149,0 Stromschnelle, keine Angaben zur Befahrbarkeit (62.3995,15.2315)

147,7 ⇩ in den See Holmsjön, Fahrt nach O (62.4060,15.2512)

136,6 ■ Staumauer und ϟ am Ost-Ufer des Sees, **S Östavall**, **X**, ⛺, die Fahrt wird zweckmäßigerweise hier beendet. Die Reststrecke wurde nur oberflächlich erkundet. Es finden sich hier mehrere ϟ, dazwischen Fließstrecken mit Fossen bis WW V und Seen (62.4228,15.4572)

131,0 ■ bei li **S Albybyn**, keine Angaben (62.4624,15.4376)

129,0 ■ mit Wasserableitung, keine Angaben (62.4683,15.4728)

127,9 ■, keine Angaben (62.4776,15.4802)

126,3 ■, li **S Alby**, keine Angaben (62.4916,15.4785)

124,0 ■, keine Angaben (62.5013,15.5082)

121,5 ▬, keine Angaben (62.4998,15.5553)
120,2 ▬, keine Angaben (62.5062,15.5731)
114,6 ▬ und ϟ, Wasserableitung, X, ⏏ (62.5124,15.6769)
103,6 ▬ und ϟ Näset, X, ⏏ (62.5417,15.8430)
93,1 ▬ und ϟ Johannisberg, X, ⏏ (62.5028,16.0191)
90,5 ▬ **S Ljungaverk**, keine Angaben (62.4921,16.0553)
87,1 ⚠ Wasserfall und folgende Stromschnelle bei **S Torps-Byn** (62.4922, 16.1140)
63,3 ▬ und ϟ Edefors, X, ⏏ (62.4176,16.4958)
37,1 ▬ und ϟ Skallbölforsen, X, ⏏ (62.3638,16.9620)
32,7 ▬ und ϟ **S Matfors**, X, ⏏ (62.3487,17.0244)
21,0 ▬ und ϟ, X, ⏏ (62.3087,17.1765)
0,0 li **Svartvik**, ⇩ in den Bottnischen Meerbusen (62.3133,17.3778)

Ljusnån

Wildfluss, Wildwanderfluss
Mündung in schwedische Ostseeküste

Ursprung mit Quellflüssen in den Skanden in etwa 1 400 m Höhe. Der Ljusnån (nicht zu verwechseln mit dem mittelschwedischen Fluss gleichen Namens, der in den Fryken-See mündet) ist der südlichste der großen Norrlandströme. Interessant und ausführlich beschrieben ist eine lange Teilstrecke seines Mittellaufs. Im Unterlauf ist der Ljusnån durch Kraftwerke weitgehend verbaut. Der Ljusnån ist in seinem interessanten Teil zumeist ein ruhiger Wildwanderfluss mit mehreren Seestrecken, unterbrochen von vielen kleinen und einigen größeren Stromschnellen, die mit Wanderbooten wahrscheinlich zu umtragen sind, mit WW-Booten evtl. befahren werden können.

Befahrbarkeit: Ab Juli kann im Oberlauf das Wasser knapp werden. Im Unterlauf dürfte das Wasser ganzjährig ausreichend sein.
Infrastruktur: Einige ⛺, schöne Plätze am Fluss.
Literatur: Im Fremdenverkehrsbüro Sveg gibt es einen schwedischen Flussführer, die Symbole sind lesbar, gut geeignet als Ergänzung.

419,6 Oberste mögliche ⬇ bei Hütte Klinkenstugan, privater Fahrweg reicht nicht ganz bis dorthin. Die folgende Beschreibung bis Ljusnedal beruht auf einer Besichtigung und Kartenauswertung. Zunächst recht steiniger Wildbach, im Frühjahr starke Wasserführung, WW III, abnehmend bis WW I (62.7163,12.3545)
416,8 Str-II, **S Ramundberget** (62.7041,12.3896)
415,4 Str-II Bergarvägen (62.6954,12.4021)
413,1 Str-II Lillåsen (62.6817,12.4127)

408,2 Str-II und Wege-II, **S Bruksvallarna** (62.6415,12.4182)
404,6 Wege-II (62.6248,12.4473)
403,2 Str-II, **S Flon**. Ab hier mäandrierendes Zahmwasser durch Moorgebiet (62.6203,12.4694)
389,5 Str-II bei **S Funäsdalen**, △, in diesem Bereich bis zum Stausee schweres WW, sehr starkes Gefälle, einige Katarakte sind evtl. **X** (62.5546,12.5674)
384,9 Str-II, **S Ljusnedal** (62.5345,12.6086)
384,6 ⇩ in den See Lossen. Der See dient als Stausee, mit Niveau-Schwankungen bis 27 m. Bei NW des Sees (Frühjahr) hässliche Uferstreifen, der Ljusnan mündet dann mit extremem Gefälle in den See. Im Spätsommer ist der See meist gefüllt. Dieser langgestreckte, landschaftlich reizvolle See kann auf einer Strecke von 21 km befahren werden (62.5333,12.6126)
361,9 SO-Ende des Sees, II, ■ Staudamm, **X**, Kraftwerksverbund mit dem Grundsjön, danach meist totale Wasserableitung (62.4018, 12.9263)
344,8 Str-II N 84, davor li ⇩ Rändan, △, unter der II Katarakt Ljusnebrorströmmen, WW V (62.4515,13.1308)
343,8 li ⇩ ϟ-Kanal, Rückkehr des abgeleiteten Wassers, empfohlene ⬇, auf Fahrweg li zu erreichen (62.4588,13.1401)
343,2 ■ Sohlschwelle, keine Angaben zur Befahrbarkeit (62.4588,13.1507)
342,8 Straße N 84 nahe am re Flussufer, gute ⬇, 🚌 hält auf Verlangen. Ende der für das Gebirgsvorland typischen Gefällestrecken. Beginn der empfehlenswerten Wanderstrecke des Ljusnan. Zumeist WW I und Seen, geschildert werden nur die wenigen schwierigeren Abschnitte (62.4565,13.1571)
342,4 Efsgråströmmen, steiniges WW, bis WW II (62.4589,13.1614)
341,8 Pålströmmen, WW I (62.4596,13.1712)
340,7 li ⇩ Mittån, trocken, Wasser abgeleitet (62.4581,13.1926)
338,6 ■ Sohlschwelle, evtl. ≋ (62.4520,13.2249)
338,4 li alte Sternschanze, an Fahnenmast erkennbar
334,6 li Dorf **S Långå** mit einfachem ⛺, danach Str-II (62.4379,13.2730)
331,5 Halvmilströmmen, WW I
324,4 ■ und ϟ, **X**, etwa 200 m weit ⏏ (62.4349,13.4491)
319,7 Str-II 84, **S Hede**, 1 km re 🛒 (62.4228,13.5208)
319,5 re ⛺ mit ☰ von Canadiern (62.4216,13.5224)
318,9 Am Ortsende Hede kleines ■, **X**, re desolate Holzrutsche (62.4171, 13.5290)
318,6 li ⇩ des Lunen (62.4176,13.5341)
308,2 Str-II, li **S Hedeviken**, danach ⇩ in Vikarsjön, re am See ⛺. Es

beginnt eine Seenkette mit dazwischen liegenden Fließstrecken (62.4054,13.6738)

302,0 Ausfluss aus Vikarsjön, li ⛵, alte Flößerhütte, ▬, evtl. ≈, auf 900 m WW I (62.3749,13.7600)

299,3 ⇩ in den See Stavsjön (62.3549,13.7727)

299,2 Dorf **S Sandwiken**, auf viele km ruhiges Wasser (62.3540,13.7736)

298,9 re Schutzhütte

296,3 Ausfluss aus Stavsjön, li vor der Enge Torsundholmen gute ⛺-Möglichkeit, Einfahrt in den Magrassen (62.3286,13.7603)

292,6 An Insel li vorbeifahren, Einfahrt in den Orten-See (62.3018,13.7885)

287,0 Ende des Orten-Sees, kleine Stromschnellen, Steine (62.2578, 13.8316)

285,8 Durchfahrt durch den Hån, eine buchtartige Erweiterung des Ljusnan. ⛺-Möglichkeit auf der größeren Insel, Mücken (62.2469,13.8341)

284,8 ⇩ in den See Över-Randsjön (62.2391,13.8369)

283,1 li Schutzhütte

282,5 re Halbinsel Fiskarstugunäset, in der dahinterliegenden Bucht gute ⛺-Möglichkeit. Übergang in den Neder Randsjön (62.2192,13.8530)

279,2 ⚠, Ausfluss aus Ranjön, es folgt der "Broforsen", er ist für WW-Boote ≈, WW II-IV, bei inoffiziellem ⛺ ↰ und die Situation erkunden. Es gibt zum evtl. ⏏ 2 Möglichkeiten:
1. 2 km ⏏ oder umfahren, Sandweg bei Fahrweg re, beim Schild ⛟ re, ⬇ bei ⛟.
2. Zunächst li treideln, 400 m unterhalb der verfallenen Holz-Ⅱ kurzes Stück ≈, danach erneute Stromschnelle, mühsam li treideln oder #umtragen (62.1912,13.8580)

278,8 Ⅱ über den Broforsen (62.1873,13.8604)

277,7 re ⇩ des Rånden (s. Seite 459) in den Ljusnån (62.1783,13.8605); Es folgt auf etwa 8 km eine sehr schöne Flussstrecke mit leichter Strömung (62.1779,13.8613)

274,3 Str-Ⅱ, **S Linsell** (62.1552,13.8737)

270,5 der Ljusnan erweitert sich re, der Borrsäldret-See beginnt (62.1306, 13.9130)

269,3 ⚠, etwa 1 km nach einer kleinen Insel Beginn der gefährlichen Linsborren-Stromschnelle, auf 1 km 15 m Gefälle, für Wanderboote **X**, für WW-Boote evtl. ≈. Der Fluss wird durch eine Triftmauer nach re gedrängt. Am Ende der Mauer Stufe, WW IV-V, re 30 m ⏏. Nach 200 m weitere verblockte Stufe, vom Boot aus nicht zu überblicken, WW III-IV. Evtl. re ≈ oder 50 m ⏏ (62.1307,13.9364)

266,0 Ende der Stromschnelle. Es folgt ein nur kurzes ruhiges Stück

265,5 re ⇩ des Lofsen (s. Seite 460) in den Ljusnån. Die nächste Stromschnelle, der Sandforsen, ist schon von weitem zu hören, 7 m Gefälle auf 1000 m, WW I (62.1167,13.9969)

263,4 Bei Vollstau erweitert sich der Fluss allmählich zum großen Stausee Svegsjön. Bei NW hat der See unschöne Ufer, bei Vollstau ist er fast 20 km lang. Er besteht aus 2 langgestreckten Teilen, den ertränkten Flussläufen von Ljusnån (SW) und Vemån (NO), die durch eine lange Halbinsel getrennt sind. Der NO-Teil ist schöner. Bei Vollstau kann man unter der II zwischen den Halbinselteilen Mullbackarna und Korskällbackarna hindurch fahren. Der See ist sehr windanfällig (62.1129,14.0352)

262,0 Str-II, davor die Schnelle Mosättforsen, WW I, nur bei NW des Sees, li und re (62.1139,14.0599)

247,7 re ⇩ des Härjån (s. Seite 461) in den Ljusnån in einer Seitenbucht des Stausees Svegsjön (62.0195,14.2304)

245,5 li ⇩ des Vemån (s. Seite 462) in den Ljusnån im Bereich eines Stausees (62.0291,14.2694)

244,7 ■ Staumauer und ϟ, X, ⌓, wegen felsiger Steilufer ⬆ schwierig. Es empfiehlt sich, in der etwa 1 km nördlich gelegenen Bucht mit flachem Sandstrand an Land zu gehen und auf festen Wegen mit Bootswagen etwa 1,5 km weit ⌓, ⬇ etwa 400 m unterhalb des Staudamms (62.0272,14.2837)

240,1 EB- und Str-II bei Sveg (62.0291,14.3556)

239,1 Str-II E45, davor li , **S Sveg**, , . Gute Gelegenheit zur Beendigung der Fahrt wegen der folgenden Stauseen, nach Hede (62.0284,14.3737)

232,1 ■ und ϟ, X, re ⌓, danach leichte Strömung, später See (62.0418, 14.4957)

223,4 li ⇩ des Norrälven (s. Seite 463) in den Ljusnån (62.0480,14.6448)

223,2 Str-II 84, **S Älvros**, (62.0466,14.6483)

214,0 Große Insel, Strandön, li Hauptstrom, re schöner, beide Arme (62.0414,14.8122)

212,0 Zusammenfluss beider Arme, schöner Sandstrand am O-Ufer der Insel (62.0417,14.8496)

210,2 Nach Hochspannungsleitung bei Dörfchen **S Krokströmmen** ↰. Die Fahrt sollte hier beendet werden, 800 m zur Straße E45, hier -Haltestelle (62.0398,14.8841)

209,3 ■, erster Staudamm einer Kette von Kraftwerken, eine Weiterfahrt bis zum Laforsen ist kaum lohnend (62.0415,14.8992)

201,3 ■ Staumauer mit Wasserableitung zum ϟ (62.0920,14.9836)

197,0 ■ mit Wasserableitung, X, ⌓ (62.1226,14.9923)

195,1 re ⇩, Rückkehr des abgeleiteten Wassers (62.1195,15.0256)

194,5 Str-Ⅱ 296 (62.1224,15.0361)
192,9 li ⇩ des Hoan (s. Seite 463) in den Ljusnån (62.1207,15.0532)
187,2 ▬ Staumauer und ϟ, Wasserableitung, **X**, ⌓ (62.0808,15.1040)
186,4 li ⇩ ϟ-Kanal, Rückkehr des abgeleiteten Wassers (62.0740,15.1071)
176,2 ▬ Staumauer und ϟ, Wasserableitung, **X**, ⌓ (62.0216,15.2567)
175,3 re ⇩ ϟ-Kanal, Rückkehr des abgeleiteten Wassers (62.0196,15.2679)
157,9 Laforsen mit Staudamm, sehenswert der große Wasserfall. Mögliche ⬇ unterhalb des Staudammes. ⚠, es folgt eine sehr empfehlenswerte WW-Strecke, mit flotter Strömung und herrlichen Stromschnellen, zumeist WW II mit Stellen WW III, allerdings abhängig von der Wasserabgabe des ϟ Larforsen. Bei Überschusswasser des Wasserfalles ist Wasserwucht anzutreffen, wenn der Fall trocken ist, sind einige Schwälle verblockt (61.9443,15.4979)
157,3 Str-Ⅱ (61.9417,15.5076)
151,5 Stromschnelle Kastelnströmmen, WW II (61.9276,15.6056)
141,8 Stromschnelle Hovrahällan, 1,2 m hohe Stufe, halb-li evtl. ≋ (61.8788,15.7418)
136,7 auf 10 km Zahmwasser (61.8384,15.7617)
128,9 Str-Ⅱ, re Kirchdorf **S Färila**, gute ⬆, Badeplatz (61.8043,15.8501)
126,5 ⛺, vom Wasser aus allerdings nicht zu erreichen
125,0 Stromschnelle Henriksforsen, WW II, Verblockungen! (61.8108, 15.9174)
123,3 ⚠ Stromschnelle Morvallströmmen, WW II, danach pausenlos wuchtige Schnellen, WW III, mit erheblicher Wasserwucht (61.8106, 15.9503)
115,1 li ⇩ Lean (61.8336,16.0672)
114,6 Str-Ⅱ, li **Ljusdal**, empfohlene ⬆ zur Beendigung der Fahrt, 🚂. ⛺ 3 km NW am Südufer des Sees Växnan, der zum Lean gehört. Eine Weiterfahrt ist nicht ratsam, die Reststrecke bis zur ⇩ ist weitgehend verbaut (61.8294,16.0645)
113,9 Str-Ⅱ 83 (61.8234,16.0655)
43,9 ⇩ des Voxnån (s. Seite 464) in den Ljusnån (61.3194,16.4481)
0,0 ⇩ in Ostsee bei Ljusne (61.2039,17.1339)

Rånden

Wildwanderfluss
Mündung in Ljusnån bei km 277,7 (re Nebenfluss)

Ursprung im Fjällgebiet im westlichen Härjedalen, bis km 36,1 ist über die Möglichkeit einer Befahrung nichts bekannt

Der Rånden ist ein sehr abwechslungsreicher Fluss, mit stark verblockten

Gefällestrecken, seeartigen Erweiterungen und Abschnitten mit rascher Strömung

Befahrbarkeit: Wahrscheinlich nur bis Frühsommer.

Infrastruktur: Viele schöne Zeltplätze am Fluss, auch für Wohnwagen.

36,1 Str-II, oberste bekannte ⬇ am Fahrweg Råndalen–Sörvallen unterhalb einer Bach-⇩ und eines Wasserfalles. Zunächst starkes Gefälle und erhebliche Verblockung (62.2439,13.3142)

34,6 li **S Råndalen**, kleiner Ort, zu erreichen aus Richtung Hede (24 km) oder auf dem erwähnten Fahrweg (62.2376,13.3373)

31,7 Str-II, ⬇, falls auf die Befahrung der obersten Blockstrecken verzichtet wird (62.2235,13.3821)

29,8 Abnahme der Verblockung

28,3 Seeartige Flussweitung, an deren Ende wieder leichte Verblockung (62.2065,13.4295)

19,8 Str-II (62.1996,13.5785)

17,7 Feriendorf **S Dalsvallen**, schöner ⛺-Platz (62.2098,13.6054)

11,5 ⚠ 3 Stufen in jeweils 20 m Abstand, vom Boot aus gut einsehbar, je nach Wasserstand WW II–III (62.2236,13.7068)

10,1 Str-II Råndalen–Linsell, gute ⬆⬇ (62.2228,13.7320)

7,9 auf 2 km weitere Sel-Strecken

0,0 ⇩ des Rånden in den Ljusnån (s. Seite 455) bei km 277,7 (62.1783, 13.8605)

Lofsen

Wildfluss

Mündung in Ljusnån bei km 265,5 (re Nebenfluss)

Der Lofsen ist, abgesehen von einem unfahrbaren Wasserfall, durchweg ein leichter Wildfluss, zumeist WW II.

Befahrbarkeit: Ab km 32,6 wahrscheinlich ganzjährig.

55,8 W-Ende des Sees Lofsjön. Dieser landschaftlich sehr reizvolle See ist umgeben von Bergen mit Gipfelhöhen über 1000 m; sie liefern das Wasser für den See (62.1143,13.2225)

53,3 li **S Lofsdalen**, 🚐 (62.1108,13.2710)

38,9 ▬ Staumauer und ϟ am Ausfluss des Sees Lofsjön, **X**, ⌓ (62.0391, 13.4994)

38,3 li ⇩ ϟ-Kanal, Rückkehr des abgeleiteten Wassers (62.0379,13.5073)

36,9 ▬ Staumauer, re Wasserableitung zum ϟ, **X**, ⌓ (62.0387,13.5351)

34,8 Wege-II (62.0411,13.5698)

32,6 ϟ, Rückkehr des abgeleiteten Wassers, gute ⬇ bei minder gutem Wasserstand. Flotte Strömung, leichte Schwälle, WW I-II (62.0346,

13.6024)
25,8 ⚠, am li Ufer Triftverbauung, 200 m danach 2 Stufen, WW III, nach Besichtigung ≋
21,7 ⚠, Wasserfall mit Klamm (Hoedestupet), **X**, rechtzeitig ↱ und 200 m auf Trampelpfad ⏏, ab hier weiterhin gute Strömung, Schwälle, WW I-II (62.0016,13.7646)
15,9 Str-II, li Hütte, viele Steine im Fluss, gute Strömung, maximal WW II (62.0322,13.8329)
9,5 Str-II, weiterhin Steine und gute Strömung (62.0731,13.8807)
6,0 Der Fluss wird breiter und seichter (62.0932,13.9167)
0,0 ⇩ des Lofsen in den Ljusnån (s. Seite 455) bei km 265,5. Die nächste Stromschnelle, der Sandforsen, ist schon von weitem zu hören, 7 m Gefälle auf 1000 m, WW I (62.1167,13.9969);
Weiterfahrt 2 km bis Mosätt, hier ⬆, sehr schöner, einfacher ⛺

Härjån

Wildfluss
Mündung in Ljusnån bei km 247,7 (re Nebenfluss)

Der Härjån ist ein zumeist leichter Wildfluss, WW I-II, eine Stelle knapp W IV. Mehrere Rastplätze.

Befahrbarkeit: Ab km 68,9 wohl nur im Frühjahr, ab km 32,9 ganzjährig.
Umwelt: Das Wasser ist moorig-braun, aber sauber.

68,9 Vereinigung der Quellflüsse Lill-Härjeån und Stor-Härjeån bei **Lövnäsvallen** (61.8286,13.5571)
67,8 Str-II der Straße Särna–Lillhärdal–Sveg. Oberste ⬇ an einem ⛺ mit Schutzhütte, li **S Lövnäsvallen**. Auf den folgenden ca. 9 km mäandert der noch kleine Fluss zwischen Kiesbänken und kleinen Inseln mit rascher Strömung hindurch. Baum- und Strauchhindernisse sowie enge Kurven (61.8196,13.5613)
64,5 Str-II (61.8107,13.6033)
58,6 Str-II. Der Fluss wird breiter, die Strömung nimmt merklich ab. Ruhige Fahrt durch reizvolle Landschaft (61.7979,13.6868)
47,2 Gefälle und Strömung nehmen rasch zu. Langgezogene Schnellen, WW I–II
32,9 Str-II, li **S Lillhärdal**, alle Möglichkeiten, li ⛺ Sunnanå, mögliche ⬆⬇ (61.8475,14.0690)
32,5 Str-II, darunter Stufe (WW II), der hier bisher beschriebene Abfall wurde bei neueren Befahrungen nicht mehr vorgefunden (61.8459, 14.0760)
28,7 re ⇩ Ausfluss des Orrmosjön über ein ϟ in den Härjån (61.8374,

14.1287)

27,3 Str-Ⅱ, rasche Zunahme der Strömung. Nachfolgend ununterbrochene Schwallstrecke, WW II (61.8371,14.1501)

19,7 ⇩ in Härjåsjön. li **S Vastanå**, Straßenanbindung (61.8836,14.2108)

17,3 li **S Härjevik**, ⛟, Straßenanbindung (61.9026,14.1973)

15,7 Str-Ⅱ See-Ende, re Dorf **Härjeåsjön**, Straßenanbindung (61.9160, 14.1975)

15,5 ■, X, li leicht ⌓, gute ⇅. Es folgen mehrere Schnellen bis WW II und ruhige Abschnitte (61.9173,14.1963)

11,4 Ⅱ der Straße Särna – Lillhärdal – Sveg. Letzte ⬆-Möglichkeit vor ϟ Kvarnforsen. Staubeginn (61.9490,14.2003)

7,8 ■ Staumauer und ϟ, Wasserableitung, X, ↱, ⌓ re (einfacher) oder li über den Damm (kürzer), nach dem ϟ große Stromschnelle, wenn Wasser abgelassen wird. Einzelheiten nicht bekannt (61.9758, 14.1818)

2,9 Str-Ⅱ, li **S Herrö** (61.9969,14.2069)

0,0 ⇩ des Härjån in den Ljusnån (s. Seite 455) bei km 247,7 in einer Seitenbucht des Stausees Svegsjön (62.0195,14.2304)

Vemån

Wanderfluss (Wald- und Moorfluss)
Mündung in Ljusnån bei km 245,5 (li Nebenfluss)

Ursprung (Sör Vemån) am Hållfjället in etwa 900 m Höhe. Eine kleine Straße läuft weiter flussaufwärts. Es müsste erkundet werden, ob eine Befahrung schon oberhalb möglich ist.
Der Vemån verläuft durch eine einsame Wald- und Moorgegend. Er ist ohne besondere Schwierigkeiten zu befahren.

65,8 Str-Ⅱ 315, li **S Vemdalen**, empfohlene ⬇, 🛒, ⛟. Zunächst etwas mühsam, einzelne Baumhindernisse (62.4316,13.8345)

62,4 Str-Ⅱ (62.4192,13.8743)

62,1 li ⇩ des Norr Vemån, der Fluss wird deutlich breiter, wenig Strömung, zahlreiche Mäander (62.4214,13.8778)

54,8 li **S Vålkojan**, ✕ (62.3883,13.9473)

47,4 li **S Kvisthån** (62.3522,14.0173)

42,2 ⇩ in einen kleinen See (62.3198,14.0293)

41,1 Ausfluss aus dem See (62.3115,14.0230)

40,3 Str-Ⅱ, li **Vemhån**, 🛒 (62.3049,14.0288)

39,2 ⇩ in einen kleinen See (62.2963,14.0248)

38,0 Ausfluss aus dem See. Auf der folgenden Strecke Zunahme des Gefälles und der Strömung, einzelne leichte Stromschnellen mit ge-

ringer Verblockung, WW I (62.2877,14.0389)
26,6 II, die Strömung lässt nach, der Fluss wird bis 40 m breit (62.2219, 14.1041)
13,6 Str-II 84, ⬆-Möglichkeit, gute Gelegenheit zur Beendigung der Fahrt (62.1249,14.1218)
13,4 ⇩ in den Ostteil des Stausees Svegssjön des Ljusnåns. Bei Weiterfahrt auf dem See sollte nach etwa 14 km in einer Bucht mit Sandstrand 1 km nördlich der Staumauer ausgebootet werden. An der Staumauer ist dies wegen steiler Felsufer kaum möglich. Der 🚂 in Sveg ist erst nach Umkarren des ϟ zu erreichen (62.1236,14.1225)
0,0 ⇩ des Vemån in den Ljusnån (s. Seite 455) bei km 245,5 im Bereich eines Stausees (62.0291,14.2694)

Norrälven

Kleinfluss
Mündung in Ljusnån bei km 223,4 (li Nebenfluss)

Der Norrälven ist ein lohnender Kleinfluss. Im Oberlauf fließt er mit rascher Strömung durch eine Mittelgebirgslandschaft. Im Unterlauf wird er zum idyllischen Auenfluss mit mäßiger Strömung. Spuren von Bibern. Zufahrt auf unbefestigter Straße, die nach der II über den Ljusnån bei Älvros nach re abbiegt.

Befahrbarkeit: Wahrscheinlich ganzjährig.
Schwierigkeiten: Gering.

20,4 Str-II, empfohlene ⬇ (62.1555,14.4411)
17,8 Str-II (62.1395,14.4698)
16,6 Str-II (62.1315,14.4832)
15,3 Str-II, hier kreuzt die begleitende, unbefestigte Straße den Fluss (62.1224,14.4948)
4,7 EB-II (62.0666,14.5948)
0,9 Str-II (62.0542,14.6354)
0,7 Str-II E45 (62.0521,14.6378)
0,0 ⇩ des Norrälven in den Ljusnån (s. Seite 455) bei km 223,4 (62.0480, 14.6448)

Hoan

Wildfluss – Waldfluss
Mündung in Ljusnån bei km 192,9 (li Nebenfluss)

Der Hoan entsteht aus Quellflüssen aus den Vemdalsfjällen. Über eine Befahrbarkeit bis km 45 ist nichts bekannt, dürfte aber bei ausreichend Wasser möglich sein.

Befahrbarkeit: Bis Frühsommer, später werden die Schnellen steinig.

45,0 Str II, **S Sörtjän**, re ⇩ Linna, gute ⬇ unterhalb eines Wasserfalles. Ruhige Strömung in reizvoller Waldlandschaft (62.3439,14.6246)
37,8 EB-II, darunter kleiner Schwall (62.3164,14.7305)
36,9 Fußgänger-II, darunter Drahtnetz, Vorsicht!
36,4 ⚠, etwa 300 m lange Stromschnelle, im Auslauf stark verblockt, WW II+. Danach eintönige Landschaft, Nachlassen der Strömung
35,3 Str-II, **S Oppiggården**, günstige ⬆⬇ (62.3033,14.7656)
33,7 Fußgänger-II (62.2945,14.7848)
30,7 Str-II, darunter Drahtnetz, Vorsicht! (62.2753,14.8009)
30,5 Str-II **S Överhogdal**, gute ⬆⬇; hier wurden Europas älteste Wandteppiche gefunden. Die Originale befinden sich im Museum Östersund (62.2741,14.8047)
25,5 Schnelle mit Floßgasse zwischen Mauern direkt an der Straße E 45, gut ≈, ⛺ (62.2408,14.8307)
24,5 ⚠, lange, stark verblockte Schnelle in Doppel-S-Kurve, WW III, bei HW erheblich darüber, vor Befahrung ansehen (62.2367,14.8420)
21,6 ⚠, es folgt eine Kette von teilweise wuchtigen Schnellen (meist Floßgassen), bis WW II+, vom Fluss aus gut einzusehen (62.2195, 14.8598)
16,9 li Dorf **S Buån**, Straßenzufahrt, nur noch geringe Strömung (62.2122, 14.9167)
12,8 Ortsbeginn **S Ytterhogdal**, Flussteilungen, immer li halten und den alten Floßkanal benutzen (62.1818,14.9294)
12,3 ⇩ in einen See (62.1779,14.9313)
11,8 Str-II E45, gute ⬆⬇ (62.1740,14.9359);
Str-II (62.1738,14.9363)
11,2 Str-II E 45 (62.1736,14.9444)
7,5 die Strömung nimmt wieder zu, auf 2 km mehrere Schnellen (62.1643, 14.9897)
2,4 Str-II bei **S Flor**, gute ⬆, unter der II lange Schnelle (Floßgasse), gut ≈. Es folgt eine seeartige Erweiterung (62.1365,15.0399)
0,0 ⇩ des Hoan in den Ljusnån (s. Seite 455) bei km 192,9 (62.1207, 15.0532)

Voxnån

Wildfluss
Mündung in Ljusnån bei km 43,9 (re Nebenfluss)

Der Voxnån ist ein sehr interessanter Wildfluss.

Schwierigkeiten: Auf langen Strecken WW I und II, mehrere Abschnitte bis WW IV, 4 Stellen unfahrbar, nur kürzere Sel-Abschnitte.

Die Schwierigkeiten beziehen sich auf MW (Mai–Juni), im Juli und August jeweils eine Stufe niedriger. Andererseits können bei NW mehrere Abschnitte sehr steinig und evtl. sogar unfahrbar werden, bzw. die Schwierigkeiten nehmen dann wegen der Verblockung um 1 Grad zu.

175,5 ⬇, die Fahrt wird auf dem See Siksjön an der Straße E45 (Orsa–Sveeg) begonnen. Je nach ⬇ etwa 2 km bis Seeausfluss (61.9163, 14.6235)
174,6 Ausfluss des Voxnån aus dem Siksjön (61.9145,14.6394)
173,9 ⇩ in einen See (61.9122,14.6485)
173,0 Ausfluss aus dem See (61.9082,14.6636)
172,7 ⚠ Wasserfall, **X**, ⌓, Str-Ⅱ (61.9067,14.6656)
169,8 Übernachtungshütte, weitere Hütte nach 6 km
168,9 Str-Ⅱ (61.8830,14.6997)
158,8 ⚠, auf 5 km folgen mehrere Forsen, zumeist WW I-II (III)
153,4 Str-Ⅱ, **S Rullbo** (61.7800,14.8674)
152,1 ⚠ auf 1 km WW II und III
148,7 ⚠ Stromschnelle "Kanalen" WW IV auf 250 m, evtl. ⌓, danach WW II (61.7492,14.9112)
147,0 ⚠ Högforsen, WW VI–**X**, re ⌓, Besichtigung von einer re verlaufenden Straße aus, es folgen auf 6 km mehrere Stromschnellen, WW II und III (61.7388,14.9307)
146,5 Str-Ⅱ (61.7345,14.9336)
141,1 ⚠ Storlungströmmen, auf 150 m WW IV, danach WW II und III (61.7093,15.0098)
139,3 ⚠ Alkarelsströmmen, auf 400 m WW IV, evtl. ⌓, danach auf 4 km mehrere Forsen, zwischen WW I und WW III (61.6987,15.0331)
135,9 Str-Ⅱ 310, **S Risbergel**, ⚠, die Folgestrecke ist recht schwer, Forsen zumeist WW III, einmal WW IV (61.6752,15.0560)
127,2 auf dem folgenden See re halten (61.6221,15.1408)
126,8 Seeausfahrt (61.6186,15.1389)
124,1 Fors, WW II (61.5969,15.1512)
123,8 ⚠ Fors Hängbron, Hänge-Ⅱ, WW III (61.5941,15.1540)
123,7 ⚠, auf 5 km folgen mehrere Stellen WW III (61.5933,15.1540)
120,7 –69,5 Voxnåns Naturreservat, keine Regelungen bekannt, vor Ort klären (61.5715,15.1671)–(61.3444,15.5906)
117,6 Nachlassen der Schwierigkeiten, danach Selstrecke (61.5554, 15.2083)
113,7 re ⇩ eines Flusses (61.5267,15.2383)
107,8 ⚠ Hylströmmen, absolut **X**, nach 100 m weiterer Fors, WW IV, alles

	zusammen ansehen und evtl. ⏢, 500–1000 m, Hänge-Ⅱ, li kleiner 🅿. Danach WW III und II (61.5059,15.2991)
105,2	Str-Ⅱ, **S Norra Blommaberg**, WW II–I (61.5032,15.3384)
104,3	⚠ Stromschnelle, keine Angaben zur Befahrbarkeit, danach li ⇩ eines Flusses (61.5040,15.3553)
100,5	Ⅱ, **S Södra Blommaberg** (61.4825,15.3968)
97,7	⚠, Vinströmmen, WW III, am li Steilufer Hütten und ⛺-Möglichkeit, Pkw-Zufahrt. Ab hier kaum mehr Schwierigkeiten (61.4674,15.4310)
94,7	⇩ des Gryckån (61.4475,15.4588)
93,6	li Hütte
88,3	Fußg-Ⅱ (61.4085,15.4707)
80,3	Str-Ⅱ, re nach **S Voxnabruk**, 🛒 (61.3629,15.5255)
73,1	Str-Ⅱ 296 und301 bei **S Finnstuga** (61.3359,15.5426)
71,3	Str-Ⅱ, re **S Voxnan**, ⚠, es folgen noch einige Schwälle WW III-II-I (61.3401,15.5631)
64,4	Str-Ⅱ, re Gammelhomna (61.3412,15.6703)
58,9	▬ und ϟ Vallhaga, 200 m ⏢ (61.3625,15.7277)
57,3	▬ und ϟ Bornforsen, 200 m ⏢ (61.3654,15.7503)
49,8	Wege-Ⅱ (61.3782,15.8150)
49,7	Str-Ⅱ, **S Edsbyn**, empfohlene ⬆. Bis ⇩ folgen noch einige Stauseen und ϟ mit Wasserableitungen (61.3782,15.8167)
0,0	⇩ des Voxnån in den Ljusnån (s. Seite 455) bei km 43,9 (61.3194, 16.4481)

Gewässer in Göta- und Svealand, Schweden

Dalälven

Wanderfluss
Mündung in schwedische Ostseeküste

Der Dalälven ist durch Staustufen teilweise verbaut. Eine ausführlichere Beschreibung liegt nur für die hindernisfreie Teilstrecke von km 100,1 bis 37,7 vor. Die Kilometrierung erfolgt dabei einer Idealroute. Tatsächlich können sich in dem großen Seengebiet mit vielen Inseln, auch unter dem Einfluss des Wetters, längere Fahrstrecken ergeben.

236,8	Zusammenfluss von Österdalälven (s. Seite 478) und Västerdalälven (s. Seite 469) zum Dalälven (60.5498,15.1348)
226,8	EB-Ⅱ (60.5363,15.2804)
220,5	Str-Ⅱ 70/E16 (60.5139,15.3774)
211,0	Str-Ⅱ (60.5384,15.4180)
210,6	■ und ↯ Bomsarvet, **X**, ≏ (60.5354,15.4217)
209,4	■ und ↯, **X**, ≏ (60.5248,15.4263)
207,5	■ und ↯ Bullerforsen, **X**, ≏ (60.5091,15.4371)
205,6	Str-Ⅱ Stenhålsgatan, EB-Ⅱ (60.4971,15.4524)
205,5	■ und ↯ Domnarsforsen, **X**, ≏ (60.4956,15.4539)
204,3	EB- und Str-Ⅱ (60.4862,15.4527)
204,0	Str-Ⅱ 50/E16, **S Borlänge**, wichtige Industriestadt (60.4837,15.4567)
196,9	Str-Ⅱ, **S Torsang** (60.4625,15.5646)
196,6	li ⇩ des Lillälven in den Dalälven, Abfluss des Sees Runn (60.4627, 15.5709)
190,1	Str-Ⅱ, re **Enbacka** (60.4198,15.6081)
182,5	■ und ↯, **X**, ≏ (60.3967,15.7145)
175,0	Str-Ⅱ (60.3975,15.8058)
172,7	■ und ↯, **X**, ≏ (60.3941,15.8448)
170,1	Str-Ⅱ 69, re **S Fäggeby** (60.3968,15.8855)
160,9	Str-Ⅱ, li **S Husby** (60.3884,15.9982)
157,0	Str-Ⅱ 270 (60.3749,16.0629)
150,2	Str-Ⅱ, li **S Viksbro** (60.3186,16.0632)
140,2	Str-Ⅱ, li **S Grådö** (60.2468,16.0287)
139,4	Str-Ⅱ 70 (60.2398,16.0288)
124,5	Str-Ⅱ, re **S Avesta** (60.1511,16.1673)
124,4	■ und ↯, **X**, ≏ (60.1507,16.1699)
123,7	■ und ↯, **X**, ≏ (60.1491,16.1809)
122,7	Str-Ⅱ 68 (60.1473,16.1991)
121,1	EB- und Str-Ⅱ (60.1369,16.2164)

116,6 Str II N 70 (60.1002,16.2015)
111,1 Str-II, ⇩ in den See Bäsingen (60.1269,16.3286)
104,7 Ausfahrt aus dem See Bäsingen, Inseln (60.1643,16.4068)
100,4 ■ und ↯, X, ⌓ (60.1739,16.4760)
100,1 Str-II, li **S Näs Bruk**, ⇩ in den See Bysjön. Richtung N ⛺ am See Bysjön, gute ⇅ (60.1752,16.4818)
97,0 Ausfluss aus See Bysjön bei Forson, mehrere große Inseln, leichte Stromschnellen, Gefälle 1 m/500 m, anschließend See (60.1767, 16.5367)
92,0 Wagen-⛴, li **S Möklinta** (60.1841,16.6249)
90,7 Ausfluss aus dem See. Stromschnellen von Tyttbo, soweit einsehbar bis WW II, Gefälle 4 m/2000 m (60.1849,16.6485)
87,1 Verzweigung in mehrere Arme (60.1959,16.7048)
85,5 ⇩ in den See Färnebofjärden, re Tinäsets Naturreservat, Fischadler. Nach S in 2 km Entfernung ⛺ Östa, Dort Abstecher 12 km auf dem Zufluss Storån zum See Hallaren nach SW möglich. Weiterfahrt erfolgt in nördlicher Richtung (60.1951,16.7336)
80,0 Halbinsel von Bäckebo, Hauptroute östlich. Wer in die westliche Bucht einfährt, kann nach ca. 3 km über eine schmale Landzunge zurück zur Hauptroute überheben. Die in Karten eingezeichnete Wasserverbindung zur Hauptroute nach 5 km bei Nässja ist total verschilft und X. Re auf Landzunge offene Schutzhütte, auf 4 km mehrere große Inseln mit möglichen Nebenrouten (60.2143,16.8105)
71,9 li zum ⛺ Tegelbruket, laut (60.2778,16.8179)
70,8 re ➔ Dalälven, Nebenroute bei Gysinge vom Dalälven (60.2793, 16.8382)

Nebenstrecke Dalälven, Nebenroute bei Gysinge

Eine Flussteilung des Dalälven oberhalb des Ortes Gysinge bildet eine interessante Nebenstrecke.

8,6 ➔ Dalälven, Nebenroute bei Gysinge vom Dalälven (s. Seite 467) (60.2793,16.8382)
8,3 kleine Stromschnelle, WW I, Fahrt nach SO (60.2769,16.8418)
6,2 Inselkette quer über den Fluss, am li Ufer Stromschnelle, WW I, die anderen Durchlässe sind sehr steinig (60.2644,16.8684)
4,4 Knick nach NO (60.2512,16.8829)
3,7 kleine Stromschnelle, WW I (60.2568,16.8885)
1,7 alte Str-II, darunter Stromschnelle, WW II, li anfahren (60.2674,16.9144)
0,0 ⇩ Dalälven, Nebenroute bei Gysinge in den Dalälven (s. Seite 467) (60.2817,16.9107)

68,9 leichte Schnellen, WW I, anschließend re halten

67,6 Gysinge Bruk, alte Str-Ⅱ, li **S Gysinge**, Insel, im li Arm 2 m-Stufe, Angler! im re Arm am re Ufer Floßgasse, ≋, hohe Wellen, WW II, evtl. vorher von der Ⅱ aus besichtigen. Es lohnt sich, hier auszusteigen und die sehenswerte Eisenschmiede aus dem 18./19. Jahrhundert zu besichtigen, heute Industriemuseum, daneben Flößermuseum (60.2841,16.8834)

66,0 re ⇩ Dalälven, Nebenroute bei Gysinge in den Dalälven (60.2817, 16.9107)

65,5 Ehemalige EB-Ⅱ (60.2861,16.9144)

64,7 Str-Ⅱ N 56/272 (60.2917,16.9216)

62,9 ⇩ in den See Hedesundafjärden, ausgedehnte Schilfflächen im Uferbereich. Südlich in 3 km Entfernung sehr schöner Rast- und Badeplatz bei Sälja (60.2994,16.9490)

57,5 Södrasundet, Str-Ⅱ über See-Enge, li 7 km lange Halbinsel mit Straße nach Hedesunda, auf der Westseite der Halbinsel in 4 km Entfernung ⛺ und Strandbad von Ön, Weiterfahrt auf der Ostseite der Halbinsel nach N (60.3131,17.0366)

48,7 Nach Osten öffnet sich der See Bramsöfjärden, viele Inseln. Zum Beenden der Fahrt empfiehlt es sich 8 km in nordwestlicher Richtung bis zur Str-Ⅱ 93 zu fahren und dort ⬆, 2 km bis Söderfors (60.3809, 17.0800)

42,5 Insel Bramsön, nach Osten in 5 km Entfernung Söderfors

37,7 ■ und ϟ, **X**, ⌓, es folgen 2 Str-Ⅱ, **S Söderfors**. Eine Weiterfahrt ist möglich; bis zur ⇩ folgen jedoch noch 5 Staustufen, ⌓-Möglichkeit nicht bekannt (60.3820,17.2411)

37,0 Str-Ⅱ 292 (60.3874,17.2484)

28,4 ■ und ϟ, **X**, ⌓ (60.4391,17.3390)

22,7 Str-Ⅱ E4 (60.4706,17.3977)

14,7 ■ und ϟ, **X**, ⌓ (60.5299,17.4092)

11,3 EB-Ⅱ (60.5506,17.4323)

10,0 Str-Ⅱ (60.5614,17.4418)

9,7 ■ und ϟ, **X**, ⌓, **S Älvkarleby** (60.5635,17.4420)

5,0 Str-Ⅱ 76 (60.6029,17.4499)

0,0 ⇩ des Dalälven in die Ostsee, re in 1,5 km Entfernung ⛺ und Badestrand Rullsand (60.6427,17.4536)

Västerdalälven

Wildfluss - Wanderfluss

Mündung in Dalälven bei km 236,8 (li Nebenfluss)

Der Västerdalälven ist ein geruhsamen Wanderfluss, mit meist langsamer Strömung, einzelnen Schnellen und langen Sel-Strecken, auf einer Strecke von 130 km nur eine Umtragestelle.
Ab Malun nehmen die Schwierigkeiten stellenweise etwas zu. Im Unterlauf befinden sich 5 Staudämme mit längeren Umtragestrecken, eine Befahrung ist wohl trotzdem lohnend.

Befahrbarkeit:	Ganzjährig.
Schwierigkeiten:	km 237,8–146,1 Zahmwasser und WW I, km 146,1–132,1 WW I-II, km 132,1–110,2 WW IV-VI, je nach Wasserstand, km 110,2–95,7 WW I, km 95,7–0,0 5 Stauseen und einige Stellen WW III-VI, streckenweise Rafter-Betrieb.
Quellen:	Ergänzungen durch Thomas Gleitz.

237,8	⇩ Zusammenfluss Fuluälven (s. Seite 472) und Görälven (s. Seite 473) zum Västerdalälven. Es folgen auf 5 km noch Stromschnellen WW I (61.3049,13.0784)
235,0	re schöner ⛺, nur vom Wasser aus zu erreichen, Hütte
232,0	li ⇩ des Björnån (s. Seite 474) in den Västerdalälven (61.2840, 13.1564)
225,3	Str-II **S 780 67 Sälen-Högstrand** (61.2334,13.2119)
216,2	Str-II, **S 780 67 Sälen**, li 🛒. Ab hier dichtere Besiedlung, 🛒 an mehreren Orten möglich (61.1613,13.2596)
215,8	Hänge-II (61.1585,13.2605)
214,6	Str-II 66, auf 35 km ist der Fluss etwas eintönig (61.1491,13.2717)
207,1	Str-II, **S 780 68 Transtrand** (61.0901,13.3158)
201,0	re ⛺-Möglichkeit, Hütte, TC
200,5	li 🚐 Kläppen camping, 🛒, 780 68 Transtrand, Schweden, http://www.klappen.se (61.0356,13.3338)
197,5	Die Strömung nimmt etwas zu
193,5	Str-II **S 780 64 Lima**, re OT Sörnäs, li OT Torgås (60.9820,13.3342)
187,3	Str-II, li **S 780 64 Lima** (60.9313,13.3584)
184,4	re ⇩ Äran (60.9076,13.3745)
183,9	Straßen-II Lima-Ärnäs (60.9037,13.3787)
181,0	Hänge-II (60.8813,13.3963)
180,1	Limedsforsen, bald danach Rückstau des ϟ Malungfors, oft mehrere Flussarme
175,8	Str-II Lima, Östra Tandö (60.8435,13.4134)
170,0	▬ Staudamm, ϟ, **X**, re ⌂, ⇅ mühsam, Bootswagen erforderlich, es

folgen 10 km mit guter Strömung und leichten Stromschnellen (60.7962,13.4246)

164,7 re ⛺-Möglichkeit, Hütte, TC

158,5 Str-Ⅱ, li **S 782 75 Malungsfors** (60.7306,13.5500)

147,4 li 🚐 Malungs Camping & Fiskecenter, Bullsjövägen 1, 782 35 Malung, Schweden, http://malungscamping.se, ✆ +46 280 186 50, info@malungscamping.se (60.6843,13.7043)

147,0 Str-Ⅱ E16/E45 **S 782 31 Malung**, 🛒, 🍴 (60.6815,13.7102)

146,1 Hänge-Ⅱ Malung (60.6746,13.7175)

138,1 ⚠ Vemforsen, li (WW I) oder re (WW II) ≈ oder re treideln, ⛺-Möglichkeit, Hütte, TC. Es folgt eine Serie von Schwällen, gut ≈. Zwischen Vemforsen und Yttermalung mehrere ⛺-Möglichkeiten mit Hütte und TC (60.6209,13.7748)

135,2 ⚠ Ehemalige Mühle Edets Kvarn, langgezogener kräftiger Schwall mit Verblockung WW II, halbrechts gut ≈ (60.6053,13.8060)

132,1 Str-Ⅱ, 🚐 Yttermalungs Camping, HAGARISET 14, 782 91 Malung, Schweden, http://www.yttermalungscamping.nl/, ✆ +46 70 540 06 35 (60.5797,13.8168)

123,7 2 Stromschnellen, ≈ (60.5127,13.8492)

115,7 ⚠ Kvisseforsen, 3 Arme, re und mittlere Arm WW III-IV, in Hörweite vor einer re-Kurve bereits abbiegen, im li Arm starker Stromzug, WW V-VI mit starken Deckwalzen, li ⌓ auf Fahrweg möglich (60.4947, 13.9090)

110,3 ⚠ Öjsforsen, li ≈, in der Ausfahrt bis WW III mit Verblockung (60.4692,13.9641)

106,4 Str-Ⅱ, li **S 780 54 Äppelbo** (60.4697,14.0072)

102,2 Str-Ⅱ Äppelbo (60.4722,14.0555)

95,7 ▬ 1. Staudamm, re 1 000 m weit auf Weg ⌓ (60.4512,14.1461)

92,4 EB-Ⅱ, Str-Ⅱ (60.4510,14.1916)

89,7 ▬ 2. Staudamm, über die Insel 250 m weit auf Pfad ⌓ (60.4378, 14.2280)

81,1 li 🚐 Vansbro Camping, Järnavägen 12, 780 50 Vansbro, Schweden, http://www.vansbrocamping.se/, ✆ +46 281 103 50 (60.5067,14.2313)

81,0 Wege-Ⅱ Vansbro (60.5075,14.2336)

80,6 Str-Ⅱ 26, li **S 780 50 Vansbro**, 🛒, 🍴 (60.5099,14.2391)

80,5 li ⇩ des Vanån (s. Seite 475) in den Västerdalälven (60.5106,14.2414)

78,2 ▬ 3. Staudamm, re ϟ, Stromschnelle, **X**, ⌓, ⚠ danach Kabel von alter Fähre quer im Fluss (60.5010,14.2731)

76,7 ⚠ Stromschnelle, **X**, re 500 m weit ⌓ (60.5024,14.2960)

75,1 Stromschnelle, keine Angaben (60.5151,14.2824)

67,2 Str-Ⅱ, li **S 780 51 Dala-järna**, 🛒, 🍴 (60.5405,14.3583)

63,6 Str-II Baggvägen (60.5299,14.4100)
52,9 Str-II, **S 780 53 Nås**, ✕ (60.4528,14.4883)
47,8 2 Stromschnellen, ≋ oder li 1 000 m weit ⏏ (60.4430,14.5557)
46,2 EB-II (60.4509,14.5751)
40,8 ⚠ Käringforsen, **X**, re 1 000 m weit ⏏ (mit WW-Ausrüstung evtl. ≋) (60.4633,14.6291)
37,4 ⚠ Fänforsen, **X**, re 1 000 m weit ⏏ (mit WW-Ausrüstung evtl. ≋) (60.4639,14.6791)
34,4 Str-II **S 785 45 Björbo**, 🛒 (60.4552,14.7289)
33,8 Str-II 66 (60.4549,14.7402)
32,0 ⚠ Schnelle, **X**, li 1 000 m weit ⏏ (mit WW-Ausrüstung evtl. ≋) (60.4549,14.7627)
27,8 ⚠ 2 Schnellen, **X**, re 1 000 m weit ⏏ (mit WW-Ausrüstung evtl. ≋) (60.4900,14.7818)
26,9 Str-II **S 785 44 Dala-floda**, danach Stromschnelle, ≋ (60.4977, 14.7876)
25,6 Hänge-II, li Floda Kyrka (60.5070,14.8010)
24,7 **←→** Flussteilung, Stromschnelle, Wege-II im re Arm, im li Arm Kajakcenter Kajakaktiv (60.5070,14.8149)
18,1 ■ 4. Staudamm, re auf Weg 1 500 m weit ⏏ (60.4836,14.8975)
13,1 Str-II **S 785 43 Mockfjärd** (60.5038,14.9651)
11,3 ■ 5. Staudamm, re kurz ⏏, steil (60.5135,14.9896)
4,1 Stromschnelle, ≋ (60.5361,15.0863)
0,7 Str-II, li **S 785 61 Djurås**, 🛒 (60.5516,15.1240)
0,0 Zusammenfluss von Österdalälven (s. Seite 478) und Västerdalälven zum Dalälven (s. Seite 467) (60.5498,15.1348);
Gute Gelegenheit zur Beendigung der Fahrt nach 15 km bei Borlänge-Repbäcken. Eine Weiterfahrt auf dem Dalälven ist hier nicht zu empfehlen, da mehrere Staustufen folgen

Fuluälven

Wildfluss - Wanderfluss (Gebirgsfluss)
Mündung in Västerdalälven bei km 237,8 (li Nebenfluss)

Ursprung im Bereich des Fulufjället in etwa 1 000 m Höhe. Der Fuluälven entsteht im landschaftlich hervorragend schönen Fulufjället (bis 1 000 m Höhe). Der Fluss bietet leichtes WW (I-II), mit 2 Stellen II-III, und ruhige Sel-Strecken in schöner Landschaft. Über weite Strecken läuft eine Straße parallel zum Fluss.
Befahrbarkeit: Bis Frühsommer.
Pegel: Str-II Mörkret, Minimum 85 cm, HW 140 cm.

53,8 2 Str-II Mörkret, darunter ≣. li ⛺, gute ⬇. Auf dem folgenden Flussabschnitt bietet der Fuluälven ununterbrochene Schnellen WW I-II (61.6525,12.7562)

36,7 ⚠ Stromschnelle Strupsforsen, WW III (bei HW höher), halbrechts im Stromzug gut ≈; danach kurze Schwallstrecke, (61.5577,12.9633)

36,6 Str-Ⅱ, günstige ⬇ (61.5573,12.9649)

31,0 ⚠, kurz hintereinander 5 Stufen, 1. Stufe Mitte ≈, 2.–4. Stufe li ≈, 5. Stufe re ≈ (61.5265,13.0363)

26,4 li hohes Waldufer, oben ⛺ direkt neben der Straße, Hütte, Übernachtungsmöglichkeit (61.5022,13.0745)

24,6 li **S Husvallgölen** an der Straße 311, gute Gelegenheit zum ⬆⬇. Es folgen längere Sel-Strecken (61.4907,13.0813)

15,4 1. Ⅱ **S Sörsjön** (Holz-Hänge-Ⅱ), gute ⬆⬇ (61.4195,13.0849)

13,3 2. Ⅱ Sörsjön, keine ⬆⬇ (61.4029,13.0780)

11,1 ⚠, Edsforsen, übersichtliche, langgezogene verblockte Schnelle, WW II-III, li ⌂ möglich, danach längere Schnellen bis WW II

1,4 li großer 🅿 mit Hütte, Übernachtungsmöglichkeit (61.3143,13.0689)

0,6 Str-Ⅱ (61.3080,13.0705)

0,0 ⇩ Zusammenfluss Fuluälven und Görälven (s. Seite 473) zum Västerdalälven (s. Seite 469) bei km 237,8. Es folgen auf 5 km noch Stromschnellen WW I (61.3049,13.0784)

Görälven

Weitere Namen: Ljøra [nor]

Wildfluss – Wanderfluss
Mündung in Västerdalälven bei km 237,8 (re Nebenfluss)

Ursprung des Görälven am Ivarhöa (Schweden) in etwa 900 m Höhe.
Der Görälven, der auf norwegischem Gebiet Ljøra heißt, ist der re Quellfluss des Västerdalälven. Er ist in seinem Oberlauf leichtes Wildwasser, landschaftlich sehr schön, zwischen Bergen mit Gipfelhöhen bei 1 000 m. Später wird der Görälven zum geruhsamen Wanderfluss.

Befahrbarkeit: Bis Frühsommer.
Schwierigkeiten: km 73,2–44,6 durchgehend WW I-III, nur für WW-Boote, km 44,6–0,0 Zahmwasser und WW I.

73,2 Str-Ⅱ Gördalen, mögliche ⬇ bei gutem Wasserstand, leichte Schwälle, WW I-II (61.6026,12.4877)

72,0 Str-Ⅱ Lima-Ärnäs (61.5936,12.4952)

71,5 Wege-Ⅱ (61.5891,12.4943)

71,3 Wege-Ⅱ (61.5883,12.4952)

70,5 Wege-Ⅱ (61.5814,12.4927)

68,8 Str-Ⅱ (61.5690,12.4938)

68,6 Der Fluss überquert die Grenze nach Norwegen und heißt hier Ljøra (61.5677,12.4946)
67,2 ⬇ bei **N 2425 Ljørdalen-Linnes**, weitere mögliche ⬇ für die Befahrung der WW-Strecke (61.5566,12.4982)
63,4 Str-Ⅱ (61.5245,12.5071)
60,9 Str-Ⅱ, **N 2425 Ljørdale-Skora** (61.5068,12.5147)
60,2 Str-Ⅱ 570 (61.5015,12.5159)
57,0 Str-Ⅱ (61.4810,12.5333)
54,0 Str-Ⅱ 570 (61.4665,12.5557)
48,8 Straßen-Ⅱ (61.4382,12.6016)
44,6 re ⇩ der Drevja (s. Seite 352) in den Görälven (Ljøra), Ende der Schwälle (61.4065,12.6321)
38,9 Str-Ⅱ (61.3851,12.6903)
38,5 Str-Ⅱ **N 2425 Ljørdalen**, evtl. ⛺-Möglichkeit, 🛒 (61.3836,12.6967); ⬇ Ljørdalen für Wanderfahrt, auch für Faltboote. Meist Zahmwasser, einzelne Schnellen WW I (61.3836,12.6969)
27,7 re ⛺-Möglichkeit, Hütte, TC
18,3 Str-Ⅱ 25, re **N 2423 Østby-Stoa**, ⚠ auf Unterwasserpfähle vor li-Kurve (61.2621,12.8244)
16,7 Der Fluss kehrt nach Schweden zurück und heißt wieder Görälven (61.2652,12.8364)
15,7 Str-Ⅱ 66 (61.2709,12.8481)
15,5 li Stöten-🚐, Grundforsen, 780 67 Grundforsen, Schweden, http://www.stoten-camping.se/, ✆ +46 280 850 11 (61.2727,12.8501)
9,1 Fußgänger-Ⅱ, Wanderweg, Hütte am li Ufer, ⛺-Möglichkeit (61.3023,12.9354)
2,3 langgezogene Stromschnelle, WW II (61.2992,13.0395)
0,0 ⇩ Zusammenfluss Fuluälven (s. Seite 472) und Görälven zum Västerdalälven (s. Seite 469) bei km 237,8. Es folgen auf 5 km noch Stromschnellen WW I (61.3049,13.0784)

Björnån

Wanderfluss
Mündung in Västerdalälven bei km 232,0 (li Nebenfluss)

Über diesen Fluss liegen nur etwas dürftige schwedische Unterlagen vor. Fahrtstrecke: Ein# in den See Björnsjön, 10 km südlich von Särna. Fahrt über mehrere Moorseen, dazwischen oft flach. Zwischen dem See Ransi und Nornäs Wehr, **X**, auf Weg ⛍. Danach leichte Schnellen. Beendigung der Fahrt am Staudamm von Horrmunden, eine Weiterfahrt ist wegen Wasserableitung nicht möglich.

Befahrbarkeit: Frühjahr; es ist ein guter Wasserstand erforderlich, sonst Treidelstrecken möglich.
Schwierigkeiten: Zahmwasser - WW I

57,4 ⬇ in den See Björnsjön an geeigneter Stelle (61.6039,13.2001)
55,6 Ausfluss aus dem See Björnsjön (61.5963,13.1885)
55,1 ⇩ in den See Läsjön (61.5932,13.1836)
54,0 Ausfahrt aus dem See Läsjön (61.5865,13.1690)
40,0 Wege-Ⅱ (61.5089,13.2206)
30,9 ⇩ in den See Ransi, Weiterfahrt li in einer Seitenbucht, nicht auf den See hinausfahren (61.4611,13.2527)
29,5 Ausfluss aus der Seitenbucht des See Ransi, ▬, X, ⌂ (61.4516, 13.2446)
28,3 Fußg-Ⅱ (61.4438,13.2488)
28,2 ⇩ in den See Noren (61.4432,13.2493)
27,4 Str-Ⅱ, **S Nornäs** (61.4367,13.2565)
24,0 Ausfluss aus dem See Noren (61.4096,13.2745)
23,7 Wege-Ⅱ (61.4087,13.2701)
23,6 Str-Ⅱ (61.4085,13.2691)
22,5 Str-Ⅱ, **S Tyrinäs** (61.4011,13.2768)
21,7 ⇩ in einen langen Rinnensee, der jedoch nur kurz gequert wird (61.3947,13.2728)
15,1 ⇩ in den See Kullhån, Weiterfahrt in Richtung Norden (61.3586, 13.2647)
14,0 ⇩ in den See Horrmundsjön, Weiterfahrt in Richtung Süden (61.3638, 13.2512)
11,5 Weiterfahrt in Richtung Süden (61.3751,13.2170)
3,8 ▬ und ↯ Horrmund, **X**, ⬆, eine Weiterfahrt ist wegen Wasserableitung nicht möglich (61.3138,13.1594)
0,0 ⇩ des Björnån in den Västerdalälven (s. Seite 469) bei km 232,0 (61.2840,13.1564)

Vanån

Wanderfluss – Seen
Mündung in Västerdalälven bei km 80,5 (li Nebenfluss)

Der Vanån ist der Abfluss des Vansön. Der Fluss ist theoretisch fahrbar ab Lövnäs, allerdings wohl nur bei sehr gutem Wasserstand. Eine evtl. Erkundung wird erleichtert durch die Tatsache, dass der Fluss fast vollständig von einem Fahrweg begleitet wird. Ein gesicherter Befahrungsbericht liegt ab Tennäng vor.

127,4 Str-Ⅱ über den See Vansjön, **S Lövnäs** (61.3487,13.3647)
122,9 Ausfluss aus dem See (61.3138,13.4028)

108,0 Wege-II (61.2230,13.4075)

107,7 Str-II (61.2164,13.4785)

100,9 Wege-II (61.1743,13.5177)

99,0 Wege-II (61.1615,13.5280)

84,9 Wege-II (61.0776,13.6806)

84,7 Str-II, **S Tennäng**, gute ⬇. Der Fluss mäandert mit mäßiger Strömung durch eine reizvolle Sumpf- und Waldlandschaft (61.0765, 13.6844)

78,2 es folgt eine Reihe leichter, flacher Schnellen, WW I-II

61,8 Str-II, **S Venjån**, hübscher Ort mit allen Möglichkeiten (60.9518, 13.9088)

60,3 Wege-II, ⇩ in den Venjånsjön. Die Weiterfahrt zum Vanån geht über den 18 km langen See entlang dem W-Ufer (60.9451,13.9316)

53,6 re ⇩ der Nebenroute zum Vanån (s. Seite 476) in den Vanån (60.8943,13.9921)

43,6 See-Ende, Ausfluss des Vanån aus dem Venjånsjön, ▬, **X**, ⌂. Es folgen einige Stromschnellen (60.8314,14.1192)

43,0 Str-II 26, **S Johannisholm** (60.8284,14.1276)

36,9 Str-II, li **S Gävunda** (60.7799,14.1586)

34,9 re **S Landbobyn** (60.7636,14.1472)

33,9 die ehemalige schwere Stromschnelle Krokforsen ist durch ein ↯ verbaut. ▬, re in den Kanal einfahren, nach 2 km ↯, li bei Schild anlegen. ⌂ erst bis zum ↯, dann nach li über die Straße 26, Waldweg, immer bergab bis Wassereinlauf mitten im Wald bei einer Felswand, insgesamt etwa 500 m (60.7549,14.1477)

30,5 re ⇩ des ↯-Kanals, Rückkehr des abgeleiteten Wassers (60.7327, 14.1249)

28,7 Str-II 26 (60.7213,14.1061)

25,0 Str-II, ⇩ in See Van, 245,4 m Seehöhe (60.6968,14.1044)

17,2 See-Ende, bis ⇩ nur noch eine kurze Schnelle (60.6300,14.1403)

2,0 EB-II (60.5217,14.2170)

1,3 EB-II (60.5179,14.2244)

1,1 Wege-II (60.5168,14.2267)

0,2 Str-II 26/E16, **S Vansbro**, gute Gelegenheit zur Beendigung der Fahrt (60.5120,14.2385)

0,0 ⇩ des Vanån in den Västerdalälven (s. Seite 469) bei km 80,5 (60.5106,14.2414)

Nebenroute zum Vanån

Kleinfluss, Seen

Mündung in Vanån bei km 53,6 (re Nebenfluss)

Nachfolgend wird in durchlaufender Kilometrierung eine Route beschrieben, die zunächst über kleine Seen und Kleinflüsse (hier für die Navigation genaue Karten unerlässlich) zum Venjånsjön führt. Die für die Befahrung erforderlichen Karten 1:50 000 sollten in Malung besorgt werden.

Befahrbarkeit: Frühsommer.

34,5 ⬇ in das S-Ende des kleinen Hättsjön. Zufahrt auf einer kleinen Straße von Malung Richtung Backsälen. Die Fahrt geht über den See nach N (60.6839,13.7902)

32,5 Ausfluss aus dem See bei Hyttkvarn, ▬, ⏢. Weiterfahrt über Kleinfluss zum See Tyngen, danach weiterhin Kleinfluss (60.7016,13.7868)

31,5 Str-Ⅱ (60.7067,13.7929)

30,8 ⇩ in den See Tyngen, Fahrt nach NO durch den Idfjarden (60.7046, 13.8003)

29,5 Ausfahrt aus dem See Tyngen, Weiterfahrt auf dem Idfjarden (60.7127,13.8163)

27,0 Wege-Ⅱ, Ausfahrt aus dem Idfjarden (60.7289,13.8379)

26,5 Str-Ⅱ Hånäset (60.7322,13.8367)

25,6 ⇩ in den See Öje, sehr verwinkelter See mit zahlreichen Buchten und Inseln, 295,5 m Meereshöhe, Orientierung schwierig. Kurs allgemeine Richtung N. Im O, etwas abseits der Route, Dorf **S Öje**, 🛒, 🚌, hier ⇩ des Flusses Ogström (60.7338,13.8467)

17,5 Ausfluss des Ogström aus dem See Öje über ein ▬, **X**, schiefe Ebene mit Winde erleichtert das ⏢, es folgen im Wechsel mehrere kleine Seen, dazwischen Fließstrecken mit Stromschnellen, zumeist ≈ (60.7953,13.9098)

17,2 ⇩ in den folgenden See (60.7976,13.9110)

16,3 kurze Durchfahrt zum nächsten See (60.7996,13.9187)

11,4 Str-Ⅱ E45, darunter Stromschnelle. Danach ⇩ in den See Rasjön (60.8219,13.9569)

8,8 Ausfahrt aus Rasjön, danach See Hassingen (60.8400,13.9560)

7,2 Am Ostufer Ausfahrt aus dem See Hassingen, Schwallstrecke Ogforsen (60.8513,13.9703)

5,9 Str-Ⅱ (60.8473,13.9915)

4,1 ⇩ in Ogviken, eine lange Seitenbucht des Venjånsjön. Fahrt nach N (60.8591,13.9964)

0,0 ⇩ der Nebenroute zum Vanån in den Vanån (s. Seite 475) bei km 53,6 (60.8943,13.9921)

Österdalälven

Wildfluss – Wanderfluss
Mündung in Dalälven bei km 236,8

Der Österdalälven, linker Quellfluss des Dalälven, ist nur in seinem Oberlauf ein leichter Wildfluss, im Übrigen ein Fluss, bei dem sich Abschnitte mit leichter Strömung und Sel-Strecken abwechseln, sehr lange See-Strecken.

Befahrbarkeit:	Wahrscheinlich ganzjährig
Schwierigkeiten:	km 233,0–219,7 WW I–II+
	km 219,7–200,3 Zahmwasser
	km 200,3–151,0 Stausee
	km 151,0–146,2 **X**
	km 146,2–139,2 Stausee
	km 139,2–76,0 WW I-II
	km 76,0–0 Zahmwasser

233,0 ⇩ von li Storån (Österdalälven) (s. Seite 483) und re Sörälven (s. Seite 480) in den Österdalälven (61.8533,12.7120)

232,9 Str-II 70, **S Idre**, 🚌, 🛒, ⛺. Man kann die Befahrung des Österdalälven schon auf dem Storån unterhalb des Kataraktes Klingforsen beginnen, hier 🅿, 7 km bis Idre. Bei Beginn der Fahrt in Idre ⬇ in den See Idresjön, zunächst keine Schwierigkeiten (61.8532,12.7124)

232,0 ⛺ Näsets Camping Idre, weitere gute ⬇ mit Bootsanleger (61.8541, 12.7313)

226,5 Ausfluss des Österdalälven aus dem See Idresjön. ⚠, es folgt eine Reihe von sehr schönen Schwällen, bei höherem Wasserstand recht wuchtig, bis WW III, schwerster Abschnitt des Flusses. Die Strecke kann von der Straße aus besichtigt werden. Anschließend Sel-Strecken, dazwischen weitere Schwälle, bewohnte Biberburgen (61.8331,12.8259)

219,7 Beginn des Älvrosfjorden, li **S Älvros**, mögliche ⬇, falls die vorausgehenden Schwierigkeiten vermieden werden, auch für Faltboote. Es folgen weiterhin Sel-Strecken und leichte durchströmte Abschnitte (61.7964,12.9134)

215,2 Str-II 70, ⬆, gute Stelle zur Beendigung der Fahrt, re schöne Badebucht (61.7630,12.9576)

211,6 re **S Särnaheden** (61.7351,12.9867)

203,4 Wege-II (61.7013,13.1197)

200,3 Str-II, re **S Särna**, mögliche ⬆, alte Kirche, ⌘, 🛒, ⛺, jedoch nicht am Fluss. Falls der folgende, 55 km lange Stausee nicht befahren wird, sollte die Fahrt hier beendet werden (61.6916,13.1739)

195,1 li ⇩ des Fjätån (s. Seite 485) in den Österdalälven, ab hier ⚠ bei NW

des Stausees, es können sehr gefährliche Stromschnellen entstehen, die bei höherem Wasserstand im Stausee verschwinden (61.6606, 13.2415);
Der Stausee (Name zunächst Särnsjön und später Trängsletsjön) ist landschaftlich recht reizvoll, fjordartig eng, zwischen 300 m ansteigenden Bergen, sehr einsam, keine Straßenzufahrt, keine 🛒-Möglichkeit. Proviant für etwa 3 Tage ist mitzunehmen. Bei NW gespenstische Mondlandschaft, versunkene Wälder tauchen wieder auf. Am li Ufer Wasserfälle und militärisches Sperrgebiet, Hinweisschilder beachten (61.6602,13.2412)

151,0 ■ 120 m hoher Staudamm des ϟ Tränslet, ↱, re 🅿, Achtung auf militärisches Sperrgebiet! Die folgende Schlucht ist **X**. Die Boote müssen für die Weiterfahrt etwa 5 km weit umkarrt werden. 🛒 nur im Militär-Casino mit sehr kurzen Öffnungszeiten. Wegen der folgenden Schwierigkeiten ist es allerdings ratsam, die Folgestrecke re bis km 136,8 mit Pkw zu umfahren (61.3812,13.7305)

146,2 Mögliche ⬇ in den Kanal des ϟ-Auslaufs bei einer Ⅱ. Nach kurzer Fließstrecke folgt der Rückstau des ϟ von Åsen (61.3405,13.7375)

145,8 re ⇩ des Kraftwerkkanals (61.3366,13.7364)

139,2 ■ Staudamm und ϟ, ↰, umkarren etwa 2 km weit bis zur nächsten Ⅱ. Meist wenig Wasser, auf 3 km sehr mühsam, mit 5 ■ und einem Damm, alle **X** (61.2827,13.7603)

136,0 Str-Ⅱ, li **S Asen**, 🛒, ⬇ nach dem Damm, falls ab km 151,7 mit Pkw umfahren wird. Ab hier sehr gute Strömung, leichte Schwälle, WW I (61.2722,13.8126)

128,4 Str-Ⅱ 70 (61.2775,13.9315)

122,7 Str-Ⅱ (61.2572,14.0215)

121,7 li ⇩ des Rotälven (s. Seite 487) in den Österdalälven (61.2494, 14.0311);
li **S Rot** (61.2493,14.0316)

119,2 li ⛺ Älvdalens camping (61.2282,14.0276)

117,6 Str-Ⅱ, **S Älvdalen**, größerer Ort mit alter Kirche, 🛒 (61.2151, 14.0340)

111,9 ■ Väsa-Staudamm, **X**, ⌂, ↰ und direkt hinter der Staumauer ⬇ (61.1744,14.0928)

107,5 ■ Blyberg-Staudamm, **X**, ⌂, ↱ am Holzsteg und auf beschildertem Pfad (Kanotled) etwa 500 m weit ⌂ (61.1468,14.1456)

105,3 Straßen- und EB-Ⅱ. Danach Teilung des Flusses; der re Arm hat evtl. zu wenig Wasser, der li Arm ist stärker verblockt (61.1327,14.1718)

103,2 li **S Oxberg** (61.1184,14.1778)

94,4 ■ Spjumo-Staudamm, **X**, ⌂, re etwa 700 m weit auf Kanolet umkarren, 100 m weit vom Anleger des Kanolet gute Hütte zum Übernachten (61.0836,14.3219)

90,0 ▬, X, re kurz ⏏ (61.0580,14.3822)

85,8 ⇩ in einen kleinen See, Kurs nach S (61.0426,14.4403)

82,6 Str-Ⅱ, li **S Östnor**, re **S Selja** (61.0228,14.4735)

78,3 re ⛺ Mora Parkens camping (61.0110,14.5356)

78,1 Str-Ⅱ 70, **S Mora**, 🛒, 🚂, 🚌 (61.0121,14.5405)

76,0 li ⇩ des Våmån (s. Seite 488) (Orsasjön) in den Österdalälven (61.0148,14.5775)

75,3 Str-Ⅱ 70/E45, **S Mora** (61.0095,14.5703)

75,1 EB-Ⅱ. Danach ⇩ in See Siljan, hier mehrere ⛺; im Westen ⇩ des Ryssån. Die Weiterfahrt zum Ausfluss des Österdalälven führt nach SO über den großen Siljan-See. Er ist 36 km lang und 15 km breit, wenig gegliedert, daher recht ungeschützt, also erhebliche Vorsicht bei unsicherer Wetterlage (61.0082,14.5698)

45,5 Nach S in die Bucht Österviken einbiegen (60.8237,14.9365)

34,4 li See-Ausfluss bei Leksands Kyrka (60.7295,14.9828)

33,6 Str-Ⅱ, **S Leksand**, 🚂, 🚌 (60.7286,14.9982)

33,1 EB-Ⅱ (60.7284,15.0069)

33,0 Str-Ⅱ 70 (60.7284,15.0094)

26,5 ⇩ in den See Insjön, am re Ufer weiterfahren zur Ausfahrt (60.7026, 15.0895)

23,7 EB-Ⅱ, Str-Ⅱ 70, li **S Insjön** (60.6847,15.0766)

17,1 re **S Söder Rälta** (60.6360,15.0208)

12,4 Str-Ⅱ, li **S Gråda** (60.6058,15.0351)

11,1 ▬ Staudamm und ϟ, li etwa 200 m weit ⏏ (60.6031,15.0170)

9,5 Str-Ⅱ, li **S Nedre Österfors** (60.5936,15.0232)

6,6 Str-Ⅱ, li **S Gagnef** (60.5880,15.0701)

1,1 Str-Ⅱ E16, **S Djuras** (60.5584,15.1252)

0,0 Zusammenfluss von Österdalälven und Västerdalälven (s. Seite 469) zum Dalälven (s. Seite 467) (60.5498,15.1348);
Gute Gelegenheit zur Beendigung der Fahrt nach 15 km auf dem Dalälven bei der Str-Ⅱ Repbäcken, Borlänge. Eine Weiterfahrt auf dem Dalälven ist hier nicht zu empfehlen, da mehrere Staustufen folgen

Sörälven

Weitere Namen: Trunubergsån

Wildfluss – Seen
Mündung in Österdalälven bei km 233,0

Der Sörälven mit Ursprung in Norwegen fließt in seinem Oberlauf durch eine schöne, verwinkelte Kette von Kleinseen mit dazwischenliegenden leichten Fließstrecken. Der Mittellauf (der Fluss heißt hier streckenweise Trunubergsån) in menschenleerer und schwer begehbarer Waldwildnis bietet sehr schweres Wildwasser. Der Unterlauf in besonders schöner Waldlandschaft mit Flussverzweigungen, Kleinseen und leichtem Wildwasser.

Befahrbarkeit:	Am besten Juli, später kann das Wasser knapp werden. Die schwere WW-Strecke nicht bei HW befahren! Eine Wasserführung von etwa 18 m³/s dürfte für diesen Abschnitt ideal sein.
Schwierigkeiten:	km 55,4–26,3 Seen und WW I-II km 26,3–16,5 WW III-IV (**X**), Gefälle 17,5 ‰ km 16,5–0 WW I

55,8 Str-II 26 (Norwegen) (61.8816,12.0234)

55,4 Str-II, **N Drevsjö**, mögliche ⬇. Fahrt über den Vurrusjöen und weitere kleine Seen (61.8814,12.0295)

47,3 Str-II (61.8728,12.1710)

46,7 Grenze Schweden–Norwegen (61.8701,12.1806)

43,7 Str-II über eine See-Enge bei **S Flötningen**, mögliche ⬇ (61.8566, 12.2267)

38,6 Str-II 70 bei **S Storbo**, ⬇. Weiterhin kleine Seen; bei den dazwischenliegenden leichten Fließstrecken kann die Wasserführung getestet werden (61.8380,12.2867)

37,3 Ausfluss aus Storbosjön, leichte Schnellen. Weiterhin schöne Kleinseen, Ausfluss oft schwer zu finden (61.8342,12.3093)

30,1 Str-II (61.8126,12.4083)

28,3 ⇩ in einen kleinen See bei **S Flickerbäcken**. Falls man hier die Fahrt vor der folgenden schweren WW-Strecke beenden will, sollte man sofort scharf re in den Zufluss Borgaån einfahren, diesen aufwärts (treideln oder waten), über den Kleinsee Flickerhan li und nach einer Str-II zu einem 🅿 mit Schutzhütte am See Tossättfjorden. Hier auch gute ⬇ für die Befahrung der WW-Strecke (61.8142,12.4330)

27,3 Nach 500 m langer Fließstrecke ⇩ in den See Lillälgssjön. Ab hier absolute, einsame Wildnis (61.8211,12.4377)

26,3 ⚠, See-Ausfluss, Name des Flusses im Bereich der folgenden WW-Strecke Trunubergsån. Zunächst WW III mit 2 Stufen WW IV, bei dem empfohlenen Wasserstand sehr wuchtig (61.8295,12.4321)

21,9 Str-II, mögliche Zufahrt von der Hauptstraße. Weiterhin WW II-III (61.8537,12.4589)

19,5 ⚠, re-Kurve, fast 90°, nach 100 m li-Kurve, davor oder spätestens danach im Kehrwasser ↱. Der folgende Trunubergsstupet ist X, 15 m hohe Abfälle. re auf Waldweg etwa 3 km weit ⏏, ein früherer Zugang zum Fluss dürfte durch den Urwald kaum möglich sein. Evtl. ist es am li Ufer besser möglich, nur auf kurzer Strecke zu ⏏, ↰ dazu in der erwähnten re-Kurve. Es folgen nach dem Katarakt starkes Gefälle, wahrscheinlich WW III, dieser Abschnitt wurde jedoch nicht befahren

16,5 re Endpunkt einer kleinen Straße nach Idre; ⬇ für den Landtransport beim Katarakt. Ab hier WW I-II in ausnehmend schöner Landschaft (61.8896,12.4967)

15,7 li ⇩ des Guttuån (s. Seite 482) in den Sörälven. Auf der Folgestrecke mehrfach Verzweigungen und Kleinseen (61.8938,12.5062)

12,0 Staubeginn

10,5 ▬ und ↯, X. Bei ausreichend Überwasser re ⏏. Sonst ↰, an Zaun vorbei ⏏, auf Fahrweg etwa 1 km bis zur Rückführung des abgeleiteten Wassers, Beendigung der Fahrt hier möglich. Vorsicht im Unterwasser des ▬, es kann ohne Warnung ferngesteuert plötzlich Wasser ablassen. Auf der Reststrecke bei NW recht steinig, sonst schöne Fahrt, WW I-II, Gefälle 4 ‰ (61.8936,12.5770)

1,1 li 🚐 Sörälvens fiske camping (61.8526,12.6933)

0,0 ⇩ von li Storån (Österdalälven) (s. Seite 483) und re Sörälven in den Österdalälven (s. Seite 478) bei km 233,0 (61.8533,12.7120)

Guttuån

Wildfluss – Gebirgsfluss
Mündung in Sörälven bei km 15,7 (li Nebenfluss)

Ursprung aus kleinem Quellsee in etwa 1 300 m Höhe in Norwegen. Der Guttuån ist in Norwegen ein sehr schwerer Wildfluss, auf schwedischem Gebiet nur mäßig schwer. Der Fluss durchquert mehrere Seen. Landschaftlich ist der gesamte Fluss sehr schön, völlig einsam, ähnlich wie in Lappland.

Befahrbarkeit: Als Gebirgsfluss wahrscheinlich bis in den Sommer ausreichende Wasserführung.

39,0 ⇩ in den See Fjellgutusjön, Straße 221 Övre Stordätern–Elgåkapell (Norwegen), mögliche ⬇ bei sehr gutem Wasserstand. Die folgende Beschreibung bis km 15 stammt aus genauen Unterlagen, jedoch existiert kein gesicherter Befahrungsbericht (62.0810,12.0806)

37,0 Hochspannungsleitung, Ⅱ einer Nebenstraße. See-Ausfluss, kurz danach See Yttersjön (62.0645,12.0954)

35,8 Ausfluss aus dem Yttersjön, △, die folgenden knapp 4 km haben ein Gefälle von 11 ‰, also wahrscheinlich sehr schwierig (62.0559, 12.1007)

32,1 ⇩ in den See Gutulisjön (62.0291,12.1235)
29,0 Seeausfluss, Fußg-⌶, ⚠, Verlauf durch den Gutulia nasjonalpark. Auf 3 km Gefälle 23 ‰, wahrscheinlich extrem schwer (62.0127, 12.1711)
25,4 Ende der Schwierigkeiten. Verlauf durch Moorgebiet und kleine Seen (61.9925,12.2088)
24,9 Grenze Norwegen–Schweden (61.9915,12.2175)
21,6 li ⇩ der Vala (61.9821,12.2692)
21,3 re Hütte, ⌶ einer kleinen schwedischen Straße. Mögliche ⬇. Einsam mit Sel-Strecken und längeren Schwällen mit mäßiger Verblockung (61.9806,12.2736)
15,4 ⌶ einer kleinen Nebenstraße, re ⇩ Stupån (61.9525,12.3218)
14,6 ⇩ in See Guttusjön, mehrere Buchten und Engen, nach der 1. Enge re halten, entlang dem Südufer (61.9483,12.3316)
13,6 Beginn der 3. Enge (61.9443,12.3452)
13,5 Str-⌶, Zufahrt von der Hauptstraße möglich (61.9440,12.3473)
11,6 See-Ausfluss, kaum Strömung (61.9410,12.3783)
11,1 Kleines ■, gut ≋. Viele kleine Seen. ⚠, nach einigen km Achtung auf niedrige Bohlen-⌶, evtl. ⏏. Danach Schnelle mit sehr starkem Gefälle, WW II-III+. Es folgen noch weitere Kleinseen und dazwischenliegende Stromschnellen, bis knapp WW III (61.9409,12.3833)
2,0 ⇩ in einen See (61.8990,12.4796)
1,1 Str-⌶ über Stromschnelle zwischen 2 Seen (61.8919,12.4902)
0,0 ⇩ des Guttuån in den Sörälven (s. Seite 480) bei km 15,7. Auf der Folgestrecke mehrfach Verzweigungen und Kleinseen (61.8938, 12.5062)

Storån (Österdalälven)

Wildfluss (Gebirgsfluss)
Mündung in Österdalälven bei km 233,0 (li Nebenfluss)

Der Storån (nicht verwechseln mit dem Fluss gleichen Namens, der in den Bolmen-See mündet) ist ein interessanter Wildfluss.

Befahrbarkeit:	Am besten Frühsommer, später wahrscheinlich Wasser knapp.
Pegel:	Hilfspegel: Für einen ausreichenden Wasserstand des Oberlaufes darf man bei der Brücke bei km 18,8 keine Grundberührung haben.
Schwierigkeiten:	WW I-IV (**X**)

51,9 Ursprung im Bereich der Skanden aus dem Särsjön in 784 m Höhe, landschaftlich hervorragend schön. Dieser See kann vom Rogen-See auo in rocht mühsamen Portagen mit dem Boot erreicht werden. Der Storån beginnt am Ausfluss des Särsjön. Es folgen mehrere kleine Seen. Dazwischen immer kleine kurze Fossen, teilw. ≋. Oft muss man sich dort unter Baumstämmen durchmogeln (62.1678,12.4219)

49,4 ⚠, nach dem letzten See macht der Bach eine li-Kurve, WW II-III. Es folgen mehrere bis zu 500 m lange Kataraktstrecken bis WW V, alle gut fahrbar, enormes Gefälle, ohne größere Stufen, eng, winkelig, verblockt. Nach den Katarakten immer wieder ruhige Gumpen

40,6 Holz-Ⅱ mit Geländer, ⚠, danach nochmals eine kleine Stufe WW IV, dann Nachlassen der Schwierigkeiten

40,0 See mit Privathytta, danach wieder enger, ⚠, WW III-IV, 2 Stufen, je ca. 2 m hoch folgen in kurzem Abstand, WW IV

33,1 Ⅱ mit eisernen T-Trägern (Ende einer Sandstraße, die von Foskros den Bach li hinaufführt), ⬇, danach für 2 km mäandrierendes Zahmwasser, dann WW I bis Hällsjön

28,0 ⇩ in Hällsjön, landschaftlich sehr schön, in 539 m Höhe, ⬇. Ab See-Ausfluss Zahmwasser (62.0723,12.6564)

21,0 Ⅱ oberhalb Foskros, mögliche ⬇ (62.0154,12.6730)

18,8 **Foskros**, gute ⬇. Der Fluss ist hier etwa 12 m breit, geringe Strömung mit harmlosen Schwallstrecken (61.9979,12.6712)

13,7 ⚠, natürliche Stufe, danach macht der Fluss eine re-Kurve, verengt sich bei starkem Gefälle mit wasserfallartigem Absturz in enge Schlucht, **X**, li oder re 100 m ⌓. Es folgt eine WW-technisch interessante Strecke mit einigen bis zu 2 m hohen Stufen, WW II-III (61.9550,12.6638)

10,9 Str-Ⅱ (61.9321,12.6574)

10,8 alte Str-Ⅱ (61.9315,12.6575)

10,3 re ⇩ des Grövlån (s. Seite 484) in den Storån (Österdalälven) (61.9273,12.6589)

7,1 ⚠ Stufe Kittelforsen, ganz re ≋, ganz re ≋, bis WW III

5,6 ⚠ Klingforsen, etwa 3 m hohe, wehrartige Naturstufe direkt neben 🅿 li an der Straße nach Foskros, li ≋ über Naturrutsche. Die folgenden km sind offenes, leichtes WW, bis WW I

0,0 ⇩ von li Storån (Österdalälven) und re Sörälven (s. Seite 480) in den Österdalälven (s. Seite 478) bei km 233,0 (61.8533,12.7120)

Grövlån

Wildfluss (Gebirgsfluss)

Mündung in Storån (Österdalälven) bei km 10,3 (re Nebenfluss)

Der Grövlån ist ein interessanter Wildfluss aus den Skanden.

Befahrbarkeit: Wahrscheinlich ganzjährig.
Schwierigkeiten: Häufiger Wechsel zwischen See-Strecken, Zahmwasser, WW I-II-III-IV-V-**X**.

38,2 Ursprung aus dem Grövelsjön nahe der Grenze zu Norwegen in 762 m Höhe, ⬇. Kurz danach Ausfluss aus dem See mit Wege-Ⅱ. Auf 5 km leicht verblockt, WW I-II, Gefälle 14 ‰ (62.1067,12.2933)

33,4 Str-Ⅱ nach Elga am Femundsee (Norwegen) (62.0704,12.3103)

32,4 Str-Ⅱ, li **S Storsätern** (62.0633,12.3159)

31,8 Wege-Ⅱ (62.0585,12.3159)

31,5 ⚠, 5 m hoher Abfall, direkt an der Straße, WW V-VI, rechtzeitig anlanden, da oberhalb des Abfalles starke Strömung mit Verblockung, es folgen Seen, Zahmwasser und kurze Flussstrecken mit WW I (62.0565,12.3202)

29,3 ⚠, Katarakt, bestehend aus 4 Stufen, WW V, oberhalb starke Strömung, rechtzeitig anlanden, danach einige kurze Seen, dazwischen WW I und II, landschaftlich sehr schön (62.0443,12.3333)

24,8 Str-Ⅱ, darunter kleine Schnelle, günstige ⬆⬇, li nach **S Sågliden**. Es folgen auf etwa 7 km mehrere, z.T. stark verblockte und verwinkelte Stufen, bis WW III (62.0151,12.3717)

18,1 Str-Ⅱ bei Floasen, günstige ⬆⬇. Die Verblockung lässt nach. Wechsel zwischen Selstrecken und leichten Schnellen, WW I-II (61.9898, 12.4630)

9,9 Fußgänger-Ⅱ bei **S Grövelsdalvallen**, re günstige ⬆⬇. Etwa 150 m bis zur Straße Idre–Grövelsjön. Die folgende Flussstrecke zieht sich als schier endlose Folge von Zahmwasser und leichten WW-Abschnitten durch reizvolle Landschaft (61.9645,12.5548)

0,0 ⇩ des Grövlån in den Storån (Österdalälven) (s. Seite 483) bei km 10,3 (61.9273,12.6589)

Fjätån

Weitere Namen: Lillfjätån

Wildfluss
Mündung in Österdalälven bei km 195,1 (li Nebenfluss)

Ursprung als Lillfjätån im Moorgebiet NO von Dalarna.
Befahrbarkeit: Wahrscheinlich ganzjährig.
Umwelt: Das Wasser ist moorig-braun, aber sauber.
Schwierigkeiten: Zumeist WW I-II, 2 Stellen WW IV und VI. Ein Wasserfall **X**.
Infrastruktur: Mehrere Rastplätze mit Schutzhütten.

46,0 oberste ⬇ an der Str-Ⅱ **S Lillfjäten**–Storfjäten (im Ort Lillfjäten re ab von der Str. 311 Älvros–Tännäs). Das Flüsschen windet sich mit geringer Strömung durch eine reizvolle Sumpflandschaft (61.9767, 12.9891)

43,7 Str-Ⅱ (61.9628,13.0114)

40,4 Str-Ⅱ (61.9388,13.0322)

39,4 li ⇩ des Stor-Fjätån (s. Seite 486) in den Lille-Fjätån. Ab hier heißt der nunmehr kräftige Fluss Fjätån. Auf den folgenden ca. 10 km bietet der Fjätån eine fast ununterbrochene Kette von leichten Schnellen WW I-II (61.9319,13.0394)

29,4 ▬ Stufe Lars-Ola-Huppen, etwa 1 m hoch, li leicht ≈; sonst re oder li ⌂, es folgen weitere leichte Schnellen

19,1 Str-Ⅱ bei **S Flovallen**, li großer ⛺ mit Schutzhütte und Feuerstelle. Unter der Ⅱ leichter Schwall. Auf den folgenden ca. 8 km wechseln sich leichte Schnellen (WW I-II) und ruhige Abschnitte ab (61.8034, 13.2176)

11,2 ⚠, zwischen Felsufern verengt sich der Fluss. Nach einem kurzen verblockten Abschnitt stürzt sich der Fluss über einen 2-stufigen Wasserfall. Die 1. Stufe ist leicht ≈; die 2. Stufe ist WW IV-V. Vor der 1. Stufe re ca. 200 m ⌂. Nach einem ruhigen Abschnitt von ca. 300 m verblockte re-Kurve, WW II-III, die ganz li leicht ≈ ist. Auf den folgenden km wird der Fluss immer ruhiger und breiter (61.7423, 13.2603)

4,0 Ⅱ der Straße Särna–Sveg, ⚠, letzte Möglichkeit zum ⬆ vor den Fjätfallen (61.6904,13.2627)

1,4 ⚠, Fjätfallen: dreistufiger Wasserfall WW V bis **X** (61.6700,13.2555)

0,0 ⇩ des Fjätån in den Österdalälven (s. Seite 478) bei km 195,1, ab hier ⚠ bei NW des Stausees, es können sehr gefährliche Stromschnellen entstehen, die bei höherem Wasserstand im Stausee verschwinden (61.6606,13.2415)

Stor-Fjätån

Wildfluss
Mündung in Fjätån bei km 39,4 (li Nebenfluss)

Der Stor-Fjätån ist zumeist ein leichter Wildfluss, WW I, im Unterlauf nehmen die Schwierigkeiten etwas zu mit mäßiger Verblockung und geringer Wasserwucht, WW II. Vorsicht bei dem Fjätfallet.

Befahrbarkeit: Bis Frühsommer, evtl. auch später.

30,3 Str-Ⅱ Idre–Lofsdalen, **S Fjätvallen**, ⬇. Selstrecken und leichte Schwälle (62.1286,12.8932)

26,1 Die Schwälle bekommen etwas mehr Gefälle

24,9 Rentierzaun quer durch den Fluss, re unterfahrbar

23,9 Str-II, **S Kölosen**, ☰: bei 45 cm wurde ein guter Wasserstand angetroffen (62.1033,12.9831)

23,3 li ⇩ Kölan, weiter Selstrecken und leichte Schwälle (62.1004,12.9928)

17,1 Rentierzaun quer durch den Fluss, re unterfahrbar

12,8 Str-II, **S Häggsberget**, Selstrecken, dazwischen ruhige Strömung (62.0295,13.0787)

7,6 Str-II, li **S Storfjäten**. Ab hier Zunahme der Schwierigkeiten, WW II (61.9870,13.0973)

1,9 Str-II (61.9432,13.0541)

1,2 ⚠ Fjätfallet, eine etwa 3 m hohe Doppelstufe, WW IV, absichern ratsam (61.9396,13.0511)

1,0 Holzsteg, gute ⬆

0,0 ⇩ des Stor-Fjätån in den Lille-Fjätån (s. Seite 485) bei km 39,4. Ab hier heißt der nunmehr kräftige Fluss Fjätån. Auf den folgenden ca. 10 km bietet der Fjätån eine fast ununterbrochene Kette von leichten Schnellen WW I-II (61.9319,13.0394)

Rotälven

Wildfluss (Gebirgsfluss)
Mündung in Österdalälven bei km 121,7 (li Nebenfluss)

Der Rotälven ist ein leichter Wildfluss in einem sehr schönen, engen Waldtal. Ursprung am Östra Rällvälen in etwa 800 m Höhe.
Befahrbarkeit: Wahrscheinlich ganzjährig.

31,4 Wege-II bei Balser, mögliche ⬇ bei gutem Wasserstand. Einzelheiten über die Folgestrecke bis km 19,5 sind nicht bekannt (61.5097, 13.9835)

19,5 re ⇩ des Aspvasslen, gute ⬇ bei einem Kiesplatz, glattes Wasser, leichte Strömung (61.4096,14.0110)

16,3 li ⇩ des Rymman (61.3883,14.0163)

15,2 Str-II, re **S Jöllen**, Biber (61.3787,14.0188)

10,0 Es folgen kleinere Schwälle, WW I-II

2,3 ▬, bei guter Wasserführung ≈. Bei unzureichender Wasserführung li Einfahrt zum ϟ, re oder li ⏏ (61.2689,14.0348)

1,0 li ⇩ des Kraftwerkkanals (61.2579,14.0331)

0,7 Str-II 70, re gute ⬆, **S Rot** (61.2554,14.0316)

0,0 ⇩ des Rotälven in den Österdalälven (s. Seite 478) bei km 121,7 (61.2494,14.0311)

Våmån

Weitere Namen: Orsasjön

Kleinfluss, Wildfluss, See
Mündung in Österdalälven bei km 76,0

Der Våmån ist ein reizvoller Kleinfluss, streckenweise leichter Wildfluss.

Befahrbarkeit: Ab km 34,3 nur bei HW; ab km 27,0 bei gutem MW, Frühsommer bis Juni.

Schwierigkeiten: Je nach Wasserstand auf Teilstrecken bis WW II, Vorsicht bei den Wehren!

34,3 ⬇ bei Str-Ⅱ; sie wird erreicht über die Straße 70, Abzweigung bei Rot nach Våmhus, die 2. Abzweigung nach li führt zur ⬇, etwa 11 km östlich von Rot. Der Wasserstand für eine Befahrung ab hier ist ausreichend, wenn die 1. Schnelle stromab gut ≈ ist. Es folgt ein recht steiniges Flussbett mit langen Schnellen, WW I-II (61.2401,14.2785)

27,3 ■, Steine im Unterwasser, re ≈ oder li ⏏ (61.1974,14.3444)

27,0 Ⅱ des Fahrweges nach Blecket, ⬇ bei minder gutem Wasserstand (61.1955,14.3476)

26,8 li ⇩ Böån, danach leichte Schnellen mit vielen Kurven (61.1945, 14.3490)

22,4 Str-Ⅱ Rot–Våmhus (61.1625,14.3780)

20,4 ■ Stupet (Absturz), verbauter Fall mit kleinem ↯, re an Dammkrone ⬆ und ⏏ bis unterhalb ↯, ab hier leichte Verblockung, bis WW II, li Ort **S Heden** (61.1500,14.3949)

18,1 Ⅱ Fahrweg Indor–Heden (61.1374,14.4206)

17,1 ■, Vorsicht, starker Rücklauf, evtl. nach Besichtigung ≈ oder li ⏏ (61.1332,14.4350)

16,4 Str-Ⅱ Rot–Våmhus, gute ⬆, evtl. Fahrt hier beenden (61.1337, 14.4467)

14,1 Str-Ⅱ, li **S Björkvassla** (61.1272,14.4798)

13,4 Str-Ⅱ, re **S Våmhus** (61.1233,14.4897)

13,3 ■, **X**, ↰ und über die folgende Ⅱ nach re ⏏ (61.1229,14.4903)

12,3 ⇩ des Våmån in den See Orsasjön, li ⛺ Våmåbadet, östlich in 6 km Orsa mit ⛺. Bei Weiterfahrt über den See nach Süden erreicht man nach ca. 13 km den Siljan-See und damit den Österdalälven (61.1158,14.4914)

0,0 ⇩ des Våmån (Orsasjön) in den Österdalälven (s. Seite 478) bei km 76,0 (61.0148,14.5775)

Ryssån

Kleinfluss

Mündung in Siljan-See (Österdalälven)

Der Ryssån ist ein hübscher Kleinfluss mit einigen kleinen Stromschnellen mit knapp WW I und viel Zahmwasser.
Fahrtstrecke: Mögliche ⬇ oberhalb Acksi. Da die Straße meist neben dem Fluss verläuft, kann die Fahrt auch an anderen Stellen begonnen werden. Mehrere ▬. In der Nähe der ⇩ bei Ryssa ▬, X. Insgesamt etwa 25 km.
Befahrbarkeit: Mai-Juni. Beurteilung bei der Brücke der Straße 26.

26,4 Wege-II, ⬇ ? (60.9275,14.1582)
0,0 ⇩ in den Siljan-See (Österdalälven) (60.9214,14.5136)

Hjälmaren-See

See - Kanal

Der Hjälmaren-See von annähernd der Größe des Bodensees ist sehr offen, wenig Inseln, der flache W-Teil bringt bei stärkerem Wind unangenehmen Wellengang, man sollte hier das durch Priggen gekennzeichnete Fahrwasser benutzen. Eine Befahrung des Sees erfordert auf alle Fälle große Vorsicht und Berücksichtigung der Wetterlage, sie ist wohl nur interessant in Zusammenhang mit einer Weiterfahrt auf dem Mälaren-See. Die nachfolgend geschilderte Route führt vom W-Teil des Sees zum ⛟ Björno am Mälaren und damit zum Ausgangspunkt der beschriebenen Fahrt über den Mälaren und die anschließenden Schären der Ostsee.

108,8 ⬇ bei **S Orebro** am W-Ende des Sees. Kurs O. ⇩ des Flusses Närkes Svarta (dieser Zufluss des Hjälmaren soll auf einer Strecke von etwa 80 km ab Olsboda ≈ sein, angeblich viele ⏏-Stellen, nähere Einzelheiten sind nicht bekannt, auf eine genauere Beschreibung wird daher verzichtet) (59.2780,15.2787)
100,4 Str-II, re **S Hjälmarbaden** (59.2550,15.4158)
73,7 li **S Hästnäs** (59.2619,15.8153)
60,6 **S Notholmen** am N-Ufer des Sees, Hauptroute: nach N Einfahrt in den Hjälmaren-Kanal, Nebenroute: die Fahrt kann auf dem Hjälmaren nach O noch 21 km fortgeführt werden, dort ist eine Weiterfahrt allerdings nicht möglich (59.2908,16.0026)
60,2 ⌗ Notholmen (59.2944,16.0017)
57,4 Str-II, li **S Värhulta gård** (59.3141,15.9762)
51,4 ⇩ in den See Sagsjön (59.3655,15.9509)
50,2 Ausfahrt aus dem See Sagsjön (59.3753,15.9446)
49,9 ⌗ (59.3782,15.9438)
49,5 Klapp-II Hällby (59.3817,15.9427)
49,4 Hällby-⌗ (59.3823,15.9423)
48,0 ⌗ Säby (59.3936,15.9344)

47,1 Str-II E20 (59.4010,15.9305)
46,9 ⌘ (59.4028,15.9307)
46,8 ⇩ in den Fluss Arbogaån, Weiterfahrt nach O (59.4044,15.9311)
36,9 Str-II 250, re **S Kungsör** (59.4269,16.0900)
36,8 EB-II Kungsör (59.4275,16.0916)
35,9 ⇩ in Mälaren-See bei Kungsör, Weiterfahrt nach O (59.4318,16.1057)
23,4 Str-II 56 (ehemalige Klappbrücke) (59.4527,16.3194)
8,1 Nach N in den Västerasfjärden einbiegen (59.4996,16.5673)
0,0 ⛺ Björno am O-Ufer der Bucht. Im N **S Västeras**, 🚉, Stadt mit ca. 118.000 Einwohnern, alle Möglichkeiten, 🚌 nach Västeras ab Björno (59.5666,16.6200)

Nyköpingsån

Weitere Namen: Tisnaren-See, Yngaren-See

Seen und Kleinflüsse
Mündung in schwedische Ostseeküste

In dem Bereich zwischen den Seen Mälaren, Hjälmaren und Vättern sowie der Ostsee erstreckt sich ein reizvolles Kanurevier mit zahlreichen Seen unterschiedlicher Größe und dazwischenliegenden meist kurzen Fließstrecken von Kleinflusscharakter. Nachfolgend wird eine sehr abwechslungsreiche Strecke von Ändelbol bis zur Ostsee bei Nyköping beschrieben.

Schwierigkeiten: Auf den sehr schönen Seen mit zahlreichen Buchten und Inseln sowie Verschilfungen kann die Navigation mühsam sein, genaue Karten und Kompass sind unerlässlich, desgleichen die Mitnahme eines Bootwagens für die Bewältigung der zahlreichen Umtragestellen.

109,8 Beginn der Fahrt in **S Ändelbol** (Abzweig von der Straße N 56 von Katrineholm nach Norrköping). ⬇ vom 🅿 über die Bahnlinie hinweg hinter dem letzten Wochenendhaus auf der re Seite. Fahrt durch den Fjälaren-See (58.8582,16.1901)
106,8 ⇩ in den See Starrsjön, der in Richtung NW durchquert wird (58.8725, 16.1473)
105,9 Beginn des Tisnarenkanals, für die Berufsschifffahrt stillgelegt, jedoch gut zu befahren (58.8770,16.1348)
104,9 Str-II, li **S Starnäs** (58.8816,16.1205)
104,1 ⇩ in den Visken-See (58.8859,16.1094)
101,2 Ausfahrt aus dem See Visken, Str-II, **S Toltorp**, Beginn des Sees Brosjön, Kurs NW (58.9061,16.0882)
99,4 Str-II, danach ⇩ in Tisnaren-See. Sehr sauberes Wasser. Der kürzeste Weg für die Weiterfahrt führt entlang dem O-Ufer nach NW. Bei

den vorherrschenden W-Winden ist es jedoch ratsam, die folgende etwas weitere und außerdem landschaftlich schönere Strecke zu wählen. Zunächst am S-Ufer bleiben, zumindest bis zur Halbinsel Djurhagen. Bei stärkerem Wind ist es günstig, den Kurs noch weiter westlich zu legen, etwa bis zur Insel Ötorp. Nebenroute: sehr lohnend ist ein Abstecher zum Naturschutzgebiet der Tisenö-Inselgruppe, von der Halbinsel Djurhagen knapp 5 km. Wunderschön ist die westliche Bucht des Tisnaren, der Björnhultafjärden. In der südlichen Verzweigung, dem Finnviken, gute Übernachtungsplätze. In Hävlabruk kurzer Landtransport von 800 m zum Hunn, einem ebenfalls sehr lohnenden See mit vielen Buchten und Inseln. Für diesen Abstecher sollte man mindestens 2 Tage zusätzlich einplanen. Fortsetzung der Hauptroute: quer über den See zur Enge bei Beckershovsnäs, Kurs NO. Orientierungspunkt: die etwa 400 m tiefe Bucht, 600 m O von der gut auszumachenden Insel Hönön (58.9126,16.0649)

91,4 **S Beckershovsnäs**, Übergang in den Tislången-See. Kurs O an den Inseln Långön und Åkerön vorbei zum O-Ende des Sees (58.9511, 16.0026)

87,1 Ausfahrt aus dem See Tisnaren (58.9464,16.0661)

85,8 Str-Ⅱ, danach ↱; es hat nicht viel Sinn, den folgenden Lillsjön zu durchfahren, da in kurzen Abständen 2 ⌓-Stellen folgen. Es ist einfacher, auf der Straße den Lillsjön und den danach folgenden Spiksmedjesjön 1,5 km weit zu umkarren. Der Weg ist markiert (58.9449, 16.0809)

84,9 ⬇ hinter der Ⅱ li, nach 200 m ▬ kurz li ⌓, durch den Bjälken-See Kurs N (58.9448,16.0913)

84,4 Str-Ⅱ Forsa Lindbacken (58.9439,16.0977)

81,0 Str-Ⅱ, ▬, re kurz ⌓ (58.9682,16.0954)

78,9 Der Bokvarnsån am Ausgang in den Viren-See ist stark verwachsen, Orientierungsprobleme. Die Insel Risön östlich umfahren. Hinter der re gelegenen Halbinsel Blåsnäs Kurs O bis zum See-Ende. (Im Luftbild war die Ostseite der Insel Risön trocken. Vor Ort erkunden) (58.9827,16.0778)

74,1 ▬ und ϟ, **X**, davor ↰ und auf markiertem Weg etwa 450 m ⌓ (58.9895,16.1422)

73,9 Str-Ⅱ, ⬇ in den See Backasjön (58.9887,16.1453)

73,1 Str-Ⅱ, Übergang in den See Duvesholmsjön (58.9864,16.1580)

70,7 EB-Ⅱ, **Katrineholm**, Stadt mit ca. 23.000 Einwohnern. Danach Kurs SO (58.9736,16.1882)

70,2 Str-Ⅱ (58.9707,16.1942)

69,9 Str-Ⅱ 55, danach ▬, kurzes ⌓, bei NW Achtung auf Steine unter der II. Es beginnt der sehr schöne See Djulösjön (58.9678,16.1979)

68,7 li ⛺ Djulö camping, 🛒 (58.9690,16.2132)

62,2 ■, li vor II gekennzeichnete ⏏-Stelle, 50 m weit, **S Forssjö**, kleiner Ort, li 500 m entfernt, 🛒. Es beginnt die Fließstrecke des Akforsån. Zwischen Kätorpssjön und Eriksbergssjön li Übernachtungs- und Feuerstelle (58.9502,16.2965)

56,4 ■, Str-II Eriksberg, kurz ⏏, südlich der Mühlenhalbinsel kleiner Übernachtungsplatz (58.9361,16.3807)

50,4 Str-II 216, Weiterfahrt unmöglich, hinter II ↱, mit Bootswagen über II nach Norden bis zur Straße 52. Auf dieser nach re (Osten) bis zum Yngaren-See; hier an geeigneter Stelle ↓, insgesamt etwa 3 km (58.9063,16.4489)

47,6 ↓ in Yngaren-See. Fortsetzung der Hauptroute: mit Kurs O auf die Insel Åkerö halten, sehr schöne ⛺-Möglichkeit auf deren südwestlicher Landzunge. Die Insel wird im N umfahren. Der Yngaren ist ein sehr gefährlicher See. Bei O-Wind im N hart unter Land fahren, bei stärkerem NW- oder SO-Wind sollte man besseres Wetter abwarten. Nebenroute: entlang dem W-Ufer zum S-Ende des Sees, 21 km (58.9099,16.4785)

39,0 Am nördlichen See-Ausgang auf der Halbinsel Källarholmen schöne Übernachtungsstelle mit Feuerplatz

34,6 Str-II, Einfahrt in den See Hallbosjön. Kurs NO, Richtung Vrena (58.8693,16.6543)

31,2 Str-II, **S Vrena**, hübsche kleine Stadt, davor in der nordöstlichen Bucht des Hallbosjön ein Übernachtungsplatz (58.8586,16.6991)

31,1 Der Vrenaån verlässt den See, seine Befahrung ist für Wanderboote nicht ratsam; Empfehlung: vor der Str-II 52 ↰, auf markiertem Weg durch die Stadt, über die EB-Linie hinweg zu der kleinen, dahinter liegenden Bucht des Långhalsen, ⏏-Strecke etwa 900 m, 🛒 an der ⏏-Strecke (58.8585,16.7001)

30,1 ↓ in den Långenhalsen-See, ein besonders vogelreicher See, etwa 15 km lang, mit weiten und dichten Schilf- und Binsenfeldern. Seine Befahrung ist sehr interessant, es ist allerdings nicht leicht, sich immer richtig zu orientieren, Fehlfahrten sind leicht möglich. Die Insel Måsön wird im S umfahren, Svensholem und Flåstaön wird auf N-Kurs passiert. Sehr schöner Übernachtungsplatz bei der Halbinsel Stensnäs am O-Ufer, versteckt hinter Schilfgürtel. Nebenroute: bei Edstorp nach kurzem Landtransport Übergang in den Lidsjön, mit einer weiteren ⏏ ist der Baven zu erreichen, ein weitverzweigter, mit vielen Inseln durchsetzten See, sehr zu empfehlen (58.8646,16.7087)

15,8 Im SO bei Täckhammar See-Ausfluss Nyköpingsån, Str-II (58.8305,

16.9218)
14,9 Str-II (58.8243,16.9288)
13,5 ▬, **X**, etwa 50 m vor der Sperrmauer ↰, Vorsicht, bei HW starker Stromzug, immer am li Ufer bleiben, **S Kristineholm**. Hinter Kristineholm ist eine Aalfanganlage, danach Steine im Fluss (58.8134, 16.9363)
6,5 Wege-II, Beginn der Stadt Nyköping (58.7707,16.9739)
5,8 Str-II N 53, in etwa 1,5 km Entfernung ⛺ Oppeby, hier 🅿, die Fahrt wird am besten hier beendet. Nachholen des Pkw: EB-Verbindung nach Katrineholm, von hier 🚌 oder Taxi nach Ändebol. Die Reststrecke durch die Stadt **S Nyköping** ist wenig schön, 5 ▬ müssen ⌂ werden. Auf eine Beschreibung wird verzichtet (58.7754,16.9802)
0,0 ⇩ in Ostsee, ⛺ in Nyköping und Oxelösund. Weiterfahrt auf der Ostsee im Bereich der Schären (58.7436,17.0186)

Rejmyre-Runde

Kleinfluss, Seen

Abseits der bekannten Kanustrecken wird hier eine Rundtour beschrieben, die in 2 Fahrtentagen durchfahren werden kann. Dabei sind 4 Portagen zu bewältigen. Die abwechslungsreiche Fahrt geht sowohl über Seen, aber auch durch enge Flussstrecken.

Befahrbarkeit: Am Besten im Frühjahr und Frühsommer.
Umwelt: Auf einigen Seen ist das Zelten auf den Inseln aus Naturschutzgründen verboten.
Literatur: Die schönsten Kanutouren in Südschweden, DKV-Verlag 2020.

32,2 ⬇ in den See Östjuten, Fahrt entlang dem nördlichen (re) Ufer (58.8201,15.9039)
30,8 re ⛺ mit Unterstand (58.8242,15.8811)
29,2 Ausfahrt aus dem See Östjuten, re ⬆ zum ⌂ des folgenden Wehres (58.8318,15.8590)
29,1 Str-II, li **S Kvarnstugan** (58.8321,15.8583);
▬, X, ⌂ ca. 100 m (58.8324,15.8579);
⬇ nach dem ⌂ (58.8325,15.8577)
28,8 ⇩ in den See Hemtvaren (58.8337,15.8533)
28,2 Ausfahrt aus dem See Hemtvaren (58.8387,15.8495)
27,7 ⇩ in den See Mellantvaren (58.8411,15.8441)
26,5 Ausfahrt aus dem See Mellantvaren (58.8453,15.8271)
26,4 Str-II, darunter ▬ kleine Stufe, X, re kurz ⌂, danach ⇩ in den See Långtvaren (Zelten auf den Inseln verboten). Fahrt entlang dem re

Ufer (58.8459,15.8266)

25,6 Ausfluss des Flüsschen Gäddån aus dem See Långtvaren (58.8517, 15.8187)

25,3 re ⬆ vor einer Str-II und ca. 700 m ⌓, ⛺ mit Unterstand (58.8530, 15.8198)

24,7 ⬇ nach dem ⌓ (58.8570,15.8171)

22,6 Str-II (58.8671,15.8141)

22,4 ⇩ in den See Regnaren, Weiterfahrt längs des Sees in Richtung Nordwest (58.8686,15.8144)

22,0 ⛺ mit Unterstand (58.8722,15.8105)

17,9 an der Spitze einer Halbinsel Kurswechsel, Weiterfahrt in östlicher Richtung (58.8954,15.7564)

13,5 Ausfahrt aus dem See Regnaren (58.8979,15.8225)

13,3 li ⬆ zum ⌓ vor einer Str-II (58.8997,15.8240)

13,2 ▬ einer ehemaligen Hammerschmiede, **X**, ⌓ (58.8999,15.8249);
li ⬇ nach dem ⌓ (58.9004,15.8257)

13,1 ⇩ in den See Vagnaren (Zelten auf den Inseln verboten), Fahrt in Richtung Osten (58.9006,15.8271)

11,9 li ⬆ zum ⌓ des folgenden ϟ (58.9010,15.8459);
Str-II und ϟ, **X**, ⌓ (58.9009,15.8468);
li ⬇ nach dem ⌓ (58.9012,15.8475)

11,4 Str-II (58.9007,15.8554)

11,1 ⇩ in den See Stöparen, Weiterfahrt im Allgemeinen in südlicher Richtung (58.9009,15.8593)

11,0 li ⬅ zum See Tisnaren. Dies ist der Abfluss des hier beschriebenen Seengebiets. Eine Beschreibung liegt nicht vor (58.9010,15.8610)

6,7 See-Enge, li die Insel Frängsättersön (58.8719,15.9000)

1,7 hier abzweigen in Richtung Südwest (58.8439,15.9626)

1,3 li ⛺ mit Unterstand auf einer Landspitze (58.8401,15.9610)

0,0 ⬆ im Hafen von **S Rejmyre**. Der Weg zum Einstieg der Tour beträgt nur 3,5 km (58.8319,15.9458)

Götakanal

Schifffahrtskanal
Mündung in schwedische Ostseeküste

Der Götakanal, in schwedischen Prospekten etwas anspruchsvoll als das Blaue Band Südschwedens bezeichnet, verbindet mit seiner Fortsetzung die Ostsee im Süden von Stockholm quer durch Südschweden mit dem Vänernsee. Über den Trollhätt-Kanal und den Götaälven wird der Skagerrak bei Göteborg erreicht. Der Kanal wurde von 1810 bis 1832 erbaut, er ist daher für die moderne

Berufsschifffahrt unbrauchbar. Die insgesamt 61 Schleusen des Kanals sind jedoch intakt, sie werden gegen Gebühr von Schleusenwärtern im Handbetrieb bedient. Der Kanal wird gerne von der Sportschifffahrt (Segel- und Motorboote), aber auch von Ausflugsschiffen benutzt, vor allem als Zufahrt zu den großen Seen Vättern und Vänern.

Für Kanus ist eine Befahrung zwar möglich, als Selbstzweck jedoch kaum lohnend. Bedingt empfehlenswert ist, als Zufahrt zum Vänern, die landschaftlich recht ansprechende Strecke zwischen Vättern und Vänern, sowie die Befahrung des Götaälven mit mäßiger Strömung flussabwärts ab Vänernsee. Die Befahrung des Kanals ist auf alle Fälle recht mühsam durch die zahlreichen Schleusen; sie können zwar, ebenfalls gegen Gebühr, von Kanus benutzt werden, umtragen geht jedoch meist schneller. Da die Schleusen mehrfach in Form von Schleusenstufen auftreten (maximal 7 Schleusen kurz nacheinander), ist es auf alle Fälle ratsam, einen Bootswagen mitzunehmen und zumindest diese Schleusenstufen zu umkarren. Gelegentlich müssen auch noch niedrige Rollbrücken umhoben werden. Die Fahrt kann irgendwo im Bereich der Schären begonnen werden, z. B. in Skällvik.

190,0 Westlicher Endpunkt, Ausfahrt aus dem Vänern-See, 43,8 m ü. NHN (58.8375,13.9708)
189,7 ⌗ Sjötorp 1 (58.8367,13.9745)
189,4 Str-II, ⌗ Sjötorp 2–3 (2-stufig), **S Sjötorp**, ✕, 🚌 (58.8364,13.9798)
188,8 Str-II 26, ⌗ Sjötorp 4–5 (2-stufig) (58.8353,13.9894)
188,1 ⌗ Sjötorp 6 (58.8337,14.0008)
186,9 ⌗ Sjötorp 7–8 (2-stufig) (58.8315,14.0156)
184,5 Str-II (58.8140,14.0359)
182,8 EB-II (58.8042,14.0542)
182,4 Str-II, **S Lyrestad**, 🚌, 🚂 (58.8015,14.0586)
182,1 Str-II E20 (58.7992,14.0597)
180,8 Untere Norrkvarn- ⌗ (58.7929,14.0757)
180,2 Obere Norrkvarn-⌗, Str-II, ✕ (58.7881,14.0809)
176,8 ⌗ Godhögen (2-stufig) (58.7579,14.0906)
176,0 ⌗ Riksberg (3-stufig), Str-II (58.7529,14.0990)
175,6 Untere Hajstorp-⌗ (2-stufig) (58.7507,14.1046)
175,2 Obere Hajstorp-⌗ (2-stufig), li **S Hajstorp** (58.7478,14.1080)
173,6 Str-II, li **S Levsäng** (58.7361,14.1237)
172,0 Str-II (58.7219,14.1268)
170,7 Str-II 200, **S Töreboda**, ✕, 🛒, 🚌, 🚂 (58.7102,14.1293)
170,4 EB-II Töreboda (58.7080,14.1301)
170,0 Seil-⛴ (58.7043,14.1294)
168,6 Str-II (58.6927,14.1226)

163,8 Str-Ⅱ (58.6524,14.1041)
162,8 Str-Ⅱ (58.6432,14.1056)
160,3 Str-Ⅱ, **S Vassbacken** (58.6278,14.1321)
154,9 Str-Ⅱ, ⇌ Tätorp (58.6100,14.1916)
154,5 ⇩ in den See Viken, Kurs nach NO. Der höchste Punkt des Kanals ist erreicht (91,8 m ü. NN) (58.6071,14.1964)
137,4 Str-Ⅱ an einer Engstelle des Sees Viken (58.6053,14.3842)
134,3 Einfahrt in den Kanal, dadurch wird eine Schleife des Sees Viken abgeschnitten (58.5804,14.4021)
133,6 Ausfahrt aus dem Kanal, der See Viken wird nochmal gequert (58.5789,14.4131)
133,1 Ausfahrt aus dem See Viken, Einfahrt in die folgende Kanalstrecke (58.5765,14.4213)
132,1 ⇌, **S Forsvik**, ✕, 🛒, 🚌 (58.5755,14.4350)
131,9 ⇩ in den See Bottensjön (58.5758,14.4386)
124,7 Str-Ⅱ 49, Durchfahrt vom See Bottensjön in den Vättern-See, **S Karlsborg**, ✕, 🛒, 🚌. ⚠ Dieser 120 km lange und 20–30 km breite See ist für größere Kanufahrten nur wenig geeignet. Da er nur wenige Inseln hat, ist seine Wasserfläche gegen Wind weitgehend ungeschützt, das O-Ufer mit dem bei vorherrschendem W-Wind stärksten Wellengang ist felsig und schlecht zum Landen geeignet. Für die Weiterfahrt auf dem Göta-Kanal muss der See nach Osten überquert werden (58.5418,14.5062)
94,9 Ausfahrt aus dem Vättern-See (88,5 m ü. NN) (58.5251,14.9998)
93,7 Str-Ⅱ 50, Motala (58.5294,15.0190)
92,2 ⇌, Str-Ⅱ, **Motala**, ✕, 🛒, 🚌 (58.5345,15.0412)
92,0 Str-Ⅱ und 2 EB-Ⅱ (58.5347,15.0443)
90,7 Str-Ⅱ, Motala (58.5424,15.0593)
90,0 Wege-Ⅱ, Motala (58.5464,15.0666)
88,8 Str-Ⅱ, Motala (58.5557,15.0777)
88,7 ⇌ (5-stufig) Borenshult, danach ⇩ in den Boren-See. (58.5562, 15.0792)
76,1 Ausfahrt aus dem Boren-See (73,2 m ü. NN), re 🚐 Strandbadets camping (58.5557,15.2747)
75,4 Str-Ⅱ, ⇌, **S Borensberg**, ✕, 🛒, 🚌 (58.5598,15.2831)
73,3 Str-Ⅱ (58.5539,15.3130)
72,7 Kanal-Ⅱ über die Straße 34 (58.5507,15.3216)
72,2 niedrige Str-Ⅱ (58.5484,15.3286)
69,9 Str-Ⅱ, re **S Sörby** (58.5359,15.3439)
68,7 Str-Ⅱ (58.5401,15.3634)
66,4 Str-Ⅱ (58.5334,15.3923)

63,5 niedrige Str-II (58.5217,15.4278)
57,9 Str-II, **S Ljungsbro**, 🍴, 🍴, 🛒, 🚌 (58.5048,15.5010)
57,4 Kanal-II über Straße (58.5020,15.5062)
56,2 ⋈ (2-stufig) Heda (58.4943,15.5172)
55,5 Str-II, ⋈ Brunny (2-stufig) (58.4877,15.5157)
54,8 Str-II, ⋈ (2-stufig), **S Berg**, 🍴, 🛒, 🚌 (58.4857,15.5255)
54,5 ⋈ Oscar (2-stufig) (58.4859,15.5304)
53,9 ⋈ Carl Johan (7-stufig), ⇩ in den See Roxen (58.4864,15.5412)
49,7 re ⇩ des Stångån (Roxensee) (s. Seite 497) in die Route des Götakanal (58.4929,15.6117)
28,4 Ausfahrt aus dem Roxen-See (33,3 m ü. NN) (58.5076,15.9689)
28,2 EB-II, ⋈, Str-II, **S Norsholm**, 🛒 (58.5070,15.9731)
27,6 Str-II 215 (58.5087,15.9819)
27,0 Str-II E 4 (58.5100,15.9920)
25,4 Str-II (58.5094,16.0180)
24,5 ⋈ Brådtom (58.5085,16.0324)
21,5 ⋈ Hulta, ⇩ in den See Asplången (58.5047,16.0830)
16,4 Ausfahrt aus dem See Asplången (27,1 m ü. NN), Str-II, li **S Snöveltorp** (58.4982,16.1689)
14,3 ⋈ Klämma (58.4942,16.2000)
12,1 Str-II (58.4950,16.2338)
10,0 Str-II (58.4982,16.2622)
9,5 Obere Carlsborg-⋈ (2-stufig) (58.4969,16.2689)
9,3 Untere Carlsborg-⋈ (2-stufig) (58.4967,16.2740)
9,0 Obere Mariehov-⋈ (58.4966,16.2789)
8,7 Untere Mariehov-⋈ (58.4965,16.2832)
8,3 Obere Duvkullen-⋈ (58.4946,16.2896)
7,8 Untere Duvkullen-⋈ (58.4924,16.2956)
7,4 li 🚐 und Sportboothafen (58.4910,16.3029)
6,9 Str-II E22 (58.4890,16.3098)
5,7 ⋈, li **S Söderköping**, 🍴, 🛒, 🚌 (58.4823,16.3254)
4,4 ⋈ Tegelbruket (58.4815,16.3482)
0,1 ⋈, re **S Mem** (58.4791,16.4166)
0,0 ⇩ in die Ostsee, östlicher Endpunkt des Kanals (58.4792,16.4180)

Stångån (Roxensee)

Kleinfluss - Seen – Kanal
Mündung in Götakanal bei amtl. km 49,7 (re Nebenfluss)

Der Stångån (nicht verwechseln mit dem gleichnamigen Fluss, der in den Kalvsjön mündet) ist in seinem Oberlauf ein Kleinfluss. Er verläuft in seinem

Mittellauf über sehr schöne Seen mit kurzen dazwischenliegenden wenig strömenden Flussabschnitten. Im Unterlauf ist der Stångån im Verlauf des Kinda-Kanals voll ausgebaut, mit zahlreichen Schleusen.

Befahrbarkeit: Oberlauf bei gutem Wasserstand, ab Vimmerby ganzjährig.

Literatur: Die schönsten Kanutouren in Südschweden, DKV-Verlag 2020.

186,0 Ursprung aus dem See Möckeln (57.8279,15.5781)

186,0 –170,0 über die Möglichkeit einer Befahrung ist nichts bekannt, sie müsste bei gutem Wasserstand (Frühjahr) erkundet werden (57.8279, 15.5780)–(57.7521,15.5658)

176,0 Ausfahrt aus dem See Brosjön, Str-II, **S Ydrefors** (57.7908,15.5420)

172,1 ▬ Ydrehammar, keine Angaben zur Befahrbarkeit (57.7634,15.5670)

170,0 ⇩ in den See Osjön (57.7519,15.5658)

169,7 ⬇-Möglichkeit am ⛺ bei hohem Wasserstand (57.7507,15.5599)

169,6 Ausfahrt aus dem See Osjön (57.7494,15.5611)

167,5 Wege-II (57.7389,15.5771)

163,5 Str-II Ventzelholm–Grönsved, mögliche ⬇ bei gutem Wasserstand (57.7136,15.5669)

163,5 –144,4 Der Fluss verläuft durch eine Urwaldgegend, keine besonderen Schwierigkeiten, drei kurze ⌓-Stellen, sehr lohnend (57.7135, 15.5670)–(57.6336,15.7457)

162,5 li ⛺ mit Unterstand, jedoch keine Zeltmöglichkeit (Platz ist vom Wasser durch ein Schild zu erkennen) (57.7067,15.5711)

159,4 Str-II Klemmesbo (57.6879,15.5949)

157,2 Str-II, li **S Solbacka**, re in 2 km **S Rumskulla** (57.6830,15.6202); li ⛺ im Wald (57.6830,15.6204)

157,0 ▬ Åstad, **X**, zum ⬆ in den li Arm fahren und dort ⌓, danach Treidelstrecke (57.6837,15.6224)

153,2 Wege-II (57.6701,15.6635)

152,3 ▬, **X**, li am Schild ⬆ und ⌓ (57.6685,15.6767)

151,2 nach 2 Schwallstrecken re ↱ in einer Sandbucht vor II und 100 m ⌓ bis zu einem Sandstrand (57.6617,15.6819)

148,5 Str-II Mossebo (57.6549,15.7117)

147,0 Wege-II (57.6491,15.7288)

146,8 Str-II Djurstorp (57.6480,15.7310)

144,4 Str-II 40, weitere mögliche ⬇ (57.6336,15.7457)

141,0 re ⛺ mit Feuerstelle und Toilette (57.6166,15.7805)

136,3 ⬆-Möglichkeit zum Besuch von Storebro (57.5888,15.8351)

135,9 ⬆ zum ⌓ des folgenden ▬ (57.5838,15.8373)

135,8 ▬ Storebro, ⌂ mühsam, danach Wege-Ⅱ (57.5851,15.8370)
135,4 Str-Ⅱ, li **S Storebro**, 🛒, 🚌 (57.5860,15.8425)
134,9 Str-Ⅱ 23/34, weitere ⬇-Möglichkeit (57.5895,15.8475)
134,2 ⬇ nach dem ⌂ am ⛺ (57.5877,15.8546)
130,4 ⛺ (57.6052,15.8760)
124,3 Str-Ⅱ 23/34. Der Stångån hat hier wenig Strömung und ist im Sommer stark verkrautet (57.6501,15.8389)
124,2 Str-Ⅱ 40 (57.6511,15.8376)
122,2 re ⬆⬇ zum Besuch des Ortes (57.6667,15.8357);
Str-Ⅱ, re **S Vimmerby**, 🚆, 🚌, 🛒, ✕ (57.6669,15.8355)
121,5 Str-Ⅱ 23/34 (57.6729,15.8365)
120,3 EB-Ⅱ (57.6819,15.8312)
119,9 Wege-Ⅱ (57.6852,15.8320)
118,6 ⇩ in den ersten der drei Krön-Seen (57.6939,15.8276)
112,7 Str-Ⅱ, ⇩ in 2. Krön-See, bei NW seicht und stark verschlammt, li nach **S Södra Vi** (57.7468,15.8271)
109,4 Ausfahrt aus dem 2. Krön-See (57.7638,15.7861)
106,4 ⇩ in den ca. 300 m langen 3. Krön-See (57.7870,15.7876)
104,6 kleiner ⛺ mit Hütte
102,6 Str-Ⅱ (57.8157,15.7644)
100,3 Str-Ⅱ (57.8328,15.7634)
96,6 ⇩ in den Jutter-See. Weiterfahrt zur Ausfahrt entlang dem N-Ufer. Nebenroute: Auf diesem sehr schönen See kann Richtung SO 12 km weit bis zum See-Ende bei Djursdala gefahren werden (57.8512, 15.7662)
94,1 Ausfahrt aus dem Jutter-See, schöne Durchfahrt zum Ärlången-See (57.8435,15.7964)
92,2 Str-Ⅱ, ⇩ in den Ärlången-See (57.8601,15.8040)
88,1 Str-Ⅱ 135 (57.8936,15.7957)
87,9 Str-Ⅱ, Ausfahrt aus dem Ärlången-See (57.8957,15.7941)
84,3 re ⬆ zum ⌂ des folgenden ▬ (57.9016,15.8029)
84,2 ▬, **X**, markierte ⌂-Stelle, mühsam, danach Str-Ⅱ (57.9015, 15.8054)
83,9 re ⬇ nach dem ⌂ (57.9005,15.8091)
81,8 ⬆⬇ zum ⛺ Horn (57.8988,15.8349)
81,1 Str-Ⅱ, ▬, **X**, einfaches ⌂, **S Horn**, 🛒, 🚌 (57.9027,15.8358)
79,8 ⇩ in den reizvollen Åsunden-See, schöne ⛺-Plätze, Fahrt nach N (57.9121,15.8378)
67,0 Str-Ⅱ 134, li **S Västra Eneby**. Es folgt der Mellan Åsunden-See (58.0024,15.7531)
60,6 li am Westufer ⇩ des Kisan

00,0 Durchfahrt zum Norra Åsunden-See (58.0587,15.7048)
57,1 Insel mit Hütte
52,0 re ➔ Nebenroute: Nach SW abzweigen zum Ämmern-See, 12 km bis zu dessen SO-Ende. Da die Åsunden-Seen über den Kinda-Kanal mit dem Roxen-See und damit dem Göta-Kanal und der Ostsee in Verbindung stehen, ist zunehmend mit Motor- und Segelbooten zu rechnen (58.1300,15.6973)
51,3 Ausfluss aus Norra Åsunden-See, li **S Rimforsa**, 🚂, 🚌, 🛒 (58.1361, 15.6970)
50,8 Straßen- und EB-Ⅱ, Durchfahrt zum Järnlunden-See, Fahrt nach N, entlang zum O-Ufer (58.1411,15.6949)
49,1 Str-Ⅱ 23/34 (58.1525,15.6801)
42,4 Ausfahrt aus dem Järmlunden (58.2081,15.6606)
42,1 ■, re zur ⌘ Brokind, Beginn des Kinda-Kanals, der über 9 ⌘ mit dazwischenliegenden kurzen See-Strecken zum Roxen-See führt. Eine Weiterfahrt ist durchaus lohnend. Die ⌘ können von Kanus benutzt werden, gute ⛺-Möglichkeiten mit Beschilderung und Stegen. An fast allen ⌘ gibt es Prospekte mit genauen Informationen zum Kanal (58.2103,15.6637)
41,4 Str-Ⅱ 23/34, danach re **S Brokind**, 🚂, 🚌 (58.2156,15.6662)
36,7 Str-Ⅱ (58.2481,15.6629)
35,2 Str-Ⅱ, danach Beginn des Sees Stora Rangen (58.2440,15.6833)
28,1 Ausfahrt aus dem See Stora Rangen (58.2846,15.7050)
25,6 Str-Ⅱ, re **S Hovetorp** (58.3021,15.7239)
25,4 ⌘ Hovetorp (58.3040,15.7233)
24,6 Str-Ⅱ (58.3100,15.7248)
22,4 EB-Ⅱ (58.3242,15.7275)
20,0 Str-Ⅱ (58.3225,15.7628)
19,6 ■ Sturefors, re ⌘ (58.3218,15.7684)
19,5 ⇩ in den See Ärlången; nach N weiterfahren (58.3216,15.7709)
16,5 Str-Ⅱ (58.3428,15.7623)
13,6 ■, li ⌘, danach Str-Ⅱ (58.3619,15.7308)
13,2 EB-Ⅱ (58.3645,15.7260)
12,5 Fußg-Ⅱ (58.3673,15.7176)
11,5 Str-Ⅱ, Beginn **S Linköping**, Großstadt mit ca. 106.000 Einwohnern, alle Möglichkeiten (58.3752,15.7122)
11,3 ■, re ⌘ (58.3768,15.7104)
10,2 Str-Ⅱ, ■ Hackefors, li ⌘ (58.3841,15.6982)
8,2 Wege-Ⅱ (58.3963,15.6797)
6,5 Str-Ⅱ (58.3995,15.6560)
6,3 Str-Ⅱ Braskens bro (58.3999,15.6522)

6,1 ⩩ Tannefors (58.4002,15.6490)
5,4 Fußg-II (58.4038,15.6407)
4,6 Str-II, Zentrum von **S Linköping**, 🚂, 🚌, 🛒, ✕ (58.4099,15.6337)
4,3 Str-II (58.4118,15.6315)
4,1 Str-II, EB-II (58.4135,15.6321)
3,5 Wege-II (58.4180,15.6276)
3,0 ▬, li ⩩ (58.4212,15.6306)
2,9 Str-II (58.4227,15.6307)
1,5 Str-II E 4 (58.4337,15.6229)
1,0 li ← in einen Sportboothafen (58.4376,15.6245)
0,0 ⇩ in den Roxen-See (58.4462,15.6227)
-5,2 ⇩ des Stångån (Roxensee) in die Route des Götakanal (s. Seite 494) bei amtl. km 49,7 (58.4929,15.6117)

Tiveden-Seenkette

Seen
Mündung in den See Unden

Im Tiveden-Waldgebiet gibt es eine Seenkette, die in einer Tagestour befahren werden kann. Sie endet an einem Campingplatz am See Ulmen. Von dort aus ist es möglich, mit einer 10 km langen Radtour zur Einsatzstelle zurück zu fahren.

Literatur: Die schönsten Kanutouren in Südschweden, DKV-Verlag 2020.

14,0 ⬇ am NO- Ende des Sees Bosjön, ⛺ mit Unterstand (58.8018, 14.6442)
12,4 Str-II, ⌓ erforderlich, ⇩ in den Kvarnsjön, re **S Bosjön** (58.7948, 14.6205)
11,0 re ⬆ zum ⌓ (58.7936,14.5981);
Durchfluss zum nächsten See, mit Schild gekennzeichnet, ⌓ erforderlich, Str-II (58.7935,14.5981)
10,9 Str-II, **S Åboholm** (58.7932,14.5963)
10,7 hier wieder ⬇ (58.7930,14.5934)
10,0 Str-II, ⌓ erforderlich (58.7947,14.5832)
9,8 Wege-II (58.7952,14.5812)
9,5 ▬, ehemalige Mühle, ⌓ erforderlich (58.7957,14.5751)
9,4 ⇩ in den See Bergvattnet (58.7957,14.5741)
8,1 li ⛺in einer westlichen Bucht (58.8067,14.5653)
6,8 Durchfahrt zum See Sävsjön (58.8177,14.5629)
5,7 ⬆ zum ⌓ (58.8277,14.5604)
5,3 hier wieder ⬇ (58.8306,14.5580)

4,5 ⬆ zur letzten Portage (58.8350,14.5503)
4,2 ⇩ in den See Unden, ⬇ nur, wenn es das Wetter zulässt (58.8344, 14.5457)
0,0 ⬆am Strand neben dem kleinen Hafen des 🚐, **S Baggekär** (58.7988, 14.5337)

Sommen

See

Der See Sommen ermöglicht eine interessante Rundfahrt, die sowohl als sportliche Tagestour oder in einer gemütlichen, zweitägigen Wanderfahrt ausgeführt werden kann.

Literatur: Die schönsten Kanutouren in Südschweden, DKV-Verlag 2020.

30,7 ⬇, Start zur Rundtour unterhalb 🚐 Hättebaden, **S Tranås** (58.0369, 15.0301)
26,9 🚐, ✕ (58.0290,15.0895);
Auto-⛴ (58.0302,15.0911)
20,5 ⛺ Knuts Skeppstad (58.0010,15.1809)
14,7 ⛺ (57.9582,15.1790)
13,1 Str-II (57.9545,15.1733)
0,0 ⬆, Ziel der Rundfahrt (58.0369,15.0304)

Emån

Weitere Namen: Solgenån

Wanderfluss
Mündung in schwedische Ostseeküste

Der Emån ist ein abwechslungsreicher Wanderfluss in Südschweden. Das Gefälle wird typisch skandinavisch stufenweise abgebaut, so dass die meisten Abschnitte nahezu strömungsfrei sind. Dazwischen gibt es mehrere Stufen mit z.T. erheblichem Gefälle und Verblockung und einige Wehre. Entlang des gesamten Flusses sind hübsche Kanu-Rastplätze eingerichtet, die (noch) kostenfrei angeboten werden. Aufgrund der Umtragestrecken ist ein stabiler Bootswagen erforderlich. An mehreren Stellen können in unmittelbarer Nähe vom Fluss Vorräte ergänzt werden. Unter http://www.kanot.info/kartor.htm gibt es eine ausführliche schwedisch Beschreibung.

Befahrungsregeln: Zwischen km 24.9 und km 13.7 besteht ein ganzjähriges Befahrungsverbot aus Naturschutzgründen.

Literatur: Die schönsten Kanutouren in Südschweden, DKV-Verlag 2020.

Quellen: Die Beschreibung von Thomas Seitz beruht auf zwei

Befahrungen im Herbst 2013 und im Sommer 2014.

188,8 ⬇ an der Str-II **S Ryningsholm** (57.6070,14.9920)
188,0 ⇩ in den See Assjön (57.6036,15.0041)
186,9 Ausfahrt aus dem See Assjön (57.5986,15.0187)
185,2 Str-II (57.5943,15.0444)
184,5 Str-II, li **S Markestad** (57.5923,15.0549)
183,8 ⇩ in den See Solgen, Kurs entlang dem Westufer, im Ostteil des Sees befindet sich ein Naturschutzgebiet (57.5904,15.0660)
178,6 re **S Mellby**, zwischen Bootshafen und Badestrand befindet sich ein ⛺ mit 2 Unterständen (57.5559,15.1130)
177,5 Ausfahrt aus dem See Solgen (57.5458,15.1158)
176,3 ▬ Värne, li ⏏ (57.5396,15.1018)
176,0 Str-II, **S Värne**, weitere ⬇ in den Fluss Solgenån, TC, Mülltonne (57.5372,15.0993)
170,8 ⇩ des Solgenån in den Stausee Klintedammen (57.5048,15.1168)
168,8 ⬆ zum ⏏ des folgenden ϟ (57.4952,15.1063)
168,7 ▬ Klintedammen, **X**, ca. 800 m ⏏ (57.4950,15.1080)
167,9 Klintedammen ϟ, li ⬇. ⛺ mit Tisch, Feuerstelle, Mülltonne, Windschutz und TC (57.4890,15.1120)
167,3 ⇩ in den Stausee Brunnshultadamm (57.4852,15.1153)
166,1 ⛺ (nur Zelt, kein Unterstand) (57.4800,15.1314)
165,3 Brunnshultadamm, re ⛺ mit Tisch, Feuerstelle, Mülltonne und TC, ⛺ (57.4788,15.1451)
165,1 unterer Brunnshultadamm. re gegenüber dem ϟ ⬆. 100m ⏏ (57.4785,15.1494)
165,0 ⬇ an einer Holzrutsche (57.4792,15.1503)
164,8 ⚠ nach ca. 300m re in Hällaryds Kanal einfahren, ca. 1,5 m breit, am Eingang Schütz, wenn geschlossen ⏏, der Hauptarm ist **X** (57.4776, 15.1553)
163,4 Hällaryd ϟ, zum ⏏ li am ϟ ⬆ (57.4684,15.1706)
163,1 Str-II, **S Skede** (57.4684,15.1714)
163,0 Str-II Skede (57.4674,15.1729)
162,7 Str-II Skede (57.4653,15.1742)
162,6 ⚠ Stromschnelle Hällarydsverken, evtl. li ≈, sonst li ⏏ (57.4650, 15.1737)
162,5 hier wieder ⬇ (57.4639,15.1715)
157,9 li **S Holsbybrunn**, ⇩ des Solgenån in den Emån, 200m aufwärts auf dem Emån 🛒 und ⬇⬆ (57.4392,15.2105)
155,0 ⬆ zum ⏏ des folgenden ϟ (57.4291,15.2502)
154,9 ▬ Aspödamm, **X**, li am ϟ ⬆, unterhalb des ϟ am ⛺ ⬇, Tisch,

Feuerstelle, Mülltonne, TC und Frischwasser (57.4287,15.2491);
⛺, Tisch, Feuerstelle, Mülltonne, TC und Frischwasser (57.4286, 15.2484);
⬇ nach dem ⏢ (57.4283,15.2486)

154,0 Str-II (57.4272,15.2578)

151,5 ⬆ zum ⏢ des folgenden ϟ (57.4154,15.2857);
▬ und ϟ Bruksgården, X, ca. 200m ⏢ (57.4155,15.2863)

151,3 ⬇ nach dem ⏢ (57.4143,15.2887)

149,1 li ⛺ Ädelfors (57.4109,15.3153)

148,8 ⬇⬆ Ädelfors mit Schwimmsteg (57.4118,15.3184);
Str-II, **S Ädelfors**, im Ort ⛟ und Bergbaumuseum ⌘ (57.4117, 15.3188)

148,3 ⬆ zum ⏢ des folgenden ϟ (57.4114,15.3278);
▬ und ϟ Ädelfors, X, ca. 200m ⏢ (57.4110,15.3280)

148,1 ⬇ unterhalb ϟ (57.4106,15.3307)

140,2 re schöner ⛺ Kyrkängen mit Schwimmsteg, Tisch, Feuerstelle, Windschutz, TC und Mülltonne (57.4009,15.4319)

134,8 re **S Kvillfors**, am Badeplatz ⬆ zum Beenden der Fahrt oder zum ⏢ der nächsten 2 ▬ (3 km), ⛺-Möglichkeit, im Ort 🚌, 🛒, ⛟ (57.4062, 15.4939)

134,3 ▬ Turefors kraftstation, X, zum ⏢ siehe Badeplatz Kvillsfors (57.4099,15.4909)

133,6 Str-II, EB-II (57.4111,15.4987)

132,9 ▬ Kvillsfors, X, zum ⏢ siehe Badeplatz Kvillsfors (57.4114, 15.5106)

131,5 Str-II 47 (57.4064,15.5292)

126,2 ⇩ in den kleinen See Järnsjön (57.4029,15.5943)

125,5 Ausfahrt aus dem See Järnsjön (57.4072,15.6021)

124,2 hier ⬆ zum ⏢ des folgenden Kraftwerkes, ⏢ ca. 500 m, ⬇ beim Sportplatz, dort ⛺ (57.4100,15.6160)

124,0 Str-II **S Järnforsen**, 🛒, ϟ, X, re ca. 200 m vor dem ϟ ⬆ (57.4109, 15.6187)

117,1 ⛺ gegenüber **S Väster Arena** (57.4073,15.6867)

116,3 Str-II, re **S Årena** (57.4040,15.6972)

107,1 Str-II 23, Möglichkeit zum ⬆⬇ (57.3881,15.7560)

104,4 li ⛺ und ⛺ Gårdveda, Mülltonne, Feuerstelle, TC, Trinkwasser, Übernachtungsraum bis 6 Pers. im roten Haus (57.3834,15.7737)

100,2 li ⛺ und ⛺ Målilla (57.3825,15.8040)

100,0 Str-II **S Målilla**, 🛒 300 m nach li (57.3827,15.8074)

99,9 Str-II 34/47 (57.3827,15.8103)

98,1 ⚠ Wasserfall Emmenäs, X re vor dem Wasserfall ⬆, 200m ⏢

(57.3771,15.8258)
97,8 li **S Emmenäs** (57.3753,15.8250)
95,9 Str-II 34/47, ⛺ Rosenfors ca. 200 m li von der Brücke, direkt an der Straße, besser li an der Brücke ⬆ und Wiese nutzen (57.3630, 15.8253)
80,3 Str-II, re **S Tigerstad**, li **S Karlsborg-Mörlunda**, 🛒 (57.3029, 15.8866)
77,8 Str-II, ⚠ darunter Schwall, nach Besichtigung evtl. ≈ (57.2927, 15.9172)
75,8 ⚠ Stromschnelle Ryningsnäsforsen, **X**, 200m vor der folgenden II re ⬆, re 400 m ⌓ durch den Wald, dann ⬇, an der ⬆ ⛺, Mülltonne, TC, Feuerstelle und Tisch (57.2783,15.9273)
75,6 Str-II über die Stromschnelle Ryningsnäsforsen (57.2768,15.9280)
75,4 re ⬇ nach ⌓ der Stromschnelle (57.2750,15.9269)
72,7 ⚠ Stromschnelle, n. Bes. evtl. li ≈ (57.2604,15.9260)
71,4 ⚠ Stromschnelle, n. Bes. evtl. li ≈ (57.2618,15.9148)
65,4 ▬ und ϟ Blankastöm, **X**, li ⬆, ⌓ über die II ca. 400 m und unterhalb des Kraftwerkes wieder ⬇ (57.2212,15.9156)
56,9 li schöner ⛺ Smällen mit Tisch und Feuerstelle (57.1820,16.0009)
55,7 re ein Überlauf-▬ des Kraftwerkes Frövi, Weiterfahrt im Oberwasser (57.1742,16.0117)
55,3 Str-II 37 (57.1711,16.0135)
55,1 Frövi ϟ, **X**, bereits ab der vorhergehenden Str-II li halten und li hinter der Brücke ⬆, 300 m am ϟ vorbei ⌓ (57.1698,16.0164)
54,8 li ⛺ Högsby mit Feuerstelle, 300 m zum Zentrum. Laut, da direkt an Bahngleisen (57.1695,16.0202)
54,3 Str-II, **S Högsby** 🛒, 🚂, 🚌 (57.1651,16.0235)
52,9 Str-II 34, ⚠ darunter Stromschnelle Tingebro Fors, am li Brückenbogen ⬆, 200 m ⌓, am Feldrand wieder ⬇, evtl. li treideln, bei gutem Wasserstand nach Besichtigung re ≈, (57.1594,16.0330)
47,5 EB-II (57.1351,16.0912)
45,4 Str-II, ⚠ danach Stromschnelle Åsebo Fors, ⬆ re vor der II, ca. 400 m über die II ⌓, Fors nach Besichtigung evtl. ≈, ⛺ mit Windschutz, Tisch und TC an ⬆-Stelle (57.1308,16.1219)
38,5 re ➔ des Armes Kvillen. Dieser Arm ist steinig und voller Stromschnellen, für Wanderboote nicht geeignet (57.1414,16.1959)
34,2 ⚠ Stromschnelle Bussen Fors, nach Besichtigung evtl. ≈, 2 kräftige Stufen, sonst li ⬆, 1 km ⌓ (57.1630,16.1914)
32,9 ⚠ Stromschnelle Högserum Fors. n. Besichtigung evtl, nach Besichtigung evtl. ≈, 4 flache Stufen, sonst re 350m ⌓ (57.1592,16.2076)
31,2 2 ▬ und 2 ϟ Finsjö, vor dem 1. ▬ über die Holzbarriere re in Ne-

benarm fahren, re vor dem 2. ▬ ⬆, 700 m am 2. ↯ vorbei ⌓. Ausschilderung fehlt: auf der Straße nach re, kurz li Richtung Ort, dann 1. Straße re (Stationsvägen), 50 m hinter letztem Haus li ⬇ (57.1540, 16.2284)

27,2 ▬-Anlage Jungnerholmerna, über Hauptinsel 500 m ⌓, ⌘ alte Mühlenanlagen, Batteriewerk (Gelände saniert), schöner ⛺ mit Windschutz, Feuerstelle, TC und Mülltonne (57.1310,16.2555)

26,8 ehemalige EB-Ⅱ (57.1297,16.2605)

26,6 re ⇩ des Armes Kvillen (57.1289,16.2627)

26,5 2 Str-Ⅱ, **S Flyserid** (57.1293,16.2652)

24,9 –13,7 **§** ganzjähriges Befahrungsverbot aus Naturschutzgründen, ⬆ bei Lövhult an einer Weide bevor die Hauptstraße nach links abzweigt. 8 km auf der Straße ⌓ bis zur Mühle von Skrika (nach ca. 6 km ist Skrika ausgeschildert, dann 2. Straße rechts zur Mühle), ⬇ unterhalb der Mühle Skrika (57.1361,16.2866)–(57.1632,16.3757)

9,2 Karlshammar li ▬, re ↯, ganz li ⬆ und ⛺, ⌓ über die Str-Ⅱ und am ↯ vorbei, re ⬇ (57.1544,16.4195)

5,5 ▬ und ↯ Emsfors, verfallen, nach Besichtigung evtl. ≋, im rechten Arm 3 Stufen vor der eigentlichen Mühle, steinig, andere Durchfahrten?? An der Mühle kräftiger, verblockter Schwall, besichtigen! Sonst re ⌓, mühsam (57.1434,16.4490)

5,0 Str-Ⅱ (57.1414,16.4531)

1,5 Str-Ⅱ E22, davor Schwall, am besten im li Arm ≋, durch kleine Ⅱ nach re in Hauptarm, auf Treibholz achten, hinter der Ⅱ ⛺ mit WC, Mülltonne, Windschutz und Tisch, viele Angler. Ab hier zahlreiche kleine Schwälle (57.1262,16.4838)

0,2 ⚠, kräftiger Schwall zwischen Sperrmauern, re ≋, sonst li ⌓ (57.1300,16.5002)

0,0 ⇩ in die Ostsee. Von hier 5 km nordwärts über die Ostsee zum Nötö Naturcampingplatz in Påskallavik (57.1297,16.5042)

Ronnebyån

Wanderfluss – Seen
Mündung in schwedische Ostseeküste

Auf ca. 45 km ist der Ronnebyån ein interessanter Wanderfluss. Mehrere durchfahrene Seen machen die Fahrt abwechslungsreich. Einige Hindernisse müssen umtragen werden. Der restliche Flusslauf bis zur Ostsee ist mit einigen Kraftwerken verbaut. Auf eine Beschreibung dieser Strecke wurde verzichtet.

Literatur: Die schönsten Kanutouren in Südschweden, DKV-Verlag 2020.

90,1 ⇩ in den See Rottnen, **S Hovmantorp**, ⬇, 🚂, 🚌, 🛒 (56.7869, 15.1357)
89,7 re Gökaskratts 🚐 Hovmantorp, weitere ⬇, Badestrand, ✕, 🅿 (56.7841,15.1315)
81,6 Ausfahrt des Ronnebyån aus dem See Rotten, ■, **X**, li ⏢, anschließend Behinderung durch Weidenbüsche (56.7373,15.1725)
81,0 Steinbogen-Ⅱ, **X**, re ⏢ (56.7351,15.1777)
79,5 ⇩ in den See Knäsjön, Kurs nach Südost (56.7317,15.1936)
79,1 Ausfahrt aus dem See Knäsjön, ■ und Str-Ⅱ, zum ⏢ re ⬆ und über die Ⅱ nach li der Straße folgen, ⬇ bei der folgenden Ⅱ (56.7301, 15.1977)
79,0 ■ und Str-Ⅱ, **X**, ⏢, re ⬆ und über die Ⅱ nach li der Straße folgen (56.7294,15.1990)
78,8 Str-Ⅱ (56.7284,15.2015);
li ⬇ unter der Ⅱ (56.7284,15.2015)
76,3 re ⛺ Tällekullen (Gebühr), Hütte (56.7170,15.2173)
73,1 niedrige Ⅱ, davor kleine Stromschnellen, evtl. re ⏢ (56.7013, 15.2356)
72,8 ⇩ in einen kleinen See (56.6991,15.2364)
71,7 Ausfahrt aus dem See (56.6896,15.2359)
70,5 ■ und ↯ Skogsholm, re vor Ⅱ ⬆, über die Brücke und entlang des Betonkanals ⏢, weiter bis zum alten Kraftwerk (ca. 500 m) (56.6823, 15.2279)
68,9 Str-Ⅱ, re **S Skogskvarn**, es folgen kleinere Stromschnellen, evtl. li ⏢ (56.6803,15.2052)
66,7 Str-Ⅱ (56.6671,15.2016)
66,6 ⇩ in den See Viren, der See ist nicht tief, ⚠ auf Findlinge, Kurs entlang dem Westufer (56.6664,15.2012)
62,2 Ausfahrt aus dem See Viren (56.6312,15.1993)
61,5 re bereits vor den Häusern ⬆, ⏢ des folgenden Wehres über Straße und Parkplatz zur ⬇ (56.6257,15.1969);
Str-Ⅱ und ■ **S Korrö**, **X**, ehemaliges Handwerkerdorf, ✕ (56.6250, 15.1974)
61,4 li ⬇ nach dem ⏢ (56.6241,15.1977)
61,1 Str-Ⅱ 122, in ca. 1,5 km re ⛺ (56.6218,15.1978)
58,5 re ⛺ Svartabäck (56.6074,15.2134)
55,2 ⬆ zum ⏢ des folgenden ↯ (56.5819,15.2035);
■ und ↯ Bro, **X**, ⏢ (56.5815,15.2034)
55,1 re ⬇ nach dem ⏢ (56.5810,15.2021)
52,3 ⇩ in einen See, re großes Sägewerk (56.5672,15.1827)
51,8 re ⛺ Flåboda (56.5646,15.1760)

50,1 nach mehreren kleinen Seen ⇩ in den See Sandsjön. Diesen See fast in voller Länge durchfahren (56.5527,15.1640)
45,1 ⬆, Badestrand und Natur-⛺ auf der Landspitze Näset, gute Möglichkeit zur Beendigung der Fahrt. Die folgende Strecke ist mit mehreren Kraftwerken verbaut und deshalb kanusportlich nicht so interessant. Eine Beschreibung ist nicht vorhanden (56.5127,15.1452)
44,5 Str-II 120 (56.5070,15.1419)
0,0 ⇩ in die Ostsee (56.1742,15.3012)

Mörrumsån

Wanderfluss und Seen
Mündung in schwedische Ostseeküste

Der Mörrumsån ist im beschriebenen Teil ein ruhiger Wanderfluss mit mehreren Umtragestellen. Er ist außerordentlich interessant, da in seinem Lauf mehrere kleine und die beiden großen Seen Helgasjön und Åsnen liegen. Diese beiden Seen sind sehr stark gegliedert, mit zahlreichen Buchten und zahllosen Inseln und Inselchen. Für die Navigation auf den Seen sind genaue Karten unerlässlich. Eine sehr brauchbare Karte ist die spezielle Wanderkarte Värends-Kartan 1:75 000. Man kann sie in den Fremdenverkehrsbüros der größeren Orte der Region erwerben. Die Seen sind ein Vogelparadies: Flussregenpfeifer, großer Brachvogel, Graugans, Kanadagans, Schellente, Stockente, Seeschwalbe, Blässhuhn, Haubentaucher, Prachttaucher und sogar der Fischadler können hier beobachtet werden.

Befahrungsregeln: Mehrere Gebiete sind als Vogelschutzgebiete ausgewiesen und durch - oft schwer erkennbare - Schilder markiert. Das Betreten dieser Gebiete ist vom 01.04. bis 15.07. verboten. Um die Vögel nicht bei ihrem Brutgeschäft zu stören, sollte man diese Gebiete in gebührendem Abstand passieren.
Befahrbarkeit: Ganzjährig.
Umwelt: Sehr sauberes Wasser.
Literatur: Die schönsten Kanutouren in Südschweden, DKV-Verlag 2020.

150,0 **S Asa**, ⬇ in den langgestreckten See Asasjön, Fahrt nach Süden (57.1650,14.7898)
143,3 Ausfluss aus dem See Asasjön, wenig Strömung (57.1058,14.7997)
141,8 Str-II, re **S Tolg** (57.0929,14.8037)
141,5 ⇩ in den See Tolgasjön. Fahrt nach SW, Richtung Landzunge (57.0903,14.8050)
140,6 am Ostufer ⇩ des Oberlaufes des Mörrumsån. Für den Oberlauf liegt

keine Beschreibung vor (57.0828,14.8007)
139,3 li ⛺, ⛺, Feuerstelle, 30 Min. Wanderung zur Nykullahöhe mit Aussichtsturm und Heimatmuseum ⌘
134,6 re **S Åby**, Str-Ⅱ, 🛒 (57.0312,14.7814)
134,1 ■ und ϟ, auf der großen Insel landen und re neben dem ϟ zur S-Spitze der Insel 150 m ⌓, ⛿, li 🚐 (57.0269,14.7806)
134,0 ⬇-Möglichkeit Åby (57.0259,14.7809);
⇩ in den See Helgasjön, Fahrt entlang dem W-Ufer nach S. Weiterfahrt zwischen den beiden Inseln Vidrasön und Ramsön. Auf 1,6 km muss die freie Wasserfläche des hier bis zu 7 km breiten Sees überquert werden, ⚠ bei W- oder O-Wind! Weiterfahrt zwischen Åsaskogen und der Insel Stora Björnön in den Kalvssundet. Am W-Ufer von Hissön genau nach S auf eine kleine Insel zu. Hier liegt die Burgruine Kronoberg. Weiterfahrt Richtung SW (57.0255,14.7815)
131,9 ⛺ Bruket (57.0079,14.7737)
124,5 Schlossruine Kronoberg, ⌘, ✕ (56.9420,14.7940)
122,1 ⛺ St. Pene (56.9248,14.7777)
118,7 am W-Ufer, 🚐, **S Öjaby**, 🛒. Wer die etwas beschwerlichen Umtragestellen des Mörrumsån vermeiden möchte, kann diese ab hier mit dem Pkw umfahren (56.9008,14.7400)
117,8 Str-Ⅱ 25/27, li **S Vaxjö**, Ausfluss aus dem See Helgasjön, ■, kurz nach der Ⅱ am Bootssteg ↰, auf kleinem Weg über Ⅱ zum Ende der Landzunge in Mörrumsån ⌓, (56.8935,14.7434)
117,7 ■, 1. Portage, über die Str-Ⅱ Mjölnarvägen, dann links auf den Damm, ⬇ (56.8927,14.7448);
Str-Ⅱ Mjölnarvägen (56.8922,14.7445)
117,5 Str-Ⅱ Öjabyvägen (56.8906,14.7441)
116,5 EB-Ⅱ (56.8839,14.7400)
116,1 Str-Ⅱ (56.8807,14.7372)
116,0 ⬆ für die 2. Portage (56.8801,14.7372);
■ und ϟ Räppe, **X**, ⌓, dazu li vor der Brücke ⬆, Straße überqueren, nach Sportplatz re zurück zum Fluss, 300 m (56.8801,14.7369)
115,8 hier wieder ⬇ (56.8780,14.7355)
114,7 ⬆ für die 3. Portage (56.8692,14.7329);
■ Bergkvara, **X**, ⌓, dazu an Insel re vorbeifahren, vor Ⅱ ↱, auf schmalem Weg zum See Bergkvarsjön ⌓ (56.8685,14.7331)
114,5 hier wieder ⬇ (56.8677,14.7316)
113,0 Ende des Sees Bergkvarsjön. ⚠, auf 1,5 km erhebliches Gefälle, Stromschnellen (56.8660,14.7077)
112,1 li ⛺ (56.8656,14.6955)
111,3 ⇩ in den See Kråkesjön, Fahrt nach W (56.8688,14.6842)

110,9 Ausfahrt aus dem See Kråkesjön (56.8685,14.6774)
110,4 ■ und ϟ, re Stromschnelle, **X**, ⏏, ⬆ und ⬇ über Holzrampen (56.8702,14.6708)
110,0 EB-II (56.8726,14.6659)
109,9 ■ Stufe mit großen Steinblöcken (56.8732,14.6653)
109,7 ⇩ in den See Gemlasjön, Weiterfahrt nach Westen entlang dem Südufer (56.8748,14.6639)
109,2 li Ausfahrt aus dem See Gemlasjön (56.8757,14.6572)
108,6 re ⛺ an Badestelle (56.8728,14.6541)
108,5 EB-II (56.8714,14.6539)
108,4 re **S Gemla**, 🛒 (56.8705,14.6535)
108,3 bei Flussteilung ➔ fahren (56.8701,14.6538);
⬆ für das folgende ■, auf der Insel am li Ufer des re Armes ⏏, es folgt eine sehr schöne Flussstrecke, mit vielen Windungen durch flache Landschaft (56.8696,14.6540)
107,6 Str-II (56.8651,14.6574)
103,8 ⚠ Stromschnelle bei Sövringgården
102,8 Badestelle, guter Pausenplatz (56.8576,14.6266)
101,8 Str-II Öjavägen (56.8503,14.6222)
99,5 ⇩ in den See Furen, Kurs NW zum See-Ende (56.8342,14.6173)
98,9 Ausfluss aus dem See Furen (56.8376,14.6093)
97,9 ⬆ zum ⏏ des folgenden ϟ (56.8431,14.6022)
97,8 Str-II, **S Gransholm**, ■, ↰, li um Fabrik und danach re zum Fluss, insgesamt 450 m ⏏, gegenüber der ⬇ Übernachtungsplatz mit Feuerstelle (56.8442,14.6017)
97,6 ⛺ (56.8456,14.5985);
⬇ an einer II (56.8449,14.5983)
96,1 ⬆ zum ⏏ des folgenden ϟ (56.8380,14.5835)
96,0 ■ und ϟ, vor der Sperrmauer ↱ und vor dem Kraftwerk re ein Weg zur ⬇, ⏏ 200 m (56.8376,14.5822)
95,8 hier wieder ⬇ (56.8373,14.5796)
95,5 ⇩ in den Salen-See. Weiterfahrt entlang dem O-Ufer nach Süden (56.8367,14.5750)
92,7 ⛺ Usterid (56.8133,14.5852)
91,5 Ausfluss aus dem Salen-See am O-Ufer, ruhige Fahrt durch Wiesen (56.8018,14.5817)
88,9 Str-II 23 (56.7801,14.5863)
88,8 ⬆ zum ⏏ des folgenden ϟ (56.7795,14.5868)
88,6 Str-II, danach ↱, auf markiertem Weg das folgende ■ ⏏, Weiterfahrt durch eine Sumpf- und Moorlandschaft (56.7787,14.5888)
88,5 hier wieder ⬇ (56.7771,14.5882)

85,7 ⇩ in den Skatelöv-Fjorden, Nordteil des Åsnen-Sees. Fahrt entlang dem W-Ufer, Bråvalla hed, großes Grabfeld mit Schiffsgrab, Runensteinen und Steinsetzungen, ⌘. Vogelschutzgebiet am O-Ufer und den Inseln Timmeröarna beachten. Eintöniges Ufer (56.7573,14.5974)

78,9 🚐 Torne (56.6962,14.6017)

78,4 Str-II, **S Torne**. Einfahrt in den Julöfjorden. Für die Weiterfahrt gibt es zwei Möglichkeiten:
a) bei Ostwind Weiterfahrt entlang dem O-Ufer, die Inseln Julöarna östlich umfahren. Hinter den Landzungen der großen Halbinsel Hössön in den Windschutz von Sirkön paddeln. Es folgen zwei freie Wasserflächen. Unter Land bis zur schmalen Durchfahrt bei Stommare udden fahren. Hier Zusammentreffen mit der Route b). Dieser Ostwindkurs ist ab II Torne 14 km lang.
b) bei W-Wind Fahrt entlang dem W-Ufer.
Hinweis: Die Befahrung des Åsnen-Sees wurde unter Nutzung eines Befahrungstracks dargestellt. Aufgrund der vielen Möglichkeiten unbedingt zur Befahrung genaues Kartenmaterial benutzen (56.6923, 14.6094)

74,6 ⛺ Slagestorp (56.6604,14.6196)

69,8 ⛺ Trollberget (56.6158,14.6169)

60,8 ⛺, für mehrere Gruppen geeignet (56.6051,14.7084)

59,1 Weiterfahrt auf SO Kurs am Ufer der Insel Getnön. Am li Ufer kleiner 🚐 Rotahult. Je nach Windrichtung wird die Insel im Osten oder Westen umfahren. Bei SW-Umfahrung achten, dass man sich nicht in den SW-gerichteten Näckhallsfjorden verirrt (56.5930,14.7271)

53,7 li ← zum O-Ufer, dort 🚐 Urshult, 🛒, gute Gelegenheit zur Beendigung der Fahrt. Weiterfahrt vom 🚐 zum S-Ende des Åsen-Sees (56.5519,14.7659)

52,7 Ausfahrt aus dem Åsen-See (56.5435,14.7603)

52,5 **S Hackekvarn**, ▬, in re Arm einfahren und vor der Staumauer ↰, die Insel 100 m weit überqueren und in li Arm einsetzen, schöne Weiterfahrt durch den Havbältesfjorden entlang dem S-Ufer (56.5431, 14.7567)

48,3 ⚠, am See-Ende niedrige II, re ⏏ (56.5156,14.7169)

46,7 alte Str-II, Aalfanganlage, ▬, bei gutem Wasserstand evtl. li ≈. ⏏ sehr mühsam (56.5026,14.7128)

46,6 Str-II 120 (56.5017,14.7124)

46,3 alte EB-II (56.4992,14.7134)

46,0 ⇩ in den Hönshyltefjorden (56.4966,14.7144)

42,8 See-Ende, **S Ryd**, 🚐, 🛒, 🚌, ✝. Die Fahrt sollte hier beendet werden. Eine Weiterfahrt ist zwar möglich, der Mörrumsån ist jedoch durch eine Kette von ⚡ weitgehend verbaut. Einzelheiten sind nicht bekannt. Der Unterlauf ist ein Lachs-Fluss mit zahlreichen Anglern, Ärger mit ihnen ist kaum zu vermeiden. Die Befahrung scheint hier verboten zu sein (56.4701,14.7029)

33,0 ⬇-Möglichkeit unterhalb des Kraftwerkes Karsahult, die folgenden 8 km wurden bereits befahren. Es liegt jedoch kein Befahrungsbericht vor (56.3993,14.6674)

29,5 Str-II (56.3706,14.6831)

25,1 li ⬆-Möglichkeit vor einem ▬ Staudamm (56.3367,14.7006)

0,0 ⇩ in die Ostsee, südl. von **S Mörrum** (56.1536,14.7471)

Immeln

Weitere Namen: Raslången, Halen

Seen

Diese interessante Route nördlich von Kristianstad führt über mehrere landschaftlich schöne Seen. An den Verbindungen sind Portagen erforderlich.

Umwelt:	Viele Inseln sind als Vogelschutzgebiet ausgezeichnet mit entsprechenden Betretungsverboten.
Literatur:	Die schönsten Kanutouren in Südschweden, DKV-Verlag 2020.

28,8 ⬇ **S Immeln**, ≡, dort auch Information, 🅿 (56.2060,14.2504)

23,3 auf den beiden Nachbarinseln Kvinnöarna jeweils ein ⛺ (56.2503, 14.2824)

13,3 Ausfahrt aus dem See Immeln, li ⛺ Brotorpet, ⏏ Portage zum See Fikesjön über Waldwege, an der ⬇ ⛺ (56.2962,14.3921)

12,7 ⇩ in den See Fikesjön, ⛺ (56.2949,14.4023)

11,2 Ausfahrt aus dem See Fikesjön, ⏏ Portage Getatorpet über Holzplanken, steiler Abstieg an der ⬇ (56.2909,14.4208)

11,1 ⇩ in den See Gillesjön (56.2910,14.4234)

10,7 leichte Stromschnelle zum unteren Teil des Fikesjön (56.2905, 14.4284)

10,2 Ausfahrt aus dem See Gillesjön, ⏏, Portage über einen Waldweg (56.2864,14.4267)

10,0 ⇩ in den See Raslången, Kurs nach Süden, nach ca. 3 km li und re ⛺ (56.2848,14.4270)

7,3 re ⛺ (56.2604,14.4231)

7,2 li ⛺ (56.2601,14.4293)

6,8 Kurs jetzt in Richtung Nordost (56.2573,14.4321)

5,2 Ausfahrt aus dem See Raslången, ⏏ letzte Portage in Alltidhult (56.2645,14.4518)

4,7 ⬆, ⌂, Portage in Alltidhult (56.2619,14.4594)
4,4 ⬇ in den See Halen am ⛺ (56.2598,14.4614)
3,3 Durchfahrt zum See Österjön (56.2585,14.4802)
0,7 ⬆ beim 🚐 Olofström (56.2696,14.5080)
0,0 Ausfluss aus dem See Halen in den Holjeån (Nicht beschrieben, durch den Ort **S Olofström** nicht befahrbar.) (56.2763,14.5060)

Helgeån

Weitere Namen: Möckeln-See

Kleinfluss und Seen
Mündung in schwedische Ostseeküste

Der Mittellauf des Flusses enthält zahlreiche Umtragestellen, der Unterlauf ist zusätzlich kanalartig ausgebaut. Es wird daher anschließend nur der Oberlauf beschrieben. Er ist hier ein sehr reizvoller, hindernisarmer Kleinfluss, der durch mehrere kleine Seen fließt und den interessanten Möckeln-See durchquert. Für eine Befahrung mit Gepäck besorgt man sich am besten vor Ort (z.B. Campingplatz Älmhult) die Karte für den Kanotled. Darauf sind alle erlaubten Lagerplätze sowie Ein- u. Aussetzstellen angegeben. Man tut gut daran sich danach zu verhalten, wenn man Ärger vermeiden will. Für die Benutzung der Rast- u. Übernachtungsplätze wird eine Gebühr pro Nacht per Schecks erhoben, die auf den Campingplätzen oder Touristbyras erworben werden können.

Befahrbarkeit: Am besten Frühjahr und Frühsommer. Im Hochsommer kann das Wasser auf den Fließstrecken knapp werden. Für Befahrungen des Sees Möckeln sowie der Nebenroute sind die entsprechenden topographischen Karten 1:50 000 unerlässlich.

Infrastruktur: 🚐 unweit Möckeln-Südende bei Bökhult, beim Dorf Möckeln, Välje bei Virestad und Osby. Übernachtungen auf den Rastplätzen sind gebührenpflichtig. Erkundung bei den örtlichen Touristenbüros.

Literatur: Die schönsten Kanutouren in Südschweden, DKV-Verlag 2020.

187,5 ⬇ in den Granshultasjön beim Freizeitgebiet Arnanäs, Fahrt nach NW
186,5 See-Ausfluss in Richtung SW, Str-II (56.6476,14.3202)
185,3 ⇩ in den See Virestadsjön, Fahrt nach Süden, im Osten **S Virestad** (56.6383,14.3140)
182,4 See-Enge, Str-II (56.6140,14.3185)
181,4 Am O-Ufer Badeplatz Välje, 🚐, günstige ⬇, Fahrt nach SW (56.6060, 14.3265)
178,2 Ausfahrt aus dem See Virestadsjön, mit einer großen runden weißen

Tafel gekennzeichnet, danach Sumpfgebiet des zuwachsenden Degernäsasjön (56.5819,14.2981)

175,2 ⛺ Bråthult (56.5597,14.2851)
175,1 2 Str-II 120, **S Bråthult** (56.5589,14.2843)
172,2 Str-II (56.5403,14.2664)
171,5 Str-II (56.5374,14.2573)
170,0 ⇩ in den Schilfsee Låkasjön (56.5362,14.2377)
167,4 Ausfahrt aus dem Schilfsee Låkasjön (56.5500,14.2361)
166,4 Str-II 120 (56.5580,14.2358)
163,9 ⇩ in den verschlammten See Steningen (56.5765,14.2435)
162,0 Ausfahrt aus dem See Steningen, zzt. nicht gekennzeichnet (56.5819, 14.2197)
160,4 Str-II, li **S Brännhults gård** (56.5887,14.2082)
159,5 Str-II 23 (56.5924,14.2022)
158,2 ⇩ in den See Såganässjön, Fahrt nach N, re Lagerplatz Såganäs friluftsbas am See (56.6015,14.2063)
157,5 ⛺ Säganäs (56.6067,14.2126)
156,4 Str-II (56.6167,14.2134)
154,6 Ausfahrt aus dem See Såganässjön (56.6322,14.2222)
154,0 EB-II (56.6368,14.2228)
153,5 Str-II, **S Diö**, 🚌, 🚂, danach ▬, ↱ und am Industriegebiet vorbei ⏏ (56.6405,14.2224)
153,1 ⬇ in den See Möckeln in südöstlicher Bucht. Der See ist stark gegliedert, mit mehreren Inseln und großen Halbinseln. Eine Rundfahrt um den See mit Ausfahren sämtlicher Buchten führt über etwa 60 km. Zur Weiterfahrt auf dem Helgeån wird der See von Ost nach West gequert (56.6408,14.2158)
152,8 ⛺ Diö (56.6432,14.2128)
149,6 ⛺ Höö (56.6654,14.1849)
146,9 ⇩ Kreuzung der Nebenroute zum See Möckeln mit der Route Helgeån (56.6638,14.1439)

Nebenstrecke Nebenroute zum See Möckeln

Diese Route ist eine weitere, kürzere Zufahrt zum See Möckeln. Sie wird in den Karten ebenfalls als Helgeån bezeichnet.

35,4 **S Ryssby**, ⬇ in den See Ryssbysjön, Fahrt auf dem See nach Süden (56.8604,14.1610)
31,1 Str-II, li **S Ryssbyholm**, Durchfahrt zum See Stensjön, Weiterfahrt nach Süden (56.8223,14.1686)
25,1 Ausfahrt am S-Ende des Sees Stensjön (56.7728,14.1559)
24,8 Wege-II (56.7709,14.1530);

	⛺ Brofästet (56.7708,14.1532)
23,4	Wege-Ⅱ (56.7644,14.1618)
23,1	Wege-Ⅱ (56.7628,14.1594)
21,7	Str-Ⅱ, re nach **S Agunnaryd**, ✕, 🛒 (56.7517,14.1608); ⛺ Holmen (56.7511,14.1608)
21,3	⇩ in den See Agunnarydssjön (56.7492,14.1646)
20,7	re Badestrand Agunnaryd (56.7444,14.1564)
19,2	Ausfahrt aus dem See Agunnarydssjön (56.7302,14.1601)
18,4	Str-Ⅱ 124, mögliche ⬇ (56.7247,14.1608)
15,0	⇩ in eine N-Bucht des großen Sees Möckeln (56.7001, 14.1507)
14,2	⛺ Marsholm mit Unterstand (56.6955,14.1634)
10,7	⇩ Kreuzung der Nebenroute zum See Möckeln mit der Route Helgeån (s. Seite 513) (56.6638,14.1439)
6,4	⛺ Sikarelven (56.6257,14.1393)
0,0	⬆⬇, Camping# Böckhult, **S Älmhult** (56.5685,14.1291)

145,6	Ausfahrt aus dem See Möckeln bei Avanäs mit schwacher Strömung durch hohes Schilf. Der Ausfluss ist schwer zu finden. Merkmal: am See-Ufer stehendes einzelnes Herrenhaus, etwa 100 m li davon 2. Haus anfahren (56.6638,14.1238)
145,4	alte Stein-Ⅱ der Straße Pjätterryd-Agunnaryd, mögliche ⬇ (56.6652, 14.1216)
142,5	⇩ in Tornasjön, stark verschilft; Kurs Richtung Fischerhütte, die nach etwa 200 m li voraus sichtbar wird (56.6815,14.1069)
142,1	Fischerhütte, li See-Ausfahrt, es folgt eine kurze Fließstrecke (56.6849,14.1054)
141,5	⇩ in den See Skeppshultsjön, durchqueren in Richtung SW (56.6842, 14.0966)
138,3	⛺ Sams Camp (56.6595,14.0741)
137,8	Ausfahrt aus dem See Skeppshultsjön (56.6558,14.0694)
137,3	⛺ Björko/Oshult (56.6521,14.0672)
137,2	2 Str-Ⅱ bei **S Oshults gård**, kurz danach niedrige Steinbarriere, ≋ (56.6513,14.0677)
135,6	⇩ in den See Bokonasjön (56.6429,14.0635)
135,0	Bauernhof auf einer Landzunge, re vorbeifahren (56.6383,14.0615)
134,6	Ausfahrt aus dem See Bokonasjön (56.6351,14.0577)
133,0	2 Str-Ⅱ (56.6255,14.0412)
131,2	Flussteilung, re ➔ fahren bis zum ▬ und ϟ Gustavsfors, dort am Rastplatz aussetzen. Weiterfahrt verboten. **§** Fluss auf 1,9 km gesperrt, auf ausgeschildertem Weg ⌂, Bootswagen empfehlenswert

(56.6119,14.0273)

130,6 ↑↓, ⚓ Gustavsfors (56.6099,14.0203)

128,7 ▬ und ↯ Frederikfors, X, ⏢ des Wehres gemeinsam mit dem Wehr Gustavfors, Str-II, hier re wieder ↓, Stromschnellen Frederiksfors. Auf einer Strecke von 2,5 km folgen leichte Stromschnellen mit kleinen Verblockungen (56.5999,14.0032)

128,1 ▬ Aspholmen, re ⏢ oder li Arm fahren, alte Mühle mit niedrigem Steg, li 20 m ⏢ (56.5955,13.9987)

126,6 Ende der Verblockungen

125,9 Seeartige Verbreiterung (56.5772,13.9886)

123,2 Landspitze, re ➔ fahren, li ▬ und danach Wassermangel (56.5563, 13.9662)

122,1 Str-II 120, re **S Delary** (56.5482,13.9564)

121,9 ↯ Delary, X, li ⏢, ⚠, Beginn einer Strecke mit mehreren Stromschnellen bis WW II+ (56.5471,13.9547)

117,7 Str-II, li **S Hylte** (56.5231,13.9211)

117,2 ⚠, Stromschnelle WW II (56.5213,13.9149)

113,8 ▬ Linnefalla, ↑ 100 m vor II, re 200 m ⏢, evtl. re ≈, ansehen (56.4983,13.9001)

112,6 ▬ und ↯, X, ⏢ (56.4922,13.8934)

111,6 ↯ Kimmelbygd, re ▬, X, ↱ 50 m vor ▬, re ⏢ bis zur folgenden Straßenbrücke. Bei gutem Wasserstand evtl. ganz re auf Rampe ≈ (56.4853,13.8906)

111,5 Str-II, **S Hallaryd** (56.4846,13.8890)

109,9 ⚠ Stromschnelle, evtl. re ⏢ (56.4750,13.8896)

109,2 ▬ Mühle Kornberga, li ≈ oder li ⏢, mögliche ↑↓, Ende der WW-Strecke, Str-II (56.4690,13.8894)

104,0 Str-II 15 (56.4328,13.8697)

103,0 Str-II, re **S Visseltofta** (56.4249,13.8644)

100,9 Str-II (56.4102,13.8487)

96,2 ↯ Hästberga, li vorher Lagerplatz, li ⏢ (56.3812,13.8566)

95,0 Str-II (56.3792,13.8697)

92,4 re ⇩ des Vieån (s. Seite 517) in den Helgeån (56.3656,13.8806)

92,0 Teilung des Flusslaufes, ⚠, Ausfahrt auf den durch einen Schilfgürtel zweigeteilten See Skeingesjön nördlich oder südlich der Insel Borgö möglich, bei nördlicher Route ist die Ausfahrt aus dem See leichter zu finden, bei südlicher Route muss am anderen Seeufer die schmale Durchfahrt durch den Schilfgürtel nach Norden gefunden werden, im Bereich des Schilfgürtels flach und steinig, Vorsicht bei Wellengang (56.3629,13.8826)

90,6 Ausfahrt aus dem See Skeingesjön, nachfolgend mehrfache Teilung vor ehemaligen Mühlen, jeweils beide Arme fahrbar, leichte Schwälle an ehemaligen Mühlen-■ (56.3600,13.8989)

88,3 Str-Ⅱ (56.3608,13.9228)

83,7 EB-Ⅱ (56.3495,13.9561)

82,0 ■ und ↯ Skansen, 25 m li vor alter Ⅱ ⬆ und den Schildern folgen zum durch Inseln zweigeteilten Osbysjön, sehr flach und steinig, ca. 2 km nach NO **Osby**, 🛒, 🚐, ⛺, zur Seeausfahrt nach SO (56.3565, 13.9737)

80,0 Ausfluss des Helgeån aus dem See Osbysjön (56.3482,13.9973)

79,2 ■ und ↯ Strömsberg, ⬆ und der Straße 19/23 ca. 1,7 km nach S folgen zum Wiedereinsetzen in den Fluss, die dazwischen liegenden ca. 5 km Flusslauf haben zu wenig Wasser. Es wird empfohlen, die Fahrt hier zu beenden. Eine Weiterfahrt ist möglich, wegen zahlreicher Umtragestellen und Elektrizitätswerke jedoch kaum ratsam. Auf eine Detailbeschreibung wird verzichtet (56.3473,14.0088)

0,0 ⇩ in die Hanöbucht (Teil der Ostsee) südlich von Kristianstad (55.8575,14.2389)

Vieån

Kleinfluss – Wanderfluss
Mündung in Helge Å bei km 92,4 (re Nebenfluss)

Der Vieån ist in seinem Oberlauf ein Kleinfluss und wird dann, nach einer kurzen WW-Strecke zum Wanderfluss.
Befahrungsregeln: Befahrungsverbot in der Zeit vom 15.03. - 30.06.

18,2 **S Vittsjö**, 🚐, ✕, 🛒, ⬇ in den Vittsjön bei 🅿 an Straße 117 neben Bahnübergang (hier Orientierungskarte des Vittsjön) oder beim ⛺ Vittsjö (56.3435,13.6640)

15,6 Ausfahrt aus dem See Vittsjön im Osten (56.3538,13.6985); Fußg-Ⅱ (56.3536,13.6990)

15,3 ■, nachfolgend Str-Ⅱ (56.3545,13.7012)

14,3 ⇩ in einen kleinen See, re halten, Ausfahrt schwer zu erkennen, schmale Fahrrinne im Schilf (56.3549,13.7135)

12,6 Mühlen-■, re ≈, sofort danach scharf li halten, ⚠ Steine, ⏏ kaum möglich

11,6 Ⅱ, weiter kleine Schwälle, ⚠ auf Steine (56.3563,13.7468)

10,4 ↯ bei Stavshult, **X**, ⏏, ca. 100 m vorher re ⬆ (⛵ an der Straße), unterhalb des Kraftwerk eine Brücke, ⚠ auf ca. 500 m WW II-III, verblockt, mit 2 Mühlen-■, ≈, ⬇ oberhalb der Ⅱ li, nur für Geübte in kleinen Gruppen, keine ⬆-Möglichkeit; sonst ca. 500 m der Straße nach Verum folgen (56.3549,13.7657)

0,0 ⬇ direkt neben der Straße, ab hier im Faltboot ohne Probleme möglich (56.3552,13.7766)
7,2 Str-II, **S Verum** (56.3615,13.7985)
2,9 Flache Str-II, evtl. überheben (56.3615,13.8491)
0,0 ⇩ des Vieån in den Helgeån (s. Seite 513) (56.3656,13.8806)

Rönne Å

Wanderfluss
Mündung in schwedische Ostseeküste

Die Rönne Å, einer der längsten Flüsse Südschwedens, ist ein ruhiger Wanderfluss, als Kanustrecke ausgebaut. Es finden sich daher am Fluss mehrere Rast- und Lagerplätze. Die Befahrung des Flusses ist etwas mühsam durch mehrere Umtragestellen; sie sind markiert. Die Mitnahme eines Bootswagens ist zweckmäßig. Die Rönne Å mündet in den Skälderviken (Kattegat).

Befahrungsregeln: Die Rönne Å ist ein bekanntes Revier für viele Vogelarten. Es besteht zwar kein Befahrungsverbot, man sollte sich jedoch vor allem während der Brutzeit ruhig und rücksichtsvoll verhalten.

Befahrbarkeit: Am besten Frühjahr; im Sommer kann das Wasser knapp werden. Einsetzstelle dann evtl. Stockamöllan, Trekanten oder die II von Gunnaröd.

Schwierigkeiten: Baumhindernisse, kleine Stromschnellen, eben typische Kleinflusshindernisse.

Literatur: Die schönsten Kanutouren in Südschweden, DKV-Verlag 2020.

98,5 **Sätofta**, ⛺ Jägersbo, ✕, ⬇. Die Befahrung kann an geeigneter Stelle des Sees Östra Ringsjön begonnen werden (55.9022,13.5629)
92,4 Str-II 23, Durchfahrt zum See Västra Ringsjön (55.8745,13.4987)
87,0 Ausfluss Rönne Å aus dem See Västra Ringsjön (55.9115,13.4422)
86,9 Str-II (55.9126,13.4422)
86,7 EB-II (55.9137,13.4415);
▬, X, li ⌂ (55.9142,13.4410)
81,9 Str-II (55.9347,13.3915)
81,3 Str-II 13 (55.9375,13.3848)
80,7 ▬, keine Angaben (55.9424,13.3815)
80,6 Str-II (55.9428,13.3807)
80,4 ▬ Rönnemöllan, X, ⌂ (55.9444,13.3774)
80,1 ▬ **S Stockanmöllan**, X, ⌂, Wege-II, ☰ (55.9464,13.3756)
78,5 Str-II mit kleiner Schnelle, ⛺, 🅿, ⬇-Möglichkeit, zu erreichen von der Ortschaft Gunnaröd (55.9553,13.3593)

76,9 Str-Ⅱ **S Billinge** (55.9681,13.3528)
76,3 ▬ der ehemaligen Billinge-Mühle, li ⏏, Lagerplatz (55.9728, 13.3525)
68,7 Str-Ⅱ (56.0182,13.3856)
68,6 ▬ Djupadalsmölla, **X**, re ⏏, Lager- und 🅿, ☰ (56.0188,13.3846)
67,4 li ⛺ mit 2 Unterständen bei **S Anderstorp** (56.0186,13.3676)
64,2 Str-Ⅱ Östra Förestad (56.0349,13.3426)
61,1 li ⛺ mit 2 Unterständen vor Riseberga (56.0551,13.3358)
58,8 Str-Ⅱ (56.0678,13.3147)
57,9 re **S Ryseberga**, Kirche (56.0699,13.3018)
54,6 Str-Ⅱ 13/108 Ljungbyhed, li 🍴 (56.0761,13.2622)
52,7 Str-Ⅱ, li **S Ljungbyhed**, ↑-Möglichkeit, 🍴, 🛒, 🚌 (56.0804,13.2375)
50,1 re ⛺ mit Unterstand (56.0913,13.2161)
50,0 ehemalige EB-Ⅱ, darunter ▬ Stufe (56.0914,13.2145)
49,7 li ←, bei einer Flussteilung li halten, man gelangt sonst vor ein ▬ (56.0900,13.2100)
45,3 Beginn eines Stausees (56.1057,13.1720)
43,7 ▬ und ↯ Forsmölla, **X**, ⏏, dazu re ↑, ↓ vor der folgenden Str-Ⅱ (56.1174,13.1651)
43,4 Str-Ⅱ 13/21 (56.1195,13.1618)
41,7 Str-Ⅱ, re **S Klippan**, li **S Klippans bruk** (56.1215,13.1491)
41,5 Ⅱ (56.1215,13.1459)
41,4 li ↑ zum ⏏ des folgenden ▬, über folgende Brücke zum re Ufer, weiter über Waldweg (56.1216,13.1443);
▬, danach Wasserableitung, **X**, ⏏ (56.1218,13.1443)
41,1 re ↓ nach dem ⏏ (56.1206,13.1419)
40,6 Beginn des Staus des folgenden Kraftwerkes (56.1203,13.1345)
40,3 Str-Ⅱ (56.1205,13.1297)
39,3 re ↑ zum ⏏ des folgenden ↯ (56.1230,13.1170)
39,2 ▬ und ↯ Stackarp, **X**, ⏏ (56.1234,13.1155);
re ↓ nach dem ⏏, steile und rutschige Böschung (56.1239,13.1160)
38,1 Str-Ⅱ 13 (56.1262,13.1068)
36,0 Str-Ⅱ (56.1333,13.0946)
35,2 EB-Ⅱ (56.1371,13.0831)
33,6 Hänge-Ⅱ, hier li ⛺ Übernachtungsunterstand, vom Wasser aus nicht erkennbar (56.1488,13.0744)
28,1 ehemalige EB-Ⅱ (56.1670,13.0333)
26,5 Str-Ⅱ (56.1787,13.0212)
26,1 Str-Ⅱ E4 (56.1810,13.0180)
22,3 li **S Starby** (56.1965,12.9893)
20,7 Str-Ⅱ, li ⛺ (56.2074,12.9868)

14,0 Str-Π, danach re ⚓ mit 2 Unterständen (56.2414,12.9449)
11,0 Str-Π E20 (56.2343,12.8986)
10,4 –3,8 Stadtdurchfahrt **S Ängelholm**, 🚆, 🚐, ✕, 🛒, 10 Π (56.2357, 12.8888)–(56.2552,12.8582)
9,3 re ⚓ (56.2403,12.8919)
5,6 Str-Π Järnvägsbron, li 🚆 Ängelholm (56.2439,12.8562)
3,8 li ⌂, ≡, ⬆-Möglichkeit (56.2551,12.8578)
1,6 EB-Π (56.2645,12.8466)
1,0 Wege-Π, Yachthafen (56.2671,12.8391)
0,0 ⇩ in den Skälderviken, eine Seitenbucht des Kattegat. ⬆ am Steg des Jollenklubs hinter dem Yachthafen (56.2722,12.8314)

Lagan

Wanderfluss
Mündung in schwedische Ostseeküste

Der Lagan, der in das Kattegat südlich von Halmstad mündet, ist durch zahlreiche Elektrizitätswerke weitgehend verbaut, eine durchgehende Befahrung ist nur unter größten Mühen möglich. Sehr schöner ⛺ in Ljungby mit integriertem Warmwasserschwimmbad.
Empfehlenswert sind noch folgende 2 Teilstrecken:
1. Befahrung einer Strecke vom ▬ Karlsforsen bei Hörle bis in den schönen Vidöster-See. Hierfür liegt ein Fahrtbericht vor (2010).
2. Ort Lagån bis Laholm. Im allgemeinen Zahmwasser, wenig Strömung.
Es gibt eine Streckenbeschreibung des Lagan mit deutschem Text nebst Kartenskizzen aller ⏏-Stellen. Das Heft ist wahrscheinlich örtlich zu erwerben, z. B. bei den Kanuvermietungen.
Literatur: Die schönsten Kanutouren in Südschweden, DKV-Verlag 2020.

174,9 ▬ Staudamm Hörle, keine Umtrage-, Ein- oder Aussetzmöglichkeit mehr. Es ist alles eingezäunt (57.2630,14.0568)
171,9 ⇩ des Härån (Smaland) (s. Seite 523) in den Lagan (57.2465, 14.0652)
171,3 Stau-▬ Karlsforsen, Beginn der 1. Teilstrecke. Zum #Umtragen# re ⬆, ⬇-Möglichkeit re oder in der Mitte des Stauwehrs auf Fußpfaden 200 m. Von der Hauptstraße nach **Hörle** aus, ist die Staumauer auf guter Naturstraße in 2 km erreichbar. Ab hier mäßige Strömung bis Värnamo. Landschaftlich schön mit vielen Schleifen, mit Baumversperrungen muss gerechnet werden (57.2424,14.0722)
169,6 △ Felsbarriere, re ≈, WW II oder li überheben (57.2331,14.0653)
166,7 Hänge-Π (57.2238,14.0602)

164,9 II Steg (57.2199,14.0510)
162,1 neue Str-II 151 (57.2038,14.0471)
160,1 Fußg-II Värnamo (57.1967,14.0406)
159,9 II Fußgängersteg am Stadioneingang Värnamo, 🅿, mögliche ⇅ über steile Uferböschung (57.1966,14.0442)
159,0 Wege-II, mögliche ⇅ 200 m nach dem ⛺ bei einem 🅿 vom Badesee. Im Campingplatz kann nur ein- oder ausgesetzt werden, wenn man dort Gast ist (57.1910,14.0424)
158,8 li ⛺ Värnamo (57.1906,14.0457)
158,3 Str-II 151, **S Värnamo**, Kleinstadt, 🛒, ✕, 🚂, 🚌 (57.1869,14.0457)
158,0 Str-II Värnamo, Storgatan (57.1844,14.0448)
157,9 Fußgänger-II Värnamo (57.1836,14.0438)
157,3 Fußgänger-II Värnamo (57.1800,14.0437)
156,8 EB-II Värnamo (57.1764,14.0473)
155,1 Str-II 27 (57.1680,14.0488)
154,1 Wege-II (57.1608,14.0549)
153,5 ⇩ in den See Vidöstern, nach links Bootsanleger, mögliche ⇅ (57.1560,14.0546)
132,5 Str-II über See-Enge, li davor gute ↑. Eine Weiterfahrt ist abhängig von der Wasserabgabe des folgenden Stauwehrs (56.9788,13.9849)
129,5 Ausfahrt aus dem See Vidöstern (56.9536,13.9915)
128,5 ▬, **X**, bei Flussteilung re fahren und re 50 m ⏜. Zu dem Wehr führt ein gesperrter Privatweg (56.9495,13.9830)
128,0 Linkskurve und Schnelle über ein verfallenes ▬, WW II (56.9461, 13.9848)
126,4 Str-II E4, re und li 🅿, ↑, zum Ausbooten muss alles über einen Zaun gehoben werden. Ende der 1. Teilstrecke. Nach Kartenansicht muss es möglich sein, bis nach Lagan weiterzufahren und damit zur 2. Teilstrecke. Dort ⏜ erforderlich, muss noch erkundet werden (56.9391,13.9948)
123,9 ▬ Kraftwerk Lagan. Danach Beginn der 2. Teilstrecke. Ein aktueller Fahrtenbericht liegt nicht vor. Beschreibung nach Kartenauswertung (56.9181,13.9984)
123,4 Wege-II (56.9146,13.9988)
122,7 Str-II, **S Lagan** (56.9120,13.9914)
121,4 li ⇩ eines Baches (56.9019,14.0001)
113,1 Str-II 25 (56.8503,13.9737)
112,1 Str-II Umgehungsstraße Ljungby (56.8431,13.9691)
111,5 Str-II (56.8386,13.9650)
111,2 Wege-II (56.8359,13.9637)
110,5 Wege-II (56.8324,13.9552)

110,1 ▬ und ϟ Ljungby, Str-Ⅱ, ro ⌓ über Straße, im Unterwasser kleine Stromschnelle, **S Ljungby**, Kleinstadt, 🛒, ✕, 🚌 (56.8308,13.9498)
109,5 Wege-Ⅱ (56.8292,13.9417)
109,3 Wege-Ⅱ (56.8287,13.9383)
108,9 Str-Ⅱ 124 (56.8262,13.9357)
107,2 Str-Ⅱ (56.8136,13.9252)
104,2 Wege-Ⅱ (56.7933,13.9075)
102,7 Str-Ⅱ, **S Kånna** (56.7825,13.8983)
97,4 Str-Ⅱ, **S Bäck** (56.7412,13.8739)
92,2 Str-Ⅱ Hamneda (56.6996,13.8495)
92,0 Str-Ⅱ, **S Hamneda** (56.6982,13.8497)
90,4 ▬, keine Angaben (56.6863,13.8582)
83,8 Str-Ⅱ (56.6525,13.8139)
83,1 2 Str-Ⅱ E4 (56.6492,13.8041)
79,5 re ⇩ des Bolmån (s. Seite 524) in den Lagan (56.6436,13.7700)
75,6 2 Str-Ⅱ E4, re 🅿 und Rastanlage. Beginn eines Stausees. Danach li Rastplatz Floboda (56.6164,13.7638)
70,9 re ⬆ zum ⌓ des folgenden ϟ am re Ufer über den Damm (56.5837, 13.7431)
70,8 ▬ und ϟ Traryd, **X**, ⌓, li **S Traryd** (56.5825,13.7424)
70,6 re ⬇ unterhalb ϟ (56.5810,13.7398)
70,2 Str-Ⅱ Traryd (56.5777,13.7374)
69,2 Str-Ⅱ 120 (56.5693,13.7364)
66,8 Str-Ⅱ, li **S Strömsnäsbruk**, 🛒, danach Beginn eines Stausees (56.5498,13.7289)
65,0 re ⬆ zum ⌓ des folgenden ϟ (56.5398,13.7110);
▬ und ϟ, **X**, re ⌓ ca. 500 m (56.5383,13.7120)
64,3 ⬇ unterhalb ϟ am ⛺ Kvarnaholm mit Unterstand (56.5367,13.7139)
60,0 Str-Ⅱ (56.5083,13.6716)
58,6 Str-Ⅱ E4 (56.5025,13.6522)
55,3 re ⬆ am ⛺ vor einem roten Haus zum ⌓ des folgenden ▬, dazu der Straße re vom Flusslauf 1km folgen und bei der Hochspannungsleitung nach li zum Umspannwerk abbiegen und am Zaun entlang zum Ufer (56.4920,13.6080);
▬ und ϟ Timsfors, darüber Straße (56.4909,13.6092)
54,4 ⬇ unterhalb des Kraftwerkes Timsfors (56.4856,13.5994)
53,8 Str-Ⅱ (56.4835,13.5928)
49,9 Beginn eines Stausees (56.4934,13.5528)
49,6 ⛺ auf der Halbinsel Örnafälla (56.4939,13.5488)
48,2 li ⬆⬇ Råstorp (56.4892,13.5282);
Str-Ⅱ, li **S Råstorp**, 🛒 (56.4899,13.5274)

46,8 re ⬆ zum ≏ des folgenden ϟ (56.4959,13.5092)
46,7 ■ und ϟ Ängabäck, **X** (56.4947,13.5086);
re ⬇, hier ⛺ (56.4946,13.5077)
42,9 li ⬆ am 🚐 Majenfors zum ≏ des ϟ (56.4967,13.4565)
42,8 ■ und ϟ Majenfors, **X** (56.4973,13.4551)
42,4 li ⬇ am ⛺ (56.4990,13.4502)
38,6 re ⬆ zum ≏ des folgenden ϟ (56.5117,13.4019)
38,5 ■ und ϟ Bassalt, **X**, re ≏ über Insel (56.5115,13.4008)
38,4 li ⬇ unterhalb ■ (56.5131,13.3993)
35,4 re ⬆ zum ≏ des folgenden ϟ, Pausenplatz mit Unterstand, aber nicht zum Übernachten (56.5082,13.3586)
35,0 ■ Knäred Övre, **X**, weites ≏ über Feldweg bis kurz vor dem Kraftwerk, dann weiter auf einer Straße bis zum Freibad (56.5076, 13.3516)
34,0 ϟ Knäred Övre (56.5140,13.3415)
33,2 ⬇ am Freibad Flammabaden, 🚐 und ⛺, zum Ort **S Knäred** ca. 2 km, 🍴, 🛒 (56.5164,13.3315)
32,3 Str-Π, re Knäred (56.5151,13.3172)
28,6 EB-Π (56.5228,13.2670)
23,9 li ⛺ Hjörnered mit Unterstand (56.5108,13.2065)
22,1 ϟ Skogaby, **X**, li ⬆, ≏ ca. 1.200 m, zuerst nach re über Π, dann 400 m Straße bis dort ein Feldweg zur ⬇ abzweigt (56.5191,13.1811)
18,4 li ⬆ zum ≏ des folgenden ϟ (56.5056,13.1289);
■ des ϟ Karsefors, **X**, ≏ ca. 500m, dazu li ⬆, über den Damm und vor der Brücke li im Wald wieder ⬇ (56.5059,13.1273)
18,0 li hier wieder ⬇ (56.5044,13.1228)
17,2 nach 1 km erneut li ⬆. Dann vor zum ϟ, weiter auf Straße in Richtung NW und dann im spitzen Winkel über morastige Wiesen zur ⬇ (ca. 800 m) (56.5003,13.1111)
16,9 ϟ Karsefors (56.4989,13.1074)
16,8 hier wieder ⬇ (56.4986,13.1054)
11,7 re ⬆ zur Beendigung der Fahrt gegenüber **S Laholm**, 🅿, 20 min Fußweg zum 🚌 (56.5149,13.0607)
0,0 ⇩ in das Kattegat (56.5486,12.9472)

Härån (Smaland)

Wanderfluss
Mündung in Lagan bei km 171,9 (li Nebenfluss)

Der Härån ist aufgrund seiner Baumhindernisse und schwierigen Portagen nichts für Anfänger und Gruppen, sondern ist mehr für das Abenteuer suchende

Kanuten geeignet. Diese bekommen dafür ein schönes Naturerlebnis geboten.

Schwierigkeiten: Portagen und Baumhindernisse.

Literatur: Die schönsten Kanutouren in Südschweden, DKV-Verlag 2020.

44,7 ⬇ Svenarum (57.4709,14.3133)
44,6 Str-II, li **S Svenarum**, hier Kleinfluss mit engen Kurven, Baumhindernisse (57.4701,14.3125)
42,8 Str-II, li **S Ettrarp** (57.4575,14.3085)
40,6 Str-II (57.4410,14.3080)
38,5 ▬ und ϟ Blomfors, **X**, re ⏢ (57.4249,14.3131)
38,4 Str-II (57.4240,14.3149)
35,5 ▬ Hubbestad, **X**, re ⏢ (57.4062,14.3137)
35,3 Str-II **S Hubbestad** (57.4052,14.3121)
33,7 ⇩ in den See Hubbestadsjön (57.3961,14.3009)
31,4 Wege-II, Durchfahrt zum See Rolstorpasjön (57.3791,14.2898)
29,6 Durchfahrt zum See Gärdsjön (57.3655,14.2783)
28,9 Wege-II, Durchfahrt zum See Ossingsjön (57.3613,14.2714)
27,5 Ausfahrt aus dem See Ossingsjön, Str-II (57.3524,14.2596)
24,1 Str-II (57.3347,14.2313)
23,1 ⇩ in den See Angsjön, nach ca. 40 m re Ausfahrt (57.3313,14.2251)
21,6 ▬ Dammenskvarn, **X**, ⏢ (57.3237,14.2163)
20,0 Str-II Björkefors (57.3160,14.2028)
16,7 li ⇩ des Ruskån in den Härån (57.3030,14.1763)
16,1 ▬ und Str-II Hemmershult, **X**, li ⏢ bis hinter Str-II (57.2994, 14.1704)
12,8 ▬ Gustavsberg, **X**, re ⏢, schwierig, evtl. re Durchfahrt treideln möglich, ansehen (57.2871,14.1518)
6,9 Str-II Fyrele Kvarn, ⚠ es folgt ein Wasserfall, **X**, re ⏢, dazu rechtzeitig vor der am Pegelhaus ⬆ und nach dem Wasserfall wieder ⬇, an der ⬇ ⛺ für eine Nacht (57.2653,14.1270)
2,1 Str-II E4 (57.2531,14.0825)
0,0 ⇩ des Härån (Smaland) in den Lagan (s. Seite 520) bei km 171,9 (57.2465,14.0652)

Bolmån

Weitere Namen: Storån (Bolmensee), Bolmen-See

Kleinfluss, Seen, Wanderfluss

Mündung in Lagan bei km 79,5 (re Nebenfluss)

Der Bolmån ist in seinem Oberlauf ein Kleinfluss, der hier Storån heißt und auf längeren Strecken durch einsame Moore fließt. Erhebliche Behinderungen durch Baum- und Strauchhindernisse. Der Storån mündet in den Bolmensee. Sein Ausfluss ist der Bolmån, der wiederum in den Lagan als rechter Nebenfluss mündet. Der Bolmån ist durch 2 Kraftwerke verbaut.

Befahrbarkeit: Oberlauf wahrscheinlich nur im Frühsommer, ab km 105,5 wahrscheinlich ganzjährig

Literatur: Die schönsten Kanutouren in Südschweden, DKV-Verlag 2020.

147,2 **S Aker**, bei gutem Wasserstand kann die Fahrt hier begonnen werden. Man fährt dazu auf der Straße 152 Richtung Skillingaryd, vor der Abfahrt nach Aker in Waldweg einbiegen, Privatweg. Die Fahrt geht auf dem Långasjön zum Südende des Sees (57.3815,13.9855)

144,9 Ursprung des Storan aus dem Långasjön, in den die beiden Quellflüsse Österån und Västerån münden. Ausfluss aus dem See als sehr schmaler Kleinfluss mit vielen Baum- und Strauchhindernissen, ■, ≈, wenn Schotten offen. Später Steinschüttungen, nur bei reichlich Wasser evtl. ≈. Danach bis zum See fast stehendes Wasser (57.3618,13.9849)

133,0 Str-II 152, **S Uppebo** (57.3527,13.9323)

131,9 ⇩ in Flatensee, ⛺, gute ⬇ bei minder gutem Wasserstand (57.3524, 13.9215)

130,3 Ausfahrt aus dem Flatensee, der Storån fließt durch das große Moorgebiet Storemasse (57.3414,13.9057)

129,0 Str-II (57.3296,13.9050)

127,2 Str-II 151 (57.3198,13.8879)

126,9 Wege-II (57.3186,13.8838)

126,3 Str-II, **S Hillerstorp**, 🚌, 🛒, ✕ (57.3201,13.8788)

125,3 EB-II Hillerstorp (57.3170,13.8733)

123,3 Str-II (57.3080,13.8725)

121,1 Str-II (57.3001,13.8674)

120,6 Str-II 152, re **S Törestorp** (57.2973,13.8660)

119,9 Str-II (57.2950,13.8611)

118,7 Str-II (57.2911,13.8569)

116,9 Wege-II (57.2839,13.8473)

111,4 nacheinander 3 Str-II, **High Chaparal**, Westernstadt, ⌘ (57.2650, 13.8307)

110,7 EB-II (57.2634,13.8339)

110,3 re ⛺ High Chaparal (57.2606,13.8317)

109,6 Str-II (57.2567,13.8326)

108,8 Str-II (57.2535,13.8299)

105,7 Str-II. Ab hier ist der Fluss wohl ganzjährig befahrbar (57.2409,

13.8381)
101,6 Str-Ⅱ (57.2240,13.8486)
100,9 Str-Ⅱ (57.2199,13.8502)
98,2 Str-Ⅱ (57.2060,13.8560)
92,1 Str-Ⅱ, re **S Fänestad** (57.1788,13.8578)
88,7 Str-Ⅱ 27/153 (57.1623,13.8528)
88,4 Str-Ⅱ (57.1614,13.8504)
88,3 EB-Ⅱ (57.1607,13.8508)
86,6 Wege-Ⅱ (57.1613,13.8342)
86,1 Str-Ⅱ, **S Forsheda**, empfohlene ⬇ bei Befahrung im Sommer, 🚐, 🛒 (57.1637,13.8290)
83,2 Str-Ⅱ (57.1617,13.7982);
▬, ✕, li ⏏ (57.1616,13.7978)
79,1 Str-Ⅱ (57.1484,13.7672)
78,9 Gefällstrecke, kleine Felsen im Fluss, bei ausreichend Wasser gut ≋
76,1 Str-Ⅱ (57.1345,13.7619)
68,8 Str-Ⅱ, **S Slätto** (57.1065,13.7355);
Mühlen-▬ Slättö, evtl. ≋ oder überheben (57.1063,13.7349)
64,0 Str-Ⅱ Gut Aby, ⬆, gute Gelegenheit zur Beendigung der Fahrt (57.0821,13.7326)
61,7 ⇩ in den See Bolmen, landschaftlich reizvoller, etwa 40 km langer und 15 km breiter See. In der Mitte des Sees die große Insel Bolmsö mit ⛺. Beendigung einer Befahrung des Sees nur an wenigen Stellen möglich, Karte erforderlich, z.B. bei **Bolmen** am Süd-Ostende des Sees; hier ⛺ und Kanuverleih. See-Ausfluss in den Fluss Bolmån, eine Weiterfahrt ist weniger zu empfehlen, da sich auf dem Bolmån und dem anschließenden Lagån mehrere große ↯ mit mühsamen ⏏-Stellen befinden. Ein Fahrtenbericht für den folgenden Abschnitt liegt nicht vor (57.0675,13.7528)
54,6 ⛴ zur Insel Bolmsö (57.0075,13.7121)
44,2 ⇩ der Route Unnen-See in den Bolmån (56.9184,13.6586)

Nebenstrecke Unnen-See

Der See Unnen ist eine Einsetz-Möglichkeit für eine Fahrt auf dem Bolmån.

16,2 ⬇ an einer Badestelle hinter dem Sportplatz von **S Unnaryd**, ✕, 🛒 (56.9507,13.5316)
15,0 li ⛺ Vallsnäs (56.9396,13.5347)
8,9 Ausfahrt aus dem See Unnen (56.8869,13.5431)
7,7 ⬆ zum ⏏ des folgenden ↯ (56.8929,13.5580)
7,6 Str-Ⅱ, li **S Önne** (56.8934,13.5594)

7,5 ▬ und ϟ Önnekvarn, **X**, ⏏, dazu re am Schild ⬆, über Straße zum ϟ, danach re ⬇ (56.8930,13.5608); ⬇ unterhalb ϟ (56.8928,13.5612)
7,2 ⇩ in den See Bolmen (56.8911,13.5650)
0,0 ⇩ der Route Unnen-See in den Bolmån (s. Seite 524) (56.9184,13.6586)

42,3 ⛺ mit Unterstand auf der Insel Tjärnaholme (56.9026,13.6485)
26,3 Ausfluss des Bolmån aus dem See Bolmen (56.7657,13.6568)
26,0 ▬ Gitterkonstruktion im rechten Kanal, **X**, re ⏏ (56.7625,13.6580)
25,0 ⬆ zum ⏏ des folgenden ϟ am li Ufer hinter der Badestelle (56.7612, 13.6726)
24,9 ▬ und ϟ Skeens Kraftstation, **X**, ⏏ über die Straße bis zur folgenden Π (56.7593,13.6733)
24,8 Str-Π, **S Skeen** (56.7593,13.6752)
24,7 ⬇ am ⛺ bei der Π (56.7595,13.6754)
23,5 li ⇩ des Torpaån (56.7573,13.6894)
21,4 Str-Π **S Annerstad** (56.7622,13.7189)
18,5 ⇩ in den See Kösen, zur Ausfahrt in Richtung Südwest fahren, ein Mobilfunkturm dient als Orientierungspunkt (56.7706,13.7490)
16,5 Ausfahrt aus dem See Kösen, Str-Π 25 (56.7608,13.7760)
16,2 ▬, **X**, re ⏏, re ⛺ Östraby (56.7580,13.7785)
12,4 ⚠, Kvarnaforsarna, auf ca. 1 km kräftige Strömung, enge Kurven und kleine Stromschnellen. Zur Befahrung ist eine gewisse Bootsbeherrschung erforderlich. **§** Befahrung vom 1.April bis 15. September nur von 10-17 Uhr erlaubt. Umtragen am li Ufer ist möglich. Hier ⬆ (56.7331,13.7857)
11,5 hier wieder ⬇, falls die Stromschnelle ⏏ wurde (56.7259,13.7789)
9,7 Str-Π, **S Nöttja**, li vom Pfeiler fahren (gekennzeichnet) (56.7151, 13.7673)
5,7 li ⛺ (56.6897,13.7554)
5,6 ⇩ in den See Exen (56.6895,13.7545)
2,9 Ausfahrt aus dem See Exen (56.6656,13.7596)
0,0 ⇩ des Bolmån in den Lagan (s. Seite 520) bei km 79,5 (56.6436, 13.7700)

Fylleån

Wildfluss
Mündung in schwedische Ostseeküste

Über den Fylleån liegt ein gesicherter Befahrungsbericht nur für eine Teilstrecke vor. In diesem Bereich gibt es einen Wechsel von Selstrecken und mäßig schwerem Wildwasser.

Befahrbarkeit: Nur bei gutem Wasserstand (Frühjahr und Herbst sowie nach stärkeren Regenfällen). Bei Niedrigwasser werden die WW-Strecken zu Steinirrgärten.

44,0 Ursprung aus einem See bei Lidhult. Über die Folgestrecke bis km 27,5 liegt kein Fahrtenbericht vor (56.8130,13.2681)

33,6 ⇩ in den See Toddesjön (56.7658,13.1780)

32,0 Str-II, li **S Sundsholm** (56.7524,13.1744)

30,6 Str-II, Ausfahrt aus dem See Toddesjön (56.7417,13.1662)

30,4 ▬, **X**, ⌓ (56.7398,13.1643)

29,7 ⇩ in den See Simlången (56.7355,13.1645)

27,5 Str-II 25 Halmstad–Kalmar (56.7196,13.1439)

27,4 Str-II, empfohlene ⬇. Es folgt der See Brearedsjön, re **S Simlångsdalen**, 🚌, ✕ (56.7193,13.1424)

26,2 Ausfluss aus dem See Brearedsjön, leichte Verblockung, WW I (56.7159,13.1247)

26,0 Str-II (56.7161,13.1213)

25,5 ▬, ⚠, Steine leiten das Wasser zur re Seite des Wehres, hier **X**, durch die Steine nach li fahren, hier ist das Wehr ≋, die Verblockung nimmt zu, WW III, re halten, nach 100 m natürliche Stufe (56.7148, 13.1142)

20,8 ▬ und ϟ, **X**, li etwa 100 m weit ⌓, danach flach (56.6970,13.0576)

20,6 ⇩ des ϟ-Kanals, re Golfplatz. Nur noch geringe Schwierigkeiten (56.6968,13.0555)

18,3 ▬ und ϟ, 100 m weit durch Privatgelände ⌓, Wege-II, re **S Marbäck**, ab hier wohl ganzjährig ≋. Bis Skedala zumeist WW II und Selstrecken (56.7058,13.0386)

16,6 re ⚠, Felswand bis in den Fluss, Beginn des Torlapsgraven, einer schweren WW-Strecke, deren Ausgang wohl **X** ist, li ⌓ (56.6961, 13.0215)

15,2 ⚠, Norteforsen, die Felswände führen an beiden Ufern bis an den Fluss, bei HW besichtigen

13,2 Str-II, gute ⬆, re **Skedala**. Für die Reststrecke bis zur ⇩ liegen keine gesicherten Erkenntnisse vor, die Berge treten zurück, Beginn der Küstenebene (56.6874,12.9801)

9,3 Wege-II (56.6776,12.9434)

6,8 Str-II, oberhalb verblockt (56.6682,12.9224)

6,4 ▬, **X**, ⌓ (56.6657,12.9214)

4,4 Wege-II (56.6530,12.9121)

4,2 Str-II 15 und weitere Str-II, **S Halmstad**, ca. 66.000 Einwohner, alle Möglichkeiten (56.6522,12.9097)
2,8 EB-II (56.6414,12.9085)
2,1 Str-II E6/E20 (56.6362,12.9056)
0,0 ⇩ in das Kattegat (56.6203,12.9067)

Nissån

Wanderfluss
Mündung in schwedische Ostseeküste

Der Nissån ist auf der beschriebenen Strecke einer der schönsten Flüsse der schwedischen Provinz Småland. Von Norra-Unnaryd bis Skeppshult ist er als Kanotled ausgebaut. Für eine Befahrung mit Gepäck besorgt man sich am besten vor Ort (z.B. Campingplatz Smålandsstenar) die Karte für den Kanotled. Darauf sind alle erlaubten Lagerplätze, sowie Ein- u. Aussetzstellen angegeben. Man tut gut daran, sich danach zu verhalten, wenn man Ärger vermeiden will. Für die Benutzung der Rast- u. Übernachtungsplätze wird eine Gebühr von zzt. 50,00 SKr pro Nacht per Schecks erhoben, die auf den Campingplätzen oder Touristbyras erworben werden können.
Der Fluss ist naturbelassen, das Wasser ist moorig braun aber sehr sauber, mit Holzversperrungen ist überall zu rechnen. Meist sind sie aber zu über-, unter- oder umfahren. Von km 175,3 bis km 151,6 fließt er mit flotter Strömung. Außer auf den Seestrecken fließt er in vielen Windungen durch waldiges Gelände. Ab und zu ist die Straße 26 mit Lärm zu hören.
Befahrbarkeit: Von Norra-Unnaryd bis zur Mündung des Svanån kann das Wasser im Sommer knapp werden. Ab da ist der Nissån wohl ganzjährig fahrbar.

175,1 Str-II 156, **S Norra Unnaryd**, ⬇ des Kanotled re vor der Brücke in einem Fischercamp (57.5978,13.7392)
173,0 Str-II 26 (57.5849,13.7244)
165,5 li ⇩ des Svanån, ab hier ist der Nissån wohl auch im Sommer ≈ (57.5489,13.7118)
155,6 Str-II Valdshutsvägen, mögliche ⬇ (57.4996,13.6886)
151,4 ⇩ in den See Norra Gussjö (57.4744,13.6730)
149,5 Durchfahrt zum See Hammarsjön Weiterfahrt in Richtung Süden, die Ausfahrt befindet sich am Ostufer des Sees (57.4605,13.6565)
148,0 Ausfahrt aus dem See Hammarsjön (57.4472,13.6547)
147,4 Wege-II, ⬆ für das ⏏ des folgenden Wehres (57.4423,13.6563)
147,3 ▬ und Str-II Nissaforsbruk, X, Zum ⏏ bereits vor der Wege-II li ↰ und dem ausgeschilderten Umsetzweg (600 m, Bootswagen empfohlen) folgen, auch ⬇ (57.4419,13.6544)

145,1 ⇩ in den See Algutstorpjön, re in in einer Seitenbucht ▲ **S Isaberg** (57.4339,13.6347)
143,3 Str-Ⅱ 151, Ausfahrt aus dem See Algutstorpjön, mögliche ⇅ nach der Brücke, **S Hestraviken**, ✕ (57.4187,13.6293)
143,0 EB-Ⅱ, ⇩ in den See Vikaresjön, li **S Nissafors** (57.4166,13.6271)
141,3 Durchfahrt zum See Södra Gussjön (57.4044,13.6103)
138,1 Ausfahrt aus dem See Södra Gussjön am Westufer. Ab hier wieder mäßige Strömung bis Stauwehr Gislaved (57.3792,13.5905)
135,2 Str-Ⅱ (57.3625,13.5764)
129,9 Str-Ⅱ **S Båraryd**, mögliche ⇅ (57.3413,13.5541)
127,0 Wege-Ⅱ (57.3246,13.5533)
126,3 Str-Ⅱ 27 (57.3207,13.5519)
123,8 Wege-Ⅱ (57.3096,13.5489)
121,9 Str-Ⅱ, **S Gislaved**, 🚌, ✕, 🛒 (57.3007,13.5487)
121,5 Str-Ⅱ Gislaved (57.2986,13.5451)
121,3 ■ Gislaved, **X**, re 400 m ⌂, gute ⇅ (57.2975,13.5448)
119,9 Wege-Ⅱ (57.2882,13.5391)
117,5 Wege-Ⅱ (57.2803,13.5338)
98,4 Str-Ⅱ, **S Forsvik** (57.2136,13.4600)
95,9 Str-Ⅱ, li **S Villstadt Kyrkby** (57.2000,13.4433)
92,5 ■ mit Ⅱ und ϟ Agårdsfors, **X**, li 100 m ⌂ (57.1743,13.4350)
90,9 EB-Ⅱ Smålandsstenar (57.1665,13.4286)
90,5 Str-Ⅱ 153, re **S Smålandsstenar**, 🚆, 🚌, ✕, 🛒 (57.1627,13.4289)
84,3 Str-Ⅱ, **Skeppshult**, Ende des Kanotled, re ⬆, 🅿. Es lohnt sich, die Fahrt bis zum Stauwehr Hyltebruk fortzusetzen. Zum ⌂ des folgenden Wehres hier ebenfalls aussetzen, über die Brücke nach li auf einer Straße bis nach einem Fabrikgelände 600 m umsetzen, Bootswagen empfohlen (57.1254,13.3876)
84,2 ■ und ϟ, **X**, ⌂. Dazu an vorhergehender Str-Ⅱ aussetzen (57.1244,13.3874)
80,4 Str-Ⅱ (57.0988,13.3821)
68,9 Str-Ⅱ, re **S Nyby**, li **S Långaryd** (57.0435,13.3411)
62,8 li ⇩ einer Verbindung vom See Fargen (rund 14 km, jedoch keine Angaben) (57.0054,13.3214)
62,2 Stau-■, **X**, re 200 m ⌂ (57.0022,13.3156)
61,8 Str-Ⅱ (57.0010,13.3099)
61,6 Felsblöcke im Fluss, altes Trift-■, erkunden ob Durchlässe nicht durch Triftholz versperrt sind, dann ≈. Sonst re ⌂ (57.0006,13.3071)
60,6 ⚠ 200 m verblockte Stromschnelle, WW II
59,5 Staubeginn des Wehres Hyltebruk
58,4 Stau-■ Hyltebruk mit Wasserableitung, Weiterfahrt nicht möglich. Es

folgen mehrere ↯ mit Wasserableitung, li vom Wehr ⬆, Zufahrt mit Fahrzeug von der Straße möglich, **S Hyltebruk**, 🚌, ✕, 🛒 (57.0018, 13.2632)

0,0 ⇩ in das Kattegat, **S Halmstad** (56.6550,12.8492)

Ätrån

Kleinfluss – Wanderfluss
Mündung in schwedische Ostseeküste

Der Ätrån ist in seinem Oberlauf ein landschaftlich hervorragend schöner Kleinfluss. Er ist besonders bemerkenswert durch die Tatsache, dass er in diesem Bereich einen fast geschlossenen Ring bildet mit der Folge, dass man eine 60 km lange Strecke befahren kann und dann nur 5 km bis zur Einsetzstelle zurückgehen muss. Die Befahrung ist allerdings etwas mühsam durch 9 kurze Umtragestellen und 2 längere Landtransporte. Die Mitnahme eines Bootswagens ist angezeigt. Der anschließende Mittellauf des Ätrån geht über mehrere Seen, im Bereich der Fließstrecken auch hier wieder mehrere Umtragestellen. Der Unterlauf ist weitgehend verbaut, von einer Befahrung ist abzuraten.

Befahrbarkeit: Oberlauf Mai-Juni, Mittellauf bis Frühsommer.
Umwelt: Vogelschutzgebiete sind unbedingt zu beachten.

252,9 Str-Ⅱ an der Straße Dalum–Knätte, empfohlene ⬇ (57.8770,13.5317)
250,4 Str-Ⅱ (57.8932,13.5234)
249,4 Wege-Ⅱ (57.8997,13.5278)
249,0 ⇩ in den See Vinsarpsjön, der See muss in Richtung Ost gequert werden (57.9012,13.5328)
248,0 Ausfahrt aus dem See Vinsarpsjön (57.8995,13.5499)
247,1 Str-Ⅱ (57.8969,13.5624)
246,7 ⇩ in den See Lönern (57.8957,13.5670)
238,2 Ausfahrt aus dem See Lönern (57.9465,13.6554)
237,7 Mühle, ▬, Wege-Ⅱ, **X**, li 200 m ⩳, gleich danach Wiese, mögliche ⬇, ⛺ möglich mit Erlaubnis des Besitzers. Die gesamte Situation wurde im Luftbild nicht erkannt. Vor Ort erkunden. Es folgen Kleinflussschwierigkeiten in Sumpflandschaft, viele Mücken, niedrige Brücken
237,3 Wege-Ⅱ (57.9498,13.6643)
235,5 Str-Ⅱ (57.9602,13.6612)
235,2 ▬, Str-Ⅱ, **X**, ⩳ (57.9626,13.6605)
230,0 Wege-Ⅱ (57.9937,13.6334)
229,7 ▬ Baggekvarn, **X**, ↰. Es folgen 3 weitere Mühlen, die Zwischenstrecken sind **X**. Landtransport etwa 1 km bis Ekebergakvarn (57.9939,

13.0000),
Str-II, **S Baggekvarn** (57.9941,13.6304)
229,3 Str-II, ■, X, ⏏, siehe Hinweise beim ■ Baggekvarn (57.9964, 13.6251)
228,3 ■, Str-II, X, ⏏, siehe Hinweise beim ■ Baggekvarn (58.0006, 13.6159)
227,5 ■, Str-II, X, ⏏, siehe Hinweise beim ■ Baggekvarn, hier wieder ⬇ nach ⏏ der Mühlen, danach weiterhin Schwierigkeiten durch Stacheldrahthindernisse, niedrige Brücken, enge Durchfahrten, kleine Wehre, Baumhindernisse (58.0054,13.6161)
226,7 Wege-II (58.0096,13.6261)
226,3 Wege-II (58.0126,13.6294)
222,3 Wege-II (58.0425,13.6349)
219,1 Str-II (58.0448,13.5847)
218,4 ■ mit ↯, Str-II Bredene Bredska kvarn, X, ⏏ (58.0420,13.5765)
217,7 ehemalige EB-II (58.0380,13.5701)
217,4 Wege-II (58.0372,13.5658)
215,4 Str-II 46, **S Åsarp** (58.0271,13.5511)
215,3 Str-II (58.0268,13.5503)
213,8 Str-II Kippan, ■, X, ⏏ (58.0177,13.5396)
212,5 Str-II Skägga, ■, X, ⏏ (58.0102,13.5331)
211,5 Wege-II Hästhagen (58.0072,13.5230)
209,7 ■ Tummarp, X, ⏏ (57.9954,13.5248)
208,1 ehemalige EB-II (57.9866,13.5309)
208,0 ■ und ↯ Trädet, X, ⏏ (57.9852,13.5313)
207,9 Str-II 46, **S Trädet**, 🚌 (57.9847,13.5324)
202,4 ■ Humla, X, ⏏ (57.9575,13.5254)
202,3 Str-II, **S Humla** (57.9571,13.5248)
202,2 Str-II Humla (57.9561,13.5241)
201,7 ■ Humla Drette, X, ⏏ (57.9527,13.5203)
199,9 ■ Knektakvarn, X, ⏏ (57.9401,13.5108)
199,8 Wege-II (57.9396,13.5109)
199,2 Wege-II (57.9352,13.5109)
198,6 Str-II Hallabovägen (57.9311,13.5064)
197,6 Str-II, **S Blidsberg**, 🚌 (57.9281,13.4938)
197,3 ■ Blidsberg, X, ⏏ (57.9261,13.4947)
196,2 Str-II Vimmerstad (57.9181,13.4897)
193,0 Str-II, **S Dalum**, nur 5 km von der ⬇ bei km 253 entfernt (57.9003, 13.4733)
191,4 Str-II Silarp (57.8950,13.4578)
190,8 Wege-II (57.8923,13.4561)

188,3 ■ Plate, X, ⏏ (57.8854,13.4361)
187,6 Wege-Ⅱ (57.8813,13.4408)
185,2 Wege-Ⅱ (57.8657,13.4424)
184,1 Wege-Ⅱ (57.8607,13.4370)
182,5 mehrere Ⅱ in einem Werkgelände (57.8545,13.4352)
182,3 Str-Ⅱ 46, **S Timmele**. Der Ätrån ist hier weiterhin ein strömungsarmer Kleinfluss mit zahlreichen Mäandern, keine besonderen Schwierigkeiten (57.8528,13.4346)
181,9 ■ unterhalb Timmele, X, ⏏ (57.8493,13.4318)
178,5 Wege-Ⅱ, ■, X, ⏏ (57.8362,13.4298)
176,3 Wege-Ⅱ (57.8294,13.4305)
174,2 Str-Ⅱ (57.8232,13.4237)
172,2 ■, X, ⏏ (57.8139,13.4145)
172,1 Str-Ⅱ (57.8129,13.4139)
170,4 Str-Ⅱ (57.8055,13.4156)
169,9 Str-Ⅱ 40 (57.8032,13.4152)
169,3 Str-Ⅱ 157, Ulricehamn (57.7997,13.4129)
169,2 Wege-Ⅱ (57.7998,13.4121)
169,0 ⇩ in den Åsunden-See, Ende der Kleinflussstrecke. 🚐, ☰ (57.7999, 13.4090)
167,7 li **S Ulricehamn**, Kurort am Åsunden, 🛒, ✕, 🚌. Der Åsunden wird für die Weiterfahrt in seiner ganzen Länge Richtung Süd durchfahren (57.7890,13.4065)
161,2 re **S Alhammar** (57.7332,13.3759)
159,1 re **S Rude** (57.7148,13.3687)
155,5 durch den Fästeredssund zum Yttre Åsunden-See. Für die Weiterfahrt wird der See in Richtung West überquert (57.6883,13.3376)
153,9 Str-Ⅱ, **S Ängsö** (57.6767,13.3250)
151,0 Ausfahrt aus dem See Yttre Åsunden-See (57.6725,13.2772)
148,6 ϟ und ■ Forsa, X, re ⏏, Str-Ⅱ (57.6615,13.2456)
145,0 ⚠, kleine Schnelle (WW II), evtl. ⏏
142,8 nach einer Str-Ⅱ folgt das ■ einer ehemaligen Wassermühle, nach Besichtigung evtl. ≈ oder re ⏏, es folgt eine kleine Schnelle (57.6331,13.1783)
142,4 EB-Ⅱ Hillared (57.6313,13.1725)
141,5 Str-Ⅱ, re **S Hillared** (57.6287,13.1585)
140,4 Str-Ⅱ Hillared–Länghem (57.6206,13.1517)
138,8 Str-Ⅱ 27 (57.6087,13.1404)
138,6 ■ der ehemaligen Wassermühle Buttorp, X, etwa 300 m re an Straße ⏏ (57.6072,13.1425)
136,4 Str-Ⅱ, ⚠ Stromschnelle, nach Besichtigung ≈ oder li ⏏, wegen

starker Strömung unbedingt vor der Ⅱ an der markierten Stelle li ⬆ (57.5939,13.1253)

135,8 △ Stromschnelle, re Arm nach Besichtigung ≈ oder re ⏏

133,2 Str-Ⅱ 154, **S Sexdrega** (57.5748,13.1289)

122,7 △ nach kleiner ≈ Stromschnelle sofort ↱, um das folgende zerfallene ▬ zu besichtigen, evtl. re ⏏

122,6 Str-Ⅱ (57.5198,13.0835)

119,3 Str-Ⅱ 154 (57.5099,13.1083)

118,9 ▬ Staudamm, ϟ Ljungators, **X**, re etwa 300 m ⏏ (57.5096, 13.1127)

116,9 Str-Ⅱ 154, **S Svenljunga**, 🛒, 🍴, 🚌 (57.4973,13.1143)

116,8 Steinbogen-Ⅱ (57.4968,13.1136);
Str-Ⅱ 156 (57.4964,13.1135)

116,5 Str-Ⅱ. Der Fluss hat wenig Strömung, viele Mäander (57.4944, 13.1125)

115,3 Str-Ⅱ (57.4860,13.1085)

111,2 Wege-Ⅱ (57.4649,13.1068)

106,0 Str-Ⅱ 154 (57.4442,13.0978)

105,6 ▬ Staudamm Axelfors, **X**, Felsschlucht. re 600 m weit ⏏, beschildert (57.4410,13.0979)

102,2 längere Schnellen

101,8 li ⇩ des Assmån (s. Seite 535) in den Ätrån (57.4198,13.1020)

93,1 Str-Ⅱ (57.3716,13.0641)

86,7 Str-Ⅱ, **S Östra Frölunda** (57.3435,13.0356)

84,5 ⇩ des Kalvån (s. Seite 538) in den Ätrån. Eine Weiterfahrt auf dem Ätrån bis zum Kattegat ist zwar möglich, wegen mehrerer ϟ mit mühsamem ⏏ jedoch kaum zu empfehlen (57.3296,13.0350)

76,3 △ Stromschnelle Strömsåsen, wahrscheinlich **X**, li 300 m ⏏

74,0 Str-Ⅱ, li **S Mårdaklev Kirka**. Gute Gelegenheit zur Beendigung der Fahrt (57.2588,12.9917)

72,2 re **S Mårdaklev** (57.2448,12.9800)

69,8 Str-Ⅱ (57.2250,12.9703)

66,9 Str-Ⅱ (57.2016,12.9587)

63,5 ▬ und ϟ Skåpanäs, **X**. Ab hier ist das Flussbett für 3 km trockengelegt. 3 km ⏏ (beschildert), Bootswagen unbedingt erforderlich (57.1892,12.9681)

60,6 re ⇩ ϟ-Kanal, Rückkehr des abgeleiteten Wassers (57.1784,12.9451)

56,7 Stromschnelle

56,5 Str-Ⅱ (57.1490,12.9396)

51,8 Str-Ⅱ 153, **S Ätrån**, ⬆, gute Gelegenheit zur Beendigung der Fahrt. Eine Weiterfahrt bis zur ⇩ ist möglich, es folgen jedoch noch einige ϟ mit Wasserentzug, die ⏏ werden müssen, von einer Befahrung ist daher abzuraten (57.1200,12.9398)

51,4 ehemalige EB-Ⅱ (57.1188,12.9448)
44,7 ■ und ϟ, **X**, ⏏ (57.0938,12.8687)
42,0 Str-Ⅱ über Stausee (57.0892,12.8274)
40,0 ■ und ϟ, **X**, ⏏ 500 m (57.0772,12.8078)
34,2 ■ und ϟ, **X**, ⏏ (57.0328,12.7605)
32,5 ⇩ ϟ-Kanal, Rückkehr des abgeleiteten Wassers (57.0220,12.7433)
27,2 ■ und ϟ Ätrafors, **X**, ⏏ (57.0338,12.6644)
26,8 ⇩ ϟ-Kanal, Rückkehr des abgeleiteten Wassers (57.0335,12.6568)
19,4 Str-Ⅱ, **S Vessigebro** (56.9780,12.6551)
8,5 Str-Ⅱ E6, danach EB-Ⅱ (56.9077,12.5710)
5,4 Str-Ⅱ, Beginn der Stadt **S Falkenberg** (56.9010,12.5259)
5,2 ■ und ϟ Falkenberg, **X**, ⏏ (56.9012,12.5215)
4,8 Wege-Ⅱ Lachsfang (56.9005,12.5164)
4,1 Wege-Ⅱ (56.9047,12.5080)
3,4 Schwallstrecke (56.9059,12.4987)
3,0 Str-Ⅱ (56.9030,12.4943)
2,3 Str-Ⅱ, Hafenbeginn (56.8985,12.4959)
0,0 ⇩ in das Kattegat bei Falkenberg (56.8842,12.4692)

Assmån

Wanderfluss
Mündung in Ätrån bei km 101,8 (li Nebenfluss)

Der Assmån fließt meist mit wenig Strömung durch Wiesen, seine Breite beträgt zwischen 10 und 25 m. Er erlaubt eine durchgehende Befahrung.

24,2 ⇩ Zusammenfluss von re Månstadsån (s. Seite 536) und li Jälmån (s. Seite 536) zum Assmån (57.4886,13.3507)
24,0 Str-Ⅱ 156, **S Tranemo**, ✕, 🛒 (57.4867,13.3487)
23,8 ⇩ in den See Tranemosjön (57.4855,13.3475)
23,0 Ausfluss aus dem See Tranemosjön (57.4808,13.3367)
21,8 Wege-Ⅱ (57.4763,13.3265)
20,9 li ⛵, ⛺-Möglichkeit
19,5 ehemalige EB-Ⅱ (57.4757,13.2982)
17,0 Wege-Ⅱ, **S Uddebo** (57.4742,13.2634)
16,6 Str-Ⅱ (57.4717,13.2595)
14,4 Wege-Ⅱ (57.4689,13.2357)
13,7 ehemalige EB-Ⅱ (57.4675,13.2283)
13,3 ■ und ϟ **S Strömfors**, **X**, ⏏, Ⅱ, ✕, 🛒 (57.4669,13.2222)
12,3 ■ und ϟ Astafors, **X**, li etwa 200 m ⏏, danach Str-Ⅱ (57.4646,

13.2083)
10,2 Str-II (57.4610,13.1816)
9,2 Wege-II (57.4588,13.1749)
8,8 Wege-II (57.4575,13.1773)
5,9 Str-II (57.4491,13.1452)
5,8 ▬ und ↯ Frederiksborg, **X**, li ⩍ (57.4485,13.1451)
4,4 Str-II, **S Assmebro** (57.4381,13.1402)
4,0 ↯ Örsåsgården, **X**, re 150 m ⩍; bei NW ist eine Weiterfahrt nicht möglich (57.4355,13.1361)
0,0 ⇩ des Assmån in den Ätrån (s. Seite 531) bei km 101,8 (57.4198, 13.1020)

Månstadsån

Weitere Namen: Sämån

Kleinfluss
Mündung in Assmån bei km 24,2 (re Nebenfluss)

Der Månstadsån, in früheren Auflagen auch als Sämån bezeichnet, verläuft durch Seen, Sumpfgebiete und mit Wiesen durchsetzte Waldlandschaft, er mäandriert nur wenig, wenige kleine Stromschnellen.

23,5 ⬇ am Nordende des Sees Sämsjön bei **S Vegby** (57.6793,13.3818)
16,5 Ausfluss aus dem See Sämsjön über ein ▬ (57.6188,13.3498)
14,7 Str-II, **S Månstad** (57.6064,13.3497)
11,5 Wege-II (57.5809,13.3577)
10,4 Str-II (57.5710,13.3536)
6,7 ehemalige EB-II (57.5406,13.3514)
6,6 EB-II (57.5395,13.3506)
6,2 Str-II 157, li **S Limared** (57.5362,13.3482)
5,3 Str-II (57.5292,13.3527)
1,6 Str-II 27 (57.4994,13.3467)
0,5 ehemalige EB-II (57.4914,13.3444)
0,0 ⇩ Zusammenfluss von re Månstadsån und li Jälmån (s. Seite 536) zum Assmån (s. Seite 535) bei km 24,2 (57.4886,13.3507)

Jälmån

Kleinfluss
Mündung in Assmån bei km 24,2 (li Nebenfluss)

Der Jälmån ist ein schöner, z.T. verwilderter Kleinfluss mit einigen Stromschnellen durch Wälder und Moorgebiete. Seine durchgehende Befahrung erfordert eine längere Umtragestrecke.

38,8 Str-II, **S Köttkulla**, oberste mögliche ⬇ in den Jälmån (57.6955,

13.5875)
35,8 Wege-II (57.6785,13.5879)
34,3 Str-II, **S Grönahög**. Zahmwasser mit kleineren Stromschnellen (57.6668,13.5886)
30,8 ■ Stocken, ehem. Wassermühle, **X**, re ⌓, △ WW II-III+, evtl. ⌓ bis km 25,7. Wanderwege an beiden Flussufern
27,7 Str-II (Hänge-II), ab hier nachlassende Schwierigkeit, flaches Wasser (57.6263,13.5515)
25,7 ⇩ in den Dalstorpasjön (57.6196,13.5279)
24,1 Ausfluss aus dem See, Wege-II (57.6062,13.5187)
23,9 Str-II, **S Dalstorp**, 🛒 (57.6047,13.5163)
23,7 Str-II, ■ Dalstorp, li 100 m ⌓ (57.6034,13.5145)
22,5 ■, nach Besichtigung evtl. ≈, sonst re ⌓, es folgen einige Stromschnellen (57.5943,13.5128)
21,3 ■ **S Nyfors**, li vor dem Mühlenkanal ⬆, auf Landzunge am Ende des Mühlenkanals ⬇ (ca. 100 m), in Nyfors ☰, gute ⬇. Von hier bis Brandsmo ist der Jälmån ohne Schwierigkeiten ≈. Es folgen auf 5 km drei Rastplätze mit ⛺-Möglichkeit (57.5859,13.5107)
20,1 Str-II (57.5789,13.5067)
16,6 Str-II (57.5672,13.5013)
15,1 Wege-II (57.5604,13.4967)
13,5 Str-II, li **Nittorp**, dahinter gute ⬆⬇ mit WC, 🛒 (57.5479,13.4855)
11,4 Str-II, ■ Rydfors, **X**, re ⌓ (57.5327,13.4691)
7,8 Str-II, re **S Algutstorp** (57.5155,13.4279)
7,0 ⇩ in den See Algustorpasjön, erst Richtung Norden, dann Richtung Westen fahren (57.5122,13.4193)
6,4 Ausfahrt aus dem See Algustorpasjön (57.5131,13.4131)
4,8 Str-II bei **S Brandsmo**, △, bevor die Brücke zu sehen ist, unbedingt li an der gekennzeichneten ⬆ aussetzen und an der Straße Nittorp – Tranemo zum Stausee umkarren (57.5122,13.3969)
4,7 EB-II, △, letzte ⬆ vor der folgenden unfahrbaren Schluchtstrecke (57.5127,13.3943)
4,3 △ Ruine der ehemaligen Wassermühle Stomskvarn, es folgt eine Schluchtstrecke, **X** (57.5133,13.3887)
2,9 Beginn eines Stausees (57.5048,13.3772)
1,6 ■ Björsdamm, li ⌓ (57.4943,13.3669)
1,2 Str-II 27, danach Wege-II (57.4919,13.3629)
0,3 EB-II (57.4895,13.3529)
0,0 ⇩ Zusammenfluss von re Månstadsån (s. Seite 536) und li Jälmån zum Assmån (s. Seite 535) bei km 24,2 (57.4886,13.3507)

Kalvån

Weitere Namen: Lillån, Drägvedsån

Kleinfluss, Wanderfluss
Mündung in Ätrån bei km 84,5 (li Nebenfluss)

Der Kalvån, der streckenweise und je nach Landkarte auch andere Namen führt (Lillån, Drägvedsån) ist ein abwechslungsreicher Waldfluss mit einigen kleinen Seen und nur wenigen Schnellen.

63,5 **S Ambjörnarp**, 🛒, 🚂, ✕. Beginn der Befahrung des Kalvån auf einem der vielen Seen in und um Ambjörnarp, etwa Visen, Nordsjön, Byasjön oder Kyrkesjön. Der Kalvån, der streckenweise und je nach Landkarte auch andere Namen führt (Lillån, Drägvedsån) ist ein abwechslungsreicher Waldfluss mit einigen kleinen Seen und nur wenigen Schnellen. Die Kilometrierung beginnt an der Str-Ⅱ bei der Kirche von Ambjörnarp; zunächst Fahrt nach Süden über den Kyrkessjön (57.4209,13.2975)
63,0 Wege-Ⅱ (57.4171,13.2965)
61,8 EB-Ⅱ (57.4096,13.2948)
61,6 Wege-Ⅱ (57.4102,13.2926)
60,7 Str-Ⅱ (57.4046,13.2874)
58,6 ▬, **X**, ⏏, Str-Ⅱ (57.3905,13.2720)
56,5 ⇩ in den See Holmsjön (57.3869,13.2890)
55,4 Wege-Ⅱ, Ausfluss aus dem See Holmsjön (57.3777,13.2902)
54,7 Str-Ⅱ (57.3735,13.2929)
53,8 Str-Ⅱ (57.3665,13.2893)
52,7 Str-Ⅱ, **S Sjötofta**, 🛒, ✕, 🚌 (57.3589,13.2855)
51,6 ⇩ in den See Stomsjön (57.3526,13.2795)
51,0 Str-Ⅱ, Ausfluss aus dem See Stomsjön (57.3470,13.2816)
48,8 ⇩ in den See Draggsjön (57.3362,13.2704)
47,7 Str-Ⅱ (57.3347,13.2486)
46,8 ▬, **X**, ⏏, ↯ Drägvedsån, die Folgestrecke ist nur schlecht ≈ (57.3319,13.2375)
46,0 Str-Ⅱ (57.3342,13.2254)
45,1 Wege-Ⅱ (57.3359,13.2080)
44,6 Str-Ⅱ (57.3355,13.1906)
38,9 Str-Ⅱ (57.3189,13.1550)
38,1 Str-Ⅱ, **S Hacksvik**, weitere ⬇ (57.3175,13.1461)
34,9 Str-Ⅱ (57.3114,13.1392)
33,1 Wege-Ⅱ (57.3037,13.1415)
27,7 ▬ aus groben Felsbrocken, **X**, überheben leicht. Danach kleine Stromschnellen

26,1 Str-Ⅱ, **S Klägghult** (57.2760,13.1194)
24,0 Wege-Ⅱ (57.2683,13.1163)
23,3 li ⇩ des Spångån (s. Seite 539) in den Kalvån. Man muss sich hier über die Weiterfahrt entscheiden. Bei höherem Wasserstand (Frühjahr, Frühsommer) ist es wahrscheinlich interessant, den Spångån aufwärts zum Fegensee zu fahren (57.2648,13.1178); Wege-Ⅱ (57.2647,13.1175)
23,1 Wege-Ⅱ (57.2630,13.1149)
22,5 Str-Ⅱ (57.2602,13.1102)
21,8 Wege-Ⅱ (57.2572,13.1068)
21,0 Wege-Ⅱ (57.2508,13.1034)
20,5 Str-Ⅱ (57.2487,13.0990)
19,0 Wege-Ⅱ (57.2422,13.0930)
18,4 Str-Ⅱ (57.2410,13.0861)
17,2 ⇩ in den See Kalvsjön und des Götshultkanal (s. Seite 540) in den Kalvån. Weiterfahrt zum Ätrån nach NO (57.2373,13.0755)
16,0 Ausfluss des Lillån aus dem See bei Kalv/Erikslund, Str-Ⅱ. Der Lillån ist ohne Schwierigkeiten zu befahren, einsam, doch etwas eintönig (57.2459,13.0708)
7,9 Str-Ⅱ (57.3039,13.0576)
4,3 Str-Ⅱ (57.3180,13.0582)
2,4 Str-Ⅱ (57.3269,13.0510)
1,6 Str-Ⅱ **S Mölneby** (57.3313,13.0436)
1,4 ▬ und ϟ Mölneby kraftstation, **X**, ⏏, die Fahrt wird am besten vor dem Kraftwerk beendet (57.3331,13.0423)
0,0 ⇩ des Kalvån in den Ätrån (s. Seite 531) bei km 84,5. Eine Weiterfahrt auf dem Ätrån bis zum Kattegat ist zwar möglich, wegen mehrerer ϟ mit mühsamem ⏏ jedoch kaum zu empfehlen (57.3296,13.0350)

Spångån

Kleinfluss, Wanderfluss
Mündung in Kalvån bei km 23,3 (li Nebenfluss)

Der Spångån ist der natürliche Abfluss des Sees Fegen.

3,6 Ausfluss des Spångån aus dem See Fegen (s. Seite 540) (57.2488, 13.1367)
3,3 Str-Ⅱ (57.2506,13.1371)
3,2 ▬, kurzes ⏏. Der Spångån ist der natürliche Abfluss des Fegensees, er führt jedoch meist recht wenig Wasser, da die Hauptmenge des Wassers über den Götshultkanal abfließt. Der Spångån ist stark verkrautet und verschilft, Verlauf oft schlecht zu erkennen (57.2509,

13.1383)
2,2 Str-II (57.2584,13.1368)
0,2 Str-II (57.2659,13.1204)
0,0 ⇩ des Spångån in den Kalvån (s. Seite 538) bei km 23,3. Man muss sich hier über die Weiterfahrt entscheiden. Bei höherem Wasserstand (Frühjahr, Frühsommer) ist es wahrscheinlich interessant, den Spångån aufwärts zum Fegensee zu fahren (57.2648,13.1178)

Fegen

See
Mündung in Spångån bei km 3,6

Der See Fegen mit seinen Zu- und Abflüssen ist ein interessantes Kanurevier Südschwedens, das trotz eines kommerziellen Kanuverleihs noch verhältnismäßig einsam und wenig touristisch überlaufen ist. Da es von Norddeutschland aus recht schnell zu erreichen ist, lohnt es auch für einen Kurzurlaub von etwa einer Woche. Beim Gemeindeamt Svenlunga gibt es einen Faltprospekt mit sehr guter Karte.
Hier wird nur der Teil kilometriert, der für eine große Rundfahrt benötigt wird, die auf dem Kalvån beginnt, auf dem Stångån weitergeht und über die Seen Kalvsjön, Svansjön und Fegensee und den Spangån zurück zum Stångån führt und schließlich bei der Mündung des Lillån in den Ätrån endet.

Befahrungsregeln: Der etwa 20 km lange und nur 2 km breite Fegensee ist recht interessant, stark verzweigt, fjordartige Buchten führen weit in das Land hinein. Der gesamte See ist Naturschutzgebiet, anlanden überall gestattet. ⛺ jedoch nur an einigen gekennzeichneten Stellen erlaubt, hier Toilette, Feuerstelle mit Holzvorrat. Die zahlreichen Inseln sind fast alle als Vogelschutzgebiet ausgeschildert, sie dürfen in der Zeit vom 01.04. bis 15.07. nicht angefahren werden. Die gleichen Beschränkungen gelten auch für die beiden Seen Svansjön.

19,7 Süd-Ende des Sees, **S Fegen** (57.1060,13.0341)
5,6 ← des Götshultkanal (s. Seite 540) vom See Fegen (57.2195, 13.1278)
0,0 Ausfluss des Spångån (s. Seite 539) aus dem See Fegen (57.2488, 13.1367)

Götshultkanal

Seen, Kanäle
Mündung in Kalvån bei km 17,2

Der Götshultkanal ist ein künstlich geschaffener Abfluss aus dem See Fegen. Über einige Kanalstrecken und mehrere Seen erreicht man den Kalvån. Gemeinsam mit dem ebenfalls beschriebenen Spångån und dem See Fegen ist ein Rundkurs möglich.

11,3 ← des Götshultkanal vom See Fegen (s. Seite 540) (57.2195, 13.1278)
11,0 ⇩ in den Götshultkanal (57.2184,13.1245)
10,6 ⇩ des Kanals in den See N. Svansjön (57.2145,13.1212)
8,4 Ausfluss aus dem See N. Svansjön in eine Kanalstrecke (57.1981, 13.1036)
8,0 ⇩ des Kanals in den See S. Svansjön (57.1951,13.1007)
5,7 Ausfluss aus dem See Södra Svansjön in eine Kanalstrecke (57.1890, 13.0717)
5,5 Str-II, ▬, ⌂ (57.1900,13.0692)
5,0 ⇩ in den See Kalvsjön am Westufer mit der Hauptmenge des Wassers des Sees Fegen. Im Sommer kann der Kanal gut aufwärts befahren werden. Bei HW starke Gegenströmung, es ist dann besser, die Rundtour in der Gegenrichtung zu machen (57.1941,13.0653)
0,0 ⇩ in den See Kalvsjön und des Götshultkanal in den Kalvån (s. Seite 538) bei km 17,2. Weiterfahrt zum Ätrån nach NO (57.2373, 13.0755)

Götaälven

Schifffahrtskanal
Mündung in schwedische Ostseeküste

Der Götaälven ist der wohl wasserreichste Fluss Schwedens, er sammelt sämtliche Zuflüsse des Vänern. Eine Befahrung des Götaälven macht keine Schwierigkeit, ruhige Strömung. Durch den Bau größerer Schleusen können jetzt auch große Schiffe bis zum See Vänern fahren.

91,9 Ausfluss des Götaälven aus dem See Vänern (s. Seite 542) (58.3850, 12.3125)
91,6 Str-II, **S Vänersborg**, 🚂, 🚌, 🛒, ✕ (58.3825,12.3111)
91,2 EB-II (58.3787,12.3091)
89,5 Str-II (58.3653,12.3187)
86,2 ⚓ Brinkeberg (58.3410,12.3511)
85,4 ⇩ des Karlsgrav in den Götaälven. Fahrt nach rechts (58.3349, 12.3530)
81,7 Str-II 44 (58.3099,12.3169)
79,2 EB-II, li Kanal zur Schleuse (58.2917,12.2920)
78,2 Str-II, **Trollhättan**, 🚂, 🚌, 🛒, ✕. Der früher sehenswerte Wasserfall

ist durch ein ↯ trockengelegt. Der Höhenunterschied von 23,75 m wird durch eine Schleusen-Treppe überwunden (58.2841,12.2839)

75,8 ⌘ (58.2657,12.2646)
75,3 ⌘, dreistufig (58.2650,12.2574)
73,4 **S Rosenberg** (58.2577,12.2291)
57,0 Str-II, li ■, **X**, re ⌘, **S Lilla Edet**, 🚌, 🛒, ✕. Ab hier freie Fahrt bis zur Ostsee (58.1377,12.1192)
56,5 Str-II 167 (58.1337,12.1160)
52,5 li **S Göta** (58.1055,12.1453)
44,4 li **S Lödöse**, 🛒 (58.0347,12.1485)
37,8 Beginn einer Insel (57.9771,12.1243)
35,7 li **S Älvängen**, 🛒, ✕ (57.9601,12.1165)
33,3 Ende der Insel (57.9478,12.0838)
27,9 re **S Dössebacka**, li **S Ale** (57.9045,12.0443)
22,7 Teilung des Götaälven. ➔ des Nordälven, 15 km bis zum Skagerrak. Der Hauptstrom geht li weiter (57.8608,12.0124)
22,1 Str-II, li **S Bohus**, 🛒, ✕ (57.8555,12.0090)
18,7 li **S Surte**, 🛒, ✕ (57.8261,12.0110)
15,8 Str-II, Beginn der Stadt Göteborg (57.7996,12.0137)
6,7 Straßentunnel E 6 (57.7219,11.9872)
5,3 Str-II, Häfen, **S Göteborg**, Großstadt mit ca. 570.000 Einwohner, 🚆, 🚌, 🛒, ✕ (57.7146,11.9670)
0,4 Str-II Älvsborgsbron (57.6910,11.9018)
0,0 ⇩ in das Kattegat (57.6894,11.8956)

Vänern

See
Mündung in Götaälven

Der Vänern ist der drittgrößte See Europas und für den Kanusport nur bedingt geeignet. Eine ufernahe Umfahrung beträgt ungefähr 1000 km. Eine Beschreibung liegt nicht vor. Der Vänern bildet zusammen mit dem Götakanal und dem den Verlauf des Götaälven folgenden Trollhätte-Kanal eine Wasserstraßenverbindung zwischen Stockholm und Göteborg.

Tidån

Kleinfluss – Wanderfluss
Mündung in Vänern

Die über den Tidån vorliegenden Unterlagen sind dürftig. Nach schwedischen Quellen ist er ein Wanderfluss, zunächst durch Laub- und Nadelwälder, später durch Weiden und Getreidefelder in fast reiner Süd–Nordrichtung. Er fließt mit stetiger, leichter Strömung, ganz wenige leichte Schnellen, insgesamt 26 Umtragestellen, alle gut beschildert. Mitnahme eines Bootswagens erforderlich.

Infrastruktur: ⛺ in Kyrkekvarn, Tidaholm und Mariestad. Mehrere Übernachtungsplätze am Fluss.

Kilometrierung: Die nachfolgende Kilometrierung beruht auf Kartenmaterial. Ein Fahrtenbericht liegt nicht vor. Infos beim Kanuverleiher oder Touristenbüro in Tidaholm.

171,7 ⬇-Möglichkeit am S-Ende des Sees Stråken bei **Bottnaryd**. Die Fahrt geht über diesen See rund 25 km nach Norden (57.7716,13.8487)
170,1 Str-Ⅱ (57.7864,13.8505)
160,8 Str-Ⅱ (57.8662,13.8686)
157,5 re **S Västerkärr** (57.8937,13.8589)
156,3 Str-Ⅱ 185, re **S Mullsjö**, ⛺ (57.9014,13.8458)
154,6 EB-Ⅱ (57.9164,13.8406)
148,2 li halten, die re Bucht endet blind (57.9701,13.8285)
147,7 Str-Ⅱ Tunarpsvägen (57.9735,13.8280)
146,8 Str-Ⅱ 26/47, Weiterfahrt entlang des Westufers (57.9807,13.8337)
146,5 Ausfluss des Tidan aus dem See Stråken (57.9833,13.8346)
144,7 ▬, danach Str-Ⅱ, li ⛺ Kanucenter Kyrkekvarn, ⬇ (57.9947,13.8465)
142,0 ▬ und ↯ Öjaforsen (58.0146,13.8530)
140,8 ⇩ in einen kleinen See, am Westufer bleiben, kurz danach Ausfahrt (58.0216,13.8589)
140,0 ▬ (58.0273,13.8584)
138,5 ⇩ in einen kleinen See (58.0356,13.8645)
138,0 Ausfluss aus dem See, Str-Ⅱ, danach ▬ (58.0391,13.8651)
136,5 ▬ Bosap Brokvarn, danach Str-Ⅱ (58.0504,13.8698)
135,8 ▬ Herja Herrekvarn, danach Str-Ⅱ (58.0561,13.8699)
133,5 ⇩ in den See Gimmenesjön (58.0681,13.8756)
132,7 Ausfluss aus dem See Gimmenesjön (58.0730,13.8863)
131,3 Str-Ⅱ (58.0837,13.8882)
131,1 ▬ (58.0843,13.8870)
128,4 Wege-Ⅱ (58.0978,13.8990)
126,6 Str-Ⅱ (58.1092,13.9122)
121,1 ▬ (58.1348,13.9305)
121,0 Str-Ⅱ Madängsbro (58.1354,13.9300)
120,2 ▬ mit Str-Ⅱ, li zum ↯, Fabrikanlage, li **S Madängsholm** (58.1417, 13.9256)
119,9 li ⇩ Kraftwerkskanal (58.1437,13.9222)
118,0 ▬, li Kläranlage (58.1566,13.9272)
117,8 Str-Ⅱ (58.1577,13.9305)

116,0 ▬, Str-Ⅱ (58.1615,13.9414)
115,1 Str-Ⅱ 193 (58.1720,13.9536)
114,9 Wege-Ⅱ (58.1739,13.9540)
114,3 Wege-Ⅱ (58.1776,13.9578)
114,0 ▬ Tidaholm (58.1792,13.9610)
113,9 Wege-Ⅱ (58.1800,13.9613); Str-Ⅱ, **S Tidaholm**, größere Stadt (58.1801,13.9617)
113,7 ▬ und ϟ Tidaholm. Es folgen 3 ▬-Stufen und einige Wege-Ⅱ (58.1812,13.9635)
113,1 Str-Ⅱ (58.1838,13.9715)
112,4 li ▬ mit Str-Ⅱ und re ϟ, Ortsende Tidasholm (58.1891,13.9708)
101,7 Str-Ⅱ, **S Fröjered** (58.2499,14.0146)
101,4 ▬ und ϟ Fröjered (58.2484,14.0196)
100,8 ▬ und ϟ, Str-Ⅱ (58.2488,14.0280)
100,4 ▬ und ϟ Annefors (58.2504,14.0329)
95,8 Wege-Ⅱ (58.2795,14.0553)
95,6 ▬ mit Ⅱ, **S Blikstorp** (58.2811,14.0546)
95,1 Str-Ⅱ (58.2850,14.0525)
91,5 Str-Ⅱ, **S Karthagen** (58.3008,14.0772)
91,2 ▬ und ϟ Karthagen (58.3031,14.0765)
89,9 Wege-Ⅱ, ▬ (58.3104,14.0864)
87,8 Str-Ⅱ und ▬ (58.3226,14.0992)
84,1 Str-Ⅱ 194 (58.3459,14.1226)
83,7 Wege-Ⅱ (58.3476,14.1169)
74,0 Str-Ⅱ, re ▬ und li ϟ (58.4049,14.1379)
73,8 Str-Ⅱ, ▬, wahrscheinlich geschliffen (58.4069,14.1391)
72,7 Str-Ⅱ 201 (58.4152,14.1382)
72,3 EB-Ⅱ (58.4180,14.1406)
71,1 Str-Ⅱ, ▬, wahrscheinlich geschliffen (58.4260,14.1474)
71,0 Str-Ⅱ, re **S Tibro**, größerer Ort (58.4267,14.1473)
70,6 Str-Ⅱ 49/201 (58.4307,14.1490)
68,8 ▬ Areberg Kraftstation, danach Str-Ⅱ (58.4417,14.1615)
66,7 Wege-Ⅱ (58.4567,14.1674)
63,9 Str-Ⅱ, re **S Hönsa** (58.4787,14.1701)
63,7 ▬ und ϟ Hönsa (58.4801,14.1702)
63,6 Str-Ⅱ 201 (58.4810,14.1717)
52,0 ▬ und ϟ (58.5598,14.1609)
51,0 ▬ (58.5589,14.1472)
50,8 Wege-Ⅱ (58.5587,14.1434)
50,5 Str-Ⅱ (58.5579,14.1391)
46,3 Str-Ⅱ 201 (58.5763,14.0962)

46,1 ▬ und ↯ Billefors (58.5770,14.0941)
44,0 ▬ und Str-Ⅱ Bällefors (58.5899,14.0791)
41,6 li Graben zum ↯, re zum ▬, Str-Ⅱ, re **S Moholm** (58.6016,14.0492)
36,7 ▬ und li ↯, li **S Tidan** (58.5720,14.0167)
36,1 EB-Ⅱ (58.5757,14.0133)
35,5 ▬ und li ↯ (58.5776,14.0071)
35,3 Str-Ⅱ 200 (58.5786,14.0049)
35,1 ▬ und re ↯ (58.5804,14.0039)
34,2 überdachte, hölzerne Str-Ⅱ (58.5874,14.0003)
29,9 ⇩ in den See Osten (58.5846,13.9473)
25,2 Ausfluss aus dem See Osten (58.5577,13.8996)
24,3 Str-Ⅱ (58.5627,13.8871)
21,1 Str-Ⅱ, li **S Tidavad** (58.5845,13.8569)
19,9 Str-Ⅱ, ▬ und re ↯ (58.5929,13.8465)
8,5 Str-Ⅱ, re **S Ullervad**, danach li ↯, re ▬ (58.6641,13.8521)
7,0 ▬ und ↯ (58.6668,13.8335)
5,7 Str-Ⅱ E20, Beginn Mariestad (58.6763,13.8232)
3,4 Str-Ⅱ, ▬ (58.6928,13.8254)
2,5 ▬, es folgen mehrere Ⅱ (58.7003,13.8286)
1,9 ▬ und ↯ (58.7050,13.8265)
1,6 EB-Ⅱ, Str-Ⅱ, Zentrum **S Mariestad** (58.7062,13.8225)
1,5 Schwallstrecke (58.7068,13.8204)
1,3 Str-Ⅱ (58.7085,13.8189)
1,0 Wege-Ⅱ, danach Sportboothäfen (58.7106,13.8173)
0,0 ⇩ in den See Vänern (58.7197,13.8147)

Timesälven

Seenkette
Mündung in Vänern

Der Timesälven ist der Ausfluss einer ausnehmend schönen Seenkette, die bis vor Karlskoga ohne Schwierigkeiten und ohne besondere Mühen zu befahren ist. Unterhalb Karlskoga folgen mehrere Elektrizitätswerke in stark bebauter Landschaft. Dieser Teil wird nicht ausführlich beschrieben.

Befahrbarkeit:	Wahrscheinlich ganzjährig.
Infrastruktur:	Im Bereich der Seen, insbesondere am Daglösen, zahlreiche Sommerhäuser, dadurch Zeltplatzsuche oft schwierig.

133,1 ⇩ in den See Lersjön (59.7822,14.1286)
126,0 Ausfahrt aus Lersjön, re ⛟ Munkebergs camping, ▬, X, ≏, der Fluss heißt jetzt Skillerälven (59.7206,14.1566)
125,1 Str-Ⅱ 63 (59.7137,14.1580)

124,9 EB-II (59.7121,14.1607)
124,8 Str-II, ▬, **X**, ⌂ (59.7121,14.1605)
124,7 Str-II, **S Filipstad**, 🛒, ✕, 🚌 (59.7120,14.1625)
124,5 Str-II (59.7122,14.1657)
124,4 Wege-II (59.7118,14.1671)
124,3 Wege-II (59.7107,14.1679)
124,2 Str-II (59.7101,14.1696)
124,1 ⇩ in den See Daglösen, Kurs weiter nach Süden (59.7096,14.1710)
116,9 Ausfahrt aus dem See Daglösen (59.6476,14.1957)
116,6 EB-II (59.6447,14.1950)
116,1 ⇩ in den Asphytteälven (59.6406,14.1945)
113,6 ▬, **X**, re Einfahrt in Schleusenkanal, ⯐, ⇩ in den See Aspen (59.6196,14.1824)
111,9 am Ost-Ufer Ausfahrt aus dem See Aspen. Beginn des Bjurbäckskanals, ⯐, ⌂ (59.6053,14.1779)
110,4 Str-II (59.5933,14.1815)
109,2 Kanal-Ende, ⯐, ⌂ (59.5839,14.1735)
108,5 ⇩ in den See Stora Lungen (59.5790,14.1766)
102,1 Str-II, **S Lungsund**, li ⛺, danach ⇩ in den See Öjevettern, weiterhin Fahrt nach Süden (59.5228,14.1947)
96,4 Ausfahrt aus dem See Öjevettern (59.4803,14.2352)
92,1 Str-II N 26, EB-II, nach O Einfahrt in See Ullvettern. Nebenroute: auf diesem See Fahrt nach N, reizvolle Rundfahrt um den See mit mehreren Inseln und Halbinseln, etwa 25 km. Weiterfahrt auf der Hauptroute den See nach O überqueren, hier Durchfahrt zum Frövettern-See (59.4422,14.2358)
83,1 Str-II, **Käxsundet**, Durchfahrt zum Alkvettern-See. Zunächst Kurs S, die beiden großen im N liegenden Halbinseln südlich umfahren, dann wieder Kurs N entlang dem O-Ufer (59.3959,14.3304)
73,5 ▬ Knappfors, re ⌂, Weiterfahrt zum See Lonnen (59.4044,14.4233)
69,0 Ausfluss des Timsälven aus dem See, keine Schwierigkeiten (59.3776,14.4753)
65,1 Str-II 205 (59.3555,14.5117)
62,3 Str-II, li zum ▬, re zum ϟ, Beginn von **S Björksborn**, ⬆ gute Gelegenheit zur Beendigung der Fahrt. Weiterfahrt zumVäner-See ist möglich, wegen mehrerer ⌂-Stellen jedoch kaum empfehlenswert, dichte Besiedlung, Städte. Die Weiterfahrt geht über folgende Route: Karlskoga, Möckeln-See, Industriestadt Degersfors, Letälven, See Skagern, Gullspång, Gullspångälven, Vänern (59.3385,14.5353)
0,0 ⇩ des Timesälven in den See Vänern (s. Seite 512) (59.0217,

14.0764)

Svartälven

Wanderfluss – Seen
Mündung in Timesälven (li Nebenfluss)

Der Svartälven, der seinen Namen von dem fast schwarz wirkenden Wasser hat, führt in seinem Oberlauf durch reizvolle und einsame Landschaft. Er ist hier ohne große Schwierigkeiten zu befahren, es finden sich hier jedoch mehrere Umtragestellen, für deren Überwindung ein Bootswagen unerlässlich ist. Der Svartälven ist hier ein beliebter Kanufluss. In seinem Unterlauf nimmt die Besiedlung zu, hier mehrere Kraftwerke. Die Befahrung dürfte hier wohl am besten an geeigneter Stelle beendet werden. Eine Weiterfahrt über den Möckeln-See und dessen Ausfluss, den Letälven, bis zum Väner-See ist möglich, doch wegen weiterer Kraftwerke und starker Besiedlung kaum ratsam.

Literatur: Die schönsten Kanutouren in Südschweden, DKV-Verlag 2020.

124,1 Str-II 26 etwa 500 m nördlich von **S Tyfors**, Übernachtungsmöglichkeit bei einem Holzplatz, ⬇ in den Röälven (60.1577,14.2089)
123,8 Alte Holz-II, darunter ▬ (60.1560,14.2069)
121,9 ⇩ in den Svartälven (60.1440,14.1982)
120,8 gute ⬇ bei einer Kiesgrube. Man fährt dazu auf der Straße 26 etwa 1,4 km nach Süden, hier auf einer Abzweigung 500 m zum Fluss (60.1371,14.1991)
119,9 Str-II 26, weitere ⬇-Möglichkeit (60.1297,14.2055)
112,5 ▬ Gustavström, **X**, kurz ⏏, durch ein Schild U gekennzeichnet, danach Str-II (60.0669,14.2359)
110,9 ▬ und ϟ, auf der W-Seite 250 m ⏏, Schild U (60.0556,14.2519)
109,8 ▬ und ϟ, etwa 300 m ⏏, Schild U (60.0468,14.2624)
108,5 Str-II (60.0395,14.2730)
108,4 li ⛺ Älvsjön (60.0390,14.2739)
103,2 ▬ und ϟ Älvsjöhyttan, auf der O-Seite 200 m ⏏ (59.9997,14.3233)
103,0 ⬇ nach dem ⏏ (59.9979,14.3251)
95,6 li ⛺ Vraket (59.9454,14.3380)
91,4 re ⛺ (59.9236,14.3587)
87,4 li ⛺ (59.9114,14.4036)
84,8 li ⬆ zum ⏏ des folgenden ϟ (59.8918,14.4155)
84,7 ▬ Örlingsdammen, etwa 100 m weit auf O-Seite ⏏ (59.8923, 14.4140)
84,2 li ⬇ nach dem ⏏ (59.8882,14.4177)
79,8 li ⬆ zum ⏏ des folgenden ϟ (59.8568,14.4577);

▬ und ↯ Silvergruvan, 300 m weit auf O-Seite ⏏ (59.8561,14.4578)

79,5 ⬇ nach dem ⏏ an einem Schwimmsteg (59.8541,14.4616)

74,4 re ⚓ Älvlägge (59.8143,14.4893)

70,9 EB-II, hier ⬆ zum ⏏ um das folgende Wehr (59.7880,14.5079)

70,7 li hier ⬆, falls die Fahrt in Hällefors beendet werden soll (59.7864, 14.5077);
▬ und ↯ Hällefors, Nach dem Sägewerk vor der EB-II etwa 2 km durch den Ort und bei einer 90°-Biegung re zum Fluss ⏏, **S Hällefors**, 🛒, ✕ (59.7859,14.5072)

69,3 EB-II (59.7749,14.4981)

68,3 Str-II (59.7736,14.4928)

63,1 Str-II 63, re **S Hammarfallet**, li **S Hammarn** (59.7486,14.5009)

63,0 ▬ und ↯ Hammarn, auf der W-Seite etwa 50 m weit ⏏ (59.7477, 14.5012)

62,0 ⇩ in den See Torrvarpen. Am See Torrvarpen herrlicher Badestrand mit ⛺-Möglichkeit im SW (59.7389,14.5040)

57,9 am Ostufer **S Grythyttan**, 🛒, ⬆. Die Fahrt wird zumeist hier beendet. Eine Weiterfahrt ist zwar möglich, wegen zahlreicher und mühsamer ⏏-Stellen jedoch kaum lohnend, auf eine ausführliche Beschreibung wird verzichtet (59.7024,14.5183)

55,5 Str-II 205 (59.6813,14.5250)

55,3 EB-II (59.6796,14.5273)

48,9 Str-II,li **S Älvestorp** (59.6275,14.5627)

48,6 ▬ und ↯ Älvestorp, die Reststrecke bis zum Möckelnsee ist nicht beschrieben (59.6280,14.5652)

0,0 ⇩ in See Möckeln, **S Karlskoga** (59.3203,14.5789)

Klarälven

Wildfluss – Wanderfluss
Mündung in Vänern

Der Klarälven, der auf norwegischem Gebiet Trysilelva heißt, ist in seinem Oberlauf, in Norwegen, ein sehr schöner, mittelschwerer Wildfluss, siehe Beschreibung Trysilelva. In Schweden wird er auf langen Strecken zu einem leichten Wanderfluss. Diese Wanderstrecke zwischen Sysslebäck und Edebäck ist landschaftlich sehr reizvoll, auf langen Strecken fließt der Klarälven zwischen hohen Hügeln in zahlreichen Mäandern, keine Schwierigkeiten, auch für Familien gut geeignet. Bei NW zahlreiche schöne ⛺ auf Sandbänken. Der Fluss ist durch Bootsverleih und auch durch einen Floßverleih recht stark bevölkert. Eine weitere durchgehende Befahrung bis zum See Vänern ist allerdings wegen starker Verbauungen wenig lohnend und wird deshalb nicht beschrieben.

Befahrbarkeit: im Prinzip ganzjährig. HW von Mitte Mai bis Ende Juni.

Schwierigkeiten: km 270,4 - 258,0 Stausee
km 258,0 – 251,7 unfahrbar, umtragen
km 251,7 – 230,0 WW I-II-Zahmwasser
km 230,0 – 115,6 WW I und Zahmwasser (Wanderstrecke)
km 115,6 – 0 nicht ratsam

Infrastruktur: Viele schöne Plätze am Fluss, mehrere 🚐.

Literatur: Die schönsten Kanutouren in Südschweden, DKV-Verlag 2020.

270,4 Norwegisch-Schwedische Grenze, Beginn des großen Stausees Höljessjön, Name des Flusses ab hier Klarälven, re ✕, 🛒 (61.0473, 12.5987)

258,0 ▬ und ↯ Höljes, li 6 km umkarren bis zur ⇩ des ↯-Tunnels (60.9511, 12.5450)

251,7 li ⇩ des Kraftwerkkanals, gute ⬇ für die Weiterfahrt (60.9046,12.5770)

250,5 Str-II, re **S Höljes**, 🛒, zunächst keine Schwierigkeiten (60.9001, 12.5971)

247,4 Str-II 62, kurz danach re 🚐. Kurze Schnelle vor Båtsta (60.8854, 12.6420)

245,5 auf einer Strecke von 300 m Stromschnelle Strängforsen mit zum Teil sehr starker Wellenbildung, bis WW II (60.8717,12.6611)

239,7 Str-II, li **S Kärrbackstrand**, ⛺-Möglichkeit, schöne Schwälle (60.8230,12.6879)

230,8 Groaforsen, Stromschnelle mit erheblicher Wellenbildung, WW II (60.7588,12.7628)

228,8 Str-II Klarabro, davor li **S Brattmon**, nach li-Kurve Mauer an der re-Seite, ↯-Einlass, li ≈ (60.7477,12.7916)

227,3 re 🚐 Sysslebäck (60.7460,12.8148)

223,9 Str-II, li **S Sysslebäck**, 🛒, ✕, gute ⬇ für die Befahrung der folgenden Wanderstrecke. Diese ist landschaftlich sehr reizvoll, auf langen Strecken fließt der Klarälven zwischen hohen Hügeln in zahlreichen Mäandern, keine Schwierigkeiten, auch für Familien gut geeignet. Bei NW zahlreiche schöne ⛺ auf Sandbänken. Der Fluss ist durch Bootsverleih und auch durch einen Floßverleih recht stark bevölkert. Mehrere Orte am Fluss (60.7306,12.8624)

221,0 li 🚐 Sysslebäcks fiskecamp (60.7089,12.8829)

218,8 ⇩ in den kleinen See Vingängsjön, schön, mit steilen Ufern (60.6924, 12.9051)

217,0 Ausfahrt aus dem See Vingängsjön (60.6898,12.9217)
215,2 Str-Ⅱ, li **S Ransby** (60.6704,12.9421)
212,6 Str-Ⅱ (60.6563,12.9719)
205,4 Str-Ⅱ, li **Likenäs**, li ⛺-Möglichkeit, 🛒 (60.6109,13.0311)
204,2 li ⇩ des Likan (60.6079,13.0498)
202,5 🏝 auf der Insel Baggerud (60.5943,13.0592)
191,0 li ⇩ Femtån (60.5189,13.1318)
189,5 Str-Ⅱ (60.5089,13.1485)
189,4 re 🏝 Månäs (60.5078,13.1497)
188,0 li **S Ambjörby** (60.4980,13.1633)
186,2 🏝 Munkebol (60.4870,13.1716)
175,8 li **S Värnäs**, schöner 🚐 (60.4289,13.2434)
174,6 Str-Ⅱ E 45, li 🚐 Klarälvens camping (60.4192,13.2534)
172,4 li **S Stöllet**, 🛒, alte Holzkirche, ⌘ (60.4061,13.2688)
171,2 Str-Ⅱ, re **S Osebol** (60.3973,13.2807)
163,4 li 🚐 Björkebo Camping (60.3460,13.3379)
154,1 Str-Ⅱ 62, li **S Åstrand** (60.2893,13.3945)
153,0 🚐 Fastnäs (60.2856,13.4064)
135,4 re 🚐 Djupdalen (60.2011,13.4978)
131,9 Str-Ⅱ, re **S Ekshärad**, 🛒 (60.1760,13.5044)
131,7 li Byns 🚐 (60.1757,13.5083)
122,0 li **S Bergsäng** (60.1141,13.5624)
119,4 li **S Ämtbjörk** (60.0919,13.5612)
115,6 Str-Ⅱ 62, li **S Edebäck**. Die Befahrung des Klarälven sollte hier beendet werden. Eine Weiterfahrt bis ⇩ ist zwar im Prinzip möglich, der Fluss ist jedoch durch mehrere große ϟ weitgehend verbaut, mühsames ⩍, kaum Strömung, starke Besiedlung, landschaftlich eintönig. Auf eine ausführliche Beschreibung wird verzichtet (60.0613, 13.5514)
0,0 ⇩ in den Vänern (59.3646,13.5569)

Norsälven

Weitere Namen: Ljusnan (Frykensee), Frykenseen

Wildfluss, Seen und Wanderfluss
Mündung in Vänern

Der Ljusnan (nicht zu verwechseln mit dem großen Norrlandsfluss gleichen Namens) ist als Zufluss des Övre Fryken ein interessantes, nur mäßig schweres Wildwasser. Die anschließenden drei Frykenseen sowie ihr Abfluss, der Norsälven, können ohne besondere Schwierigkeiten und mit nur wenigen Hindernissen befahren werden. Diese Route stellt eine der möglichen Zufahrtswege zum See Vänern dar. Ursprung des Ljusnan am Gramberget in etwa 600 m Höhe. Er entwässert ein Hochmoor.

Befahrbarkeit: Ab km 158,8 nur bei sehr gutem Wasserstand (Frühjahr), ab km 145,1 bis Frühsommer.

Pegel: An der Brücke Nyskoga-Hjällstad. Die folgende Strecke ist gut befahrbar bei Pegel 35 cm.
Hilfspegel: Die Strecke ab km 145,1 ist gut ≈, wenn die Stufe bei der Ⅱ km 142 ausreichend überspült ist.

Schwierigkeiten: Ljusnan km 158,8 – 145,1 WW I–III, 1 Stelle **X**
Ljusnan km 145,1 – 130,1 WW I und II (III)

Infrastruktur: Schöner ⛺ Nöttön am Övre Brocken. Die Zeltplätze bei Torsby sind überlaufen und laut.

158,8 Str-Ⅱ Nyskoga–Hjällstad, mögliche ⬇ in den Ljusnan bei sehr gutem Wasserstand. 100m dahinter 2 Stufen, vor Befahrung ansehen. Die Strecke ist von der Straße aus teilweise einzusehen (60.5163, 13.0213)

157,7 li ⇩ des Ackan (60.5086,13.0312)

155,9 Stahl-Ⅱ, darunter Katarakt, ca. 8 m **X**, re ↱ und über die Ⅱ ⌓. Es folgt eine längere verblockte Strecke WWW III, nachlassend

145,1 Empfohlene ⬇ etwa 4 km oberhalb der Ⅱ von km 142. Die Waldstraße kommt hier ganz nahe an den Fluss heran. Zunächst Zahmwasser (60.4216,13.0571)

142,0 ▬ Stufe, Str-Ⅱ, li **S Björbysätern**, Hilfspegel, die Strecke ab km 145,1 ist gut ≈, wenn die Stufe bei der Ⅱ ausreichend überspült ist. Es folgt gute Strömung, leichte Stromschnellen (60.4030,13.0731)

140,4 Str-Ⅱ, li **S Brattfors** (60.3912,13.0745)

138,7 Viele Biegungen des Flusses, abgesunkene Baumstämme im Wasser, mäßige Strömung

132,7 li kommt ein Höhenzug nahe an den Fluss, re 2 Blockhäuser, Beginn einer größeren Gefällstrecke. Stromschnellen wechseln ab mit ruhigen Strecken, mäßige Verblockung, evtl. ⌓ mühsam (60.3463, 13.0673)

131,4 ⚠ Prallhang mit li-Kurve bei ehem. Holz-Ⅱ, bis WW III+. Danach leichte Verblockung. Die schwierigen Flussabschnitte können bei der Anfahrt von der Straße aus besichtigt werden, ⌓ möglich, jedoch mühsam (60.3409,13.0582)

130,1 Str-Ⅱ Brattfors–Vägsjöfors, der Fluss wird ruhiger. Ab hier auch für C 2 geeignet (60.3307,13.0580)

125,9 Str-Ⅱ (60.3147,13.0420)

125,0 ⇩ in den See Övre Brocken. Im NW des Sees **S Vitsand Kyrka**

(60.3160,13.0293)

122,6 Ausfluss aus dem Övre Brocken. Davor am Ostufer ⛟ Abbas Stugby & Camping (60.2976,13.0401)
121,4 Str-II E 16/45, danach ⇩ in Nedre Brocken (60.2889,13.0482)
119,4 Ausfluss aus dem See Nedre Brocken (60.2718,13.0395)
118,5 Str-II (60.2646,13.0314)
117,9 ▬, **S Asteby**, **X**, ⏏ (60.2608,13.0298)
115,6 ▬ und ϟ, Wasserableitung, mit Bootswagen durch Wald und über Straße 2,5 km ⏏ bis zur Str-II Vatjetorp (60.2445,13.0231)
113,3 Str-II, **S Vatjetorp** (60.2361,13.0042)
111,0 Wege-II (60.2249,13.0004)
110,4 Natur-▬, evtl. ≈ oder li ⏏ (60.2229,13.0041)
108,9 Str-II, **S Kollerud** (60.2150,13.0141)
108,7 Str-II E16/45 (60.2135,13.0160)
107,9 ⇩ in den See Hänsjön (60.2070,13.0232)
105,0 Ausfluss aus dem See Hänsjön (60.1820,13.0307)
103,0 Wege-II (60.1692,13.0130)
101,9 ▬ mit Wasserableitung, ⏏ 2 km bis Torsby (60.1595,13.0166)
100,4 re ⇩ Kraftwerkskanal, Rückkehr des abgeleiteten Wassers (60.1495, 13.0176)
100,3 Str-II Olebyvägen (60.1482,13.0172)
99,3 Hänge-II, re **S Torsby**, ⬇ für die Befahrung der folgenden Seen (60.1409,13.0219)
99,1 ⇩ des Ljusnan in den See Övre Fryken (60.1391,13.0225)
93,7 Am W-Ufer ⛟ Torsby (60.0926,13.0505)
84,2 O-Ufer **Lysvik**, 🛒, ⛟ (60.0139,13.1150)
65,5 Ausfahrt aus dem See Övre Fryken (59.8486,13.1463)
64,2 Str-II und EB-II, **S Sunne**, 🛒 (59.8383,13.1490)
63,1 ⇩ in den See Mellanfryken (59.8297,13.1507)
62,4 ⛟ am Westufer (59.8238,13.1435)
59,2 Am W-Ufer Bovind im Selma-Lagerlöf-Park, ⌘, mit Anleger und Picknickplatz, anschließend Schloss und Park **S Rottneros**, ⌘, unbedingt besichtigen (59.7958,13.1306)
58,9 ⇩ des Rottnån (s. Seite 553) in den Norsälven (59.7929,13.1336)
51,2 am Westufer **S Ämtervik**, 🛒 (59.7265,13.1740)
36,2 Str-II, evtl. kurz ⏏ erforderlich, Beginn des Nedre Fryken (59.6120, 13.3120)
28,0 Str-II, Ausfluss des Norsälven aus dem See Nedre Fryken (59.5428, 13.2972)
25,1 EB-II (59.5451,13.2629)
23,2 ▬ und ϟ Frykfors, 150 m ⏏ (59.5296,13.2531)

21,0 EB-II (59.5115,13.2520)
20,1 Str-II 61 (59.5038,13.2562)
12,5 Str-II (59.4448,13.2087)
12,1 ■ und ↯ Edsvalla, 400 m ⏏ (59.4414,13.2099)
12,0 EB-II (59.4405,13.2121)
11,9 Str-II, **S Edsvalla** (59.4407,13.2130)
6,2 Str-II, li **S Norsbron**, re nach **S Vålberg** (59.4039,13.2320)
1,3 Str-II E18 (59.3738,13.1836)
0,0 ⇩ in den Vänern. Eine evtl. Weiterfahrt auf diesem riesigen See sollte nur bei stabiler Wetterlage und mit entsprechender Ausrüstung und Erfahrung unternommen werden. Nach Karlstad im Osten sind es, je nach Routenwahl, 50–75 km. Bei Fahrt nach Süden kann man die große Halbinsel Värmlandsnäs umrunden und gelangt dann nach etwa 120 km nach Åmål. Hier ergibt sich die Möglichkeit, auf den Dalslandgewässern weiterzufahren (59.3635,13.1858)

Rottnån

Weitere Namen: Rotna [nor]

Wildfluss – Seen
Mündung in Norsälven bei km 58,9 (re Nebenfluss)

Der Rottnån fließt durch eine landschaftlich reizvolle, bewaldete und einsame Gegend. Ursprung in Norwegen in etwa 500 m Höhe.
Über seinen norwegischen Oberlauf ist wenig bekannt. Ab der schwedischer Grenze bietet er lange Sel-Strecken, Navigation in den beschilften Seen nicht immer ganz einfach.
Ab Kraftwerk bei km 41,9 bis Gräsmark läuft er als leichtes Wildwasser durch schöne Landschaft, ist jedoch vom Wasserablass des Kraftwerkes abhängig. Der letzte Abschnitt geht durch den langen Rottnen-See.

Befahrbarkeit: der Oberlauf in Norwegen nur bei gutem Wasserstand (Frühjahr), ab schwedischer Grenze auch noch im Sommer. Auskunft über Wasserführung und Befahrungsmöglichkeit bei der Bootsvermietung Wildmark i Värmland in Torsby. Hier besteht auch die Möglichkeit, sich zur Einsetzstelle bringen und sich an der Aussetzstelle abholen zu lassen.

82,6 Rotnesjöene, mögliche ⬇ bei sehr gutem Wasserstand. Anscheinend keine besonderen Schwierigkeiten, ein ■ und ein Wasserfall müssen ⏏ werden, genauere Angaben fehlen (60.2995,12.4697)
82,5 ⬇-Möglichkeit (bis Frühsommer) in den kleinen See Vinterfløyta oberhalb der schwedischen Grenze. Zunächst Fahrt durch kleine

Waldschluchten, anschließend ruhige Fahrt durch mehrere Seen, z. T. verschilft, einsam

78,9 Str-II, Grenze nach Schweden, ab hier Befahrung meist auch noch im Frühsommer möglich, Flusscharakter unverändert, gute ⬇. Idyllische Fahrt über kleine Seen und kurze Fließstrecken (60.2769, 12.5055)

67,7 Str-II 239 (60.2039,12.6154)

63,2 Str-II, **S Lekvattnet**, ⇩ in den See Lekvattensjön (60.1884,12.6714)

59,5 Ausfluss aus Lekvattensjön, gute ⬇ (60.1625,12.7109)

58,8 Str-II (60.1574,12.7184)

55,3 Str-II, **S Marbacken**, gute ⬆ (60.1334,12.7545)

49,0 Str-II, li **S Gustavsdal**, Beginn des Stausee Skallbergsjön (60.0968, 12.8263)

42,9 ▬ und ϟ, re ⏏ bis zur folgenden Brücke (60.0544,12.8887)

41,9 Str-II, mögliche ⬇, wenn der Kraftwerksablass ausreicht. Es folgt die schönste Strecke des Rottnån (60.0477,12.8980)

30,5 Str-II (59.9637,12.9050)

28,8 re ⇩ Granån (59.9580,12.8950)

27,1 Str-II, **S Gräsmark**, ⬆, Ende der schönen Flussstrecke. Die Fahrt wird vielfach hier beendet (59.9447,12.9047)

23,1 ⇩ in den See Rottnen. Er wird für eine evtl. Weiterfahrt in ganzer Länge Richtung SO durchfahren (59.9283,12.9171)

8,5 See-Ende, Str-II, ⬆, es ist zweckmäßig, die Fahrt hier oder an geeigneter Stelle vor Rottneros abzubrechen. Eine Durchfahrt zum See Mellan Fryken ist nicht möglich, da der Fluss hier innerhalb 2 km einen Höhenunterschied von über 40 m überwindet (59.8134,13.0258)

2,2 Str-II E45, **S Rottneros** (59.7930,13.1007)

2,1 ▬ und ϟ (59.7927,13.1025)

1,4 ▬ und ϟ (59.7945,13.1128)

0,5 Str-II (59.7946,13.1262)

0,3 EB-II (59.7935,13.1284)

0,0 ⇩ des Rottnån in den Norsälven (s. Seite 550) bei km 58,9 (59.7929, 13.1336)

Mangslidälven

Wildfluss

Mündung in den See Övre Brocken

Der Mangslidälven ist ein mäßig schwerer Wildfluss. Ursprung nahe der Grenze zu Norwegen im Gebiet von Dundern. Keine Unterlagen bis km 17.

Schwierigkeiten: Mehrere verblockte Stufen, danach jeweils ruhiges Was-

	ser
17,0	⬇ am Ausfluss aus dem See Mangen. ⚠, es folgen verblockte Schwallstrecken (60.4212,12.8823)
12,8	▬ und ↯, li über den Weg 100 m ⏏ (60.3900,12.8990)
12,3	Str-II Kristinefors, ⚠, weiterhin verblockte Gefällstrecken (60.3863, 12.9027)
7,2	Str-II **S Mörkerud**, es beginnen ruhige Mäander, die den Beginn des Aspsjön ankündigen (60.3604,12.9360)
5,1	⇩ in den See Aspsjön (60.3537,12.9476)
3,6	Ausfluss aus dem See Aspsjön, es folgen einige leichte Stufen (60.3433,12.9656)
3,2	Str-II (60.3417,12.9707)
0,7	Str-II, **S Vitsand** (60.3327,13.0039)
0,4	Str-II (60.3309,13.0068)
0,0	⇩ in Övre Brocken. Auf dem See weiterfahren bis li ⛺ Abbas Stugby & Camping (ca. 4,5 km) (60.3322,13.0122)

Byälven

Weitere Namen: Rundtouren um Arvika, Glafsfjorden

Wanderfluss - Seen
Mündung in Vänern

Leider sind uns seit der letzten Auflage keine Befahrungsberichte der hier beschriebenen Routen zugegangen. Anhand von anonymen Tracks ist jedoch festzustellen, das der Glafsfjorden ein interessantes Fahrtengebiet ist. Deshalb haben wir den Byälven als neue Flussbeschreibung aus dem uns vorliegenden Kartenmaterial aufgenommen. Für die Rundtouren um Arvika entnehmen sie weiterhin die Hinweise aus dem folgenden Text. Sobald uns entsprechende Befahrungsberichte und -tracks zur Verfügung stehen, werden wir die Beschreibungen entsprechend erweitern.
Arvika ist eine kleine Stadt in Mittelschweden. Sie liegt im Zentrum eines Kanu-Wandergebietes mit zahlreichen Kanu-Möglichkeiten. Nachfolgend werden lediglich die Eckwerte mehrerer Tourenmöglichkeiten angegeben. Sie sind durchweg leicht zu befahren, an vielen Stellen gibt es Schutzhütten und Unterstände mit Müllabfuhr und Feuerholz. Schwierigkeiten entstehen vor allem durch jeweils mehrere Umtragestellen
Ausführliche Tourenbeschreibungen gibt es beim Kanot- und Turistcenter in Arvika. Hier auch Bootsverleih und ⛺, http://www.kanuverleih-schweden.de/kanu.html

Tour Värmeln:

Sie führt über mehrere Seen und kurze Fluss-Strecken, 100–120 km, 4 ⏏-Stellen.

Tour Rinnen:
Sie führt vorwiegend über kleine Seen und Flüsse, 75–120 km, 7 ⏏-Stellen.

Tour Glaskogen:
Diese Tour führt durch ein Naturschutzreservat mit Bibern und Elchen. Fahrt fast ausschließlich über Seen, 70–110 km, 8 ⏏-Stellen. Es gibt eine Spezialkarte der Tour.

Tour Lilläly:
Die Tour ist eine Kombination von Seen und Flüssen, 100 km. Man muss mit bis zu 15 ⏏-Stellen rechnen, z. T. durch Bäume, die von Bibern gefällt wurden.

Tour Kölaälv:
Diese Tour führt vorwiegend über Flüsse und durch einige Seen, 80 km, 7, z.T. längere ⏏-Strecken.

Tour Jösseälv:
Diese Tour führt weitgehend über Seen und über Flüsse, 100 km, bis zu 15 ⏏-Stellen.

Unentbehrlich die Spezialkarten der einzelnen Touren, http://www.kanuverleih-schweden.de/kanu.html

---

79,5 ⇩ des Zuflusses, Beginn des Sees Glafsfjorden, der Zufluss ist auf ca. 1 km trocken wegen einer Wasserableitung zu einem Kraftwerk. Oberhalb befindet sich ein weiteres Seengebiet (59.6706,12.4717)
70,5 li ← in den See Kirkviken, dort **S Arvika** (59.6223,12.5785)
69,6 Startpunkt der im Text vorgestellten Rundfahrten beim Kanot &Turistcenter Arvika (59.6247,12.5954)
69,2 Ingestrands ⛺ (59.6223,12.6046)
55,6 –53,4 See-Enge (59.5155,12.6960)–(59.4983,12.7138)
47,9 Str-Ⅱ 175 (59.4575,12.7660)
46,3 –45,1 See-Enge (59.4452,12.7807)–(59.4352,12.7811)
35,0 Ausfluss aus dem See Glafsfjorden (59.3581,12.8240)
31,3 re ⇩ Lillälven (59.3327,12.7881)
25,9 Str-Ⅱ Byälvsvägen, re **S Nysäter** (59.2850,12.7837)
21,4 Str-Ⅱ E18 (59.2481,12.8104)
21,1 ⇩ in den See Harefjorden, im See mehrere Inseln (59.2457,12.8107)

9,4 Ausfahrt aus dem See Harefjorden (59.1594,12.9125)
6,7 EB-II Säffle (59.1387,12.9228)
6,5 Str-II E45, Säffle (59.1363,12.9236)
6,1 ← zur Schleuse Säffle, → zum Wehr, keine Angaben (59.1335, 12.9258)
6,0 Str-II, **S Säffle**, Kleinstadt mit ca. 9.000 Einwohnern, 🚂 (59.1326, 12.9259)
5,7 ⛺ Säffle (59.1296,12.9244)
0,0 ⇩ in den See Vänern (59.0837,12.9002)

Dalslandkanal

Seen, durch einen Kanal verbunden
Mündung in Vänern

Dalsland ist eine der kleinsten Provinzen Schwedens. Sie hat jedoch prozentual gesehen den größten Anteil an Wasserflächen, das Dalsland-Seengebiet. Es erstreckt sich über die politischen Grenzen der Provinz hinaus auch auf anliegende Provinzen, vor allem Värmland und bis Norwegen
Der Dalsland-Kanal ist sozusagen die Schlagader dieses Seengebietes. Er führt über 24 Schleusen vom See Osten zum See Vänern und überwindet einen Höhenunterschied von 66 m. Der Dalsland-Kanal ist allerdings kein Kanal im üblichen Sinn. Nur am Anfang und Ende jeweils großer, vor allem sehr langgestreckter Seen finden sich Schleusen in ausgebautem Kanalbett, alles Übrige ist weiträumige Seenlandschaft.
Das Überwinden der Schleusen:
Bei Fahrt von Nord nach Süd können einige Schleusen auf dem natürlichen Wasserweg umfahren werden. Bei vielen Schleusen ist das Umtragen leicht möglich, bei den Schleusengruppen (maximal 5) lohnt es sich, einen Bootswagen zu benutzen. Das Umtragen bzw. Umfahren der Schleusen ist nicht nur billiger, sondern geht meistens auch schneller als die Benutzung der Schleusen. Das Ganze hat allerdings einen großen Haken: Wegen der Enge des Raums neben den Schleusen ist es im Juni, Juli und August verboten, Kanus über das Schleusengelände zu tragen. Das Schleusengeld beträgt pro Schleusenkammer und Kajak (bis 5,99 m Länge) 40 Kronen. Weitere Informationen findet man über https://www.dalslandskanal.de/index.php/paddeln
Von den Seen der Kanalstrecke zweigen an mehrere Stellen nach Ost und West Verbindungen zu weiteren Seen ab, zum Teil niveaugleich und damit mit einfacher Einfahrt, z.T. mit Höhenunterschieden, die allerdings nur teilweise durch Schleusen überwunden werden, die vielmehr meistens umtragen bzw. mit Bootswagen umfahren werden müssen. Echte Fließstrecken zwischen den Seen sind ganz selten, Wildwasser gibt es überhaupt nicht. Dieses riesige

Seengebiet ist daher, wenn man von den Mühen evtl. Portagen absieht, ganz leicht zu befahren. Bei den meist recht schmalen Seen besteht auch nur selten eine stärkere Behinderung durch Wind und Wellen. Die Dalsland-Seen liegen verkehrsgünstig in Mittelschweden. Oslo und Göteborg sind nahe, Kopenhagen und Stockholm, ja selbst Hamburg sind nicht allzu weit entfernt.
Für Motor- und Segelboote ist die Zufahrt auf eigenem Kiel leicht möglich. Auf dem Kanal verkehren zahlreiche Linienschiffe.
All dies führt dazu, dass diese Seen eines der beliebtesten Erholungsgebiete Schwedens darstellen. Man bewegt sich mit seinem Boot hier nicht in nordskandinavischer Einsamkeit. In Schweden spricht man sogar davon, dass diese Landschaft von einer Kanuwoge überrollt wird. Das Kanufahren ist hier stark kommerzialisiert. Sehr viele Kanufahrer, die sich in dieser Gegend tummeln, bringen außer dem Wunsch zu paddeln nur ein Minimum an persönlichem Gepäck mit. Man kann ja alles mieten, vom Canadier (dem hier üblichen Wasserfahrzeug) bis zum Spirituskocher. Im Juli, der Zeit der schwedischen Ferien, sollen sich auf den Gewässern bis zu 1.000 Boote tummeln. In der Weite der Seen verteilt sich dies recht gut, in den mehr abseitigen Seen wird man sogar vielfach recht allein sein. Trotzdem, im Juli sollte man möglichst nicht hinfahren. Freies Zelten ist kaum mehr möglich, für Gruppen von mehr als 6 Personen verboten. An vielen Stellen befinden sich (gebührenpflichtige) Rastplätze. Es ist total verboten, offenes Feuer anzumachen.
Unterlagen: sehr gut ist der 3-sprachige (schwedisch, englisch, deutsch) Faltprospekt: Kanotland/Dalsland-Nordmarken. Auf einer großen Karte 1:100 000 sind alle Seen mit Raststätten, Fahrtrouten, Umtragestellen deutlich gekennzeichnet, im Begleittext sind wichtig insbesondere die Ausführungen zum Verhalten in der Natur und zum Jedermannsrecht. Er dürfte bei den Kanuvermietungen und Verkehrsbüros zu beschaffen sein.

Literatur: Die schönsten Kanutouren in Südschweden, DKV-Verlag 2020.

118,5 Beginn des See Östen (59.6521,11.9164)
116,5 am Westufer **S Östervallskoog** (59.6380,11.8953)
113,5 Ausfahrt aus dem See Östen (59.6178,11.8628)
113,2 Str-Ⅱ (59.6158,11.8592)
110,6 Str-Ⅱ (59.5966,11.8341)
109,4 Wege-Ⅱ (59.5855,11.8331)
108,6 ⇩ in den See Töck (59.5783,11.8344)
100,9 ← des Dalslandkanals (59.5117,11.8315)
100,6 Str-Ⅱ, ⌘, **S Töcksfors**, 🚌, 🛒, ✕ (59.5094,11.8350)
100,5 Obere ⌘ in Töcksfors (59.5092,11.8352)
100,3 Str-Ⅱ E18 in Töcksfors (59.5073,11.8383)

99,4 Untere ⧖ in Töcksfors (59.5023,11.8479)
98,7 ⇩ in den See Foxen, li nach Norden zum ⛺ Sandviken. Die Weiterfahrt auf dem Kanal geht nach Süden (59.4971,11.8536)
93,7 Str-II, See-Enge im Foxen, re **S Stommen (Töcksfors)** (59.4539, 11.8559)
82,7 li ⇩ der Strecke Stora Le (s. Seite 560) in den Dalslandkanal (59.3566,11.8818)
78,2 Ausfluss aus dem See Foxen, re Einfahrt in den Schleusenkanal (59.3187,11.9012)
78,1 Str-II, darunter ■ im li Arm, **S Lennartsfors** (59.3174,11.9016)
77,8 ⧖ Lennartsfors (3-stufig), ⇩ in den See Lelang (59.3156,11.9025)
58,5 li ⇩ Schleusenkanal Gustavsfors (s. Seite 561) in den Dalslandkanal (59.1759,12.0788)
42,0 re ⚓ auf der Insel Greaön (59.0512,12.1902)
41,7 re ➔ zum Dalslands-⛺ & Kanotcentral Bengtsfors, Greans Campingplats, 666 91 Bengtsfors, Schweden, dalslandscamping.se, ☎ +46 531 100 60 (59.0491,12.1975)
38,8 Ausfahrt aus dem See Lelang, re zur Schleuse, li ■ (59.0301, 12.2284)
38,7 Str-II, **S Bengtsfors**, 🚌, 🛒, 🍴, 🚂 Museumsbahn und Draisinenstrecke nach Arjäng (59.0292,12.2292)
38,5 ⧖ (2-stufig) Bengtsfors (59.0273,12.2289)
38,3 ⇩ in den See Bengtsbrohöljen (59.0258,12.2293)
35,7 EB-II, re ■, 🍴, li zum Schleusenkanal (59.0035,12.2461)
35,5 ⧖ (Nr. 20) (59.0025,12.2468)
35,3 ⧖ (Nr. 19) (59.0003,12.2478)
34,6 ⧖ (Nr. 18) (58.9946,12.2504)
34,0 Str-II 164/172, **S Billingsfors**, 🚌, 🛒, 🍴 (58.9900,12.2562)
33,8 ⧖ Billingsfors (2-stufig) (58.9895,12.2586)
33,7 ⇩ in den See Laxsjön (58.9891,12.2608)
32,1 ⇩ der Strecke Vångsjön bis Laxsjön (s. Seite 561) in den Dalslandkanal (58.9767,12.2677)
32,0 ⇩ der Seenkette Västra Silen (s. Seite 562) und Svärdlång in den Dalslandkanal (58.9759,12.2697)
29,4 re ⛺ Friluftsgård Laxsjön, 🛒 (58.9535,12.2581)
27,2 EB-II, Str-II, ⧖ Långbron, ⇩ in den See Långbrohöljen (58.9362, 12.2806)
26,5 re Einfahrt in den Schleusenkanal (58.9307,12.2846)
25,7 ⧖ (4-stufig) Långed, ⛵ möglich (Bootswagen) (58.9261,12.2934)
24,5 ⧖ Mustardfors, ⛵ möglich, li **S Dals Långed**, 🚌, 🛒 (58.9182, 12.3084)

20,3 ⇩ in den See Råvarp, nach Osten halten (58.8897,12.3545)
18,9 Am O-Ufer bei Högsbya bildhafte Steinritzungen auf großen Felsflächen aus der Bronzezeit, ⌘. Weiterfahrt nach S
14,7 ⌗ Buterud (58.8507,12.3998)
14,2 Ausfahrt aus Schleusenkanal (58.8466,12.4010)
11,2 Str-Ⅱ (Viadukt), **Håverud**. 1. ⌗ von Håverud, danach Kanal-Aquädukt. Der Kanal führt auf einer Kanal-Ⅱ über einen großen Katarakt des natürlichen Flusslaufes, darüber hohe EB-Ⅱ, schönster Abschnitt des Kanals, prachtvolle Aussicht von der hohen Bogen-Ⅱ, Kanal-Museum, ⌘. Danach 3 weitere ⌗ Håverud (58.8213,12.4093)
9,5 geradeaus ▬, li ← zur ⌗ Upperud (58.8119,12.4298)
9,1 ⌗ Upperud (zweistufig) (58.8137,12.4370)
8,9 ⇩ in den See Svanefjorden (58.8132,12.4396)
7,5 Engstelle im See Svanefjorden, danach Weiterfahrt auf dem Dalslandkanal in Richtung Süden (58.8068,12.4588)
7,2 ⇩ der Strecke Snäckekanal (s. Seite 564) in den Dalslandkanal (58.8038,12.4610)
5,6 Durchfahrt am Ostufer, jetzt Kurs nach Osten (58.7903,12.4705)
4,6 weitere Engstelle, Kurs weiter nach Osten (58.7907,12.4849)
3,6 nach passieren einer Halbinsel wechselt der Kurs nach Süden (58.7905,12.5019)
2,2 Str-Ⅱ E45, Ausfahrt aus dem See Svanefjorden, re zum Schleusenkanal (58.7786,12.5044)
1,9 ⌗ Köpmannebro, Str-Ⅱ (58.7762,12.5044)
1,6 Ausfahrt aus dem Schleusenkanal, zur Weiterfahrt dem Ostufer folgen (58.7732,12.5028)
0,9 EB-Ⅱ (58.7696,12.5077)
0,0 ⇩ in den See Vänern (58.7667,12.5211)

Stora Le

See
Mündung in Dalslandkanal bei km 82,7

Der Stora Le ist ein langgestreckter See, der zeitweilig die Grenze zwischen Norwegen und Schweden bildet. Er hat eine Verbindung zum See Foxen und damit zum Dalslandkanal.

51,8 ⬇ in **S Ed** in den See Stora Le, 🚂, 🚌, 🚐, 🛒 (58.9177,11.9342)
26,8 Seil-⛴, im W **S Nössemark** (59.1376,11.8868)
7,8 –7,8 die Grenze zwischen Schweden und Norwegen verläuft in der Mitte des Sees nach Süden, Grenzzeichen auf einigen Inseln, keine Behinderung (59.2346,11.8322)–(59.2990,11.8214)

0,0 ⇩ der Strecke Stora Le in den Dalslandkanal (s. Seite 557) bei km 82,7 (59.3566,11.8818)

Schleusenkanal Gustavsfors

Seen, durch einen Kanal verbunden
Mündung in Dalslandkanal bei km 58,5 (li Nebenfluss)

Über die Schleuse Gustavsfors ist der See Västra Silen mit der Hauptstrecke des Dalslandkanals verbunden. Damit sind verschiedene Rundfahrten im Dalslandseengebiet möglich.

7,3 → Schleusenkanal Gustavsfors vom Västra Silen (s. Seite 562) (59.2291,12.1478)
6,1 re Vammervikens ⛺ (59.2224,12.1294)
5,1 Ausfahrt aus dem See Västra Silen (59.2141,12.1223)
3,1 EB-Brücke (nur Fahrraddraisinenverkehr) (59.1969,12.1098)
2,9 Str-II 172 (59.1956,12.1082)
2,7 ⌘ Gustavfors (59.1945,12.1058)
2,5 li **S Gustavsfors**, 🛒, 🚌 (59.1928,12.1061)
1,1 ⇩ in den See Lelang (59.1839,12.0889)
0,5 re ⛵ Hallön (59.1808,12.0809)
0,0 ⇩ Schleusenkanal Gustavsfors in den Dalslandkanal (s. Seite 557) bei km 58,5 (59.1759,12.0788)

Vångsjön bis Laxsjön

Seen, Kleinfluss, Portagen
Mündung in Dalslandkanal bei km 32,1 (li Nebenfluss)

Für hartgesottene Kanuten gibt es eine Möglichkeit vom Stora Le zum Laxsjön und damit wieder in den Dalslandkanal zu gelangen. Er beginnt mit einer Portage von Ed auf der Straße nach Amal etwa 7 km weit zum See Vångsjön.

27,2 ⬇ in den See Vångsjön, auf diesem Fahrt nach Osten entlang dem S-Ufer (58.9176,12.0265)
24,6 See-Ausfluss, ⬆. Der kleine Bach zwischen Vangsjö und Grann-See hat meist wenig Wasser und auf halber Strecke ein ▬, dass nur sehr schwierig zu ⩦ ist. Es ist daher sinnvoll, die Boote auf guter Straße 800 m weit bis zum See Grann zu umkarren. Darauf bis zu dessen SO-Ende fahren (58.9319,12.0617)
17,8 re Grann-⛺ (58.9317,12.1326)
17,5 Ausfluss aus dem See Grann, meist genügend Wasser (58.9302, 12.1354)
16,6 ⇩ in den See Ivägsjön, Fahrt nach Osten bis zur NO-Spitze des Sees (58.9231,12.1395)

9,6 Ausfluss des Stonobyälven aus dem See, danach ▬ hinter der Ⅱ, X. Die Folgestrecke ist verrohrt, man muss daher das Boot vom Seeausfluss bis hinter das ϟ etwa 1 km weit ⏏, Bootswagen zweckmäßig. Man geht dazu auf der alten 164 bis zur 172, dann li ab auf Waldweg zum ϟ (58.9288,12.2041)
9,4 wieder ⬇ hinter ϟ (58.9306,12.2049)
8,4 Str-Ⅱ 164 (58.9386,12.1984)
7,4 Wege-Ⅱ (58.9446,12.1988)
5,6 Str-Ⅱ (58.9560,12.2116)
4,0 Str-Ⅱ 164/172 (58.9565,12.2301)
2,5 Auf 600 m schöne Schwallstrecke, gut ≈; am Ende nach re-Kurve ⚠, niedriger Steg
1,9 Wege-Ⅱ (58.9688,12.2469)
1,5 EB-Ⅱ (58.9710,12.2475)
0,7 ⇩ in den See Laxsjön, Fahrt nach Süden (58.9763,12.2552)
0,0 ⇩ der Strecke Vångsjön bis Laxsjön in den Dalslandkanal (s. Seite 557) bei km 32,1 (58.9767,12.2677)

Västra Silen

Weitere Namen: Laxsjön, Svärdlång

Seenkette
Mündung in Dalslandkanal bei km 32,0 (li Nebenfluss)

Die Seenkette im Dalslandseengebiet führt von Arjäng über die langgestreckten Seen Västra Silen und Svärdlång. Nach einer Umtragestelle von ca. 500 m wird der See Laxsjön erreicht. In der Nähe der Schleuse Billingsfors wird die Strecke des Dalslandkanals erreicht. Eine weitere Verbindung dieser Seenkette zum Dalslandkanal besteht über den Schleusenkanal Gustavsfors. Somit besteht die Möglichkeit zu interessanten Rundtouren und Abstechern.

49,1 ⇩ eines Baches, Beginn des Sees Västra Silen, **⇅ S Arjäng**, ⛺, ✕, 🛒, ⛟ einer Fahrraddraisinenstrecke Arjäng - Bengtsfors (59.3814, 12.1203)
44,2 Engstelle im See Västra Silen (59.3400,12.1383)
31,8 re ➔ Schleusenkanal Gustavsfors (s. Seite 561) vom Västra Silen (59.2291,12.1478)
24,5 ⇩ der Strecke Östra Silen (s. Seite 563) in die Strecke Västra Silen (59.1768,12.2222)
22,4 Ausfahrt aus dem See Västra Silen (59.1586,12.2325)
20,0 Str-Ⅱ, **S Skifors**, darunter ▬, li ⏏ in Svärdlång-See (59.1399, 12.2454)
19,9 ⇩ in den See Svärdlång, es handelt sich dabei um einen langge-

streckten, an mehreren Stellen sehr engen See (59.1392,12.2453)
18,1 li ⚓ Skifors (59.1240,12.2552)
6,5 Wege-Ⅱ, li 🅿 an der Straße 164, ⬆, 🚐 in ca. 500 m Richtung Bengtsfors, Imbiss Skåpakiosken (59.0230,12.2752)
6,4 Str-Ⅱ 164 (59.0224,12.2749)
6,2 ■ mit Wasserableitung, ⌓ 500 m weit zum tiefer liegenden See Laxsjön, Fahrt über diesen See nach Süden (59.0205,12.2758)
1,6 re ⚓ (58.9850,12.2827)
0,0 ⇩ der Seenkette Västra Silen und Svärdlång in den Dalslandkanal (s. Seite 557) bei km 32,0 (58.9759,12.2697)

Östra Silen

Seenkette
Mündung in Västra Silen bei km 24,5 (li Nebenfluss)

Der See Östra Silen ist über die Schleuse Kroksfors mit dem See Västra Silen verbunden.

36,3 ⇅ in den See Knarrbysjön, Kurs N. Hier Umtragemöglichkeit von/zum Snäckekanal (siehe Beschreibung Snäckekanal). Die Boote müssen 3,5 km weit von/zum 56 m tiefer liegenden See Ärr umkarrt werden (59.0002,12.4630)
32,3 re eine Wege-Ⅱ, darunter die Durchfahrt zum See Bräcketjärn, Fahrt nach Norden (59.0358,12.4682)
30,4 am N-Ende des Sees ↱ zum ⇅, die Boote 1,5 km weit durch den Ort Edsleskog von/zum See Edslan karren (59.0515,12.4674)
29,0 ⇅, Weiterfahrt auf dem See Edslan nach N (59.0587,12.4521)
22,1 etwa 300 m vor dem Nord-Ende des Sees Edslan li an gekennzeichneter Stelle ⇅, 1,5 km von/zum See Limmen umkarren. Der Weg ist durch einige wenige Schilder markiert. Vom Hauptweg aus ist auch ein Umkarren zum See Ömmeln möglich, etwa 2 km (59.1148, 12.4426)
20,4 ⇅in die östliche Bucht des Sees Limmen. Der See Limmen wird in Richtung Westen befahren, am S-Ufer des Sees bleiben und in die Bucht südlich der Halbinsel Björkudden einfahren. Bei Weiterfahrt nördlich der Halbinsel ist der Wasserweg etwa 1 km länger. Man kann dann auf der Uferstraße 500 m weit zum Östra Sillen umkarren (59.1234,12.4251)
17,8 am Ende der Bucht an der Stauanlage ⇅ und 800 m weit von/zum Östra Sillen karren (59.1195,12.3808)
17,1 ⇅See Suleviken, einen nach Osten ragenden schmalen Ausläufer des Östra Silen. Die Fahrt geht zunächst nach W, später nach N,

stets dem W Ufer folgen (59.1194,12.3713)

12,8 ⇩ in den See Östra Silen (59.1378,12.3455)

6,4 der See teilt sich in 3 große Buchten, die im NW liegende Bucht kann als Abstecher 12 km weit nach N befahren werden, die Rundtour geht jedoch weiter nach W (59.1932,12.3149)

0,6 Str-II **S Krokfors** (59.1790,12.2318)

0,5 ⌘ Krokfors (2-stufig) (59.1785,12.2308);
⇩ in den See Västra Silen. Hier gibt es zwei verschiedene Möglichkeiten, die Fahrt fortzusetzen.
1. nach S über den Svärdlångsee.
2. nach N über die ⌘ Gustavsfors in den Lelång-See (59.1779, 12.2298)

0,0 ⇩ der Strecke Östra Silen in die Strecke Västra Silen (s. Seite 562) bei km 24,5 (59.1768,12.2222)

Snäckekanal

Seen, durch Kanäle verbunden
Mündung in Dalslandkanal bei km 7,2 (li Nebenfluss)

Der Snäckekanal gehört zum System des Dalslandkanals. Er erschließt die Seen Ånimmen und Ärr. Gemeinsam mit der Strecke Östra Silen und einigen Umtragestrecken ergibt sich die Möglichkeit einer Rundtour im Dalslandseengebiet.

21,2 N-Ende des Sees Ärr. Weiterfahrt nicht möglich. ⇅ am Gästehafen. Für eine Rundtour (siehe auch Beschreibung Östra Silen) können die Boote 3,5 km weit von/zum 56 m höher gelegenen See Knarrbysjön umkarrt werden. Der Weg ist etwas schwierig zu finden. Zunächst den kleinen Hinweisschildern folgen, dann etwa 70 m nach dem Lebensmittelgeschäft re in den Sjövägen einbiegen (58.9745,12.4678)

15,1 Ausfahrt aus dem See Ärr (58.9243,12.5047)

14,8 Str-II (58.9224,12.5095)

14,7 ⌘ des Snäckekanals, sie führt in den See Ånimmen (58.9220, 12.5108)

14,7 –3,9 ⚠ Aufgrund der Größe dieses Sees je nach Windrichtung am Ost- oder Westufer fahren. Bei Westwind sollte dabei der Windschutz der langgestreckten Insel Henriksholm auf deren Ostseite ausgenutzt werden. Die wirkliche Fahrtstrecke verlängert sich dementsprechend (58.9218,12.5113)–(58.8310,12.4971)

3,9 Ausfahrt aus dem Ånimmen-See (58.8309,12.4969)

3,8 Str-II, ⌘ des Snäckekanals (58.8309,12.4958);
⇩ in den See Svanefjorden (58.8309,12.4948)

0,0 ⇩ der Strecke Snäckekanal in den Dalslandkanal (s. Seite 557) bei km 7,2 (58.8038,12.4610)

Schwedische Schärengewässer

Die Schären stellen eine geographische Besonderheit Skandinaviens dar; sie sind eine Folge der Eiszeit. Nach dem Abschmelzen der ungeheuren Eismassen, die über Skandinavien lagen, und damit dem Nachlassen des Drucks auf den Untergrund, ist es zu einer allmählichen Hebung des Festlandsockels gekommen. Dieser Vorgang ist auch jetzt noch nicht abgeschlossen. So war z. B. der Mälar-See noch 1200 n. Chr. von der Ostsee aus für die Schifffahrt frei zugänglich, während er jetzt nur über Schleusen zu erreichen ist. Diese Hebung des Festlandes führt dazu, dass im Bereich flacher Küsten unzählige mehr oder minder große Felskuppen aus dem Wasser auftauchten und so die Schären entstanden. Da sie aus der erdgeschichtlich sehr jungen Nach-Eiszeit stammen, hatten sie noch keine Zeit zu größerer Verwitterung, d. h. sie sind auch heute noch weitgehend kahle, nur spärlich bewachsene Felsinseln.

Die Schären finden sich fast im ganzen Bereich der Ostseeküsten, Schwedens und Finnlands, aber auch in den großen Binnenseen Skandinaviens, z. B. dem Väner-See. Die Schären stellen ein ideales Bootsrevier für Kanu-Langstreckenfahrten dar. Vor dem Bug die für Paddler fast unendliche Weite des Meeres, zu beiden Seiten Land, Festland oder Inseln, zum Betrachten, zum Verweilen, als Windschutz bei Seegang und als Zuflucht bei Witterungsumschlägen.

Trotzdem sind Schärenfahrten kein Kinderspiel, nichts für Anfänger. Einige Voraussetzungen müssen erfüllt sein, einiges muss man wissen.

Ausrüstung: geeignet sind seetüchtige Kajaks, sowohl K1 wie K2, auch Faltboote, unerlässlich ist jedoch eine zuverlässige Fußsteuerung sowie dicht sitzende Spritzdecken. Canadier sind nicht geeignet. Die Boote sollten durch Auftriebskörper unsinkbar gemacht sein. Wasserdichte Paddeljacken und Schwimmwesten sind wohl selbstverständlich, für längere Fahrten bei Kälte und Regen haben sich als Kälteschutz die für Wildwasserfahrten längst selbstverständlichen Neoprenanzüge bestens bewährt. Ein guter Kompass/GPS-Gerät sollten wasserdicht sein und sich stabil auf dem Verdeck des Bootes befestigen lassen. Bestes Kartenmaterial sollte, aufgeteilt auf die jeweils erforderlichen Strecken, in wasserdichten Sichtmappen am Körper mitgeführt werden. Kompass/GPS und Karten sind allerdings sinnlos, wenn man nicht damit umzugehen versteht.

Bei allen Schärenfahrten ist ausreichend Proviant und Trinkwasser mitzuführen, wobei zu bedenken ist, dass man möglicherweise durch ungünstige Witterungsverhältnisse irgendwo zum Abwarten gezwungen wird.

In den seichten Schärengewässern finden sich oft Felsen knapp unter der Wasseroberfläche; sie können insbesondere bei stärkerem Seegang unvermutet auftauchen und dann zu einer echten Gefahr werden. Im Zweifelsfall ist es immer sinnvoll, den markierten Fahrwassern zu folgen und im Windschutz der Leeseite von Festland oder Inseln zu fahren, auch wenn dies einen erheblichen Umweg bedeuten sollte.

Wer die Kenterrolle nicht beherrscht, sollte unter Übungsverhältnissen versucht haben, ein gekentertes Boot aus dem Wasser aufzurichten, zu entleeren und wieder zu besteigen. Ohne fremde Hilfe ist dies kaum möglich, Alleinfahrten können daher Selbstmord bedeuten.

In der Nähe der großen Städte, insbesondere von Stockholm, finden sich auf vielen Schären Wochenendhäuser, die Mehrzahl der Schären ist jedoch völlig unbewohnt und landwirtschaftlich nicht genutzt. Bei dem kahlen Felsboden ist es vielfach schwierig, einen Platz für ein Zelt zu finden.

Die Schärengewässer der Ostsee sind so ausgedehnt, dass es unmöglich ist, sie auch nur annähernd vollständig zu beschreiben. Es bleibt hier also ungeheuer viel Platz für den Unternehmungsgeist und die Entdeckerfreude jedes einzelnen.

Schären von Västervik

Schärengewässer

Als Muster einer Tour durch die schwedischen Schären wird hier eine Rundfahrt von dem Ferienort Västervik ausgehend beschrieben.

Literatur: Die schönsten Kanutouren in Südschweden, DKV-Verlag 2020.

15,0 ⬇ am Västervik Resort als Basislager, **S Västervik** (57.7341, 16.6773)

14,2 re ⇩ der Örserumsvik-Bucht, an der man die Tour beginnen und beenden kann, wenn man den Campingplatz nicht benutzen will (57.7286,16.6850)

13,2 Str-II zur Insel Borgö (li) (57.7249,16.7001)

12,4 re Insel Langholmen, Kurs jetzt nach Süden (57.7221,16.7134)

11,9 Beginn der Insel Grönö, dem li Ufer in Richtung Westen folgen (57.7177,16.7151)

11,0 Str-II zur Insel Grönö (57.7128,16.7076)

7,1 Gästehafen der Insel Idö, 🍴, Wendepunkt der Tour, Weiterfahrt in nördlicher Richtung zwischen den Inseln Idö und Krokö (57.7040, 16.7648)

4,9 Weiterfahrt an der Nordseite der Inselgruppe (abhängig von der Wetterlage) (57.7203,16.7502)

2,7 Durchfahrt zwischen den Inseln Marsholmen und Mjödö (57.7252,

16.7188)
1,3 Fahrt entlang dem Nordufer der Insel Borgö (57.7301,16.6981)
0,4 ⌶ (57.7322,16.6833)
0,3 ⌶ (57.7327,16.6807)
0,0 ⬆ am ⛟ Västervik Resort (57.7342,16.6773)

Schären bei St. Anna

Schärengewässer

Die hier dargestellte Rundfahrt im Schärengarten von St. Anna ist ein weiteres Beispiel für interessante Touren durch die schwedischen Schären.

Literatur: Die schönsten Kanutouren in Südschweden, DKV-Verlag 2020.

20,5 ⬇ an der Badestelle des ⛟, Kurs nach Norden (58.3264,16.8914)
19,0 Durchfahrt zwischen den Inseln Grytsholm und Ramsholm (58.3372, 16.8801)
18,6 Kurs nach Nordost entlang der Insel Vänso (58.3402,16.8787)
16,3 Kurswechsel nach Südost, Weiterfahrt am re Ufer der Insel (58.3530, 16.9057)
14,0 schmale Durchfahrt zwischen der Ostspitze von Norra Finnö und der Insel Yttre Olsön (58.3362,16.9282)
7,6 re Aussichtspunkt auf der Insel Kupan mit herrlichem Blick auf das Inselgewirr (58.3206,16.9980)
4,0 Südspitze der Insel Missjö, Beginn einer Durchfahrt zwischen dieser Insel und der Insel Västerön. Am Ostufer der Insel Missjö befindet sich ein ✕ (58.3089,16.9458)
2,6 Ende der Durchfahrt, Kurs nach West (58.3206,16.9384)
0,0 ⬆ am Ziel, der Gästehafen von **S Tyrislöt**, ⛟ (58.3211,16.8970); ☰ und 🛒 (58.3195,16.8946)

Tjörn, Inselrunde

See

Stellvertretend für viele Möglichkeiten wird hier eine Seekajak-Tour um die Insel Tjörn beschrieben.

Schwierigkeiten: Kenntnis für die Befahrung von Seegewässern und dazu die entsprechende Ausrüstung erforderlich.

Literatur: Die schönsten Kanutouren in Südschweden, DKV-Verlag 2020.

59,4 ⬇, **S Bleket**, ☰ Kajaktiv, die Umrundung der Insel Tjörn ist im Uhrzeigersinn beschrieben. Je nach Wetterlage ist es auch möglich die entgegengesetzte Tour auszuwählen (57.9490,11.5668)

58,4 Str-Ⅱ zur Insel Klädesholm (57.9483,11.5540)
54,3 li Insel Flatholmen (57.9748,11.5265)
52,1 re **S Skärhamn** (57.9937,11.5399)
48,9 ⛴, re **S Kyrkesund**, li Insel Härön (58.0156,11.5138)
45,9 ⛺-Möglichkeit auf der Insel Skaobolmen (58.0407,11.4962)
32,9 re Insel Nora Björnholmen, letzte ⛺-Möglichkeit, am Ostufer der Insel Tjörn ist zelten nicht möglich (58.0908,11.6558)
29,9 Str-Ⅱ 160 (58.0936,11.7022)
25,1 Marina von Myggenäs (58.0670,11.7580)
23,8 Str-Ⅱ (58.0576,11.7634);
Str-Ⅱ 160, **S Myggenäs** (58.0572,11.7630)
3,9 Durchfahrt zwischen den Inseln Stora Dyrön (re) und Åstol (li) (57.9247,11.5988)
2,5 kanalartige Durchfahrt, li Insel Storekalv (57.9328,11.5802)
0,0 ⬆, Ziel der Rundfahrt in Bleket (57.9488,11.5667)

Schären bei Grebbestad

Schärengewässer

Bei Grebbestad besteht die Möglichkeit zu einer schönen Schärentour. Während in Grebbestad im Sommer Hochbetrieb herrscht, findet man doch im Inselgewirr noch viele ruhige Plätze zum Rasten und Baden.

Schwierigkeiten: Es gelten auch hier die Regeln für das Paddeln auf dem Meer.

Literatur: Die schönsten Kanutouren in Südschweden, DKV-Verlag 2020.

17,2 ⬇ in **S Grönemad** nördlich vom Stadtzentrum Grebbestad (58.6842, 11.2305)
16,4 re Sövails 🚐 (58.6873,11.2246)
15,2 re Kanuverleih Skärgårdsidyll (58.6968,11.2192)
13,7 re Insel Nora Gåsö, nun Kurs nach Süden (58.6921,11.2000)
12,2 Beginn der Insel Pinnö. Je nach Wetterlage wird sie auf der Ost- oder Westseite passiert (58.6811,11.2082)
9,4 li die Insel Otterön (58.6593,11.2138)
6,8 Südspitze der Insel Otterön (58.6439,11.2307)
1,4 re ➔ zum Hafen Grebbestad, Sportbootverkehr beachten (58.6759, 11.2456)
0,0 ⬆, Ziel der Rundfahrt (58.6842,11.2306)

Verzeichnis der Mitarbeiter

Die Gestaltung der vorliegenden Neuauflage des DKV-Auslandsführers „Skandinavien“ mit ihren Neubearbeitungen, Berichtigungen und Ergänzungen war nur möglich durch die aktive Unterstützung von

Carmen Hein und Dan Baier,
Thomas Gleitz,
Jürgen Lakeit
Olaf Momberg,
Clemens Ratschan,
Frank Steinauer,
Sofia Stenger,
Heiko Stoy,
Ulrich Kittelberger und Sebastian Gründler.

Den beiden zuletzt genannten gilt ein ganz besonderer Dank, denn sie haben mit mehr als 40 Neubeschreibungen und Ergänzungen ihren Beitrag zum Gelingen des Gewässerführers geleistet.

Ein weiterer Dank geht an Michael Hennemann, Autor des Buches „Die schönsten Kanutouren in Südschweden“, erschienen im DKV-Verlag 2021, der die GPS-Routen seiner Befahrungen für die Ergänzung unserer Gewässerbeschreibungen zur Verfügung stellte.

Es sei ausdrücklich darauf hingewiesen, dass die Namen der Mitarbeiter der vorausgehenden Auflagen hier nicht wiederholt werden.

Für die Bearbeitung dieses Gewässerführers wurden außerdem folgende Unterlagen benutzt:

- Die vorhergehende 5. Auflage dieses Gewässerführers.
- DKV-Gewässerdatenbank: Stand 30.09.2019

Zeitschriften:

- KANU-SPORT, Deutscher Kanu-Verband, Wirtschafts- und Verlags GmbH

Karten:

- Bei der Erarbeitung der Daten zu diesem Gewässerführer wurden die TopPlusOpen-Karten des Bundesamtes für Kartographie und Geodäsie verwendet.

Alphabetisches Verzeichnis der Gewässer

Tabelle und Karten, Dänemark

Nr. in Karte	Fluss	Wanderfluss	Seen	Kleinfluss	Wildwanderfluss	WW I-II	WW III-IV	WW V-VI	Küste, Fjorde	Seite
1	Vidå	o								47
2	Grønå	o		o						48
3	Vindtved-Kanal	o								49
4	Sønderå	o								49
5	Brede Å	o								50
6	Bronså			o						51
7	Ribe Å	o								51
8	Gramå	o								52
9	Gelså	o								53
10	Kongeå	o								54
11	Skjern Å	o		o						54
12	Rind Å			o						57
13	Skals Å	o								57
14	Vorning Å		o	o						58
15	Gudenå	o								59
16	Skanderborgsø		o	o						65
17	Lyså	o	o							65
18	Norreå	o								66
19	Grundfjord								o	64
20	Alling Å			o						67
21	Vejle Å	o								68
22	Liver Å			o						69
23	Uggerby Å	o								69
24	Voers Å			o						70
25	Suså	o								72
26	Ringsted Å			o						73
27	Saltø Å			o						74
28	Havelse Å			o						75
29	Esrum Å		o	o						75
30	Mølleå		o	o						76
31	Tryggevælde Å			o						77
32	Flensborg-Fjord, Nordufer								o	79

Nr. in Karte	Fluss	Wanderfluss	Seen	Kleinfluss	Wildwanderfluss	WW I-II	WW III-IV	WW V-VI	Küste, Fjorde	Seite
33	Als-Fjord								o	80
34	Åbenrå-Fjord								o	80
35	Haderslev-Fjord								o	81
36	Kolding-Fjord								o	81
37	Horsens-Fjord								o	81
38	Mariager-Fjord								o	81
39	Limfjord								o	82
40	Limfjord, Bucht Krik Vig								o	84
41	Hvidbjerg Å	o	o							84
42	Limfjord, Venø Bugt								o	85
43	Limfjord, West-Umfahrung Insel Mors								o	85
44	Limfjord, Ostroute								o	86
45	Karup Å	o								86
46	Ise-Fjord								o	88
47	Roskilde-Fjord								o	88
48	Stadtfahrt Kopenhagen									89
49	Meerjungfrau Kopenhagen								o	89

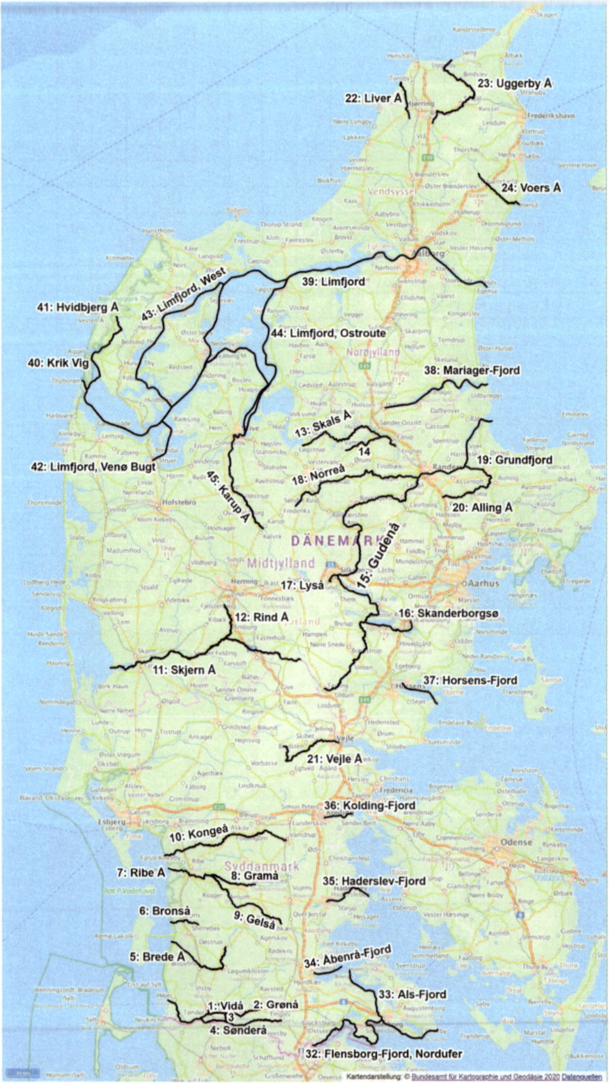
22: Liver Å
23: Uggerby Å
24: Voers Å
39: Limfjord
43: Limfjord, West
41: Hvidbjerg Å
44: Limfjord, Ostroute
40: Krik Vig
38: Mariager-Fjord
13: Skals Å
14
42: Limfjord, Venø Bugt
19: Grundfjord
18: Nørreå
45: Karup Å
20: Alling Å
DÄNEMARK
Midtjylland
15: Gudenå
17: Lyså
12: Rind Å
16: Skanderborgsø
11: Skjern Å
37: Horsens-Fjord
21: Vejle Å
36: Kolding-Fjord
10: Kongeå
Syddanmark
7: Ribe Å
8: Gramå
35: Haderslev-Fjord
6: Bronså
9: Gelså
5: Brede Å
34: Åbenrå-Fjord
33: Als-Fjord
1: Vidå
2: Grønå
3
4: Sønderå
32: Flensborg-Fjord, Nordufer
Kartendarstellung: © Bundesamt für Kartographie und Geodäsie 2020 Datenquellen

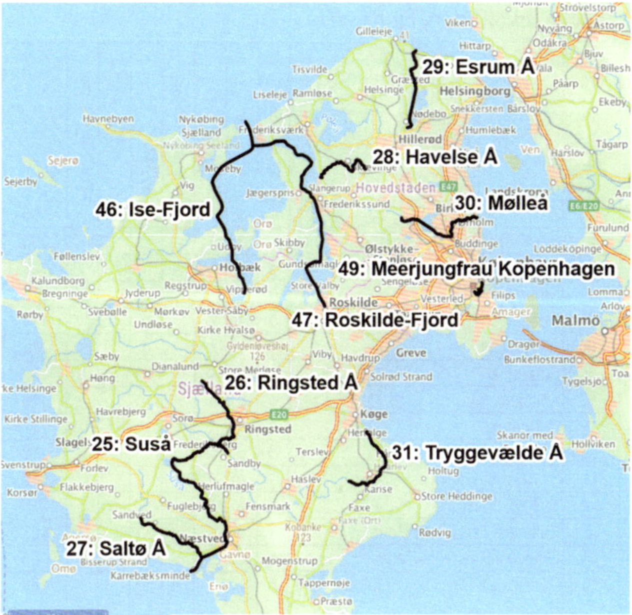

Kartendarstellung: © Bundesamt für Kartographie und Geodäsie 2020 Datenquellen

Tabelle und Karten, Finnland

Nr. in Karte	Fluss	Wanderfluss	Seen	Kleinfluss	Wildwanderfluss	WW I-II	WW III-IV	WW V-VI	Seite
1	Saimaa-See		o						103
2	Haukivesi-Pihlajavesi-Route		o						106
3	Pielininen-Orivesisee-Route	o	o						108
4	Saramojoki	o				o			110
5	Lieksanjoki	o		o		o	o		111
6	Jongunjoki	o		o		o			113
7	Pudasjoki		o	o					115
8	Koitajoki	o	o						115
9	Haapajoki	o		o		o			117
10	Hattujoki	o	o	o					118
11	Suvasvesi-Haukivesi-Route		o						119
12	Vaikkojoki-Route	o	o			o	o		120
13	Kallavesi-Haukivesi-Route		o						122
14	Onkivesi-Kallavesi-Route	o	o						123
15	Paasiselka-Puruvesi-Haukivesi-Route	o							125
16	Pihlajavesi-Nebenroute		o						107
17	Saimaa-See, Ostufer		o						125
18	Jänisjoki	o							125
19	Kotajoki	o	o			o			126
20	Kuuttijoki					o			127
21	Koverojoki		o	o					127
22	Kymijoki	o	o						104
23	Päijänne-See		o						129
24	Saarijärvi-Route	o	o			o	o		130
25	Keitele-See-Route	o	o						133
26	Nilakka-See-Route	o	o						135
27	Neiturin-Kanal-Route		o						137
28	Neiturin-Kanal, Nebenstrecke		o						137
29	Puula-See-Route	o	o			o			138
30	Naarajoki-Route	o	o						140
31	Sonnanjoki	o	o						141

Nr. in Karte	Fluss	Wanderfluss	Seen	Kleinfluss	Wildwanderfluss	WW I-II	WW III-IV	WW V-VI	Seite
32	Näsijärvi-Seengebiet	o	o						143
33	Kyrönjoki	o							145
34	Lentua-Route	o	o						145
35	Lentua-Route, 1. Nebenstrecke	o	o						147
36	Kalliojoki-Route				o				151
37	Saunajoki-Route				o				152
38	Kienkinjoki-Route				o				153
39	Vieksinjoki-Route				o				155
40	Kanufahrten um Hossa		o			o	o		156
41	Kiiminkinjoki								157
42	Nuorittajoki				o				160
43	Iijoki				o				160
44	Siuruanjoki	o	o						162
45	Kuivajoki	o							162
46	Simojoki	o				o			163
47	Kemijoki	o							164
48	Kitinen	o							165
49	Ounasjoki				o				165
50	Pöyrisjoki				o				167
51	Naamijoki	o							169
52	Lätäseno	o							169
53	Poroeno	o							171
54	Äkäsjoki					o			171
55	Tenojoki	o				o	o		173
56	Utsjoki		o		o				174
57	Näätämöjoki		o			o	o		175
58	Sevettijoki		o			o	o		176
59	Inarijärvi		o						177
60	Ivalojoki				o				179
61	Kaamasjoki		o		o				180
62	Lemmenjoki				o				182
63	Vaskojoki				o				184
64	Siuttkajoki					o	o		184
65	Sevettijärvi-Route				o				185

Nr. in Karte	Fluss	Wanderfluss	Seen	Kleinfluss	Wildwanderfluss	WW I-II	WW III-IV	WW V-VI	Seite
66	Luttojoki				o				186
67	Oulankajoki				o				187
68	Kitkajoki					o	o		189
69	Kuusinkijoki					o	o		190

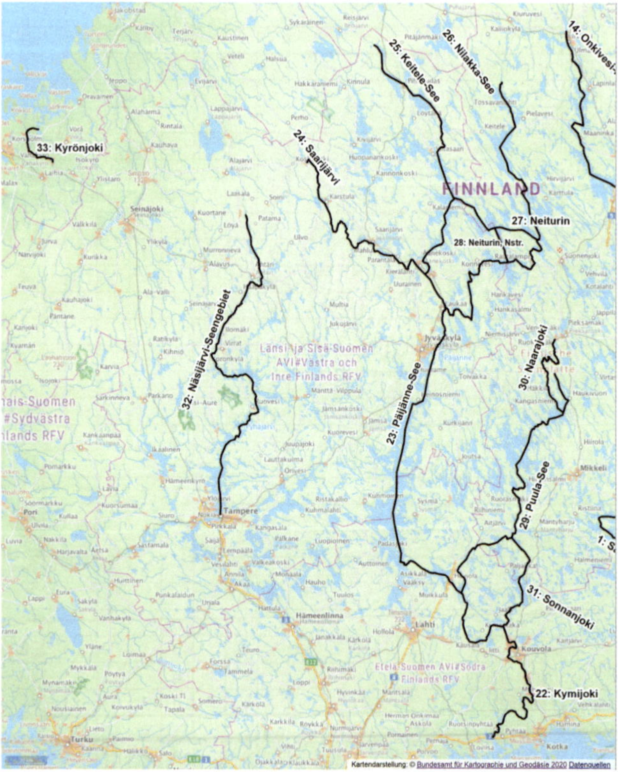

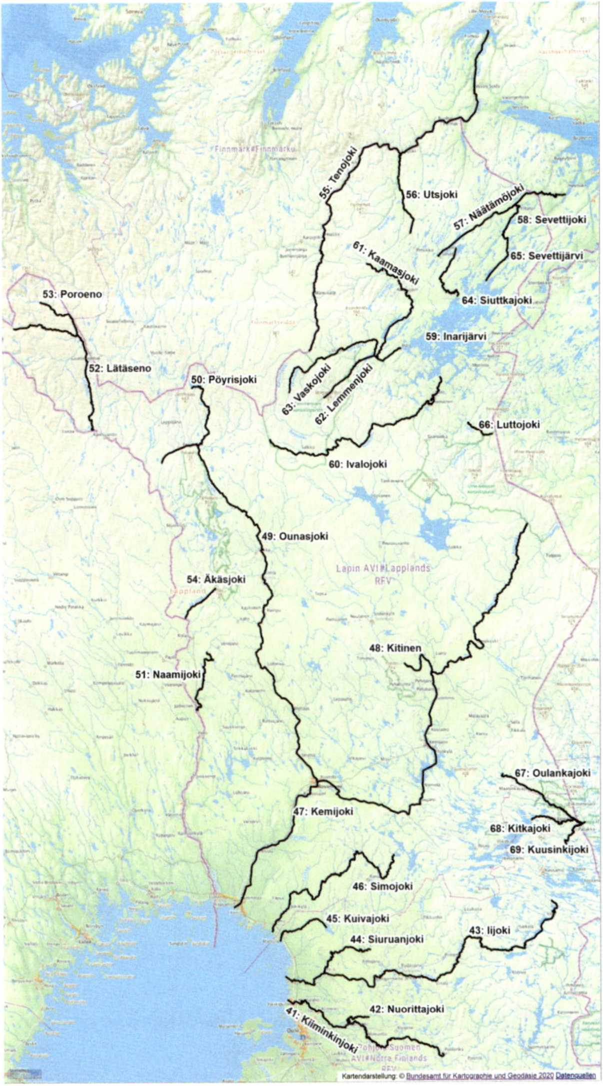
55: Tenojoki
56: Utsjoki
57: Näätämöjoki
58: Sevettijoki
65: Sevettijärvi
61: Kaamasjoki
64: Siuttkajoki
53: Poroeno
59: Inarijärvi
52: Lätäseno
50: Pöyrisjoki
63: Vaskojoki
62: Lemmenjoki
66: Luttojoki
60: Ivalojoki
49: Ounasjoki
Lapin AVI#Lapplands RFV
54: Äkäsjoki
48: Kitinen
51: Naamijoki
67: Oulankajoki
47: Kemijoki
68: Kitkajoki
69: Kuusinkijoki
46: Simojoki
45: Kuivajoki
43: Iijoki
44: Siuruanjoki
42: Nuorittajoki
41: Kiiminkinjoki
Kartendarstellung: © Bundesamt für Kartographie und Geodäsie 2020 Datenquellen

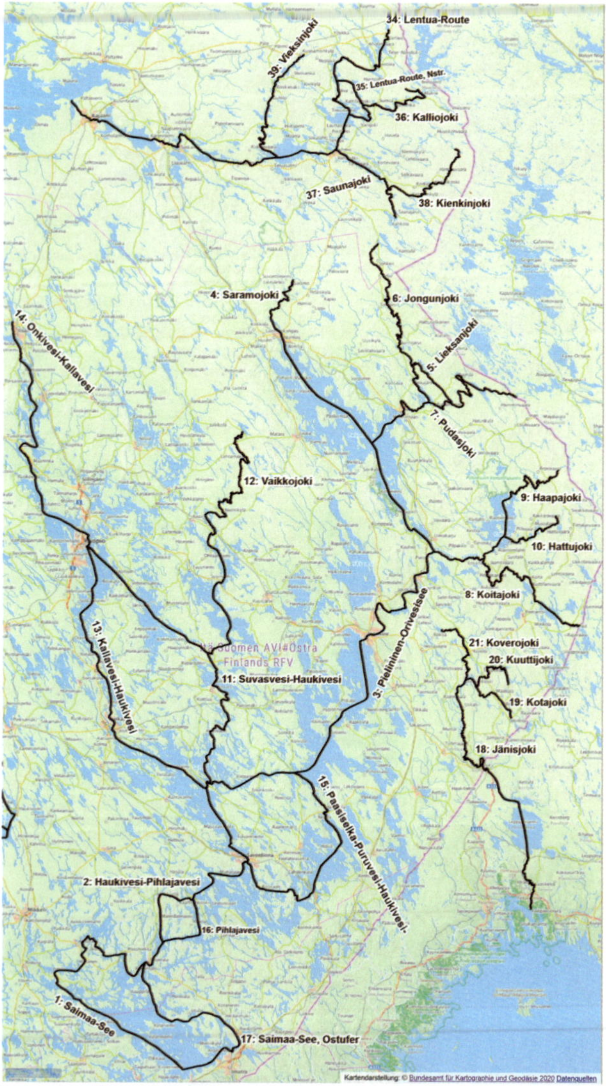
34: Lentua-Route
39: Vieksinjoki
35: Lentua-Route, Nstr.
36: Kalliojoki
37: Saunajoki
38: Kienkinjoki
4: Saramojoki
6: Jongunjoki
14: Onkivesi-Kallavesi
5: Lieksanjoki
7: Pudasjoki
12: Vaikkojoki
9: Haapajoki
10: Hattujoki
8: Koitajoki
3: Pielininen-Orivesisee
21: Koverojoki
13: Kallavesi-Haukivesi
20: Kuuttijoki
11: Suvasvesi-Haukivesi
19: Kotajoki
18: Jänisjoki
15: Paasiselka-Puruvesi-Haukivesi-
2: Haukivesi-Pihlajavesi
16: Pihlajavesi
1: Saimaa-See
17: Saimaa-See, Ostufer
Kartendarstellung: © Bundesamt für Kartographie und Geodäsie 2020 Datenquellen

Tabelle und Karten, Island

Nr. in Karte	Fluss	Wanderfluss	Seen	Kleinfluss	Wildwanderfluss	WW I-II	WW III-IV	WW V-VI	Seite
1	Hvítá (Borgarfirði)					o	o	o	191
2	Norðurá (Hvítá)					o			195
3	Langá					o	o		196
4	Blandá					o	o		196
5	Svartá					o	o		197
6	Norðurá (Héraðsvötn)					o	o		197
7	Hörga					o			198
8	Öxnadalsá					o	o	o	198
9	Fnjoska					o	o	o	199
10	Skjálfandafljot					o	o		200
11	Laxa					o	o		201
12	Jökulsa á Bru					o	o	o	202
13	See Jökulsarlon		o						202
14	Markarfljot					o			203
15	Ytri-Rangá					o	o	o	204
16	Pjörsá					o	o		205
17	Hvítá (Ölfusá)					o	o		206
18	Tungufljot					o	o		208
19	Bruara	o				o			208

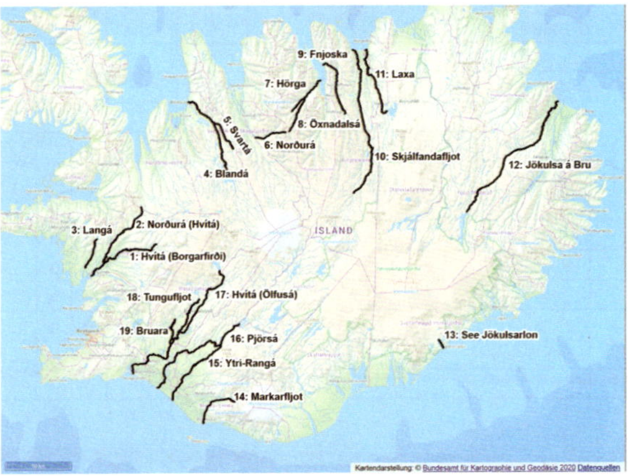

Tabelle und Karten, Norwegen

Nr. in Karte	Fluss	Wanderfluss	Seen	Kleinfluss	Wildwanderfluss	WW I-II	WW III-IV	WW V-VI	Seite
1	Enningdalsälven		o		o				210
2	Glomma	o	o			o	o	o	217
3	Tunna					o	o		222
4	Folla					o	o		223
5	Grimsa					o	o	o	225
6	Einunna					o	o	o	226
7	Sølna					o	o		227
8	Atna	o				o	o	o	227
9	Setninga						o	o	230
10	Hira					o	o	o	230
11	Imsa					o	o		231
12	Rena	o				o	o		232
13	Unsetåa					o	o		234
14	Mistra					o	o	o	235
15	Flena					o	o		235
16	Søndre Osa	o				o	o		236
17	Åsta					o	o	o	237
18	Flisa				o				238
19	Lågen (Gudbrandsdal), Mjösa-See, Vorma	o	o			o	o	o	239
20	Lågen (Gudbrandsdal)	o	o			o	o	o	239
21	Mjösa		o						243
22	Vorma	o							243
23	Lora					o	o		244
24	Jori					o	o	o	245
25	Ula						o	o	246
26	Otta	o	o			o	o	o	247
27	Astre					o	o	o	249
28	Skjøli						o	o	251
29	Bøvra					o	o	o	251
30	Leira						o		254
31	Visa						o		255

Nr. in Karte	Fluss	Wanderfluss	Seen	Kleinfluss	Wildwanderfluss	WW I-II	WW III-IV	WW V-VI	Seite
32	Finna						o	o	256
33	Sjoa		o			o	o	o	257
34	Veo					o	o	o	260
35	Frya					o	o	o	261
36	Drammenselva								262
37	Hallingdalselva		o			o	o		262
38	Hemsil					o	o	o	265
39	Mørkedøla					o	o	o	267
40	Begna	o	o			o	o		267
41	Etna					o	o	o	268
42	Lågen (Numedal)	o				o	o	o	269
43	Austbygdaa					o	o	o	270
44	Nidelva	o							271
45	Otra		o			o	o	o	273
46	Lygna						o	o	275
47	Litleåna					o	o		276
48	Suldaslågen		o			o	o	o	276
49	Björeia					o	o	o	278
50	Raundalselva					o	o	o	279
51	Strandaelvi						o	o	280
52	Myrkdalselva							o	281
53	Bøyaelva					o	o	o	281
54	Henja						o		282
55	Sogndalselva						o	o	283
56	Mørkridselvi						o	o	283
57	Fortunselva					o	o		284
58	Jostedalselva						o	o	285
59	Krundalselva						o	o	287
60	Utla					o	o		288
61	Laerdalselva					o	o	o	288
62	Flåmselva						o		289
63	Aurlandselva					o	o		290
64	Jølstra						o	o	290
65	Ångeldalselva					o	o		291

Nr. in Karte	Fluss	Wanderfluss	Seen	Kleinfluss	Wildwanderfluss	WW I-II	WW III-IV	WW V-VI	Seite
66	Stardalselva					o	o	o	292
67	Stryneelva	o				o	o		293
68	Kvita						o	o	294
69	Valldalselva					o	o	o	294
70	Måna					o	o		295
71	Rauma					o	o	o	296
72	Ulvåa					o	o	o	297
73	Puttåa					o	o	o	297
74	Eira					o	o	o	298
75	Usma					o	o	o	299
76	Litjdalselva						o	o	299
77	Driva					o	o	o	300
78	Vinndøla (Driva)					o	o		304
79	Grøvu						o	o	304
80	Grødøla					o	o		305
81	Ålvundelva					o	o	o	305
82	Todalselva						o	o	306
83	Søya					o	o	o	307
84	Surna					o			307
85	Vinddøla (Surna)							o	308
86	Bøvra (Hamnesfjorden)					o	o	o	308
87	Orkla					o	o		309
88	Resa					o	o	o	310
89	Gaula					o	o	o	310
90	Forda						o	o	312
91	Bua						o	o	313
92	Ena						o	o	313
93	Sokna					o	o	o	314
94	Stavilla						o	o	315
95	Hauka					o	o	o	316
96	Stjørsdalselva					o			317
97	Vigda						o	o	318
98	Norddalselva					o	o	o	318
99	Øyensåa						o	o	319

Nr. in Karte	Fluss	Wanderfluss	Seen	Kleinfluss	Wildwanderfluss	WW I-II	WW III-IV	WW V-VI	Seite
100	Namsen					o	o		319
101	Storelva						o	o	320
102	Flåttådalselva					o	o		321
103	Lindseta					o	o	o	321
104	Sanddøla					o	o	o	322
105	Luru						o	o	323
106	Vefsna					o	o	o	324
107	Unkerelva					o	o	o	327
108	Storfiplingelva						o	o	328
109	Lille Fiplingdalselva						o	o	328
110	Svenningdalselva					o	o	o	329
111	Holmvasselva					o	o	o	330
112	Stavasselva						o	o	331
113	Eiteråga					o	o	o	331
114	Krutåa						o	o	332
115	Ranelva					o	o	o	333
116	Bjølläga						o	o	334
117	Stormdalselva						o	o	335
118	Tespa							o	336
119	Gronfjellåga						o		336
120	Junkerdalselva						o	o	337
121	Salangselva					o	o		338
122	Målselva	o				o	o		339
123	Divielva						o	o	340
124	Anjavasselva						o	o	341
125	Barduelva	o							341
126	Rostaelva						o	o	342
127	Nordkjoselva						o	o	343
128	Reisaelva	o				o			343
129	Kvænangselva						o	o	344
130	Altaelva		o			o	o		346
131	Repparfjordelva					o	o		347
132	Stabburselva					o	o	o	348
133	Børselva					o	o		349

Nr. in Karte	Fluss	Wanderfluss	Seen	Kleinfluss	Wildwanderfluss	WW I-II	WW III-IV	WW V-VI	Seite
134	Giilasjohka		o				o	o	350
135	Karasjokka					o			351
136	Jiesjåkka					o	o		351
137	Drevja					o	o		352
138	Trysilelva	o	o			o	o		352
139	Röa		o			o	o	o	355
140	Sömåa					o	o		358
141	Elta					o	o		359
142	Grøna (Trysilelva)					o	o		359
143	Femundsee - Feragen - Route	o							360

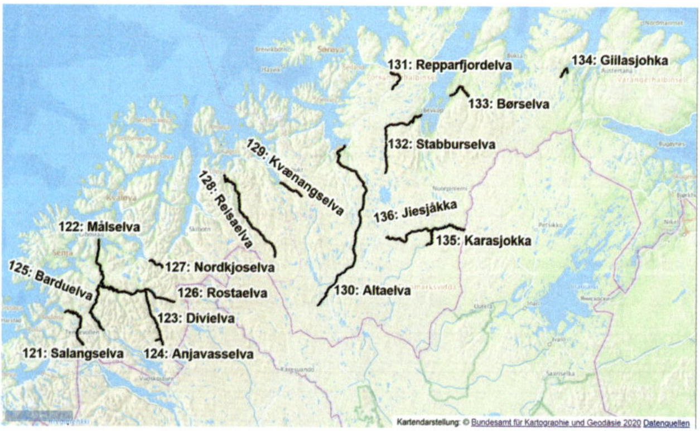

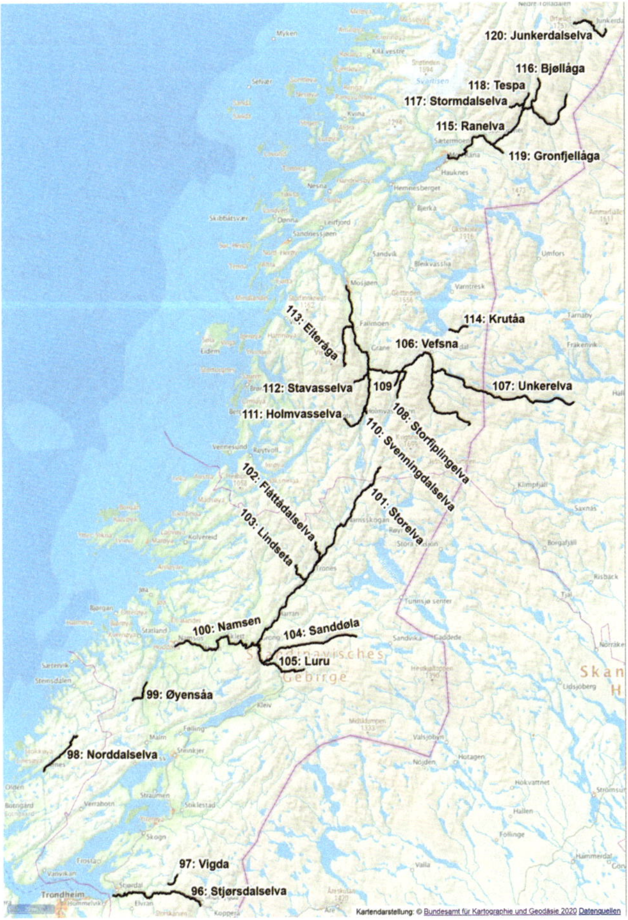
120: Junkerdalselva
116: Bjøllåga
118: Tespa
117: Stormdalselva
115: Ranelva
119: Gronfjellåga
114: Krutåa
113: Elteråga
106: Vefsna
112: Stavasselva
109
107: Unkerelva
111: Holmvasselva
108: Storfiplingelva
110: Svenningdalselva
102: Flåttådalselva
101: Storelva
103: Lindseta
100: Namsen
104: Sanddøla
105: Luru
Skandinavisches Gebirge
99: Øyensåa
98: Norddalselva
97: Vigda
96: Stjørsdalselva
Trondheim
Kartendarstellung: © Bundesamt für Kartographie und Geodäsie 2020 Datenquellen

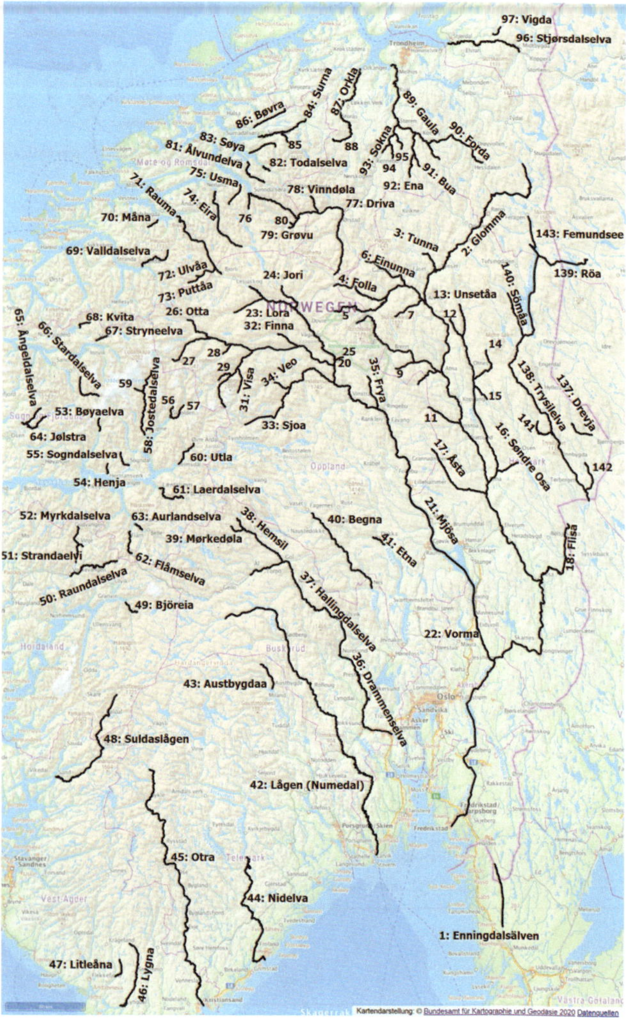
97: Vigda
96: Stjørsdalselva
Trondheim
86: Bøvra
84: Surna
87: Orkla
89: Gaula
90: Forda
83: Søya
85
88
81: Ålvundelva
82: Todalselva
93: Sokna
95
94
91: Bua
Møre og Romsdal
75: Usma
78: Vinndøla
92: Ena
71: Rauma
74: Eira
77: Driva
70: Måna
76
80
79: Grøvu
2: Glomma
3: Tunna
143: Femundsee
69: Valldalselva
6: Einunna
72: Ulvåa
24: Jori
140: Sömåa
139: Röa
4: Folla
73: Puttåa
13: Unsetåa
NORWEGEN
26: Otta
23: Lora
5
7
12
68: Kvita
32: Finna
65: Ångeldalselva
67: Stryneelva
66: Stardalselva
14
28
25
27
20
35: Frya
29
58: Jostedalselva
34: Veo
9
138: Trysilelva
137: Drevja
59
31: Visa
15
56
57
53: Bøyaelva
11
33: Sjoa
141
64: Jølstra
17: Åsta
16: Søndre Osa
55: Sogndalselva
60: Utla
142
Oppland
54: Henja
61: Laerdalselva
21: Mjösa
52: Myrkdalselva
63: Aurlandselva
38: Hemsil
40: Begna
41: Etna
39: Mørkedøla
18: Flisa
51: Strandaelvi
62: Flåmselva
50: Raundalselva
37: Hallingdalselva
49: Björeia
22: Vorma
Hordaland
Buskerud
36: Drammenselva
43: Austbygdaa
Oslo
48: Suldaslågen
42: Lågen (Numedal)
45: Otra
Telemark
44: Nidelva
Vest-Agder
1: Enningdalsälven
47: Litleåna
46: Lygna
Kristiansand

Tabelle und Karten, Schweden

Nr. in Karte	Fluss	Wanderfluss	Seen	Kleinfluss	Wildwanderfluss	WW I-II	WW III-IV	WW V-VI	Küstengewässer	Seite
1	Torne älv		o		o	o	o	o		376
2	Nuorajokk		o				o			380
3	Abiskojokk						o	o		381
4	Rautas älv		o			o	o	o		382
5	Vittangiälven	o				o	o			384
6	Muonio älv				o	o	o	o		385
7	Könkämäälven				o	o	o	o		387
8	Kalixälven				o	o	o	o		389
9	Vistasälven				o					394
10	Kaitumälven				o	o	o	o		395
11	Tärendoälven				o	o				396
12	Ängesån				o	o	o			397
13	Råneälven				o	o	o			398
14	Rörån				o					400
15	Luleälven									401
16	Lilla Luleälven		o							401
17	Kamajokk						o	o		403
18	Tarraätno						o	o		404
19	Pärlälven				o					405
20	Stora Luleälven		o							406
21	Vuojatädno		o				o	o		408
22	Suorkejakka				o	o				409
23	Sitoälven					o	o			410
24	Piteälven		o			o	o	o		411
25	Vistån					o	o			415
26	Åbyälven				o	o				416
27	Byskeälven					o	o			418
28	Järferälven		o		o					420
29	Allejaurenälven	o	o	o						420
30	Svärdälven	o	o							421
31	Seldutjähka				o	o	o	o		422

Nr. in Karte	Fluss	Wanderfluss	Seen	Kleinfluss	Wildwanderfluss	WW I-II	WW III-IV	WW V-VI	Küstengewässer	Seite
32	Umeälven		o							423
33	Lill- und Stor-Björkvattnet		o							425
34	Vindelälven				o	o	o			425
35	Laisälven				o					431
36	Ruttjebäcken						o	o		435
37	Öreälven				o					436
38	Lögdeälven				o					438
39	Gideälven				o					439
40	Ångermanälven	o								440
41	Faxälven	o	o							441
42	Kultsjöan						o	o		443
43	Gausta						o	o		444
44	Indalsälven	o								445
45	Dammån						o			446
46	Långan					o	o			448
47	Hårkan	o								448
48	Ammerån						o	o		450
49	Ljustorpsån	o		o						451
50	Ljungan				o					452
51	Ljusnån				o					455
52	Rånden				o					459
53	Lofsen					o				460
54	Härjån					o	o			461
55	Vemån	o								462
56	Norrälven			o						463
57	Hoan					o				463
58	Voxnån					o	o			464
59	Dalälven	o				o				467
60	Västerdalälven				o	o	o	o		469
61	Fuluälven				o	o	o			472
62	Görälven	o				o	o			473
63	Björnån	o				o				474
64	Vanån	o	o							475
65	Nebenroute zum Vanån		o	o						476

Nr. in Karte	Fluss	Wanderfluss	Seen	Kleinfluss	Wildwanderfluss	WW I-II	WW III-IV	WW V-VI	Küstengewässer	Seite
66	Österdalälven	o				o				478
67	Sörälven		o			o	o			480
68	Guttuån					o	o			482
69	Storån (Österdalälven)					o	o			483
70	Grövlån		o			o	o	o		484
71	Fjätån					o	o	o		485
72	Stor-Fjätån					o				486
73	Rotälven					o				487
74	Våmån		o			o				488
75	Ryssån			o		o				488
76	Dalälven, Nebenroute bei Gysinge	o								468
77	Hjälmaren-See		o							489
78	Nyköpingsån		o	o						490
79	Rejmyre-Runde		o	o						493
80	Götakanal									494
81	Stångån (Roxensee)		o	o						497
82	Tiveden-Seenkette		o							501
83	Sommen		o							502
84	Emån	o								502
85	Ronnebyån	o	o							506
86	Mörrumsån	o	o							508
87	Immeln		o							512
88	Helgeån		o	o						513
89	Nebenroute zum See Möckeln		o	o						514
90	Vieån	o		o						517
91	Rönne Å	o								518
92	Lagan	o								520
93	Härån (Smaland)	o								523
94	Bolmån	o	o	o						524
95	Unnen-See		o							526
96	Fylleån					o				527
97	Nissån	o								529
98	Ätrån	o		o						531
99	Assmån	o								535

Nr. in Karte	Fluss	Wanderfluss	Seen	Kleinfluss	Wildwanderfluss	WW I-II	WW III-IV	WW V-VI	Küstengewässer	Seite
100	Månstadsån			o						536
101	Jälmån			o						536
102	Kalvån	o		o						538
103	Spångån	o		o						539
104	Fegen		o							540
105	Götshultkanal		o							540
106	Götaälven	o								541
107	Vänern		o							542
108	Tidån	o		o						542
109	Timesälven		o							545
110	Svartälven	o	o							547
111	Klarälven	o				o				548
112	Norsälven	o	o			o	o			550
113	Rottnån		o			o				553
114	Mangslidälven					o	o			554
115	Byälven	o	o							555
116	Dalslandkanal	o	o							557
117	Stora Le		o							560
118	Schleusenkanal Gustavsfors	o								561
119	Vångsjön bis Laxsjön		o	o						561
120	Västra Silen		o							562
121	Östra Silen		o							563
122	Snäckekanal	o	o							564
123	Schären von Västervik								o	566
124	Schären bei St. Anna								o	568
125	Tjörn, Inselrunde								o	568
126	Schären bei Grebbestad								o	569

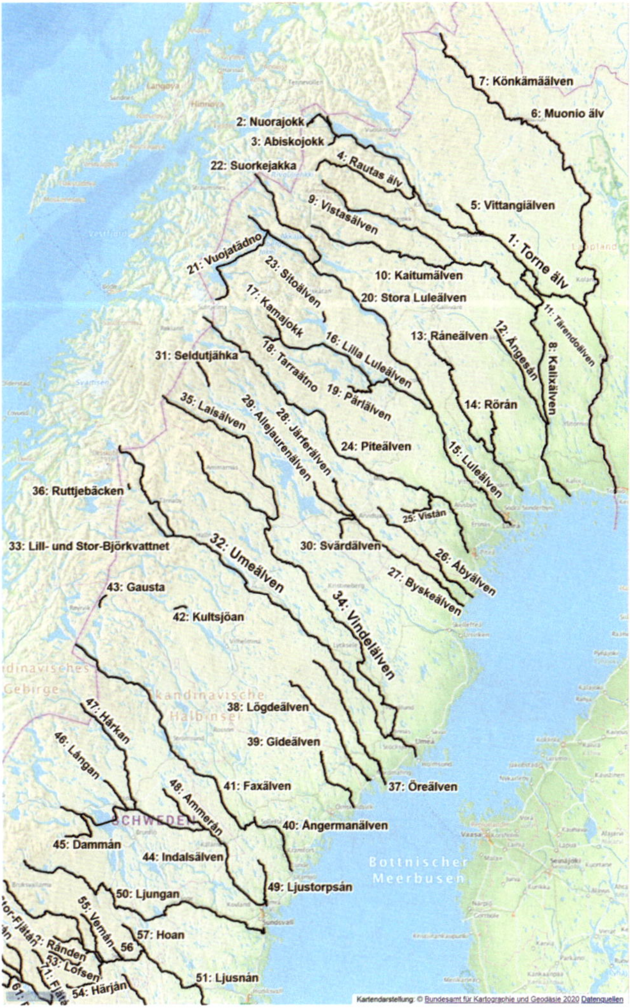
7: Könkämäälven
6: Muonio älv
2: Nuorajokk
3: Abiskojokk
4: Rautas älv
22: Suorkejakka
5: Vittangiälven
9: Vistasälven
1: Torne älv
21: Vuojatädno
23: Sitoälven
10: Kaitumälven
20: Stora Luleälven
17: Kamajokk
11: Tärendoälven
12: Ängesån
13: Råneälven
8: Kalixälven
16: Lilla Luleälven
18: Tarraätno
31: Seldutjähka
19: Pärlälven
14: Rörån
35: Laisälven
29: Allejaurenälven
28: Järferälven
24: Piteälven
15: Luleälven
36: Ruttjebäcken
25: Vistån
30: Svärdälven
33: Lill- und Stor-Björkvattnet
32: Umeälven
26: Åbyälven
27: Byskeälven
43: Gausta
34: Vindelälven
42: Kultsjöan
Skandinavisches Gebirge
Skandinavische Halbinsel
38: Lögdeälven
47: Härkan
39: Gideälven
46: Långan
41: Faxälven
37: Öreälven
48: Ammerån
SCHWEDEN
40: Ångermanälven
45: Dammån
44: Indalsälven
Bottnischer Meerbusen
49: Ljustorpsån
50: Ljungan
55: Vemån
57: Hoan
56
53: Lofsen
54: Härjån
51: Ljusnån
Kartendarstellung: © Bundesamt für Kartographie und Geodäsie 2020 Datenquellen

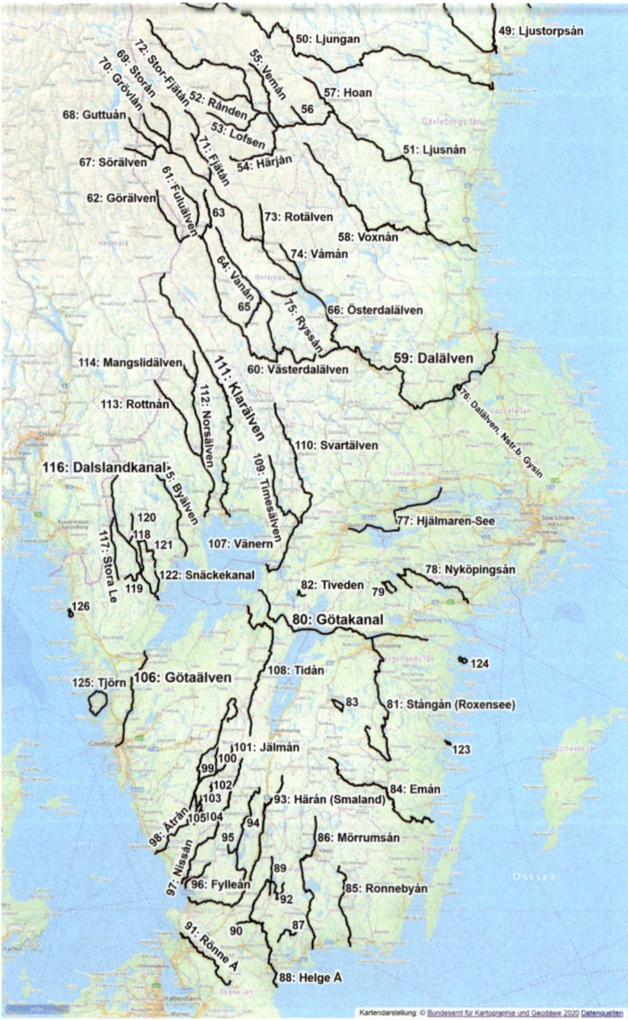

Kartendarstellung: © Bundesamt für Kartographie und Geodäsie 2020 Datenquellen

Notizen

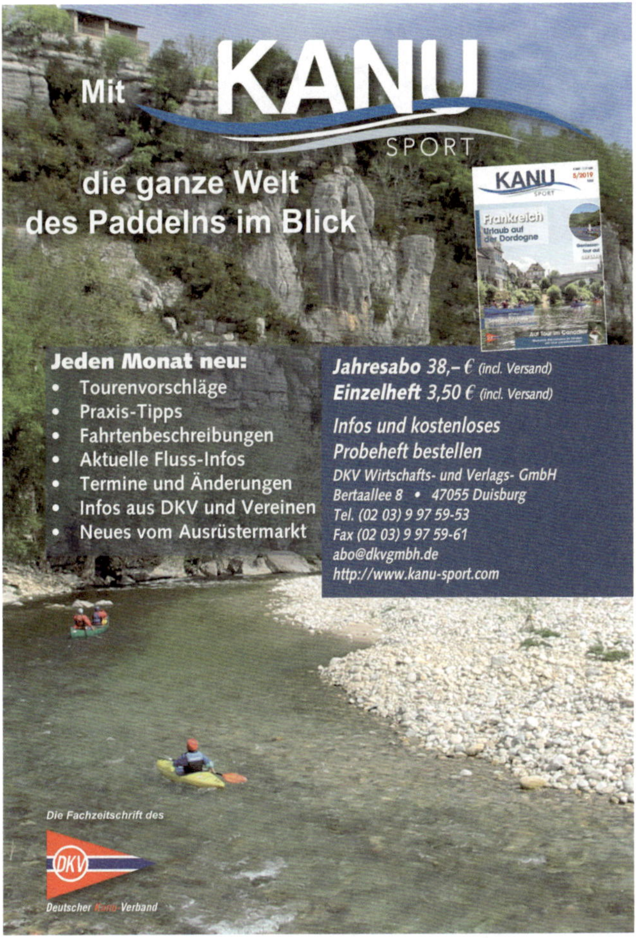
Mit KANU SPORT
die ganze Welt
des Paddelns im Blick
KANU SPORT 5/2019
Frankreich
Urlaub auf der Dordogne
Jeden Monat neu:
• Tourenvorschläge
• Praxis-Tipps
• Fahrtenbeschreibungen
• Aktuelle Fluss-Infos
• Termine und Änderungen
• Infos aus DKV und Vereinen
• Neues vom Ausrüstermarkt
Jahresabo 38,– € (incl. Versand)
Einzelheft 3,50 € (incl. Versand)
Infos und kostenloses
Probeheft bestellen
DKV Wirtschafts- und Verlags- GmbH
Bertaallee 8 • 47055 Duisburg
Tel. (02 03) 9 97 59-53
Fax (02 03) 9 97 59-61
abo@dkvgmbh.de
http://www.kanu-sport.com
Die Fachzeitschrift des
DKV
Deutscher Kanu-Verband